海沧年鉴

2022

中共厦门市海沧区委员会办公室　编

方志出版社
Publishing House of Local Records

图书在版编目（CIP）数据

海沧年鉴. 2022/中共厦门市海沧区委员会办公室编.
—北京：方志出版社，2022. 11
ISBN 978-7-5144-5442-0

Ⅰ. ①海… Ⅱ. ①中… Ⅲ. ①区（城市）—厦门—2022—年鉴 Ⅳ. ①Z526. 54

中国版本图书馆 CIP 数据核字（2022）第 239557 号

责任编辑：陈菁
责任校对：刘玉霞
责任印制：梅中英
出 版 者：方志出版社
地　　址：北京市朝阳区潘家园东里 9 号（国家方志馆 4 层）
邮　　编：100021
网　　址：http：//www. zgfzcb. cn
发　　行：方志出版社图书营销中心（010-67110500）
印　　刷：福州力人彩印有限公司
开　　本：889 毫米 × 1194 毫米　1/16
印　　张：21. 25　插页印张：1. 5　地图：1 幅
字　　数：763 千字
版　　次：2022 年 11 月第 1 版
印　　次：2022 年 11 月第 1 次印刷
定　　价：228. 00 元

《海沧年鉴（2022）》主编、副主编

主　　编　林江帆
副 主 编　陈剑峰
执行副主编　金　莹

《海沧年鉴（2022）》编纂成员

总　　纂　陈　敏
编　　辑　（按姓氏笔画排序）
庄玉凤　李彩兰　曾妍妍　蔡秋娟

海沧区地图

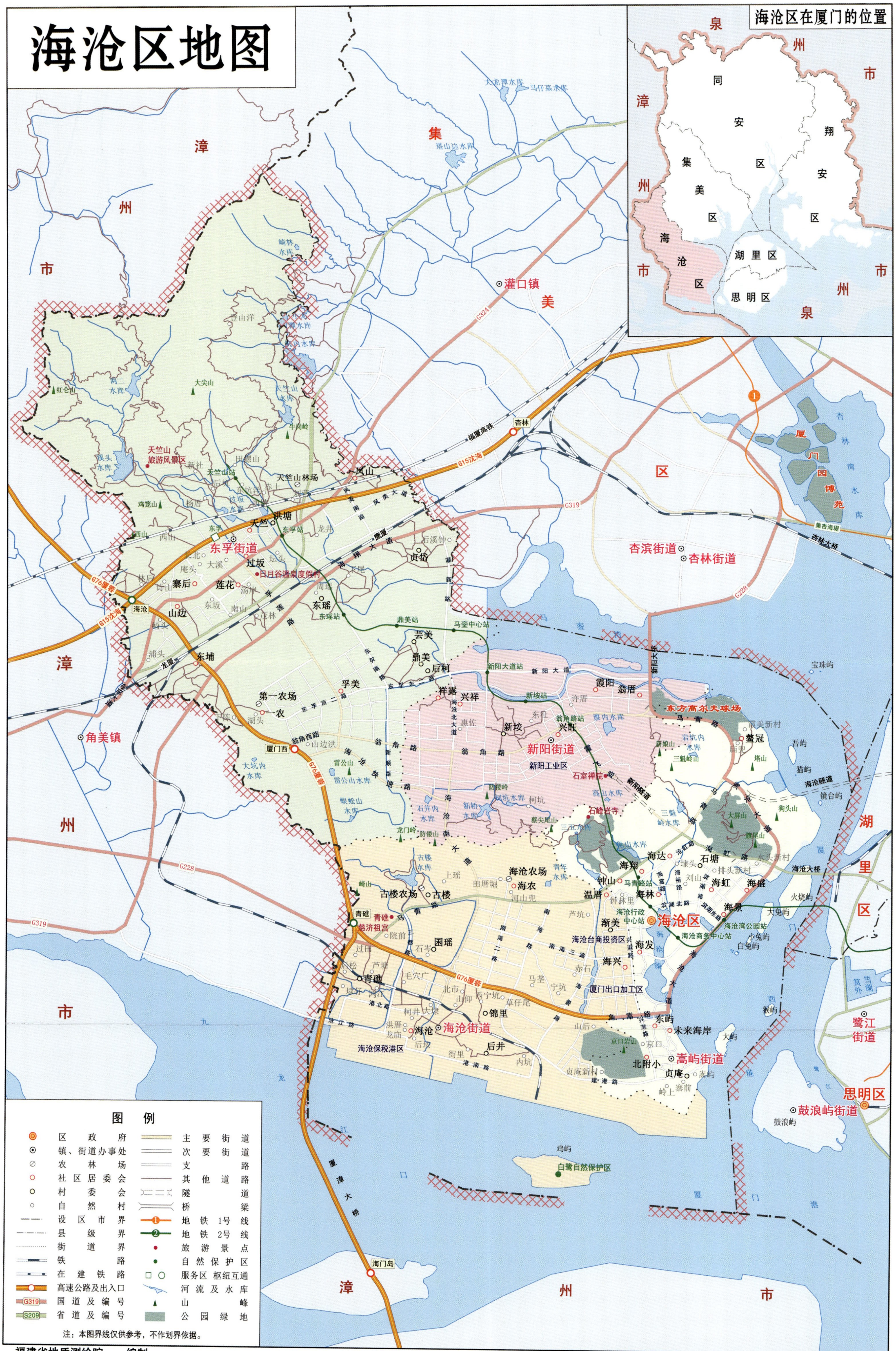

福建省地质测绘院　编制

审图号：厦 S［2022］19号　比例尺 1:80000　资料截至2021年12月

编辑说明

一、《海沧年鉴（2022）》以马克思列宁主义、毛泽东思想、邓小平理论、“三个代表”重要思想、科学发展观、习近平新时代中国特色社会主义思想为指导，坚持辩证唯物主义和历史唯物主义的立场、观点和方法，反映海沧区2021年度自然、经济、政治、文化、社会和生态文明等方面的基本面貌和发展情况。

二、《海沧年鉴》于2015年首次编辑出版，《海沧年鉴（2022）》为第8卷，由中共厦门市海沧区委员会、厦门市海沧区人民政府主办，中共厦门市海沧区委员会办公室编。

三、《海沧年鉴（2022）》采用分类编辑法，以条目为记述的基本形式。主体部分设类目、分目、条目3个层次。在保持2021卷基本篇目的基础上，对部分篇目的框架和内容进行充实调整：第一，“经济管理与监督”类目下的“国土资源管理”分目名改为“自然资源和规划管理”，并将“城建 环保”类目中的“城市规划”内容归入此分目；第二，“教育 科技”类目由原来的3个分目调整为7个分目，即“综述”“学前教育”“中小学教育”“职业教育”“特殊教育”“科技工作”“气象服务”；第三，一些类目增加“综述”分目，如“城建环保”“金融”类目。

四、中共海沧台商投资区工作委员会、厦门海沧台商投资区管理委员会为中共厦门市委和厦门市人民政府的派出机构，与中共海沧区委、海沧区人民政府分别实行“一套班子、两块牌子”。为叙述方便，正文中一般直接用中共海沧区委、海沧区人民政府的称谓。厦门海沧保税港区已列入中国（福建）自由贸易试验区厦门片区，其职能和工作均直属厦门市管理，其年度情况由《厦门年鉴》记述。

五、《海沧年鉴（2022）》稿件和图片主要由各单位和海沧区委宣传部报道组提供。由于各职能部门统计口径不一致，引用时请以海沧区统计局公布的数据为准。

六、数字用法、标点符号用法分别采用国家标准《出版物上数字用法》（GB/T 15835—2011）、《标点符号用法》（GB/T 15834—2011），计量单位采用国家技术监督局1993年12月发布的《量和单位》系列国家标准。

战略性新兴产业发展

2021 年 3 月 20 日，厦门半导体投资集团有限公司等集成电路企业获得第四届“IC 创新奖”产业链合作奖

（海发集团　供）

2021 年 3 月 5 日，集成电路产业直播带岗引才现场　　（区人社局　供）

建设中的厦钨新能源年产 4 万吨锂离子电池材料产业化项目

（郑伟明　2021 年 5 月 24 日摄）

2021 年 5 月 8 日，厦门市计量检定测试院和大博医疗科技股份有限公司联合实验室启动　　　　（海发集团　供）

金旸（厦门）新材料科技有限公司产品展示　（郑伟明　2021 年 5 月 24 日摄）

2021 年 6 月 25 日，2021 集微半导体峰会召开，集微研究院成立

（郑伟明　摄）

2021 年 7 月 30 日，由厦门宝太生物科技股份有限公司承办的“2021 年厦门 POCT 产业研讨会”在厦门生物医药产业园举行（海发集团　供）

厦门士兰集科微电子有限公司 12 英寸特色工艺半导体芯片制造生产线一角
（林广明　2021 年 10 月 27 日摄）

厦门特宝生物工程股份有限公司研发现场　（郑伟明　2021 年 11 月 1 日摄）

福建盛迪医药有限公司生产车间一角
（郑伟明　2021 年 11 月 2 日摄）

2021 年 11 月 15 日，第一届新材料科技创新发展大会在海沧举行
（中仑科技集团有限公司　供）

2021 年 12 月 19 日，庆祝厦门经济特区建设 40 周年重大项目开竣工暨万泰沧海生物医药项目工程二期竣工仪式举行
（郑伟明　摄）

城　区　建　设

天竺山美丽景色吸引游客观光
（王火炎　2021 年 2 月 21 日摄）

客人在东孚街道南燕厝民宿品茶闲聊
（郑伟明　2021 年 11 月 24 日摄）

工作人员在东孚街道爱垦园艺查看鲜花生长情况
（郑伟明　2021 年 4 月 12 日摄）

东孚街道洪塘村赤土社乡村振兴及社区营造改造效果　（郑伟明　2021 年 6 月 3 日摄）

过坂社区乡村振兴及社区营造改造效果
（郑伟明　2021 年 4 月 13 日摄）

海沧社区乡村振兴及社区营造改造效果　（郑伟明　2021 年 6 月 3 日摄）

2021 年 6 月 17 日，海沧隧道试通车
（周赞家　摄）

厦门市首个新中式院落别墅——泰禾·厦门院子　　（陈淑华　2021 年 9 月 11 日摄）

马銮湾生态三岛公园　　（周日清　2021 年 8 月 24 日摄）

海沧港区全貌　　（周日清　2021 年 9 月 4 日摄）

2021 年 6 月 28 日，厦门中心、海投 CBD、融信海上城楼宇建筑夜景提升改造项目亮灯，图为海沧大道（海投 CBD—融信段）亮灯效果 （城建集团 供）

社　会　治　理

2021 年 8 月 3 日，区城管局东孚中队联合东孚街道城管办开展过芸溪 · 过坂中路商业街夜间巡查整治行动，向商家、群众宣传疫情防控及文明城区创建相关事宜　　　　（区城管局　供）

2021 年 9 月 26 日，海沧区城管局上街支援疫情保障工作。图为工作人员帮助小朋友戴好口罩　　　　（区城管局　供）

疫情防控期间，快递员将包裹放在快递指定提取处。图为 2021 年 9 月 24 日京东快递员正在放置包裹　　　　（海沧邮政管理局　供）

2021 年 9 月 20 日，新阳街道社区卫生服务中心驻点万豪酒店医务人员为工作人员开展卫生培训
（新阳街道社区卫生服务中心　供）

2021 年 9 月，疫情防控期间封控区域垃圾转运消杀　　（区城管局　供）

2021 年 10 月 1 日，海福广场二期解封　　（郑伟明　摄）

2021 年 11 月 5 日，海沧区在法治公园举办“海沧文明我先行，亲子公益挑战赛”活动　　（区法院　供）

民　生　保　障

2021年2月23日，海沧区举行“非遗过大年·猜灯谜”活动　（区文旅局　供）

2021年4月24日，海沧区举办2021（厦门·海沧）天竺山桐花旅游节。图为开幕式活动　（城建集团　供）

2021年6月1日，城建教育孚莲沐光幼儿园举办“我的六一我做主”活动　（郑伟明　摄）

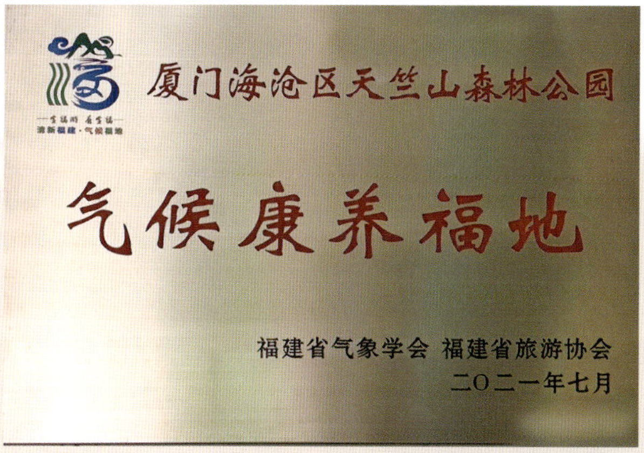

2021 年 7 月，天竺山森林公园获评福建省首批气候康养福地 （城建集团 供）

2021 年 6 月 1 日，海沧区沧江会展研学实践营地开展青少年体验科技研学项目

（郑伟明 摄）

2021 年 6 月 30 日，海沧区举办第三届海沧产业工人文化节职工文艺晚会暨“2022 厦门职工春晚”节目海选海沧专场。图为表演现场 （区总工会 供）

2021年，海沧区妇幼保健院开展国产二价宫颈癌疫苗免费接种。图为7月6日接种现场
（区妇幼保健院　供）

2021年7月17日，“庆祝建党100周年——我的中国梦·文化进万家”海沧区文化馆全民艺术普及成果展演在区文化中心猫耳朵舞台举行　　（区文旅局　供）

2021年9月1日，厦门海沧延奎实验小学孚中央分校投入使用
（区教育局　供）

2021 年 11 月 14 日，海沧区在乡村文化传习中心常态化开展传承活动。图为传承人陈建兵的学徒涂师杨（左二）在教授学员制作香品　　（陈建兵　摄）

2021 年 12 月 5 日，海沧区举行第五届青少年模型综合竞赛。图为纸飞机直线距离赛　　（区科协　供）

2021 年 12 月 20 日，海沧全民健身户外运动节暨全民健身运动会闭幕。图为健身功气球交流赛　　（城建集团　供）

海峡两岸融合发展

2021 年 2 月 7 日，第二十八期台胞社区主任助理及社区营造员分享汇在海沧区过云生活馆举行 （郑伟明 摄）

2021 年 6 月 18 日，第十二届海峡两岸少儿美术大展海沧展开展，吸引小朋友驻足欣赏

（郑伟明 摄）

2021 年 4 月 18 日，第十四届海峡两岸（厦门海沧）保生慈济文化旅游节开幕式在海沧区青礁慈济祖宫举办

（王德勇 摄）

2021 年 12 月 9 日，由海沧区委宣传部、海沧区文联、台湾旺旺中时媒体集团等联合举办的 2021 年海峡两岸汉字节暨两岸年度汉字评选活动揭晓，“难”字高票获选。图为台湾书法家在台北旺旺中时大厦书写并展示年度汉字 （区委宣传部 供）

2021 年 7 月 29 日，海峡论坛嘉宾参观闽台文化线 （张玉明 摄）

2021 年 12 月 11 日，第十三届海峡论坛首届“海峡两岸城乡社区发展和社会治理论坛”在海沧区举行

（陈亚沙　摄）

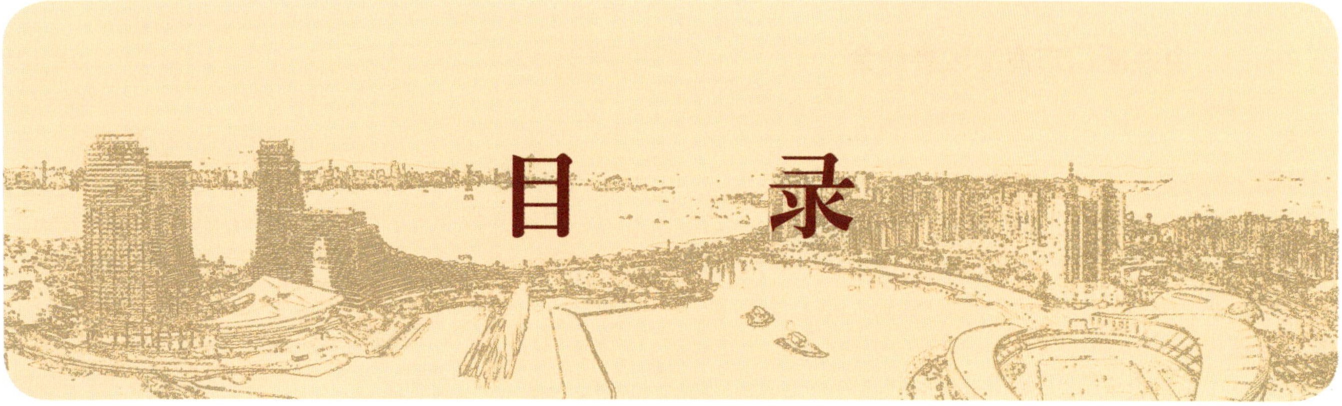

目　录

专　记

大 事 记

区情概览

中共厦门市海沧区委员会

厦门市海沧区人民代表大会

厦门市海沧区人民政府

政协厦门市海沧区委员会

纪检监察

民主党派与工商联

群众团体

法　治

军　事

应急管理

外事　侨务　台湾事务

经济管理与监督

财政　税务

城建 环保

农业农村

商贸服务业

金　融

交　通

邮政　物流　通信

教育　科技

卫 生

社会民生

街道概览

人物　名录

附　　录

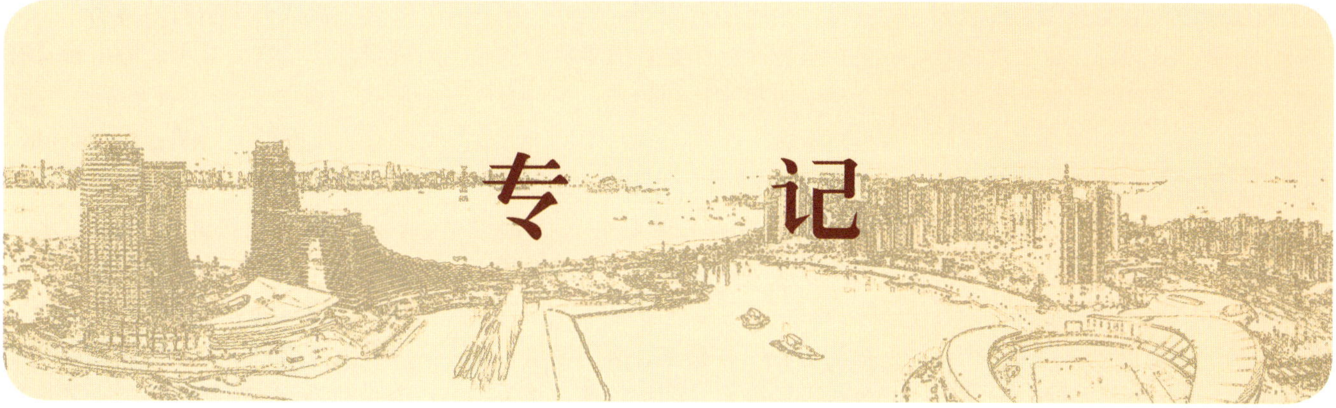

专 记

庆祝中国共产党成立100周年暨党史学习教育

党史学习教育开展以来，海沧区坚持以习近平新时代中国特色社会主义思想为指导，增强“四个意识”，坚定“四个自信”，做到“两个维护”，勇于担当作为，以求真务实作风把党中央决策部署和省委、市委工作要求落到实处，结合“再学习、再调研、再落实”活动，全面推进党史学习教育。

一、基本情况

区委成立党史学习教育领导小组及其办公机构，制定印发党史学习教育方案，设立4个红色专班，成立4个巡回指导组。梳理形成8条红色参学线路，接待200多批次上万人次；建立43个“党史学习教育驿站”，组建41支宣讲队伍、323名小小红色宣讲员，宣讲750余场，受众超10万人次；编发72期党史学习教育简报，刊发各单位经验做法及亮点成效369条次；培训处级以上干部300多名，开展各类学习交流活动400余场。围绕“学党史、悟思想、办实事、开新局”主题，开展专题宣讲，推进“我为群众办实事”实践活动，做到学史明理、学史增信、学史崇德、学史力行，推动党史学习教育不断走深走实。

2021年4月29日，海沧区在海沧革命烈士陵园、海沧中心小学开展“访红色遗址，听革命故事”海沧街道专场宣讲。图为海沧区小小红色宣讲员在做情景式宣讲“登临魁星楼，重温革命故事” （区委宣传部 供）

（一）潜心学习，红色精神血脉赓续传承、走向深入

持续深入学习贯彻中共十九届六中全会精神。一是领导干部带头示范学。第一时间传达学习党的十九届六中全会精神、习近平总书记“七一”重要讲话精神和在福建考察时的重要讲话精神，学习省、市党代会精神；发挥理论学习中心组“头雁”领学效应，各级领导干部带头学习研讨，在办公会、“三会一课”上进行学习传达，围绕中

共十九届六中全会会议精神“应知应会”开展个人自学；区委理论学习中心组带头前往厦门革命历史事迹陈列馆、厦门深田图强文史展厅和政治生活馆等参观学习。二是分众化宣讲走实出新。开展党史学习教育区委宣讲团专场报告活动，邀请市委讲师团副团长曹远洲等为区教育系统、区卫健系统、4个街道及国企系统党（工）委授课7场，1700余名党员干部参加；依托区新时代文明实践中心、老年大学“厝边学堂”、学校“红色课堂”等阵地，组织开展“青春向党”“童心向党”系列主题活动、“听党话 感党恩 跟党走”鹭江讲坛基层巡讲、文艺采风暨轻骑兵宣讲及全省规模最大的“百年奋斗 百年华章”邮票图片展等学习宣讲活动；围绕学习贯彻中共十九届六中全会精神，开展“奔跑吧，学习达人”、“学习强国”趣味挑战赛、潘东升先进事迹学习宣传活动；海沧城建开发建设有限公司支部代表队获得“全媒体党史知识竞赛”第一名，全省1.7万支队伍参赛。三是全员学习氛围持续热烈。第一时间报道全区上下学习践行中共十九届六中全会精神、各级党代会精神情况，开设专栏采访宣传干部群众收看反响，同步在“学习强国”、“央视频”、“今日海沧”、《福建日报》、《厦门日报》、《厦门晚报》等媒体平台推出，刊登（播）相关稿件300余篇（条），总阅读量超550万人次；利用“学习强国”“党建e家”“今日海沧”及新时代文明实践中心（所、站）等线上线下学习平台，开展征文比赛、学习交流、知识竞赛等活动，评选出优秀征文、优秀朗诵作品各100篇，在“厦门理论在线”“学习强国”等平台推送。

（二）把好基调，主题宣传教育热在基层、热在群众

一是“奋斗百年路启航新征程”等重大主题宣传隆重热烈。推出原创报道2100多条，依托新华社等主流媒体平台对外传播，总阅读量超2亿次。其中，微电影《有灵魂的画》在新华社展播，并获福建省文艺奖三等奖；《光明日报》头版大篇幅刊发《厦门海沧：把实事办进群众心坎里》。二是“永远跟党走”群众性主题宣传教育特色鲜明。形成重点项目48个，列入市级重点项目8个；持续推进“十个一”系列60余项群众性文艺文化活动，开展各类特色活动超300场，受众超10万人次。其中，“海沧区庆祝建党100周年微视频展播文艺晚会”从6季上百部微视频中精选31部，串起海沧人“永远跟党走”的真实故事；著名女指挥家郑小瑛在海沧举办“学习毛泽东诗词交响组歌公益党课”和“毛泽东诗词交响组歌音乐会”；中国共产党成立百年献礼曲《燃烧》成为省、市重点文艺项目。三是党史学习教育社会环境氛围浓厚。在辖区主干道沿线悬挂国旗、布置道路总长10千米，悬挂庆祝中国共产党成立100周年及党史学习教育主题灯饰标语牌总长45千米，综合运用113块大型户外电子屏、308座公交站、LED电子屏、流动车等载体，结合建筑群“庆祝建党百年”主题夜景、海沧湾灯光秀主题展览对党深情告白。

（三）融入实践，党群同心同德昂扬奋进、担当作为

梳理完成“我为群众办实事”项目2932个（其中重点民生项目279个）。一是民生项目取得新突破。推动10个中小学和幼儿园项目竣工，新增各类学位1.77万个；完成2191套安置房交付使用；新建（改造）道路10.98千米，14个道路项目完工；建设93个休闲活动设施；2家基层医疗卫生机构获

2021年3月24日，海沧区理论宣讲轻骑兵进基层宣讲启动仪式暨首场示范宣讲在海沧区新阳街道霞阳社区村史馆举行。图为授话筒仪式 （郑伟明 摄）

国家卫健委通报表扬。二是破解一批“急难愁盼”问题。率先全市帮助双职工家庭解决暑期孩子“看护难”问题；专项安排4400万元，提升基层医疗卫生服务水平；建立“爱心厦门”联动机制；开办祥露社区幸福食堂。三是督导各项动作落地见效。区委党史学习教育各巡回督导组落实“督、导、评”职责，围绕规定动作落实情况指导13个党（工）委和768个党支部全部按时完成专题组织生活会和“三个一”规定动作；围绕“贯彻落实习近平总书记‘七一’重要讲话精神”情况、传达学习中共十九届六中全会精神开展专项督导工作，把学思践悟与抓实“我为群众办实事”贯通起来。

（四）丰富内容，活动有声有色立足于学、贯穿于行

一是用好学习平台。打造“学习强国”主阵地，举办50多场党史学习教育和挑战活动；依托福建干部网络学院、“厦门党建e家”“今日海沧”等线上学习平台，实现碎片化无缝学习；升级打造“厝边学堂”，开设181个班、4805人次参与上课。二是培育祖国花朵。开展“童心向党”四大主题七项教育实践活动；组建由323名学生组成的小小红色宣讲团，实地宣讲360场次。三是凝聚各界群体。各部门通过召开本领域学习会、向联系群体赠书并开展座谈、举办趣味运动等实践活动，促进“群心向党”；组建“暖蜂邮我”护骑联盟，向全区快递物流行业提供五个方面26项具体服务。

二、特色亮点

坚持把党史学习教育同统筹疫情防控和经济社会发展结合，切实将党史学习教育成效转化为干事创业的强大动力。

一是凝聚抗疫力量，让党史学习教育更有效度。组织党员干部志愿服务1450余场、6.96万人次协助做好核酸检测、村居闭环管理等工作；开展近邻党建引领“无疫小区”创建，创新“流调—转运—隔离”全流程管理机制，率先全市建立信息化平台，管（封）控小区管控机制获国家工作组肯定；建立“三公（工）一大”流调机制，制定“1+18”常态化疫情防控工作方案，接种新冠疫苗119.1万剂次。

二是推进文明创建，让党史学习教育更有准度。紧扣创建目标，抓实抓细全区实地测评考察场所22类126个点位的迎检准备和周边环境治理；建立湾（滩）长制，完成正本清源改造12.7平方千米；鳌冠海域岸线保护和生态综合整治（鳌冠片区海域修复）工程获得“2021年海洋生态保护修复项目”财政资金2.06亿元补助；石塘农贸市场完成改造提升。

三是增强民生福祉，让党史学习教育更有温度。设立全市首个政务服务“无人超市”，提供192项网上服务；持续推进“放改服”改革，行政许可事项“一趟不用跑”事项占比99.9%，“秒批秒办”事项61项。做好高校毕业生等重点群体就业服务，推动失业人员再就业近9000人；推动4个社区养老服务设施建设，新开办1个幸福食堂；推进平安海沧建设，诉源治理工作经验被最高法院推广，“五星级”平安小区占比全市各区第一；海沧区获评“第二批福建省全域生态旅游示范区”“省级文明城区”称号。

四是推进乡村振兴，让党史学习教育更有厚度。推动乡村振兴试点示范村项目151个，完成投资5.8亿元；举办厦门·海沧桐花节助力乡村振兴提档加速，相关资讯全网浏览量突破1.1亿人次；莲花汤岸公寓、锦里村等9个农村集体经济项目有序推进；完成6.4千米“四好农村路”建设、1223栋裸房整治，推进77个自然村的农村生活污水治理提升。

五是用活红色资源，让党史学习教育更有深度。以8条红色参观学习路线相关故事背景为依托，制作海沧红色手绘地图，创新打造线上720度全景数字化展馆，实现扫码打卡及音视频播放；改造提升9处红色阵地，修复红色遗迹，收集整理革命故事；魁星楼、海沧革命烈士陵园获评全省首批革命文物，海沧全民国防教育馆列入“省级国防教育基地”。

六是深化两岸融合，让党史学习教育更有广度。新设立台胞台企商事登记服务专窗；成立全国首家“一带一路”国际商事调解中心涉台调解室，完成全省首例“跨海峡”远程立案；举办海峡两岸金沙书院散文奖、年度汉字评选等活动，共同纪念颜思齐开台400周年；台湾青年参与社区建设和乡村振兴工作得到充分肯定。

三、不断巩固拓展成果

组织开展习近平总书记致厦门经济特区建设40周年贺信重要精神大学习大讨论活动，总结党史学习教育成功经验，坚持把学习党史融入日常、抓在经常，以具体举措和实际成效展现担当、体现作为。

一要坚定不移捍卫“两个确立”，坚决做到“两个维护”。要把

党的政治建设摆在首位，深入学习习近平总书记贺信重要精神，把贯彻落实习总书记的殷切嘱托，转化为海沧全方位推进高质量发展超越的实际行动，确保各项事业始终沿着习总书记指明的方向，勇立潮头、勇毅前行。

二要坚定不移发扬奋斗精神，增强斗争本领。继承和发扬“敢闯敢试、敢为人先、埋头苦干”特区精神，涵养斗争意志。要强化终身学习意识，完善履职尽责必备的知识体系，努力成为所在工作领域的行家里手。要抓好后继有人这个根本大计，开展好海青优才行动，加强“选育管用”全周期管理，努力建设一支优秀年轻干部队伍。健全落实容错纠错机制，切实为担当者担当、为负责者负责。注重在重大任务、重大斗争一线发现和任用干部。实施新时代基层干部激励计划，关心关爱基层一线干部，为基层减负。

三要坚定不移扛起使命担当，为厦门努力率先实现社会主义现代化贡献力量。坚持产业立区，坚定不移培育壮大三大主导产业，加快培育引进一批百亿元龙头企业，鼓励辖区企业扩股增资，进一步推动产业链群式发展。坚持城乡协调，按照“高于岛内”的标准和要求，加速推进四个新城建设，适当超前布局基础设施，加快鳌冠环湾大道等重大交通项目建设，全面推进乡村振兴。坚持制度创新，持续深化“放管服”改革；高标准推动自贸试验区功能提升，融入金砖创新基地建设，做大做强中欧中亚班列；创新探索国企混改，加快盘活资产、推动房地产去库存。牢记国家级台商投资区使命，落细落实惠台政策，着力做好“通”“惠”“情”三篇文章，着力在对台产业融合上下工夫，持续推动两岸文化、社会多领域融合发展。

四要坚定不移践行为民初心，走好新时代党的群众路线。要树立正确政绩观，始终坚持以人民为中心的发展思想，把增进人民福祉作为想问题、作决策、办事情的出发点和落脚点，从最困难的群体入手、从最突出的问题着眼、从最具体的事情抓起。要始终为民办实事，梳理总结“我为群众办实事”活动中的好经验好做法，形成可复制推广的长效机制，确保各级党组织和广大党员为群众办实事、解难题。

五要坚定不移加强党的建设，提供坚强政治保证。巩固和深化党史学习教育成果，在推动自我革命、深化全面从严治党上持续用力，扛牢管党治党政治责任，加强干部队伍建设，大力正风肃纪反腐。要高质量开好党史学习教育专题民主生活会，做好每个环节工作，开展批评和自我批评，达到坚持真理、修正错误、统一意志、增进团结的目的。高标准组织好大学习大讨论活动，要把活动与深入推进党史学习教育结合起来，建立常态化长效化机制；与学习贯彻中央精神及省市区党代会部署结合起来，推动思想认识和能力作风全方位提升；与提振创先争优精气神结合起来，推动广大党员干部永葆“闯”的精神、“创”的劲头、“干”的作风，勇担新使命、展现新作为，以走在前列的工作实效检验活动成效。

（区委办　区委宣传部）

新冠肺炎疫情常态化防控

新冠肺炎疫情发生以来，海沧区按照“外防输入、内防反弹”总策略，深入贯彻“动态清零”总方针，保持应急状态，抓好疫情防控各项工作，有效保障人民群众身体健康，为统筹促进经济社会发展营造良好环境。

一、基本情况

2021 年，海沧区排查 2795 人，核实需管控 2709 人；接收外地协查 132 人（其中密接 9 人、次密接 123 人）；核酸检测 508.48 万人次（含 9 月本土疫情全员核酸 434.92 万人次），转运 10313 人（其中境外人员 4403 人，9 月本土疫情 5375 人）。全年报告确诊病例 58 例（其中境外输入性确诊病例 50 例，本土确诊病例 8 例）。

二、强化组织领导，扛好疫情防控政治责任

（一）健全体系架构，完善组织体系

按全区一盘棋统筹疫情防控工作，健全完善指挥体系，统一指挥调度各部门各街道按职责分工、协作配合，全面做好应急处置和常态化防控工作。

完善平急一体化指挥体系。学习上海等地先进经验及做法，梳理总结 9 月本土疫情处置经验教训，并通过桌面推演、演练等方式不断完善指挥体系，优化组织架构。由原来的 14 个工作组调整为综合协调组（办公室）、疫情防控组、核酸检测组、流调溯源组、隔离场所管理组、医疗救治组、交通防控组、垃圾污水处置组、物资供应保障组、市场供应监管组、社会稳控组、基层防控组、小区封控管控组、外事组、进口冷链食品疫情防控组、海上疫情防控组、港区港口防疫组、校园疫情防控组、企事业团体健康服务组、宣传与舆论引导组、督导检查组 21 个工作组。由区委、区政府主要领导担任双总指挥长；常务副区长任常务副总指挥，并和分管副区长兼任综合协调组组长。

2021 年 7 月 31 日，海沧区举行全员核酸采样演练　（郑伟明　摄）

成立常态化防控工作专班。抽调精干力量组建区常态化疫情防控工作专班，作为指挥部日常办公机构和协调机构，负责统筹、协调、组织流调溯源、信息协查、核酸检测、数据摸排、交通转运、居家隔离管控、信息报送以及常态化督导检查、人员培训等工作。一方面从全区各部门、各街道抽调 16 名人员，在区行政中心集中办公，承担各项日常工作；另一方面，整合卫健、公安、工信、建交、文旅等部门力量，成立“三公（工）一大”融合流调溯源专班，在海沧公共卫生大楼 9 楼集中办公，负责日常的应急处置工作。召开 7 次指挥部会议、发布区级通告 25 份、形成 365 期《防控工作日报》，科学精准迅速处置 9 月本土疫情，高效处置 3 起假阳性、疑似阳性病例事件。

（二）坚持党建引领，筑牢疫情防控“红色堡垒”

加强党建引领，党员干部率先垂范下沉一线。推行“支部建在一线”工作法，在 9 月本土疫情期间，在全区封控管控区成立 2 个临

时党委、7个临时党支部、37个党小组，抽调全区机关、企事业单位1.1万余人次下沉一线，协助街道做好全员核酸检测、村居闭环管理、隔离场所专班、交通卡口检查、管控区域保障等任务。

开展“党旗飘扬践初心，疫情防控当先锋”活动。向全区各级党组织和广大党员发出倡议书，发动村（社区）、国企、机关等领域党员志愿者8970名，群众志愿者14711名参与基层疫情防控。

（三）理顺工作机制，强化能力建设

强化完善平急转换机制。指挥部按“平急一体化、防控常态化”原则，负责全区常态化防控和突发疫情条件下的应急指挥。常态化防控中，各工作组按工作职责开展疫情防控各项日常工作；在市级宣布启动应急状态、区指挥部研究决定启动应急响应、海沧区发生本土病例等情况下，区指挥部立即启动应急指挥体系，迅速提级管理，分别向各街道派出1名区领导下沉担任一线总指挥，实现指挥体系扁平化运转；各工作组迅速完成“平急”转换。

强化完善工作方案制定。各工作组对接上级职能部门，对照《厦门市加强常态化疫情防控工作方案》，按照定人定岗定职责，涉及地域布点的，制作电子地图；涉及程序性工作，绘制流程图，编制《厦门市海沧区加强常态化疫情防控工作方案》(“1+18”工作方案)，做到可量化、可操作、可考核。

强化储备队伍建设。制定《海沧区“三公（工）一大”融合协同工作机制和规程》，组建12支（24人）应急流调队、10支（15人）应急采样队，定期开展培训和演练。加强流调队伍及应急封控队伍储备，从教育系统和海投集团抽调200人作为储备流调队伍；从4个街道和公安系统抽调160人作为储备应急封控队伍，并组织开展业务培训。

强化应急处置能力建设。一是构建“区—街道—村（社区）”三级应急响应机制。在区级层面组建由卫健、公安、建交、文旅和各街道组成的疫情防控应急处置专班，实行集中办公、24小时值班，各街道也相应成立流调协查专班，在社区安排专人负责应急值班，构建区—街道—社区三级纵向到底的应急响应机制。成立以来，实际工作中成功处置3起人员疑似阳性事件、4起冷链货物阳性事件、1起监管仓外阳性事件和1起境外偷渡事件。二是强化应急演练。采用实战演练和桌面推演相结合的方式，常态化开展应急处置演练和全链条全要素演练，组织1场全流程全链条应急演练、1场散发病例状态下网格化“平急结合”机制试点应急演练、3起小区封控管控演练以及10余场涉疫人员转运演练。通过演练，全面检验海沧区防控体系全流程处置各个环节，持续提升能力建设。三是加快信息化平台应用。在应急演练中在全市各区率先使用疫情防控一体化平台，多次组织开展平台使用培训及线上演练，同步做好相关信息数据的录入系统工作，推进疫情防控一体化平台全面试运行，提升信息化应急处置能力。四是做好隔离场所和防疫物资储备工作。制定《全员核酸检测物资储备清单》《小区（村）封控管控物资储备清单》，按照本土疫情下2～3轮全员核酸检测做好各类防疫物资储备，按照每万人不少于20间的标准做好隔离场所储备工作，做好各项防控保障工作。

优化整合督导检查机制。督查检查组常态化保持13个监督小组，在发生疫情时，整合重组为“4+1+N”战时督导机制，建立一手直报信息指挥群机制。同时，强化督促问题整改闭环机制，完善对检查情况分类整理、逐项分析、督促反馈整改机制，确保督导有力有效。全年发现问题532个，其中，立行立改408个，推动解决105个。向区指挥部提出建议167条。

（三）从严从实，打赢9月本土疫情防控阻击战

面对9月输入性疫情，坚持快严细实，快速激活并完善指挥体系。本轮疫情海沧区报告确诊病例8例，全部治愈出院。

应急响应快。第一时间激活疫情防控应急指挥体系，按照“平急结合、动态调整”原则，调整强化指挥部成员和各工作组组成，落实24小时应急值班。区委、区政府主要领导靠前指挥、现场办公，召开65次会议、深入一线开展51次调研。

排查筛查快。在市规划数字技术研究中心大力支持下，开发“疫情相关人员信息运行系统”，确保风险人群底数清、关系明，实现密接、次密接每日动态清零、全面纳管。有序开展全员核酸检测，组织进行6轮全员核酸检测、2轮重点区域（嵩屿街道和海兴社区）核酸检测。开展核酸检测4349192人次，其中，1人1检161839人次，10合1混检4187353人次。

流调纳管快。率先组织“三公”融合流调，组织公安、工信、公卫等“三公”部门组成流调溯源专班，完善流调溯源、落地查人、

车辆转运、集中隔离、解除管理等全链条闭环管理机制。创新“流调—转运—隔离”全流程管理机制，搭建信息化平台，建立区级管理、街道调配的车辆调度机制，实行扁平化管理，转运密接次密接人数 5375 人。在 14 天内启用 24 个隔离场所，最高峰时期提供本土疫情隔离场所用房 11150 间，纳管密接 1604 人，次密接 3035 人和 3405 名同安区集中隔离人员。

封控管控快。根据确诊病例居住场所和活动轨迹情况，科学划分 6 个封控区、6 个管控区，并强化网格化管理。街道分别制定完善小区封控管控工作方案，分别成立街道工作专班（一线指挥部），强化管控区域网格化管理。对封控、管控区严格各项管理措施，确保人员只进不出。在解除应急后，各街道制定解除小区封控管控实施方案，做到“合格一个，解封一个”。同时，严格执行全市疫情防控有关规定，强化社会面管控，严格限制人员聚集。

物资保障快。通过启动紧急采购、发动企业捐赠、合理分批调配、协调运输配送等举措，紧急调度防疫物资，确保海沧区防疫物资保供有序。供应约 40 万人次的防护物资及各类消杀用品。

三、平急一体，切实筑牢常态化疫情防控“铜墙铁壁”

（一）坚持“外防输入”，突出“人、物”同防

强化密接、次密接人员管控力度。突出密接、次密接，国内中高风险地区入厦人员，红码人员等重点人员的信息登记和健康监测工作。24 小时响应，接到外地协查函或流调指令，立即启动流调溯源和轨迹摸排，有效落实管控措施。2021 年，接收外地协查的密接 9 人、次密接 123 人。

强化中高风险地区入厦人员管控力度。运用“大数据 + 网格化”，摸清社区人员底数，建立网格疫情防控专项台账清单。对溯源系统推送的重点地区人员排查数据实现“日产日清”。对城市小区，加强物业管理与入户排查。针对城中村，压紧压实房东责任，加强人员上报和管控。2021 年，海沧区排查 2795 人，至年底在管 618 人。其中，中风险地区 2 人、低风险地区 616 人；落实集中医学观察 216 人、居家医学观察 23 人、居家健康监测 379 人。

强化进口冷链食品疫情防控。坚持仓内仓外同管、线上线下协同，严守万纬集中监管仓进口冷链食品防控“前线”，2021 年，监管仓处置货物 3863 柜、32223 批次、95974 吨，采集核酸检测样本 79115 管，开具消毒证明 3863 份，规范处置阳性货物 38 批次、160.82 吨；做好全区 55 家进口冷链食品生产经营企业滚动摸排及进口冷链食品从业人员的动态管理，并依托“入厦进口冷链食品申报”和“入市必登”食品信息追溯平台，开展全链条追溯监管工作，线上核查监管流向信息 1289 条，线下抽查货物信息 250 条，立案查处 15 家企业，发出警告文书 13 份。

（二）坚持“内防反弹”，强化监测预警和屏障构建

强化预警监测。强化人、物、环境同监测。一是抓实“人”常态化核酸检测。进一步优化核酸采样点布局，在原有文化中心采样点的基础上，增设 4 个街道核酸采样点，加上长庚医院、海沧医院、国贸艾迪康、生物医药港等 4 个机构采样点，形成“1 个中心 +4 个基本点 +4 个辅助点”全方位采样布局点，满足海沧区日常核酸检测需求，并通过采购添置仪器设备、购买服务、与三家第三方检测机构达成协议等方式，保证疫情发生时能紧急在 48 小时内调度足够的检测人员和设施设备到位，保证海沧区核酸检测能力提高到 24 小时 12.5 万管，10 合 1 混检 125 万人次的检测量，高于全员核酸检测能力需求。2021 年，海沧区完成 508.48 万人次核酸检测。二是抓实“物和环境”常态化核酸检测。制定《海沧区常态化新冠病毒核酸检测及环境监测工作方案》《厦门市海沧区常态化新冠肺炎防控重点场所环境监测工作方案》，全面开展常态化核酸检测工作，并对重点场所中的冷库、商超、重点医疗机构、隔离场所、屠宰场、生产加工企业、农贸市场开展环境监测。至 12 月 25 日，常态化核酸检测 735615 人次，检测环境标本 450 份、食品标本 100 份、污水标本 70 份。三是充分发挥药店、诊所等基层医疗机构的哨点监测作用。落实平台登记、调查询问、追踪回访等全链条管理要求，筑牢疫情防控筛查关口。

抓紧疫苗接种工作进度。强化组织领导，建立疫苗接种日通报、周汇报制度。注重因人施策，针对 3～11 岁、60 岁以上“一老一小”人群，建立目标人群个性化台账，实行“一日一调度、一日一计划”，实时更新人员动态和未接种原因。创新接种模式。开设体育中心、长庚医院和 5 个社区卫生服务中心 7 个固定接种点，并组建 8 支疫苗接种流动队，在学校、村委会就近设

置临时接种场所为接种疫苗提供便利。2021 年，海沧区 3～11 岁人群第一剂接种覆盖率 95.02%，12～17 岁人群第一剂接种覆盖率 122.89%，18 岁以上人群第一剂接种覆盖率 98.63%，60 岁以上人群第一剂接种覆盖率 80.22%，强化疫苗接种覆盖率 60.15%。

健全“网格化”防控机制。将全区 4 个街道 47 个社区（村）调整划分成 625 个网格（新增 106 个网格），落实“三级包保”“五包一”及散发病例状态下一人一格的要求，分梯次制定区常态化疫情防控状态下、散发病例状态下和大规模疫情状态下的网格化人员信息表，形成市区街多层级网格增援力量。修订海沧区网格员管理实施办法，调整规范网格化疫情防控实施图和网格化“平急转换”机制工作流程图。利用区综治（网格）信息平台，画好全区一张网格图，利用信息化手段高效实现疫情防控网格信息“一屏通览”。

落实高风险岗位闭环管理。对高风险岗位人员实施“N+7+7”闭环管理，在隔离场所工作期间实行集中居住和“两点一线”封闭管理，并落实每隔 1 天 1 次核酸检测。将高风险岗位人员共同居住者纳入应检尽检范围，进行摸底并建立台账，督促隔离场所专班跟进每周 1 次核酸检测落实情况。

规范隔离场所管理。印发《海沧区隔离场所管理规程》《海沧区隔离场所储备和应急响应工作预案》，

2021 年 9 月 17 日，区纪委监委派驻第一纪检监察组到海沧街道锦里村进村卡口监督检查闭环管理卡口（区纪委监委　供）

建立健全隔离场所制度化、团队化机制，对隔离场所规范、隔离场所储备及运行机制进行细化完善并组织人员培训。

做好医疗机构感染预防和控制。加强对医疗机构、个体诊所监管。严格执行感染防控制度。加强重点科室、重点环节感染防控管理，细化医务人员穿脱防护服区域院感防控措施，并开展院感防控培训。

（三）强化社会面防控，严防聚集性风险发生

严格落实人员出行要求。坚持非必要不出境、非必要不到国内中高风险地区，提倡非必要不出省、不离厦，高风险岗位人员尽量避免出行。

严格落实聚集性场所管控要求。旅游景区和剧院、娱乐场所等公共场馆要落实“限量、预约、错峰”要求，控制人员接待上限，游客量不超过最大承载量的 50%；商场、超市、农贸市场、宾馆、酒店、餐馆、民宿、学校等场所要落实检测体温、查验健康码、佩戴口罩、一米线等措施，引导群众在公共交通工具、电梯等密闭空间和室外人群聚集场所全程佩戴口罩。

强化宣传引导，营造群防群治良好氛围。利用区级融媒体矩阵，开展疫情防控知识宣传和相关法律知识的宣传，教育引导群众知晓防控的责任和义务。宣传及监督引导中高风险地区返厦人员等人群主动申报，筑牢疫情防控的人民防线，同时加大移风易俗等宣传。

（海沧区疫情防控指挥部办公室）

海沧区培育发展战略性新兴产业获国务院办公厅通报激励

2021年5月7日，国务院办公厅发布《对2020年落实有关重大政策措施真抓实干成效明显地方予以督查激励的通报》，对2020年落实有关重大政策措施真抓实干、取得明显成效的全国216个地方予以督查激励。其中海沧区因“大力培育发展战略性新兴产业、产业特色优势明显、技术创新能力较强、产业基础雄厚”获通报激励。

2017年以来，海沧区把生物医药与集成电路、新材料列为全区三大主导战略性新兴产业，加大龙头骨干项目的引进和培植力度，推动三大主导战略性新兴产业加速发展。2021年，海沧区战略性新兴产业集群凸显，生物医药产业集聚效应明显，形成以医疗器械及诊断试剂为特色的产业集群，集成电路产业实现零的突破，初步形成以特色工艺、封装测试、设计为主的产业链布局，新材料产业实现链群式发展，形成具有区域特色的产业集群。三大主导产业全年产值601.19亿元，占全区规模以上工业总产值的33.2%，拉动全区规模以上工业产值增长17.8个百分点。

一、生物医药产业

海沧的生物医药零星项目始于投资区设立初期。2012年，海沧区推动产业结构的调整与升级，在厦门市统一规划的产业布局中，由海沧区在市级支持下具体承担生物医药港的建设发展，海沧生物医药产业进入以孵化为主的起步阶段。2014年，海沧区生物医药产业获批成为全省唯一国家“战略性新兴产业区域集聚发展试点”。2017年，厦门生物医药港建立“政府+园区+平台+基金+专家委员会”工作机制，并于2018年高位嫁接国家级专业服务机构，先后与中国生物技术发展中心、国家卫生健康委医药卫生科技发展研究中心两个国家级中心建立长效合作机制，打造国家级专业机构服务地方产业高质量发展的典范。2020年，厦门市召开全市生物医药创新发展大会，明确提出在厦门打造“中国生命科技之城”，厦门市制定“十四五”发展规划及《厦门市做强做大生物医药产业三年行动计划（2020—2022年）》，明确了全市生物医药产业的发展方向和实施方案。海沧区乘势发布《厦门生物医药港产业发展规划实施方案（2020—2025年）》，从产业发展目标、空间布局、发展路径、发展机制等方面制定可操作的行动计划。厦门生物医药港先后被国家部委认定为国家火炬特色产业基地、国家科技企业孵化器、国家小型微型企业创业创新示范基地、国家第三批大众创业万众创新示范基地（精益创业方向），入选国家战略性新兴产业区域集聚发展试点、国家战略性新兴产业集群工程等，在中国生物技术发展中心发布的2020年中国生物医药产业园区综合竞争力榜单中位列第15位，并在医疗器械单项排行中位列第三位。

1. 生物医药产业基地。厦门生物医药港作为厦门市建设生物医药产业集群的核心区，位于海沧北部片区，毗邻马銮湾新城，以翁角路中、西段为轴线展开布局，建成厦门生物医药孵化器、厦门生物医药中试基地、厦门生物医药产业园、厦门生物医药协同创新创业中心4个专业园区57.86万平方米的生物医药通用厂房以及数十家产业化阶段大型优质项目自建厂区组成的特色产业基地，为生物医药创新创业项目提供从早期研发到产业化生产所需的空间支持，构建服务于生物医药产业全生命周期的较为完善的“创新研发—孵化—中试—产业化”发展体系，成为长三角和珠三角之间的东南沿海地区规模最大、产业和人才集聚程度最高、对台交流最活跃的生物医药专业园区。

2. 生物医药产业发展。厦门生物医药港在新型疫苗、基因工程蛋白药物、体外诊断、助听器、骨外科植入材料、呼吸耗材等产业细分板块形成地方优势和特色，出现厦门金达威集团有限公司、大博医疗科技股份有限公司、厦门艾德生物医药科技股份有限公司、厦门宝太生物科技股份有限公司等一批上市企业。2012年至2021年，海沧生

大博医疗生产车间一角　（林广明　2021年12月9日摄）

物医药企业数由90家增至405家，产业规模由89.02亿元增至516.24亿元，其中，规模以上企业61家，产值371.38亿元。万泰沧海国产双价人乳头瘤病毒疫苗（国产二价宫颈癌疫苗）单品2021年产值突破55亿元，并获世界卫生组织PQ认证；特宝生物挂牌福建省科创板医药第一股；艾德生物获评国家第二批专精特新“小巨人”企业，宝太生物、博益宁获评国家第三批专精特新“小巨人”企业；大博医疗进入中国工商市值500强；艾德生物PCR-11基因伴随诊断试剂在日本获批上市。在新冠疫情防疫中，厦门生物医药港超过40家企业开展全产业链防疫产品的研发与生产。2021年，艾德、为正、安邦等18家企业进入商务部医疗物资出口白名单。2021年海沧新冠抗原诊断试剂出口额超过170亿元，约占全国新冠抗原检测试剂出口的1/3，其中宝太生物产品大批量出口欧洲，亮相G7峰会，2021年产值突破155亿元；万泰凯瑞、安邦生物、宝太生物生产的3个新冠病毒检测试剂产品在国内获批上市。2021年，生物医药完成签约落地项目68个，培育国家级高新技术企业70家。2016—2021年，国家总局批准的境内第三类医疗器械产品中海沧区有169项，分别占福建全省221项的76.47%、厦门市196项的86.22%。特宝生物、万泰沧海、力品药业、博瑞来等4家企业承担国家“重大新药创制”专项。

3. 生物医药人才聚集。2013年，厦门市发布《厦门市实施“海纳百川”人才计划，打造“人才特区”2013—2020年行动纲要》，全面提高生物医药产业人才队伍整体素质，推进生物医药产业创新创业。2017年，海沧区创新高技术人才培育模式，在全省率先试点职称评审机制改革，实行“企业自主评价+行业专业评价+市场发展评价”的评价模式，通过生物医药协会承担全市生物医药行业工程师评审工作。2021年，海沧区引进生物医药专业人才3万余人，领军型创新创业人才412人次，其中国家级人才59人次，省级人才111人次，市级人才227人次，其他人才15人次。厦门生物医药港被福建省人才工作领导小组授予全省首批产业人才聚集基地。

4. 生物医药创新平台。开展产学研技术合作，鼓励企业与厦门大学、浙江大学、中科院、武汉理工大学等国内重点高校和科研院所均建立长期的产学研技术合作，以产学研合作的形式转化落地戊肝疫苗、宫颈癌疫苗、高纯度氨糖等项目。厦门大学、海洋三所等还在园区设立技术平台、科研成果转化中心和学生实践基地。2020年，中科院苏州医工所在园区落户，建设医疗器械产业化急需的工程化平台；万泰沧海与厦门大学深入合作，凭借联合研发的具有自主知识产权的“大肠杆菌表达类病毒颗粒技术平台”与葛兰素史克合作研发新一代宫颈癌疫苗。鼓励高校科研院所、行业协会和园区专业服务机构牵头成立国家和省、市、区不同梯次的多元化协同创新网。至2021年，园区及企业参与成立全国体外诊断产业技术创新战略联盟、海峡生物医药产业技术创新战略联盟、厦门生物与新医药产业技术创新战略联盟、厦门海沧台商投资区生物医药协会、海峡两岸生技产业技术创新战略联盟，促进产业集群内的交流合作与协同创新。2021年，海沧区有与生物医药产业相关的国家级工程技术研究中心、企业技术中心6个，省市级重点实验室、工程技术研究中心、企业技术中心、新型研发机构32个，博士后工作站4个，市级及以上技术服务平台9个。此外，还引进科技服务机构100余家，投融资机构40余家，产业链上下游服务型企业10余家。

二、集成电路产业

2016年年底，海沧区启动集成电路产业发展规划工作，提出将发展集成电路产业作为提升经济发展质量、优化产业结构的战略重点。2017年，制订《厦门市集成电路产业发展规划海沧区实施方案》，并配套出台产业扶持及人才政策。2018年，制订《关于进一步加强集成电路产业人才引进培育的若干意见》，加大实物房保障力度、扩大货币补贴范围、加强人才子女就学支持、强化人才培养支撑，为打造国际一流集成电路产业人才聚集基地提供政策保障。2021年海沧区集聚集成电路专业型产业人才超3500人。海沧区在发展集成电路产业过程中，建立“政府＋园区＋平台公司＋专家团队”的产业发展机制，引进中科院微电子所专业人才，成立厦门半导体投资集团有限公司，并把它作为产业发展的平台和投资并购的主体，坚持按市场化、专业化原则独立运营，为海沧集成电路产业发展提供产业规划、资源导入等支撑。

1. 集成电路产业基地。2021年，海沧集成电路产业园有海沧信息技术产业园、海沧集成电路设计产业园和海沧半导体产业基地3大园区。其中海沧信息技术产业园是国内集成电路制造最为密集的区域之一，位于马青路以南，海新路以东，角嵩路以北，南海路以西，一期规划用地面积3.22平方千米；集成电路设计产业园以集成电路产业设计及应用为核心，位于厦门中心大厦，建筑面积4.4万平方米；海沧半导体产业基地是国内首个成规模的具备“研发＋中试＋量产”功能的半导体专业园区，以集成电路设计为核心的上下游、先进封装测试、晶圆制造、半导体、泛半导体装备材料等企业提供载体支撑，位于海沧南部新城片区角嵩路与南海二路交叉口东北侧，占地面积6.83万平方米。截至2021年，海沧集成电路产业园共落户通富微电、士兰微等集成电路产业链企业约50家。在南京举办的2021年世界半导体大会上，获评“2020—2021年中国十大集成电路高质量发展特色园区”。

2. 集成电路产业发展。自《厦门市集成电路产业发展规划海沧区实施方案》实施后，海沧区探索政府资源与市场手段结合的集成电路产业发展模式，导入重大科技项目资源和人才资源，寻求在细分领域打造比较优势、价值链优势，重点发展包括集成电路设计、先进封装测试（载板）、产品导向的特色工艺（MEMS、功率器件）等领域，重点支持国内龙头企业产能扩充和技术提升，先后引进士兰微12英寸（90/65纳米）芯片制造和6/4英寸化合物芯片制造、通富先进封装、金柏科技柔性载板、云天科技特色封装等重点制造业项目和开元通信（滤波器）、码灵半导体（二维码芯片）、烨映电子等芯片设计企业。2017—2021年，海沧集成电路产业园集聚产业项目约50个，集成电路企业总营业收入从无到有，增至26.3亿元，其中2021年规模以上集成电路企业产值15.44亿元，年工业产值亿元以上的企业有4家。海沧区集成电路产业先后获批国家级“专业资本集聚型”特色载体、厦门市科技企业孵化器、厦门市小微企业创业创新示范基地等荣誉，进一步凸显项目和企业集聚效应，初步形成以特色工艺、封装测试、设计为主的产业链布局。2019年，在新冠疫情防疫中，园区内的烨映电子作为红外测温芯片和红外体温计传感器的研发及生产商，为抗击新冠肺炎疫情做出贡献。2021年3月，在中国集成电路创新联盟大会上，厦门海沧士兰集科、通富微电、开元通信等6家集成电路企业联手获得“IC创新奖”产业链合作奖，评审专家高度评价其产业链、创新链、金融链“三链融合”推动半导体产业发展新模式。

3. 集成电路公共服务平台。海沧区在谋划集成电路发展之初，坚持开放发展的模式和路径，围绕产业需求，不断完善检验检测、应用技术研发、知识产权保护与交

建设中的金柏超精密集成电路柔性载板基材及相关模组设计、研发及生产项目
（郑伟明　2021年3月26日摄）

易、人才培训等功能，搭建高层次研发、服务平台，组建EDA公共平台，MPW服务平台，测试验证工程技术中心等公共服务平台，共建集产品展示、供需对接、技术交流、成果路演等功能于一身的集成电路产业融合发展平台，完善集成电路产业链创新生态。2017—2021年，与中国科学院微电子研究所合作共建产业合作（海沧）基地，与国家集成电路设计深圳产业化基地共建EDA公共设计服务平台，与清华大学微电子研究所合作共建嵌入式处理器与SOC设计服务平台，与厦门大学合作共建集成电路特色工艺与先进封装产教融合平台，与龙芯中科技术有限公司共建国产化信息技术生态体验与适配中心。同时，举办集微半导体峰会、中荷半导体产业合作论坛、传感器与MEMS技术产业化国际研讨会等高规格行业性会议，为产业、资本和地方政府提供高效的沟通渠道与合作空间。

三、新材料产业

2017年，海沧区将新材料产业列为三大战略性新兴产业之一，重点围绕厦门钨业、厦顺铝箔等龙头企业，按照“龙头培育—科技支撑—复合拓展”的思路，加强自主创新和产品开发，向以高附加值深加工为主转变，发展新型有色金属合金材料制造，发展贮氢合金、钴酸锂等新一代动力电池材料，深耕电池正极材料、铝箔加工、薄膜等优势产业，海沧区的新材料产业链集群态势初步显现，钨、钼，铝箔加工，薄膜，新能源电池材料4个产业链发展各具特色。2021年，海沧区举办首届新材料科技创新发展大会，共同探索“双碳”目标下新材料科技创新助力经济社会发展全面绿色转型的新路径。年内，多个新材料产业项目正在加快建设中，当盛新材料闪蒸法特种纸业基地项目投产后将填补国内空白，为全世界市场提供防护服布料；厦钨新能源锂离子电池材料产业化项目和厦钨硬质合金产业园项目，达产后年产值均超过100亿元；厦顺电池箔项目加速量产。2021年，海沧区新材料产业规模以上工业产值214.37亿元，比上年增长52.7%，其中年产值1亿元以上的企业有10家。

1. 厦门钨业。该企业是钨、钼产业链的代表，也是新能源电池材料产业链的代表。该企业是国内最大的钨钼产品生产与出口企业，国家级重点高新技术企业，也是全球规模最大、唯一具有完整产业链的钨系列产品生产企业。2021年，厦门钨业产值28.2亿元，比上年增长67.86%；钨、钼等有色金属制品业营业收入占比33.38%；入选福建制造业企业100强名单，位列第19位。厦门钨业，作为中国锂离子电池正极材料领军企业、全国六大稀土集团之一，2016年创新发展，适时介入新能源材料领域，设立下属企业厦门厦钨新能源材料股份有限公司，打造出一个全新的新能源电池材料产业链。2021年，厦钨新能源成功上市，拥有锂电正极材料6万吨产能的规模，产品涵盖钴酸锂、三元材料、前驱体、锰酸锂、磷酸铁锂、高镍材料等全系列新能源材料产品，广泛服务松下、三星、宁德新能源、宁德时代、比亚迪等国内外知名电池，市场占有率在同行业中排名第一。全年厦钨新能源产值69.2亿元，比上年增长91.16%。其中锂电行业营业收入155.04亿元，比上年增长94.64%。厦钨新能源主要下游领域3C、储能市场特别是新能源汽车市场持续向好，正极材料整体需求旺盛，实现7.2万吨销量。

2. 厦顺铝箔。该企业是铝箔加工产业链的代表。专注于高档薄规格铝箔的生产，企业铝箔年产能12万吨，量身定制铝板带生产线，专用于高精铝箔坯料、CTP版及瓶盖料的生产和研发，高精铝板带年产能22万吨，还投入电池铝箔研发生产，为中航科技、宁德时代等汽车电池企业提供原材料供应，缓解电池铝箔依赖进口的局面。2021年，厦顺铝箔产值41.1亿元，比上年增长22.69%，在厦门市企业家大会发布“2021年厦门市行业领军企业榜单”中，入围“先进制造业领军企业名单”。

3. 中仑新材。该企业是薄膜材料产业链的代表。旗下企业长塑实业是全球领先的高性能膜材供应商，中仑塑业是高性能聚合材料专家。2021年，厦门长塑生物基膜材BOPLA实现量产，代表在高性能膜材双拉技术领域的世界领先水平，推动生物基可降解材料普及化，助力中国实现“双碳”战略目标；自主研发的新型膜材科技产品长塑锂电膜通过IATF16949认证体系，获汽车行业“国际通行证”，率先攻克“卡脖子”技术，打破国际垄断，实现进口替代；获得第五届厦门市质量奖，成为中国功能性膜材BOPA行业内首家获得政府质量奖的企业。2021年，厦门长塑产值19.2亿元，比上年增长29.73%。

（区工信局　海发集团）

大事记

1月

5日　开元通信技术（厦门）有限公司宣布量产本土首款高集成度的H/M/L LFEM模组芯片产品EM5352。

28日　海沧区东瑶安居房（一期）7号、8号、11号、12号楼完成主体结构封顶。项目位于东孚街道东瑶村，建设用地面积3.7万平方米，总建筑面积约19万平方米，总投资54.84亿元。主要建设内容包括住宅1170套、停车位1549个。

2月

17日　采用厦门云天半导体科技有限公司开发的新型嵌入式玻璃晶圆扇出封装技术的高性能77GHz毫米波芯片和全集成隔离电源芯片在第六十八届国际固态电路会议（ISSCC 2021）上发布。

22日　海沧城建集团教育公司创办的第4所普惠性幼儿园——童瑶幼儿园开园办学。该园位于海沧区马銮湾水头东路以南，东孚南路以西，西园北路以北，地块东侧紧邻社区服务中心，总建筑面积3849平方米，规划办学12个班，可提供390个学位。

3月

2日　厦门市人大常委会首批基层立法联系点授牌仪式在海沧北附小社区人大代表联系群众活动站举行。海沧区嵩屿街道北附小社区是厦门市首批3个基层立法联系点之一。

5日　福建省妇联发布《关于命名2021年福建省巾帼文明岗的决定》，海沧区行政审批服务中心获“福建省巾帼文明岗”称号。

同日　中共福建省委实施乡村振兴战略领导小组办公室正式对外公布2020年度福建省十个乡村振兴重点特色乡（镇）名单，海沧区东孚街道获评“福建省乡村振兴重点特色乡镇”，是厦门市唯一获评“福建省乡村振兴重点特色乡镇”的单位。

10日　开元通信技术（厦门）有限公司宣布完成约3亿元的A轮融资。该轮融资由IDG资本领投，顺为资本、勤合创投、CSVI、朝闻天下、天珑移动等多家重要机构共同参与。

19日　海沧区打造8条红色观光线路，经市委党史学习教育办整合成全市15条红色观光线路向上级报送，并被中央党史学习教育办简报采用。

20日　在2021年中国集成电路创新联盟大会上，厦门半导体投资集团、开元通信、云天半导体、士兰集科微电子、士兰明镓化合物半导体、通富微电子6家企业联合获评第四届“IC创新奖”产业链合作奖。

29日　厦门市首个区级移动PCR方舱实验室（厦门艾德医学检验所移动PCR方舱实验室）在海沧区万纬集中监管仓投用。移动PCR方舱实验室投用后，万纬集中监管仓进口冷链食品核酸检测时间可由原来的5小时缩短至3小时，日均单管最大检测量可达8000例，区核酸检测能力提升近1倍。

31日　海沧区举办理论宣讲轻骑兵示范宣讲暨培训活动，全区16名老中青理论宣讲轻骑兵代表、区委宣传部党支部 42 位党员宣讲员参加活动。

4 月

7 日　厦门大学百年校庆全球校友招商大会上，云天二期、宝太生物、新格诺康、狄耐克 4 个厦大校友项目与海沧区政府签约，总投资 64 亿元。

同日　海沧区海达路与沧林路交叉口人行天桥项目开工建设，项目总投资 579.28 万元。

9 日　海沧区召开 2021 年全区老年教育工作会议，为 16 名“讲党史、悟思想——奋斗百年路　启航新征程”海沧区老年大学教学点理论宣讲轻骑兵颁发教师聘书。

10 日　2021 年清明诗会在海沧社区莲塘别墅举行，活动通过在线直播的方式吸引 10 万多人观看。海沧区首批小小红色宣讲员在诗会上接受聘书。

12 日　海沧区组织开展心血管病高危人群早期筛查与综合干预项目，是海沧区“学党史、悟思想、办实事、开新局”为群众办实事项目之一。

同日　海沧区寨后北路（东段）市政道路工程项目开工建设，该项目总投资 613.62 万元。

15 日　中共海沧区委常委会审议通过海沧区党史学习教育实施方案及 6 个配套子方案。

18 日　第十四届海峡两岸（厦门海沧）保生慈济文化旅游节在海沧区青礁慈济祖宫开幕。

同日　颜氏开漳祖祠揭牌暨纪念颜思齐开台 400 周年庆典在青礁村开漳堂举行。

24 日　2021 年（厦门·海沧）天竺山桐花节在天竺山景区四季花谷开幕。活动以天竺山四季花谷和百竹园 2 个桐花盛花区域作为主会场，持续 10 天。

25 日　海沧区东孚南路（二期）通过竣工验收，开放通行。项目位于马銮湾西片区，南起东孚西二路，北接东孚北路，道路设计为双向六车道，总长 4.5 千米。

26 日　厦门轨道 2 号线东瑶站由厦门轨道集团负责投入运营。

30 日　棠潮园艺暨班纳利中国育种中心项目开工仪式在海沧区举行。棠潮园艺暨班纳利中国育种中心由厦门爱垦园艺有限公司和德国班纳利种子有限公司共同出资建设，总投资约 2 亿元。班纳利中国育种中心是班纳利继德国、荷兰、美国之后，布局全球的第四个育种中心，同时也是亚洲亚热带地区首个育种中心。

5 月

4 日　由海沧区委宣传部参与出品，厦门六中合唱团演唱的中国共产党成立 100 周年献礼曲暨电影《让这首歌作证》推广曲《燃烧》在学习强国总平台发布，并在央视频、央视新闻 +、新华社现场云、福建广电、厦门广电进行同步直播。

4—5 日　厦门海沧城建天视公司引进并承办的“2021 年‘欧啦杯’游泳俱乐部大联盟全国联赛（厦门站）暨第四届两岸三地少年儿童游泳联谊赛”在海沧体育中心游泳跳水馆举行。来自全国各地的 47 家俱乐部、1600 余名两岸青少年游泳运动员参加。

8 日　海沧法院台胞调解员工作室揭牌成立。该工作室设于市台商协会。

同日　厦门市计量检定测试院和大博医疗股份有限公司联合实验室启动。

11 日　厦门士兰集科微电子有限公司启动第一条 12 英寸芯片生产线“新增年产 24 万片 12 英寸高压集成电路和功率器件芯片技术提升及扩产项目”，该项目总投资 20 亿元。

12 日　海沧法院受理 1 起由美国当事人提交的跨境网上立案申请，并成功办理全省首例外籍当事人跨境立案。

18 日　海沧法院与嵩屿街道海达社区签署合作协议，揭牌成立合作父母教育社区课堂。

20 日　马銮湾新城片区东孚南路退线绿化工程开工建设。项目总用地面积 49635 平方米，投资总额 911.5 万元。

22 日　2021 年首届海沧家装节在马銮湾广场开幕。活动仪式上，海沧家装节暨新阳工旅启动、海沧家装节网购平台上线，并为中央广播电视总台新媒体学院实训基地——厦门马銮湾直播基地授牌。

28 日　厦门市首个 24 小时综合政务便民服务中心——马銮湾新城 24 小时政务便民服务中心启用，为辖区居民提供交管、人口、法制、税务等 124 项自助服务。

29 日　华西海圻厦门工作站在厦门生物医药港揭牌。厦门工作站是继上海之后，华西海圻设置的第二个工作站。

6月

2日　华侨大学附属厦门长庚医院挂牌。厦门长庚医院成为华侨大学非直属附属医院。

4日　海沧区人民政府新阳街道办事处、故事匣子影视文化（天津）有限公司、耀达（厦门）影视产业有限公司三方签订战略合作协议，共同推动“西虹市影业——故事匣子项目”落户海沧。项目拟投资1.2亿元，主要从事电影摄制、电影发行、电影放映等影视产业相关业务。

7日　海沧法院发布《涉台劳动争议审判白皮书（2015—2020年）》。

9日　在南京举行的世界半导体大会上，海沧集成电路产业园获评2020—2021年中国集成电路高质量发展十大特色园区。

同日　福建盛迪医药有限公司投产。

同日　第四批福建省国防教育基地授牌仪式在海沧举行。包括海沧区全民国防教育馆在内的8个单位被命名授牌为省级国防教育基地。

16日　海沧区直机关工委在厦门沧江剧院举办献礼中国共产党成立100周年文艺晚会。

同日　《2021年海沧区庆祝中国共产党成立100周年“爱国心·家乡情·强国志”主题征文优秀作品集》印发。3月初，征文比赛启动；截至4月底，收到全区干部群众投稿597篇。

21日　“药品监管普法和科普教育基地”授牌仪式在海沧区青礁小学举行。

25日　海沧区“党的盛典　人民的节日”庆祝中国共产党成立100周年党史学习教育书法作品展在市民文化广场展出，展出作品106幅，展期10天。

25—26日　第五届集微半导体峰会在海沧举行。该届峰会以“心芯本相印，变化有鲲鹏”为主题，1400多名嘉宾到场。

26日　全市首个田园朗读亭在海沧东孚欧森香草园揭幕。该朗读亭由东孚街道办、厦门广电广播中心共同建设。

27日　由全国首位女指挥家郑小瑛担任艺术总监的“百年辉煌　初心不忘”毛泽东诗词交响组歌音乐会在海沧举办，800余人到场观看。

28日　海沧区举行全省首个区级药品经营行业协会党组织——海沧区药品经营行业协会党支部授牌仪式暨非公领域新党员宣誓活动。

30日　在中国共产党成立100周年之际，海沧区召开“两优一先”表彰大会，全区表彰优秀共产党员70名、优秀党务工作者70名、先进基层党组织60个。

7月

1日　海沧区“百年奋斗　百年华章”庆祝中国共产党成立100周年邮票图片展开展，展期持续至15日。

20日　开元通信技术（厦门）有限公司宣布出货1亿颗射频芯片，为10月达到每月1亿颗射频芯片生产规模打下基础。

22日　海沧区在厦门中心举办2021年第二轮国家级高新技术企业认定政策专题培训会，30家科技型中小企业的负责人和财务人员参加培训。

23日　2021年“清新福建·气候福地”首批气候康养福地推荐认定结果公布，天竺山景区通过评审，成为全省首批24个被授予“清新福建·气候福地”气候康养福地称号的申报地之一，也是厦门市首个获评的A级景区。

同日　厦门海华电力科技有限公司宁店110千伏变电站进入24小时试运行阶段，标志着厦门宁店110千伏变电站工程送电成功。厦门海沧信息产业园增量配电业务为国家发改委第二批增量配电业务改革试点项目，厦门海华电力科技有限公司为该项目业主单位，试点范围规划新建2座110千伏公用变电站和2座110千伏用户变电站。

26日　海沧区举办“今夏有邻　护童成长”暑托班开办暨嵩屿街道暑托班开班仪式，作为全国建设新时代文明实践中心的试点，海沧区新时代文明实践中心牵头，联合区教育局在全市率先开办36个免费暑托班。

8月

4日　厦门中心商业项目——漫乐城举行开工仪式，标志厦门中心商业项目进入施工阶段。

5日　厦门厦钨新能源材料股份有限公司在上交所科创板上市，成为继特宝生物之后海沧区第二家、厦门市第三家在科创板上市的企业，也是福建省首家分拆上市的企业。

11日　工信部下属赛迪顾问园区经济研究中心发布“2021年园区高质量发展百强榜”，海沧台商投资区位居第83位，是福建省3个上榜的园区之一。

12 日　万泰沧海生物医药项目工程二期竣工。项目总投资 6.7 亿元，将作为国产九价宫颈癌疫苗的生产基地，预计在 2022 年春节投用并启动工艺验证。

13 日　海沧法院发布全国法院首份高空抛物社会认知度调查报告，调查非法律职业、未接受法学教育的社会公众对高空抛物现象及相关法律法规的认知程度并进行差异化分析。

9 月

8 日　第二十一届中国国际投资贸易洽谈会福建省重大项目专场签约活动上，“厦门安捷利美维半导体封装载板研发制造项目”签约落地海沧，签约投资额 25 亿元。

同日　在第二十一届中国国际投资贸易洽谈会“人才项目资本合作展”启动仪式上，厦门市人力资源服务产业园（海沧园）作为厦门市首批市级人力资源服务产业园运营机构获授牌运营。

14 日　第二十二届电子封装技术国际会议（ICEPT 2021 年）在海沧区举行。受新冠肺炎疫情影响，此次会议采取线上方式举行。

15 日　海沧区开展第一轮全员新冠病毒核酸检测。

同日　决定增设区应对新冠肺炎疫情工作指挥部核酸检测工作组。

16 日　海沧区开展尚未进行新冠病毒核酸检测人员的检测工作。

18 日　海沧区开展嵩屿街道、新阳街道片区第二轮全员新冠病毒核酸检测。

同日　中午 12:00 起封闭海沧（东孚）高速收费站出口，封闭厦漳大桥马青路匝道口。

19 日　海沧区开展海沧街道、东孚街道片区第二轮全员新冠病毒核酸检测。

同日　海沧区开展第二轮全员新冠病毒核酸检测。

20 日　海沧区开展第三轮全员新冠病毒核酸检测。

21 日　海沧区开展嵩屿街道行政区域、海沧街道海兴社区的全员核酸检测。

22 日　海沧区开展第四轮全员新冠肺炎病毒核酸检测；增设小区封控管控工作组；厦门市海沧区应对新冠肺炎疫情工作指挥部对指挥部综合协调组（办公室）成员及各工作组组成和职责作调整充实。

24 日　海沧区开展重点区域全员新冠病毒核酸检测，检测范围为嵩屿街道行政区域、海沧街道海兴社区。

25 日　海沧区开展第五轮全员新冠病毒核酸检测；成立应对当前新冠肺炎疫情流调工作指挥部，下设综合组、交通保障组、大数据组、人员闭环管理组、流调溯源调查组 5 个工作组。

26 日　成立嵩屿街道疫情防控指挥部。

10 月

3 日　海沧区开展第六轮全员新冠病毒核酸检测。

8 日　厦门市海沧医院互联网医院揭牌。市民只需通过“厦门市海沧医院”的微信公众号进入互联网医院平台，即可选择医生进行线上免费咨询。

10 日　海沧城建市政公司启动“厦门智慧海上环卫”系统，融入无人机、无人船，视觉判定以及实船联动等“陆海空天一体化”运作，引入海漂垃圾运移轨迹预测预报系统，以机械环卫打捞船“海环 001 号”为精准打捞作业主力军，由“智慧海上环卫系统”布控指挥形成“海上作业信息一张图”。

13 日　海沧区 H2021G02-G 工业地块在厦门市土地矿产资源交易市场网上挂牌成交。该地块位于一农片区海翔大道与茂林路交叉口西南侧，用地面积 8.7 万平方米，由厦门宝太生物科技股份有限公司以 5020 万元竞得，拟建设 POCT 体外诊断试剂产业园。

14 日　中国共产党厦门市海沧区第五次代表大会开幕。

同日　由厦门生物医药港企业——厦门万泰沧海生物技术有限公司与厦门大学联合研制的首个国产宫颈癌疫苗（馨可宁®，Cecolin®）通过世界卫生组织 PQ 认证。这是国内第一支通过世界卫生组织 PQ 认证的宫颈癌疫苗，也是第一支由发展中国家拥有完全自主知识产权而获得国际认可的宫颈癌疫苗。

15 日　中国共产党厦门市海沧区第五次代表大会闭幕。

22 日　海沧区 H2021G03-G 工业地块在厦门市土地矿产资源交易市场网上挂牌成交。该地块位于一农片区湖头路与下湖南路交叉口南侧，用地面积 1.3 万平方米，由艾普偏光科技（厦门）有限公司以 730 万元竞得，主要生产色弱矫正镜片、防激光镜片、毛坯光学镜片、运动太阳镜等产品。

27—28 日　第十届中国创新

创业大赛、第六届“创客中国”中小企业创新创业大赛（厦门赛区）暨第七届“白鹭之星”创新创业大赛举行决赛，来自海沧的厦门英博迈生物科技有限公司、厦门通灵生物医药科技有限公司分别获得初创企业组和成长企业组的一等奖。

28日　在2021年中国MEMS创新创业大赛决赛上，海沧区重点集成电路设计企业——开元通信技术（厦门）有限公司获产品“创新奖”一等奖。开元通信的“矽力豹”系列滤波器芯片是国内唯一量产的8英寸BAW产品，可有效解决国内先进滤波器技术、产品“卡脖子”问题。

29日　农业农村部新闻办公室举行新闻发布会，介绍乡村治理创新典型相关情况。海沧区“规范权责事项，推动村居减负增效”的经验做法得到中央农办、农业农村部、国家乡村振兴局肯定，入选第三批全国乡村治理典型案例。

30日　海沧区建成区正本清源改造项目施工。项目以海沧街道、新阳街道、嵩屿街道、东孚街道4个片区推进海沧建成区54.4平方千米改造工作，立项总投资11.9亿元。

11月

5日　海沧区首个花漾街区项目完工。项目选址于滨湖路天源段，通过花境营造、海绵改造、垂直绿化、完善标识等形式，对1.26万平方米公共绿地实施城市造景。

6日　福建省“十强”“十佳”“十优”县（市、区）与企业推进产业发展交流会在福州举行，海沧区获评2021年福建省城市发展“十优”区。

11日　海沧区海洋灾害风险普查项目通过评审验收，标志海沧区成为福建省首个完成第一次海洋灾害风险普查任务的非试点县（区）。

12日　海沧区检察院驻厦门海警局海沧工作站检察官工作室举行揭牌仪式，成立全市首个派驻海警工作站检察工作室。

15日　位于马銮湾新城海沧片区的东瑶安居房（一期）项目全面完工，该项目是市重点民生工程，作为地铁2号线东瑶村的拆迁配套安置项目。

18日　由海沧城建开发公司与优望公寓合资精装建设的海新阳光公寓启动试运营。公寓建筑面积43041平方米，总套数735套，为全市首个公园系超大型公寓综合体。

12月

11日　海沧半导体产业基地第一家入驻企业——厦门云天半导体科技有限公司举行晶圆级先进封装与无源器件生产项目开工仪式，标志海沧半导体产业基地启用。

15日　厦门当盛新材料有限公司完成数亿元的A轮融资。当盛新材料致力于研究、开发、生产、销售闪蒸法特种材料，是中国唯一一家掌握闪蒸法特种材料全套量产级工艺的生产制造商。

18日　在2022第三届中国半导体投资联盟年会暨中国IC风云榜颁奖典礼上，海沧区集成电路设计企业——开元通信技术（厦门）有限公司获“IC风云榜年度最具成长潜力奖”。

19日　厦门市委市政府组织庆祝厦门经济特区建设40周年重大项目集中开竣工活动，海沧区分会场设在万泰沧海生物医药项目工程二期现场，集中开竣工项目8个，总投资31.1亿元。

20日　2021年第十六届“中国芯”集成电路产业促进大会在珠海开幕，大会同期对第十六届“中国芯”优秀产品征集结果进行介绍并举行发布仪式，海沧集成电路企业开元通信和烨映电子获第十六届“中国芯”芯火新锐产品奖。

同日　厦门元初国际供应链有限公司入驻厦门中心。

21日　海沧区海沧街道社区卫生服务中心揭牌。该中心为海沧区嵩屿街道社区卫生服务中心沧江分中心，总建筑面积16825平方米（地上面积9600平方米），总投资约8000万元。

27日　由中国信息化研究与促进网联合国衡智慧移动大数据联盟、中国日报网等权威机构根据网站综合影响力、工作绩效等指标评定的“2021年度中国政务网站领先奖”公布，全省83个县（市、区）仅海沧、晋江入选。

28日　“2021年度硬核中国芯评选”获奖榜单揭晓，海沧集成电路设计企业澎湃微电子有限公司及其产品分别获得“2021年度国产替代卓越表现企业”“2021年度最佳MCU芯片”两项荣誉。

30日　厦门市海沧区人民检察院与厦门市公安局海沧分局共同设立的侦查监督与协作配合办公室揭牌启用，是厦门市首个侦查监督与协作配合办公室。

（区政府办　区委宣传部供）

责任编辑、校对：庄玉凤

区情概览

自然环境

【位置】 海沧区位于厦门市西南部，地处北纬24°25′18″至24°38′50″、东经117°52′51″至118°04′17″。海沧区全境位于海沧半岛，与厦门岛隔海相望，位于厦门本岛西面，南临九龙江出海口，西与漳州台商投资区接壤，北与集美半岛相连，处于闽南厦漳泉金三角地区的突出部位，是福建南部拓海贸易的重要港口，中国大陆主要的国家级台商投资区。

【面积】 2021年，海沧区总面积18472.58公顷，其中，海沧街道面积3760.55公顷，新阳街道面积2236.34公顷，东孚街道面积4881.84公顷，嵩屿街道面积2705.52公顷，天竺山林场面积2723.41公顷，第一农场面积764.81公顷，海沧农场面积346.88公顷，海沧区岛屿面积165.19公顷，海沧区国有滩涂面积572.03公顷，海沧区马銮湾面积316.01公顷。

【地质】 海沧区区域地质构造处于闽东火山断拗带和闽东南沿海变质带。由于中生代西太平洋板块向大陆板块的俯冲作用，下地壳的再生岩浆沿断裂带上升形成大片中酸性—酸性南园组火山岩和燕山期侵入岩。除此之外，在全区东南部保存少部分梨山组变质粉砂岩。低洼处普遍堆积第四系冲、洪积层，海湾地带沉积第四系淤泥质海积层。

【地貌】 海沧区东北临马銮湾、东南临海沧湾，三面临海，海岸线长37.52千米（大陆岸线），水深港阔，有10多个岛屿分列其间。北靠仙灵旗山、天柱山，中贯蔡尖尾山，西连文圃山，形成南、北两片新城谷地。地貌类型可划分为：低山地、高丘陵、低丘陵、台地和平原（包括滩涂）。九龙江口海岸及东孚街道丘陵地带地势平坦。西北部天柱山海拔933米，中部蔡尖尾山海拔381.6米。

【土壤】 海沧区境域土壤有赤红壤、红壤、黄壤、水稻土、盐土、风沙土、潮土7个土类，16个亚类，36个土属。依照土地的不同用途，可划分为林地土壤、耕地土壤和滩涂3种类型。林地土壤主要分布在西北部的低山和高、低丘陵地区，以及中部的丘陵地带，可分为赤红壤、红壤和黄壤3个土类，7个亚类和16个土属。耕地土壤是辖区占比最大的土壤类型，约占土地总面积的1/3。按利用形式不同，可分成旱作土壤和水田土壤：旱作土壤主要在西北部丘陵地带零星分布，面积很小，土壤表面受到侵蚀，耕作层浅薄，砂性重，有机质含量不高，是辖区主要的低产类型土壤；水田土壤即水稻土，主要分布在过芸溪两岸的冲积平原以及海积平原、低丘陵和少量山垄谷地，为辖区内主要农业生产用地土壤，根据成土母质、地形部位和水文条件可划分成渗育型水稻土、潴育型水稻土、潜育型水稻土和盐渍型水稻土4个亚类，8个土属，13个土种。滩涂分布在滨海地域，面积12平方千米，占土地总面积的6.5%，主要在马銮湾南岸，以泥、泥沙为主，少部分被填海造地，大部分可用于滩涂养殖。

【植被】 海沧区的林地植被基本为人工林、次生林，次生林主要分布在丘陵和沿海沙滩地，群落结构简单，树种种类单一；建群种有马尾松、相思树、木麻黄等。盐生植被分布于海滨滩涂，有盐地鼠尾粟、互花米草和南方碱蓬3个群落。水生植被主要指分布在水库、溪河、池塘等潭水水体中的淡水水生植物，农业植被包括防风林、果木林、农作物、道路和庭院绿化植物等。

【海域】 海沧三面环海，海域面积43.53平方千米。海岸线总长37.52千米（大陆岸线），自然岸线2.5千米，自然岸线保有率6.68%。岛屿主要分布在厦门西海域西部，有鸡屿、大屿、白兔屿、小兔屿、大兔屿、火烧屿、镜台屿、猫屿、吾屿、宝珠屿、猴屿11个无居民岛屿。因开发建设，冬共屿、钱屿与陆地连为一体。除火烧屿外，其余岛屿面积不大。火烧屿位于厦门西海域中部，海沧大桥从岛上穿过。火烧屿天然地形呈北东向展布的长条形，南北长0.9千米、东西宽0.4千米，面积24公顷。全岛东南部高，最高点海拔34.17米，西侧海岸有3个向海中突出的岬角和2个小海湾，后经人工改造，在西侧海岸修筑堤坝，2个海湾被填平。

（市自然资源规划局海沧分局）

【气候】 海沧区为南亚热带海洋性季风气候，主要特点表现为长夏无冬、春秋相连。气温年较差小，最高、最低温分别出现在7月和1月，春季气温低于秋季；年降水量较大，降水变化率相对同纬度地区小。具有明显的海洋气候特点：高温期长，气温变化小；干湿季交替，气候湿润；季风更替，影响气候变化。2021年海沧区气候特点：平均气温偏低，降水正常。年内，主要气象灾害有台风、暴雨、高温等。全年高温日数偏少，高温（≥35℃）日数有19天，日最高气温达40.1℃。

（区气象局）

2021年海沧区站点气温降水情况表

表1

站点	年平均气温（℃）	年降水量（mm）
海沧区政府	—	998
蔡尖尾山	20.7	1032.3
古楼农场	—	1037.8
溪头水库	—	1592.8
新阳街道	—	974.4
京口岩1	—	963.4
困瑶小学	—	1215.7
京口岩2	22.2	1076.7
远海码头	23.5	1179
儿童公园	23.2	981.2
祥露小学	23.7	1139.2
彩虹公园	23.5	1055.5
西坂菜地	22.6	1374.2
鳌冠村	23.2	944.1
嵩屿码头	23.3	1006.6
汤岸村	23.1	1395.4
海翔大道	23.2	1301.9
诗山村	23.2	1417.8
自贸区公园	23.2	1062.7
大屏山公园	22	1061
东坊庵	19.8	1778.7
文圃山	20.2	1160.1
龙门山	22.4	1029
文山	22.7	1241.1
青礁村	22.4	1123.5
后井村	25.9	994.3
大坑内水库	26.8	824.3
仙灵旗山	20.3	1480.8

【资源】 **土地资源** 海沧区2020年度变更调查结果显示，2021年，海沧区三大类土地面积分别为农用地8100余公顷、建设用地8500余公顷、未利用地1700余公顷。其中，湿地1184.31公顷，耕地534.52公顷，种植园用地1403.39公顷，林地5255公顷，草地467.47公顷，城镇村及工矿用地6608.18公顷，交通运输用地2059.51公顷，水工建筑用地24.98公顷，水域及水利设施用地821.34公顷。

水资源 海沧辖区多年平均地表水淡水资源量1.14亿立方米。主要分布在溪流、水库、池塘。过芸溪为泉水溪流，流水量小、流程短。辖区有小（1）型、小（2）型水库13座；海洋水分布在北部的马銮湾、东部的厦门西海域、南部的九龙江入海口水域。2021年海沧区暴雨天气特点为局地过程多、强度强。5月18日，受冷暖空气交汇影响，海沧区出现局部暴雨天气，日降水量最大出现在东孚街道东坊庵站，为164.2毫米。10月2日，受冷暖空气交汇影响，海沧区出现局部暴雨天气，过程最大雨量出现在东孚街道汤岸村站，为120.2毫米。2021年影响海沧区的台风个数少，主要受2109号台风“卢碧”影响，海沧区暴雨到大暴雨，日最大降水量和3小时最大降水量均出现在东孚街道西坂菜地农场站，分别为235.1毫米和96.4毫米（11:00—14:00）。全年降水正常，但时间分布不均，出现冬季气象中旱和春季气象特旱现象。1—4月海沧区降水持续偏少，总雨量仅106.4毫米（自贸区公园站）。

矿产资源 至2021年，海沧区发现和探明的矿种有地热、建筑用花岗岩和饰面用花岗岩3种。其中，地热、汤岸（日月谷）温泉，探明储量7.781兆瓦（MW）；原有建筑用花岗岩矿区5处，总探明储量5112.3万立方米；原有饰面用花岗岩矿区2处，总探明储量455.69万立方米，7处矿区现全部关闭，并完成矿山环境恢复治理。至年底，在采矿山仅厦门日月谷温泉度假村1家。

生物资源 海沧区植物资源有森林植物，主要乔木种类有马尾松、杉木、相思树、桉树等，灌木种类有桃金娘、车桑子、三角梅、紫薇等，草本植物有芒萁骨、禾草、菅茅、白茅等；盐生植物主要有盐地鼠尾粟、互花米草、南方碱蓬等；水生植物主要有凤眼莲、浮萍、空心莲子草、狭叶香蒲、水蓼等；水果植物主要有龙眼、荔枝、柑橘、芒果等；蔬菜植物主要有黄瓜、四季豆、小白菜、番茄、大蒜、萝卜等；药材植物主要有一见喜、白菊花等。水生动物的鱼类主要有石斑鱼、鲈鱼、罗非鱼、鲢鱼等，虾蟹类主要有长毛对虾、斑节对虾、锯缘青蟹等，贝类主要有牡蛎、花蛤、泥蚶等；陆生动物的哺乳类主要有山猪、山兔、松鼠、穿山甲等，鸟类主要有乌鸦、麻雀、白鹭、鸳鸯等，两栖爬行类主要有五步蛇、竹叶青、水蛇、蟒蛇等。

（市自然资源规划局海沧分局
区农业农村局　区气象局）

【自然灾害】 海沧区地质灾害主要分布于东孚街道过坂社区、蔡尖尾山、京口岩等山区及山前地带，灾害类型以崩塌和滑坡为主，引发因素多为人类工程活动，自然因素产生的灾害较少，雨季和台风暴雨期间为多发期。

（市自然资源规划局海沧分局）

建置　区划

【建置沿革】 海沧区所辖的海沧街道、嵩屿街道、新阳街道和东孚街道在历史上曾分别隶属于海澄县和同安县。1957年4月，今东孚街道境域从同安县划归厦门市郊区辖；1958年8月，今海沧街道、嵩屿街道、新阳街道境域从海澄县划归厦门市郊区辖。1987年7月，厦门市郊区更名厦门市集美区。1989年5月20日，国务院批准设立杏林、海沧地区台商投资区。1990年3月31日，成立厦门市海沧地区开发建设管理委员会。1993年3月，撤销厦门市海沧地区开发建设管理委员会，成立厦门海沧杏林台商投资区管理委员会，属市人民政府的派出机构。1996年1月，海沧镇、东孚镇从集美区划归厦门市杏林区辖。1997年9月23日，厦门海沧杏林台商投资区更名为厦门海沧台商投资区（以下简称海沧投资区），设立海沧投资区管理委员会。2000年7月4日，杏林区海沧镇划由厦门海沧台商投资区管理。2002年9月，原杏林区杏林镇的新垵、霞阳两个村和东孚镇的祥露村划归海沧镇辖。2003年4月26日，国务院批准原厦门市杏林区更名为海沧区，区人民政府驻地由杏林南路29号迁至海沧镇。同年8月5日，厦门市海沧区正式挂牌，辖海沧、东孚2个镇。海沧区是全国成立最早、面积最大的台商投资区。中共海沧台商投资区工作委员会、厦门海沧台商投资区管理委员会为中共厦门市委和厦门市人民政府的派出机构，与中共海沧区委、海沧区人民政府分别实行“一套班子、两块

2021 年海沧区行政区划情况表

表 2

街道	社区居民委员会	村民委员会
海沧街道	海沧、温厝、海兴、海农、临港	渐美、囷瑶、青礁、后井、锦里、古楼
新阳街道	霞阳、祥露、兴旺、兴祥、一农、翁厝、孚中央	新垵
嵩屿街道	鳌冠、东屿、钟山、海发、海达、海翔、海虹、海盛、海景、未来海岸、北附小、海林	石塘、贞庵
东孚街道	天竺、过坂、凤山、莲花、东埔、寨后、山边、孚美	东瑶、鼎美、后柯、芸美、贞岱、洪塘

牌子”。2006 年，海沧镇撤镇改街，并析设为海沧、新阳两个街道。2015 年 1 月 1 日，海沧街道拆分为海沧、嵩屿两个街道，6 月 24 日嵩屿街道挂牌成立。2015 年 1 月 22 日，东孚镇撤镇改设街道，行政区域不变，6 月 19 日东孚街道挂牌。2018 年 3 月 15 日，拆分嵩屿街道海虹社区，增设嵩屿街道海盛社区和海景社区，7 月 5 日海盛社区居民委员会挂牌，11 月 1 日海景社区居民委员会挂牌。2018 年 5 月 25 日，拆分新阳街道兴旺社区，增设新阳街道兴祥社区居民委员会。同日，设立新阳街道一农社区居民委员会、海沧街道海农社区居民委员会。2018 年 6 月 30 日，海沧街道海农社区居民委员会挂牌，海农社区事务归属海沧街道管理。2018 年 7 月 18 日，新阳街道一农社区居民委员会挂牌，一农社区事务归属新阳街道管理。辖区面积 730 公顷，下辖湖头、孚中央、山边洪、下陈 4 个自然村和佳隆花园 1 个小区。2021 年 4 月 2 日，经海沧区政府批复，海沧街道新成立临港社区；新阳街道新成立翁厝社区、孚中央社区；东孚街道新设立孚美社区，并于 7 月 1 日挂牌。

（区民政局）

【行政区划】 至 2021 年 12 月，海沧区隶属厦门市不变。海沧区政府驻滨湖北路。海沧区辖 4 个街道，47 个村（社区），其中 15 个建制村、12 个“村改居”社区、20 个城市社区，及厦门市第一农场、海沧农场、天竺山林场 3 个农（林）场。

（区民政局）

人口　民族

【人口】 2021 年，海沧区总人口 673961 人，其中，常住人口 83115 户、280057 人，流动人口 393904 人。常住人口中男性 134180 人，女性 145877 人，性别比 91.98，人口出生率 13.1‰，人口死亡率 1.6‰，自然增长率 11.5‰；迁入人口 20434 人，迁出人口 7751 人，机械变动人口增加 12683 人。全区常住人口密度为每平方千米 1516 人。其中，东孚街道人口密度每平方千米 552 人，海沧街道人口密度每平方千米 1359 人，嵩屿街道人口密度每平方千米 3541 人，新阳街道人口密度每平方千米 1762 人。

2021 年海沧区人口情况表

表 3

街道	总人口（人）	常住人口户数（户）	常住人口（人）	常住人口中		常住人口出生率（‰）	常住人口死亡率（‰）	常住人口自然增长率（‰）	流动人口（人）
				男性（人）	女性（人）				
海沧街道	111434	17779	63001	30165	32836	12.23	2.3	9.93	48433
新阳街道	222403	12959	42803	20581	22222	16.56	1.63	14.93	179600
东孚街道	103092	15895	50646	24289	26357	14.26	2.11	12.15	52446
嵩屿街道	237032	36482	123607	59145	64462	11.88	1.02	10.86	113425
合　计	673961	83115	280057	134180	145877	13.1	1.6	11.5	393904

【民族】 2021年，海沧区常住人口有33个民族，其中，汉族275037人，占98.21%；少数民族32个，5020人，分别是藏族、回族、苗族、彝族、壮族、满族、侗族、瑶族、白族、傣族、黎族、佤族、畲族、土族、羌族、京族、赫哲族、基诺族、蒙古族、布依族、朝鲜族、土家族、哈尼族、高山族、纳西族、仫佬族、毛南族、仡佬族、锡伯族、达斡尔族、俄罗斯族、鄂温克族。

（海沧公安分局）

经济社会发展

【概况】 2021年，海沧区统筹疫情防控与经济社会发展，实现“十四五”规划良好开局。11项主要经济指标中，8项指标高于省市平均水平，其中5项指标增速位居全市各区第一。实现地区生产总值938.24亿元，按可比价格（下同）计算，比上年增长11.9%。全区财政总收入237.26亿元，比上年增长25.6%；区级财政收入40.14亿元，比上年增长18.1%。区级财政支出70.86亿元，比上年下降2.0%。合同外资完成14.73亿元，实际到资17.34亿元。全社会固定资产投资（不含农户）比上年增长15.1%。全体居民人均可支配收入60859元，比上年增长11.3%，其中，城镇居民人均可支配收入61664元，增长10.1%；农村居民人均可支配收入36948元，增长12.7%。全体居民人均消费性支出41667元，比上年增长14.7%。

【产业发展】 2021年，海沧区工业经济领跑全市，集成电路与生物医药产值均实现倍数级增长，培育厦钨新能源等上市企业和宝太等百亿级企业；超七成规模以上工业企业增产。规模以上工业产值1809.25亿元，比上年增长27.6%。新增“小升规”50家、十亿级企业5家、百亿级企业1家，入选福建省工业现有龙头和培育企业31家。战略性新兴产业集群凸显，获国务院办公厅通报激励。生物医药产值实现翻倍增长，步入产业链协同创新、齐头并进的集中回报周期；万泰沧海自主研发的宫颈癌疫苗获世界卫生组织认证，全国首座硼中子俘获治疗中心竣工。集成电路产值比上年增长363.8%，新增4家产值过亿企业，士兰12英寸二期启动，金柏半导体项目竣工。新材料产值比上年增长51%，厦钨新能源成功上市。现代制造业更具活力，机械制造、智能家居等优势产业产能提升，佳浴陶瓷、捷太格特等新产线投产。现代服务业稳步发展，海沧港集装箱吞吐量963.45万标准箱，占全市的75%，中远海运等项目开工建设，海润码头智能化改造项目投入试运行。新引进并入统批发零售业项目110个，实现营收304.79亿元。

【招商引资】 2021年，海沧区落地项目853个、总投资1006.17亿元。引进紫金智控等高能级项目36个，落地新格诺康等总部项目3个，宝太生物等5个项目完成供地。实际使用外资17.34亿元，比上年增长15.8%。厦门中心引进元初食品总部等优质项目，推进高端酒店等项目洽谈。修订扶持政策5项，提升产业链招商精准度。

【自贸服务】 2021年，海沧区发挥自贸优势，海沧港综合保税区运营，21个项目签约入驻，总投资额超百亿。中欧（厦门）班列持续拓展，全省首列跨境电商专列正式发运。黄金珠宝、东南燕都、进口酒等重点园区平台加速发展，黄金珠宝产业园产值超140亿元，燕窝加工、进口酒等平台有序运营。提升行政服务便捷性，深化“互联网+”政务服务，办理全省首张“微信办”个体户营业执照。推进“放管服”改革，行政许可事项“一趟不用跑”事项占比99.9%，“秒批秒办”事项61项，实行工程建设项目“一窗受理”。新设商事主体近1.2万户，新增注册资本446.78亿元。落实减税降费10.86亿元，兑付扶持资金11.8亿元。开展“法治助企”行动，多元化解涉企纠纷152次。

【商贸旅游】 2021年，海沧区开展各类活动促进消费。全年批发零售总额4458.34亿元，比上年增长64.4%；社会消费品零售总额300.97亿元，比上年增长4%。开展主题促销活动，派发餐饮消费券，拉动消费；加大购车优惠促销和政策，鼓励消费者购车。举办“2021年（厦门·海沧）天竺山首届桐花旅游节”活动，融入“厦门休闲生活之旅”文旅主题活动，推出日月谷温泉度假村、咖啡梦工厂、“纸的时代”书店、莲塘别墅、海沧湾公园、妙吉祥香道等网红打卡点，打造新阳工业旅游路线、东孚片区运动休闲路线、海沧湾—马銮湾都市浪漫路线等旅游产品，开展“盛夏海沧乐活之旅”特色旅游线路采风活动，促进消费。全年住宿餐饮业营业收入14.69亿元，比上年增长17.7%。

【基础设施建设】 2021年，海沧基础设施日臻完善。城区开发形成气势，海沧隧道通车，轨道6号线海沧段车站全面封顶。海沧湾、马銮湾、沧江、鳌冠四大新城建设连片成势。交通路网不断织密，新建（改造）道路10.98千米，霞光西路及霞阳东路（南段）道路工程等14个道路项目完工，打通“断头路”寨后北路。新增停车位3063个，优化调整公交线路30条次、新增公交线路5条、新增团体定制公交线路18条、增设公交站点11个，更名公交站点2对。完成石塘等4个农贸市场的改造提升。

【乡村振兴】 2021年，海沧区乡村振兴持续深化，在全国乡村治理体系建设交流活动上作经验介绍。推动乡村振兴试点示范村项目151个，完成投资5.8亿元。推进9个农村集体经济项目。班纳利中国育种中心一期完成建设。推动一批农村建设品质提升项目，完成6.4千米“四好农村路”建设、1259栋裸房整治，分批推进77个自然村的农村生活污水治理提升。持续对口帮扶泾源县和屏南县，获评“福建省脱贫攻坚先进集体”。

【生态环境】 2021年，海沧区做好第二轮中央生态环保督察问题整改。年度公众对环境质量满意度持续排名全市各区第一。推进蓝天、碧水、净土保卫战，加强工业废气排放信息化监管，空气质量优良率100%；建立湾（滩）长制，马銮湾再生水厂和海沧水质净化厂投入使用，完成正本清源改造14.2平方千米；土壤环境质量保持稳定。打造低碳智慧工业园区和低碳试点区。绿色空间持续拓展，5座“口袋公园”投入使用，建成马銮湾生态三岛公园，新增（改造）园林绿地89.92公顷、绿道11.21千米，完成造林绿化545.13公顷。

【民生事业】 2021年，海沧区64项为民办实事项目基本完成。两岸融合走深走实，举办两岸散文奖，加深文化认同。新增学位1.77万个，完成中小学课后延时服务全覆盖。做好高校毕业生等重点群体就业服务，推动失业人员再就业近9000人，新阳人力资源市场投入使用。强化特殊人群保障，率先全市开展残疾人评定上门服务；被征地人员基本养老保险参保完成度岛外最高；推进低保扩面，发放困难群众救助金2139万元。海沧医院互联网医院揭牌。推动4个社区养老服务设施建设，新开办1个幸福食堂。加快佳芸花园等8个安置房项目建设，交付房源2191套。

【社会治理】 2021年，海沧区加强社会治理创新提升，推进47个村（社区）“两委”换届工作。获评“省级文明城区”。推进平安海沧建设，诉源治理工作经验被最高法院推广，刑事、民商事案件万人成讼率稳步下降，信访维稳取得实效。“五星级”平安小区占比全市各区第一，上半年群众安全感率99.62%。开展重点行业领域整治，依法拆除“两违”建筑106.37万平方米。推进安全生产专项整治三年行动，森林防火经验做法在全省推广，安全生产形势总体稳定。持续深化质量强区建设。民族、宗教、侨务、外事、档案方志、人防、海防、粮食安全、双拥等工作取得新进展，工会、青年、妇女儿童、老龄、残疾人、红十字等事业实现新进步。

【常态化疫情防控】 2021年，海沧区面对9月的本土疫情，坚持快严实细，迅速激活并完善指挥体系，机关、企事业单位下沉一线1.2万人次。创新“流调—转运—隔离”全流程管理机制，率先全市建立信息化平台，快速阻断疫情传播，受到国家工作组充分肯定。14天内启用24个隔离场所，纳管8044名密接、次密接人员（含同安区集中隔离人员），最高峰时期提供本土疫情隔离场所用房11150间。8例本土确诊病例痊愈出院，1个月左右取得阶段性胜利。推进复工复产，制定16条措施助力企业纾困减负，走访服务企业6.4万家次，为企业减负超1.6亿元。安全有序恢复线下教学。发放总价值400万元消费券，促进住宿餐饮、批发零售等行业加快复苏。做好常态化疫情防控，抓好外防输入，落实集中隔离酒店、港口码头、万纬集中监管仓等重点场所闭环管理，落实境外入厦人员健康管理近9000人。夯实常态监测、多点触发机制，强化国内中高风险地区入厦人员摸排管理，全面落实重点人群核酸检测。初步建立“三公（工）一大”流调机制，制定“1+18”常态化疫情防控工作方案。全力构建免疫屏障，接种新冠疫苗119.1万剂次。

（区政府办）

责任编辑、校对：蔡秋娟

中共厦门市海沧区委员会

综　　述

【概况】 2021年，中共厦门市海沧区委员会发挥总揽全局、协调各方的领导核心作用，坚持稳中求进工作总基调，统筹新冠肺炎疫情防控和经济社会发展，全方位推进高质量发展超越，更高水平建设高素质高颜值的国际一流湾区。全年召开区委全会2次、区委常委会会议51次，区委理论学习中心组学习会27场。

【党的建设】 2021年，中共海沧区委全面落实新时代党的建设总要求，落实从严治党主体责任，推进全面从严治党向纵深发展。落实省委、市委主体责任检查移交问题整改。健全、规范运行意识形态工作领导体制机制，区委书记主持召开领导小组会议研究意识形态工作4次、中心组专题学习1次、综合分析意识形态工作1次。贯彻落实《中国共产党宣传工作条例》，持续聚焦巡视巡察整改和市对区考核反馈意见举一反三，完成21家单位全面从严治党主体责任检查、意识形态工作督查。结合党建工作责任制、主体责任检查等工作，对39个基层党组织的意识形态工作开展指导督查。完成区四套班子换届工作，换届选举风气测评名列全市前列。完成村（社区）“两委”换届工作，选优配强基层带头人，抓好党建引领乡村振兴。聚焦常态化新冠肺炎疫情防控、粮食购销领域专项整治、政法队伍教育整顿等重大决策部署，推进政治监督具体化常态化。

【民主政治建设】 2021年，中共海沧区委坚持党的领导、人民当家作主、依法治国有机统一，支持区人大依法履职，深化人大代表联系群众平台建设，围绕教育、医疗、养老等民生热点持续发力，促进政府决策更好满足群众需求。支持人大做好财政、审计等监督工作，加强对全区经济运行情况的跟踪分析。依法完成区人大换届选举。支持区政府依法行政，分类推进行政审批制度改革，执行“三重一大”事项研究决策程序，推进街道综合执法改革，推进行政执法权限和力量向基层延伸和下沉，落实行政执法“三项制度”，坚持严格规范公正文明执法。支持区政协参政议政，发挥政协专门协商机构作用，就保生慈济文化与青草药传承、沧江古镇保护与开发、推进产业发展与优化营商环境等进行专题协商，形成建议案或专报件，推动解决实际问题。巩固发展爱国统一战线，加强政治引领，深化构建大统战工作格局，健全完善与党外代表人士联系交友制度和党派列席重要会议制度。用心做好侨务，落实民族团结发展各项政策，做好大团结大联合文章。发挥工青妇等群团组织的桥梁纽带作用，动员群众服务发展大局。

【工作部署】 2021年，中共海沧区委按照区第五次党代会提出的“在更高起点上建设高素质高颜值国际一流湾区”的总体目标，打造高质量现代产业集聚区、高水平的跨岛发展标杆区、高颜值的生态文明示范区、高层次的深化改革先行区、高品质的民生福祉样板区，推进海沧高质量发展。

产业体系完善 持续深耕战略性新兴产业，生物医药、集成电路和新材料三大主导战略性新兴产业完成产值占全区规模以上工业总产值的33.2%，拉动全区规模以上工业产值增加17.8个百分点，入选重点产业紧缺人才占全市46%，新增高层次人才数量全市第一。生物医药产业厚积薄发，盛迪医药投产，万泰沧海自主研发的宫颈癌疫苗获世卫组织认证，宝太、安邦等企业实现大规模出口；集成电路产业加速发展，士兰12英寸二期启动，“三链融合”发展模式获评第四届“IC创新奖”产业链合作奖；新材料产业持续发力，厦钨新能源成功上市。培育壮大现代制造业，以智能化和信息化为导向，智能家居、汽车及零配件、电子信息等传统优势产业转型升级，汽车及配件产业、水暖卫浴产业、电子信息产业实现产值分别比上年增长12.4%、23.0%、19.9%。创新升级现代服务业，入统商贸企业334家，批发零售业销售额、社会消费品零售总额分别比上年增长64.4%、4.0%；新经济新业态加快布局，特别是港口物流业加快发展，与世界物流企业夸特纳斯集团完成签约，中远海运、中谷海运等航运龙头企业落地。

跨岛发展推进 发挥海沧“两湾两城倚两山”优势，加快城乡协同发展，抓好海沧湾、马銮湾、鳌冠、沧江四大新城建设，汉博商业进驻厦门中心，马銮湾新城SM、海沧招商花园城商业综合体等项目开工；鳌冠新城规划落地实施，鳌冠海域岸线保护和生态综合整治工程全面铺开；沧江新城加速建设成型，沧江生活广场完成整体出租。推进乡村振兴，打造乡村振兴试点示范村5个和两岸融合乡村振兴示范点5个，新打造乡村振兴动线2条。市对区乡村振兴实绩考核排名全市第一，乡村治理体系建设工作在全国交流活动中作典型经验发言，典型做法得到农业农村部、国家乡村振兴局发文推广。坚持绿色低碳发展，序时完成中央生态环保督察反馈问题整改，年度公众对环境质量满意度蝉联全市第一，空气质量优良率100%，优级率全市第一。

全面深化改革 学习习近平总书记在中央深改委会议上的重要讲话精神和省委、市委深改委会议精神，全面加强党对全面深化改革工作的领导，全年召开区委深改委会议9次，研究制定2021年深化改革工作要点，听取推进街道综合执法改革实施方案、优化营商环境等10项重点改革工作。挖掘提炼各领域改革的特色亮点，梳理形成10余个改革典型案例，其中“三链融合”集成电路产业发展模式，获评中国改革2021年度地方全面深化改革典型案例、全市唯一；全国乡村治理体系建设试点、探索村居减负新路在省委信息刊物刊发；规范村居权责清单推动基层减负增效作法，获农业农村部发文推广。运用厦门网、“今日海沧”微信公众号、“海沧发布”官方微博等媒体平台，推出全面深化改革宣传。区委改革办加强统筹调度，健全联络员会议、专题会议、绩效考评、信息报送、宣传报道等工作制度，加强对重点改革任务的督查。

两岸融合发展 聚焦台湾优势战略性新兴产业，新引进落地31家台资企业，实施“人才+”战略，引进台湾集成电路高层次人才20人；推进台湾青年参与乡村振兴、社区治理、东西部协作，打造两岸社会融合的典范；提升保生慈济文化节等两岸交流品牌活动，密切两岸宗亲交往。

（区委办）

重要会议

【区第五次党代会】 2021年10月13—15日，中共海沧区第五次代表大会在海沧区行政中心和海沧逸林希尔顿酒店召开。大会听取、审议游文昌代表中共厦门市海沧区第四届委员会所作的题为《创先争优 走在前列 在更高起点上建设高素质高颜值国际一流海湾城区》的工作报告和邓英志代表中共厦门市海沧区第四届纪律检查委员会所作的题为《推进新时代纪检监察工作高质量发展 为在更高起点上建设高素质高颜值国际一流海湾城区提供坚强纪律保证》的工作报告，通过《关于中国共产党厦门市海沧区第四届委员会报告的决议》和《关于中国共产党厦门市海沧区第四届纪律检查委员会工作报告的决议》。会议选举产生中共厦门市海沧区第五届委员会委员27名、候补委员6名，中共厦门市海沧区第五届纪律检查委员会委员15名，出席中共厦门市第十三次代表大会代表29名。

【区委五届一次全会】 2021年10月15日，中共厦门市海沧区第五届委员会第一次全体会议在区行政中心主楼五楼第一会议室召开。会议选举产生中共厦门市海沧区第五届委员会常务委员会委员11名，其中游文昌当选中共厦门市海沧区第五届委员会书记，龚建阳、连维兴当选中共厦门市海沧区第五届委员会副书记；会议通过中共厦门市海沧区第五届纪律检查委员会第一次全体会议选举结果的报告。

【区委五届二次全会】 2021年12月31日，中共厦门市海沧区第五届委员会第二次全体会议在区行政中心展厅二楼大会议厅召开。会议听取中共厦门市委常委、海沧台商投资区党工委书记、海沧区委书记游文昌所作的区委常委会工作报告，审议通过《中共海沧区委关于深刻领会党的百年奋斗重大成就和历史经验，为厦门更高水平建设高素质高颜值现代化国际化城市贡献海沧力量的决定》和《中共海沧区委五届二次全体会议决议（草案）》。

【区委常委会会议】 2021 年，中共海沧区委召开区委常委会会议 51 次，主要议题既包括传达学习贯彻习近平总书记在党史学习教育动员大会上的重要讲话精神、在全国脱贫攻坚总结表彰大会上的重要讲话精神、在庆祝中国共产党成立 100 周年大会上的重要讲话精神、来闽考察重要讲话精神、致厦门经济特区建设 40 周年贺信重要精神等学习议题，也包括研究创建福建省全域生态旅游示范县（市、区）、海沧区湾（滩）长制实施方案、海沧区教育改革和发展“十四五”规划纲要（2021—2025 年）、海沧区食品生产加工小作坊规范提升三年行动方案（2020—2022 年）、2020 年招商引资工作完成情况及 2021 年工作计划、海沧区新冠肺炎疫情防控工作等经济社会发展议题。

【党史学习教育动员大会】 2021 年 3 月 9 日，海沧区召开党史学习教育动员大会，学习贯彻习近平总书记在党史学习教育动员大会上的重要讲话精神，按照党中央的决策部署和省委、市委的工作要求，对全区开展党史学习教育进行动员部署。会议强调，深刻领会开展党史学习教育的重大意义，推动全区党史学习教育取得成效，确保高标准高质量完成学习教育的各项任务。

【组织、宣传、统战工作会议】 2021 年 3 月 9 日，海沧区召开全区组织、宣传、统战工作会议，传达上级组织、宣传、统战部长会议精神，总结 2020 年工作，提出 2021 年工作思路。会议要求：提高政治站位，不断强化理论武装；立足强基固本，全面加强党的组织建设；坚持守正创新，加强宣传思想文化建设；广泛凝心聚力，不断巩固和扩大统一战线。

【区委农村工作会议】 2021 年 3 月 12 日，海沧区召开区委农村工作会议，深入学习贯彻习近平总书记在中央农村工作会议上的重要讲话精神，落实中央和省委、市委农村工作会议部署，研究谋划 2021 年海沧区“三农”工作，全面推进乡村振兴。会议强调，要把握“三农”工作的目标和要求，在更高起点上推进乡村振兴，确保各项任务落到实处。

【区委经济工作会议】 2021 年 12 月 31 日，海沧区召开区委经济工作会议，学习贯彻中共十九届六中全会和中央经济工作会议精神，以及习近平总书记致厦门经济特区建设 40 周年贺信重要精神，按照省、市相关工作要求，全面谋划 2022 年经济工作。对做好 2022 年经济工作，强调稳中求进，会议要求：认清形势，坚定信心和决心；把握要求，增强主动性和自觉性；靶向发力，瞄准突破口和着力点。

（区委办）

组织工作

【概况】 2021 年，海沧区落实新时代党的建设总要求和新时代党的组织路线，全年发展新党员 344 名，其中产业工人、非公有制企业、农民、高知群体 156 人，占比 45%。新成立孚美社区支部委员会、区药品经营行业协会党支部、青年人才公寓兼合式党支部等。至年底，区委直属党委（党工委）13 个，其中党工委 6 个、党委 7 个；基层党支部 798 个，党员 16168 名，其中，机关事业党支部 191 个、党员 4321 名，国企党支部 72 个、党员 1641

2021 年 7 月 1 日，孚美社区支部委员会成立　（区委组织部　供）

名，农村党支部133个、党员3991名，社区党支部73个、党员2534名，非公有制与社会组织党支部329个、党员3681名。

抓好中共十九届五中、六中全会精神，习近平总书记"七一"重要讲话、来闽考察重要讲话精神和致厦门经济特区建设40周年贺信重要精神等学习培训，开展党史学习教育、"再学习、再调研、再落实"活动，巩固深化"不忘初心、牢记使命"主题教育成果。全年组织党员干部参加全员轮训，举办3期主体培训班，参加各类线上线下培训36场、2.2万余人次，全区各级党组织开展集中学习7100余场次、主题党日活动5500余场次。

统筹抓好换届工作，完成区委、区纪委、区人大、区政府、区政协换届选举任务，换届选举风气测评名列各区第一。推进村级组织换届选举，坚持区领导、区直部门挂钩联系街道及重难点村（社区），以"一表清""集中谈+个别访"持续调研推动，创新"政策指标清单"，列出换届难易排队表，采取面上督导、点上跟踪、成立专班、分组包干等举措，完成选优配强372名村（社区）"两委"干部，实现"一肩挑"比例100%。换届相关做法在《八闽快讯》等刊载。

坚持选贤任能，全年提报、晋升、重用干部60名。创新启动"海青优才行动"，遴选36名干部组成海青优才班，划分党的建设、产业经济、城建规划等5个小组开展活动，探索构建经纬纵横、点面结合的全链条培养模式。基层党建工作亮点频出。开展庆祝中国共产党成立100周年"七个一"系列活动，开展"金牌支部"创建活动三年计划；创新"党务新星"培育工程和"薪火相传"活动，夯实党建基础。持续抓党建促乡村振兴，党建引领化解"城中村"一二手房东房屋租赁纠纷的实践探索得到市委主要领导肯定，霞阳社区以习近平总书记"三问"引领乡村振兴做法在《特区快讯（专报）》《厦门组工通讯》刊发。推进近邻党建引领基层社会治理，培育17个近邻党建典型示范点，打造25个城市党建学院实训基地，20个城市社区党群阵地提档升级。组建全省首个区级药品经营行业协会党组织、全市首个集成电路产业园区党建联盟，"让党群阵地热起来"案例获全省机关体制机制创新二等奖，党员教育微视频获奖作品数量全省县区第一。做好"两优一先"推荐工作，全区159名优秀个人、81个基层党组织获省、市、区表彰，召开全区"两优一先"表彰大会。

9月厦门本土新冠肺炎疫情发生后，抽调270余名干部，组建专班驻点隔离酒店、封管控小区等，将全区50家单位、2700余名党员干部分派挂钩联系47个村（社区），分批次抽调党员干部1.1万余人次下沉村（社区）协助做好全员核酸检测等任务。牵头基层防控组、企事业团体健康服务组，制定《疫情防控网格化管理若干措施》《小区（村）防控工作指引》等，推动207个小区（村）创建"无疫小区"，组织多轮次开展企业防控指导检查。开展"党旗飘扬践初心，疫情防控当先锋"活动，在封管控区成立2个临时党委、25个临时党支部，发动2.3万余名党员群众志愿者充实基层防控力量。

【党员教育】 2021年，海沧区依托"厦门党建e家"平台，通过"五查五看"巡查，推动基层党员经常性学习教育落地落实，做好《2019—2023年全国党员教育培训工作规划》中期评估。结合"光荣在党50年纪念章"颁发、党史学习教育、建党精神学习，创新开展"薪火相传"活动，遴选149名"光荣在党50年纪念章"获得者与372名新党员结对帮带，形成"以老带新、以新助老"互促共进氛围。

【海青优才行动启动】 2021年，海

2021年6月17日，海沧区举行"光荣在党50年纪念章"颁发仪式

（区委组织部　供）

2021 年 12 月 9 日，海沧区在区政府展厅二楼大会议室举行“海青优才”班启动仪式暨开学式（区委组织部 供）

沧区委组织部推进“干部成长深耕计划”，创新启动“海青优才”行动，遴选 36 名干部组成“海青优才”班，构建人才遴选、培训赋能、考核诊断、培养使用环环相扣又统筹推进的全链条。制订年度读书计划，为每位学员下发《元宇宙》《疫苗》等涵盖政治、经济、社会、科技等多种类型图书 23 本。将 5 个小组分派到 5 个征拆指挥部，利用周末时间下到一线实践锻炼。年内，结合“习近平总书记致厦门经济特区建设 40 周年贺信重要精神”大学习、大讨论活动，区委主要领导上专题党课，邀请特区建设 40 周年先进模范人物开展专题讲座，组织到海沧大桥桥梁博物馆、五通灯塔公园进行现场研学交流，激励年轻干部勇担使命、开拓进取。

【干部选拔任用】 2021 年，海沧区落实新时期好干部标准，围绕“干事、创业、担当”，选拔在街道一线、招商引资、新冠肺炎疫情防控等有突出贡献的干部，提拔 37 名、晋升 18 名、重用 4 名。全年提拔的 37 名干部中，有基层一线经历的占 61.9%。全年调整区直部门主官 12 名，街道主官 6 名、班子成员和处级干部 7 名。选拔能干事、有潜力的年轻干部，全年提拔“80 后”正处级 2 名、“85 后”副处级 1 名、“90 后”正科级干部 3 名。发挥职务职级并行制度的激励作用，分批晋升处科级干部 35 人次，任职时间较长的干部享受到政策红利。

【干部管理监督】 2021 年，海沧区严格执行民主集中制，落实《干部选拔任用条例》等政策规定。在动议阶段提前了解干部情况、提前听取分管领导意见、提前核查干部档案。坚持干部选任“凡提四必”（干部档案凡提必审，个人有关事项报告凡提必核，纪检监察机关意见凡提必听，反映违规违纪问题线索具体、有可查性的信访举报凡提必查），落实动议提名、推荐考察、讨论决定等规定动作，确保选出的干部“德配其位、才配其位”。执行个人有关事项报告“两项法规”（《领导干部报告个人有关事项规定》《领导干部个人有关事项报告查核结果处理办法》），抽查核实个人有关事项报告，全年如实率 97.2%，为海沧区历年来最高。

【村（社区）党组织换届选举完成】 2021 年 10 月 31 日，海沧区 47 个村（社区）党组织换届选举工作全部完成，选举产生新一届党组织班子成员 237 名。班子成员结构明显优化，呈现“三高一低”特点：学历层级提高，大专以上学

2021 年 10 月 30 日，海沧街道锦里村举行党委换届选举暨党员大会。图为党员投票现场（区委组织部 供）

历169人，占比71.61%，较上届提高21.10个百分点，学历结构大幅优化；女性比例提高，女性委员99名，较上届增加26名，42个村（社区）实现女性进党组织班子，较上届提高6.46个百分点；总体素质提高，54名农村致富能手、外出创业成功人士、大学毕业生等新鲜“血液”进入党组织班子。平均年龄40.64岁，较上届降低0.6岁，35周岁及以下优秀青年当选进入村（社区）党组织班子60名；“90后”当选党组织书记3名，其中年龄最小的27周岁，形成以中青年为主的干部队伍结构。

【村（社区）“两委”换届选举】2021年12月30日，海沧区47个村（社区）完成村（社区）“两委”换届工作，选举产生新一届村（社区）“两委”干部372名，其中党组织成员237名，村（社区）委成员192名，交叉任职57人。实现“一肩挑”比例、党组织换届一次性成功率、村（社区）委会换届一次性成功率“三个100%”，班子结构呈现“四高一低”（交叉任职比例提高、女性比例提高、学历层次提高、新进比例提高、平均年龄降低）的特点。

【农村基层党建】2021年，海沧区委组织部制订《关于规范村级“小微权力”运行的通知》《“三重一大”清单（参考文本）》，推进农村组织规范运行。持续抓党建促乡村振兴，选派第六批驻村蹲点干部7名，探索推行“党支部+合作社+农户”运作模式，推动莲花、新垵等集体经济项目建设，15个行政村（农场）年集体经济收入全部超过20万元，其中80%超过50万元。跟进征迁一线、重点项目等领域的组织体系建设，指导鼎美、芸美、后柯3个拆迁村通过成立临时党支部、设立党员先锋岗以及推行设岗定责、承诺践诺等措施，引导党员干部当先锋、作表率，提升服务高质量发展大局能力，相关做法在《厦门日报》刊发。

【城市基层党建】2021年，海沧区构建“社区大党委+小区党支部+楼栋党小组+党员中心户”四级近邻网络，建立20个社区“大党委”、53个小区党支部、200个楼栋党小组，推动全区100多家机关、企事业单位党组织与社区党组织结对共建。结合“三联四抓”制定下发精准“双报到”实施计划，推动全区46个机关、企事业单位党组织、5500余名在职党员“一对一”精准挂钩联系村（社区），落实“1+5+N”“1+2+N”（“1+5+N”：“1”，办一件实事；“5”，开展五项共建活动；“N”，力所能及地帮助解决实际问题。“1+2+N”：“1”，一名党员一面旗帜；“2”，参加不少于2次文明实践志愿服务活动；“N”，充分发挥自身特长和资源优势，主动参与小区治理）任务清单，协助解决群众关心的热点问题。创新开展“党旗飘扬践初心，疫情防控当先锋”活动，在9月厦门新冠肺炎疫情暴发之时，成立25个临时党支部、发动2.3万多名党员群众志愿者、下拨40万元党费助力抗疫一线，分3批次推动全区207个小区（村）完成“无疫小区”创建。推进小区党支部、业委会交叉任职，全区成立小区业委会76个，小区党支部书记与业委会主任“一肩挑”的2人，党员担任业委会主任的7名，党员担任业委会成员的42名。推广“邻里驿站”模式，发布生物医药产业园区“邻里驿站”服务清单，党群服务汇享联盟经验做法获评全省体制机制创新二等奖。

【非公有制领域党建】2021年，海沧区委组织部持续推进非公有制企业和社会组织党组织“两个覆盖”，

2021年5月20日，海沧区举行宝太生物“战疫广场”揭牌仪式

（区委组织部　供）

2021年4月27日，“党务新星”培训班全体学员到中绿集团参观学习
（区委组织部　供）

新组建党组织51家，巩固提升党组织70家，超额完成年度目标任务。成立全省首个区级药品经营行业协会党组织，建立全市首个集成电路产业园区党建联盟，成立快递物流行业“暖蜂邮我”护骑联盟和“红骑先锋”党建联盟。打造全国首个非公有制领域战疫广场“宝太战疫广场”，完成阳光恩耐、美益集团等示范点建设，泰地海西党群服务中心建成投入使用，商务大厦楼宇党建经验在人民网刊发，艾德生物获评全省民营企业党建工作先进单位。开展“党旗扬、党徽亮、服务企业聚能量”活动，推广企业新冠肺炎疫情防控“234”工作法（二查资料、三问人员、四看场所），开展“疫苗接种、核酸检测、防疫宣传”三进企业服务，支持企业新冠肺炎疫情防控、复工复产。

【机关企事业领域党建】 2021年，海沧区创新打造“海沧机关学苑”品牌，融合理论宣讲、政策研究、教育服务、党员成长培训、党员社会实践等功能，创设集学、思、悟、行四位一体的综合基地，为600余名区直机关党员提供教学服务。加强学校党支部建设，创新打造外国语海沧附小“红帆领航”、海沧职专“红心铸匠”等4个学校党建品牌，华东师范大学海沧附属小学党支部获评“全省先进基层党组织”。深入贯彻国有企业基层组织工作条例，深化落实国企党建30条重点任务，不断提升“海投大讲堂”“红色物业”“环境卫士”等党建品牌效能，推动党建工作与业务工作深度融合、互促提升。

【党员电教作品获奖数量全省县区级第一】 2021年，海沧区在第十六届全省党员教育电视片观摩交流评选活动中，以突出“不忘初心、牢记使命”主题，为基层党组织和党员提供丰富优质、生动鲜活的学习资源，海沧区报送的党员电教片《花儿的伞》获一等奖，《天生硬骨头》获二等奖，《半个世纪的婚礼》《抠门老郑》获三等奖，获奖作品数量全省县区级第一。其中微视频《天生硬骨头》作为中国共产党成立99周年献礼片，在新华社、人民网、共产党员、中国共青团等40多家平台媒体官微推出，点击播放1700多万次。

【“党务新星培育工程”实施】 2021年3月29日，海沧区委组织部印发《关于开展海沧区“党务新星培育工程”的通知》，通过固化能力指标、严格培养措施、规范使用机制，培养强化全区基层党务工作者能力。年内，围绕公文写作

2021年6月10日，海沧区成立全国首个区级集成电路产业园区党建联盟
（区委组织部　供）

2021 年 6 月 28 日，海沧区委组织部在厦门片仔癀宏仁医药有限公司举行海沧区药品经营行业协会党支部授牌仪式 （区委组织部　供）

提升、典型打造学习、会务规范培训等 6 方面内容，强化全区基层党务工作者队伍“两高”“三强”“四会”（“两高”：政治素质高、职业素养高；“三强”：统筹谋划强、组织协调强、开拓创新强；“四会”：会讲、会做、会教、会写）9 个方面的基本素养能力培训，推动 110 名非公有制党建指导员和村（社区）党群工作者综合素质全面提升。建立基层党务工作者个人年度积分制度，将个人日常表现、工作业绩转化为积分，与年度考核、奖金发放挂钩，激发队伍整体活力。

【集成电路产业园区党建联盟成立】

2021 年 6 月 10 日，海沧区委组织部以通富微电子、士兰集科微电子、士兰明稼、云天半导体 4 家集成电路人才企业党组织为主体，联合工信、人社等 14 个职能部门，成立全国首个区级集成电路园区党建联盟。联盟按照“区域统筹、资源整合、上下联动”思路，整合区级、街道、国企、学校、社区、企业等服务资源，制定“红芯筑梦”企业人才项目服务清单，通过保障机制规范化、人才服务精细化、阵地建设协同化，提供党群、人才、企业、健康、近邻五个方面 25 项具体服务，实现“组织共建、人才共育、资源共享、发展共赢”。

【区药品经营行业协会党支部授牌】

2021 年 6 月 28 日，海沧区委组织部在厦门片仔癀宏仁医药有限公司举行海沧区药品经营行业协会党支部授牌，这是全省首个区级药品经营行业协会党组织。药品经营行业协会党支部坚持“强党建促发展”，探索党建引领行业发展的方法和途径，打造“药事先锋”党建品牌。通过联合行业 91 个会员单位发布诚信经营“八大承诺”，指导带动全区 7 家药品批发企业和 154 家药品零售企业联合签订“新冠疫情防控责任书”，发动成员单位向社会捐赠医疗物资 2 万多元，组织党员、优秀执业药师定期深入社区提供药学服务等活动，推动行业自律、规范经营、服务升级、发展有序。

【青年人才公寓兼合式党支部成立】

2021 年 7 月 10 日，海沧区成立全市首个青年人才公寓兼合式党支部，由兴旺社区、海投物业、入住企业的青年人才代表组成的兼合式党支部。党支部的成立将“近邻”工作理念与人才社区相结合，发布“有样邻里　菁才向阳”正顺青年人才公寓“党建 + 人才”品牌，立足提升青年人才公寓质效、激发青年人才作用发挥，以党建引领企业和人才发展，强化党建先锋引领，打造宜居宜业人才社区。

（区委组织部）

2021 年 7 月 10 日，正顺人才公寓党群活动服务中心启用 （区委组织部　供）

宣传工作

【概况】 2021年，海沧区把习近平新时代中国特色社会主义思想、中共十九届五中和六中全会精神及党史学习教育指定学习内容纳入区委理论学习中心组学习计划，开展集中学习与个人自学结合、实地观摩与现场点评结合等形式多样的中心组学习27场，各类学习教育400余场，专题培训处级干部300多名。开展理论宣讲轻骑兵备课会暨试宣讲培训活动；组织轻骑兵宣讲员队伍走进深田社区、海沧全民国防教育馆等10余处市、区红色阵地，实地探索、学习宣讲技巧；举办微宣讲比赛，选拔优秀宣讲员。全区各单位利用会前会后精神宣传贯彻、红色阵地参观学习、乡村讲古堂讲史、机关领导上党课等方式开展学习；宣讲员走进企业、学校、社区、村落等开展750余场宣讲活动，受众10万余人。

年内，海沧区理论宣讲轻骑兵获评2021年度全市基层理论宣讲先进集体，区城建集团代表队获“全省全媒体党史知识竞赛”冠军；叶音婕琳参加全省“百个八闽巾帼讲百个党的女儿故事”宣讲大赛获二等奖，李汪洋获厦门学习平台党史知识挑战赛第一名，石川影获全市优秀宣讲员称号；区税务局《“厅长”小叶的初心故事》、城建集团《海堤建设铁娘子》被评为全市优秀理论宣讲微视频。

全年在各级各类媒体刊播报道5000余条，其中国家级媒体刊播390余条次，《参考消息》刊登2条。区融媒体中心与新华社共同举办2021年区县融媒体中心建设与发展海沧论坛，获媒体融合优秀案例奖、“咱们村里的年轻人”短视频征集活动二等奖，经验材料编入《中国新闻出版深度融合发展年鉴（2020—2021年卷）》，获评“全省优秀县级融媒体中心30强”，《请缨》等融媒产品获省新闻奖、文艺奖。

【理论宣讲】 2021年，海沧区持续深化“两讲一学”（理论宣传月月讲、“新思想　我来讲”理论宣讲轻骑兵走基层、“新思想　悦享学”“学习强国”系列活动）分众化宣传宣讲品牌，建立“党史学习教育驿站”43个，41支宣讲队伍及323名小小红色宣讲员开展宣讲750余场，受众10万余人。围绕“新思想　我来讲”主题，在全市宣讲菜单基础上创新融入区委宣讲团、村居社区宣讲员、红色小小宣讲员等49个课程，供全区各单位进行“选课”。邀请市委讲师团教授开展党史学习教育市委宣讲团海沧区专场报告会、学习贯彻中共十九届六中全会精神市委宣讲团海沧区专场报告会等集中宣讲活动；组织区理论轻骑兵走进各街道，通过情景结合、访谈互动、诗词曲艺等形式开展“学党史　悟思想——奋斗百年路　启航新征程”理论宣讲活动。创新开拓网络媒体平台，先后开设《主播记者说》《海沧党史故事》《口述历史》等特色栏目，供全区党员、群众线上、线下自主学习。在全区中小学开展清明诗会、“童心向党·我向党旗敬个礼”主题队会暨动漫宣传片发布会等活动，拓宽宣讲路径。邀请交响乐女指挥家郑小瑛教授举办“毛泽东诗词交响组歌”公益讲座及音乐晚会，相关报道于新华社福建频道等媒体阅读量超百万；举办庆祝中国共产党成立100周年邮票图片展、书法展、“海沧微故事”微电影展播晚会等新思想宣传活动。面向全区企业家、台胞、侨胞、民主党派人士等群体开展党史宣传教育，13家共建单位组成“暖蜂邮我”护骑联盟，向社会大众发放理论宣传手册，让宣讲融入日常生活。

2021年3月24日，海沧区举办“学党史　悟思想——奋斗百年路　启航新征程”海沧区理论宣讲轻骑兵进基层宣讲启动仪式暨首场示范宣讲　（郑伟明　摄）

【时事宣传】2021年，海沧区围绕庆祝中国共产党成立100周年、庆祝厦门经济特区建设40周年、统筹做好新冠肺炎疫情防控与经济社会发展工作、推进产业发展和乡村振兴建设等主题开展宣传报道。落实好“奋斗百年路 启航新征程”等重大主题宣传，推出相关报道650余篇（条），总阅读量超1.75亿人次，其中微电影《有灵魂的画》24小时内新华社客户端总浏览量破300万人次，获评福建省文艺奖三等奖；歌曲《燃烧》微博话题阅读量803万人次。讲好产业故事，紧扣“关键上半年、重点一季度、决胜在春节”，在国家级媒体刊发新闻30余篇、省市媒体刊发120余篇，其中“福建日报”微信公众号自2月15日起连续6天5次在头版刊发海沧防疫生产相关报道。重点推出海沧生物医药、集成电路、新材料等特色产业亮点成效报道，海沧区多家企业联手获第四届集成电路产业技术创新奖，《参考消息》《经济日报》《光明日报》在重要版面刊发相关报道。参与群众喜闻乐见的文化活动，围绕元宵节“油炬走境”、2021年（厦门·海沧）天竺山桐花节、保生慈济文化节等重大节庆活动展开全景式集中报道，其中“火把节”全程直播，线上观看人数超500万人次，新华社福建频道浏览量超150万人次；“桐花节”开幕式稿件经新华社翻译传播后，平台总量近300家次，浏览量1.1亿人次。推出“文明城市 共建共享”主题报道，先后刊（播）发文明创建类原创新闻150余条，组织文明交通出行劝导慢直播2次。开辟“奋进四十年 迈向新征程”专栏，刊发庆祝厦门经济特区建设40周年系列文章18篇，视频号、抖音号制作航拍系列短视频“瞰·今日海沧”21条。

【海沧区学习强国系列活动】2021年，海沧区委宣传部继续把用好“学习强国”学习平台、学好党的理论知识作为学习贯彻习近平新时代中国特色社会主义思想的重要举措来抓，联合厦门市委讲师团、区新时代文明实践中心、区融媒体中心以及书香阳光书店，打造“2021年‘新思想 悦享学’海沧区‘学习强国’系列活动”2.0升级模式，涵盖线下悦享空间，群众挑战答题区、征文、朗诵主题活动及三场区级线下知识挑战赛，构建“线上学习＋线下体验”，趣味与学习相融的联动学习推广模式。依托1500平方米的书香阅读成长空间，打造海沧区“学习强国”线下悦享空间，人均日阅读量约200人次，挑战答题区全年答题群众4200余人次，其中群众约占73%，参与活动的群众平台注册率达到100%。依托线上“学习强国”学习平台和线下悦享体验空间，组织开展“爱国心·家乡情·强国志”主题征文活动、“百年巨变 声动海沧”主题朗诵活动、学习贯彻习近平总书记“七一”重要讲话精神“学习强国”党史知识挑战赛、海沧区庆祝厦门经济特区建设40周年暨“奔跑吧，学习达人”学习强国趣味挑战赛、“新思想 悦享学”海沧区学习贯彻中共十九届六中全会精神“学习强国”知识竞赛总决赛，有5场区级层面的推广活动，来自全区13个党（工）委1500余人次参与。“学习强国”学习平台推送海沧区相关报道200余篇。激励出一批优秀的学习达人、挑战达人，城建集团李汪洋获“学习强国”厦门学习平台党史知识挑战赛第一名，带领其支部代表队获“全媒体党史知识竞赛”第一名；海投集团学习达人庄家亨“学习强国”总积分在全国2.7亿名注册学员中，排在第300多名。

【区县融媒体中心建设与发展海沧论坛】2021年7月29—30日，区县融媒体中心建设与发展海沧论坛在海沧举行，由新华社新闻信

2021年11月11日，海沧区委宣传部在渐美村民礼堂举办海沧区庆祝厦门经济特区建设40周年暨“奔跑吧，学习达人学习强国趣味挑战赛” （郑伟明 摄）

2021年12月28日，2021年中国金鸡百花电影节系列配套活动光影助力乡村振兴电影周活动在海沧区百姓院子举行　　（区委宣传部　供）

息中心、中国社会科学院新闻与传播研究所、中国科学院自动化研究所、中共厦门市海沧区委员会主办。全国知名专家学者、中央与省市媒体代表、各地宣传部门负责人、区县融媒体中心代表等200多人参加论坛。与会嘉宾围绕“聚力创新共融发展　助力基层声音传播”主题，探讨解决县级融媒体中心建设新阶段所面临的难点和痛点等问题。论坛上宣布成立“新华社县级融媒体研究中心”；新华社音视频部、新媒体中心、参考消息、瞭望、CNC（中国新华新闻电视网）、《摄影世界》等社内单位发布多项县级融媒体平台联动计划；多位国内知名专家学者围绕媒体深度融合发展作主题演讲。

【“乡村振兴　光影同行”电影周】2021年12月28—30日，海沧区举办“乡村振兴　光影同行”电影周，系2021年中国金鸡百花电影节系列配套活动。其中开幕式及沙龙交流邀请华谊兄弟副总杨磊、中国电影出版社有限公司副总经理寇咏、金鸡创投WIP单元评委宋少峰、河南电影电视制作集团副总裁陈烨、仓圣影业总经理孙吉顺与厦门影视行业代表、《周密的假期》主创团队、海沧区影视企业代表等参与，共同交流“影视＋乡村振兴”产业发展道路。在乡村采风环节，主创人员通过在海沧各乡村振兴示范点开展采风互动体验，链接影视与海沧乡村特色。同时，围绕“乡村振兴　光影同行”主题，进行为期3天的乡村题材电影展映。

（区委宣传部）

统一战线工作

【概况】2021年，海沧区委统战部学习宣传贯彻新《中国共产党统一战线工作条例》和省委《实施意见》，开展相关辅导培训工作。海峡论坛期间，全国政协主席汪洋到海沧区青礁慈济祖宫和通达公司视察，对海沧区对台民间交流和民族团结进步等统战工作给予肯定。开展党史学习教育和“再学习、再调研、再落实”活动，传承弘扬习近平总书记在厦门工作时留下的宝贵思想财富、精神财富和实践成果，激发支部党员担当作为，提振干事创业精气神。先后到海沧烈士陵园、厦门大学革命史展览馆、英雄三岛战地观光园等红色教育基地开展教育活动13次。落实意识形态责任制，加强阵地管理、活动管理、队伍管理，年内区委常委会召开8次会议研究统战工作。组织民主党派参与季度座谈会、政情通报会、征求意见会等，发挥参政议政作用。支持各民主党派加强自身建设，完成班子换届。健全完善中共党员区领导干部与党外代表人士联系交友制度和党派列席重要会议制度。发挥党外人才智力优势，加强对新的社会阶层人士政治引领，开展议政建言，民主党派、知联会、新联会上交调研报告35篇。完成《构建基层统战工作大格局的思考与对策》《联手台青整合创新　将厦门打造成涉台文化高地》等5篇市委统战部2021年的相关理论政策研究调研课题。年内，海沧自贸园区、东孚百姓院子、厦门生物医药港3个新阶统战工作市级实践创新基地，新阳街道新阳医院1个党建统战融合示范点被市委统战部新确认。

9月，厦门突发本土新冠肺炎疫情，区委统战部激活社会捐赠组工作机制，统战干部队伍下沉一线担任“包保干部”“网格员助理”，参与志愿服务活动120多批次。发动广大统一战线成员，投身到疫情防控第一线，收到捐款捐物总值778万余元，慰问近1万人次。

【政治引领】2021年，海沧区委统战部开展庆祝中国共产党成立100周年活动，通过线下开展集体学

2021 年 12 月 8 日，海沧区委统战部组织区各民主党派、区知联会、区新阶联到军营村高山党校开展学习贯彻中共十九届六中全会精神暨“创新争优　走在前列”培训研讨。图为培训前合影　（区委统战部　供）

习，线上利用好“学习强国”“全国党史知识竞赛”“厦门党建 e 家”等平台学习相结合的方式，在统战系统和成员单位组织开展为期 6 周、3000 多人次参与的“百年党史　每周一测”活动。组织区民主党派、区知联会、区新联会召开“庆祝中国共产党成立 100 周年”座谈会暨党史学习书籍赠送仪式；组织区各民主党派、区知联会、区新阶联到军营村高山党校开展学习贯彻中共十九届六中全会精神暨“创新争优　走在前列”培训研讨班，引导统战系统成员参政议政。主办“庆祝中国共产党成立 100 周年”暨“同心杯”气排球比赛，增强党内外各界之间的联谊联络。开展走访党外人士及其所在单位的“双走访”活动，做好党外代表人士政治安排，完成区人大、区政协、区工商联换届及市工商联拟进执委会候选人及所属商会拟任会长人选综合评价 22 批次、209 人。

【新的社会阶层人士统战工作】 2021 年，海沧区委统战部对市级实践创新基地海沧自贸园区活动中心进行优化，成立新的社会阶层人士统战工作成果展示室；多次实地走访海沧区生物医药行业党群活动服务中心、东孚百姓院子、厦门中心 F 座 801 区新阶联联络处，指导各场所按照市委统战部《关于加强新的社会阶层人士统战工作实践创新基地规范化建设的指导意见》“六有五室”（有场所、有设施、有标志、有党旗、有书报、有制度，多功能会议室、党建成果展览室、图书阅览室、健身运动室、谈心谈话室）标准规范化优化新阶人士统战工作氛围布置，服务辖区新阶联工作，成功申报为厦门市“一鹭同心”新的社会阶层人士统战工作实践创新基地。花岛商贸加强做好网络代表人士统战工作，指导新阳街道新阳医院成功申报为市级党建统战融合发展示范点。12 月 16 日，区新阶联党支部成立。至年底，海沧区市级实践创新基地 4 个，分别位于海沧自贸园区、厦门生物医药港、东孚百姓院子、厦门中心 F 座 801 区新阶联联络处；区级实践创新基地 4 个，分别位于海沧商务大厦、海沧区台资中小企业创业园、逸品云创空间、北附小社区，并按照有专人负责、有工作阵地、有联谊组织、有活动开展的“四有”标准，实现全区街道新的社会阶层人士统战工作全覆盖。

【区知联会换届】 2021 年 7 月 17 日，海沧区党外知识分子联谊会召开换届选举大会，会议审议通过《海沧区党外知识分子联谊会第一届理事会工作报告》和《选举办法（草案）》，选举产生第二届领导班子。厦门市海沧区妇幼保健院院长陈娥华连任会长；海沧区副区长黄书枚、厦门万泰沧海生物技术有限公司副总经理李世成、厦门海沧区财政国库集中支付中心副主任吴毅华、厦门市海沧区政府办督查科负责人余昌伦分别任副会长，厦门市海沧区妇幼保健院公共卫生科负责人刘小龙任秘书长。

【民族团结工作】 2021 年，海沧区有 33 个民族，其中少数民族 32 个，人口 5020 人，占全区常住人口总数 1.79%。年内，区委统战部学习贯彻习近平总书记在中央民族工作会议上的重要讲话精神，开展民族团结进步宣传月活动，强化民族政策宣传。落实 100 万元帮扶资金，持续对口帮扶三明市宁化县治平畲族乡。深入做好城市少数民族流动人口的服务管理、矛盾隐患化解、民族成分确认及变更初审等工作，审核通过中考少数民族考生 32 人、高考少数民族考生 62 人。在春节、古尔邦节、斋月节等传统节日，关心、走访慰问辖区贫困少数民族、厦门外国语学校高中部的新疆班学生以及对口帮扶县少数民族务工人员。海虹社区因少数民族流动人口服务管理工作出色，被评为福建省民族团结进步模范集体。

【宗教事务管理】 2021年，海沧区有佛教、天主教、基督教三大教，经登记的活动场所10个，其中佛教场所5个（石室禅院、石峰岩寺、云塔寺、真寂寺、洪坑岩寺）、天主教场所1个（海沧天主堂）、基督教场所4个（东屿堂、海沧堂、新垵堂、芸尾活动点）、基督教临时聚会点1个（大金门临时聚会点）。年内，区民宗局发扬宗教领域爱国爱教、团结进步、服务社会的优良传统，准确领会和贯彻新时代党的宗教工作理论和方针政策，加强自身建设和管理。宣传《宗教事务条例》等国家有关宗教事务方面的法律法规政策，增强宗教界人士和信教群众的国家意识、法律意识和公民意识。年内，区佛协组织各寺院法师和工作人员前往红色基地翔安英雄三岛战地观光园、集美陈嘉庚纪念馆参访学习，组织参观福建宗教爱国故事陶瓷艺术展之厦门展。完善区、街道、村（社区）三级宗教工作网络，加强宗教管理力量。贯彻落实安全生产专项整治三年行动，做好宗教领域消防安全标准化达标创建工作，推进消防隐患问题的整改整治，完成8处宗教场所消防达标验收。协调督促宗教场所开展“除隐患保平安、迎建党百年”消防安全集中攻坚专项行动、宗教（民间信仰）领域房屋安全清查整治、森林防火、“119”消防安全宣传月、宗教场所垃圾分类等工作，督促相关场所和街道落实主体责任和属地管理责任，维护宗教领域和谐稳定。年内，经实地检查并征求区应对新冠肺炎疫情防控工作指挥部意见后，辖区宗教场所及民间信仰联系点恢复开放，满足辖区信教群众正常宗教生活需要。

【宗教界慈善事业】 2021年，海沧区鼓励宗教场所参与公益慈善事业，引导发挥宗教正能量。石室禅院慈善会在新冠肺炎疫情期间捐赠防疫款项53万元，捐赠物资折合约98万元；在河南发生特大水灾时，慈善会与石室蓝天救援中心一起到河南，为卫辉市的38个村庄、5000户65周岁以上受灾老人发放爱心款100万元。石峰岩寺四恩慈善会向海沧区慈善会捐赠18万元，用于购置物资慰问一线疫情防控工作人员；携手央广网福建频道等单位，将价值5万余元的800份八宝粥送给辖区疫情防控一线的人员；慰问困难家庭、支持教育慈善款项18万元。真寂寺全年慰问困难家庭及特殊儿童5万元。青礁慈济祖宫为海沧中学、海沧外国语学校、海沧实验中学及青礁村等55名应届高考优秀困难大学生发放助学金16.5万元，为宁化县治平畲族乡民族学校的33名学生发放助学金8万元，为海沧街道教师发放慰问金8.1万元。平安宫为海农社区和古楼农场600余名退休人员、环卫工人及残疾人赠送大米和食用油，价值6万余元。全年全区宗教领域支出公益慈善款752.6万余元。厦门蓝天救援队队长、厦门海沧石室禅院蓝天救援中心秘书长陈素珍（水草）被授予第八届全国道德模范称号。石室禅院慈善会被市爱心办及市慈善总会评为“爱心慈善组织”，石峰岩寺主持释净雄、石室禅院主持释忠明获“爱心厦门”建设工作先进个人表彰。

（区委统战部）

机构编制

【概况】 2021年，海沧区加强党的全面领导，提升党委政府执政能力现代化，推进各项体制机制改革，不断优化机构编制资源配置，完成6项体制机制改革，调整优化5项机构职能资源，新建2所学校，增核6个行政机关内设机构、8名行政编制和1085名教师专项事业编制，补充招聘312名教师和50名医务工作人员，规范办理473名机关事业干部的入编核减、125家事业单位年检和29家机关事业单位变更登记。

【党政机构改革】 2021年，海沧区推进相关领域体制机制改革。推进区乡村振兴和扶贫开发工作，完善乡村振兴工作机构职能，在区农业农村局加挂“区乡村振兴局”牌子。加强区文物保护工作，在区文化馆加挂“区文物保护中心”牌子，同意区文化馆招聘文物保护辅助工作人员2名。理顺区派驻纪检监察体制，加强区纪委监委对派驻纪检监察组的统一协调与管理，将区法院纪检监察组、区检察院纪检监察组划转到区纪委监委，将派驻第一、第二、第三纪检监察组由驻在街道调整为区纪委监委下设机构，核定相应的专项编制和领导职数。推开街道综合执法改革，印发《海沧区街道综合执法改革实施方案》和《海沧区基层（街道）综合执法事项清单》，同步推进区直执法部门下派街道人员选定、综合执法队挂牌、街道综合执法人员管理办法制定等工作。推动区级媒体整合资源、转型升级，将区委新闻报道组更名为区融媒体中心，区广播电视台更名为区新闻中心作为区融媒体中心下属事业单位，完成区融媒体相关业务实质性整合。推开区级疾控机构改革，完善全区疾病预防控制机构体系，在区卫生健康局加挂“区疾病预防控制局”牌子，增设疾病预防与公共卫生科；区卫生健康局增核行政编制2名、副处级领导职数2名、正科级内设机构领导职数1名。将市增核海沧区的行政编制13名，重点投向工程建设管理、疫情防控、乡村振兴、文物保护、社会治理等领域，申请为区委政法委、区农业农村局等9个部门增设13个内设机构，其中批复同意的为区委政法委1个、区农业农村局2个、区文旅局2个、区卫生健康局1个。

至年底，海沧区行政机构49个，其中，区委工作机关12个，区政府工作部门19个，人大、政协工作机关2个，群团机关12个，街道机关4个。区委常设议事协调机构办公室（秘书组）10个。核定机关行政编制388名、处科级领导职数218名，实有在职行政人员394名、处科级领导干部183名。

【事业单位机构编制调整】 2021年，海沧区调整优化机构职能资源配置，将区政府办负责的“市、区重点项目建设的协调、管理、督办工作，以及制定和修改区内重点项目目标绩效考评办法和组织实施工作”职能调整至区建设与交通局，并按“编随事转、人随编走”原则，从区政府办下属事业单位（区土地房屋征收事务中心）连人带编划转事业人员编制2名、非在编人员指标2名到区建设与交通局下属事业单位（区建设与交通工程质量安全站）；完善区灾害预警信息发布职能，在区社会治理联动中心加挂“海沧区预警信息发布中心”牌子，负责区预警信息发布平台的运行管理和预警信息发布工作；梳理划分区建筑装修（含住宅装修）监管职责，由区建设与交通局为主负责监管，区城市管理局和市驻区相关部门按照各自职责做好相关监管工作；根据区企业服务中心加挂牌情况，完善其职责，增加生产力促进服务相关职能；根据区特殊教育发展需要，调整区晨昕学校职能，主要职能由九年义务特殊教育拓展为学前、小学、初中、高中十五年一贯制特殊教育。调整教育卫生事业单位名称职能，3月将区教育评估研究中心更名为区教育督导评估事务中心，对其主要职责进行相应调整；5月将区流动人口计划生育服务站更名为区家庭发展事务中心，对其职能进行调整拓展。

民生领域机构编制，新设立厦门海沧延奎实验小学孚中央分校和厦门双十中学海沧附属学校庚西分校2所名校分校，增加马銮湾片区4320个优质学位；7月给全区公办学校预核2021—2022学年教职工控制数，保障新学年教师编配需求；年度增核全区公办中小学教师专项编制1085名，缩小海沧区中小学教师编制缺口；区疾病预防控制中心增核事业编制35名、非在编用工指标6名、部门领导正职职数（党组织书记）1名，增强区医疗卫生工作力量。

至年底，全区事业单位127个（学校51个、医疗卫生机构8个、街道所属事业机构4个、其他事业机构64个）。核定事业编制人员4425名（其中教师编制3053名，群团机关事业编制39名，其他事业编制1333名），实有在职事业编人员4751名（其中教师3500名，其他事业编人员1251名）；全区事业单位核定处科级领导职数268名，实际配备处科级领导干部223名。

【非在编人员管理】 2021年，海沧区严格把控财政供养人员，按照“编随事走、人随编走、用活存量、控制增量”的思路管编用编。年内，为区疾病预防控制中心等34家区直机关事业单位申请使用非在编用工指标43名，其中由区人社局公开补充招聘38名，用于政策性随军家属安置5名。同期15家单位减员非在编工作人员17名。至年底，区直机关事业单位核定非在编用工指标867名（其中专技岗94名、辅助岗584名、工勤岗189名），非编人员现在岗696名，空缺171名。

【事业单位登记管理】 2021年，海沧区完成全区125家事业单位年度检验报告公示。加强法人登记与机构编制两个业务口的对接，通报掌握机构设立更名、工作职责调整、单位主要领导变化等情况，完成23家事业单位、6家机关单位法人变更登记和统一社会信用代码赋码工作。加强对事业单位的监督管理，动态跟踪监督，掌握事业单位每年工作量，探索梳理事业单位量化业务指标，推进事业单位登记管理工作的规范化科学化。按照业务开展情况，将登记在册的125家事业单位划为执法类、教育类、卫生类、其他面向社会类、其他辅助机关类五大类，从行业类别的角度明确事业单位的属性，逐步消除工作中遇到的界限不清职责不明事项。

（区委编办）

精神文明建设

【概况】 2021年，海沧区贯彻落实全国、省、市文明办主任会议和精神文明建设表彰大会精神，围绕省里明确海沧区要打造成文明实践“第一方阵”的新要求，结合党史学习教育，将全区新时代文明实践中心、所、站开辟为党史学习教育重要阵地，建立“党史学习教育驿站”43个。升级打造“厝边学堂”，实现村居全覆盖，先后开设181个班，4805人次参与上课。全年梳理形成新时代文明实践中心258项志愿服务项目，开展党史学习教育“我为群众办实事”重点项目80个，“爱心厦门”建设具体举措72条，其中，新阳街道“敬老餐桌”、祥露社区“幸福食堂”、残疾人“微心愿”圆梦项目、依托36个新时代文明实践站在全市率先开办暑托班等。启动2021年区级最美志愿服务项目征集评选活动，打造一批优质项目，先后孵化“暖心守护义起行”海沧区伤残退役军人精准关怀服务项目、海沧职专“红色小工匠”、“小小红色宣讲员”、“小故事　大能量”等特色项目。在疫情防控关键时期，区新时代文明实践中心发挥区志愿服务促进中心“志愿者110”功能作用，建立“社区+文明单位+社会组织”的志愿服务模式，发动新时代文明实践中心（所、站）、各级文明单位、爱心企业志愿者等1万余人，参与疫情防控志愿服务约1880场、127190人次。在全区范围内征集厦门市第二届“新乡贤”候选对象。年内海沧交警大队的陈祺获评厦门市第八届孝老爱亲模范，嵩屿街道陈亚泡、新阳街道干部林志强获评厦门市第八届道德模范提名奖，海沧区政府办龙静宜获评“诚实守信”福建好人。完善道德典范礼遇帮扶制度，颁发道德典范礼遇卡。在清明节、端午节等传统节日开展“我为群众办实事”实践活动和闽南民俗进村居志愿服务活动，组织关爱慰问老党员、道德典范、环卫工人、困难群众1100多人次。庆祝中国共产党成立100周年，组织青少年围绕“童心向党”主题，开展“七个一”（一场红色主题班会、一首红色歌曲、一场红色研学之旅或主题夏令营、一个红色课堂、一支小小红色宣讲员队伍、一场红色书画摄影作品展、一个红色小剧场）系列活动。成立小小红色宣讲团，在全区各中小学招募323位小小红色宣讲员，开展宣讲活动360场。4月，海沧区获评省级文明城区。在2021年第二季度全市文明城区测评中位列全市第一名。

【文明城区创建】 2021年，海沧区以争创全国文明典范城市为契机，健全完善文明创建常态长效工作机制，强化“统筹管理、分级负责、条块结合、上下联动”组织领导体系，调整海沧区创建指挥部组织机构及职责，下发《关于深化文明城市（区）创建工作长效机制的意见》《海沧区创建文明城市（区）三年行动计划（2021—2023年）》等文件。梳理文明创建百日攻坚重点任务24项，全国文明城市实地测评考察场所测评指标22类126个，按点位逐条分解到具体牵头单位、责任单位、责任人，确保项目清单化、清单责任化、责任具体化。实施各级文明单位挂钩备检点的责任制度，建立文明单位与区考察备检场所结对共建的活动机制，迎检期间全区各级文明单位发动1200多名志愿者到街道社区报到，开展洁净家园、文明引导活动。开展常态化文明创建督查暗访及重难点区域集中督查，下发督查通报72期，落实整改问题3656个。

【“爱心厦门”建设】 2021年，海沧区持续完善爱心平台建设促进“爱心屋”良性运营，推进“走基层·心连兴”活动，倡导党员、干部、志愿者等带头到爱心屋献爱心，开展志愿服务、主题党日活动，优先采购爱心屋商品，10支爱心团队向海沧区8家爱心屋进行采购，爱心屋营业额总额超1300万元。推动“我为群众办实事”13大类72项爱心举措落到实处，在全市率先开展残疾人评定上门服务，推动辖区第5个幸福食堂——祥露社区幸福食堂开放，在区税务局办税服务厅设立“方言专窗”“敬老专窗”。抓好重点帮扶，围绕“爱心敬老”，打造“15分钟养老服务圈”，推动医疗资源下沉共享开展定点医疗服务；围绕“爱心济困”，发放救助金，推进“爱心厦门·圆梦助学”公益项目实施；围绕“爱心扶幼”，开展“雨露育青苗”活动，完成海沧区224名困难儿童的救济金发放；围绕关爱特殊岗位工人，完成9座清洁楼的提升改造，惠及4万余名职工。

【志愿服务】 2021年，海沧区以新时代文明实践中心为平台，建立三级志愿服务组织体系。截至年底，全区在“全国志愿服务系统”上注册志愿者68041人，注册队伍470支。全年新增志愿服务人数10110人，新增志愿服务队伍234支，新增海沧移动志愿服务队、海沧职专红色小工匠志愿服务队两支队伍为新时代文明实践中心专业特色队伍。完善志愿服务项目体系，启动区级志愿服务项目大赛，征集志愿服务项目29个，评选“银龄卫士防诈骗”“亲子助老·爱暖夕阳”等项目为海沧区2021年十佳志愿服务项目。完善志愿服务培训体系，定期举办区级志愿服务培训，在联盟和队伍内部培养骨干志愿者成为培训讲师，以线上分享和互动为主，线下服务实践和督导为辅的形式开展志愿培训。在学雷锋月期间，区文明办与区民政局联合制定《海沧区学习宣传和贯彻落实〈厦门经济特区志愿服务条例〉工作方案》，组织志愿服务队、志愿者开办多场培训讲座，开展《条例》学习活动。健全志愿者礼遇体系。完善“志愿厦门”注册审核机制，落实志愿服务时长如实登记。举办志愿者嘉年华活动，表彰一批志愿服务先进集体和个人，为志愿服务时长300小时以上的志愿者颁发海沧新时代文明实践中心志愿者荣誉卡，发动爱心商家参与礼遇志愿者的项目与活动。发动40家单位（企业）为志愿者提供近100项礼遇措施。

2021年7月6日，海沧区举行“童心向党·我向党旗敬个礼”主题队会暨《一片童心向党》动漫宣传片发布会。图为舞蹈《为了解放》表演现场 （张建平 摄）

【未成年人思想道德建设】 2021年，海沧区贯彻落实《全国未成年人思想道德建设测评体系》和《福建省未成年人思想道德建设测评体系》，深化学校周边环境整治，为未成年人健康成长创造良好社会文化环境。围绕庆祝中国共产党成立百年，组织青少年围绕“我向党旗敬个礼”“唱支红歌给党听”“党的光辉照我心”“党的故事我来讲”四大主题“童心向党”，创新性开展“七个一”系列活动，受众超10万人次。其中由区委文明办和区教育局联合举办的囷瑶革命基点村“童心向党”音乐会、天竺山“童心向党·薪火相传”红色研学活动、《一片童心向党》动漫片发布会暨强国有我主题队会活动、小小红色宣讲员宣讲活动等得到各大媒体的关注和报道，并在“学习强国”学习平台传播。开展“新时代好少年”推荐及学习宣传工作，选树10名海沧区新时代好少年，其中北师大附校李明禹、双十附校祝君旺获评厦门市“新时代好少年”。全年海沧区未成年人心理健康公益辅导“进机关、进企业、进学校、进社区”活动开展31场，参与人数近万人。制作发布云上“心”课堂、原创心理动画、漫画、公益宣传片等心理健康知识推文35篇。组建防疫心理志愿服务队，开通心理援助热线和网络咨询微信号，由专业心理志愿者为因受新冠肺炎疫情影响的市民群众和一线防疫工作者提供心理援助。

【首个社区未成年人社会实践指导站成立】 2021年5月29日，海沧区首个社区未成年人社会实践指导站在海发社区成立。面积约为500平方米，设有科普活动室、手工创作区、多媒体功能室、图书阅览室、绿色网吧、健身活动室、舞蹈室、红十字之家生命体验室等功能场所。

【精神文明教育活动】 2021年7月，海沧区贯彻落实中央、省、市关于开展倡导文明健康绿色环保生活方式活动的部署要求，在全区开展“文明鹭岛树新风，健康环保伴我行”精神文明教育活动，倡导文明健康的生活方式，引导广大市民养成良好的公共卫生习惯。开展以城乡环境整治、文明习惯养成、健康生活倡导为主要内容的精神文明教育活动，突出公共场所、城乡接合部、农村地区、单位、学校内部等重要区域，开展“提升文明素质，养成文明习惯”活动、倡导“文明健康、绿色环保”生活方式

2021年7月26日，海沧区在新时代文明实践中心举办“今夏有邻 护童成长”家门口暑托班开班仪式（区委文明办 供）

宣传活动、“清静车厢”等文明礼仪提升系列行动、“交通路口文明行”提升行动等12项活动。

【海沧率先开办免费暑托班】 2021年7月26日，海沧区把精准关爱群众作为深化“爱心厦门”建设的出发点和着力点，依托“近邻”资源，发挥村居“邻”聚力，在全市率先开办36个以“今夏有邻 护童成长”为主题的家门口暑托班，帮助双职工家庭破解暑期孩子“看护难”的问题，招收1101名辖区内双职工家庭暑期无人看护的小学生和3至6岁学龄前儿童。创新打造“社区＋志愿者＋学校”的托管服务模式，每班配备1名班主任、1～2名教师志愿者、2～3名志愿者以及相关社区特色拓展活动的授课教师，各暑托班根据软、硬件条件与服务对象特点，开办基础班或特色班，以“课业辅导＋趣味课程＋文明实践活动＋村居特色拓展”为主要内容，结合“一站一品”品牌建设，拓展开设新冠肺炎疫情防控、机器人编程、小小主持人、认识闽南文化、围棋、五祖拳等特色课程，同时组织孩子参与洁净家园、垃圾分类等志愿服务活动。

【海沧区新时代文明实践志愿服务】 2021年，海沧区在市委宣传部、市委文明办等13个部门联合开展的2021年度厦门市学雷锋志愿服务“四个最美”先进典型评选中，海翔社区志愿服务队刘湘获评最美志愿者，红裙子志愿服务队、渐美村爱心妈妈志愿服务队获评最美志愿服务组织，新阳街道“一米阳光”系列公益项目之“一米书桌”厝边学堂志愿服务项目获评最美志愿服务项目，嵩屿街道海景社区、海沧街道渐美村、新阳街道兴祥社区获评最美志愿服务社区。在省委宣传部、省委文明办等15个部门联合开展的2021年度福建省学雷锋志愿服务“五个最美”先进典型评选中，海沧区新时代文明实践中心红裙子志愿服务队获得“最佳志愿服务组织”称号、东孚街道新时代文明实践所获得“最美志愿服务文明实践所”称号。在省委文明办、团省委、省民政厅等9个部门联合开展的2021年度福建省志愿服务项目大赛评选中，海沧区新时代文明实践中心红裙子志愿服务队“银铃卫士防诈骗”项目获金奖，东孚街道天竺社区新时代文明实践站的“问安行动”志愿者关爱空巢独居长者服务项目、新阳街道新时代文明实践所的“一米阳光”系列志愿服务项目获优秀奖。

【新时代文明实践志愿者嘉年华活动】 2021年12月12日，由海沧区新时代文明实践中心、海沧区融媒体中心主办的“志愿海沧 与爱同行”2021年新时代文明实践志愿者嘉年华活动在海沧延奎实验小学海达校区举行。活动以视频展播的形式，对2021年新时代文明实践志愿服务工作进行回顾总结，同时以海沧区委文明办的名义对“六个最美”先进典型进行表彰，分别是最美志愿者100名、最美志愿服务队伍50支、最美志愿服务项目10个、最美志愿服务村（居）12个、最美志愿服务家庭10个、疫情防控最美志愿者100名。向40家参与“爱心厦门”和尊崇礼遇志愿者的爱心商家授牌，为2021年海沧区新时代文明实践十佳最美志愿服务项目颁奖。

（区委文明办）

机关党建

【概况】 2021年，中共厦门市海沧区委区直机关工作委员会以庆祝中国共产党成立100周年为契机，推进区直机关党的各项建设。结合党建工作责任制、从严治党主体责任、意识形态工作责任检查等，对39个基层党组织开展指导督查。统筹指导区直机关各基层党组织开展“我为群众办实事”活动，落实活动重点项目100余个。落实“四规范两创建”措施，加强机关党组织建设。开展模范机关创建、金牌支部创建活动，打造党建品牌。在第四届“推进机制活、建设新福建”全省机关体制机制创新优秀案例评选活动中，区委办党支部案例获评一等奖、区委组织部党支部案例获评二等奖。组织基层党组织召开民主生活会、书记抓基层党建述职评议会和专题组织生活会，加强党风廉政风险防控，强化“两个责任”的落实。牵头开展机关党组织主体责任制检查，组织基层党组织书记、纪检干部培训3场，以会代训5场。围绕不同群体党员需求，分类别、分层次、分批次加强党员干部培训。组织开展“机关凝聚战斗力，拼搏奋进新征程”中国共产党成立100周年“十个一”系列活动。

【党员教育】 2021年，海沧区直机关工委把学习贯彻习近平新时代中国特色社会主义思想作为首要政治任务，结合“再学习、再调研、再落实”活动，组织学习中共十九届历次全会精神，跟进学习习近平总书记重要讲话重要指示批示精神和致厦门经济特区建设40周年贺信重要精神。采取“原原本本通学—领导带头领学—专项培训力学—知识竞赛促学”等方式方法，加强党员干部学习联动，开展线上线下党史学习教育相关活动3000余场。落实“三会一课”（定期召开支部党员大会、支部委员会和党小组会，并按时上好党课），“党日五件事”（组织党员学习、召开党员大会、开展党性实践、落实党务工作、实施党课教育）等制度，对党员开展经常性教育。以党的基本知识、党性党风党纪、党的优良传统等内容为重点，开展新党员培训，覆盖发展对象、预备党员、新转正党员68人次；以开展党的创新理论、党建工作实务等内容为重点，开展基层党组织书记及党务干部培训3场、147人次。

【机关党组织建设】 2021年，海沧区直机关工委严格落实“四规范两创建”（“四规范”即强基固本，推进基本组织规范化；提质增效，推进基本队伍规范化；抓细抓全，推进基本活动规范化；从严从实，推进基本制度规范化。“两创建”分别是凝心聚力推进模范机关创建和示范带动推进党建品牌创建），依托“党建e家”巡察整改、党建工作检查、模范机关创建、金牌支部创建活动等，对基层党务工作开展调研检查，推动整改落实，推进党支部标准化规范化建设。

【基层服务】 2021年，海沧区直机关工委坚持以“服务中心、建设队伍、服务群众”为主责，以“我为群众办实事”及精准双报到为抓手，主动融入基层服务。区直机关各基层党组织主动融入新冠疫情防控，助力疫苗接种，开展疫苗接种志愿服务活动2000余人次；选派网格员助理下沉一线，参与人数7000余人次。主动融入近邻党建，年内39家基层党组织与结对社区签订共建协议，常态化开展共建工作，落实“1+5+N”任务清单，探索打造互惠互利、常态长效协作机制。主动融入文明创建，开展志愿服务培训部署会，组织开展“当先锋 做示范 争创全国文明典范城市”“文明城市同心共创 美好生活你我共享”系列志愿服务活动，发动机关党员干部投身文明创建工作。

【海沧机关学苑】 2021年，海沧区直机关工委打造“海沧机关学苑”党建品牌，以“党建”和“群团”双轮驱动，下设党建讲堂阵地和群团讲堂阵地，采取区直机关工委为主承办，各基层党组织轮值的形式，整合统筹各单位现有学习

2021年6月10日，“献礼100 金牌支部展风采”主题活动在海沧自贸园区党群活动服务中心举行
（区委组织部 供）

阵地，打造党员学习教育、管理服务、实践锻炼平台。全年为1600余名区直机关党员提供教学服务。

（区直机关工委）

党校工作

【概况】 2021年，海沧区委党校贯彻落实《中国共产党党校（行政学院）工作条例》，以巩固巡察整改成果和迎接福建省县级党校（行政学校）质量评估为契机，聚焦主责主业，发挥干部培训的主渠道和主阵地作用，探索办学方式方法，整合办学资源，提升办学质量和教学水平。全年组织全区处级干部学习贯彻中共十九届五中全会精神研讨班和党史学习教育专题培训班，参训人数400多人次；举办3期主体培训班，培训学员86人；开设“总结历史经验，汲取前进力量——学习两个《决议》心得体会”和“什么是马克思主义”党史理论课，在全区进行宣讲，受众500多人次。

【党的理论教育】 2021年，海沧区委党校强化党的理论教育和党性教育主业主课地位，将习近平新时代中国特色社会主义思想作为干部学习培训的重点，设置相应教学单元，精选课程、优选师资，通过讲授式、案例式、互动式等教学方法，让学员真正听得懂、学得会、用得上，增强对习近平新时代中国特色社会主义思想的政治认同、思想认同、情感认同。结合党史学习教育，组织学员到英雄三岛、革命基点村、“学习号”客轮等红色教育点开展现场教学，观看《建党伟业》《党史故事100讲》等红色革命电影、短视频，增强党史学习教育的感染力。

2021年4月1日，海沧区委党校春季处科级干部培训班在东孚街道征拆点开展现场教学

（区委党校　供）

【党校教学资源】 2021年，海沧区委党校发挥与厦门市委党校合作办学的独特优势，组织学员参加市委党校的专家报告和市级领导讲坛，共享优质教学资源。落实好领导干部到党校讲课制度，邀请各级领导17人次授课，加深学员对海沧发展定位的理解和把握。还邀请厦门大学、集美大学、厦门理工学院的专家教授来校授课，强化培训的针对性和有效性。

【党校教学设计】 2021年，海沧区委党校探索教学方式方法的创新，优化教学设计。在教学形式上，做到每周“四个一”，即每周一次领导讲坛、一次专家报告、一次学员论坛、一次现场教学。在教学方式上，开设团队精神拓展培训课程和互动课程，增强教学吸引力，提升办学质效。在教学成效上，多种方式收集学员意见建议，完成《提升干部培训精准化》调研报告，将主体班学员的意见建议进行提炼汇总，形成咨政报告。

【党校教学管理】 2021年，海沧区委党校制定《关于切实改进学风加强学员管理的规定》，落实班主任全程跟班，规范主体班学员管理工作。制定《优秀学员评选暂行办法》，采用民主推荐和组织审核相结合的方式评选优秀学员，激发学员学习热情。征询区委组织部意见挑选班委成员，由班委统筹协调班级活动，轮流主持每周1次的学员论坛，发挥好带头示范作用。

（区委党校）

保密工作

【概况】 2021年，海沧区国家保密局按照中共中央关于密码保密工作的决策部署和习近平总书记重要批示指示精神，重点做好中国共产党成立100周年庆祝活动、抗击新冠疫情和区第五次党代会等重大时间节点事件的保密服务保障。强化宣传引导，扩大保密宣传覆盖面。年内，完成涉密领域国产化替代工作，统筹技术力量对区电子政务内网汇集点、终端及外设进行替代，升级完善电子政务内网；完成涉密会议室改造，推进省二级网厦门节点海沧部分的建设。开展计算机日常检查工作，全年检查372台，其中检查涉密计算机36台、外网计算机197台、内网计算机139台。

【保密宣传】 2021年，海沧区国家保密局围绕“全民国家安全教育日”“国家网络安全宣传周”“全国法制宣传日”等重要宣传节点，强化全覆盖式的普遍性宣传，增强全社会的密码安全、国家秘密安全的法治意识。开展“八五”保密法治宣传教育，创新宣传教育方法和手段。推进保密法治宣传进乡村、进社区、进党校、进企业，实现社会公众保密法治宣传教育全覆盖，初步形成全方位、多角度、深层次、宽领域的“大宣教”格局。

【保密管理】 2021年，海沧区国家保密局联合公安、网信部门抓好微信专项整顿，加强微信泄密警示教育，从严整改隐患、查处违规行为。开展自查自评工作，查找保密工作中存在的薄弱环节和隐患，采取措施整改，对历次检查中发现的问题和隐患，进行重点检查，彻底消除失泄密隐患。加强村、居的保密管理，强化基层工作人员保密意识、提升保密技能，设置专人负责保密工作，把保密工作落到实处。

（区国家保密局）

老干部工作

【概况】 2021年，海沧区委老干部局抓好离退休老干部、老党员政治建设，围绕中国共产党成立100周年主题，挖掘老党员的光辉事迹，加大宣传力度，弘扬老一辈不怕牺牲、艰苦奋斗的精神。统筹抓好离退休干部“三项建设”、发挥作用、服务管理、信息化精准化规范化建设等各项工作。至年底，海沧区副局级以上离退休老干部43人，其中离休干部2人、退休干部41人。全面加强离退休干部党的建设，成立17个离退休干部党支部。指导2个党支部创建成为福建省第二批离退休干部示范党支部。组织拍摄的老党员电教片《半个世纪的婚礼》在2021年全国微视频作品大赛中获全国最佳作品奖。围绕中国共产党成立100周年，开展党史宣传教育，拍摄11个宣传视频。组织200余名离退休干部党员开展《革命人永远是年轻》大型原创歌舞快闪视频，被“学习强国”全国总平台选用。发挥老干部老党员作用，开展防诈骗公益宣传、垃圾分类、文明创建等多项主题志愿服务活动50余场。“厝边学堂”获厦门市最美志愿服务项目。通过《中国老年报》、“福建省离退休干部”公众号等多渠道发表59篇报道，2021年老干部宣传工作获全省通报表扬。推广老年大学村（居）教学点工作经验，挂牌43个村居教学点，除拆迁村外，实现全区“全覆盖”的建设目标。

【老干部“两个待遇”落实】 2021年，海沧区委老干部局全面落实老干部政治和生活“两个待遇”。组织老干部参加政情通报会、区委全会、党代会、区“两会”等重要会议11场、阅文活动5场。定期组织召开老干部读书班、市区各类政治学习活动11场次，参与人数78人次。组织老干部参观革命老区基点村、英雄三岛、班纳利花圃和金柏半导体等地，开展“政治生日忆初心、牢记使命共奋进”主题党日活动。开展离休干部精准服务与特困帮扶调研，实现购买服务覆盖率100%。掌握老干部身心状况，提供优质便利的个性化服务。实行定期走访、实时跟踪，精心照顾、精准服务，做好“双高期”老干部和老干部困难家庭的帮扶工作。全年走访慰问老干部、遗属219人次。

【离退休党组织建设】 2021年，海沧区委老干部局根据离退休党员人数和分布情况，推动离退休支部拆分，新成立离退休党支部3个，至年底有离退休党支部17个。强化政治学习，组织召开离退休干部党支部书记党史教育培训班、离退休党建工作交流会等，组织收看离退休干部网上专题报告会等政治宣讲9场次，学习人数2300余人次。按照“有组织、有制度、有活动、有阵地、有经费、有联络员”要求，推进离退休干部党建标准化建设，指导海景社区第一离退休干部党支部、海发社区离退休干部党支部创建成为福建省第二批离退休干部示范党支部。多名离退休干部党支部书记获评福建省“八闽银发先锋”、厦门市“先进党务工作者”、厦门市“文明标兵”“最美志愿者”等称号。

【老干部作用发挥】 2021年，海沧区委老干部局结合“我为群众办实事”实践活动，引导鼓励离退休干部党员在弘扬优秀传统文化、政策形势宣讲、精神文明建设、关心下一代等工作中发挥优势作用。组织海沧各银发先锋志愿服务队开展防诈骗公益宣传、垃圾分类、文明创建等多项主题志愿服务活动50余场，保障新冠疫苗接种4万余人次。160名老党员主动投身新冠疫情防控一线，协助社区开展核酸检测、小区值守、无疫小区创建等工作，提供志愿服务1200人次，服务时长6500小时。组建“老党员宣讲团”，老党员以亲身经历讲党史、忆党史，进基层宣讲21场，参与人数超过千人。联合海沧融媒体中心，制作《听老党员讲那些年的事》系列专题访谈微视频，逐一采访沈金富、邹品柱、王玉龙等7名离退休干部党员，宣传老革命、老党员、海沧开发建设者等模范人物的光辉事迹。

【老年教育工作】 2021年，海沧区老年大学秉持“校园+村居教学点”办学模式和“课堂教学+志愿服务”工作模式，以庆祝中国共产党成立100周年为契机，加强老干部党校建设，举办“唱红歌 学党史”等主题党史讲座，召开全区老年教育大会，开展“永远跟党走”文艺演出、书画影诗线上展、畅谈中国共产党成立100周年交流会等活动。创作校歌《追逐梦想》，抓好区老年大学校风、教风、学风建设。落实“我为群众办实事”，抓好老年大学村居教学点工作，已挂牌43个村居教学点，基本实现全区“全覆盖”的建设目标。各教学点全年开设122个班次、28门课，参加学习者近3000人次，初步形成“区老年大学、街道文明实践所教学点、村居文明实践站教学点”3个层次教学体系。

（区委组织部）

关心下一代工作

【概况】 2021年，海沧区关心下一代委员会按照中国关工委及省、市关工委有关会议和文件要求，把培育和践行社会主义核心价值观融入青少年教育全过程，加强青少年思想道德建设，发挥“五老”（离退休老干部、老战士、老教授、老专家、老模范）优势，夯实基层基础，参与创新社会治理，开展关心下一代各项工作。推进基层关工委建设，指导基层调整、完善关工委班子。开展新一轮“五好”基层关工委创建活动，11家单位达标。年内新成立52个非公有制企业关工委组织。新创建5个青少年社会实践基地，发挥青少年社会实践基地的作用。加强青少年思想道德建设，通过开展预防校园欺凌、网络安全教育、法治教育等主题知识讲座，加强青少年自我保护意识。全年通过线上和线下模式，组织各类主题教育活动308场次，4万余人次参与。关爱外来务工人员子女，关爱农村青少年，捐赠价值2万多元图书。

【主题教育活动】 2021年，海沧区关工委开展主题教育活动，加强青少年思想道德建设。组织“五老”报告团，紧扣中国共产党成立100周年、厦门经济特区建设40周年等重要节点，到学校、社区开展“传承红色基因，争做时代新人”“中华魂”“爱学习、爱劳动、爱祖国”“英雄中国少年说”“童心向党”等主题教育和朗诵活动107场次，参与人数1万余人次，围绕党史国史、传统文化和改革开放历史成就等内容开展宣讲；组织播放《我和我的家乡》《英雄儿女》等红色影片24场，受教育青少年2200多人次；组织青少年参观“耕读文化馆”“海沧全民国防教育馆”等爱国主义场馆，参观活动80场次，受教育2700人次。

2021年12月12日，海沧区关工委在未来海岸社区书院开展“颂建党百年·做时代新人”趣味活动

（区关工委　供）

【"五老"志愿者作用发挥】 2021年，海沧区关工委加强和规范"五老"志愿队伍建设，举行"五老"志愿者骨干培训、"五老"网吧监督员季度工作会议。开展"大手拉小手""老少共建文明和谐社区"等活动，部分退休老教师在新时代文明实践站义务为社区小朋友教授围棋、国学、硬笔书法课等，丰富青少年的课外娱乐生活。推荐"五老"志愿者作为海沧区检察院合适代理人，关爱转化未成年犯罪嫌疑人，全年8次对8名未成年犯罪嫌疑人进行讯问、现场教育和庭前心理辅导，履行合适代理人义务和职责，保护未成年犯罪嫌疑人在司法审判过程中的合法权益。

【青少年关爱】 2021年，海沧区动员街道、村居、社区、企业和个人参与关爱活动，参与到区教育局基金会捐资助学项目中，全区捐资380万元，受资助学生6000余人次。制作《预防校园欺凌指导手册》和《预防校园欺凌动画宣传片》视频，通过线上和线下两种形式相结合，提高青少年防范校园欺凌的意识，加强青少年自我保护意识。联合区妇联，为辖区内6个涉疫村居封控管控区的儿童购买相关益智玩具、学习用品、防疫用品等，为居家隔离的儿童送上"暖心包"。开展"安心留厦·爱心同行"关爱留厦外来务工人员子女和司乘人员子女活动，为200个留厦外来务工人员子女和司乘人员子女派送"新春福袋暖心包"。开展"关爱明天、普法先行"未成年人普法教育活动80余场，参与人数4000余人。

【两岸青少年交流】 2021年，海沧区促进两岸青少年交流交往，采用线上形式，征集以"传承两岸好家风，争做时代好少年"为主题的系列书画作品，引导两岸青少年"大手拉小手"共成长，传承好家风好家教。借助开台文化公园、院前济生缘合作社等两岸青少年社会实践基地，开展各类夏令营、冬令营、亲子活动等共建活动100余场，参与人数6000余人。动员台青参与基层关工委关爱工作，第十三届海峡论坛·海峡两岸关爱下一代成长论坛邀请海沧区台青社区营造员王嘉麟携女儿作《爱与童谣》主题演讲；在区委台港澳办支持配合下，邀请杨家兴等5名台胞志愿者参加论坛，促进两岸青少年交流。

（区关工委）

党史与地方志工作

【概况】 2021年，海沧区党史和地方志工作部门把党史研究与全区工作大局结合起来，围绕区委中心工作开展调研，形成《海沧区战略性新兴产业发展》《加快数字经济赋能 激活区域发展活力》等调研报告。参加全市全域年鉴精品工程，完成《海沧年鉴（2021）》编纂出版工作，完成《福建年鉴（2021）》《厦门年鉴（2021）》《厦门经济特区年鉴（2021）》海沧区资料收集编辑工作，合计1.9万字。持续推进党史编研，完成《区委执政实录》《十八大以来厦门对口支援口述资料汇编》《全面建成小康社会大事记》的编纂。围绕庆祝中国共产党成立100周年，配合区党史学习教育办公室开展党史学习宣传教育，编发党史学习教育简报72期，刊发各单位经验做法及亮点成效369条次，举办庆祝中国共产党成立百年邮票图片展、书法展、红色电影巡回展映等活动。

【全域年鉴精品工程落实】 2021年，海沧区落实全域年鉴精品工程要求，组织年鉴编纂人员参加中共厦门市委党史和地方志研究室召开的市、区两级综合年鉴2021卷大纲评审会、2021年福建省全域年鉴精品工程（厦门）部分篇目点评会和样书评审会3次会议，组织年鉴主编和编纂人员开展业务研讨，根据专家意见修改完善编写大纲，对框架、条目、文字内容做适当的调整、修改、提炼等，提升《海沧年鉴（2021）》编纂质量。同时通过线上参加第六期全国年鉴主编培训班学习，持续学习中国地方志指导小组办公室印发的《地方综合年鉴编纂出版规定》及《关于地方综合年鉴编纂出版若干问题的补充规定》，加强与市委党史和地方志研究室、兄弟区和相关专家的交流学习，持续提升年鉴工作业务水平。

【《海沧年鉴（2021）》出版】 2021年12月，《海沧年鉴（2021）》出版。全书总字数67.4万字，记载2020年海沧区自然、经济、政治、文化、社会和生态文明等各方面的基本面貌和发展情况。卷首彩页特设"战略性新兴产业发展"版块，主体部分设类目、分目、条目3个层次，主体设有29个类目，特设"海沧'十三五'经济社会发展成就""海沧台商投资区""脱贫攻坚""抗击新冠肺炎疫情"4篇专记。

（区委办）

责任编辑、校对：李彩兰

厦门市海沧区人民代表大会

综　述

【概况】 2021年，海沧区人大常委会依法履职，服务海沧高质量发展。全年召开人大党组会议45次、常委会会议13次、主任会议13次，听取和审议"一府一委两院"专项工作报告20项，开展执法检查2次，开展满意度测评1项，组织视察3次，督办代表议案1件、建议128件。年内，完成区十三届人大换届选举工作，选举产生海沧区第十三届人民代表大会代表190名，召开区十三届人大一次会议，选举产生新一届区人大常委会组成人员。依法防控疫情，全区各级人大代表响应号召，做好抗疫工作。

【区第十三届人大代表构成】 2021年12月2日，海沧区进行全区人大代表换届选举，选举产生海沧区第十三届人民代表大会代表190名。其中工人代表4名，占代表总数2.11%；农民代表10名，占代表总数5.26%；专业技术人员17人，占代表总数8.95%；其他基层代表61人，占代表总数32.11%；公务员47人，占代表总数24.74%；国有和集体企业负责人14人，占代表总数7.37%；非公有制经济人士31人，占代表总数16.32%；事业单位负责人2人，占代表总数1.05%；解放军和武警2人，占代表总数1.05%；其他2人，占代表总数1.05%。

2021年12月2日，海沧区第十三届人民代表大会代表选举第81选区投票站投票现场　（郑伟明　摄）

【人事任免】 2021年，海沧区人大常委会依法行使人事任免权。区人大常委会按照《中华人民共和国地方各级人民代表大会和地方各级人民政府组织法》有关规定，全年任免地方国家机关工作人员53人次，其中任职26人次、免职27人次。免去人民陪审员1人次。

【北附小社区成为全市首批基层立法联系点之一】 2021年3月2日，厦门市人大常委会首批基层立法联系点在海沧北附小社区人大代表联系群众活动站举行授牌仪式。全市首批基层立法联系点有3个，海沧区嵩屿街道北附小社区是其中之一。年内，北附小社区基层立法联系点围绕物业管理难点、堵点问题，立足《厦门市物业管理若干规定》修订工作，听取辖区业委会、律所、政府机关等意见，提升群众参与立法工作的便捷度。

（区人大办）

重要会议

【概况】 2021年，海沧区完成人大换届选举工作，召开区十三届人大会议1次，会议主要选举产生区十三届人大常委会委员25名、主任1名、副主任5名，区人民政府区长1名、副区长7名，区监察委员会主任1名，区人民法院院长和区人民检察院检察长各1名，市第十六届人大代表37名。召开区十二届人大常委会会议13次，会议主要研究人事议题，听取和审议“一府一委两院”专项工作报告、人大换届选举工作方案、履职情况报告等。召开区十二届人大常委会主任会议13次，会议主要听取区检察院关于适用认罪认罚制度情况的报告，听取区政府关于治理拖欠农民工工资三年行动工作情况的报告、关于落实医疗健康专项调研意见整改情况的报告、关于重要建议办理进展情况的报告及处理区人大常委会其他重要日常工作。

【区十三届人大第一次会议】 2021年12月26—30日，海沧区第十三届人民代表大会第一次会议在海沧逸林希尔顿酒店召开，大会应到代表190名，实到187名。会议听取和审议区人大常委会、区政府、区法院、区检察院工作报告，审查和批准2022年区级财政预算，审议通过有关决议。会议选举产生海沧区第十三届人大常委会主任江根云，副主任苏亮文、郭素芬、蔡德进、杨文、张骏，海沧区第十三届人民政府区长龚建阳，副区长王继东、韦信斌、庄源源、苏永昌、陈仲谋、林丽征、黄书枚，海沧区监察委员会主任邓英志，海沧区人民法院院长黄冬阳，海沧区人民检察院检察长孙文华，海沧区第十三届人大常委会委员25名，厦门市第十六届人民代表大会代表37名。同时，表决产生海沧区第十三届人大监察和司法委员会组成人员、社会建设委员会组成人员。

【区十二届人大常委会会议】 2021年，海沧区十二届人大常委会召开常委会会议13次，即第三十八次至第五十次。

第三十八次会议 1月13日召开，任命朱泽环为厦门市海沧区监察委员会副主任，免去陈黄河的厦门市海沧区监察委员会副主任职务；接受方元炜辞去市人大代表职务；补选杜刚、陈宇、齐凤瑞为厦门市第十五届人民代表大会代表。

第三十九次会议 3月12日召开，任命赖大庆为厦门市海沧区司法局局长，廖传锟为厦门市海沧区农业农村局局长，洪艺珍为厦门市海沧区信访局局长，免去孔幸安的厦门市海沧区司法局局长职务、黄灵敏的厦门市海沧区农业农村局局长职务、廖传锟的厦门市海沧区信访局局长职务；免去童世民的厦门市海沧区人民检察院副检察长、检委会委员、检察员职务，黄希承的厦门市海沧区人民检察院检委会委员、检察员职务；接受陈延年辞去厦门市海沧区十二届人大常委会副主任和代表职务。

第四十次会议 3月30日召开，任命蔡维峰、苏小炜、陈妙妙为厦门市海沧区人民检察院检委会委员，免去陈庆祝的厦门市海沧区人民检察院检委会委员职务、林泽民的厦门市海沧区人民检察院检察员职务。听取和审议区人大科教文卫和侨务外事工委主任冯凤歧关于区十二届人大六次会议主席团交付审议的代表提出的议案初审意见的报告，同意该工委提出的初审意见的报告，决定将此议案列入区人大常委会议程，交由区政府办理。听取和审议副区长黄书枚作的《关于2020年度环境状况和生态环境保护目标完成情况的报告》。讨论确定区十二届人大五次会议期间代表议案、建议督办分工。

第四十一次会议 5月28日召开，任命王法丛为厦门市海沧区退役军人事务局局长，免去陶帮奎的

2021年5月28日，海沧区第十二届人大常委会第四十一次会议召开，听取关于检查《中华人民共和国禁毒法》实施情况的报告 （郑伟明 摄）

厦门市海沧区退役军人事务局局长职务。听取区委常委、常务副区长苏亮文所作的《关于贯彻落实“过紧日子”工作情况的报告》，听取和审议苏亮文所作的《关于进一步盘活存量资产工作情况的报告》及区人大财政经济工委主任蔡木柴所作的调查报告。听取区人大常委会《中华人民共和国禁毒法》执法检查组副组长、监察和司法委员会主任委员、法制内司工委主任章国炎所作的关于检查《中华人民共和国禁毒法》实施情况的报告。

第四十二次会议 7月30日召开，听取和审议投资区管委会副主任张善美代表区政府所作的《关于贯彻落实〈厦门市海沧区人大常委会关于倡导弘扬中华优秀传统文化，注重家庭、注重家教、注重家风的决定〉情况的报告》和区人大科教文卫和侨务外事工委主任冯凤歧所作的调查报告。听取和审议投资区管委会副主任张善美代表区政府所作的《海沧区人民政府关于2020年区级财政决算（草案）的报告》《关于海沧区2020年度区级预算执行和其他财政收支的审计工作报告》及区人大财政经济工委主任蔡木柴所作的审查报告，批准2020年区级财政决算。听取区法院党组成员、副院长翟伟坤，区法院东孚法庭庭长薛自力，区检察院党组成员、副检察长连远海，区检察院第三检察部主任蔡维峰的履职情况报告。

第四十三次会议 9月6日召开，任命龚建阳、陈仲谋、林丽征为厦门市海沧区人民政府副区长，免去苏亮文、江庆生的厦门市海沧区人民政府副区长职务；接受游文昌辞去厦门市海沧区人民政府区长职务，决定龚建阳代理厦门市海沧区人民政府区长职务。会议任命邓英志为厦门市海沧区监察委员会副主任，接受黄炳文辞去厦门市海沧区监察委员会主任职务，决定邓英志代理厦门市海沧区监察委员会主任职务。任命孙文华为厦门市海沧区人民检察院副检察长、检察委员会委员、检察员，接受陈子龙辞去厦门市海沧区人民检察院检察长、检察委员会委员、检察员职务，决定孙文华代理厦门市海沧区人民检察院检察长职务。讨论《致全区各级人大代表积极参与厦门市争创全国文明典范城市的倡议书》，并向全区代表发出倡议。

第四十四次会议 10月22日召开，传达学习中央人大工作会议和习近平总书记在中央人大工作会议上的重要讲话精神并提出贯彻意见。作出关于区人民代表大会代表换届选举时间的决定，关于设立区选举委员会及办公室、办事处的决定。

第四十五次会议 10月26日召开，审议通过厦门市海沧区人民代表大会换届选举工作方案。

第四十六次会议 10月28日召开，任命许荣锟为厦门市海沧区人民法院审判员，免去王奇仁的厦门市海沧区人民法院审判员职务。听取和审议副区长韦信斌所作《关于开展第八个五年法治宣传教育决议（草案）的说明》及监察和司法委员会主任委员、法制内司工委主任章国炎报告“八五”普法《决议》（草案）征求意见情况，作出关于开展“八五”普法工作的决议。听取和审议区委常委、常务副区长陈仲谋所作的《关于海沧区2021年1—7月财政预算执行情况及全年预算调整方案的报告》和区人大财政经济工委主任蔡木柴所作的《关于海沧区2020年1—7月财政预算执行情况及全年预算调整方案的审查报告》，审查批准2021年区级财政预算调整的决议。听取和审议副区长黄书枚所作的《关于退役军人保障工作情况的报告》及区人大社会建设委员会主任委员郭新南所作的《关于全区退役军人保障工作情况的调查报告》。部分市人大代表向区人大常委会进行书面述职。

第四十七次会议 11月30日召开，传达学习中共十九届六中全会精神并提出贯彻意见。听取和审议区政府副区长黄书枚所作的《关于将弘扬优秀传统文化寓于校园美育工作之中的议案”办理结果的报告》和区人大科教文卫和侨务外事工委主任冯凤歧所作的《〈关于将弘扬优秀传统文化寓于校园美育工作之中的议案〉办理结果的调查报告》，会议同意该《议案》办结。听取和审议副区长林丽征所作的《关于区十二届人大六次会议代表建议、批评和意见办理情况的报告》和区人大常委会办公室主任卢美伦所作的《区十二届人大六次会议代表建议、批评和意见办理情况的调查报告》，并对“关于尽快设立马銮湾地铁社区居民委员会的建议”等8件重要建议办理情况进行满意度测评，结果全部为满意等次。任命汤锦辉为厦门市海沧区人大常委会法制内司工作委员会主任、张绍华为厦门市海沧区人大常委会财政经济工作委员会主任、彭文斌为厦门市海沧区人大常委会海沧街道工作委员会主任、叶清峰为厦门市海沧区人大常委会新阳街道工作委员会主任、杜武池为厦门市海沧区人大常委会嵩屿街道工作委员会主任、郭崇江为厦门市海沧区文化和旅游局局长、吴祖斌为厦门市海沧区应急管理局局长、王树强为厦门市海沧区城市管理局局长、罗丽萍为厦门市海沧区信访局局长；免去章国炎的厦门市海沧区人大常委会法制内司工作委员会主任职务、蔡木柴的厦门市海沧区人大常委会财政经济工作委员会主任职务、谢炎才的厦门市海沧区人大常委会海沧街道工作委员会主任职务、李晴的厦门市海沧区人大常委会新阳街道工作委员会主任职务、吴祖斌的厦门市海沧区人大常委会嵩屿街道工作委员会主任职务、张绍华的厦门市海沧区文化和旅游局局长职务、汤锦辉的厦门市海沧区应急管理局局长职务、杜武池的厦门市海沧区城市管理局局长职务、洪艺珍的厦门市海沧区信访局局长职务、余珍兰的厦门市海沧区人民法院人民陪审员职务。接受吴祖斌辞去厦门市海沧区十二届人大常委会委员、人大代表职务。

第四十八次会议　12 月 10 日召开，任命孙民云为厦门市海沧区教育局局长、许建平为厦门市海沧区民政局局长、翁毅平为厦门市海沧区监察委员会委员；免去田云慧的厦门市海沧区教育局局长职务、陈晓忞的厦门市海沧区民政局局长职务、赖大庆的厦门市海沧区司法局局长职务、曾祥明的厦门市海沧区监察委员会委员职务。审议通过《代表资格审查委员会关于厦门市海沧区第十三届人民代表大会代表的代表资格的审查报告》，作出关于召开厦门市海沧区第十三届人民代表大会第一次会议的决定。

第四十九次会议　12 月 17 日召开。免去林德义的厦门市海沧区人民检察院检委会委员、检察员职务。研究确定区十二届人大六次会议有关事项；讨论并原则通过《厦门市海沧区人大常委会工作报告》。

第五十次会议　12 月 23 日召开，免去杨文的厦门市海沧区财政局局长职务。

【全区人大换届选举工作会议】2021 年 10 月 22 日，海沧区召开全区人大换届选举工作会议，动员部署全区人大换届选举工作。会议强调三点意见：一是提高政治站位，增强责任感使命感。全区各级各部门要站位全局，认识做好人大换届选举工作的意义。二是把握总体要求，落实各项工作任务。按照党中央和省委、市委的部署安排，把握总体要求、基本原则和关键环节，推进换届选举工作。三是强化组织领导，落实工作责任。各级各部门做好组织协调，把换届选举与常态化疫情防控、年度目标任务、2022 年“开好局起好步”结合起来。

（区人大办）

人大监督

【概况】2021 年，海沧区人大常委会立足新发展阶段，贯彻新发展理念，服务并深度融入新发展格局，开展经济发展、财政运行、民生实事、法治建设的监督检查工作，为海沧高质量发展贡献人大力量。组织开展《中华人民共和国消防法》《福建省消防条例》和《中华人民共和国禁毒法》执法检查。

【经济发展监督】2021 年，海沧区人大常委会加强对全区经济运行情况的跟踪分析，对产业发展持续监督，听取产业调研发现问题整改落实情况，跟踪推进问题解决，助推产业转型。区人大常委会领导带头落实挂钩联系企业制度，通过线上线下加强与企业的沟通联系，帮助协调解决企业生产经营困难。

【财政运行监督】2021 年，海沧区人大常委会实行零基预算，把“过紧日子”要求落到实处，听取和审议财政决算、审计工作、预算执行等专项工作报告，关注区政府盘活存量资产工作开展情况，督促不断优化财政资源配置，提高资金使用效益，使财政资金更多用于经济发展和民生事业。

【民生实事监督】2021 年，海沧区人大常委会督促抓好常态化疫情防控，跟踪推进医疗健康调研意见落实见效，区政府加大投入，提升基层医疗硬件水平。深入走访调研，督办相关建议，推进嵌入式养老服务开展，构建“15 分钟养老服务圈”。开展《中华人民共和国消防法》《福建省消防条例》省、市、区三级联动执法检查，督促树牢安全发展理念，强化消防安全责任落实，守护群众生命财产安全。维护农民工合法权益，听取区政府关于治理拖欠农民工工资三年行动工作情况的报告，确保农民工劳有所得。加强对退役军人保障工作的监督，推进健全退役军人服务保障体系。加强对全区污水管网规划建设及排查整治的监督，推进污水管网建设，促进污水纳管能力提高，实现雨污分流。

【法治建设监督】2021 年，海沧区人大常委会听取“七五”普法工作情况的报告，审议作出关于开展第八个五年法治宣传教育的决议，推动新一轮法治宣传教育工作，增强全民法治意识，营造良好法治环境。配合市人大开展立法调研，征集意见建议。开展《中华人民共和国禁毒法》执法检查，全区涉毒人员逐年下降。听取区检察院关于适用认罪认罚制度情况的报告，优化司法资源配置，促进司法公正与效率相统一。加强和改进人大信访工作，做好敏感时期信访维稳，化解社会矛盾。

（区人大办）

2021 年 5 月 26 日，海沧区人大常委会在嵩屿街道人大代表联系群众活动室开展“代表部门面对面，共话教育促发展”人大讲堂活动　（郑伟明　摄）

代表履职

【概况】 2021 年，海沧区人大常委会加强代表履职平台建设，利用平台开展代表接待群众、述职、学习等常态化活动；围绕区委中心工作和群众关切问题，发挥代表在掌握民情、反映民意、集中民智方面的作用，组织视察活动 3 次。开展“我为群众办实事”活动，列出项目清单，实行销号管理，办结实事项目 16 个，设立孚美社区居民委员会，推进困瑶村北市社经山仰到铁路的排洪渠清淤等。2021 年党史学习教育开展以来，全区 54 个人大代表联系群众活动室（站）组织代表、群众学党史，实现党史学习教育走进代表、深入基层。温厝社区人大代表联系群众活动站以“铭记党史，不忘初心牢记使命”为主题，开展党史理论宣讲，引导代表立足本职，增强责任担当，做到知史爱党、知史爱国。兴旺社区人大代表联系群众活动站、霞阳社区人大代表联系群众活动站联合组织人大代表走访革命老区基点村、观看影片、发放学习材料等。嵩屿街道人大代表联系群众活动室组织开展“学党史、话履职”交流分享，围绕“我为群众办实事”实践活动，进行履职分享，为提高代表履职质量、发挥代表作用交流经验。东孚街道人大代表联系群众活动室联合洪塘村人大代表联系群众活动站开展“学党史、守初心”党史学习教育读书会。

【建议督办】 2021 年，海沧区人大常委会抓好代表议案、建议的交办、督办工作。继续开展重点建议满意度测评，以评促办，推动代表建议办理由“答复满意”向“结果满意”转变。加大建议办理“回头看”力度，坚持 B 类建议跨时段跟踪督办制度，推动 22 件正在解决或列入计划解决的代表建议得到解决。区十二届人大六次会议代表所提的 128 件建议均已办复，代表满意率和基本满意率达 100%。

【代表工作】 2021 年，海沧区人大常委会围绕教育民生热点，以“人大讲堂”为抓手，邀请教育部门走进代表联系群众活动室，开展“代表部门面对面，共话教育促发展”主题活动，促进政府决策对接群众需求。召开政情通报会，组织代表跨区视察，邀请基层代表参加常委会会议、执法检查、调研等活动 622 人次，让代表知情知政，更好地依法履职。用好福建省三级人大代表履职服务管理平台、微信公众号等线上平台，落实代表履职登记、履职档案、述职评议等制度。

（区人大办）

责任编辑、校对：李彩兰

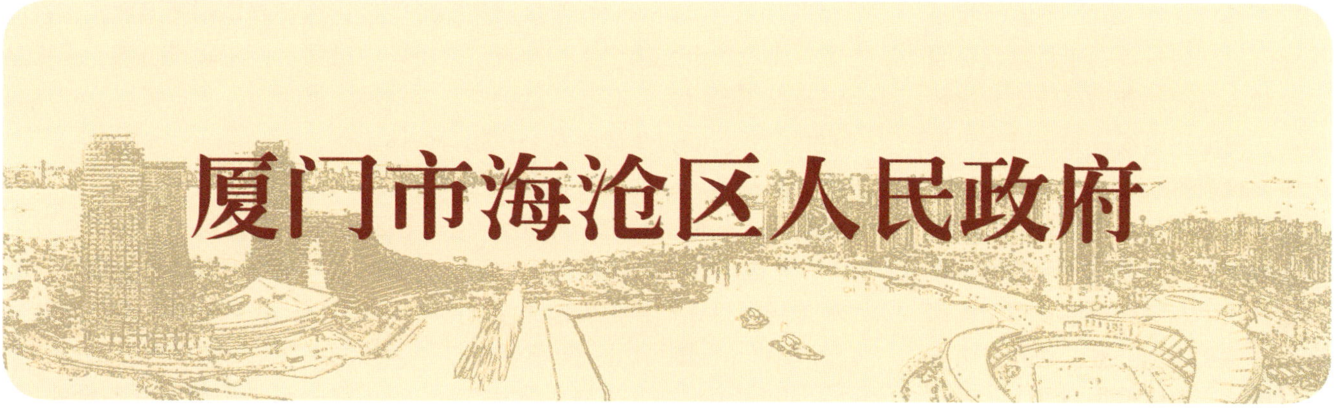

厦门市海沧区人民政府

综　　述

【概况】 2021年，厦门市海沧区人民政府坚持稳中求进工作总基调，坚持新发展理念，全方位推进高质量发展超越，统筹做好新冠肺炎疫情防控和经济社会发展，全面落实“六稳”、“六保”任务和“五促一保一防一控”（促生产、促消费、促项目建设、促外经贸发展、促旅游，保基本，防风险，控疫情）工作。全年地区生产总值938.24亿元，比上年增长11.9%，增速全市各区第一；财政总收入、区级财政收入分别比上年增长25.6%和18.1%；固定资产投资（不含农户）比上年增长15.1%；城镇居民和农村居民人均可支配收入增速超过省市平均水平。

（区政府办）

【招商引资】 2021年，海沧区制订促进招商引资工作的若干措施、加快生物医药产业发展若干措施、促进工业经济转型升级提质增效若干措施等5项政策，提升产业链招商精准度。坚持“走出去＋请进来”招引项目，区委、区政府主要领导带队到北京、上海、深圳、合肥、成都、杭州、南通等地开展招商引资工作39次，考察和对接重点企业和项目125个，推动重点项目落地；接待重点企业客商100余家，实地考察海沧营商环境，推动元初食品、新格诺康等重点项目落地。依托厦门大学校友招商大会、第四届数字中国峰会、海沧港综保区揭牌暨企业入驻签约会、第二十一届投洽会等重要会议，推动安捷利美维、宝太生物POCT产业园等28个项目会上签约，签约总投资额382.2亿元。与马銮湾新城指挥部联合推动中通、兆樾投资等456个项目落地；与自贸委联合推动沧雅投资、卓志全球优品等62个项目落地。利用黄金产业园、东南燕都、石油交易中心三大平台资源，争取黄金产业园股东周大生公司电商等业务板块落地园区，注册落地紫金信息科技项目；落地石油关联商贸项目78个，落地项目投资总额59.52亿元。

全年全区新增录入市招商引资项目管理平台并审核通过的招商项目1144个，总投资额1204.70亿元。落地项目853个，落地项目投资总额1006.17亿元，注册资本439.86亿元。引进紫金智控等高能级项目36个，落地新格诺康等总部项目3个，完成宝太生物等项目供地5个。实际使用外资17.34亿元，比上年增长15.8%，超过全省、全市平均增速；民企签约总投资额347.59亿元。

（区工信局）

【科技创新】 2021年，海沧区新增“三高”（高技术、高成长、高附加值）企业34家、第三批专精特新“小巨人”企业4家、省级以上研发机构1家。全年获科学技术奖10项。海沧集成电路企业群体获“IC创新奖”。公共平台更加完善，半导体产业基地竣工，华西海圻厦门工作站揭牌。成立全市首个产业引才联盟，推动市级人力资源服务产业园落地。全年新引进高层次人才251人、高校毕业生6118人、柔性引才1992人；开辟设计专业职称评审试点，职称评审规模持续增长。

（区政府办）

【城区建设】 2021年，海沧区坚持跨岛发展，城区建设持续提升。全年新增“五个一批”（谋划一批、签约一批、开工一批、投产一批、增资一批）开工项目40个，总投资135.73亿元；62个省市重点项目完成投资 342.24 亿元。土地征收工作推进，后柯村等 3 个村整村征收签约基本完成。新城建设步伐加快推进，海沧湾沿线夜景提升工程厦门中心夜景和厦门海沧 H2015P03 地块及融信夜景 2 个项目完工；鳌冠新城规划落地实施，鳌冠海域岸线保护和生态综合整治工程全面铺开；马銮湾新城 SM、象屿东南智慧供应链产业园等项目开工；沧江新城 5 个道路项目完工，路网、商业综合体等配套设施逐步健全，沧江生活广场完成整体出租。

（区政府办）

【社会事业】 2021 年，海沧区民生支出 50.07 亿元，占总支出 70.66%。建成中小学幼儿园项目 14 个，新增学位 1.77 万个；落实国家“双减”（有效减轻义务教育阶段学生过重作业负担和校外培训负担）政策，实现中小学课后延时服务全覆盖。启动海沧青少年研学实践营地项目，惠及学生近 9000 名。海沧街道社区卫生服务中心竣工投用，海沧医院互联网医院正式揭牌；深化与复旦中山厦门医院医疗技术协作，2 家基层医疗卫生机构获国家卫健委通报表扬。2 个安置房项目实现交付使用，新增安置房 2191 套。建设智慧健身房、二代健身路径、智能健身驿站及基层近 100 项健身设施。区档案馆新大楼投用。开展 D 级危房文物建筑修缮工作，创新性发展优秀传统文化。海沧区获评“第二批福建省全域生态旅游示范区”。

（区政府办）

【海沧在投洽会签约 489.92 亿元】 2021 年，海沧区以投洽会组委会、区委区政府等各级名义邀请到 42 个客商团组、145 名客商参加第二十一届投洽会。第二十一届投洽会海沧区签约 17 个项目，总投资 489.92 亿元，涵盖集成电路、生物医药、高端酒店、物流分拨及保税仓储等多个领域。其中，外资项目 8 个，总投资额 25.37 亿美元。安捷利美维项目在“福建省重大项目签约仪式”上签约，总投资额 65 亿元。宝太生物举办战略品牌发布会。海沧区重点产业成果在投洽会平台上展示呈现，占据厦门馆展品近 1/3，中国开发区展馆海沧展区汇聚艾德生物、蓝湾科技、当盛新材料等 11 家企业的明星产品。

（区工信局）

重要会议

【概况】 2021 年，海沧区政府召开全体成员会议 2 次、常务会议 29 次、党组会 18 次、各类专题会 96 次、国资领导小组会 3 次、土管会 8 次，共 156 场次。常务会议主要研究招商引资、土地房屋征收情况、重点项目计划安排、优化营商环境及民生实事等事宜。

【区政府全体成员会议】 2021 年，海沧区政府召开全体成员会议 2 次。9 月 6 日，海沧区政府第一次全体成员会议召开，海沧台商投资区管委会主任、代区长龚建阳强调要深入学习领会市委、区委主要领导讲话精神，提高贯彻落实的思想自觉、行动自觉；竭尽全力奋勇争先，猛追猛冲抓好贯彻落实。12 月 31 日，海沧区政府第二次全体成员会议召开，海沧台商投资区管委会主任、区长龚建阳强调要在正视问题中增强责任感和紧迫感，提振精气神狠抓落实，重点抓好十三项具体工作。

【区政府常务会议】 2021 年，海沧区人民政府召开常务会议 29 次，即海沧区人民政府第一百三十四次至第一百六十二次常务会议。

第一百三十四次常务会议 1 月 8 日召开，研究海投集团拟与中远海运港口公司战略合作、2021 年度全民大病医疗保险投保等事宜。

第一百三十五次常务会议 1 月 22 日召开，传达学习贯彻全省城市和农村建设工作视频会议精神，审议《海沧区土地征收补偿安置协议备案确认办法（试行）》，研究厦门市海沧区第二社会福利中心（原霞光养老院）项目立项、海沧南部工业区二期开发用地建设项目统购安置房补充方案并调整预算、购买行政执法辅助服务项目等事宜。

第一百三十六次常务会议 2 月 7 日召开，研究 2020 年度土地房屋征收工作情况和 2021 年度第一批次土地房屋征收计划等事宜。

第一百三十七次常务会议 2 月 23 日召开，研究中顺信特安供应链项目合作协议签订等事宜。

第一百三十八次常务会议 3 月 11 日召开，审议《海沧区人民政府关于 2020 年环境状况和生态环境保护目标完成情况的报告》，研究 2021 年区委、区政府为民办实事工作情况，海沧、新阳、东孚辖区新设立 4 个新社区，海沧区基层医疗机构服务能力提升项目，建设国家集成电路设计深圳产业化基地厦门（海沧）基地等事宜。

第一百三十九次常务会议 3 月 17 日召开，研究 2021 年重点项目计划安排情况等事宜。

第一百四十次常务会议 3月26日召开，审议《关于进一步加强内部审计工作的意见》《海沧区促进工业经济转型升级提质增效若干措施》，研究海沧区1—2月经济运行、2020年全区招商引资工作完成情况及2021年工作计划、追加新增退休人员职业年金单位缴费部分预算等事宜。

第一百四十一次常务会议 4月9日召开，审议《海沧区2021年城乡建设品质提升实施方案》，研究创建福建省全域生态旅游示范县（市、区）、追加海峡城乡发展基金会开展社区营造项目经费等事宜。

第一百四十二次常务会议 4月19日召开，学习《政府督查工作条例》，研究1—3月经济运行、部署安全生产工作、2020年度纳税大户认定及相关工作安排、2021年乡村振兴项目计划等事宜。

第一百四十三次常务会议 4月29日召开，传达学习市政府常务会议议精神，研究农贸市场改造提升工作、促进建筑业高质量发展、新光路（新阳北路至新光北路段）道路工程立项、厦门出口加工区三期开发用地征地补偿补助、进一步盘活存量资产等事宜。

第一百四十四次常务会议 5月21日召开，审议《海沧区促进招商引资工作的若干措施》，研究1—4月经济运行、防汛防台风抗旱及安全生产工作、近期新冠肺炎疫情防控工作、2020年度河湖长制工作进展及2021年度河湖长制工作、房屋安全隐患排查整治资金需求、2021年新增政府债务限额等事宜。

第一百四十五次常务会议 6月3日召开，学习贯彻习近平总书记关于统计工作重要论述，研究“崇尚集约建房”示范区创建和农村村民既有住宅整治、2020年度村（居）绩效考核评价、调整幼儿园编外人员经费预算等事宜。

第一百四十六次常务会议 6月14日召开，传达学习习近平总书记关于安全生产重要指示、专题学习《中华人民共和国行政处罚法》，研究近期安全生产突出问题和部署重点工作、鳌冠海域岸线保护和生态综合整治工程项目增补朝阳水库征地差价款、霞飞路提升改造工程既有管线迁改费用、生物医药产业政策修订等事宜。

第一百四十七次常务会议 6月22日召开，审议《海沧区2021年招商引资实绩竞赛工作方案》，研究贯彻落实区人大《关于倡导弘扬优秀传统文化，注重家庭、注重家教、注重家风的决定》，区十二届人大六次会议代表重要建议办理，海沧一农南片区2号地块轨道平衡用地配套道路工程立项，委托国企办园，2020年度绩效评估结果、绩效奖励建议及2021年度绩效评估工作方案等事宜。

第一百四十八次常务会议 7月2日召开，研究优化营商环境、2020年度区级预算执行和其他财政收支审计、支持海沧医院争创“三甲”等事宜。

第一百四十九次常务会议 7月19日召开，研究上半年经济运行、海新阳光公寓地块收储补偿方案、2021年秋季扩班项目采购预算及2020年区级财政决算等事宜。

第一百五十次常务会议 7月27日召开，研究2021年政务公开工作、2021年度党政领导生态文明建设和环境保护目标责任考核工作、海沧街道片区和嵩屿街道片区正本清源改造工程立项、厦门沧江剧院委托经营合同过渡期等事宜。

第一百五十一次常务会议 8月25日召开，审议《海沧区贯彻落实〈福建省中小学教师减负清单〉实施办法》、修订《海沧区村（居）绩效考核评价办法（试行）》《厦门市海沧区人民政府关于鼓励企业参与实施标准化战略的若干规定》，研究全区安全生产工作、森林火情监控预警系统购买服务项目、恒瑞医药原料药基地项目、庆祝2021年教师节活动方案等事宜。

第一百五十二次常务会议 9月6日召开，传达学习市委主要负责人在全区领导干部会议上的讲话精神、区委主要负责人在区委常委会上的讲话精神，传达学习习近平总书记对深化东西部协作和定点帮扶工作作出的重要指示精神和省、市有关会议精神，审议《关于“七五”普法决议执行情况的报告》《关于开展第八个五年法治宣传教育的决议》，研究2021年东西部协作工作意见和任务分工、承办厦门市2021年中国农民丰收节活动、增加海发集团注册资本等事宜。

第一百五十三次常务会议 10月7日召开，贯彻学习新《中华人民共和国安全生产法》，传达学习全国、省、市森林（草原）防灭火工作会议和防范重特大生产安全事故会议精神，部署全区安全生产工作，审议《关于退役军人保障工作情况的报告》，研究2021年1—7月财政预算执行情况及全年预算调整、新阳街道和东孚街道片区正本清源改造工程项目立项、海沧东孚西路（一农路——农西路）道路工程立项、新阳西幼儿园项目立项、与厦门宝太生物科技股份有限公司签订投资协议等事宜。

第一百五十四次常务会议 10月21日召开，传达学习习近平总书记关于能源安全的重要讲话重要指示精神和省委常委会、市政府常务会会议精神，传达全市安全生产工作暨2021年第四季度防范遏制重特大生产安全事故会议有关精神，审议《2021年第二批财政性基建投资计划》和《2020年度区级预算执行和其他财政收支审计查出问题整改情况的报告》，研究能耗“双控”和有序用电工作、近期安全生产及消防工作情况和下步重点任务和事故防范措施及相关方案、2021年度党政领导生态文明建设和生态环境保护目标责任书工作情况、农村生活污水治理项目立项情况等事宜。

第一百五十五次常务会议 11月2日召开，审议《海沧区教育改革和发展“十四五”规划纲要（2021—2025年）》，研究创建国家食品安全示范城市工作情况、不可移动文物李竹宅迁移异地保护、给予泾源县对口帮扶政策、申请购买行政执法辅助服务项目等事宜。

第一百五十六次常务会议 11月11日召开，审议《海沧区构建现代环境治理体系行动方案》《海沧区区直有关部门生态环境保护责任清单》《海沧区道路交通运输安全专项整治行动实施方案》《关于在全区开展法治宣传教育的第八个五年规划（2021—2025年）》《法治海沧建设规划（2021—2025年）》《海沧区法治建设实施方案（2021—2025年）》《海沧区湾（滩）长制实施方案》。

第一百五十七次常务会议 11月19日召开，审议《区十二届人大六次会议代表建议、批评和意见办理情况的报告》《区政协八届五次会议委员提案办理情况的报告》《海沧区国有资产监督管理工作领导小组审批事项清单》《“关于将弘扬优秀传统文化寓于校园美育工作之中的议案”办理结果的报告》，研究完善工业纳税承诺地块监管措施、推进海沧区社会福利中心招标工作等事宜。

第一百五十八次常务会议 11月23日召开，研究追加部门新冠肺炎疫情防控经费预算事宜。

第一百五十九次常务会议 11月30日召开，审议《海沧区2021年政府工作报告》《海沧区2021年国民经济和社会发展计划执行情况及2022年国民经济和社会发展计划草案》，研究新阳西小学项目立项、与复旦中山厦门医院合作开展乙肝相关肝癌预防和慢性呼吸疾病管理项目等事宜。

第一百六十次常务会议 12月7日召开，审议《关于海沧区2021年预算执行情况和2022年财政预算草案的报告》《海沧区青礁村院前社传统村落保护规划（2017—2030年）》，研究市对区绩效评估、安全生产及燃气安全排查整治等事宜。

第一百六十一次常务会议 12月17日召开，研究厦门新阳产业服务有限公司股权处置、对厦门市海沧保安服务有限公司增资、厦门海峡黄金珠宝产业园公司部分股权转让、与中建三局集团有限公司战略合作事项、欧米克H2014Y06-G地块补充协议等事宜。

第一百六十二次常务会议 12月24日召开，研究渐美等6个农村生活污水提升治理项目立项、孚新工业园配套工程项目立项、海沧区生活垃圾可回收物分选中心项目等事宜。

（区政府办）

综合政务

【概况】 2021年，海沧区政府办规范公文办理程序，受理各类公文约1.2万份，拟制公文686份。对公文即收即办即发，全年公文按期办理率达到100%，当期办结率99%以上。组织保障会议156场次，协调区领导参加各类会议和活动1850余场次。推动督查工作科学化、制度化、规范化，下发督办事项约1200条；开展省、市、区三级为民办实事64项。探索机关事务管理信息化建设，建设节约型机关，聚焦公务接待、公务用车、办公用房、公共机构节能等重点工作，压减“三公”经费，降低运行成本。全面推进政务公开，推动无纸化办公建设。做好土地房屋征收工作，保障重点项目建设用地需求。

【政务督查】 2021年，海沧区政府办下发《关于规范区委、区政府主要领导交办事项办理工作的通知》，并制订《中共海沧区委、区政府主要领导交办事项督查考评办法》，推动督查工作科学化、制度化、规范化。全年下发督办事项约1200余条，编写《督查专报》76期。办理、转办区委主要领导各类批示、督办等事项238件。督办省、市、区三级为民办实事，每季度收集汇总进展情况。对省、市、区《政府工作报告》确定的年度工作任务进行分解督办，督查事项275条，下发通知11次，整理上报区政府工作报告季度工作进展3期，上报省、市政府工作报告季度工作进展情况8期。全年督查办理区级人大建议议案1件，建议128件，政协提案 99 件，建议、提案全部按期完成答复，代表、委员沟通率和按时办复率 100%，代表、委员满意和基本满意率 100%；协调办理市人大议案 1 件、市人大建议 35 件、市政协提案 75 件。

【节约型机关建设】 2021 年，海沧区机关事务管理局制定《海沧区行政中心大楼空调使用管理制度》，加强区行政中心大楼中央空调系统和局部空调管理，确保减低用能用耗。聘请福建省建研工程顾问有限公司对海沧区社会服务中心（滨湖大厦）和海沧中学两家公共机构单位进行能源审计，并拟订技改合同，完成节能技术改造工作。对区行政中心、文化中心配电站房进行智能运维提升改造，对用电运行情况及用能数据实时全方位监测与能效诊断。在全区开展节能倡议，分发“海沧区公共机构节能降耗倡议书”响应节能号召，发挥党政机关等公共机构示范表率作用。

【办公用房管理系统建设】 2021 年，海沧区机关事务管理局建设办公用房管理信息系统，通过“智能图形”技术，实现“以图管房、图数结合、智能管理”的管理模式，规范党政机关办公用房集中统一管理，降低行政成本。该项目于 2021 年 5 月开始筹建，7 月进行招标，由北京新城软科技有限公司中标进行建设，9 月上线运行，系统部署于厦门市信息中心政务外网。该系统经过半年的试运行，完成基础图纸上传，单位及人员信息导入，办公用房分配等工作，初步实现系统设定功能。

【政务信息建设】 2021 年，海沧区政府办以“提升服务、提高效率”为宗旨，发挥三级联动机构的整体合力和职能作用，开展“智慧政务”工作。全面推进政务公开，完成区政府门户网站升级改版，推进政府公报、“厦门市海沧区人民政府”政务微博、“厦门市海沧区人民政府”微信公众号等政务公开平台建设。开设民意征集、在线访谈及在线调查栏目，全年开展民意征集 16 期、网上调查 11 期、在线访谈 13 期。区政府门户网站主动信息公开 3516 条，政策图解专题 26 期，动漫解读 2 期，访谈解读 3 期，政府公报 12 期，发布微博 86 条、微信推送 271 条。

【智慧办公平台建设】 2021 年，海沧区政府办落实“无纸化办公建设”有关指示精神，围绕海沧区“办文、办会、督办、信息”等核心管理业务，实现所有非涉密文件依托协同办公系统进行数字化流转。全年协同办公系统总访问量 201018 次，日均访问量 550 次；发起协同事务 99236 次、表单流程 6075 次、公文 54198 份、会议 2137 次、信息稿件 1764 份、督查督办 483 件。

【社会治理网格化联动信息平台建设】 2021 年，海沧区继续推进社会治理联动及网格化建设，推动城区精细化管理。提升民办教育机构网格化管理系统，实现机构信息自主申报。保障区公共安全管理模块与市公共安全管理平台畅通衔接，全年接收事件 75193 件，处置率 100%，其中来源于市公共安全管理平台的事件 3873 件。

【征地拆迁】 2021 年，海沧区完成征地面积 375.35 公顷，交地面积 476.80 公顷，拆迁面积 35.74 万平方米（含房屋 813 栋、31.70 万平方米），拆除面积 74.06 万平方米（含房屋 2506 栋、69.89 万平方米），封闭项目 25 个。其中，海沧区华中师大海沧附属小学三期、马銮湾海沧片区旧村整村改造（后柯村）、马銮湾海沧片区旧村整村改造（孚中央）3 个项目被福建省住建厅评为 2021 年福建省和谐征收示范项目。制定《重点项目临时用地管理办法》，拟订重点项目服务保障制度，跟踪落实重点项目征收进度，保障重点项目用地。根据市重点办关于省市重点项目 1—12 月土地房屋征收和交地完成情况通报，市重点项目土地房屋征收完成情况综合排名全市第三。全年，海沧区承办省市重点项目 23 个，完成计划任务项目 21 个；完成征地面积 302.96 公顷（含海域 253.33 公顷），房屋征收面积 33.78 万平方米，交地面积 342.15 公顷（含海域 253.33 公顷），拆除面积 44.04 万平方米。

（区政府办）

行政审批服务

【概况】 2021 年，海沧区持续深化“放管服”改革，开展适龄儿童入园入学“一件事”改革、“一业一证”试点改革、厦漳泉地区政务服务省内通办“异地代收”试点，开出全市首张“微信办”个体户营业执照。落实“证照联办”一件事套餐，并结合辖区特色生物医药产业推行“生物医药企业一件事一次办”主题套餐服务，全年办理一件事套餐 1810 件，办件总量名列全市第一。服务企业、群众办好“一件事”，牵头各审批部门整合事项、再造流程，制定“一件事”主题服务清单33项，并在省网办事大厅进行部署。完善企业服务措施，落实工程建设项目审批“全市通办”。组建24小时全天候服务建设项目帮办代办企业服务微信群，第一时间解决项目的问题和困难，全年帮办代办服务项目53个。全年，区行政服务中心办理行政审批服务事项501455件，日均受理量1998件；即办件37.46万件，即办率74.97%。

（区市场监督管理局
区审批管理局）

2021年3月1日，海沧区厦门鹭燕大药房有限公司11家分店成为厦门市首批取得“行业综合许可证”的企业（邱时 摄）

【审批服务】2021年，海沧区提升审批服务效率，涉及医疗、公安、商事登记等领域的10个高频事项通过“异地代收”试点实行厦漳泉省内通办，至年底实现21个事项可在行政服务中心全省“异地代收”省内通办。落实工程建设项目审批“全市通办”，办事企业可在区行政服务中心工程建设项目审批综合服务窗口申报厦门全市范围内所有工程建设项目审批服务事项。全年海沧区进驻省网上办事大厅的行政许可事项承诺时限压缩至法定时限的8.63%，平均材料压缩至3.93份，“即办件”事项占比提升至77.31%。71项便民服务事项下放到全区47个服务站，100%实现“一趟不用跑”和“最多跑一趟”，其中“一趟不用跑”事项占比98.6%。

（区审批管理局）

【“互联网+”政务服务】2021年，海沧区全面推进全程网办，群众可通过省网上办事大厅进行业务申报，享受全流程网上办理。省网上办事大厅海沧分厅共部署行政审批、公共服务事项1280项，其中行政许可事项全程网办率93.13%，位于全市各区第一。12月，推出“护士执业注册变更注册”“护士执业注册延续注册”2项区级审批服务事项实现“掌上办”，群众只需通过手机“i厦门”App即可在线办理业务。在全市率先实行工程建设项目施工许可阶段、竣工验收阶段“全流程网办”。推动61个事项实现市区联动“秒批秒办”，720个事项实现电子证照共享调用。部署全区36个“e政务”服务站点，提供服务事项192项。新冠肺炎疫情期间，区行政服务中心实行“不见面审批”，“网上办”“掌上办”“自助办”等方式确保群众办事不间断，避免疫情期间不必要的人员聚集。

（区审批管理局）

【“一业一证”改革】2021年3月1日，海沧区率先在超市、药店、母婴用品店推行“一业一证”改革，实现行业经营许可（备案）信息“一码覆盖、一证准营”，整合食品、药品、医疗器械经营许可（备案）信息，提升集成化服务效能，降低企业制度性交易成本。海沧区厦门鹭燕大药房有限公司11家分店成为厦门市首批取得“行业综合许可证”的企业。至年底，海沧区推行“一业一证”试点改革行业数量8个，涉及药店行业办理的“一业一证”6个、医疗机构行业1个、出版物发行行业1个，办理81件。

（区市场监督管理局
区审批管理局）

【个体户营业执照“微信办”】2021年4月初，海沧区创新上线个体户微信端网办服务，将东孚市场监管所作为个体户网办试点，编写《东孚市场监管所个体户全程网办申请指南》，由网格员发放给有需求的个体户。商户仅需1部手机或1台联网电脑便可独立申请执照，不再需要带纸质材料往返于窗口。

（区市场监督管理局
区审批管理局）

【入园入学报名“一件事”改革】2021年8月起，海沧区行政审批管理局承担改革主责，牵头组织入学材料涉及的市区各部门开展专题研究，推出适龄儿童入园入学报名“一件事”服务。通过系统共享调用身份信息、户籍信息、产权信息、社保证明等，实现入园入学报名材料零打印、零提交、一趟不用跑。根据入园入学报名对象的不同情形，梳理形成“我要入学——海沧区户籍”“我要入学——港澳台侨外籍子女”等5份办事指南，提升办事指引精准度，节约家长的办事时间，提高办事效率。该项目被列入厦门市行政体制领域重点改革任务。

（区审批管理局）

信访工作

【概况】 2021年，海沧区统筹做好新冠疫情防控和信访主动创稳工作，实现信访安全保障“三个不发生”工作目标。区信访局参与处置的1起劳资纠纷信访事项经验做法被人民网宣传。信访工作在2021年市对区年度信访工作考评中位居全市第一档。

全年全区信访总量3338批3875人次，其中，来访220批、348人次，来信（包含电邮）758件1065人次，网诉2360件、2462人次，“12345”政务热线30607件，总体呈现“一降三升”（来访下降、来信上升、网诉上升、“12345”政务热线上升）趋势。以国家信访局开展的“治重化积”为契机，梳理国家下发的“重信重访”信访事项88件，化解重复信访事项86件，化解率97.73%。全区信访事项及时受理率100%，按期办结率100%。

【领导干部接访】 2021年，海沧区委、区政府领导先后召开8次会议，听取信访工作汇报和研究解决信访问题。领导干部坚持开展“四门四访”（开门接访、进门约访、登门走访、上门回访）活动337批508人次，推动解决挂钩包案重点疑难信访问题，区主要领导亲自接访信访人35批，其中化解30件。区领导先后参加由市长专线办组织的轮值接听活动，分别对岛外共享单车政策解读、中小学转学政策、老旧小区改造等问题进行解答。

【信访矛盾纠纷排查化解】 2021年，海沧区信访联席办制定《海沧区解决当前信访突出问题的实施方案》，聚焦涉法涉诉、房地产及城市管理、集资融资、劳动社保、征地拆迁、教育、涉新冠肺炎疫情和特殊利益诉求群体等重点领域的信访突出问题，各责任单位压实预防化解责任，综合运用协商调解、专案评审、公开听证、信访评理、心理疏导等方法，以信访群众息诉息访、心事双解为工作目标，推进信访矛盾化解。全区组织“公开听证”1起，开展“信访评理”133件，化解132件，化解率99.3%，组织实施“访调对接”40件。市信访联席办2次到海沧区带案下访，对交办的12件“我为群众办实事、信访为民解忧难”专项工作带案下访，帮助责任单位逐案梳理问题难点，研究化解思路，12件信访事项已全部办结。年初，区信访局针对各街道整体信访工作态势及个别重点案件情况，走访各街道协助梳理案情，召集相关部门开展多方会商协调解决方案，成功化解重复投诉烧烤油烟扰民问题等6件信访问题。全年召开信访矛盾纠纷排查会12次、信访事项协调会15次，发出稳控督办函20余份，信访月报12份，“12345”政务热线通报12份。

【涉疫问题化解】 2021年，新冠肺炎疫情防控期间，海沧区信访局畅通“网、电、信”等渠道，完善初信初访合理合法诉求，做好涉疫信访工作。9月24日，开通疫情防控24小时信访服务热线“6585086”，组建工作专班，实行“三班倒”“分类解答”“纵横交错”协调机制和“每日涉疫信访专报”等工作机制，专班人员根据问题难易程度分类协调推动，以专报形式向区指挥部报告重点难点突出问题。畅通新冠肺炎疫情防控诉求与建议通道，接收群众来信，倾听群众建议，回应群众诉求，确保事项及时受理率和按期答复率达到100%。疫情防控24小时信访服务热线开通后，接到群众来电咨询涉疫相关问题2789件。

（区信访局）

民生实事

【概况】 2021年，中共福建省委、省政府为民办实事项目涉及海沧区具体任务12项全部完成；中共厦门市委、市政府为民办实事项目涉及海沧区具体任务21项全部完成；中共海沧区委、区政府为民办实事项目10类31项，涉及基础设施建设、交通疏解、环境提升、食品安全、医卫供给、社会保障、平安创建、乡村振兴、爱心创建等，至年末 31 项均完成，完成率 100%。同时，开展 2022 年中共海沧区委、区政府为民办实事项目征集工作。

（区政府办）

【“一米阳光”系列志愿服务项目】2021 年，海沧区新阳街道新时代文明实践所打造关爱特殊群体“一米阳光”系列志愿服务项目。围绕以党建为引领，以社区为平台、以社会组织为载体、以志愿者为补充、以公益资源为支持、以专业社工为保障，联动五方力量共同服务一类群体，提供 N 次服务模式，针对辖区新老厦门人、困境儿童、城中村空巢老人、残障人士等群体，推出“五个一米”子项目（“一米书桌”“一米餐桌”“一米菜园”“一米环保”“一米农场”），解决“城中村”空巢老人内心孤单和获得感低，祥露社区 75 岁以上高龄老人用餐困难，困境儿童因家庭经济困难、父母忙于生计或自身文化水平有限，致使家庭学习环境较差等问题，实现爱心精准帮扶、关爱对象全覆盖。年内，吸引捷太格特、中航太克等爱心企业认领，“一米阳光”系列志愿服务获福建省志愿服务项目大赛“优秀项目”，“一米书桌”项目被推选为市级“最美志愿服务项目”，“一米菜园”被授予“2021 年度海沧区最美志愿服务项目”称号。

（新阳街道）

【公益食品快检活动】2021 年，海沧区市场监督局利用街道、学校食堂快检室及快检车，形成“固定 + 流动”快检机制，开展公益食品快检活动，消除群众食品安全疑虑。年内，海沧区市场监督局在新阳街道兴旺社区举办“我为群众办实事”公益食品快检实践活动，向居民发放食品安全手册，现场解答。辖区 4 家街道快检室、11 家学校食堂快检室及 1 辆快检车全年完成快检 22775 批次，发现疑似不合格食品及复用餐具 92 批次，合格率 99.6%。

（区市场监督管理局）

【“台胞台企服务专窗”增设】2021 年 2 月，海沧区行政服务中心二楼 28 号窗口增设“台胞台企服务专窗”，统一受理台胞台企商事登记事项，并指定 2 名会讲闽南语、熟悉办事流程的工作人员作为“涉台服务专员”。截至年底，通过“台胞台企服务专窗”提供优质服务 112 次，推动 26 家企业、17 家个体户成功落地海沧，指导 69 家台胞台企完成变更备案登记业务。

（区市场监督管理局
区审批管理局）

【马銮湾新城“24 小时政务便民服务中心”启用】2021 年 5 月 28 日，海沧区启用马銮湾新城“24 小时政务便民服务中心”，服务区面积 65 平方米，内设厦门市财政非税自助终端、e 政务自助服务终端、多警种自助受理拍照设备、医院远程驾驶员智慧体检机、综合办税终端、公共法律服务自助终端 6 类 9 台设备，提供涵盖交管、出入境、法制、税务等 147 项不间断的网上政务服务。

（区审批管理局）

【“办不成事”反映窗口设立】2021 年 8 月 13 日，海沧区行政服务中心三楼 2 号窗口设立“办不成事”反映窗口，畅通企业群众的诉求反映渠道，按照“谁接到问题，谁就负责到底”原则，实行“1、5、10”限时办结制（一般问题现场或当日答复；较复杂问题需在 5 个工作日内，最长不超过 10 个工作日内书面答复反馈）。

（区审批管理局）

【电力社区服务站设立】2021 年，

2021 年 8 月 13 日，海沧区行政服务中心三楼 2 号窗口设立“办不成事”反映窗口（邱时 摄）

海沧区新阳街道与海沧供电所开展党建联创，在新垵村设立电力社区服务站，整合故障抢修、用电咨询等业务，为居民提供“零距离”电力服务。推进变电设备新建及改造项目建设，新建落地变压器9台，在建5台，提升电力保障能力。

（新阳街道）

人力资源管理

【概况】 2021年，海沧区顺应产业发展新趋势，通过强招引、重培育、优服务、建队伍，探索各类引才措施，抓好“三个七”（厦门市引进高校毕业生7万人、柔性引进人才7000人、引育高层次人才700人）引才工作。推动市级人力资源服务产业园在海沧落地。新增西安集成电路引才基地和哈尔滨生物医药引才基地；聚焦重点产业、企业发展，以企业为主体认定人才，升级修订住房保障政策；优化青年人才公寓运营机制，推动健全“货币＋实物”住房保障体系。全年兑现人才政策补贴近6100万元。新增高层次人才251人，比上年增长2.5倍以上，其中省级人才计划入选91人、市重点产业紧缺人才认定117人，均位列六区之首。联合省内外12所高校，成立全市首个“产业引才联盟”，畅通“线上＋线下”“高校＋机构”人才引进渠道，通过专场招聘、直播带岗等方式，柔性引进人才1992人、新引进毕业生6118人，均超额完成人才引进工作任务。年内，海沧区响应市委组织部“2021年人才服务月”活动，围绕“精准引才、精心育才、精恳留才、精诚用才”四个方面发动区直各部门配套31项活动，重点推出“人才聚力发展系列活动”，开展活动30余场，宣传报道16篇次。举行“聚力发展　产才共赢”海沧区产业人才发展成果推介会。

在深化生物医药产业职称评审改革基础上，新开辟工业设计专业职称评审试点。落实中小学教师“区管校聘”管理改革，在全市率先开展教师中级职称评审试点。全年，区属教育系统招聘编内工作人员301人；区属事业单位补充编内工作人员12人；办理新进394人，办理细分层级变动、岗位级别变动、职务变动646人，办理退休、辞职33人，办理续聘748人，重新修订岗位设置方案53家；办理区直部门非编辞职16人，学历变更6人，录用72人。

（区委组织部　区人社局）

【人才招聘】 2021年，海沧区创新人才招聘模式，运用市区招聘平台，鼓励企业外出“抢”人才。走进西安交通大学、西安电子科技大学、厦门工学院、厦门理工学院等高校举办7场政策宣讲与城区推介会；组织发动企业867家次，参加63条线路、143所高校校园招聘活动，收到简历6975份。为克服新冠肺炎疫情对线下引才工作的影响，将部分校招计划调整为线上直播带岗云校招活动，通过校园网、校园公众号及线下校园海报宣传等多种方式，向30余所高校推介海沧区人才政策及重点企业。直播带岗观看人数24.4万人次，收到简历2179份。

（区人社局）

【人才合作平台】 2021年，海沧区完善“海沧人才服务信息化平台”，完成110多项各级政策线上宣传和快速匹配功能设置，9个区级人才政策近50个项目实现线上全流程审核，审核通过政策资金约9720万元，受益企业215家次，受益人才1813人次。发挥18家区级企业人才实训基地作用，开展培训2500余场次，受惠人数近8万人次，带动实习实训转化1800余人。加强企业与高校的产学研合作，邀请产业对口院校师生来厦访学，联合成立智能制造产业学院，产校智力资源分享成果丰硕，辖区企业与高校合作获上海、厦门等地科学技术进步奖项超10项。会同区人社局、城建集团，推动市级人力资源服务产业园在海沧落地，运用调研、座谈等方式开展相关产业扶持发展前期工作。

（区委组织部）

【人才公寓管理】 2021年，海沧区重新修订《海沧区青年人才公寓管理暂行办法》，4月12日印发《海沧区关于进一步加强人才住房保障的实施办法》，同步发布《实施办法》政策解读。完善“货币＋实物”人才安居工程，以薪酬评价增加企业用人自主权，住房补贴标准增幅最大33.3%。以“近邻”模式打造“有样邻里”人才社区治理新亮点，筹集人才住房房源超5000套，惠及人才1.2万余人，人才公寓入住率保持98%以上。

（区委组织部　区人社局）

【“菁才留厦”系列活动启动】 2021年1月15日，海沧区委组织部牵头主办的“菁才留厦”系列活动在新阳正顺青年人才公寓启动，该活动是海沧区委组织部响应新冠肺炎

2021 年 6 月 10 日，海沧区委组织部联合西安交通大学、哈尔滨医科大学、厦门大学等 12 所省内外高校成立全市首个产业引才联盟　（区委组织部　供）

疫情防控、员工就地过年号召的创新举措。以区内青年人才公寓为依托，为留“厦”青年人才送上价值 200 元的年货爱心包，发布留“厦”过年关爱行动、宣传春节防疫注意重点；围绕菁才成长、菁才公益、菁才风采、菁才交流四大主题，开展读书会、观影交流、电竞比赛、志愿公益行、校园冬令营等 12 项活动；结合修订的《关于进一步加强海沧区人才住房保障的实施办法》，推出“梦想家”计划，完善“薪酬＋职务”人才评价标准，建设人才社区新模式。

（区委组织部）

【“海沧人才聚力发展计划”启动】 2021 年 6 月 10 日，海沧区委组织部在厦门中心举行“海沧人才聚力发展计划”启动仪式，通过成立全国首个区级集成电路产业园区党建联盟、全市第一个产业引才联盟、全市第一个 HR 成长联盟，展现海沧区打造国际一流人才高地和产城人融合发展的成效，出席活动的高校有 12 所。全年开展“人才聚力发展系列活动”配套活动 30 余场。

（区委组织部）

【海沧区产业引才联盟启动】 2021 年 6 月 10 日，海沧区委组织部立足海沧三大战略性新兴产业发展需求，联合西安交通大学、哈尔滨医科大学、厦门大学等 12 所省内外高校成立全市首个产业引才联盟，以“五个一”（签署一批共建协议、建立一支引才队伍、开展一系列招聘活动、组织一批实习实训、推动一批项目合作）活动为抓手，合力打造校企智力资源共同体，促进人才链、创新链、产业链、资金链、服务链深度融合，并配套组织“智汇海沧·高校产业行”活动，组织来厦高校参观海沧区重点产业园区、企业和人文景观等，搭建校企交流平台。该做法获评市委组织部人才工作创新案例评选三等奖。

（区委组织部）

【工业设计专业职称评审】 2021 年 8 月 5 日，海沧区人社局在海沧区政府官网发布《关于报送 2020 年度工程系列工业设计专业职称评审材料的通知》，是海沧区在深化生物医药产业职称评审改革基础上，新开辟工业设计专业职称评审试点。11 月 24 日，完成工业设计专业职称年度评审，19 人通过工程师评审，11 人通过助理工程师职称评审。

（区人社局）

对口帮扶

【概况】 2021 年，海沧区继续深化东西部协作、省内对口协作、山海协作，落实对宁夏泾源县、宁德市屏南县、漳州市平和县、龙岩市长汀县的对口帮扶工作，全年拨付帮扶资金 3282.5 万元。对接脱贫攻坚向乡村振兴转型升级，新增建立 3 个劳务基地，选派业务骨干到宁夏挂职，组织企业赴甘肃积石山县、泾源县和屏南县开展招聘。全年完成泾源县到海沧就业、就近就地、第三地就业 623 人，为积石山县、屏南县、云南彝良县等地输转劳动力超 2000 人。海沧区劳动就业中心获评“福建省脱贫攻坚先进集体”。

（区人社局　区农业农村局）

【东西部协作】 2021 年，海沧区携手同安区持续深化与宁夏泾源县发展新阶段闽宁协作，坚持“泾源所需、海沧所能”，围绕产业合作、消费帮扶、闽宁乡村振兴示范村提升等重点，提高帮扶实效。全年海沧区、同安区各拨付闽宁协作专项资金 902.5 万元。开展社会帮扶，海沧区组织社会捐款捐物 416.87 万元。强化产业合作，协助泾源县新增纺织加工、生物科技、食品销售等行业 12 家企业落地投产（含增资扩产）；打造闽宁纺织园、闽宁菌草产业园区各 1 家；新入驻 4 家闽籍企业；泉祥、巨华等企业入驻乡镇帮扶车间，加工生产包袋、户外用品等产品，助力脱贫人口实现就近就业，吸纳农村劳动力730人，脱贫人口数314人。提升劳务协作，协助培训农村劳动力人数1600人，脱贫人数615人，帮助农村劳动力实现就业4918人，转移到东部结对省市就业数80人，脱贫劳动力38人。推动消费帮扶，扩大海沧区宁夏特产馆营销品种，新建同安区特产馆，利用“832”网站等电商平台，协助泾源县完成产品销售1.41亿元。选派2名干部赴泾源县挂职，负责闽宁协作、乡村振兴等工作，泾源县选派2名干部赴海沧区挂职，负责全域旅游生态示范区创建、闽宁旅游协作相关工作。互派专技人才，包括海沧区、同安区在内的福建省、厦门市选派到泾源县的专技人才50人，缓解泾源县教师、医生、乡村振兴行业领域专业人才短缺问题。泾源县选派20名专业人才到海沧区挂职学习。协助泾源县组织教育、卫生专业人才培训7期，参与人数979人次。举办以乡村振兴为专题的党政干部培训班2期，参与人数333人次。海沧区4个街道、8个社区（村）、7所学校、2家医院与泾源县开展结对协作，签订结对帮扶协议，建立结对关系，克服新冠肺炎疫情影响，开展考察互访、座谈交流、捐款捐物等结对交流活动。

（区农业农村局）

2021年3月，屏南县“春风行动”厦门市海沧区—宁德市屏南县对口就业帮扶现场招聘会在屏南县举行

（区人社局　供）

【省内对口协作】 2021年8月31日，海沧区人民政府与屏南县人民政府签订2021年度对口协作协议。海沧区印发《关于做好2021年度省内对口协作工作的通知》，健全两地交流对接机制。全年拨付屏南县帮扶资金1600万元，其中拨付1200万元帮扶资金专项用于屏南县“特色产业发展、人居环境提升、乡村民生改善、脱贫成果巩固”等省委省政府明确的114项乡村振兴重点任务；海沧区4个街道各拨付25万元帮扶资金给对口乡镇（海沧街道—长桥镇半圳村、嵩屿街道—岭下乡富竹村、新阳街道—甘棠乡新田村、东孚街道—棠口镇龙源村），由对口乡镇拨付对口村，专项用于对口乡村的乡村振兴工作。组织辖区33家用工企业与屏南县开展劳务对接。推进海沧屏南共建山海协作产业园区，引进2家企业入驻共建产业园区。选派1名正处级领导和3名干部到屏南挂职；向屏南县教师进修学校、中小学提供30个“海沧区智慧教育公共服务平台”使用账号，由区教育局副局长孙民云带队前往屏南县开展教育帮扶活动，派遣3名教师到屏南与屏南县一中、华侨中学、屏城中学展开深度交流协作，安排屏南县华侨中学等中小学教学骨干教师16人到海沧实验中学、北师大海沧附校跟岗学习；选派3名医护人员前往屏南县开展互学互助工作；拨付屏南县路下乡中秋村幸福院项目资金10万元，用于该村幸福院内部装修和完善相关配套设施；组织文旅业内知名人士、教授、专家等赴屏南县实地协作交流，并召开“沧海城湾·携手屏南”文旅协作座谈会暨文旅人才交流会。开展社会帮扶，在“六一”儿童节期间为屏南县30名困境儿童送去水彩笔、跳绳等学习用品；开展“悦读福袋传递爱”活动，为屏南县代溪镇中心小学50名学生送去关爱福袋。

（区农业农村局）

【山海协作】 2021年，海沧区由市委市政府下达的山海协作帮扶县为漳州市平和县与龙岩市长汀县。拨付平和县、长汀县山海协作资金780万元，其中平和县拨付100万元，用于长乐乡乐北村、山格镇隆庆村、南胜镇龙心村人居环境整治提升工程；长汀县拨付680万元，用于长汀县中复村2个红色文化项目480万元，其余用于三洲镇曾坊村村庄环境综合整治、河田镇农贸市场建设、童坊镇红星小学附属工程建设、庵杰乡上赤村至大屋背道路拓宽、涂坊镇迳口村石门桥建设。

（区发改局）

责任编辑、校对：李彩兰

政协厦门市海沧区委员会

综　述

【概况】 2021年，海沧区政协常委会发挥专门协商机构作用，坚持发扬民主和增进团结相互贯通、建言资政和凝聚共识双向发力，推动政协事业取得全面进步。全年召开政协全会1次、常委会会议3次、主席会议13次。区政协九届一次会议收到提案234件，立案123件（其中并案18件），未予立案93件，立案率60.3%。区政协组织各专门委员会、各民主党派、工商联、人民团体和无党派人士围绕“十四五”规划实施、沧江古镇开发与保护、优化营商环境等，开展调研视察活动，汇编调研报告15篇。提炼“书香政协”读书活动经验，省《政协天地》、《厦门政协》专题刊发交流文章。重视社情民意信息工作，加大向市政协报送信息力度。全年编发《海沧政协》43期，反映社情民意120多条。办理提案99件，办结率100%。

【政协系统党的建设】 2021年，海沧区政协召开区政协系统党建工作推进会，以各专委会为依托调整加强党支部，组织开展不同形式的支部活动30多场次。发挥社会主义核心价值观在意识形态领域统领作用，加强政协系统的意识形态领域管理和引导，宣传舆论导向到位。坚持政协全体会议和专题学习培训，设立临时党组织，强化在协商议政、视察调研中热点敏感问题的政治引领和思想引领。

【文史宣传】 2021年，海沧区政协挖掘地域历史文化资源，讲好海沧故事，发出政协好声音，开展“书香政协”读书分享会20多场。完成《海沧文史资料》第11、12辑编撰出版，组织编印《开台之光——纪念颜思齐开拓台湾四百周年文集》，推动《保生慈济文化丛书》编撰工作。庆祝中国共产党成立100周年，举办“永远跟党走”书画摄影展，展出144幅作品。配合区委、区政府，支持长汀建成中央苏区红色邮局及红古田惠农产品展销中心。

（区政协办）

2021年3月2日，“书香政协”系列活动之弘扬闽南文化座谈会在海沧商务大厦举行

（区政协办　供）

重要会议

【概况】 2021年，海沧区召开政协九届一次会议，选举产生新一届政协领导班子，召开八届海沧区政协常委会会议3次、主席会议13次，履行政协职能，推进人民政协工作制度化、规范化、程序化建设。

【区政协九届一次会议】 2021年12月25—29日，海沧区政协九届一次会议在区行政中心举行，委员192人，出席181人。会议听取八届区政协主席曹放代表区政协常委会所作的《政协第八届厦门市海沧区委员会常务委员会工作报告》，区政协副主席乐智强代表区政协常委会所作的《政协第八届厦门市海沧区委员会常务委员会提案工作报告》。会议收到提案234件。参会全体委员列席区十三届人大一次会议，讨论并赞同《海沧区政府工作报告》及其他报告。会议选举产生九届海沧区政协主席黄炳文，副主席吴金平、乐智强、赵雪晖、颜丽珍，秘书长1名，常务委员32名。会议听取区政协九届一次会议期间提案初审情况的报告，表决通过大会决议。

【区政协常委会会议】 2021年，八届海沧区政协召开常委会会议3次，即第十七次至第十九次常委会会议。

第十七次常委会会议 3月19日召开，会议传达学习全国两会精神和习近平总书记在党史学习教育动员大会上的讲话精神，协商通过海沧区政协书画院章程，通报区政协2021年工作要点、区政协2021年重点协商和民主监督议题和区政协八届五次会议提案立案交办情况。

第十八次常委会会议 10月26日召开，“优化营商环境和推进产业发展”常委会专题协商会议召开。会议听取厦门大学沧江古镇课题组介绍调研成果，区发改局、工信局书面通报关于海沧营商环境情况和推进产业发展情况，11位政协委员和专家学者作重点发言交流。

第十九次常委会会议 12月17日召开，会议传达学习党的十九届六中全会精神和省、市、区党代会精神，听取区政府关于2021年提案办理情况的通报，协商通过九届区政协委员名单，协商通过区政协九届一次会议有关事项：讨论提案工作报告（讨论稿），主席团和秘书长名单（草案），提案审查委员会名单（草案），九届一次会议大会发言材料，区政协九届一次会议召开时间、议程等，通报2021年优秀提案、提案承办先进单位名单和2021年度“书香政协”读书活动积极分子名单。

【区政协主席会议】 2021年，海沧区政协召开主席会议13次，学习习近平总书记系列重要讲话重要指示批示精神和中央、省、市、区有关会议精神，协商研究年度工作要点年度协商和民主监督议题、重点提案重点课题、疫情防控及政协经常性工作等事宜。

（区政协办）

2021年12月29日，海沧区政协九届一次会议在区行政中心举行

（林广明　摄）

政治协商和民主监督

【概况】 2021年，海沧区政协以“再学习、再调研、再落实”活动为抓手，围绕深化跨岛发展、助力两岸融合发展、推进治理现代化、优化营商环境等重大议题，开展协商议政、民主监督和视察调研，完成调研报告15篇，一批履职成果得到采纳，推动相关工作和政策出台。

【政治协商】 2021年，海沧区政协发挥专门协商机构的性质定位，抓住经济社会发展中重要性、长远性、前瞻性内容拟订协商议题，召

2021 年 9 月 7 日，区政协组织委员走进天心岛小学，推动开台王颜思齐系列活动的开展（区政协办 供）

开保生慈济文化与青草药传承、推进产业发展与优化营商环境等专题协商会议 3 场；联合厦大课题组就沧江古镇保护与开发进行深度调研，形成建议案或专报件 3 份，获区委、区政府领导的肯定性批示。在协商中，注重建言成果和思想收获一体设计，注重办理实效，完善各项举措。

【民主监督】 2021 年，海沧区政协坚持协商式监督的定位，将优化营商环境确定为民主监督性议题，列入年度协商计划，有组织有重点地开展民主监督。通过提案办理、专题视察等有效履职方式，走访 50 多家企业、村（社区）和委员所在单位，帮助呼吁解决具体问题 70 余个。推进两岸融合发展，开展纪念颜思齐开台 400 周年系列活动，完成保生大帝名讳为“本”的正名工作，以提案形式促成开台文化公园新增一批开台群英石雕，开台文化公园被省政协确定为省政协港澳台侨交流基地。

（区政协办）

提案办理

【概况】 2021 年 12 月，海沧区政协九届一次会议收到提案 234 件，立案 123 件，立案提案按类别分：建设交通管理类 37 件，国土规划环保类 19 件，教育文卫体类 37 件，经贸科技信息类 18 件，人劳社保及其他类 12 件。

【提案评选和承办评优】 2021 年，海沧区政协组织开展优秀提案评选，《关于马青路（鳌冠立交至东方高尔夫球场段）道路交通优化提升的建议》《关于将金沙书院建成国际一流人文地标的建议》《关于加快我区备用污水应急干管建设的建议》等 12 件提案被评为 2021 年优秀提案；区委台港澳办、区建设与交通局、区农业农村局、区城市管理局、区人社局、区财政局 6 家单位被评为提案承办先进单位。

【重点提案全部办结】 2021 年 2 月 1 日，海沧区政协召开第 55 次主席会议，确定《关于举办颜思齐开台 400 周年纪念活动的建议》《关于马青路（鳌冠立交至东方高尔夫球场段）道路交通优化提升的建议》《关于加大人才公寓房源筹措力度及改进人才公寓管理机制的若干建议》和《关于将金沙书院建成国际一流人文地标的建议》4 个重点提案。3—9 月，提案办与区人大办、区政府办联合开展人大建议、政协提案三办联合督办工作，专委会开展相关视察 16 次，至 11 月，立案提案全部办结，答复率 100%。

（区政协办）

责任编辑、校对：李彩兰

纪检监察

综　　述

【概况】 2021年，中共厦门市海沧区纪律检查委员会、厦门市海沧区监察委员会（以下简称海沧区纪委监委）发挥监督保障执行、促进完善发展作用，落实全区党风廉政建设和反腐败工作，推进全面从严治党向纵深发展，为海沧区营造风清气正的政治生态和发展环境。聚焦常态化新冠肺炎疫情防控、实施乡村振兴战略、耕地保护、生态环保、营商环境、粮食购销领域专项整治、政法队伍教育整顿等重大决策部署，推进政治监督具体化常态化。全区纪检监察机关党纪政务立案46件46人，移送司法机关1人。做实做细监督第一职责，纠树并举拓展作风建设成效，一体推进“不敢腐、不能腐、不想腐”体制机制建设。

海沧区纪委监委开展净化纪检监察干部队伍专项活动，落实警示教育、谈心谈话、廉勤家访等举措，督促干部模范遵守保密、安全等各项工作纪律，执行严禁打听案情、说情干预、请托违规办事等制度，接受最严格的约束和监督。开展政法队伍教育整顿，处理13人，3名干警主动投案。开展党史学习教育，通过读原著学原文悟原理、走访本地红色资源、聆听专题辅导等活动，引导干部牢记初心使命。区纪委监委党支部获评全市先进基层党组织，区纪委监委获评省级文明单位。

【区纪委四届六次全会】 2021年2月8日，中国共产党厦门市海沧区第四届纪律检查委员会第六次全体会议召开，会议传达学习习近平总书记在十九届中央纪委五次全会上的重要讲话精神和中央、省、市纪委全会主要内容，听取中共厦门市委常委、海沧台商投资区党工委书记、海沧区委书记林文生的讲话，审议并通过海沧台商投资区党工委委员、纪工委书记、海沧区委常委、海沧区纪委书记、海沧区监委主任黄炳文代表区纪委常委会所作的《推进新时代纪检监察工作高质量发展　为海沧“十四五”实现高质量高速度发展开好局、起好步提供坚强保障》工作报告，总结2020年党风廉政建设和反腐败工作，研究部署2021年工作任务。会议要求，增强“四个意识”、坚定“四个自信”、做到“两个维护”，坚持稳中求进工作总基调，立足新发展阶段、贯彻新发展理念、构建新发展格局，以推动高质量发展为主题，全面从严治党，围绕现代化建设和海沧区经济社会发展大局，发挥监督保障执行、促进完善发展作用，为海沧“十四五”实现高质量高速度发展开好局、起好步提供坚强保障。

【区纪委五届一次全会】 2021年10月15日，中国共产党厦门市海沧区第五次代表大会召开。会议批准邓英志代表中共厦门市海沧区第四届纪律检查委员会所作的题为《推进新时代纪检监察工作高质量发展　为在更高起点上建设高素质高颜值国际一流海湾城区提供坚强纪律保证》的工作报告。同日，中共厦门市海沧区第五届纪律检查委员会第一次全体会议召开，会议选举中国共产党厦门市海沧区第五届纪律检查委员会常务委员会委员7名，其中邓英志当选为中国共产党厦门市海沧区第五届纪律检查委员会书记。

【纪检监察体制改革】 2021年，海沧区纪委监委深化规律认识，在巩固完善中推动新时代纪检监察工作高质量发展。深化派驻机构改革，对区纪委监委派驻机构设置进行调整，保留原派驻第一至第三纪检监察组，撤销原派驻第四纪检监察组，增设派驻区人民法院纪检监察组、派驻区人民检察院纪检监察组。各派驻纪检监察组实行综合派驻。不再将街道纳入派驻纪检监察组监督范围，原派驻第一至第三纪检监察组组长不再兼任原驻在街道纪工委书记（监察组组长）。推进规范化法治化建设，制订标准化流程规范涉案财物管理、审查调查类材料归档等具体工作，修订“模拟案卷”并在全市推广应用。贯彻落实《中华人民共和国监察法实施条例》，在线索查办、案件移送方面主动衔接司法。

（区纪委监委）

党风廉政建设

【概况】 2021年，海沧区纪委监委采用自查自纠及突击抽查形式，开展上级部署的各类专项整治，并结合区情，选取若干专项开展分地域分领域分层次“四风”（形式主义、官僚主义、享乐主义和奢靡之风）整治，督促各级各部门落实中央八项规定及其实施细则精神。查处享乐主义、奢靡之风问题11起12人，查处形式主义、官僚主义典型问题12起20人。完成政法队伍教育整顿执纪查办任务。推动干部群众加强家教家风建设及移风易俗。强化系统思维和大局观念，提高“不敢腐不能腐不想腐”一体综合效能。对审查调查的典型案件同步启动案后整改工作，发出纪检监察建议，推动相关行业部门完善建章立制，堵塞监管漏洞。开展廉政谈话，组织党员干部旁听法院庭审，结合身边典型案例敲响反腐警钟，引导党员干部提升思想道德和党性修养。

【“四风”纠治】 2021年，海沧区纪委监委开展分地域分领域分层次纠治“四风”树新风工作，制订专项工作方案，选取街道工会违规发放职工集体福利问题、国有企业食堂采购高档烟酒食材问题、保留公车事业单位公车加油卡给私家车加油问题、困难群众“漏保”“漏救”问题4个具体专项整治项目，形成“整治清单”，开展各单位自查及抽查核查。其中通过打好逐一“体检”、直查快办、发出纪律检查建议、通报典型案例等“组合拳”，整治事业单位保留公车“车轮上的腐败”，发现“私车公养”问题线索4起4人，其中党内警告1人、党纪立案1人，追缴资金0.49万元。深化运用落实中央八项规定精神“1+X”督查机制（“1+X”监督机制：“1”指纪委监委履行专责监督，“X”指各有关部门根据职责职权进行职能监督，“+”指党委统一领导，发挥有关部门党组织的领导作用，对党内监督和其他方面监督进行统筹协调，促进纪委监委和有关部门同频共振、同向发力，实现协同监督），加大明察暗访力度，持续释放越往后执纪越严的信号。深化整治“指尖上的形式主义”、督检考过多过频走形式等增加基层负担现象，拓展运用基层减负监测制度。在新冠肺炎疫情防控监督中成功劝导及推动红白喜事缓办简办158场、民俗活动取消76场。

【基层减负】 2021年，海沧区纪委监委落实为基层减负工作，拓展运用基层减负监测制度，选取1个街道、4个村居、1所学校设立区级基层减负监测点，实行区纪委监委领导挂钩联系监测点制度，定期开展走访。通过日常监督检查及监测点辅助，推进区直部门和街道力戒形式主义、官僚主义。

（区纪委监委）

监督检查

【概况】 2021年，海沧区纪委监委紧盯关键岗位、权力运行关键环节及基层小微权力，开展政治生态研判、问题线索大起底，设立营商环境监督联系点，综合运用谈话函询、检查抽查等方式抓早抓小、防微杜渐。完善“四位一体”信访受理渠道（“信、访、网、电”立体化信访举报平台），建立健全集体研判、带信下访、包片包件、联合会审等机制，科学精准处置线索。贯彻落实《中共中央关于加强对“一把手”和领导班子监督的意见》，协助区委落实落细全面从严治党主体责任，推动全区各级党组织谈话195人次，其中提请相关区领导对履职不力人员进行谈话，“咬耳扯袖、红脸出汗”成为常态。运用监督执纪“四种形态”（“红红脸、出出汗”成为常态；党纪轻处分、组织调整成为违纪处理的大多数；党纪重处分、重大职务调整的成为少数；严重违纪涉嫌违法立案审查的成为极少数）处理342人次，其中第一、第二种形态占比95.9%，实现由“惩治极少数”向“管住大多数”拓展。树立干事创业鲜明导向，为受到不实举报的干部澄清正名，通报正面典型5起。

【新冠肺炎疫情防控监督】 2021年，海沧区纪委监委突出主动监督、靠前监督、全程监督，做到新冠肺炎疫情防控工作推进到哪里，监督检查就跟进到哪里。调整优化监督检查机制，统筹“室组地”(区纪委监委监督检查室、派驻纪检监察组、街道纪工委)力量，将常态化下建立的13个监督小组，整合重组为“4+1+N”战时突击督导机制，即4个综合督导大组、1个飞行检查组、N个暗访组，实行一手直报信息指挥群机制，创新运用“云监督”方式，确保反应快速、运转高效。全区纪检监察组织疫情防控监督发现问题364个，提醒谈话或批评教育77人。

【涉粮领域监督】 2021年10月，海沧区纪委监委根据中央纪委国家监委、省纪委监委有关工作要求和市纪委监委《关于开展粮食购销领域腐败问题专项整治工作的方案》，成立粮食购销领域腐败问题专项整治工作小组，督促党委和政府落实粮食购销主体责任，督促业务主管监管部门落实监管责任。聚焦粮食储备安全生产，督促区消防、应急管理等部门切实履行监管职责，联合区发改局、区市场监督管理局实地走访海沧粮食储备公司4次，督促做好自查自纠工作。针对市委巡察组指出5处乱占耕地建房整治不到位的问题，海沧纪委监委领导带队进行现场督办，实地走访图斑涉及的点位5次，严令限期拆除并复耕。

【换届风气监督】 2021年，海沧区纪委监委保障区委、区政府、人大、政协及村居换届工作开展，通过短信及警示教育宣传做实教育引导，出具廉政意见回复1294人次。专项清理涉及村居换届候选人信访件37件，成立以区纪委监委领导任组长，监督检查部门负责人、信访室负责人、各街道纪工委书记为成员的专项清理工作领导小组，建立包片包件、上下协同、联合会审等多项工作机制，集中力量开展专项核实清理，在换届之前，查清信访问题、精准处置到位，防止“带病提拔”“带病提名”。

（区纪委监委）

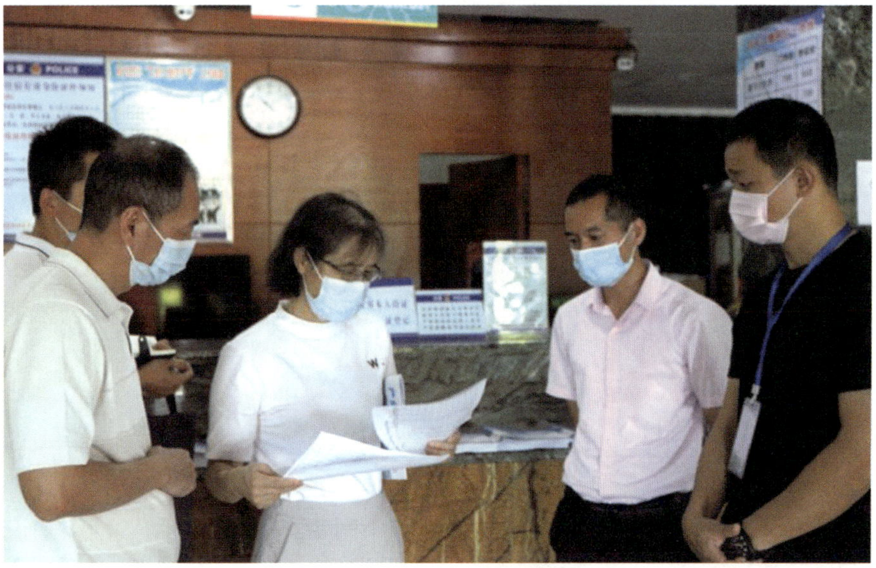

2021年9月26日，海沧区纪委监委飞行检查组对隔离点远东之星酒店开展“回头看”检查

（区纪委监委 供）

巡察工作

【概况】 2021年，海沧区纪委监委深化政治巡察，做好四届区委巡察全覆盖收尾工作及五届区委巡察工作五年规划。围绕区委工作重点，组织村（社区）巡察“回头看”，反馈问题116个并督促整改到位。

【巡察规划衔接】 2021年，海沧区委巡察办对标中共中央和省委巡视巡察工作决策部署，做好四届区委巡察全覆盖各项收尾工作，推进区委书记专题会交办事项及相关问题整改，总结四届区委五年巡察工作经验。围绕区委第十四个五年规划、二〇三五远景目标及阶段性任务，按照中央、省委和市委部署要求，科学谋划五届区委巡察工作五年规划，考虑区情实际，确保与区委中心工作结合，与本级工作规律特点相适应。

【巡察整改】 2021年，海沧区委巡察办落实区委书记专题会交办事项通报机制，深化中期联合督导机制，帮助被巡察党组织理清思路、纠偏正向，协调相关职能部门联合攻关，整改完成率超95%。对巡察整改成效各指标实行量化评估，提高巡察整改成效评价科学性。组织村（社区）巡察“回头看”，反馈问题116个并督促整改到位。

（区纪委监委）

责任编辑、校对：李彩兰

民主党派与工商联

中国国民党革命委员会厦门市海沧总支部委员会

【概况】 2021年，中国国民党革命委员会厦门市委员会海沧总支部委员会（以下简称民革海沧总支）有支部2个，党员50名，民革海沧总支党员中担任人大代表、政协委员的有5名，其中海沧区九届政协委员4名（政协副主席1名、政协常委1名），另有市人大代表1名。党员中有教育界成员11名、医疗卫生及政府部门成员8名、律师3名、企业及经济界人士28名。总支依托厦门大学，与海沧区统计局联合开展“关于海沧集成电路产业发展研究”课题调研，相关成果获厦门市统计局调研二等奖。总支与华侨大学支部联合调研，为东孚花卉产业优势发展献计献策。承接《在交通事故案件审判中引入专家顾问团的建议》，为解决交通事故认定中的痛点建言。

【组织建设】 2021年，民革海沧总支发展4名新党员。5月，组织党员到华侨博物馆和破狱斗争旧址参观学习。6月，参加民革中央“百年中国梦，风雨同舟情”网络知识竞赛并取得优良成绩。在区委统战部组织的党史知识比赛中，民革海沧总支总分名列第六。

【参政议政】 2021年，民革海沧总支在区政协九届一次会议中提交6篇提案，包括《关于东孚花卉产业集群的发展建议》《海沧区集成电路产业发展建议》《关于制作挂历或台历宣传“海沧之美”的建议》《关于在新阳西中学项目东侧的文体中心项目规划中建设游泳馆的建议》《关于马青路海沧大桥引桥至新阳大桥路段的道路基础设施建设进行改进的建议》等。年内，海沧总支党员发表课题调研报告6篇，信息29篇。

【社会服务】 2021年9月，民革海沧总支部以各种形式支援抗疫一线。主委傅晓兵作为志愿者前往支援社区核酸检测点，并为郑州水灾和厦门疫情捐款。党员陈晗、杨金鹏、杨晓玲、蒋玲、施丽容、杨丽红等参加抗疫工作。

【共建交流】 2021年，海沧总支一支部与厦门大学一支部开展共建。二支部与华侨大学支部共建，开展针对东孚花卉产业的调研。海沧总

2021年11月14日，民革海沧总支党员大会在团结大厦召开，大会推选党代表并发展新党员。图为会后合影 （区委统战部 供）

支以气排球为媒介，与民革其他支部进行气排球交流。按照区委统战部的部署，海沧总支与嵩屿街道一支部与海发社区二支部与未来海岸社区开展共建。

（区委统战部）

中国民主同盟厦门市海沧区基层委员会

【概况】 2021年8月19日，中国民主同盟厦门市海沧区基层委员会（简称民盟海沧基层委）新增第四支部。有盟员93人，下设4个综合支部。担任区十三届人大代表的有4人，其中人大常委会副主任1人、委员1人；区九届政协委员14人，其中政协常委4人。基层委获评“福建省抗击新冠肺炎疫情先进集体”和“2020年度厦门市海沧区人大、政协工作先进集体”，第二支部获评“2020年度民盟福建省委‘创特色、增活力’先进基层组织”。林松华获评“民盟脱贫攻坚先进个人”“民盟福建省抗击新冠肺炎疫情先进个人”，林振明获评“民盟80周年微视频宣传工作优秀个人”，罗建清获评“民盟福建省抗击新冠肺炎疫情先进个人”，沈义峰获评“2021年福建省第二批‘雏鹰计划’青年拔尖人才”，杨明获评“厦门市第十一批拔尖人才”“2020年度厦门市科学技术进步奖二等奖”，陈美玲获评“2020年度全市统战信息工作先进个人”，廖艺聪获评“厦门市海沧区人大、政协工作先进个人”。

【参政议政】 2021年，民盟海沧基层委在区人大十三届一次会议和区政协九届一次会议上，提交《关于活化利用东瑶窑瓷文化助力乡村振兴的的建议》等35件建议、提案。年内，基层委向盟市委、区政协、区委统战部提交课题调研12篇，《联手台青整合创新，将厦门打造成涉台文化高地》《关于切实推动马銮湾新城片区涉台涉侨建筑保护的建议》《关于持续提升厦门跨岛发展水平的建议》等作为市政协的专题协商会的大会发言，《关于积极开展保生大帝名讳考辨及正名的建议》《关于提升颜思齐开台文化品牌影响力的建议》被《区政协2021年调研文稿汇编》收录。上报信息37篇，《关于加强人脸识别信息保护的相关建议》被民盟中央采用，《关于共建“涉台人物祖地联盟”的建议》被民盟中央、福建省政协采用，《各大城市加强对暴雨预警的应对能力刻不容缓》被海沧区委办采用，《建议将大排查大调解纳入平安厦门建设》《关于在城建石塘体育公园打造两岸体育交流中心的建议》等信息被民盟各级组织、海沧区委统战部采用。林振明策划的《我盟在一起》得到民盟中央的表彰。厦海盟微信公众号作为海沧基层委的宣传窗口发布报道近20篇，平均阅读近700人次。

【社会服务】 2021年，民盟海沧基层委在本土疫情期间，医务盟员王春青、罗彦芳等人坚守岗位。廖艺聪、陈淑华作为志愿者，通过“厦海盟”公众号推送“海沧宅家抗疫视频”。基层委联合厦门海马化妆品有限公司，向海沧区文化馆、海沧中学等多家机构捐赠消毒液、洗手液、消毒凝胶等防疫物资。联合盟员企业瑞之路（厦门）眼镜科技有限公司，向厦门市海沧区红十字会捐赠1万个防护面罩。“今日海沧”编辑部总监彭建文带领沧江新媒团队到一线采写海沧抗疫好故事。盟员罗建清、沈义峰所在企业响应疫情防控需要，组织员工24小时生产流通防疫物质。盟员、海沧实验中学教师罗文三前往新疆吉木萨尔县一中支教。

【党派活动】 2021年7月1日，民盟海沧基层委组织观看庆祝中国共产党成立100周年大会重要讲话，打卡位于海沧东孚街道莲花社区的“百姓院子”，观看庆祝中国共产

2021年7月1日，民盟海沧基层委组织盟员在东孚百姓院子观看庆祝中国共产党成立100年老电影海报展——“银幕上的共产党人” （区委统战部 供）

党成立100周年老电影海报展——“银幕上的共产党人”。举办“用最美旋律　赞百年风华”红歌会。在海沧文化中心“桥·空间”活动室举办盟史学习沙龙活动。

（区委统战部）

中国民主建国会厦门市委员会海沧区基层委员会

【概况】 2021年6月19日，中国民主建国会海沧总支升格为中国民主建国会厦门市委员会海沧区基层委员会（以下简称民建海沧基层委），新设立第三支部、第四支部。有会员89人，担任海沧区人大常委会委员1人，海沧区政协常委7人。新发展会员5人，入会积极分子19名。年内，民建海沧基层委组织开展社会调研，向区人大提交建议3篇，向区政协提交提案14篇。报送社情民意信息148篇。

【组织建设】 2021年5月9日，惠安县人大常委会委员、民建惠安县基层委副主委庄茂林带领民建惠安县基层委金融支部及部分企业家一行，到海沧区开展考察调研和“学党史、庆百年”联学主题活动。5月30日，在海沧区委统战部常务副部长周生虎的带领下，组织调研厦门地铁运营中心和海沧隧道建设项目。8月28日，由民建厦门市委、海沧区委统战部、海沧区侨联，民建厦门市委创投研究会、民建海沧区基层委、海沧区侨青会共同发起的厦门民建与海沧侨界新产业创研会在海沧举办，主会场设在厦门艾德生物医药科技股份有限公司。11月6日，组织会员到海沧街道芦塘社区开展乡村振兴调研。11月13日，民建海沧区第二支部到东孚街道鑫龙谷党建工作室参观红色长廊和红色纪念馆，组织学习中国共产党第十九届六中全会公报精神、开展现场主题学习活动。

2021年1月30日，民建海沧基层委到后井村开展“爱心厦门”结对帮扶主题实践活动

（区委统战部　供）

【参政议政】 2021年，民建海沧区基层委叶斌斌《完善学信网查询功能为大国工匠蓄人才》获市政协、省政协采纳；会员郭建池《建议优化异地工程项目预缴税收》获省民建、省政协采纳；谢启炎、曾高发执笔的《推动我市智慧城市建设的对策建议》得到副市长黄晓舟的批示。

【社会服务】 2021年，民建海沧基层委慰问海沧、囷瑶、青礁、锦里等社区残疾人困难户。厦门本土新冠肺炎疫情防控期间，民建海沧基层委医护人员姚敏、许家华、张闻婷、刘海英、李步双等参与防疫抗疫；副主委郑建辉带领会员参与支援海沧雍厝公寓防疫隔离点交付准备工作。

【党派活动】 2021年5月30日，民建海沧基层委气排球队参加2021年厦门民建第十届“团结杯”气排球比赛，海沧区基层委第一代表队获优胜奖。11月20日，民建海沧基层委组织会员走进嵩屿街道海发社区，开展“洁净家园我出力　文明创建我参与”垃圾清杂专项整治行动。12月4日，民建海沧基层委气排球队参加2021年海沧区委统战部“同心杯”气排球比赛，2支队伍均获三等奖。

（区委统战部）

中国民主促进会厦门市委员会海沧区基层委员会

【概况】 2021年，中国民主促进会厦门市委员会海沧区基层委员会（以下简称民进海沧基层委）召开会员大会1次，基层委委员扩大会议2次，参政议政工作会议3次，课题研讨活动2次，组织生活会15次；参加区政协、人大2021年度重点协商和民主监督专题会议（调研）4场、20多人次，列席区委、区政府四届全委会，区情经济会议，廉政督察视频，区党代会等会议5场次。全年发展5名新会员，至年底，有会员110人。8月21日，民进海沧基层委换届大会在团结大厦召开。会员中有市人大代表1人，市政协委员1人，区政协委员15人，区人大代表2人，其中，区政协常委3人，区人大常委会委员2人。全年民进海沧基层委完成民进福建省委课题7件，完成民进厦门市委课题6件，完成区政协课题6件，理论研究课题4篇。其中，1篇转化为省政协重点提案，1篇转化成厦门市人大议案，2篇入选区政协大会发言。做好社情民意信息报送，全年115条信息被民进厦门市委采用。其中，被全国政协采用3条次，福建省政协采用12条，民进中央采用15条次，中共厦门市委采用6条，厦门市政协采用16条，乐智强关于两岸统一的信息和台胞大陆发展的信息分别获民进中央参政议政二等奖表彰。4件区政协提案被评为2021年度区政协优秀提案。

【组织建设】 2021年3—4月，叶艺敏参加省社会主义学院主体班培训；7月15日，张振华参加民进福建省委开展线上社情民意信息员集中培训暨参政议政工作研讨；12月6—9日，叶艺敏、张振华、陈惠红、黄铁洁参加区委统战部在同安军营村高山党校组织的统战系统骨干成员培训班。

【参政议政】 2021年，民进海沧基层委开展一系列课题调研活动，完成区政协调研报告6篇。其中，《关于推广“非接触性执法”提升城管行政执法效率的思考与建议》《关于农村自建房安全监管存在的问题及建议》《推动地铁线海沧段TOD综合开发的调研与建议》《加快推进我区信息基础设施建设构建智慧城区》《探索海沧港区“全集装箱化”发展做深做实新时代山海协作》5篇入选优秀课题汇编。《关于推广“非接触性执法”提升城管行政执法效率的思考与建议》《盘活历史建筑遗产，提升马銮湾新城文化品质的建议》作为大会发言。完成民进省委课题调研7篇，其中，《关于探索我省海口港区“全集装箱化”做深做实新时代山海协作的建议》《关于推进我省特殊教育优质发展的调研与建议》成果转化为省两会提案。《关于加大我省工业互联网平台建设扶持力度的建议》提案，在福建省政协十二届四次会议期间选为重要提案，并得到省领导批示，同时被评为福建省政协2021年度优秀提案。叶艺敏参与撰写的《整合我省社会治理资源 完善“诉非联动”纠纷解决机制》获省委办公厅、省政府办公厅“2020年省领导批示的优秀奖”。

【社会服务】 2021年，民进海沧区基层委开展社会服务活动16次。1月24—30日，民进海沧区基层委开展“情系暖冬，益童成长”冬季书法成长营活动；6月5日至7月4日，在阿罗海纸时代书店举办形意雕塑展系列活动；6月6日，组织68对来自新阳街道社区和海沧民进会员的亲子家庭在金逸影城悦实广场店观看电影《匹诺曹》活动；6月14日，承办“粽香百年心向党，爱国力行，益童成长”端午特别活动；8月27日，举办主题为“雕古塑今传心语，抟泥制物话桑麻”公益活动；10月28日，举办“益童成长”——张兴荣记忆力进校园讲座；11月10日，主办“益童成长”——张兴荣记忆公益讲座走进海沧凤山小学和龙山小学活动；12月11日，主办“益童成长·源梦未来”新能源技术课堂进新阳小学校园。面对疫情，民进海基层委号召会员捐款捐物，疫情期间共收到会员个人捐款2.15万元。分别

2021年9月18日，民进海沧基层委组织会员向贞庵核酸检测点捐赠抗疫物资
（区委统战部 供）

向海沧区嵩屿街道贞庵核酸检测点、东屿核酸检测点、芸美核酸检测点、寨后核酸检测点以及新阳街道捐赠各种饮品约200件、华夫饼20件、义兰馅饼200件。春节前夕，基层委捐赠“年夜饭”40份，价值15920元。部分会员带领企业直接向抗疫一线捐款捐物。会员林秋红、陈惠红、宋阿瑜、程宁、陈雅勤等人直接向社区、核酸检测点捐款捐物2.97万元；王鹭鹰将数百本艺术书籍捐赠给宁夏固原市泾源县高级中学。

【党派活动】 2021年，民进海沧区基层委组织气排球训练活动10场次。11月27—28日，组织“海沧民进一队”“海沧民进二队”参加民进厦门市委会第六届“同心杯”气排球赛，分别获第七名和第四名。12月4日，再次组织2支球队参加海沧区统战系统举办的“同心杯”气排球比赛，其中“海沧民进一队”获亚军。

（区委统战部）

中国农工民主党厦门市海沧区基层委员会

【概况】 2021年10月31日，中国农工民主党厦门市海沧区基层委员会（简称农工党海沧基层委）完成换届。有党员112名，下设5个支部，年内发展党员1名，发展入党积极分子1名。有市政协委员1名，区人大常委会委员1名，人大代表1名；区政协常委1名，政协委员7名，市区监督员1名。学习《中国共产党统一战线工作条例》，学习农工党党章。组织党员参加党员培训班，参加农工党市委会和海沧区统一组织的各项活动。

【组织建设】 2021年，农工党海沧基层委组织党员学习十九大、十九届六中全会精神。7月17日，在敬善养老院学习参加区委统战部组织的“百年党史 每周一测”学习和知识竞赛。7月17—18日，在武平党校举办“红色基因，薪火传承”苏区精神教育培训班暨骨干党员培训班。组织参加农工党市委会创建星级支部，提升组织活力，全年开展活动23次，其中基层委4次，医卫支部4次，综合支部6次，教育支部9次，外国语支部4次，医药港支部4次。基层委被评为农工党福建省纪念中国农工党民主党成立90周年先进基层组织。卢超淼被中共福建省委福建省人民政府评为福建省脱贫攻坚先进个人；邱瑞武、李桂香被评为农工党厦门市委2016—2020年度宣传工作先进个人；邱瑞武、颜建春、邱文敬、纪程宏被评为农工党厦门市委2016—2020年度社会服务工作先进个人；邱瑞武被评为农工党厦门市优秀党员；甘伟、林庸被评为农工党厦门市委2016—2020年度优秀党员；陈清金、陈兴和、李俊晖、李英姿被评为农工党厦门市委2016—2020年度党务工作先进个人；甘伟、韩耀辉被评为农工党厦门市委2016—2020年度课题调研工作先进个人；王秀芹被评为福建省重点传染病鼠疫监测先进个人；李桂香被评为农工党福建省委2020年度社会宣传工作先进个人和农工党厦门市委2016—2020年度信息工作先进个人；林庸、颜建春被评为2016—2021年海沧区人大、政协工作先进个人。

【参政议政】 2021年，农工党海沧基层委全年向市区提供课题调研报告5篇，其中《关于加强生物医药产业技能型人才培养的建议》被区政协采用并作大会发言，提案议案12件，信息21条（被采用7条）。其中李桂香报送的“统筹推进婚前孕前保健工作的建议”被全国政协采用。

【社会服务】 2021年，农工党海沧基层委参与对口支援，医卫支部党员李刚参加援临对口支援活动，在援临1年期间，获所在地政府表彰。新冠肺炎疫情期间，医疗系统党员甘伟、李桂香、陈震龙、王秀芹、罗炜、李超、李刚、杜裴冰、蔡真真、陈爱珠等参加抗疫工作。推进义诊等社会服务助力“健康厦门”建设，完成4次甲状腺癌随机筛查并发放疾病宣传册进行健康宣教，筛查607人；完成12次乳腺癌随机筛查，筛查1544人。12月4日，组织海沧医院妇产科、普外科、泌尿外科等科室医生护士10人，到海沧钟山村进行义诊活动，为30余位村民，包括5位行动不便的高龄老人，提供医学咨询、体检、诊疗、测血压等服务。

（区委统战部）

中国致公党厦门市委员会海沧区总支部

【概况】 2021年，中国致公党厦门市委员会海沧区总支部（简称致公党海沧总支）下设2个支部，党员45人，年内发展新党员4名。党员中有市人大代表1人、区政协委员5人，其中区政协常委1人。致公党海沧总支被评为海沧区人大和政协工作先进集体。党员胡纵衡获评海沧区人大和政协工作先进个人、致公党厦门市委会地方组织成立40周年优秀党员称号；萨斐晔获评海沧区延奎实验小学最美教师；张丹获评2021年海沧区第二届教育科研优秀成果科研类三等奖、2021年优质课区一等奖、2021年厦门市骨干教师称号；林琳获2021年度校级嘉奖；范茂福获评海沧区教学成果突出个人称号；王晰获评厦门水务排水管理公司2021年五一劳动先进个人；钟鑫华获评2021年度海沧区精神文明工作先进个人。

【参政议政】 2021年，致公党海沧总支在区政协九届一次会议期间，总支的区政协委员提出《关于尽快解决海沧后井村安全隐患和空气污染问题的建议》《关于加强海沧资本招商的建议》《关于加强海沧区“城中村”电网改造的建议》等提案11份；黄超在八届五次会议期间提出的《关于促进海沧区汽车流通产业发展的建议》获评2021年度优秀提案。市人大代表吴丽芬提交议案《关于规范产妇盆底康复服务的建议》《关于鳌冠高尔夫段海岸线海蚀地貌保护及景观提升的建议》。海沧总支向致公党厦门市委、区政协、区委统战部提交《关于强化技术交易平台　完善科技服务的建议》《体外诊断医疗器械产品研发上市的困难和一点建议》《关于推进海沧区排水管理进小区的思考和建议》课题调研3篇，其中，《关于强化技术交易平台　完善科技服务的建议》被《区政协2021年调研文稿汇编》收录。

【社会服务】 2021年，致公党海沧总支在本土新冠肺炎疫情期间，联合新弘立实业向区红十字会、曙光救援队爱心捐赠防护服50套、红十字会爱心捐赠防护服150套；医卫届党员蔡中华等人坚守抗疫一线，其他党员也到海景、海虹、兴旺、石塘等村、社区，参与核酸采样及相关工作的志愿服务。缅甸归侨侨眷、致公党厦门市委原专职副主委王起鹍、致公党海沧总支主委胡纵衡，应缅甸曼德勒两大医院总院长李继训的“求助”，协调出口在缅华侨华人急需的氧气钢瓶、流量计等物资，8月初出口5个货柜。

2021年9月12日，致公党海沧总支与集美小学支部联谊，参观集美嘉庚纪念馆“同向　同心　同行”主题展　　（区委统战部　供）

【党派活动】 2021年2月，致公党海沧总支组织支委开展尊老送温暖活动，慰问退休党员。4月10日，组织支部党员到漳州台商投资区非公党建工作实地教学点，开展党史理论参观学习；26日，海沧总支与区政协港澳侨台委联合举办“习近平在福建、厦门工作期间侨务工作的探索与实践”和暨“书香政协”《习近平在厦门》读书专题讲座。5月8日，海沧区曙光安置就业基地在党员企业新弘立公司正式挂牌成立，主要配合海沧区司法局开展社区矫正对象和安置帮教对象工作。9月初，海沧总支结合“学习习近平总书记‘七一’重要讲话精神”，开展“发扬优良传统，争取更大贡献”主题活动，与集美小学支部联谊，参观集美嘉庚纪念馆“同向、同心、同行”主题展。致公党厦门市委会党史理论研究基地刊发的《孙中山与海外洪门》获致公党中央、省委会好评。11月19日，省政协副主席、致公党省委会主委薛卫民率队到海沧调研基层组织建设。

（区委统战部）

九三学社海沧区基层委员会

【概况】 2021年，九三学社海沧区基层委员会（以下简称九三学社海沧基层委）下设4个支社，有社员73人。年内，发展新委员4名，转出1名。区十三届人大代表2名（含常委会委员1名）、海沧区九届政协委员6名（含常委1名）。全年召开全体社员大会1次，基层委委员会议1次，基层委课题调研会1次。年内，九三学社海沧基层先后组织骨干社员参加九三学社厦门市委、区委统战部和区政协举办的各项学习和培训。社员阙永康获评“社省委2021年优秀信息员”和“社市委2021年信息工作先进个人”；陈丹虹获评“海沧区人大、政协工作先进个人”；沈晓聪获评海沧区2021年“书香政协”读书活动积极分子”；魏思东被中国美术协会、中国书画艺术委员会、中国书法家协会授予“人民艺术家”称号，被中央广播电视总台《文化强国》栏目组授予“建党百年全国首批历史文化传承人”称号，其《雪松最爱旭日暖》等3篇美术作品入选社省委庆祝中国共产党成立100周年主题书画作品网络展。

【组织建设】 2021年6月5日，九三学社海沧基层委组织社员到华侨博物院参观“理想照耀中国——庆祝中国共产党成立100周年主题展”；7月1日，组织全体社员集体收看庆祝中国共产党成立100周年大会直播；组织社员参加各项党史学习相关活动，在社中央“五史”知识竞赛中，社员林丰、曹声九、王文全获优胜个人三等奖；在社省委庆祝中国共产党成立100周年中共党史知识竞赛中，社员林丰获个人优胜二等奖、罗松获个人优胜三等奖。在区委统战部组织的“百年党史　每周一测”中，社员林丰获个人三等奖。选派社员参加区委统战部在军营村高山党校举办的“学习贯彻党的十九届六中全会精神暨‘创新争优　走在前列’培训研讨”、2021年区统战系统骨干培训班等。完成新、老代表委员交接工作。

2021年3月20—21日，九三学社海沧区基层委员会组织参观龙岩古田会议旧址、伯公凹红色交通线。图为参观人员于中央红色交通线纪念馆合影 （区委统战部　供）

【参政议政】 2021年，九三学社海沧基层委完成调研课题8篇（社市委3篇、区统战政协5篇）、反映社情民意信息22篇，其中《关于石油交易中心转型碳排放权交易，助力厦门碳减排金融创新的建议》被区政协编入2021年海沧区政协调研文稿汇编；社情民意信息《建议尽快增设核酸标本采集点以适应春运期间新冠疫情防控要求》《谨防疫情防控常态下出现“用血慌”》《建议进一步完善〈处方管理办法〉适当延长门急诊处方期限》获社中央采用，《加强综合性医院全科医学科建设的建议》《建议在全国卫生专业执业资格（中级）考试目录中增加老年医学专业》《建议在医疗机构设立核酸快速通道以满足特殊人群需求》获省政协采用，信息《限制未接种新冠疫苗人员流动不能一刀切》获市政协采用。年内，人大代表和政协委员向政协九届一次会议、区人大十三届一次会议提交《关于筹建海沧区公办养老护理机构的建议》等11篇提案，其中政协委员陈丹虹代表九三学社海沧基层委在区政协九届一次会议上作《关于石油交易中心转型碳排放权交易，助力厦门碳减排金融创新的建议》大会发言。

【社会服务】 2021年，九三学社海沧基层委组织社员参加抗疫工作。主任医师阙永康针对核酸检测和隔离相关情况建言献策，撰写社情民意信息4篇。社员投入各项志愿服务工作，陈丹虹、陈婷、魏思东等社员连续6轮坚持在高温下进行核酸检测信息录入工作。社员林溱捐赠酒精消毒液等防疫物资，价值约20万元，社员王文全向社区捐赠防疫物资25件，价值约5000元。

【党派活动】 2021年，九三学社海沧基层委结合政治学习、专题调研、主题考察、社会服务等工作开展组织活动。3月20—21日，组织社员前往龙岩古田会议旧址及伯公凹红色交通线，进行红色之旅，并在革命老区成立九三学社海沧区基层委志愿者服务队，活动邀请市委统战部党派处处长吴蔷为社员解读《中国共产党统一战线工作条例》；9月11日，在团结大厦一楼会议室举办“同心学党史　永远跟党走”党史教育暨信息培训，邀请海沧区委常委、统战部部长廖凡作“团结奋斗　共创未来”党史学习教育专题讲座；邀请湖里区基层委主委张跃平作社情民意信息工作培训和交流；12月11日，组织社员20余人到厦门市政筼筜水质净化厂进行实地参观调研。此外，组队训练并获得2021年社市委第八届气排球赛季军、2021年海沧区委统战部“同心杯”气排球赛三等奖。

（区委统战部）

台湾民主自治同盟厦门市海沧总支部委员会

【概况】2021年6月21日，台湾民主自治同盟厦门市海沧总支部委员会（简称台盟海沧总支）完成换届工作，有盟员36人。其中，担任海沧区政协委员4人，常委1人。年内，台盟海沧总支部组织开展社会调研活动，完成《关于加强青少年劳动教育的建议》《充分发挥法院执行职能，服务一流营商法治环境》《关于完善居家社区养老服务的建议》3个调研课题，同时组织盟员开展中国共产党成立100周年纪念活动等。

【组织建设】2021年6月，台盟海沧总支召开换届会议，选举产生海沧总支新一届支委。全年，召开6次组织工作会议，开展“知党史，学盟史”活动和中共党史学习教育活动。

【参政议政】2021年，台盟海沧总支有4名政协委员参加区政协九届一次会议。会议期间，台盟总支提交《关于充分运用智慧司法建设成果提升涉台司法水平的建议》《关于我区青少年心理健康的建议》等提案，陈奕雍提交《关于建立健全协拍机制保障我区旅游影视业健康发展的建议》提案，王泽杰、林娣莉提交《关于大力发展多式联运构建高水平的港口型国家物流枢纽的建议》提案，魏珺颖提交《关于推动我区芯片封装发展的建议》提案。

2021年12月25—29日，台盟海沧总支4名政协委员在海沧区政协九届一次会议会场合影

（区委统战部　供）

【党派活动】2021年，台盟海沧总支组织盟员参加台盟厦门市委组织的中国共产党成立100周年纪念系列活动，组织盟员到厦门市华侨博物馆观看理想照耀中国——庆祝中国共产党成立100周年主题展，以及气排球、运动会、读书会等各项活动。厦门本土新冠肺炎疫情期间，盟员捐款4900元，八宝粥30箱。

（区委统战部）

海沧区工商业联合会（总商会）

【概况】2021年，海沧区工商业联合会（总商会）[以下简称区工商联（总商会）]助力企业抗疫复产，组织工商联领导班子成员走访会员企业，依托网站、微信公众号、新闻媒体，推送宣传信息近200篇。12月24日，区工商联召开海沧区工商联（总商会）第五次代表会，选举产生第五届执委会主席（会长）、副主席、副会长、秘书长、常委和第五届海沧区总商会监事会监事长、副监事长。年内，区工商联获“千企帮千村”行动组织工作先进集体称号。

【参政议政】2021年，海沧区工商联（总商会）会员中区人大代表20人，区政协委员35人，在全国两会中提出33件人大议案和48件政协提案，叶连生、颜建春等企业家做大会发言。组织5名民营企业家代表参与区委全体会议及大会分组讨论。组织企业参与中日企业茶会、政情通报会等区委区政府开展的会议和活动，为企业家搭建政企沟通平台。春节期间，组织部分本土民营企业家代表到青礁开台文化公园、芦塘书院、文圃研学基地等参观考察。建立党政领导干部联系商会制度，以行业类、专业类商会和乡镇、街道商会为重点，畅通商会向党委和政府反映情况、提出建议的渠道。激励干部主动作为、靠前服务，规范党政领导干部与民营经济人士联系交往，督促干部守住交往底线、防范廉政风险。

【民营企业助力抗疫复产】 2021 年，海沧区工商联（总商会）通过微信群、微信公众号等渠道，将各级政府防疫通告传达给会员企业。联系各街道，购置 300 张坐躺两用折叠椅分别支援嵩屿、新阳和海沧 3 个街道的社区核酸检测点及封管控区工作专班。安排机关工作人员参与一农社区湖头和山边洪 2 个核酸检测点的志愿服务。同时也参加区文化中心核酸检测点及个人所在社区的志愿服务。联合多家银行推出线上贷款服务，让企业能够办理线上信用贷款。进入防控常态后，宣传区委区政府制订的《关于积极应对新冠肺炎疫情影响助力企业纾困减负的若干措施》，同时走访调研企业。鼓励引导企业履行社会责任，为核酸检测点和疫情防控执勤点捐赠急需物资，倡议企业组织员工参与志愿服务。年内，60 多家企业参与抗疫，开展捐款捐物和志愿者支援 90 多批次，捐赠近 200 万元，1000 多人支援各个检测点、执勤点志愿者服务。

【会员排忧解难服务】 2021 年，海沧区工商联（总商会）落实省委“再学习、再调研、再落实”部署，为企业办实事解难题。组织驻会干部职工深入走访调研企业 200 多家次，到企业了解生产经营情况及存在的困难和问题，帮助企业联系相关职能部门，协调解决专利奖励政策申报、环保、征拆补偿等问题。春节前组织区餐饮文化协会部分企业和区有关部门召开座谈会，协调解决餐饮企业春节期间面临的问题。

2021 年 10 月 19 日，海沧区捐赠口罩给泾源县疾病预防控制中心

（区工商联　供）

【招商引资】 2021 年，海沧区工商联（总商会）推进招商引资工作，年内跟踪服务创鑫微电子集成电路黑陶瓷低温玻璃外壳及其 IC 封装项目、丽致抖音创客基地项目、鼎新正中餐管理项目、平潭星汉电商项目、锦绣丰园多肉项目、新钢金属制品生产线项目、中联建设集团工程项目等项目的进展情况，与新阳街道、工信局共同服务鼎新正中餐管理项目、平潭星汉电商项目落地。全年落地项目投资任务完成 4.62 亿元，100% 完成任务，实际使用外资任务完成 0.09 亿元，完成 50.1%，民营招商任务完成 4.47 亿元，100% 完成任务。全年招商引资综合得分 40.21 分，全区区直部门排名第三名。

【光彩事业】 2021 年，海沧区工商联（总商会）组织企业参与爱心捐赠活动。春节前，组织开展“益”企留“厦”暖心过年系列活动，向全区企业发出“留厦过年”倡议和“年货爱心包接力行”活动倡议书，倡导企业履行社会责任，近 20 家企业为一线人员送出价值 50 多万元的年货爱心包，举办 22 站爱心接力行动。发动 9 家企业向区教育基金捐赠 13 万元，对口帮扶泾源县，捐赠价值 20 万元的口罩和书包。企业自身也开展光彩事业活动，厦门艺辉集团有限公司开展“尊老敬老”锦里村关爱活动，厦门市国安特机械工程有限公司向海沧医院捐赠 2 套安防消毒门禁设备，25 家企业获海沧区“爱心企业”表彰。

（区工商联）

责任编辑、校对：庄玉凤

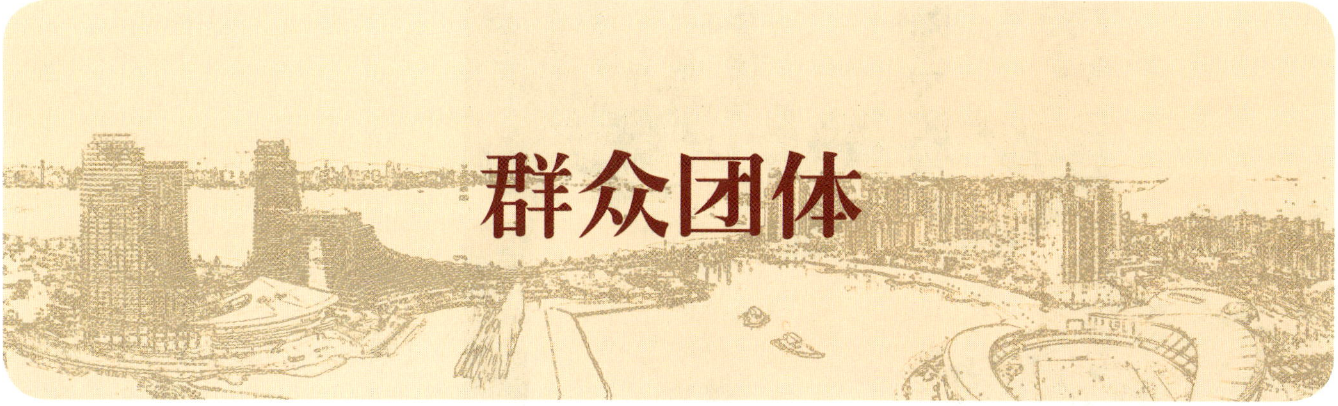

群众团体

海沧区总工会

【概况】 2021年，海沧区总工会突出以创建“工人先锋号”为抓手，以劳模创新工作室为平台，引导带领技术骨干开展“五小”创新、技术改造、师带徒等活动。构建和谐稳定的劳动关系，开展企业集体协商“要约行动月”。发挥产业工人队伍主力军作用，打造第三届海沧产业工人文化节。组织技能培训、劳动竞赛、产业职工系列文体活动等。

2021年，海沧有216家企业建立工会，独立建会53家，覆盖建会163家。年内，有建会企业4115家，工会会员卡保有量16.6万张。有五星职工之家116个、四星职工之家285个、三星职工之家460个。全区有16个爱心驿站，为环卫工人、保安、快递等户外劳动者提供帮助。新建远海码头共享职工之家，至年底，有11家共享职工之家，打造“十分钟职工服务圈”。

【基层工会建设】 2021年，海沧区总工会维护新就业形态劳动者权益，制订推进新就业形态劳动者建会入会专项政策。摸排辖区新就业形态企业，指导组建工会。组建海沧区云创直播小镇工会联合会，让园区内近500名网络直播员、快递员有工会之家。新建集装箱卡车司机爱心驿站，服务功能覆盖海沧港区。指导厦门兆冠物流有限公司建设货车司机之家。年内，推荐评选全国工人先锋号1个、省五一劳动奖状1个、省工人先锋号2个、省五一劳动奖章2个，市五一先锋号40个。创建职工创新工作室3家。

【第三届产业工人文化节】 2021年，海沧区总工会组织技能培训、劳动竞赛、产业职工系列文体活动等，让产业工人实现从“工”向“匠”转型提升。举办第七届“诚信杯”汽车技能服务大赛、包装工技能比赛、企事业单位建（构）筑物消防员技能比武、病虫害辨认及防治方法技能等比赛，参赛单位120家，参赛职工435人。做深做实“名师带高徒”等活动，征集26个项目参加福建省百万职工“五小”（小革新、小发明、小改造、小设计、小建议）创新大赛，厦顺铝箔公司的项目获大赛二等奖。举办第十二届职工技能培训（竞赛），开设叉车司机、办公软件应用操作、AutoCad计算机辅助设计等10个培训项目，636名职工报名参加。

【工会助力疫情防控】 2021年，海沧区总工会面对新冠肺炎疫情，落实小微企业工会经费全额返还政策，全区返还工会经费513.51万元，惠及企业682家。下拨抗疫专项经费128.75万元，慰问卫健、物业、市政、各街道等疫情防控一线职工12613人。对留厦的非厦门籍工会会员赠送新春爱心大礼包，区总工会按照每名会员补助100元的采购标准，活动惠及职工21530人。“平安返厦”交通补助发放补助金254.49万元，惠及职工10168人。开展留厦过年、“五一”促消费优惠券活动，向职工群众发放200万元消费券，微信推送阅读量达16.8万人次，近3万名职工参与活动。新冠肺炎疫情防控期间，汽车行业工联“海沧志愿汽车联”30余人次完成100余车次运输防疫物资志愿服务；国药器械联合大博医疗组建80余人的“国药器械（厦门）战疫志愿者防疫队伍”在湖里、海沧两区60多个疫情隔离点，完成619万件疫情物资配送工作。60多位劳模发挥示范带头作用，带动身边职工共同抗疫。区总工会干部76人次到挂钩村，增援3个检测点全员核酸

2021 年 1 月 29 日，海沧区总工会通过“工会红·暖心间·爱心筑城·益企留厦”活动慰问坤城汤岸酒店一线员工（陈淑华 摄）

检测工作，1 名处级干部进驻隔离点协调专班组疫情防控等工作。

【工资集体协商】 2021 年，海沧区总工会开展以“稳岗留工、稳增促产、共享发展”为主题的集体协商“要约行动月”活动。进入厦门雅瑞实业有限公司、厦门铱科卫浴科技有限公司、大博医疗科技股份有限公司、厦门艾德生物医药科技有限公司、厦门士兰明镓化合物半导体有限公司等 40 多家企业，指导企业开展集体协商、职代会等民主管理。“留厦过年”集体协商被《工人日报》、全国总工会微信公众号报道。开展 2020—2021 年度市级职代会优秀提案征集，海沧区 1 件提案获一等奖、5 件提案获二等奖、9 件提案获三等奖。

【职工劳动保护】 2021 年，海沧区总工会发挥工会组织群众性监督职责，联合应急局评选 113 个班组为 2020 年度安全生产先进班组；推动“安全生产知识竞赛”线上线下活动，线上通过微信公众号宣传安全知识，开展知识竞赛，5358 名职工参与竞答；线下举办海沧区第八届安全生产知识竞赛，辖区 10 家企业代表队参加。危化品行业工联开展“安全生产月”系列活动，375 名职工参加。开展留厦过年进企“送安全”活动，举办安全知识竞答、安全生产技术咨询、心肺复苏模拟操作等，参与职工 2000 多名。举办国有、非公有制企业基层工会主席和专干培训，130 多名基层工会主席和专干参加培训、考试，并获得工会劳动法律监督员证。组织工会干部、工会劳动监督委员走进海澳集团、中航太克等企业面对面宣讲职业病防治。

【职工文体活动】 2021 年，海沧区开展第八届“中国梦·劳动美”工人主力军摄影比赛、第三届海沧产业工人文化节职工文艺晚会暨“2022 年厦门职工春晚”节目海选海沧专场、庆祝“三八”国际妇女节“品诗词之韵·展女神之美”线上诗词竞赛等活动，近 300 家企业 2 万多名职工参与。在过坂共享职工之家举办“以‘电’相连、‘师’终有你”青年联谊会。开展“花开天竺·‘油’你‘桐’行”青年交流活动、首届海沧集体婚礼活动。推动基层开展职工书屋、共享职工书屋建设，举办第三届海沧产业工人文化节羽毛球、乒乓球、篮球等比赛，有 52 家企业的 2000 多名职工参与。

2021 年 5 月 7 日，海沧区总工会组织工会干部、工会劳动监督委员进企业开展职业病防治宣传。图为工会干部在张贴职业病防治宣传海报（区总工会 供）

2021 年 6 月 30 日，海沧区举办第三届海沧产业工人文化节职工文艺晚会暨“2022 厦门职工春晚”节目海选海沧专场。图为表演现场　　（区总工会　供）

【工会经费管理】 2021 年，海沧区总工会落实工会财务制度，规范基层工会经费管理和使用。根据年度计划安排，开展 2021 年基层工会经费审查工作，委托会计师事务所审查 21 家单位工会上一年度经费使用情况。贯彻落实中央八项规定精神，每季度结合节假日期间工会经费督查组织开展“1+X”督查。开展 1 期工会财务、经审相关内容培训，组织 54 名基层工会干部参加培训。

（区总工会）

共青团海沧区委员会

【概况】 2021 年，共青团海沧区委员会（简称海沧团区委）全年发展团员 980 名，至年底，组织共青团员“智慧团建”系统报到人数 7223 人，团区委下辖直属团组织 11 个，其中，街道团工委 4 个，机关直属团委 3 个，企事业单位团组织 4 个；全区共有团组织（团委、团总支、团支部）305 个，其中团委 26 个、团总支 13 个、团支部 266 个，非公企业和新社会组织团组织数 47 个。全年推选 2 个团组织及 1 名优秀青年获省级“青”字号奖项。

【共青团海沧区第五次代表大会召开】 2021 年 12 月 25 日，海沧团区委召开第五次代表大会，来自全区各条战线、各个行业的优秀团员青年代表共 117 名参加会议。会议听取并审议通过何岚代表共青团海沧区第四届委员会所做的《高举团旗跟党走　砥砺奋进走前列　为海沧在更高起点上建设高素质高颜值国际一流湾区汇聚磅礴青春力量》工作报告，并选举产生共青团海沧区第五届委员会。

【青年思想引领】 2021 年，海沧团区委推进全区各级团组织开展“学党史、强信念、跟党走”学习教育，开展“青春心向党　奋进十四五”等教育实践活动 50 余场，“海沧区创新开展青少年党史学习教育推动革命精神入脑入心”被《福建少先队》等省级媒体刊载。组织约 15 万人次团员青年参加“青年大学习”。重视新媒体思想引领阵地作用，“海沧青年”微信公众号累计发布推文 1000 多期，并推出“海沧青年说”“百年青春接力”等系列栏目；在“学习强国”学习平台弘扬海沧青春力量。

【青年助推乡村振兴】 2021 年，海沧团区委制定并实施《青汇乡村　绽放青春——海沧区乡村振兴青春建功行动方案》，举办“青听乡村”“青聚乡村”“青惠乡村”“青暖乡村”“青动乡村”5 大主题活动 32 场。与厦门大学管理学院、法学院等 4 个学院团委签约共建，开展“智汇乡建助振兴　青春建功庆百年”活动，组建 4 支志愿服务队伍，打造“景润青年　益童成长”等品牌活动，探索常态化高校青年人才助力乡村振兴机制。通过“海沧青年”微信公众号开展“我和我的家乡”主题视频征集活动及系列推文宣传活动，分别以乡村产业、乡村美食、乡村美景等篇章发布推广，累计发布推文 6 篇，线上图文阅读总量 5000 余次。

【青年助力东西扶贫山海协作】 2021 年，海沧区持续开展“点滴汇暖阳”公益活动，发动青年企业家等社会力量为泾源县青年工作、关爱青少年提供支持，发动社会捐赠 5 万元。落实山海协作对口帮扶的工作要求，与屏南团县委共建，走进屏南县小学开展“悦读福袋·传递爱”活动，为 200 名学生送去关爱福袋。

【关爱青少年】 2021 年，海沧团

区委成立海沧区“1+4”青少年权益中心（工作站），与厦门市级青少年权益保护相关机构和单位形成三级联动，打通关爱、帮扶青少年的“最后一公里”。强化信息摸排，完善服刑人员未成年子女帮扶信息系统。开展关爱行动，春节期间组织慰问全区困难青少年100名，慰问金额5万元。牵头实施“爱心扶幼”行动，开展“微心愿”等多种形式活动，慰问困境儿童68户、200多人次。主动争取上级资源，团省委七彩示范小屋、广播站、向阳花图书室等相继落地，“一路随行”“圆梦行动”为20多名家庭困难准大学生发放奖学金约10万元。立足产业立区，深化“青春同行益童成长”品牌，开展课业辅导、亲子交流等服务活动33场次，推进新垵城中村公益图书馆落地，帮助外来务工人员子女融入海沧。履行重点青少年群体服务和预防犯罪牵头部门职责，聚焦校园欺凌、毒品安全等问题，优化“护航青春逐梦未来”品牌活动，推进海翔社区创建全国首批“青少年零犯罪零受害社区（村）”。举办“共青团与人大代表、政协委员面对面”活动，形成调研报告，开展模拟政协提案活动，搭建青年利益诉求渠道。

【青年就业创业】 2021年，海沧团区委围绕全区人才需求，组织海沧籍“双一流”返乡大学生开展“菁才留厦 清华博士团参访”等系列活动10多场次，打造“团聚菁才”品牌活动推进“扬帆计划”，对接企事业单位，提供实习岗位200多个。推荐优秀产业青年参加青年“双百计划”人才评选，10名青年入围；开通社会工作师、非公党建指导员、事业单位等20余门各类备考公益培训线上课程，免费赠送备考书籍，服务各类青年的求职就业需求。为更好地服务和辐射青年创客团队，发挥电商园、青年人才公寓等平台作用，举办“砥砺青春乐业海沧·抖音电商营销分享会”等活动23场，吸引1万余名创业青年参加，推进实现创新创业资源的共享与合作。

【青年志愿者行动】 2021年，海沧团区委围绕疫情防控、家庭教育、文明创建、生态环保等主题，组织各级团组织组建青年突击队、青年志愿服务队，开展志愿服务活动150多场，“志愿汇”注册人数突破1.5万人，信用时数33611.6小时，荣誉时数224828.3小时。深化“青春之光敬老服务”“河小禹”等品牌活动，开展“亲验农耕，益童成长”“七彩志愿，筑梦先行”“暖蜂行动”等关爱留厦务工子女、关爱空巢老人、关爱快递人员等系列活动50余场。开展青春防疫志愿活动，开通心理疏导热线，推出心理疏导小知识、“战疫宅家乐”等系列活动45场次。对接坚守一线的团员青年、管控小区，送去口罩、饮料等物资。

【从严治团】 2021年，海沧团区委坚持党建带团建，对标星级团组织、星级团员创建标准，提升基层团组织规范化水平，共成立基层团（工）委24个、基层团支部228个。探索楼宇建团、产业园区建团等方式，成立两新团组织46个。用活“智慧团建”系统，对支部活动、团员报到、学习情况做好统计。完善团干培训机制，选派优秀团干参加省市级培训，通过区分管领导上党课、举办“‘传承青年志 追逐青年梦’青年团干辅导”“凝聚实现中华民族伟大复兴中国梦的青春力量——学习贯彻习近平总书记‘七一’重要讲话精神”等培训，提升团干部队伍素质。依托区—街道两级青少年权益服务中心（站），创新区—街道两级团委一体化设计工作内容、配置工作力量、调配工作资源，直接面向青少年开展工作有效机制。落实“从严从实治团”各项工作，实现初中团学比14%，高中团学比25%。

（团区委）

海沧区妇女联合会

【概况】 2021年，海沧区妇女联合会（简称海沧区妇联）在新冠肺炎疫情暴发后，组织各级妇联干部、执委参与核酸检测等疫情一线志愿服务。推动“两纲”（《中国妇女发展纲要》《中国儿童发展纲要》）实施，完善“两纲”（2011—2020年）的终期评估工作，召开意见征求会，科学推进新“两纲”的编制。年内，海沧区妇联获评全国维护妇女儿童权益先进集体；渐美村爱心妈妈志愿服务组织获评福建省新时代巾帼志愿服务优秀组织，并参评全国巾帼志愿服务十大优秀社区。年内，获评全国抗疫三八红旗手1名，福建省三八红旗手1名，福建省三八红旗集体1个，福建省巾帼文明岗1个，福建省“最美家庭”1户，福建省“绿色家庭”2户，福建省“美丽庭院”45户。

【妇女创业就业】 2021年，海沧区

妇联继续推进创新创业巾帼行动，通过海沧区妇联微信公众号，宣传推广“巾帼创业贷”创业扶持政策，为妇女创业提供小额贴息贷款服务，向80名妇女发放小额贴息创业贷款1580万元。联合区人社局开展“春风送岗”妇女线下招聘会，帮助有需求的女性与用人单位进行对接。开展月嫂、育婴师、电商主播等实用技能培训9场，300人参与。

【“家庭建设年”活动】 2021年，海沧区妇联以家风建设为重点，在全区范围内发起寻找“最美家庭”活动。同时，线上线下同步宣传全国、福建省“最美家庭”、“五好文明家庭”事迹，通过榜样带头示范作用，引导广大妇女群众弘扬家庭家教家风。年内，获评省级“最美家庭”1户，市级“最美家庭”14户，市级“文明家庭”11户。春节期间，开展“把爱带回家”系列活动，组织“爱心妈妈”携手巾帼志愿者，在留厦外来员工儿童家庭中开展法治安全教育、社会关爱、家庭教育等活动。“把爱带回家”系列活动得到省、市妇联好评，佳味馆等爱心企业也加入到关爱队伍中。

【家庭教育活动】 2021年，海沧区妇联发挥广大妇女在家庭教育中的重要作用，打造家庭教育领域工作品牌。以“家庭教育大讲堂”为载体，线上线下开展各类家教讲座215场，受益群众6782人。开展“童心向阳 党徽添彩”关爱活动，以北师大附属学校为载体，搭建“学校—社区—家庭”合作联席平台，对学校特殊孩子和社区特殊家庭进行逐一摸排，对其中30个家庭建档立册。

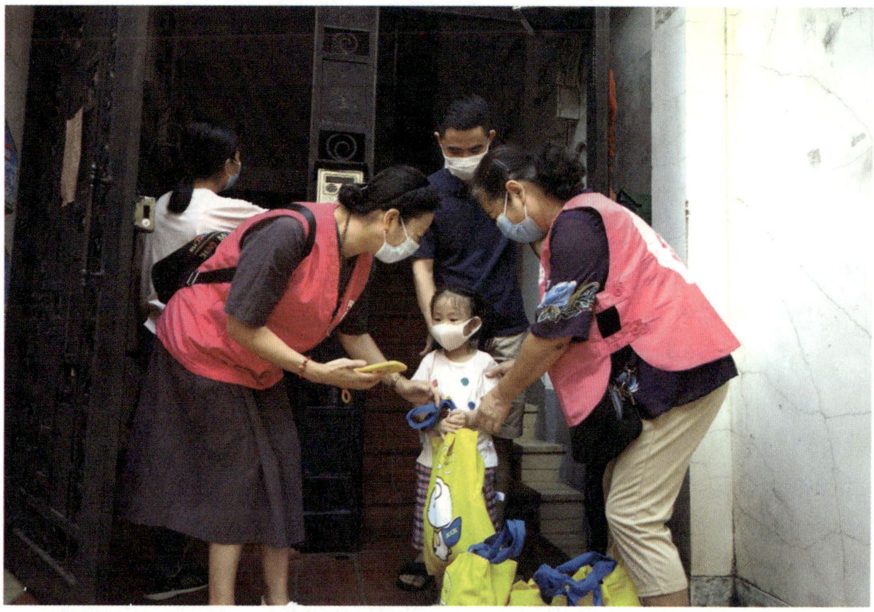

2021年9月26日，区关工委联合区妇联为辖区内隔离儿童送上“暖心包”

（区关工委 供）

【困难妇女儿童帮扶】 2021年，海沧区妇联结合元旦春节等节点，慰问困境妇女134人，发放慰问金8.8万元；“六一”为195名困境儿童发放慰问品2.49万元；为70名贫困学生提供助学金9.24万元；为15名贫困患病妇女发放救助金15万元；为留厦儿童，患病贫困母亲、困境中自强不息的女性募集社会资金11.9万元。发动巾帼志愿者参与疫情防控一线志愿服务，发动爱心企业、妇女企业家捐款捐物，开展暖心关爱服务。年内，慰问管控区儿童和抗疫志愿者742人，发放物资价值7.06万元。协助卫健部门做好妇女免费“两癌”（乳腺癌和宫颈癌）筛查工作；配合人寿保险公司做好低保妇女“安康险”的宣传和服务工作；联合区卫健局组织基层妇女干部进行健康体检。

【妇女儿童合法权益维护】 2021年，海沧区妇联以家庭纠纷调处中心为载体，完善多部门合作、多方面参与机制，开展婚姻家庭矛盾纠纷排查化解工作。与海沧法院“家事法庭”共同开展“合作父母”课堂活动，关心关爱离异家庭孩子成长问题。至年底，海沧区各级妇联共开展反诈骗反邪教反性侵反家暴宣传活动及讲座132场，服务群众7689人次。在全区范围内开展婚姻家庭纠纷排查化解工作，接待来电来访186人次，信访回复率100%，均得到有效化解。全年海沧区妇联带案下访、走访基层83次，提高信访件处理效率。

【妇联助力对口帮扶地区】 2021年，海沧区妇联发动爱心企业力品药业（厦门）有限公司为泾源县捐款10万元，用于支持和发展泾源县妇女儿童事业；购买30份儿童礼包价值0.3万元，赠予屏南小朋友。

【基层组织建设】 2021年，海沧区妇联组织巾帼志愿者开展“学党史、悟思想、办实事、开新局”系列学习活动，开展庆祝中国共产党成立100周年系列活动，组织各级妇联开展“唱红歌 学党史 传家风”、学习习近平总书记“七一”讲话等活动52场次。举办红色教育女子学堂，邀请海沧区委副书记庄海英为执委开展“牢记初心使命，展现新时代女性风采”专题党课。海沧区巾帼宣讲员叶音捷琳代表厦门参加福建省“百个八闽巾帼讲百个党的女儿故事”演讲大赛，获第二名。组织各级妇联通过上党课、参观红色基地、唱红歌等形式庆祝中国共产党成立100周年。在各个基层组织“妇女之家”全覆盖的基础上，推进“妇女微家”在女性行业协会、社会组织中建设，全年创建“妇女微家”6个。

（区妇联）

海沧区科学技术协会

【概况】 2021年，海沧区科学技术协会（以下简称海沧区科协）加强科普e站、科普教育基地、科普宣传栏等科普阵地建设，促进科普资源普惠共享，提升科普服务能力。与区委宣传部、区工信局（区科技局）共同制定《海沧区科普教育基地认定与管理办法》，新增区级科普教育基地3个。至年底，建有17个科普e站、34个科普宣传栏、21个科普教育基地（国家级1个、省级1个、市级3个、区级16个）。5月和9月分别组织两轮“科普大篷车进农村、社区”活动。海沧区科协联合区教育局开展“科技进校园”“小创客、大未来”“产业科普”“海沧区青少年宫科学工作室海娃魔幻科普活动”“第四届青少年模型综合比赛”等活动，加强青少年科普教育。配合市科协开展农村科普服务嘉年华、农村科普宣传员培训、“千会帮千村”等全国科普日系列活动。

【“科普大篷车进农村、社区”活动】 2021年，海沧区科协立足全国科技周、全国科普日等重要节点，5月和9月分别组织两轮“科普大篷车进农村、社区”活动，科普大篷车开进海沧区域内30余个农村、社区，开展66场科普宣传活动。活动以线上线下相结合方式展开。

【“海沧区科技活动周”活动】 2021年5月21日，海沧区科协与相关单位共同组织开展以“百年回望 中国共产党领导科技发展”为主题的2021年海沧区科技活动周活动，展示科技创新成果，促进科技成果惠民。

【“全国科普日”活动】 2021年9—11月，海沧区科协开展以“百年再出发，迈向高水平科技自立自强”为主题的2021年海沧区全国科普日活动。配合市科协在东孚开展农村科普服务嘉年华、农村科普宣传员培训、“千会帮千村”等全国科普日系列活动，主办“海沧区全国科普日科普嘉年华”“科普大篷车进农村、社区”等活动。

【青少年科技活动】 2021年，海沧区科协联合区教育局开展青少年科技教育活动，在区青少年科学工作室开展“你好！2021海沧科普号”活动79场，惠及2000余人次；组织2021年科普进校园活动15场，惠及800余人次；12月举办海沧区第五届青少年模型综合比赛。鼓励支持学校开展特色青少年科技夏令营、科技竞赛活动，择优支持东埔小学玛瑙科普夏令营、天心岛小学航模夏令营、天心岛小学科技节活动、鳌冠学校“以小见大，模型带你看国防”活动。拓展科技教育内容，结合青少年科技活动，发放各类科普书籍、宣传图册，普及食品

2021年5月21日，2021年海沧区科技活动周启动。图为启动仪式现场

（区科协 供）

安全、消防、地震、反邪教等科普知识，提升未成年人科学素质。

【科普阵地建设】 2021年，海沧区科协进一步规范区科普教育基地运行管理，与区委宣传部、区工信局（区科技局）共同制定《海沧区科普教育基地认定与管理办法》。完善科普经费管理，提高区级科普经费使用效率（2021年专项预算完成率96.4%），争取上级科普经费支持11.5万元。推动科普e站、科普教育基地、科普宣传栏等科普阵地建设，年内新增区级科普教育基地3个。按照中国科协对科普中国e站的总要求，结合新时代e站内涵的扩展，开展科普中国e站宣传工作。区青少年科学工作室加强与学校合作交流，新聘任2名学校科学老师为科技辅导员，参与管理和辅导青少年在科学工作室的科技活动。

（区科协）

海沧区社会科学界联合会

【概况】 2021年，海沧区社会科学界联合会（以下简称海沧区社科联）贯彻落实《福建省社会科学普及条例》，开展社会科学普及活动。年内，与区文联、区集邮协会联合开展"百年奋斗·百年华章"海沧区庆祝中国共产党成立100周年邮票图片展活动；利用"鹭江讲坛"平台，与区委党史办、区委文明办联合举办专题讲座7场。

【社科普及宣传进基层】 2021年，海沧区社科联与区教育局在辖区内中小学校，以学校教职工为对象，以提升教师管理能力和教学能力为重点，开展社科系列讲座。12月，区社科联会同区会计协会、闽南文化研究会、眼科医院、慈济北宫保生青草药传习中心等学会，组织社科专家和志愿者，面向大众开展社会科学知识普及进基层活动。

【闽南文化交流】 2021年，海沧区社科联加强社团运作，深化闽南文化交流。4月，区社科联与区委文明办、区闽南文化研究会联合举办"闽南食俗共传承，党的关怀暖人心"实践活动；4—5月，配合区民宗局、区台港澳办举办第十四届海峡两岸（厦门海沧）保生慈济文化节系列活动；5月，协助闽南文化研究会举办三都瑞青宫重修落成庆典暨保生大帝巡安文化节活动；6月，在省闽南文化研究会的指导下，共同开展"过传统节，共中国情"民俗文化进村居志愿服务活动。

（区社科联）

海沧区归国华侨联合会

【概况】 2021年，海沧区归国华侨联合会（以下简称海沧区侨联）围绕加强和创新基层侨联组织建设，探索"党建带侨建"基层侨团兼合式党支部建设模式，推动高质量发展。举办"习近平在福建、厦门工作期间侨务工作的探索与实践"暨"书香政协"《习近平在厦门》读书专题讲座。组织基层侨联负责人代表和4个街道侨务工作者走访调研海沧区基层侨团组织建设情况，开展座谈交流和培训。年内，海沧华侨三都联合会获福建省"侨胞之家"称号。

【基层组织建设】 2021年，海沧区侨联走访辖区华侨（宗亲）社团、涉侨企业、新侨人士，帮助协调解决存在的问题困难。上半年，分别走访艾德生物医药科技股份有限公司、力品药业（厦门）有限公司、塔斯曼生物工程有限公司等20余家侨界精英，对侨界代表、海归企业加大走访力度。指导海沧街道华侨三都联谊会、海沧区石塘谢氏世德堂华侨联谊会、中共海沧区侨团兼合式支部委员会、海沧区侨联第二届青年委员会、东孚街道鼎美村敦睦堂华侨联合会换届工作。区侨联通过基层侨团，不断加强与海外侨胞的联系，建设全方位、立体化、多层次的基层侨联组织体系。

年内，区侨联开展"基层组织建设落实年活动"，走访海沧街道辖区、新阳街道辖区基层侨团组织和党史教育基地，共同推进海沧区基层侨团组织规范化建设。全年组织辖区社团、侨青会、侨务工作者参加省、市、区举办的各项培训班50人次。

【招商服务】 2021年，海沧区侨联通过海外委员和名誉主席、侨青委员等邀请海内外企业到海沧考察。接待世界福建青年菲律宾联谊会参访团，推介海沧招商政策。年内推进海沧与圣马力诺、意大利双边企业在智能制造、新材料和创新设计领域展开合作。全年上报招商项目6个。

【联谊联络】 2021年，海沧区侨联落实中央"积极拓展海外联谊工作，拓展新侨工作”和中国侨联“国内海外工作并重，老侨新侨工作并重”要求，以保生慈济文化旅游节为平台，拓展海外联谊工作。搭建辖区内华侨（宗亲）社会组织平台，利用海沧的姓氏宗亲、社团与海外的联系，以侨台宗亲为载体，推进民间外交，帮助海外华侨、华人寻根谒祖及归侨侨眷寻亲。组织侨界青年参加第十四届海峡两岸（厦门海沧）保生慈济文化旅游节开幕式、参加“助力北京冬奥 侨与特区共前行”第十一届健步行等活动。与厦门民建联合举办创新投资研讨交流会，组织侨青会委员参访“三高”企业、涉侨企业等活动。

【侨史研究和课题调研】 2021 年，海沧区侨史研究会与区政协文史委合作出版《文史资料第十一辑》《文史资料第十二辑》。10 月，结合开展海沧区侨情普查，挖掘涉侨高层次人才资源，发挥侨界委员中人大代表和政协委员所在行业的专业优势，完成课题《海沧涉侨维权工作互动衔接机制创新发展研究》《海沧涉侨纠纷多元化解机制的制度探索研究》，完成参政议政议案《建议在疫情防控背景下，加强对台侨外企运营困难的关注》《尽快理顺海运码头、船班盲区，更好服务“一带一路”的建议》《关于我区旧村征拆过程中保留原地名留住海外华侨乡愁记忆的建议》。

【侨益维护】 2021 年，海沧区侨联针对马銮湾新城建设中大量侨房的拆迁问题，分层次分情况协调处理相关问题。配合区政协协调做好拆迁中的老侨房老物件集中收存。配合区文旅局对不可移动且有历史价值的老侨房给予确认保护。对需拆迁的侨房采取境内外两手抓两手都要硬的策略，对外，主动联系海外华侨，介绍相关拆迁政策，引导华侨华人进行继承公证并经大使馆确认，引导华侨华人厘清与国内亲属关系或代管关系并提供相关证明，保证侨房问题按相关拆迁政策给予落实好。对内，主动协调区自然资源规划管理局，调阅大量历史档案和相关材料，协调解决海外侨胞与国内亲属有纠纷的侨房问题，化解相关矛盾，引导海外侨胞“以房换房”。年内，区侨联对接协调维护侨房纠纷案件、对接协调维护侨益案件 10 起，协助寻找海外亲人 4 起。

【归侨侨眷帮扶慰问】 2021 年，海沧区侨联对需要帮助的贫困重病归侨侨眷进行慰问。年内，区侨联系统结合省市侨联百侨帮百村工作部署，以及“朝阳行动”要求，做好侨界工作。春节期间区侨联走访慰问侨界群众，慰问侨界困难群众、部分老归侨、侨领；帮助“爱心惠侨·高考助学”对象及慰问“朝阳行动”挂钩帮扶对象 89 户，发放慰问金约 6 万元。

（区侨联）

海沧区文学艺术界联合会

【概况】 2021 年，海沧区文学艺术界联合会（以下简称海沧区文联）组织开展庆祝中国共产党成立 100 周年文艺文化活动及抗疫文艺展播活动。至年底，区文联下属区作家协会、区美术家协会、区书法家协会、区摄影家协会、区音乐家协会、区集邮协会、区老年书画研究会、东孚民俗文化艺术协会 8 个协会。

【新春送春联活动】 2021 年春节前夕，海沧区文联组织海峡两岸书法家到企业、工地、环卫站书写春联。同时开发小程序，同步进行线上预约写春联，线上点灯小游戏活动，线上预约春联上千幅，为社区群众送春联上万幅。

【庆祝中国共产党成立 100 周年主题文化活动】 2021 年，海沧区文联为庆祝中国共产党成立 100 周年，组织开展原创歌曲展播活动，征集音乐作品 30 余件，其中优秀作品 10 件，5 首作品制作成音乐 MV 用于展播，歌曲《燃烧》作为电影《让这首歌作证》的主题曲，制作的音乐 MV 在“学习强国”总平台推出，并在中央广播电视总台《新闻联播》播出。参与厦门市文联举办的百件优秀文艺作品展播活动，第 6 期和第 21 期为海沧专题，海沧区征集静态作品 21 件，动态作品 2 件。举办“百年征程 初心不忘”——毛泽东诗词交响组歌音乐会、“党的盛典 人民的节日”视频文艺晚会、书法作品展、书画作品展、诗文征集与朗诵活动、海峡两岸少儿美术展、“百年奋斗 百年华章”邮票图片展、诗·歌征集作品颁奖晚会等各种活动。

【防抗疫情文艺展播】 2021 年 9 月，海沧区文联党员干部到芸美村协助网格员进行疫苗注射核查，参加志愿者维护核酸检测现场秩序。同时动员全区文艺工作者创作相关

2021年7月16日，海沧区文联开展“筑梦海沧 振兴乡村”文艺采风活动。图为创作现场（郑伟明 摄）

文艺作品1000余件，编辑制作抗疫文艺作品展播25期，通过市委宣传部和市文联展播平台以及“沧江文学”公众号、腾讯新闻App进行发布。

【文化惠民】 2021年，海沧区文联开展“筑梦海沧 振兴乡村”文艺采风活动，创作文艺作品200多件，分别于海沧区新时代文明实践中心、新阳大厦、嵩屿图书馆举办文艺采风作品展。邀请省书法家协会副主席柯云瀚举办书法讲座、邀请省美术家协会副主席王来文举办美术讲座、邀请省集邮协会秘书长宋晓文举办集邮讲座。在东孚百姓院子设立新文艺群体服务点、在南风艺术校区设立美术创作基地、在天竺山游客驿站设立文艺创作基地。

【海沧区作家协会成立】 2021年5月23日，海沧区作家协会成立，注册会员62名，选举产生协会理事会。

【海沧区美术家协会成立】 2021年6月6日，海沧区美术家协会成立，注册会员260名，选举产生协会理事会。

（区文联）

海沧区残疾人联合会

【概况】 2021年，海沧区残疾人联合会（以下简称海沧区残联）巩固拓展残疾人脱贫攻坚成果，统筹推进新冠疫情防控和残疾人事业发展，超额完成年度工作任务。年内，邀请医院医生到4个街道20个村（社区）为72名行动不便重度残疾人开展残疾评定上门服务；完成对74户残疾人家庭无障碍设施改造任务；完成4491名持证残疾人基本状况调查。在全省率先开展基层残联组织专项改革试点，完成区5家残疾人专门协会社团法人登记，全市率先完成第三代残疾人证（智能化）制证换证，形成“机构完善、人员保障、制度健全、措施具体、经费充足”的组织体系。在市级普惠政策的基础上，出台满足残疾人差异化需求的办法，创设全市首家民办公助的区特需儿童康复培训中心、残疾人康复中心。8家“爱心屋”自2020年9月启动以来营业收入1230.1万元，日均营业收入达2.7万元。“十三五”期间，海沧区（连续3届）被国务院残工委评为“全国残疾人工作先进单位”，区残联被评为厦门市第十六届（2018—2020年度）文明单位。

【慰问与补助】 2021年，海沧区开展节日慰问残疾人活动，落实残疾人各项补助。春节期间慰问困难残疾人637名，慰问金30.35万元；全国助残日期间慰问全区残疾人4424名，慰问金136.85万元；“六一”儿童节慰问14周岁以下残疾儿童281名，慰问金14.05万元；国际残疾人日慰问困难残疾人4名，慰问金0.2万元。为享有低保救助的一户多残残疾人家庭35户73人发放每人每月100元生活补助，补助金8.14万元。区残联协助区民政局做好两项补贴申请，至年底，有409名和1858名残疾人分别享受生活补贴与居家护理补贴。全年向4502名残疾人购买意外伤害险，覆盖率100%。

【残疾人康复服务】 2021年，海沧区残联全面实施精准康复服务，为348名精神病患者进行精神服务补助，为253名残疾儿童办理市级残疾儿童康复救助197.84万元、204名残疾儿童办理区级残疾儿童康复护理补助132万元；为70名重度残疾人申请市级和区级托养服务补助109.37万元；为51名残疾人办理辅助器具实物配发和补贴性配发，价值6万元；为20名残疾人申请办理厦门市残疾人基本型辅助器具适配补贴4.59万元。联合市残联在北附小社区开展1场“残疾人康复活动进社区”活动，动员鼓励50多名残疾人及家属走出家庭参与社区康复活动。

【残疾人就业服务】2021年，海沧区残联制定《2021年海沧区“爱心助残”行动方案》，抓好“爱心屋”运营，配合区直机关工委、区总工会等机关企事业单位到“爱心屋”开展助残消费，自2020年9月启动以来，8家“爱心屋”营业收入1230.1万元，解决残疾人就业问题。全年举办4场残疾人就业招聘会，邀请55家企业提供300个岗位，300多名残疾人参加应聘，现场达成招聘意向57名。举办西点烘焙、甜品制作、网络直播等6期培训，200多人次残疾人参加。为海沧区9名自主创业残疾人发放一次性创业补贴9万元；为7名自主创业残疾人发放经营性补贴3.5万元；为61名自主创业残疾人落实社保补助，发放补助金43.05万元；为79名自主创业残疾人落实12.85万元的疫情就业帮扶补助金。加强对区福乐家园和4个街道残疾人职业援助中心的指导，为150名残疾人提供技能培训、康复训练、文体活动和庇护性就业。

【教育助学】2021年，海沧区落实《厦门市残疾人及困难残疾人家庭子女助学办法》，形成从学前教育到高等教育、从全日制教育到成人教育、从学历教育到职业教育、从残疾学生到困难残疾人健全子女的全方位助学体系，为270名残疾学生和67名困难残疾人家庭子女发放助学补助金50.13万元。“六一”儿童节期间，对14周岁以下残疾儿童开展节日慰问，并联合区教育局在晨昕学校举办年度特殊学生生活与劳动技能展示。

【残疾人权益维护】2021年，海沧区残联做好残疾人信访工作，接待残疾人来访、来电820多人次，信访件32件，办结率100%。发挥区残疾人法律救助工作站作用，为47人次残疾人和残疾人工作者涉法涉诉提供24小时法律咨询；做好人大代表提出的“关于尽快开设东孚残疾人援助中心财务账户的建议”“关于出台东孚残疾人职业援助中心企业入驻管理办法”办理工作。在全国助残日、国际残疾人日期间，依托区残联微信公众号，宣传《中华人民共和国民法典》《中华人民共和国宪法》《中华人民共和国残疾人保障法》等法律法规。

【残疾人文体活动】2021年，海沧区残联开展残疾人文体活动。开展残疾人文化进家庭“五个一”（读一本书、看一次电影、游一次园、参观一次展览、参加一次文化活动）活动，45名残疾人参与；组织残疾人参加全国第十一届残运会，海沧健儿曾庆涛获一金两银；举办“与爱同行　温暖你我”庆祝中国共产党成立100周年暨第31次“全国助残日”庆祝晚会。实施残疾人康复体育关爱家庭计划，为50名不易出户的残疾人提供适宜的康复体育进家庭指导服务。区肢残人协会开展以走进东孚鑫龙谷山庄、翔安革命将领彭德清纪念馆等红色教育为主题的活动；区智力残疾人亲友协会开展以“我劳动、我收获、我快乐”为主题的农疗康复活动。

（区残联）

海沧区红十字会

【概况】2021年，海沧区红十字会以“三救三献一传播”（应急救援、人道救助、应急救护，献血液、献造血干细胞、献人体器官组织，文化传播）为主业，落实“我为群众办实事”贯穿全过程，面向全区广大群众开展应急救护知识宣传普及活动。参与新冠肺炎疫情防控，做好捐赠款物收支情况的数据汇总和信息公开工作。将应急救护培训列为红十字工作首要核心业务，全年开展红十字应急救护知识技能普及培训299场、受益群众达16083人次。开展第74个“世界红十字日”主题纪念日活动，举办应急救护技能竞赛。选拔优秀应急救护师资组队参加市第二十七届职工技术比赛应急救护技能比赛，获“团体三等奖”。

【红十字会助力疫情防控】2021年9月，海沧区红十字会根据《海沧区应对新冠肺炎疫情工作指挥部关于调整强化指挥部成员和各工作组组成的通知》精神，参与综合协调组、物资供应保障组、外事组的工作，第一时间启动疫情防控捐赠工作应急机制，向社会公布区红十字会捐赠热线和接收账号，接收款物56笔，总价值405.24万元。加强宣传，线上线下相结合，开展7期宣传报道。主动接受社会监督，及时公布捐赠款物收支情况。

【应急救护培训】 2021年，海沧区红十字会依托红十字博爱驿站、红十字防灾减灾科技体验馆、交警“满分教室”等阵地，开展“我为群众办实事”实践活动之应急救护技能普及培训299场。组织近800名社区骨干、教职工开展急救员持证培训，超额完成“应急救护推进年”工作任务。以学校夏令营、冬令营、开学军训等活动为契机，推进红十字青少年工作。

【人道救助】 2021年，海沧区红十字会开展“红十字博爱送万家”，两节期间慰问大病患者困难家庭，发放慰问物资19.41万余元。助力泾源县巩固拓展脱贫攻坚成果和全面推进乡村振兴，区红十字会发动企业、社会组织、社会各界爱心人士参与闽宁协作，募集总价值16万元的医疗物资，助力泾源县改善医疗卫生条件。“99公益日”期间，区红十字会通过“今日海沧”微信公众号宣传动员。9月7—9日，动员14856人次参与“爱·过年，情暖厦门”项目捐款，筹款280389.32元，筹款金额在全省县级红十字会中列居第九名，获“2021年度福建省红十字会‘99公益日’优秀组织单位”称号。

开展青少年重大疾病人道救助工作，让更多的大病患者困难家庭受益。区红十字会宣传救助政策，通过“今日海沧”发布“福万通”少儿大病救助项目等3个省级救助项目，同时发动各基层红十字会广为宣传。开展小天使基金等7项救助基金申请，协助每1位申请对象做好相关材料的填报与初审，全年协助20余名初审符合条件对象申报。

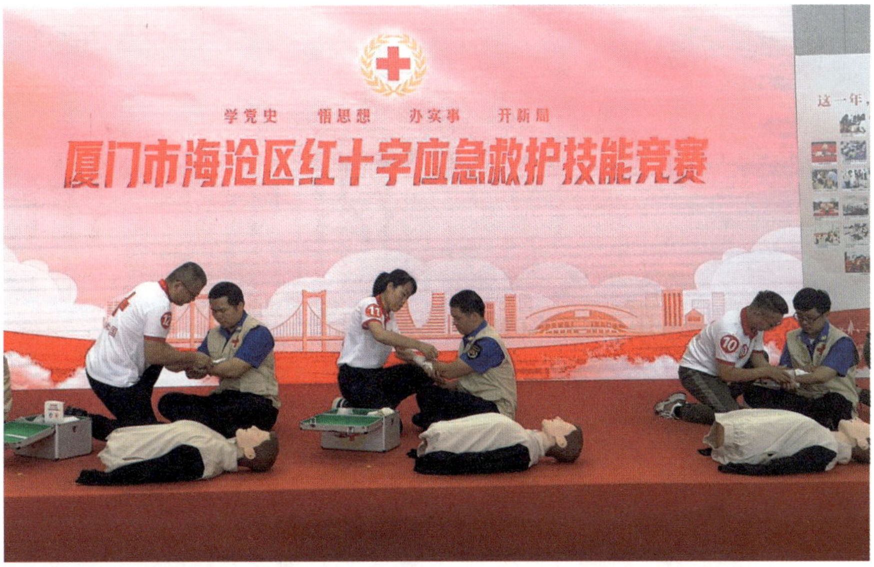

2021年5月8日，海沧区开展世界红十字纪念日主题宣传活动，举办厦门市海沧区红十字应急救护技能竞赛。图为竞赛现场　（区红十字会　供）

【红十字组织体系建设】 2021年，海沧区红十字会推动红十字组织向基层延伸，加强社区红十字组织体系建设，在2020年城乡社区红十字会全覆盖的基础上，提升社区红十字组织体系建设水平。年内，海发社区红十字会作为区第五个社区红十字会通过省级基层组织示范点工作验收。依靠基层党组织，推进社区红十字工作阵地和服务项目融入新时代文明实践站等基层公共服务阵地。参与城乡社区治理活动，以人道服务的生动实践，实现人道服务与社区治理的有机统一。

【志愿服务】 2021年，海沧区红十字会加强红十字志愿者队伍建设，开展志愿服务交流会12期。“海沧区红十字两岸融合防灾减灾体验志愿服务”项目入选福建省红十字系统优秀志愿服务项目。

【宣传活动】 2021年，海沧区红十字会用好“今日海沧”等区主流新媒体，利用“5·8”世界红十字纪念日、“99公益日”、“12·5”国际志愿者日等重要节点，开展应急救护急救演练和健康救护知识宣教，推广红十字应急救护知识和急救技能。

（区红十字会）

责任编辑、校对：庄玉凤

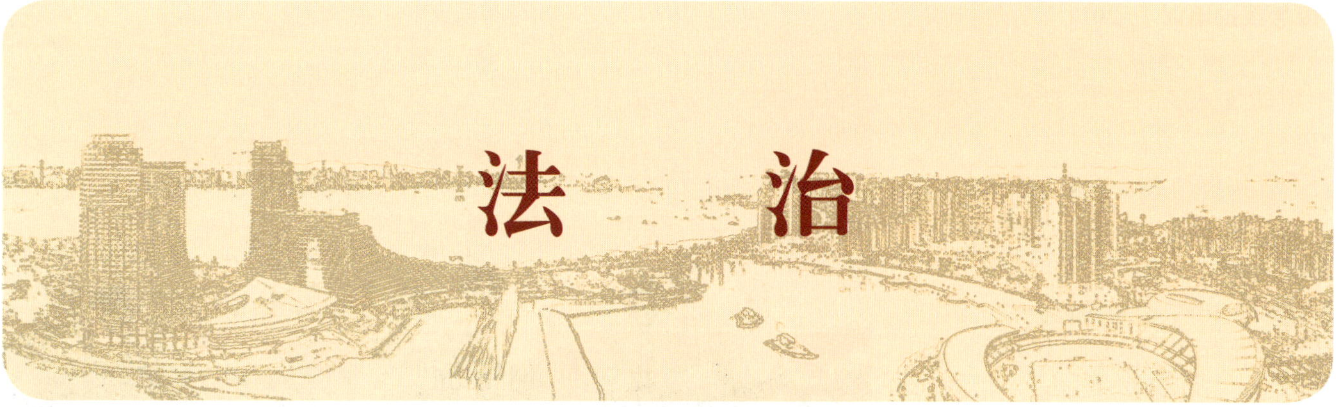

法　治

政法及综治

【概况】 2021年，海沧区贯彻落实中央、省委、市委政法工作会议精神，维护辖区安全稳定。辖区群众安全感率99.617%，位居全省第六名、全市第一名，扫黑成效好评率99.17%，位居全市第一名，执法工作满意率98.17%，创近3年最好成绩。

年内，中共厦门市海沧区委员会政法委员会贯彻落实疫情防控指挥部部署要求，担起政法责任。全面排查干警职工出入中高风险地区情况，细化人员分类管控措施，组织全员核酸检测。开展线上政法服务，疫情防控期间在线立案105件、线上庭审69件。组织政法干警下沉抗疫一线，参与流调溯源、交通防控、封控管控点管理工作。疫情防控期间核查涉疫人员信息141人，核查上报相关人员信息3912人次；通过24小时值守查验车辆57.8万辆，劝返19.2万人次；处理涉疫警情629起、涉疫信访事项7378件，排查被隔离的严重精神障碍患者6人并做好服务管理等。坚持抓好外防输入环节，抓实海防海管工作，严抓岸线和停泊点管理，设置8个船舶集中停泊点，补充岸线视频监控点位18个，实行24小时“一警一员”值班值守，对海沧大桥下非景区景点开展专项整治等，强化“人、船、物”闭环管理。

【维稳工作】 2021年，海沧区坚持底线思维，强化主动创稳，抓好维护安全稳定各项工作，完成全国两会、庆祝中国共产党成立100周年、“9·8”投洽会等重大活动安保任务。防控重大涉稳风险，在征地拆迁、涉众金融等领域开展拉网式、滚动式排查，联动化解“九九拼购电子商务有限公司”、杭州“聚多多”电子商务公司等涉众型经济金融风险。紧盯重点区域场所，加强反恐目标单位督导检查，发现并消除风险隐患60处。

【社会治安防控】 2021年，海沧区常态化开展扫黑除恶斗争，重点推进四大行业领域整治，年内打掉恶势力犯罪集团3个、恶势力犯罪团伙1个。加强流动人口服务管理，全区“一标三实”基础信息采集率与核实率均在95%以上。聚力打击治理电信网络诈骗，重点抓好新入职、新登记入住人员的全覆盖精准宣防，在侦查打击、“断卡”行动、预警劝阻等方面取得新成效，实现“两降两升”目标（涉诈警情和立案数均比上年下降，破案率排名全市第一；抓获电信网络犯罪嫌疑人和冻结诈骗赃款均比上年上升）。实行专群结合，依托综治中心平台落实平安巡防员在线管理，激发群防群治活力。

【社会治理】 2021年，海沧区围绕市域社会治理现代化，将综治责任制考评上线到综治信息平台，每月进行动态评分及通报。发挥考评指挥棒导向作用，全年下发综治督办单21份、综治警示1份。建立健全疫情防控网格化管理及发生散发病例情况下网格化管理机制，将全区4个街道、47个社区（村）重新划分为625个网格，建立“五包一”和“三级包保”制度。加强综治中心实体化实战化建设，推进区、街道、村（社区）三级综治中心联动运行。创建“平安星级小区”，在全市率先完成三星、四星平安小区认定与授牌等工作，相关工作经验得到市平安办推广。五星级平安小区占全区小区总数的44.7%，比例全市最高。共创市域社会治理现代化示范市，健全组织领导机制，制订实施方案，加强重点项目建设。落实全区67所校园专职保安员、实体防护围墙、校内视频监控和校门口一键报警监控“三个100%”建设，并建设校园监控视频专网，采取“本地存储+云端存储”方式，确保监控视频存储安全可靠。加强区级社会心理服务中心建设，与12家心理咨询服务机构共建，组建1支30人的专业心理志愿者服务队，年内开展心理健康讲座进社区、进企业、进学校41场，提供个案服务19例。抓好城中村综合治理，探索推进智慧出租房建设，2021年新阳街道启动“智慧城中村”建设项目，以新垵村为试点，在400栋出租房安装800路人脸识别监控。

【平安建设】 2021年，海沧区坚持把平安建设列入重要议事日程，纳入全区经济社会发展规划，签订和下发70份个性化平安建设责任书，分解压实责任。成立由区委主要领导任组长的区平安建设领导小组，在重大活动、各敏感时期靠前指挥。区平安办加强督导检查，运用综治信息平台和“七张清单”，实行每月考核、每半年通报的动态考核机制，下发综治警示1份，综治督办单21份，推动平安建设责任落实。

【政法队伍教育整顿】 2021年，海沧区委政法委把教育整顿作为重大政治任务，围绕“四项任务”、紧扣“三个环节”，把教育整顿引向深入。坚持“一把手”主抓、“一盘棋”布局、“一专班”推进，压实各方责任，组织制定“1+8”（1个总方案和8个具体整顿任务的子方案）的总实施方案和配套方案，建立每周例会、专人联络、情况通报等工作机制，推行问题、责任“清单作业”。坚持开门整顿，通过张贴海报、发送短信、在共享单车上开通宣传语音等多种形式，营造氛围。主动开门纳谏，召开征求意见座谈会23场，领导带队走访企业，召开视频会议向1200多名村居干部、网格员通报情况等，征求意见建议142条。抓学习教育，综合运用集中学习研讨、政治轮训直播云课堂、专题党课、党史讲座以及参观观影等形式，推进政治教育、警示教育、英模教育，筑牢政治忠诚。抓查纠整改，开展谈心谈话、“七查”工作，收集并办结各类线索194条，依纪依法处理处分干警81人，排查整治顽瘴痼疾66个。抓总结提升，推进“回头看”，强化执法司法制约监督，建立健全68项制度机制，推进落实政法为民办实事项目66个。

【疫情防控网格化管理方案制定】 2021年，海沧区根据市区《关于加强常态化疫情防控的工作方案》要求，制定《海沧区疫情防控网格化管理机制工作方案》《海沧区散发病例状态下网格化“平急转换”预案》和《海沧区关于建立健全常态化海上疫情防控管理机制工作方案》；调整规范海沧区网格化疫情防控实施图，统筹“五包一”人员力量；分别拟制海沧区疫情防控网格化“平急转换”机制工作流程图和海沧区常态化海上疫情防控工作流程图，征求各部门各街道意见建议，对方案和流程图内容不断完善，修订网格管理和海上防控“五包一”人员的职责任务；梳理网格员采集“一标三实”信息数据考核实施意见，修订海沧区网格员管理实施办法。

【矛盾纠纷化解】 2021年，海沧区开展警民联调，完善12小时警民联调在线、调解员周末进驻社区警务室值班等机制，延伸设立全市首个驻企警民调解工作室，年内通过警民联调化解各类纠纷1279起。开展诉非联动，于诉前成功化解纠纷1001件，万人成讼率下降。深入排查化解易引发治安问题的婚恋家庭、邻里等矛盾纠纷，推动成立全省首个“合作父母教育社区课堂”，钝化矛盾。开展访调对接，信访评理111件，区、街两级访调对接工作室开展访调对接35件，年内全区88件“治重化积”信访事项化解82件，化解率93.18%。

（区委政法委）

法治政府建设

【概况】 2021年，海沧区司法局在法治建设和司法行政工作上坚持发展理念，先后牵头组织召开区委全面依法治区委员会会议第七次和第八次会议，审议通过《深入学习宣传贯彻习近平法治思想和中央全面依法治国工作会议精神的工作方案》《法治海沧建设规划（2021—2025年）》等文件。深化法治政府建设示范创建活动，健全完善依法行政绩效评估指标体系，完成全区3个系列、50多家单位的2020年度依法行政指标工作考核。组织全区行政执法人员参加市2021年度第一期行政执法培训无纸化考试，对全区18个行政执法主体和319

名行政执法人员统一进行编号。推行证明事项告知承诺制，深化证明事项清理，取消海沧区自行设定的证明事项18项。

【依法决策】 2021年，海沧区贯彻落实《重大行政决策程序暂行条例》，开展重大行政决策合法性审查，对海沧区教育改革和发展"十四五"规划纲要进行审查论证，执行"三重一大"事项研究决策程序，在行政决策中咨询专家和法律顾问意见，确保行政决策质量和效率。

【行政规范性文件】 2021年，海沧区加强对行政规范性文件的管理，严把发文程序和发文质量，突出保障行政规范性文件制定过程中的公众参与。全年区政府和区政府办印发7件行政规范性文件，均实行统一登记、统一编号、统一印发。健全行政规范性文件动态清理工作机制，完成专项规范性文件清理3次。

【行政执法】 2021年，海沧区推进简政放权改革，全面推行证明事项和涉企经营许可事项告知承诺制。按照直接取消审批、审批改备案、实行告知承诺制等方式，推进审批制度改革。开展证明事项清理工作，梳理取消海沧区自行设定的证明事项18项。按照权责一致的原则，落实、推动综合行政执法改革，整合行政执法队伍。制订《海沧区街道综合执法改革实施方案》，梳理下发《海沧区基层（街道）综合执法事项清单》，完成农业、文化和旅游市场2个领域的综合行政执法改革，实行"局队合一"的模式执法。继续落实行政执法三项制度，完善行政处罚自由裁量权细化标准。创新行政执法方式，区城市管理局在全省率先探索推广"非接触性执法"改革，提高执法效率。推进包容审慎监管方式，区市场监督管理局制定市场监管领域轻微违法行为不予处罚实施细则。落实行政执法监督工作，开展行政执法案卷评查，完成全区18个行政执法主体和319名行政执法人员统一编号。

【行政复议与应诉】 2021年，海沧区深化行政复议体制改革，制定《海沧区行政复议体制改革实施方案》，自10月1日起，区人民政府统一管辖行政复议案件，并在厦门市公安局海沧分局设立行政复议便民服务点。全年收到行政复议申请83件，做出复议决定71件，其中撤销原行政行为6件。落实行政机关负责人出庭应诉制度，2021年涉及海沧区的行政诉讼案件86件，因程序、证据等原因未获法院支持5件。区检察院开展行政检察工作，开展行政非诉执行活动的监督1件，行政检察建议案件1件，实质性化解行政争议案件1件。区法院向海沧区行政部门发出司法建议4份。

【法律顾问工作】 2021年，海沧区召开全区村（社区）法律顾问服务换届选举动员部署会，召开重点村（社区）法律顾问服务换届选举研讨会。开展2021年村（社区）法律顾问考评，全年考评均完成，合格率100%。实地调研"一村（社区）一法律顾问"示范点建设情况。年内，村（社区）法律顾问提供法律顾问咨询1384人次，开展法制宣传教育讲座活动145场，协助起草、审核、修订规章制度2件，协助解决换届选举中的法律问题29个，协助办理法律援助1件，为村（社区）重大经济、民生和社会管理方面的决策提供法律意见22条，协助处理信访问题4件，调解矛盾纠纷134件，处理其他涉法事务44件。

（区司法局）

公　安

【概况】 2021年，厦门市公安局海沧分局（简称海沧公安分局）接报刑事警情1739起，比上年增加24.04%；破获刑事案件1373件，其中8类案件破案率100.00%；抓获各类犯罪嫌疑人1560名，抓获逃犯438名。全年分局5个集体受各类表彰奖励，30名个人获市级以上表彰。新阳派出所骆洋、东孚派出所陈小火被评为全省优秀人民警察，新阳派出所马立达立个人二等功。

年内，海沧公安分局严抓常态化疫情防控，分局指挥部制作"一张图"、汇总"一张表"、规范"一流程"，提升疫情防控指挥调度效率，确保各项指令、各个任务第一时间落地执行。组织刑侦大队、网安队及派出所两级流调专班56人，会同卫健疾控部门开展线上线下"双线作战"。组织交警大队进驻查验点，24小时值守控车劝人，查验车辆57.8万辆次，核查人员84.2万人次，劝返19.2万人次。整合调配警力，对辖区6个封控区、管控区落实24小时巡查管控。在全区22处集中隔离观察点及部署警力驻点安保，完成6轮次全员核酸检测现场安保工作，做好应急处突、秩序维护等工作。9月，厦门疫情暴发后，公安分局发挥公安主力军作用，设立24小时值守专线，加强与卫健、疾控、区政府等部门联动快速响应机制。根据海沧区全员核酸工作，组织警力到各疫苗接种点驻点，开展巡逻安保工作，维护现场秩序，发现并化解各类风险隐患。组织开展核酸采样6轮，设立69个核酸采样点，出动警力1406人次进行核酸采样点安保执勤。落实“三公（工）一大”（公安、公共卫生、工信科技，大数据部门）流调机制，开展疫情数据流调溯源，为防疫指挥部实时调度、现时掌握面上疫情防控情况提供支撑保障。

【违法犯罪打击整治】 2021年，海沧公安分局严打整治，重点打击强迫卖淫、传播淫秽物品、聚众赌博、网络开设赌场及组织出境赌博等案件，深挖严惩一批组织者、经营者、获利者和幕后“保护伞”，破获一批涉黄涉赌刑事案件。9月上旬，分别在海沧、成都开展跨省、市统一收网行动，破获1件销售假药案，抓获涉嫌非法经营境外药品的犯罪嫌疑人9人，打掉仓库2个。

【禁毒工作】 2021年，海沧公安分局保持严打态势，开展打击制毒犯罪、堵源截流、互联网涉毒整治等系列专项行动，破获一批毒品刑事案件，抓获一批犯罪嫌疑人，查处一批吸毒人员。1月，公安分局侦破1件省级目标特大贩卖毒品案件，缴获冰毒片剂数量为福建省近30年来最多。

【“盗抢骗”打击整治】 2021年，海沧公安分局优化“小案快侦”工作机制，提升盗抢案件打击成效，先后打掉“杨某、杨某刚盗窃别墅系列案”“罗某章等人盗窃文物系列案”等实施文物犯罪团伙，追回被盗文物7件。至年底，全区立盗、抢两类案件230件，破案228件，破案率99.13%，快侦率260%，位列全省前列。年内破获电信网络诈骗案件485件，破案率62.5%；抓获电信网络诈骗嫌疑人403人，打击本地电信网络诈骗窝点40个，返还本地受害人被骗金额73.84万元。

【公安系统扫黑除恶常态化】 2021年，海沧公安分局利用线索滚动摸排机制，加大群众举报宣传发动力度，摸排收集各类线索47条，转化涉黑涉恶战果、个案战果各3条。紧盯重点线索、重点领域，推进专案侦查经营，打掉恶势力犯罪集团3个，抓获团伙成员21人。成立专班对重点案件（线索）、多次重复举报线索有针对性地开展倒查，评查涉恶团伙（集团）案件12件，线索80条。坚持综合治理、源头治理，梳理15条涉行业乱象线索，推动行业主管部门堵塞漏洞。

【治安突出问题整治】 2021年，海沧公安分局严打整治黄赌突出问题，破获涉赌刑事案件66件，查处涉赌行政案件232件，破获涉黄刑事案件31件，查处涉黄行政案件206件，挂牌黄赌省督案件3件。推进“昆仑2021”专项行动，累计破获食药环案件69件，挂牌省督案件4件，发起集群1件。深化缉枪治爆专项整治，移送起诉涉枪案件嫌疑人9人，收缴火药枪5把、气枪9把。

【立体化巡逻防控体系】 2021年，海沧公安分局按照“全面覆盖、突出重点、以快制动、有效控制”要求，科学统筹“1队3站”警务运作，开创路面警力与无人机相结合的“空地一体+点线面融合”的立体化巡逻防控体系，减小巡防盲区、增强巡逻实效、延伸快反触角，在各级部门开展的10余次警情拉动测试中均能够齐装、满员、准时到场。年内，投入警航警力470人次，开展警航飞行任务1550架次、飞行时长17050分钟，宣传普及抗疫、反诈、防火、文明创建38.15万人次，快速妥善处置突发警情2039件，完成各类重大安保活动26场次。

【道路交通隐患整改】 2021年，海沧区推进海翔大道、324国道等交通主动脉安全设施完善提升，以及海沧保税港区交通及综合楼安保监控提升改造工程。海沧公安分局依托海沧区道交办，组织开展道路交通安全隐患排查整治会3次，排查80处隐患点段，56处近期需实施整改，1处需加快进度，5处需加强管控，18处暂不需整改。依托海沧公路分局，滚动排查道路交通安全隐患，推进公路安全生命防护工程建设，全年投入790万元，修复道路沥青路面面积8207.54平方米、人行道3037平方米，修复及更换井盖266套，更换浸塑护栏1408米、波形护栏164米、障碍墩92套、新划标线38520.4平方米。

【辖区道路交通优化】 2021年，海沧在建市政道路项目20个，其中新建道路18个、道路改造2个，已完成14个；新建3个公共停车场，其中王将花园地面停车场（临时）和惠佐地面停车场（临时）完工投入使用。针对辖区停车难问题，利用已有资源，设计施划停车位，在沧林二路等4条道路新增277个路内停车泊位，在12座公厕旁道路施划28个公厕专用停车位；按照“一路一策”原则，深度挖掘各类停车资源，通过调整标志标线、拓展社会停车资源，加强群众文明交通宣传，引导群众有序规范停车；对严管道路以外，住宅小区周边的夜间停车实施人性化执法，在滨湖北二路阿罗海广场大门口等3个路口施划行人、非机动车分流斑马线；在滨湖北路海林路口等十几个路口施划摩托车待行区。

【“爱心头盔”】 2021年，海沧公安分局结合文明城市创建，推动区道交办购买亲子头盔600对，嵩屿街道购置亲子头盔760对，结合校园“开学第一课”和疫情后的“复学第一课”，深入辖区各学校开展交通安全宣传和送头盔活动。联合各街道在辖区村（社区）、企业、学校、机关单位等设置33个爱心头盔借取点，并配备安全头盔收纳柜。至年底，有2000余人登记使用爱心头盔。

【海防管理】 2021年，海沧公安分局与海沧海警工作站建立“会议联商、情报联通、岸海联管、执法联动、应急联处”的“五联”机制。年内，开展海上联合执法12场次，出动执法人员120人次、执法船舶10艘次，巡查时长22小时，检查船舶1300余艘次，宣传教育2600余人次。加大岸线巡防力量投入，协调区农业农村局将海管员纳入岸线巡防力量保障，落实24小时“全天候全线设防”。推动解决船管执勤点软硬件建设、岸线视频监控完善、岸线突出敏感部位封控、岸线巡防力量投入、船舶分类分级管理和船舶集中停靠管理等一系列制约岸线管控问题。年内，推动解决问题9个；高标准建设嵩屿码头船管站，规范设置6个集中停泊点和1个违规船舶暂扣点。新建海防“安全屋”，斥资近5万元为6个船管执勤点新增探照灯、高音喇叭、夜视仪、爆闪灯等执勤器材和救援装备，处置海岸线风险隐患4处，收集帮扶指导、回应群众诉求9条。

2021年10月19日，北师大海沧附校（初中部）共享头盔借用点启用

（海沧公安分局　供）

【便民服务中心落地】 2021年，海沧公安分局聚焦群众“幸福感”，将为民服务同教育整顿结合，聚焦解决群众“急难愁盼”问题。设立全市首个24小时不打烊的政务服务“无人超市”。牵头协调市马銮湾新城指挥部和区相关部门，全市率先在孚莲二里201号设立马銮湾新城24小时政务便民服务中心，24小时为群众提供公安、人社、公积金、医保等涵盖17个政务部门147项服务事项的网上服务，让群众享受24小时不间断、贴近式的政务服务。政务便民服务中心于5月28日揭牌启用，至年底受理业务2738笔。设立全市首个驻企警民联调室。将驻所警民联调模式“向下”延伸，组织东孚所联合东孚街道、司法所等部门在东孚通达集团设立专用警民调解工作室，让员工遇到问题可以在第一时间“有人管，有出处，能化解”，减少矛盾纠纷报警数，最大限度消除企业内部涉稳风险，防范“民转刑”“刑转命”案件发生。

【嵩屿派出所揭牌】 2021年8月11日，厦门市公安局嵩屿派出所举行更名揭牌仪式。该所原为嵩屿边防派出所，自1962年建所以来，立足边防派出所职责使命，主动维护大局稳定，服务民生民意，多次获公安部边防局、省边防总队、市公安局表彰，被公安部授予一级公安派出所称号。

（海沧公安分局）

2021 年 8 月 11 日，厦门市公安局嵩屿派出所举行更名揭牌仪式

（海沧公安分局 供）

检 察

【概况】 2021 年，海沧区检察院受理刑事检察案件 1042 件 1328 人，批准逮捕 216 件 280 人，提起公诉 553 件 727 人。适用认罪认罚从宽制度审结案件 570 件 697 人，提出量刑建议 581 人，判决案件量刑建议采纳率 99.84%。开展羁押必要性专项审查 110 人（次），决定或建议不羁押 26 人。起诉非法吸收公众存款等涉众型经济犯罪 8 件 29 人。办理支持农民工讨薪等弱势群体当事人起诉案 8 件，支持金额 17.8 万余元。办理国家司法救助案件 2 件，发放司法救助金 5 万余元。全年办理民事、行政检察案件 25 件。办理虚假诉讼案件 2 件，依法向区法院制发再审检察建议书，均被采纳并启动再审程序。依法履行法律监督职责，督促侦查机关撤案 42 件、立案 1 件，建议行政执法机关移送涉嫌刑事犯罪案件 1 件。强化追捕追诉追漏工作，追捕 8 人，纠正漏诉犯罪嫌疑人 12 人、漏诉事实 16 件。开展暂予监外执行工作专项监督检察。

年内，在“海沧检察”等新媒体平台发布原创推文 90 余篇次，在国家级网站刊登稿件 20 篇次，被省院转发 20 篇次、市院转发 22 篇次。王春孟被评为“法治进校园”全省巡讲活动表现突出个人、“厦门市未成年人检察业务标兵”。陈婵娟被评为“全省检察机关扫黑除恶专项斗争优秀个人”。全市首例高空抛物案获评省检察院公益诉讼守护美好生活典型案例。

【检察服务】 2021 年，海沧区检察院建成启用“12309”检察服务中心实体大厅，对群众控告申诉举报“快受速办”。接待律师阅卷 295 件次、电话查询案件程序性信息 97 人次。上线“检汇云”一站式服务平台，为群众提供融合检务公开、检察宣传、检察服务于一体的服务公共平台。

【未成年人检察工作】 2021 年，海沧区检察院与区多家单位联合成立学校及周边食品安全专项守护联盟，多次对辖区内中小学、幼儿园的食堂及周边食品经营单位等开展专项检查。依法对 10 名未成年人作出不起诉决定，并向 7 名家长发出“督促监护令”。开设未成年人权益保护专门窗口，创设未成年人权益保护绿色通道制度机制。

【阳光检务建设】 2021 年，海沧区检察院主动接受外部监督，报送法律监督文书 116 份。邀请人大代表、政协委员参加检察开放日等活动 20 人次。开展检察人员被法院列入失信人员名单核查等工作，健全完善制度机制 14 个，召开民主生活会，查摆存在问题。

【检察系统扫黑除恶常态化】 2021 年，海沧区检察院批准和决定逮捕黑恶犯罪 4 件 10 人，受理审查起诉 7 件 16 人，改变管辖 3 件 8 人，起诉 4 件 8 人。6 月 25 日，海沧区检察院对林某等 14 人组织、领导、参加黑社会性质组织等案提起公诉，该案是常态化开展扫黑除恶斗争以来，厦门市首起提起公诉的黑社会性质组织案，年内获法院有罪判决支持，公诉机关指控罪名、量刑建议均被采纳。

【认罪认罚从宽案件规范办理】 2021 年 10 月 28 日，海沧区检察院制订《办理认罪认罚案件控辩协商同步录音录像工作规范（试行）》，对控辩协商同步录音录像工作的适用范围、场所设置、流程要点、保存应用等作出全面规定，推进认罪认罚从宽制度案件规范办理。

2021 年 11 月 12 日，海沧区检察院驻厦门海警局海沧工作站检察官工作室举行揭牌仪式（区检察院　供）

完成组织协调、监督协作、督促落实及咨询指导等各项职责。

【海丝中央法务区建设专题讲座】2021 年 11 月 18 日，海沧区检察院举办主动融入海丝中央法务区建设专题讲座活动。活动由集美大学海洋文化与法律学院教授、法学博士罗施福作“企业常见经营法律风险及其应对策略”专题讲座，邀请市人大代表、厦门市台商协会 40 余家企业代表、法律援助律师代表等 50 余人参加活动。

（区检察院）

【全市首个派驻海警工作站检察工作室成立】2021 年 11 月 12 日，海沧区检察院驻厦门海警局海沧工作站检察官工作室举行揭牌仪式，全市首个派驻海警工作站检察工作室成立，双方联合签署《关于进一步深化海上执法活动检警协作的工作意见》。

【自然资源行政执法与行政检察相衔接工作机制建立】2021 年 11 月 15 日，海沧区检察院与厦门市自然资源和规划局海沧分局共同签订《关于建立自然资源行政执法与行政检察相衔接工作机制的意见》，建立自然资源行政执法与行政检察相衔接工作机制。

【检察公益诉讼观察员制度】2021 年 11 月 24 日，海沧区检察院发挥公益诉讼检察职能，办理公益诉讼案件 33 件。制定《厦门市海沧区人民检察院检察公益诉讼观察员制度实施办法（试行）》，举行公益诉讼观察员聘任仪式，聘任 10 名台胞为海沧区人民检察院公益诉讼观察员，见证、参与、协助检察机关开展公益诉讼工作。

【全市首个侦查监督与协作配合办公室设立】2021 年 12 月 30 日，海沧区检察院与厦门市公安局海沧分局共同设立的侦查监督与协作配合办公室揭牌启用，该办公室系厦门市首个侦查监督与协作配合办公室。会签全市首个《侦查监督与协作配合办公室工作指引（试行）》，建立检察官派驻办公室、双向信息定期通报、联合开展专项监督和定期举办联席会议等工作机制，共同

法　院

【概况】2021 年，海沧区人民法院受理案件 12496 件，办结 11133 件，全年结案率 89.09%。受理执行案件 3542 件。审结 6 件涉台行政诉讼案件，审查行政机关申请强制执行案件 26 件。开展政法队伍教育整顿，聚焦“六大顽瘴痼疾”（违反防止干预司法“三个规定”，政

2021 年 11 月 24 日，海沧区检察院举行公益诉讼观察员聘任仪式（李炜　摄）

2021年12月30日，海沧区检察院与厦门市公安局海沧分局共同设立的侦查监督与协作配合办公室揭牌启用　　（李炜　摄）

法干警及家属违规从事经营活动、违规参股借贷，违规违法减刑、假释、暂予监外执行，有案不立、压案不查、有罪不究，法官检察官离任后违规从事律师职业、充当司法掮客，程序性结案，案结事不了增加当事人讼累）整治重点，运用“自查从宽、被查从严”政策开展自查自纠，建立健全26项长效机制。

年内，海沧区人民法院组织全院干警职工下沉协助开展核酸检测志愿服务，抽调29名干警职工参与信息录入、卡口维序、协调调度等工作，常态化选派干警参与海沧体育中心疫苗接种志愿工作。运用智慧法院建设成果，开展网上立案、线上庭审，接听“12368”诉讼服务热线，实现防疫、庭审两手抓、两不误。

【刑事审判】 2021年，海沧区人民法院审结刑事案件559件713人，严惩故意伤害、强奸等暴力犯罪62件67人，盗抢骗、危险驾驶等多发性犯罪286件332人，网络诈骗、非法吸收公众存款等涉众型犯罪11件41人。审结涉黑恶案件4件18人，常态化推进扫黑除恶专项斗争。审结全市首例高空抛物罪案件，发布全国法院首份高空抛物社会认知度调查报告。妥处校园欺凌案件，打击校园暴力，针对校内安全隐患发出司法建议。

【民商事审判】 2021年，海沧区人民法院审结民商事案件6094件，办理天天惠公司合同纠纷、泰禾房地产办证税费纠纷等系列案。设置立案专门通道，优化审判资源，运用执行措施，推动商事合同案件提质增效。移送19家停产歇业企业89件系列案“执行转破产”，破解“僵尸企业”执行难题。开展信用修复培训2期、助企法治宣传4场，开设微信公众号专栏，发布专题宣传7篇，优化营商环境工作纪实被《人民法院报》刊登。

【涉台审判】 2021年，海沧区人民法院办结各类涉台案件1093件，发布《涉台劳动争议审判白皮书》及典型案例，围绕新《劳动争议司法解释》为30余家台企开展专题讲座，深化涉台司法公开“四员”机制应用，审理的依法慎用限制出境措施案入选全国法院台胞权益保障十大典型案例。深化两岸司法交流，开展第二期台湾法学青年学生交流实习，福建法院台湾法学青年实习座谈会在区法院召开。

【家事少年审判】 2021年，海沧区人民法院成立少年法庭，深化跨部门协作，构建少年审判新模式，作

2021年6月1日，海沧区人民法院少年法庭揭牌　　（区法院　供）

为基层法院代表在全省法院会议交流分享涉少工作经验。深化家事审判方式和工作机制改革，推进反家暴、财产申报等工作，全面贯彻“未成年人利益最大化”原则，实施合作父母亲职教育，全国首创合作父母社区课堂，为当事人提供心理疏导 216 人次，开展回访、宣传、助学等活动，3 件案例入选福建法院未成年人司法保护十大典型案例，以区法院家事案件为题材的法治纪录片《家事如天》《小城家事》等在央视播出并引发热议。

【案件执行】 2021 年，海沧区人民法院秉承“善执敢执”理念，执结各类案件 3255 件，执行到位 5.43 亿元，保障当事人胜诉权益。建立房产税法联动定向询价机制，缩短财产处置期间，全面启用网络司法拍卖全覆盖，杜绝围标、串标，网络司法拍卖成交金额 9611.09 万元，溢价率 16.75%，实行零佣金，实现零投诉。优化执行便民举措，运用“法银直联”系统直接发放执行款 2.74 亿元，简化群众领款手续，大幅提升执行效率。坚持“法官教法官”执行实务培训，完善执行流程及案款管理，细化保全操作流程，优化执行文书模板及智能生成系统，清理沉积案款 7222 万元，加强执行规范化建设。

【司法体制改革推进】 2021 年，海沧区人民法院强化落实司法责任制，加强分类定岗、职责分工、绩效考核等制度衔接。推进繁简分流试点改革，适用小额诉讼、简易程序、独任制审判，实现 95.5% 的民商事案件通过小额诉讼、简易程序审理，实现案件轻重分离、快慢分道，1 项创新举措入选全省法院试点案例。完善审委会、专业法官会议规则，强化类案检索，加强精品案例培育，一案例获评 2021 年度厦门法院十大典型案例，首次入选福建高院参考性案例，27 篇案例入选全国法院“2021 年度案例”，采用量居全省法院第一。

【诉源治理工作深化】 2021 年，海沧区人民法院构建区域多元解纷体系，健全诉非联动机制，聚合交通事故调处中心、警民联调服务中心等调解资源，打造专业调解队伍，诉前化解纠纷 4201 件，司法确认 602 件，万人成讼率下降。进岛设立涉台调解室，梳理 21 个特邀调解组织、49 名特邀调解员入册，增聘 7 名律师、5 名台胞，制定工作手册，开展经验交流座谈会 3 场，建立常态化交流模式，提升调解能力水平，化解城建集团系列合同纠纷、新阳街道“一房东”涨租系列住房租赁合同纠纷等。区法院诉源治理工作成效被最高法院《司法改革动态》采用。

【首个“合作父母教育社区课堂”成立】 2021 年 5 月 18 日，海沧区人民法院家事少年审判庭与海达社区签署合作协议，揭牌成立首个“合作父母教育社区课堂”。以该社区课堂为依托，通过提供专业咨询、组织家事普法、开展合作父母教育等方式打造家事纠纷多元化解的社区样本。

【涉台劳动争议审判白皮书发布】 2021 年 6 月 7 日，海沧区人民法院发布《涉台劳动争议审判白皮书（2015—2020 年）》，全面梳理涉台劳动争议案件审理情况，提炼案件特征，深度解析劳动合同签订与解除、经济补偿、就业许可等常见争议与疑难问题，为企业提高用工管理水平提出针对性建议。

【全市首例高空抛物案宣判】 2021 年 6—9 月，被告人胡某平因琐事与家人发生争吵，先后 3 次分别将塑料儿童护栏、瓷盘与红酒瓶、纸尿裤等物品从其位于 33 楼的家中

2021 年 5 月 18 日，海沧区人民法院首个合作父母教育社区课堂在海沧区海达社区挂牌成立
（区法院　供）

2021 年 6 月 7 日，海沧区人民法院召开《涉台劳动争议审判白皮书》暨劳动争议典型案例发布会

（区法院 供）

阳台窗户扔出，砸落在小区业主进出楼道路上，所幸未造成人员伤亡及财物损失。海沧区人民法院认为，被告人胡某平法治观念和安全意识淡薄，在居民小区内从建筑物高空抛掷物品，情节严重，其行为构成高空抛物罪。据此，依法判处被告人胡某平拘役 5 个月，并处罚金 3000 元。针对公诉机关提起的附带民事公益诉讼，经法院组织调解，达成调解协议，由被告人胡某平在市级平面媒体和其居住小区公告栏公开赔礼道歉。该案系全市首例高空抛物罪案件，获评“2021 年全市法院典型案件”。

【台胞权益保障案例】 2021 年 12 月，最高法院发布台胞权益保障十大典型案例，海沧区人民法院审理的广东某拉链公司诉厦门某服饰公司、黄某某买卖合同纠纷案议案入选。海沧区人民法院在审理该案时依原告申请对被告台湾地区居民黄某某限制出境，后被告提供相应担保，区法院解除限制出境措施。最大限度降低诉讼对台湾同胞、台湾企业正常生活、经营不利影响。

（区法院）

司法行政

【概况】 2021 年，海沧区司法局办理各类公证 5679 件，受理法律援助案件 1430 件，收到谢意锦旗 4 面。接收社区矫正对象 2494 名，在册矫正对象 364 人，没有发生脱管、漏管和重新犯罪现象。坚持和发展新时代“枫桥经验”，健全多元调解机制，率先成立全市首家区级人民调解员协会及警民调解委员会驻企调解室，组织首次人民调解员等级评定，公安、市场监管、卫健等 9 个重点行政部门行政调解组织实现全覆盖，排查化解各类矛盾纠纷 3357 起，3 件典型人民调解案例登上中央广播电视总台社会与法频道《小区大事》和农业农村频道《乡理乡亲》栏目，10 个调解动漫视频在厦门电视台移动电视 XM6 和“学习强国 · 厦门学习平台”等媒体平台播放。整合“AI（人工智能）+ 家庭律师”和“海沧 e 调解”两个小程序为“法治海沧”小程序，为群众提供综合性、“一站式”、全天候法律服务。推出“法治助企”专项行动，为 139 家受疫情影响企业提供法律服务，助力民营经济健康发展。全面推行证明事项告知承诺制，深化证明事项清理，取消海沧区自行设定的证明事项 18 项。开展“法律七进”活动，全年举办“民法典时代的企业合规经营”法治沙龙、法治夜市等宣传活动 219 场次。推进民主法治示范村（社区）创建，实施农村“法律明白人”“法治带头人”培养工程，全区共 38 个村（社区）被评为省、市、区级“民主法治示范村（社区）”。

年内，区司法局及下属单位先后被表彰为“先进基层党组织”“2016—2020 年全省普法工作先进单位”“2020 年度厦门政法工作先进集体”“厦门市扫黑除恶专项斗争先进集体”，东孚司法所被省司法厅评为“五星级司法所”。新阳司法所被市司法局评为“四星级司法所”，区司法局局长赖大庆获评“福建省民族团结进步模范个人”，新阳司法所所长梁小华获评“全国司法所模范个人”。

【“法治夜市”普法宣传】 2021 年 7 月，海沧区司法局在各街道开展“法治夜市”普法宣传活动，利用村居戏台、广场等人群密集场所，通过把法治文艺表演与法律咨询、法律服务、政策宣传、便民服务等结合在一起，为海沧区居民以及外来人员提供“八小时”之外的法治宣传教育与服务。

【公共法律服务驿站设立】 2021年，由海沧区委依法治区办牵头，在海沧区阿罗海城市广场前广场设立“公共法律服务驿站”，为群众提供法治宣传、法律咨询、法律服务等服务，咨询事项覆盖行政复议、交通事故处理、刑事案件办理程序、法律援助、民事争议处理等各类别。驿站同时也免费向群众派送《中华人民共和国宪法》《中华人民共和国民法典》等相关法律读本。

【法律援助】 2021年，海沧区法律援助中心开展常态化新冠肺炎疫情防控和业务工作。抓好窗口服务群众与疫情防控工作，在做好疫情防控工作的同时，加强服务群众、接待办件工作。全年受理援助案件1430件，其中，民事案件626件，刑事案件221件，认罪认罚583件；接待群众来访、来电法律咨询5338人次。法律援助服务质量及群众满意度提升。坚持不间断地对工作人员和值班律师实施服务意识教育，服务意识提高；实施法律援助办案过程及质量监督，保持良好的受援群众满意度。至年底，通过对已办结案件回访，受援群众满意率96.8%。做好疫情法律援助工作，做到早预判早准备，有谋划早布局，早介入稳办案，推动法律援助案件受理和办理工作推进。

【公证工作】 2021年，海沧区公证处配合区政府相关部门进行房屋、土地征收工作，介入区工程项目招标活动，对招标开标过程进行全程监督；发挥公证监督保障职能作用，拓展公证业务领域。提供网络服务，主动贴近群众提供公证咨询服务、预约服务，精简办证材料，以便民、利民为服务主导，推进公证改革。全年办理国内民事案件5080件、涉外案件284件、涉台案件304件、涉港澳案件11件。在十月敬老月期间，为老年人免费办理遗嘱公证17件，免费提供拍照、摄像服务。疫情防控期间，为让群众获取公证服务，通过发布公告、微信公众号宣传等方式，公布公证服务指南，引导当事人采用电话、网络等途径申办公证。升级微信公众号在线申办公证功能，实现疫情期间足不出户指尖上办公证。

【乡村法治宣传】 2021年，海沧区司法局组织“七五”普法讲师团到14个乡村开展法治宣传活动。向村民宣传法律知识，推进法治乡村建设。

【法治助企】 2021年，海沧区司法局全面开展全区企业法治体检活动，对139家企业进行深度法治体验。智能企业法治体检系统在公众号上线并发动区域内企业参与。依托海沧区涉台涉企调解中心建设“法治体检”服务中心，打造海沧涉企法律问题“专科门诊”。开展“普法沙龙”活动，提升商会企业的法律意识，规范生产经营。

【监管体制改革推进】 2021年，海沧区司法局创新监管模式，开展信用体系建设工作，推行信用承诺，实行容缺受理制。依法依规公示信用信息，在兑现政策补助、奖励工作中应用信用报告。实施市场准入负面清单制度，对市场准入相关的禁止、许可事项，贯彻落实“一单尽列、单外无单”的管理模式，区级范围内无发布市场准入性质的负面清单。区法院灵活运用执行措施，推动商事合同案件提质增效，开展信用修复培训。

【矛盾纠纷排查化解】 2021年，海沧区司法局按照矛盾纠纷分级排查机制，指导基层调委会开展全方位的矛盾纠纷排查工作，做好梳理登记，加强动态管理，最大限度地减少全区不稳定因素，做到摸排工作“不放过”“零死角”“无盲区”。做好矛盾纠纷就地化解，确保矛盾不上交，同时介入各类疑难复杂矛盾纠纷和涉稳隐患纠纷，如为配合做好马銮湾后柯、鼎美、芸美整村拆迁项目，东孚司法所在3个拆迁村分别专门派驻1个调解小组，解决征拆矛盾纠纷，年内化解征拆纠纷82起；新阳司法所加强出租房屋合同纠纷排查与化解，化解该类纠纷38起。发挥“海沧e调解”线上调处平台的作用，全年通过“海沧e调解”平台化解矛盾纠纷53起；调处市司法局通过“12348”厦门法网指派基层调委会调解的案件，收到并调解矛盾纠纷案件9件；加强网格化建设，将案件录入“海沧区综治（网格）中心”平台，实现矛盾纠纷调处情况互通互享，掌握辖区涉稳风险隐患，发挥司法行政的职能作用。至年底，海沧区有各级人民调解组织106个，调解员近600名，全年调解纠纷3357起，协议涉及金额38585.56万元。

【人民调解员协会成立】 2021年8月27日，海沧区人民调解员协会成立仪式暨第一次会员代表大会召开，选举产生第一届理事会人员。协会发挥“娘家”作用，凝聚人民调解员力量，提升人民调解员队伍素质。

【人民调解员队伍建设】 2021年，

海沧区司法局对全区40余名新任人民调解员开展岗前培训。10月，组织村（社区）专职人民调解员专职培训。11月，邀请厦门市中级人民法院研究室副主任、厦门大学法学院兼职硕士生导师黄鸣鹤通过“线上＋线下”方式进行全区调解员培训。开展专职人民调解员等级评定工作，从工作年限、调解能力、案卷制作、累计调解纠纷数量、获得表彰荣誉等多方面进行审核，最终评审出12名符合评定标准的调解员，其中符合二级人民调解员条件的2名、符合三级人民调解员条件的3名、符合四级人民调解员条件的7名。采用政府购买服务方式，为海沧街道渐美村、新阳街道新垵村、嵩屿街道石塘村3个矛盾纠纷较突出、常住人口基数较大的村居配备专职调解员。

2021年5月8日，海沧区司法局与厦门新弘立实业有限公司共同成立的曙光安置就业基地揭牌成立

（区司法局　供）

【安置帮教】 2021年1月，海沧区司法局与区委政法委、区公安局联合发布《关于建立刑满释放人员信息共享机制的通知》，以加强衔接、安置、管教、管理为重点，使刑满释放人员出来后有人接，接回后有人管，最大限度减少重新违法犯罪。与辖区企业沟通，厦门新弘立实业有限公司成为海沧区的安置帮教对象曙光安置就业基地，对新衔接190名安置帮教对象进行创业、就业政策指导，拓宽刑释解教人员过渡性就业安置渠道。联合相关社会组织不定期举办职业技能培训和就业推荐工作，先后举办办公软件、电子商务、面点制作等职业技能培训10场200余人次，完成100课时的学习，授予技能培训合格证书；对辖区内生活有实际困难和患有严重疾病的刑满释放人员进行走访并发放慰问金；落实省市《关于做好服刑在押和强制戒毒人员困难亲属帮扶的通知》，做好在监服刑及戒毒人员困难亲属的排查工作。

2021年1月15日，海沧区司法局组织新任人民调解员岗前培训

（区司法局　供）

【社区矫正】 2021年，海沧区制定《社区矫正对象外出审批及监管指南》《暂予监外执行社区矫正对象病情审查管理规定》等多项机制，成立海沧区社区矫正对象病情复查小组，构建互联互通、信息共享、智能高效的社区矫正执法监管、教育矫正、指挥巡查和应急处置体系。10月，向司法部申报“智慧矫正中心”，推动社区矫正工作制度化、专业化、职业化、信息化。

（区司法局）

责任编辑、校对：庄玉凤

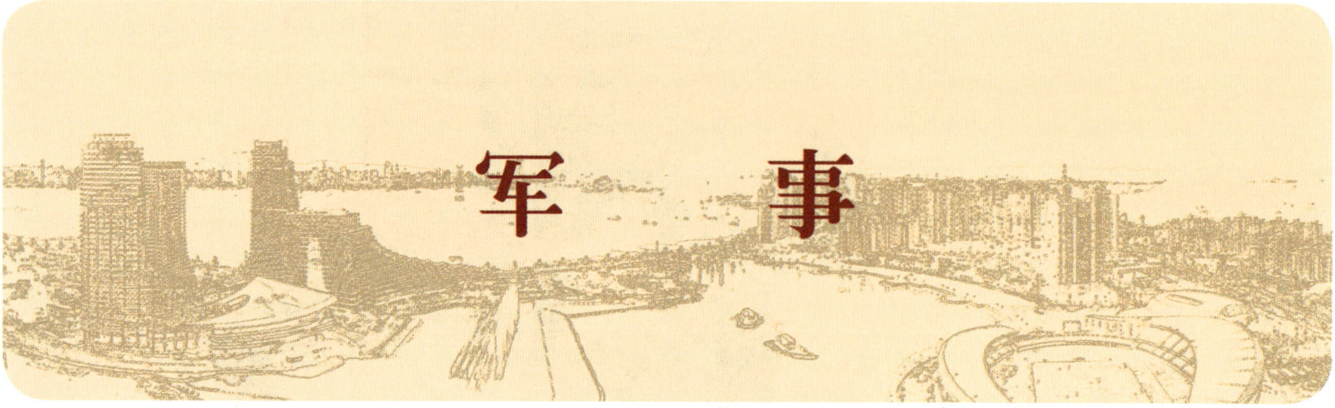

军　事

人民武装

【概况】 2021年，海沧区人武部贯彻习近平新时代中国特色社会主义思想和习近平强军思想，按照“围绕中心、突出重点、统筹推进、夯基固本”的思路，抓好思想武装，强化动员备战，以加强党委建设为根本，推进征兵、民兵编建等各项工作。年内，部党委被中央军委国防动员部评为“先进旅团级党委”，人武部被福建省军区评为“全面建设先进人武部”。

【党史学习教育和警示教育】 2021年，海沧区人武部学习贯彻党的建设系列法规，开展党史学习教育和警示教育。围绕管理教育、军地交往、作风纪律等问题开展清理整治，抓好巡视巡察反馈问题整改和执纪监督问责，防范化解廉政风险。

【正规化建设】 2021年，海沧区人武部学习贯彻军委和国防动员系统基层建设会议精神，重点解决“四个方面问题”，落实“三个不降”标准。按照软件硬件同步推进、重抓规范、重打基础、重在长效的原则，推进“四个秩序”规范化建设。组织“百日安全活动”，重点加强对人员管理、涉密涉枪、车辆运行、季节性安全等风险防范。初步完成区民兵训练基地选址及方案设计，成立海沧产业学院征兵工作站。

【民兵工作】 2021年，海沧区人武部推动民兵训练基地建设等重难点问题的解决，民兵整组以“实”为要，突出抓实编、实训、实装、实演、实保，落实民兵编配“党员率”“退伍兵率”“专业对口率”三率要求。组建民兵队伍，配齐防汛抗台、森林灭火、抗震救灾、反恐维稳四类民兵应急装备。落实按纲施训，针对疫情防控特点和训练任务需求，落实首长机关岗位自训和民兵训练，东孚街道听令参加拥军支前演练，海事局和吉红救援队参加“一个过程”拉动及海上搜救演练。动员州海船务公司民船参加联合海空警巡任务，动员厦船重工武装部配合海军完成入港抢修演练。发改委、建交局、人防办针对高新技术产业、维修制造企业等开展专项重点核查，为新质民兵编兵工作奠定数据基础。城建集团、海发

2021年6月16日，海沧区海上民兵分队在海上训练　　（区人武部　供）

集团、海投集团建材有限公司等单位开展民兵信息收集报送，全年上报有效情报 112 条，数量位居全市第一。

【征兵工作】 2021 年，海沧区人武部完成年度兵员征集工作，其中大学毕业生占 53.7%；完成预定新兵役前教育训练，兵役登记率 100%。征兵任务完成较好的单位是嵩屿街道和新阳街道。

【双拥共建】 2021 年，海沧区人武部动员人武干部、职工以及民兵投身新冠肺炎疫情防控、文明城区创建、平安海沧建设和双拥模范城争创工作。开展扶贫帮困、走访慰问、捐资助学、学生军训活动，协调解决办理随军家属就业、军人子女入学入园、退伍军人招聘就业等工作。

【党管武装绩效考评】 2021 年，海沧区推进党管武装绩效考评由街道武装部向村（社区）延伸，由新阳街道担任试点单位，推进基层规范化建设，提升基层武装机构建设水平。村居民兵营软件建设较好的是嵩屿街道，硬件建设较好的是新阳街道、海沧街道。东屿村民兵营和海虹社区民兵营达到一星建设标准。

（区人武部）

人民防空

【概况】 2021 年，海沧区推进基层人防工作规范化、标准化，开展海沧街道海兴社区基层人防工作站建设。完成 2021 年度国防动员潜力统计调查和上报工作，以及人防工程数据的采集和报送工作。完成在建人防工程项目双随机检查和已建人防工程维护管理检查及评估。开展 2021 年度厦门市区两级人防指挥所常态化训练。

【人防演练及宣传】 2021 年 5 月 10 日，厦门市 2021 年度“5・10”人防专业队暨重要目标防护救援行动演练在海沧区第一实验小学举行。区人防办同步组织“5・10”防空警报试鸣暨应急疏散演练，5 万余人参加，全区警报器鸣响率 95%，主城区警报器覆盖率达 95% 以上。各街道、社区同步开展人防宣传活动，分发《市民防空防灾手册》《海沧人防手册》以及宣传纪念品近 1 万份。12 月 20 日，海沧区国防动员委员会在区人防地下指挥所组织国动委指挥部演练、党管武装述职报告会等活动，60 余人参加。

【人防战备】 2021 年，海沧区按照 2021 年度厦门市两级人防指挥所常态化训练方案及训练计划，进行设施设备的自检与故障排除，以及市、区、街道互通互联工作。完成海沧街道海兴社区基层人防工作站建设。6 月 10 日，参加市人防办在海沧组织的防空地下室平战功能转换业务培训。6 月 18 日，参加在省、市人防办的联动指挥下开展的人防基本指挥所工程工勤保障系统战时转进演练。6 月 22 日，参加厦门市人防机动指挥所与漳州市人防机动指挥所组织的跨区支援联合训练。11 月 24—26 日，参加市人防办组织的 2021 年度人防系统准军事化训练。

（区人防办）

退役军人事务

【概况】 2021 年，海沧区围绕“让退役军人和其他优抚对象成为全社会尊重的人、让军人成为全社会尊崇的职业”工作目标，建立健全退役军人组织管理体系、工作运行体系、政策制度体系。发挥“兵支书”力量，培养选拔优秀退役军人担任村（社区）“两委”成员，辖区内有“兵支书”35 人。做好双拥共建、抚恤优待和退役军人就业创业工作。做好部分退役士兵社保接续工作。

【拥军优属】 2021 年，海沧区在春节、“八一”等节日期间慰问驻区部队。帮助武警厦门支队三大队修建训练场，协助区垃圾分类与减量办公室做好营区及家属楼垃圾分类工作。由区纪委牵头，联合区 13 个部门，对军队违规住房进行清理整治，涉及人员全部签协议同意清退，完成清退任务。驻区部队开展军营开放日活动，辖区有关学校组织学生走进军营，接受国防主题教育、党史教育。协调区教育局、人武部等有关单位，解决现役军人子女入学入园问题。

【优待抚恤】 2021 年，海沧区利用春节、“八一”等节日对辖区内的重点优抚对象、80 周岁以上退役军人、身患重大疾病退役军人及家庭、生活困难退役军人、典型退役军人代表、个别有特殊困难的重点优抚对象、军转干部等进行慰问，发放慰问金 90 余万元。联系地方拥军企业宝海会，慰问特殊困难退役军人家庭及部分抗美援朝老兵家庭，发

2021 年 7 月 26 日，海沧区举行宝海会船东爱心公益系列活动之“尊崇英雄，关爱老兵”座谈会

（区退役军人事务局　供）

放慰问金及慰问品价值 4 万元。

【退役军人就业创业】 2021 年，海沧区加大对退役军人就业创业的宣传、组织与协调工作，主动对接区人社局等相关单位，举办线上招聘会，26 家企业提供 79 个工作岗位，组织退役军人参加，收到简历 30 余份。参加市局组织的退役军人专场招聘会，发放宣传材料 230 份。组织区退役军人参加市级创业沙龙座谈，遴选优秀退役军人进入就业创业专家指导团队，其中 6 人进入市级专家指导团队、4 人进入省级专家指导团队。加强退役军人职业技能培训需求调研，制定人才培养方案，开展实用性教育培训，如无人机驾驶、办公文秘、短视频制作、CAD 制图、化妆师等，20 余人次参加培训。

【退役士兵社保接续】 2021 年，海沧区贯彻落实上级关于加快推进部分退役士兵社保接续工作的一系列指示要求，完成退役士兵社保接续工作。至年底，海沧区完成缴费率 100%；使用经费 539.30 万元，其中政府兜底 328.53 万元。

【退役军人担任村（社区）“两委”成员】 2021 年，海沧区注重培养选拔优秀退役军人担任村（社区）“两委”（支委和村委，社区的叫“居委”）成员，壮大“兵支书”队伍，辖区内有“兵支书”35 人。在 2021 年“两委”换届之际，鼓励优秀退役军人参加“两委”换届选举，投身乡村振兴战略。新冠肺炎疫情防控期间，海沧街道后井村书记周亚辉发挥“兵支书”领头作用，组织村干部有序部署核酸检测事宜，并发动村里退役军人全程投入新冠疫情防控工作。

（区退役军人事务局）

责任编辑、校对：庄玉凤

2021 年 12 月 16 日，海沧区举行退役士兵座谈会暨现场招聘会

（区退役军人事务局　供）

应急管理

综　　述

【概况】 2021年，海沧区先后经受住新冠肺炎疫情防控、14次短时强降雨、“除隐患、保安全、迎建党百年”安全生产集中攻坚行动等大事件的实战考验。修订完善《厦门市海沧区突发公共事件总体应急预案》《厦门市海沧区地震应急预案》《厦门市海沧区自然灾害救助应急预案》3个应急预案。在森林防灭火、防汛防台风、危化品事故处置、消防救援、减灾救灾等领域相应成立应急指挥决策机构。全年海沧区各政府部门组织参与和指导开展的应急演练1595场，参与人数25.49万人次。其中自然灾害类应急演练348场，参演人数11.5万人次；生产安全事故类应急演练673场，参演人数1.98万人次；其他类应急演练开展574场，参演人数12.7万人次。驻区消防救援大队约120人，为常备力量；村（社区）微型消防站50个，配备消防员490人；在建筑施工、危险化学品生产、供水、供电等领域，依托辖区企业建有若干支救援队伍。

【全国综合减灾示范社区创建】 2021年，海沧区应急局组织开展“全国综合减灾示范社区”创建工作。2月7日，新阳街道兴祥社区获评“2020年度全国综合减灾示范社区”。4月，海沧区减灾办在新阳街道兴祥社区召开“全国综合减灾示范社区”创建工作部署会；5月，组织实地考核各街道候选社区；6月上旬，确定嵩屿街道海翔社区为海沧区示范社区创建单位；7—8月，组织海翔社区参观学习，聘请专家面对面指导，协调补助创建经费，指导社区开展创建工作；9月，海翔社区通过市应急局复核，被推荐到省、国家参与考评。截至12月，全区有14个社区被国家减灾委命名为“全国综合减灾示范社区”。

【自然灾害避灾点管护巡查】 2021年，海沧区应急管理局定期组织自然灾害避灾点检查。各点指定专人管理，落实避灾点管护制度，储备有被子、毛毯、凉席等生活类救灾物资，结合疫情特点，储备口罩、消毒液、温度计等疫情防控物资，以及蚊香、花露水、照明灯等生活用品。至12月，全区建有68个自然灾害避灾点。

【全国防灾减灾日宣传活动】 2021年，海沧区结合“全国防灾减灾日”，推动防灾减灾宣传进企业、进农村、进社区、进学校、进家庭，普及安全知识，培育安全文化。5月12日是全国第13个防灾减灾日，区应急管理局会同消防、气象等10个部门深入嵩屿街道海发社区，开展防灾减灾宣传活动，分发宣传资料，宣讲防灾减灾知识和巨灾保险制度，为现场群众讲解示范应急救护、消防、地震等相关知识和技能。

【巨灾保险制度落实推动】 2021年，是厦门市第二轮巨灾保险协议生效的第二年，主要对辖区内所有因自然灾害导致的人身伤亡及医疗救助、居民住房倒损、家庭室内财产损失进行保障，保费由政府财政承担。海沧区宣传巨灾保险制度，发动各社区（村）信息员结合日常入户工作开展宣传。2021年，全区受理雷击、暴雨等保险案件12起，理赔金额2.22万元。

【自然灾害风险普查】 2021年，海沧区全面推进自然灾害综合风险普查工作。7月，召开动员部署会议，成立普查工作专班，区应急管理局、区建设与交通局、区农业农村局、海沧区气象局、市自然资源规划局海沧分局等部门牵头，在各行业领域开展普查工作。全年各街道、各部门共计组织召开动员部署、教育培训、会商协调、工作推进会议100多场次，采用“线下+线上”的模式，宣传发动7轮，覆盖36.5万人次，至12月31日，区级调查任务按期完成。

【森林消防】 2021年，海沧区投入150万通过购买项目的形式，完成区、天竺山国有林场森林消防专业队统筹合建任务，队伍规模30人，分点驻防，全天值守。同时在春季和秋冬季开展森林防灭火应急演练10次300余人。组织各类扑火应急力量开展“扑火安全警示教育整治周”活动，组织专业队进行森林防灭火业务培训考核比武等3次450余人。投入70万元专项资金增配森林消防水车、扑火机具和队员个人安全防护装备等。更新原有20台老式对讲机，从海沧移动公司租赁15台移动智能对讲机，健全现场指挥通信网络。分别投入350.97万、37.83万元完成新桥水库通气象台防火道路修复工程3.5千米和东孚街道过坂后坑路至莲花石角山防火道路新建工程247米。

【联防联控机制制定】 2021年，海沧区健全完善《厦门市海沧区森林火灾应急预案（试行）》，对组织指挥体系与职责、各级主要任务、应急力量编成、应急响应措施和综合保障进行重新修订完善。重新调整区森防指挥部成员单位，印发区森防指工作规则。制定海沧区林区输配电设施火灾联防联控机制，防范林区输配电设施引发火灾重大风险，处置林区输配电设施引发的森林火灾。

【地震预警管理】 2021年，海沧区共设置地震预警信息终端150处，分布在各学校、村（社区），定期推送地震灾害宣传知识，及时预警地震灾害。组织地震预警终端培训工作2场，提升基层业务人员地震防抗意识。

【防汛防台】 2021年，海沧区防御02号热带低压、第6号台风“烟花”、第9号台风“卢碧”、第14号台风“灿都”、第18号台风“圆规”共5次台风，其中，启动防台风Ⅳ级应急响应5次，Ⅲ级应急响应1次，响应总时长349小时；防御“5·18”“5·24”“5·29”“6·22”“8·2”“10·1”等强降水过程15次，其中，启动防暴雨洪水Ⅲ级应急响应14次，Ⅱ级应急响应5次，Ⅰ级响应1次，响应总时长285小时。区防汛办按照气象条件、预案响应条件启动应急预案，向各成员单位下达各类指令，并时刻关注气象变化，及时搜集各成员单位的险情、灾情。汛期期间，全区下沉干部人数6622人次。海上转移人员490人次，陆地转移人员5746人次（其中建筑工地转移4854人）。演练场数70场，参加人数2135人次。开展防汛检查390次，区防指各成员单位排查整改重点部位650处、发现隐患77处，完成整改75处。

（区应急管理局）

安全生产监督

【概况】 2021年，海沧区先后部署开展安全生产专项整治三年行动集中攻坚行动、“除隐患、保安全、迎建党百年”集中攻坚专项行动、“迎建党百年安全生产百日攻坚”专项行动、景区和非景区景点安全管理专项整治、“严执法、强攻坚、促提升”专项行动等。抓好节日期间安全防范，开展安全隐患大排查大整治。至年底，全区发生各类生产安全事故21起，死亡14人，分别比上年（26起、9人）下降19.23%、上升55.56%，安全生产形势总体平稳。新《中华人民共和国安全生产法》颁布后，印发新安法等宣传材料4万份；印发《海沧区安全生产专项整治三年行动集中攻坚重点任务清单》，梳理全区61项重点任务，组织开展各类专项整治行动，落实安全隐患销号闭环，督促重大危险源企业整改安全方面问题隐患34处。2021年，针对15634家生产经营场所，开展督导检查8920次，检查企业场所17125家次，排查隐患23477处，完成整改23371处，整改率99.55%。行政处罚企业和个人2012次，罚款779.73万元，警示约谈532家次，责令停产整顿15家次，关闭取缔1家，联合惩戒1家，移送司法机关1人。针对“机器化换人”“自动化减人”和标准化创建、危化等高危企业隐患排查及消防站建设等各项工作，加大安全生产经费投入，其中组织实施科技计划项目10批，安排科技计划项目39个，兑现科技资金12317.83万元。开展“安全生产月”宣传活动，开设“专家大讲堂”邀请中国安科院高级工程师进课堂，并组织应急演练4次。组织“海沧区应急管理局2021年基层安全监管技能比武竞赛”云直播活动，第三届海沧产业工人文化节系列活动暨海沧区第八届安全生产知识竞赛，普及安全生产知识。

【安全生产责任落实】 2021 年，海沧区全面落实《地方党政领导干部安全生产责任制规定》和省、市实施细则、安全生产责任清单、“党政同责、一岗双责”等规定，深入开展安全生产专项整治三年行动集中攻坚、“除隐患、保安全、迎建党百年”安全生产集中攻坚专项行动，完善安全隐患排查整治“六个清单”，安全生产领导责任和监管责任履职到位。调整海沧区安委会成员单位，成立 14 个专业委员会，探索形成会商联络、联合检查、信用共享等有效工作机制。强化企业安全生产主体责任落实，督促企业加强安全管理；区主要领导 40 多次检查调研燃气安全、危险化学品、高层建筑消防安全、道路交通、水上交通和渔业船舶等重点行业领域；召开专题会和常务会研究部署安全生产工作。针对疫情防控和厦门“3・19”直升机坠海事故，结合区重点工作，开展“打非治违”工作。4 月 12—16 日，依法取缔鳌冠社区蔡岭 56 号埋地油罐和加油设施，查获 1.7 吨汽油和 3.6 吨柴油，均被无害化处理，涉案当事人被刑拘，现场违建被拆除。印发《关于开展“除隐患、保安全、迎建党百年”安全生产集中攻坚专项行动的通知》《海沧区景区和非景区景点安全管理实施方案》《海沧区全行业复工复产暨年终岁末安全生产攻坚行动工作方案》等，推进安全隐患大排查大整治。强化对 4 个街道、48 个村（社区）网格化安全隐患排查整治机制等各项工作指导，促进全区安全生产隐患大排查大整治各项工作落实。

2021 年 11 月 30 日，海沧区在新阳工业区举行 2021 年海沧区突发环境事件暨辐射安全应急演练（张建平　摄）

【安全生产宣传教育】 2021 年，海沧区落实国务院、省、市关于安全生产宣传工作的指示精神，制定《安全生产宣传工作要点》。结合全国第 20 个“安全生产月”和迎中国共产党成立 100 周年安全生产工作部署，开展安全生产宣传活动。组织“安全生产月”活动启动仪式暨“安全生产咨询日”活动，开设“专家大讲堂”邀请中国安全生产科学研究院高级工程师进课堂，开展“新闻主播走一线”进企业，督导企业开展“争当安全吹哨人”等特色活动，组织火灾事故现场处置应急演练、危险化学品重大危险源企业联合演练、重大危险源液氨泄漏应急演练、危险化学品泄漏事故应急演练 4 次。全区各级各部门观看《生命重于泰山》210 场次，组织安全生产培训 139 场、咨询活动 28 场、应急演练 186 场，发放宣传资料 18 万份，线上线下参与人数 68 万人次。

【企业安全生产标准化建设】 2021 年，海沧区按照工矿商贸行业安全生产标准化工作方案，开展安全生产标准化工作。通过组织召开安全生产标准化培训会议，抓好到期企业和新创企业的标准化培训，提升企业安全标准化创建能力，同时，开展各领域安全生产隐患大排查大整治。按照“提质、扩面、增量”要求，采取专业指导“小班化”、责任落实“网格化”、经验交流“经常化”、创建工作“模式化”等方式，引导和推进企业安全生产标准化的创建。开展 2021 年度复评工作，抓好到期企业按期复评。综合采取运行质量检查、复审复评、“回头看”检查、“双随机”检查和执法检查等方式，落实“提升一批、整改一批、淘汰一批”措施，对检查发现的问题，责令限期整改，对违法违规行为，依法依规进行立案处罚。对标准化不合格项较多的企业进行通报并要求整改；对评审不通过企业进行约谈并督促整改。加强标准化创建源头管控，贯彻落实国家标准化考评规定要求，规范完善评审工作制度，抓好区本级安全生产标准化初审和指导企业标准化内业资料和网上申报，提高标准化评审验收的工作质量。2021 年，海沧区本级组织完成安全生产标准化企业初审和网上申报 68 家，通过市应急管理局组织的现场评审并取得达标证书48家，其中二级达标3家。

【安全生产集中攻坚专项行动】2021年5月中旬至7月底，海沧区开展"除隐患、保安全、迎建党百年"安全生产集中攻坚专项行动。主要任务包括道路交通安全、工程施工安全、工贸安全、危险化学品安全、消防安全、城镇燃气安全、水上安全等方面。通过统筹推进安全生产专项整治三年行动和安全隐患大排查大整治，开展集中攻坚专项行动，深入排查治理安全生产隐患问题，管控各类安全风险，遏制事故多发势头。年内，海沧区制定《海沧区安全生产专项整治三年行动集中攻坚阶段重点任务清单》，明确2个专题、9个专项整治总牵头部门和具体工作牵头部门，对61项重点任务进行细化。其中，学习贯彻习近平总书记关于安全生产重要论述专题1项、落实企业安全生产责任专题5项、危险化学品烟花爆竹和民爆物品安全生产专项整治2项、消防安全专项整治30项、道路交通运输安全专项整治7项、水上和渔业船舶安全专项整治2项、城市建设安全专项整治3项、房屋安全专项整治2项、工业园区等功能区安全专项整治5项、危险废物等安全专项整治3项、自然灾害专项整治1项，全部如期完成攻坚任务。

6月底至9月底，在开展安全隐患大排查大整治和安全生产专项整治三年行动集中攻坚的基础上，结合"除隐患、保安全、迎建党百年"安全生产集中攻坚行动，在建筑施工、道路交通、危险化学品、房屋安全、燃气安全、水上安全、森林防灭火、消防安全、旅游安全、防汛防灾等重点领域排查治理安全生产隐患问题。

因受9月疫情影响，海沧区为做好年底前安全生产工作，遏制重特大生产安全事故发生，确保年底前全区安全生产形势持续平稳可控，自10月底至年底前开展全行业复工复产暨年终岁末安全生产攻坚行动。

【海沧区铁路沿线安全环境管理"双段长"制实施方案】2021年，海沧区制定铁路沿线安全环境管理"双段长"制实施方案。按照"一段铁路两个段长"的管理模式，在全区范围铁路沿线推行"双段长"责任制，实施"协同监管，综合整治"，形成一级抓一级、层层抓落实的工作格局，解决影响铁路沿线环境安全的突出问题、全面消除安全隐患。

【海沧区景点安全管理专项整治】2021年，海沧区加强辖区景区、非景区景点等重点区域安全管理，保障人民群众生命财产安全，根据省市专项整治方案及相关要求，制定海沧区景区和非景区景点安全管理专项整治行动方案。主要任务包括景区、非景区景点、涉水危险区域和旅行社安全。从8月底持续至11月30日，分阶段分重点展开专项整治，健全完善安全管理制度和应急处置预案，推进安全风险分级管控和隐患排查治理双重预防机制建设，出台相关管理办法；总结推广专项行动中好的经验做法，建立健全景区、非景区景点和涉水危险区域隐患常态化排查和防范化解机制。

【危险化学品专项整治】2021年，海沧区为贯彻落实《全市非法违法"小化工"专项整治方案》，开展危险化学品安全整治三年行动。自2020年11月至2021年7月在全区开展非法违法生产、储存危险化学品及使用危险化学品非法违法从事生产经营活动的小化工、小作坊、黑窝点专项整治。排查企业113家，未发现非法违法"小化工"情况。

根据上级《关于开展危险化学品等安全生产集中攻坚专项行动的通知》，海沧区应急局于6月开始在全区危险化学品领域开展为期2个月的集中攻坚行动，完成执法检查危险化学品企业58家次，发现安全生产隐患18处，发出责令整改通知书8份。另立案1件，处罚11万元。

7月31日，海沧区应急管理局许可危险化学品经营企业338家，市应急局许可在海沧区的易制爆危化品经营企业4家，共计342家。其间区应急局主要以现场核查、电话询问、微信了解以及石油交易中心配合等形式对辖区内342家企业租赁危化品专用仓库和储存危险化学品的情况进行检查排查，同时要求每家企业做出无非法违法储存危险化学品的承诺（书面承诺书）。专项整治期间检查排查危险化学品经营企业342家，完成全覆盖，出动检查人员96人次，未发现隐患。

【化学品储罐集中区专项排查】2021年，海沧区根据《转发福建省应急管理厅办公室关于开展化学品储罐区安全风险评估整治工作的通知》，在辖区企业开展化学品储罐集中区专项排查。排查范围细分为5类，包括位于城市人口密集区、经认定的化工园区、非化工园区的仓储集中区、各类工业集中区和港区，对

5类区域内的化学品储罐区进行排查，并将排查数据登记建档。组织企业从固有危险性、设计及总图、设备设施以及安全管理等4类26项评估内容对照《化学品储罐区安全风险评估分级指南（试行）》开展评估、进行风险分级并督促企业对复核出的问题予以整改。通过企业对照评估及专家复核，涉及的5家危化企业化学品储罐区4家判定为低风险、1家判定为中风险，整改问题隐患15处。

【烟花爆竹旺季专项整治】 2021年，海沧区应急局根据春节特点重点检查青礁慈济东宫烟花爆竹销售点，要求销售点注意安全，做好必要的应急准备。在除夕夜开展烟花爆竹“禁放查非”，重点巡查油库和山林周边禁放区域，抽查油库、村居值班人员在岗在位、安全生产和应急措施。

【高温和防汛防台风隐患大排查大整治】 2021年，海沧区应急局根据《厦门市应急管理局关于做好危险化学品企业高温季节安全生产和防汛防台风隐患大排查大整治工作提示的函》，于8月采取企业自查、监管部门抽查相结合的方式，督促指导辖区危险化学品企业严密做好防洪防汛防雷电防高温的安全防范工作，排查整改相关隐患32处。

【安全评价机构执业行为专项整治】 2021年，海沧区应急局根据《关于印发厦门市安全评价机构执业行为专项整治实施方案的通知》，组织辖区危化生产经营企业对2019年5月以来行政许可第三方机构安评项目进行自查，排查27个项目，未发现安全评价机构弄虚作假情况。

【第六轮危化重点县专家指导服务工作】 2021年10月，海沧区应急局组织辖区内纳入许可的9家危险化学品生产、使用和带储存经营（不含加油站）企业对照《重点县危险化学品企业安全风险隐患排查表（第六轮）》开展自查，11月组织专家对企业自查情况进行复查，未发现重大隐患和突出问题。

【有限空间、粉尘涉爆企业专项整治行动】 2021年5—8月，海沧区应急局根据《厦门市有限空间专项整治行动实施方案》和《厦门市工贸行业粉尘涉爆企业专项整治行动实施方案》等文件要求开展整治行动，督导企业全面自查自改，建立健全管理台账，执法人员抽查核实自查自改情况。厦门市应急管理局也对海沧区专项整治工作开展情况进行抽查。通过专项整治，发现有限空间隐患问题15个，粉尘涉爆问题22个，均整改完毕。

【建筑施工专项整治】 2021年，海沧区针对建筑施工领域安全生产形势，开展建筑施工领域安全生产专项整治。开展“迎建党百年　安全生产百日攻坚”专项整治。对海沧辖区范围内的市管在建项目开展安全专项检查，出动81人次，对27个市管工程进行安全隐患排查，其中房建项目12个，发现一般安全隐患95处，整改完成95处；市政项目11个，发现一般安全隐患38处，整改完成38处；市管交通工程4个，发现一般安全隐患6处，整改完成6处。加强区管建筑项目的安全隐患整治工作。5月17日至9月30日，区建交局分4个片区5个检查组，共出动检查人员105人次，检查工地35个次，发出“技术服务告知单”35份，发现一般安全隐患108处，整改完成108处。开展防汛防台专项检查工作。区建交局结合双随机、安全隐患大排查大整治工作开展防汛专项检查，在汛期来临前，检查基坑项目15个次，发现一般问题隐患6处，发出责令整改通知单5份，全部如期整改到位；在汛期来时通过微信和短信平台等多个方式通知各建筑工地启动应急方案，开展应急预案演练，落实应急队伍，做好应急物资准备等各项防汛防台工作。区建交局出动213人次，检查77个在建工程，发现一般安全隐患52处，下发责令整改通知单29份，全部整改到位。开展建筑起重机械、吊篮、施工脚手架、有限空间、防高处坠落、移动式小型工程机械等安全生产专项检查。检查起重机械36台，发现一般隐患69处，发出责令整改通知67份，已落实整改。抽查区管在建项目的脚手架工程13个次，发现一般安全生产隐患53处，已落实整改，未发现模板支撑脚手架存在须停工并拆除重搭的重大隐患。开展有限空间作业安全专项整治工作，摸排区管项目有正本清源项目4个，地下室作业工程5个，督促有限空间作业人员全部培训上岗，有效遏制较大以上事故。对所有区管建筑项目开展小型工程机械安全专项检查，发现6个项目使用小型工程机械不规范情况，并落实整改。

【房屋安全专项整治】 2021年，海沧区依托“海沧区房屋安全隐患排查整治专项行动领导小组”，推动房屋安全隐患排查整治专项行动开展。排（复）查房屋35870栋，排（复）查D级危房391栋，长效处置391栋，长效处置率100%。全部分类处置（清人封房），分类处置率100%，动态新增危房排查整治工作稳步推进。海沧区的危房整治工作按照“7+1”模式推进：危房拆除；翻改建及解危重建；维修加固；征收拆迁；提前拆迁；提前安置；申请保障性住房；对特殊情况无法按照政策解危的危房户，由街道梳理意见报区政府会议研究，通过“一事一议”妥善解决危房户解危问题。推动农村低收入群体等重点对象住房安全保障工作，至年底，海沧区农村低收入群体重点对象“住危房”问题全部解决。

【交通安全专项整治】 2021年，海沧区推广福建省道路运输安全监管标准化信息管理系统应用，督促企业落实安全生产主体责任，降低亡人事故发生率。2021年厦门市为民办实事项目2处道路隐患点段整改到位，5处重点道路隐患整治推进，海翔大道、324国道等交通主动脉安全设施完善提升，海沧保税港区交通及综合楼安保监控提升改造工程推进。组织开展道路交通安全隐患排查整治会3次，排查出80处隐患点段，56处近期需实施整改，1处需加快进度，5处需加强管控，18处暂不需整改。投入790万元，修复道路沥青路面面积8207.54平方米、人行道3037平方米，井盖修复及更换266套，更换浸塑护栏1408米、波形护栏164米，障碍墩92套，新划标线38520.4平方米。增设277个路内停车泊位，在辖区符合条件的12处公厕旁道路施划28个公厕专用停车位；检查企业348家次，下发违法通报21份、约谈企业20家、违法处理督办单386份、催检单243份，注销重点车辆105辆；查处各类交通违法行为225866起，其中严重交通违法41155起。检查货运企业212家次，出动检查人员671人次，针对检查中发现的问题提出463条处理意见，约谈企业20家次。由专人对辖区19家危险货运企业营运车辆动态监控实施抽查，抽查企业4390家次、抽查车辆102201辆次，发现危险货运车辆超速报警323辆次，超速报警次数724辆次。不在线报警次数1辆次、疲劳驾驶报警3辆次。抽查旅游客运企业1453家次、抽查车辆21822辆次，发现涉嫌超速317辆次，发现疲劳驾驶8辆次，不在线车辆8辆次。针对水上安全开展现场综合执法任务3841次，实施船舶安检初查207艘次，复查207艘次，组织各类海上应急演3练次，应急救助出动船艇6艘次，打击各类违章行为179件，立案行政处罚179件，处罚金额193.18万元。

【燃气安全专项整治】 2021年，海沧区开展燃气安全专项整治，组织140个检查组、出动280余人次，发现27处安全隐患，下发27份整改通知单，发现6起违法违规燃气经营行为，其中2起已办结，处罚金7.5万元，4起尚未办结。

【渔业安全隐患排查】 2021年，海沧区开展渔业安全隐患排查和“封港清查”，以及涉渔“三无”（无船名船号、无船舶证书、无船籍港）船舶专项整治检查行动，全年开展12次专项联合行动，出动执法检查人员210多人次，排查有证渔船和“三无”船舶2500多艘次。依托市渔船动态管控平台对在册39艘捕捞渔业船舶进行日常动态监管，41名海管巡员每天对海域管控进行排查并上报相关信息，同时配合公安海防做好各类船舶出海报备工作，把好进入口岸关，严防海上疫情非法输入。推进嵩屿避风坞“三无”船舶拆解工作，拆解8艘12米以上“三无”船舶、26艘海域养殖乡镇船舶，清理安全隐患及破损乡镇船舶15艘。通过17个云广播宣传海上安全作业、疫情防控及违规船舶处理等常识。开展校园安全专项整治，组织专业第三方开展全区校园消防安全大排查大整治，联合消防救援大队开展消防安全标准化评估，邀请专家开展校园危化品专业检查指导，聘请专业救援队在海沧大道水域等展开防学生溺水巡逻，对辖区校车开展“双随机检查”，组织校园及周边隐患排查12次。全年排查校园一般安全隐患249处，整改249处。全区校园建设微型消防站151个，设立“安全共享头盔”89处1798个，建设校门一键报警监控188处，建设校园校内监控视频专网。开展特种设备专项整治，开展23项专项整治工作，出动检查人员2744人次，检查特种设备使用单位784家，抽查特种设备1195台次，发现一般性问题1011个，一般隐患180处，对16家使用单位开具“监察指令书”16份。接报省监察平台115家特种设备重大问题，闭环整改114家。

（区应急管理局）

消防救援

【概况】 2021年，海沧区消防救援大队以监督防火、执勤备战、灭火

2021 年 12 月 31 日，海沧区消防队伍在海沧消防基地参加厦门市首届基层综治力量消防业务比武竞赛　　（海沧消防救援大队　供）

救援为中心开展各项工作，维护辖区消防安全形势稳定。全年接出警 909 起，出动车辆 1590 辆次，出动警力 9012 人次，其中火警 262 起，无人员伤亡。全区各消防队伍组织参加各级各类竞赛活动，区消防救援大队在全省消防行业职业技能竞赛中，取得灭火战斗员竞赛项目个人三等奖，消防装备维修员竞赛项目个人二等奖；重点单位和村居微型消防站在全市综治力量消防业务比武中，在防火组、灭火组均获得总分第一名，并包揽单项项目全市前两名。

【消防工作推进】 2021 年，成立海沧区消防安全委员会。先后召开全区消防工作会议、常委会会议、常务会议、消防安全委员会等会议，部署并印发文件，推进消防安全专项整治三年行动，落实开展“除隐患保平安、迎建党百年”专项行动及租赁、纺织场所等专项整治，研究推进老旧小区消防改造、区域性火灾隐患整治、街道委托执法等工作。将住宅小区整治、东孚小型消防站建设、电动自行车整治等 10 项工作纳入政府督办内容滚动跟踪落实，开展半年消防工作考评、消防安全大检查督导行动。提供经费保障，推进村（社区）微型消防站建设、改造老旧小区消防设施，对村（社区）微型消防站的电动消防车进行更新。

【消防基础设施建设】 2021 年，海沧区持续推进民生安全建设。推进住宅小区消防设施改造工作，完成 5 个老旧小区 79 栋建筑消防设施改造验收，逐步开展 8 个老旧小区建筑消防设施改造提升工作；推进电动自行车配套设施建设，新增停车棚 56 个、充电桩 515 个、保命墙 29 个。村居基础设施全面提升，各街道更新全区村（社区）微型消防站 57 辆消防巡逻车，新建 2 个防灾减灾体验馆，并结合房改、路改、水改，改造电气线路 1202 米，增建室外消火栓 73 个，拓宽村道 400 米，完成 3 个村居车道建设。协调发展场所物防技防，在 5 所民办小学建设微型消防站并配备器材设施，在民办小学新建室内消火栓 57 个；增设 295 个临时停车位；推进新垵中路区域性火灾治理，强化智能设施建设，提高火灾防御能力。7 月，东孚小型消防站建成启用，主要负责东孚片区的执勤、灭火、抢险救援等各项工作。

【行业消防监管】 2021 年，海沧区各街道、相关部门履行辖区、行

2021 年 12 月 14 日，海沧区在新阳街道举行微型消防电动消防巡逻车交车仪式　　（海沧消防救援大队　供）

2021 年 7 月 15 日，海沧区东孚小型消防站建成启用（海沧消防救援大队　供）

业消防安全监管责任，年内共开展联合执法行动 52 次，落实芯光产业园安全隐患整改、液化气储存站物防措施、大型综合体整改隐患、消防车道综合治理等工作。在日常监督检查的基础上，拓深排查整治渠道，采用政府购买服务委托第三方、聘请专家等方式，对宗教场所、民办幼儿园、商贸企业、医院、危化企业等进行排查整治。区工信局、教育局、民政局、文旅局、卫健局、消防救援大队等行业部门，结合行业场所特点推进行业单位消防安全标准化创建，跟进各单位创建情况并逐步分批开展创建验收。

【消防隐患整治】 2021 年，海沧区落实各类专项整治工作及行动的部署要求，对校园、养老院、高层建筑、大型综合体、危化企业、加油站点、商贸企业、在建工地、酒店、电动自行车等开展消防安全综合治理。年内，检查企业单位 21512 家次，督促整改火灾隐患 9187 处，立案处罚 88 件，处罚款 44.98 万元，下发临时查封决定书 8 家，责令“三停”（停工、停产、停业）单位 3 家，提请政府挂牌督办重大区域性火灾隐患 1 处；开展一般火灾事故调查 10 起，开展火灾简易事故调查 45 起；核查消防隐患举报投诉 452 起。结合“四清一查”清理违规停放充电电动自行车 1894 辆次，开展“三合一”隐患排查整治，清理“三合一”隐患 982 处。

【涉疫场所监管】 2021 年，海沧区全面落实涉疫场所监管。在重要时段、重点场所及区域，对 351 家人员密集、涉疫等场所排查，整治隐患 370 处，立案行政处罚 2 家，服务临时防疫隔离场所消防安全 18 家，指导整改隐患 20 处，海沧消防救援大队、区文旅局联合处理消防设施故障临时应对措施，保证疫情严控期间各场所的消防安全。本土疫情防控期间，各涉疫、生产厂所均安全稳定，正常运行。

【消防救援能力提升】 2021 年，海沧消防救援大队推进季节性阶段化全员岗位大练兵，同时进一步强化化工、水域、地震等特殊领域专业救援队建设，全年开展地震、化工、水域专业化训练 55 次。结合火灾高风险单位调整，开展单位熟悉演练、预案修订、通信测试及相关理论授课学习。同时修订化学危险品、防震减灾等全区性综合应急救援处置预案，区应急救援联动部门、街道及多种形式消防队伍联合开展大型综合体、危险化学品、工业企业等演练 8 场次。全面加强地下轨道交通安全疏散及应急救援能力，制定全区应急救援预案并对各站逐一进行演练，建立一站一档案。推进全区综合应急救援处置水平，开展村（社区）微型消防站拉动实战演练 200 余次，组织村（社区）微型消防站开展 4 次技能比武竞赛，重点单位微型消防站进行年度消防技能比武竞赛。

【消防宣传教育】 2021 年，海沧区开展线下消防知识培训 386 场次，约谈会 200 余家次，入户宣传 2100 户次，开放消防站 75 次，3 万余人次受训，发放宣传资料 3.5 万余份，悬挂、张贴消防宣传标语和海报 2 万余张，开展疏散应急救援演练 375 场次，并利用互联网平台，组织 171 所、8 万余名中小学校、幼儿园师生同上“全国中小学消防网络直播公开课”，组织单位场所 32.7 万人次参与 13 场次线上培训。在户外视频、短信提示的基础上，坚持微信公众号阵地宣传，发布原创文章及宣传视频开展科普类、警示类消防安全宣传，阅读 16.7 万次、转发 7371 次。通过竞赛活动激发技能学习动力，以消防宣传月为契机，组织开展 3 期消防夏令营、1 次微型消防站全员考核、2 场企业职工消防知识竞赛、2 场企业消防控制室值班人员技能竞赛。

（海沧消防救援大队）

责任编辑、校对：蔡秋娟

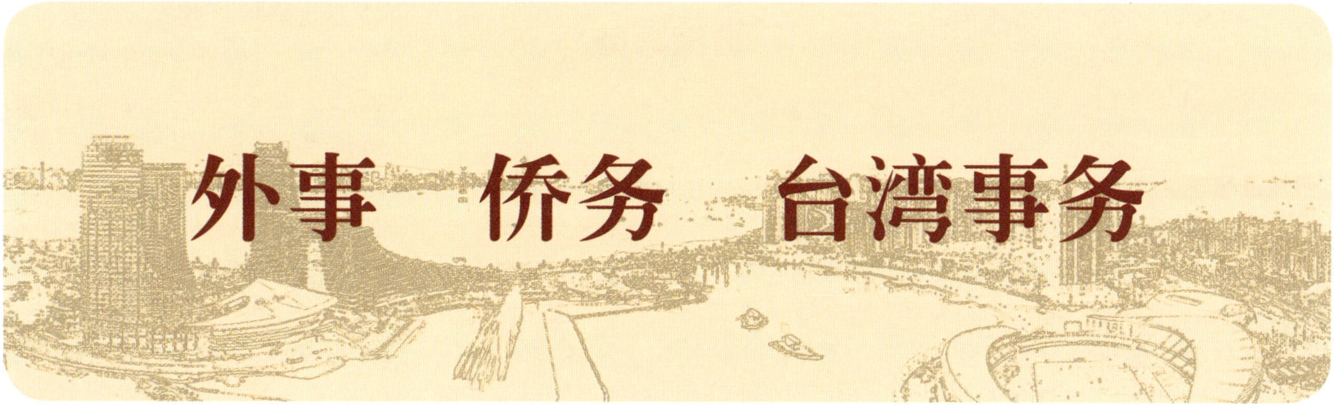

外事　侨务　台湾事务

外　事

【概况】 2021年，中共海沧区委外事工作委员会做好新冠肺炎疫情防控各项涉外工作，服务企业复工复产。关注疫情防控动态，对海沧区企业申请外籍专家、职工入厦按“非必要不邀请”原则受理，对于申请人员入境必要性不充分的企业，做好劝退及沟通解释工作，落实入境人员闭环管理。借力外国人来华邀请及“快捷通道”政策，协助企业邀请外国人返厦复工复产。全年协助办理海沧区87批次、50家企业、297名外国人入境申请，保障士兰集科集成电路项目、金柏、万泰沧海等重点项目建设。同时协助处理国外入厦人员中14周岁以下、70周岁以上的人员，孕产妇、患有基础疾病等特殊人员申请集中医学观察期间申请陪护，全年受理23批次28人。

【外籍人员疫情防控服务】 2021年9月，厦门新冠肺炎疫情突发期间，海沧区启动应急响应，对接市外事组，转发上级关于疫情防控通告，向在海沧区居住的外籍人员宣传疫情防控政策。落实全市全员核酸工作统一部署，点对点向海沧区外籍人员发送英文版倡议短信473条，动员、督促外籍人员配合做好核酸检测，落实各项防控措施。协助2批次、120多名外籍人员解决无法注册、使用闽政通问题。

【国外入境人员管理】 2021年，海沧区做好涉外新冠肺炎疫情防控工作，落实“外防输入”。入境人员在市分流中心采取“点对点”方式转运到海沧区定点隔离酒店，实行“14+7”健康管理。对目的地为外省的国外入境人员，在14天集中医学观察期满后，采用“点对点”方式专车送至机场、火车站等各交通枢纽，省内其他地市人员由所在地市进行“点对点”接回。同时加强省外其他口岸入境未满21天的国外入厦人员排查管理，落实21天医学观察措施。至年底，管理国外入境人员6027人，集中医学观察460人。

（区外办）

侨　务

【概况】 2021年，海沧区侨办不断拓展联谊渠道，做好侨务工作。制定《海沧区涉侨突发事件应急预案》等，建立涉侨安全工作机制，完成《海沧区开展涉侨“两法一例”实施情况自查报告》。完成区归侨、侨眷等侨情普查工作，全区海内外华侨华人、归侨、侨眷、留学生5332人。实施“留心、留根”工程，针对征拆中大量侨房的被拆迁问题，区委统战部部长组织召开专题会议，研究征拆中如何保护侨房权益，对需拆迁的侨房主动联系海外华侨，介绍相关拆迁政策，引导海外侨胞“以房换房”。年内，办理涉侨事项11件，开具华侨回国定居证、“三侨生”升学照顾身份证明（中考）各1份等；慰问困难归侨侨眷38户，发放慰问金1.9万元。鼓励引导侨胞回乡投资兴业，支持新生代侨胞参与家乡建设，借助侨智侨力，引进内资企业厦门亨利博格工贸有限公司、厦门芯璐技术咨询服务有限公司，投资200多万元。

【涉侨安全工作机制建立】 2021年7月8日，海沧区印发《海沧区涉侨突发事件应急预案》《厦门市海沧区社会救助联席会议办公室关于调整社会救助联席会议成员单位及职责分工的通知》，建立涉侨安全工作机制，明确涉侨慰问分工，完善归侨侨眷代表人士信息库。

【侨情及留学生情况普查】 2021 年9—11 月，海沧区侨办联合区财政局、侨联、档案馆、海沧公安分局、市场监督管理局、4 个街道及 13 个基层侨团等单位对海沧辖区归侨、侨眷、华侨、外籍华人、留学生、侨界重点人士、华侨华人社团等侨界对象进行普查，年底完成区归侨、侨眷等侨情普查工作。根据普查结果，海沧区辖区有街道侨联 4 个、华侨华人社团 13 个，有归侨 157 人、侨眷 4861 人、华侨华人 155 人、留学生 159 人。其中，海沧街道归侨 46 人、侨眷 1098 人、华侨华人 18 人、留学生 12 人；嵩屿街道归侨 48 人、侨眷 831 人、华侨华人 89 人、留学生 113 人；新阳街道归侨 41 人、侨眷 2578 人、华侨华人 48 人、留学生 23 人；东孚街道归侨 22 人、侨眷 354 人、留学生 11 人。

【涉侨文化保护】 2021 年，海沧区注重保护侨乡侨文化，区政府主要领导和分管领导针对东孚街道后柯村征拆中涉及古建筑群的保护及开发文化旅游公园等问题作出批示，要求有关部门和街道抓好对接和落实工作；做好拆迁中老侨房老物件集中收存，对不可移动且有历史价值的老侨房给予确认保护。指导“海峡两岸交流基地”青礁慈济祖宫和石室禅院，特色侨乡“莲塘别墅”申报为市人大侨外委联系示范平台，宣传涉侨文化。将沧江古镇、莲塘别墅等具有代表性的侨乡侨房编入《海沧之旅》建筑篇。

（区委统战部）

台湾事务

【概况】 2021 年，海沧区拓展深化对台经济、社会、文化交流合作，探索两岸融合发展新路，打造台胞台企登陆第一家园的“第一站”。举办海峡论坛、保生慈济文化节、颜氏开漳祖祠揭牌暨纪念颜思齐开台 400 周年活动等重大涉台交流活动，提升品牌效应和社会效应。与中国台湾《中国时报》合作开展“第四十一届时报文学奖暨金沙书院散文奖”活动。推动基层社会治理深度融合，组织海峡城乡发展基金会参与 5 个乡村振兴示范点的社区营造工作。突出“青年”重点，加强两岸青少年交流；以民乐教育为抓手，依托海娃民族乐团，促进两岸民乐教育交流和资源共享。运用外出招商、云招商、展会活动招商等多种模式，新引进落地台资企业 31 家。深化台商台企服务，推动台资企业加大研发投入和实施智能化改造，加快从“代工生产”向“自创品牌”转变。实施“人才 +”战略，引进台湾集成电路产业高层次人才 20 人。建设人才服务信息化平台，扶持台青创业就业。落实台胞台企“同等待遇”，推进基本公共服务均等化、普惠化、便捷化。创新司法交流方式，打造两岸青年教学实践基地。10 月，海沧区委台港澳办获“全国对台工作系统先进集体”称号。

【海沧台湾经贸合作】 2021 年，海沧区聚焦集成电路、生物医药、新材料三大主导战略性新兴产业，新引进落地 31 家台资企业，推动华晖晟生物科技、胜亚生物 2 家台资企业增资项目落地，实施“人才 +”战略，引进台湾集成电路产业高层次人才 20 人。来自台湾的威盛集团与海沧区共同推动的盛海智芯（厦门）智能科技有限公司注册成立，注册资本 1000 万元。全年，海沧区台资企业总数 559 家，其中，规模以上台资企业总数 54 家，规模以上台资企业工业产值 230 亿元，占全区规模以上工业产值 12.71%；“三高”（高技术、高成长、高附加值）台资企业总数 17 家。扶持台青创业就业，兑现台湾人才创业就业奖励补助、一次性生活补贴、优秀人才工作津贴 150 余万元。

【海沧台湾文化交流】 2021 年，海沧区创新交流新模式，采取线上线下相结合，提升对台活动品牌效应，深化两岸文化认同。4 月 18 日，举办第十四届海峡两岸（厦门海沧）保生慈济文化节；7 月 18 日，承办全国台联“第八届海峡两岸青少年新媒体‘唱’论坛”；10 月 27 日，围绕“中华优秀传统文化”主题，与台湾《中国时报》合作举办“第四十一届时报文学奖暨金沙书院散文奖”颁奖活动。12 月 10 日，承办中国宋庆龄基金会“第九届两岸公益论坛”活动；12 月 11 日，举办第十三届海峡论坛首届“海峡两岸城乡社区发展与社会治理论坛”，在海峡论坛期间，全国政协主席汪洋到青礁慈济祖宫进行调研。

【海沧台湾青少年交流】 2021 年，海沧区针对台湾青年不同群体，开展交流活动，提升台湾青年一代对中华传统文化的认知度和鉴赏力。2 月 4 日，举办“工会红 · 暖心间”烹饪技能培训；2 月 5 日，举

2021 年 6 月 18 日，海峡两岸少儿美术展海沧展开展。图为参展人员合影

（区委宣传部　供）

办“你说我听‘记录精彩人生’活动”；4 月 24 日，举办桐花节“两岸青年联谊交友”活动；6 月 10 日，举办乡村振兴“青春手牵手，两岸心连心”活动；6 月 23 日，举办“两岸青年思享 +”青少年社区治理金点子集市；12 月 3 日，举办“两岸阳光故事家族”亲子故事会。

【海沧台湾社区融合】 2021 年，海沧区针对台湾青年不同群体，开展“两岸青年思享 +”青少年社区治理金点子集市、“春暖花开，一起留厦”两岸青年文化交流、“工会红・暖心间”烹饪技能培训、“你说我听‘记录精彩人生’活动”、乡村振兴“青春手牵手，两岸心连心”、“两岸阳光故事家族”亲子故事会、桐花节“两岸青年联谊交友”等交流活动。完善海峡城乡发展基金会的专业化规范化建设，推进赋权赋能工作，组织台湾青年参与洪塘村赤土社、第一农场下陈社、过坂社区、海沧社区等 5 个乡村振兴示范点的社区营造工作，落实基层深度融合治理。推进两岸融合社区健康促进项目，邀请台湾医疗专家走进社区，开设台湾医师诊室，让海沧居民在家门口就能享受台湾优质的医疗资源。海沧两岸义工联盟组织台胞参与疫情防控志愿服务，负责现场秩序维护、卡口查验等工作。辖区台商台胞参与疫情防控爱心捐赠活动，累计捐赠款物价值近 70 万元。

【海沧台湾司法交流】 2021 年 1 月，海沧区打造两岸青年教学实践基地，组织 8 名台湾实习生到区法院围绕案件审理、文书起草、诉讼服务等开展交流，并组织司法调研、参访考察、见证执行、专题沙龙等活动，为台湾法学青年提供近距离接触祖国大陆司法实务的机会。成立全国首家“一带一路”国际商事调解中心涉台调解室，完成全省首例“跨海峡”远程立案。

【惠台扶持政策落实】 2021 年，海沧区发挥台商台胞服务站协调功能作用，走访调研台企 125 家，召开 4 次台商台胞座谈会，解决台资企业各类困难问题 130 多个，排查并成功化解涉台矛盾纠纷 70 多起。新设立台胞台企商事登记服务专窗，审批服务更加便捷。修订《海沧区促进工业经济转型升级提质增效若干措施》，兑付规上台资工业企业各类扶持资金 2030 万元，惠及台资企业 34 家次。发挥人才服务信息化平台的作用，兑现台湾人才创业就业奖励补助、一次性生活补贴、优秀人才工作津贴 150 余万元，为扶持台湾青年到大陆学习、

2021 年 2 月，海沧区行政服务中心二楼 28 号窗口增设“台胞台企服务专窗”

（邱时　摄）

2021年4月18日，第十四届海峡两岸（厦门海沧）保生慈济文化旅游节在海沧开幕。图为开幕式表演现场 （区文旅局 供）

就业、创业提供政策保障。

【“两个同等待遇”落实】 2021年，海沧区市场监督管理局设立“台胞台企商事审批服务专窗”，为141家台企提供优质服务，实现商事注册审批便利化；开通台胞台青办理图书证服务绿色通道；帮助1126名台胞录入预约接种新冠疫苗；安排31位台青子女入园入学；组织35名留厦台胞开展烹饪技能培训；推荐3名台湾职工子女报名参加闽台湾职工子女夏令营活动；协助11家台企解决用工需求762人；协调安排150多名台湾重要人士隔离；海沧公安分局受理台湾居住证205人次，其中，提供证件邮寄服务73人次，占受理总数的35.61%。

【第十四届海峡两岸（厦门海沧）保生慈济文化旅游节】 2021年4月18日，第十四届海峡两岸（厦门海沧）保生慈济文化旅游节在海沧开幕，全国台联会会长黄志贤、台湾大学教授夏铸九等两岸800多名来宾出席开幕式。文化节通过“线下+线上”联动的方式，以“弘扬保生慈济精神，推进两岸融合发展”为主题，由“开幕式+保生慈济宫庙进香”系列活动、心语献慈济、保生慈济知识有奖问答、保生青草药及防疫知识宣传教育、“‘一轮明月照古今’主题摄影作品展”五大版块组成。

【颜氏开漳祖祠揭牌暨纪念颜思齐开台400周年】 2021年4月18日，颜氏开漳祖祠揭牌暨纪念颜思齐开台400周年在海沧区青礁村举行，台湾大学建筑与城乡研究所名誉教授夏铸九等海内外嘉宾共同为颜氏开漳堂祖祠尚书坊揭牌。海内外颜氏宗亲、嘉宾500多人参加。

【第二届金沙书院海峡两岸散文奖】 2021年10月27日，第二届金沙书院海峡两岸散文奖颁奖典礼在海沧举行。活动以“两岸视域中的中华优秀传统文化”为主题，征集到海内外来稿1041篇，创造“台湾‘中国时报’散文征文奖”举办40多年来的征稿数量之最，其中台湾作品涉及16个县市，共计178篇，11件获奖作品中有4件由台湾作者创作。

【第九届两岸公益论坛】 2021年12月10日，第九届两岸公益论坛在北京、厦门海沧同步举行，论坛主题为“社区公益让家园更美好”。论坛由中国宋庆龄基金会联合两岸及香港有关机构共同主办，来自海峡两岸的54家公益组织、高校、媒体、企业等机构、专家学者和青年代表120余人参加，中国宋庆龄基金会常务副主席杭元祥在北京出席开幕式并致辞。

【首届“海峡两岸城乡社区发展和社会治理论坛”】 2021年12月11日，第十三届海峡论坛首届“海峡两岸城乡社区发展和社会治理论坛”在海沧召开。论坛由中国社会科学院社会学研究所和厦门海沧台商投资区管委会主办，来自海峡两岸科研院所、高校专家及青年学者80余人参会，海峡两岸学者相聚探讨城乡基层社区发展与社会治理的理论与实践，共同探索实现社会治理现代化的可行路径。

（区委台港澳办）

责任编辑、校对：李彩兰

经济管理与监督

宏观经济管理

【概况】 2021年，海沧区全面统筹疫情防控和经济社会发展。9月，厦门疫情暴发，海沧区激活指挥体系，开展6轮全员核酸检测，对病例集中的嵩屿街道执行严格管控措施。至10月11日，海沧区封控管控区全部解封，经济运行稳步发展。全年实现地区生产总值938.24亿元，比上年增长11.9%；全区439家规模以上工业企业完成产值1809.2亿元、增长27.6%，实现规模以上工业增加值576.2亿元、增长23.7%，连续4个季度增幅全市第一；批发零售业销售总额4458.34亿元，增长64.4%；固定资产投资（不含农户）增长15.1%，增幅排名全市各区第一，比全省平均高9.1个百分点，比全市平均高3.8个百分点；城镇居民人均可支配收入61664元，增长10.1%；农村居民人均可支配收入36948元，增长12.7%。11项主要经济指标中，有8项指标增幅高于省市平均水平。新增“五个一批”项目91个，总投资534.9亿元，第四季度全省“五个一批”考评实现争先目标。全年省市重点项目62个（含省级重点项目16个），总投资1223.84亿元，年度计划投资135.09亿元，实际完成投资342.24亿元，投资完成率253.34%；区重点项目17个，总投资39.19亿元，年度计划投资4.61亿元，实际完成投资7.24亿元，投资完成率157.17%。

（区发改局　区统计局
区建设与交通局）

【项目审批】 2021年，海沧区优化项目审批，执行“多规合一”，对财政性投资项目实行并联审批，缩短审批时限；对社会投资的备案项目，实行“即来即办”。全年审批（包括备案）临港高中、海沧区新阳街道片区正本清源改造工程、厦门金鹭硬质合金有限公司硬质合金工业园二期等项目439个，总投资402.32亿元。其中，财政性投资项目159个，总投资35.27亿元；社会性投资项目280个，总投资367.05亿元。

【区级财政性基建计划】 2021年1月5日，《海沧区2021年第一批财政性基建投资计划》印发实施，安排项目88个，总投资73.18亿元，年度计划投资15.90亿元；11月3日，《海沧区2021年第二批财政性基建投资计划》印发实施，安排项目83个，总投资17.09亿元，年度计划投资4.63亿元。优先保障续建、民生补短板、产业发展所需的市政配套及重点片区开发项目，两批次财政性基建投资计划安排项目171个，年度计划投资20.53亿元。至12月底，第一批财政性基建投资计划完成投资额14.12亿元，完成年度总投资的88.79%；第二批财政性基建投资计划完成投资额2.62亿元，完成年度总投资的56.51%。

【重点项目建设】 2021年，海沧区省重点责任项目6个（不包括跨区重点责任项目），总投资156.92亿元，全年计划投资12.9亿元，实际完成投资36.4亿元，完成率282.28%，超年度计划23.5亿元。市重大责任项目4个，其中海嘉面粉、鳌冠片区海域修复工程、当盛新材料等3个项目于年内开工，养生堂厦门万泰诊断基地项目提前6个月取得项目用地。

【信用体系建设】 2021年，海沧区发改局建设升级全区信用体系建设管理平台，通过对“海沧区信用管理平台”两期升级改造，完成区审批管理系统与信用管理平台数据自动归集上报。完成信用目录更新，归集32个部门信用目录9258条，信用数据总量13027条。实现“双公示”等信用信息全覆盖。开展分级分类监管，加强教育、公路交通、食品药品、卫生健康等分级分类监管领域8个。提升中小企业融资服务，在全国信易贷平台厦门站推出“新阳园区贷”金融场景。至年底，区企业注册数5454家，企业注册占比数23.24%。

【轨道规划建设】 2021年，海沧区做好轨道交通线网规划编制，完善优化海沧轨道线网方案，准备轨道4、8号线及城际R1线前期工作，配合市级有关部门完善优化轨道线站位规划。轨道6号线全段率先实现全部车站主体结构封顶及隧道贯通；做好轨道2号线安全运营，重点配合轨道集团做好防洪防涝防淹等工作。推进海沧轨道平衡用地的收储移交，向市里移交用地45.37公顷。

（区发改局）

自然资源和规划管理

【概况】 2021年，海沧区系统梳理招商项目供地需求要素保障，包括规划用地性质、“农转用”、土地利用规划、征拆等，推动海沧区土地供地计划实施。开展批而未供、供而未用、闲置土地处置清理工作，盘活存量用地。开展2009—2018年度批而未供用地处置和招商地图编制工作，梳理完成“一地一策”，推动海沧区招商服务保障与盘活批而未供有机融合，引导招商项目优先选址于批而未供用地。全年区级批而未供处置任务49.58公顷，完成处置面积54.3公顷；供而未用处置任务83.3公顷，已完成处置面积61.7公顷；闲置土地处置任务42.2公顷，已完成处置面积21.7公顷。海沧区围绕服务海沧经济发展的目标，开展规划编制工作，规划编制项目32个。开展产业、交通、生态、风貌保护、招商等专项规划，编制完成规划设计条件的地块11宗。推进市重点项目324国道（纵二线）厦漳界至凤山段工程建设等9个市政交通类项目建设，完善区内市政交通体系。做好工业项目增资扩产，办理完成厦门满福盛等3个增资核定规划条件，对接服务正新海燕轮胎、瑞凯彩印制品厂、星星工艺品等企业增资扩产事宜。推进集体发展用地项目建设，加大租赁住房供应。加快征拆房屋权属审核工作，受理送审拆迁登记表766宗，合计面积149552.46平方米；受理送审拆迁一览表634户、3355人次、1074宗，保障重点项目落地。

【土地利用管理】 2021年，厦门市“多规合一”业务协同平台策划储备项目227个（划拨项目205个，工业项目10个，一般经营性项目12个），启动生成项目223个；取得农转用8个批次批复，合计新增建设用地面积8.15公顷；完成建设用地供应总计53宗，土地面积127.98公顷。审批完成建设项目用地预审与选址意见书46件，建设用地规划许可25件，市政工程规划许可36件；设施农用地数据录入8宗；完成建设用地审批数据信息化备案18个批次，45宗，面积532.12公顷；完成建设项目预审备案系统项目备案51宗；办理住房困难提前安置住房审核2宗；办理调整动工竣工期限9宗；公开出让国有建设用地使用权受让人变更3宗；限制性出让用地抵押3宗；划拨国有建设用地使用权40宗，面积77.84公顷（其中教育用地5宗，面积27.43公顷；道路用地22宗，面积36.68平方米）；办理建设用地指标变更结缴地价16宗，地价2554.78万元；划拨安置房变更限制性出让安置房、保障性住房10宗，地价764403.09万元；土地使用金征收2宗，金额30.16万元。

【存量用地盘活】 2021年，海沧区根据2019年耕保督察、2020年土地例行督察项目、省自然资源厅监管系统数据闲置土地项目和省自然资源审计项目的年度闲置土地处理任务，对照清单制定海沧区闲置土地处置方案。通过收集和梳理本年度需重点处置项目17个，制定一宗一策，推进闲置土地处置。全年处置闲置土地9宗，24.7公顷，年总处置率58.5%，全市排名第三。

【自然资源执法监察】 2021年，海沧区开展全国第三次土地调查工作，核查图斑8747个。做好2020年度国土变更调查工作，遥感监测图斑1080个、国情监测图斑1047个、三调跟踪图斑9个，数据成果按时提交并通过验收。推进矿山生态修复治理工作，落实《厦门市地热资源开发利用专项整治行动》，对矿山企业加强巡查监测和日常监管。对辖区内7处关闭矿山地质情况进行实地核查和系统梳理，推进矿山生态修复治理，巩固修复成果。推进海沧区围填海历史遗留问题处理，对海沧区已填成陆的19个围填海历史遗留问题图斑进行实地核查和系统梳理，其中，全部拆除图斑2个（0.64公顷），由企业依法补办用海手续图斑6个，统一打包生成岸线生态修复项目图斑11个，计划保留可利用海域面积9.28公顷。结合四大行业领域的专项整治，处理“两违”问题、非法采矿问题，健全卫星遥感监测、土地动态巡查、协管员反映、批后跟踪管理、群众信访举报等制度，形成全链条长效机制，全面动态监管土地使用情况。

【土地执法监察】 2021年，自然资源部下发海沧区2020年卫片图斑977个，发现违法用地图斑128个，监测面积39.33公顷，其中耕地面积5.91公顷（永久基本农田面积0.12公顷）。至12月31日，查处整改图斑108个，查处整改率84.37%。福建省自然资源厅下发“天地网”（天上看、地上查、网上管）动态执法违法用地图斑84个，整改67个，整改率80%；下发62批次农村乱占耕地建房问题清单，海沧区保持零新增。

【耕地建房整改】 2021年9月11日，在农村乱占耕地建房整治方面，省自然资源厅提取并下发全市2013年以来农村乱占耕地建房的疑似图斑海沧区835个。第一阶段整治涉及的产业类图斑185个，实际174个（1个图斑为2013年1月1前建设调出整治任务；10个图斑调整为住宅类和公共服务类纳入第二阶段整治），完成拆除154宗，12个图斑继续补办农业设施备案，6个由市、区两级政府推动的振兴项目和2个直接用于农产品加工的图斑，暂时予以保留，待国家政策出台后处置；第二阶段整治涉及图斑237个，其中，住宅类175个（东孚街道132个、海沧街道38个、嵩屿街道3个、新阳街道2个）；公共服务类62个（东孚街道32个、海沧街道23个、嵩屿街道7个），推进住宅类中10宗“一户多宅”整治，已整治9宗，1宗作出行政处罚。在耕地保护督察问题整改方面，省自然资源厅到海沧区实地督导2019年耕保督察4宗整改到位；2020年9月，例行督察海沧区有6个问题，完成3个问题的整改工作，还有2宗闲置土地和1宗重点工程为批先建问题未整改到位。违建别墅清查整治问题4宗，均整改到位。

【规划编制】 2021年，海沧区通过强化批而未供、村庄拆迁整合提升、名校引进策划等规划策划，开展《东屿CBD招商地块规划策划》《许厝片区旧城更新规划及城市设计》《海沧CBD城市阳台近远期开发规划策划》《海沧区成片改造与开发近期建设策略》4个片区开发规划策划编制工作，优化片区空间布局。根据主导产业定位，结合产业创新升级要求，组织开展《海沧区重点产业片区规划实施策划》《海沧区工业控制线优化调整规划》《海沧一农生物医药产业园用地规划策划》《海沧区临港片区05～12编制单元南海四路两侧用地布局优化调整项目策划》《海沧区青礁南片区局部用地规划调整方案策划》5个产业类规划策划工作，优化海沧区未来产业发展的整体空间格局。落实“十四五”专项相关规划工作，开展产业、交通、生态、风貌保护、村庄、招商等专项规划。

【规划审批】 2021年，厦门市“多规合一”业务协同平台海沧区接入24家单位，策划储备项目227个，其中划拨项目205个，工业项目10个，一般经营性项目12个；启动生成项目237个，其中，划拨项目226个，一般经营性项目1个，工业项目10个；各单位运用“多规合一”业务协同平台进行意见征集146条。

【规划监督】 2021年，海沧区强化用地批后监管，对已批建设用地的开竣工时限、土地用途、投资强度、土地使用权转让以及土地闲置、土地出让金（租金）缴交等方面进行全方位监控管理。开展建设项目“双随机”抽查，抽查28个项目，发放15件“查处违法建设工作联系单”，监管在建项目、遏制违法建设现象。开展关于长航物流中心项目的专项监督检查，确保该敏感项目得到监管。开展承诺制项目的技术抽查及市场不良信用主体认定工作，抽查建设项目28个。

（市自然资源规划局海沧分局）

国有资产管理

【概况】 2021年，海沧区推动市场化经营机制建设，健全完善以工资总额预算管理为主要调控方式的收入分配体系，推进区属国企全民所有制改革；对标市场主体，结合企业实际，开展定岗、定编、定员、定薪。督促部分国有资本充实社保基金划转相关工作，完成城建集团维护板块设立异地子公司审批授权下放机制工作，按规定对城建集团《城乡维护板块异地子公司暂行监督管理细则》予以备案。全年区属国企实收资本合计123.06亿元，资产总额717.97亿元，净资产107.04亿元，负债总额610.93亿元，资产负债率85.09%，实现营业收入346.76亿元，上缴税收15.82元，上缴全年国有资本经营收益0.39亿元。

【国企改革深化】 2021年，海沧区把握区属国企改革的形势要求，分类授权，分类推进改革工作。针对不同类别企业，在股权结构、法人治理、选人用人、布局调整、考核与薪酬管理和国有资本经营预算、工资总额等方面分类施策、分类改革，推动市场化重组改革，推进商业类子企业混合所有制改革。深化企业劳动、人事、分配三项制度改革，建立健全管理人员能上能下、员工能进能出、收入能增能减的市场化选人用人机制；尝试市场化人才机制，重点培育职业经理人和企业家队伍。推动市场化经营机制建设，强化激励考核约束机制。海投、城建集团推出部分二级企业，开展完全市场化机制试点；健全完善以工资总额预算管理为主要调控方式的收入分配体系，推动企业经营业绩考核、工资决定机制和综合评价制度等；推行职业经理人制度，对市场化选聘的职业经理人，实行市场化薪酬分配机制；推进“四定”工作，开展定岗、定编、定员、定薪。

【国资监管强化】 2021年，海沧区开展区属国有企业资产出租专项检查工作、区属国企2018—2019年度工资总额清算评价工作、2019年度及2020年度企业负责人薪酬业绩考核工作、办理国有企业资产评估核准5项，核准金额44.59亿元。区属国企按照国有资本经营收益上缴任务的通知，上缴全年国有资本经营收益0.39亿元。

【国有资产盘活去化】 2021年，海沧区统筹国企资产状况，促进重大资产整合盘活、推动去化，推动闲置资产转让交易，剥离劣质资产运营，发挥优质资产效益，通过划拨区属国企部分资产以及专项增资，盘活资源，发挥区属国企在培育发展服务海沧产业方面的作用。

【国企改革三年行动】 2021年，海沧区加快推进全民所有制企业公司制改制工作，是国企改革的第二年。3月17日，区财政局国资办出具《关于同意市政中心实行公司制改制的批复》。至年底，城建集团市政公司及海投集团海沧房地产开发公司完成公司制改制。实现企业重组优化，增强区属国有企业竞争力和抗风险能力。

（国资办）

【厦门海沧投资集团有限公司】 2021年，厦门海沧投资集团有限公司（简称海投集团）完成经营收入303.51亿元，占年度预算的115.31%，比上年增长67.04%；实现利润总额8.54亿元（含半导体投资收益、未含高价地减值），占年度预算的79.32%（剔除股改、新海达、云山郡、白鹭湾，包含半导体投资收益），下降12.5%；上缴税收8.57亿元，增长29.78%；工业产值9.85亿元，增长34%；商贸业务额252亿元，增长111%。11月，福建省企业与企业家联合会、福建省广播影视集团和福建省社科院联合发布2021年福建企业100强名单，海投集团蝉联福建企业100强，排第51名，蝉联福建服务企业100强，排第23名，分别进位30名和18名。

（海投集团）

【厦门海沧城建集团有限公司】 2021年，厦门海沧城建集团（简称城建集团）实现营业收入11.24亿元，外拓主营业务实现营业收入3.34亿元，收入占比29.72%，比上年增长9.3%；全年实现利润总额1.04亿元，增加6110万元；上交税金1.62亿元，增加1.27亿元。城建集团参与海沧湾、马銮湾、鳌冠、沧江新城开发建设，学校、安置房、市政道路、公园绿化等民生工程，全年完成固定资产投资24.16亿元，承接代建项目214个，其中市、区重点项目21个。打造海沧首批5座“口袋公园”和“花漾街区”，新增改造地铁2号线沿线周边停车位约1600个。深度参与生态环境治理攻坚，全面铺开鳌冠海域岸线保护和生态综合整治工程，海沧首批农村污水提升治理项目完工，参与过芸溪小流域综合整治。环卫保洁、园林绿化、生态治理、项目建设等板块业务持续跨市出省，联合中标江西庐山市污水治理“城乡一体化”工程，首个外接房建项目——安徽省滁州市“5G物联网测试平台产业化项目”通过主体结构验收，承建的环东海域浪漫线绿化工程获“特色园林风情道路建设样板”福建省第二名。

（城建集团）

【厦门海沧发展集团有限公司】 2021年，厦门海沧发展集团有限公司（以下简称海发集团）（不含半导体集团）整体营业收入（含租金减免）8.86亿元，比上年增长53.63%。集成电路产业快速增长，集聚制造类项目15个，设计类项目34个，初步形成独具特色的产业发展的“海沧模式”，推动区域初步完成新旧动能转换。全年集成电路企业完成总营收26.3亿元，比上年增长230%；规模以上工业产值15.44亿元，增长363.8%；全年营业收入过亿元企业6家，较上年增加4家。生物医药产业持续向好态势，海沧区生物医药企业405家，产业规模516.24亿元，其中规模以上工业企业61家，实现产值371.38亿元；全年获批三类医疗器械产品32项，占全省65.31%、全市82.05%。2021年5月7日，国务院办公厅发文通报激励海沧战略新兴产业。

（海发集团）

审　计

【概况】 2021年，海沧区委审计委员会先后召开4次会议，传达学习习近平总书记关于审计工作的重要讲话和重要指示批示精神和中央、省、市审计委员会会议精神，提出贯彻意见建议12条；出台海沧区“十四五”审计工作发展规划、加强内部审计工作意见，通过“领导在线访谈”，宣传讲解海沧区内部审计工作，将党的领导和上级工作部署具体化。年内，海沧区审计局依法履行审计监督职责，发挥审计建设性作用，全年完成24个项目，查出主要问题金额14874万元，其中违规金额1739万元，损失浪费金额15万元，管理不规范金额13119万元；向被审计单位提出建议69条，推动建立健全制度11项。

【预算执行审计】 2021年，海沧区审计局规范资金管理，深化财政公共资金审计。组织实施2020年度区本级预算执行和决算草案审计，结合经济责任任中审计，同步开展3家部门预算执行审计，推动提高资金绩效和落实过“紧日子”要求。

【政策落实情况跟踪审计】 2021年，海沧区审计局聚焦中心工作，开展政策落实情况审计。开展4个专项审计调查，重点揭示在产业政策落实情况、财政投融资建设、农林水利资金等方面存在的问题并提出可行性建议。

【经济责任审计】 2021年，海沧区审计局加强经济责任审计，提前完成审计任务。全年完成21名领导干部的离任、任中经济责任审计，1家区属国有企业的审计，提前完成三年企业审计全覆盖的任务，强化国有企业的审计监督力度。

【审计整改】 2021年，海沧区审计局制定审计整改制度，规范审计整改工作。创新审计监督方法，通过建立被审计单位领导约谈、审计整改台账管理、审计整改“回头看”等制度，将审计整改工作制度化，推动审计项目形成“计划、实施、终结、整改”闭环管理，提升审计质量和效果。将审计整改完成情况列入当年机关效能考评，加强审计整改工作监督力度。

（区审计局）

统　计

【概况】 2021年，海沧区统计局以开展党史学习教育活动为契机，树立新发展理念，做好各项统计工作。地区生产总值938.24亿元，比上年同期增长11.9%，规模以上工业增加值完成576.21亿元，增长23.7%；固定资产投资增长15.1%；批发零售贸易业销售额4458.34亿元，增长64.4%；城镇居民人均可支配收入6.17万元，增长10.1%，以上5项指标增幅均位居全市各区第一。监测经济运行，协调统计服务，开展防范造假专项整治，加大统计执法检查力度，组织对辖区94家企业进行统计“双随机”检查。年内，海沧区统计局获2021年度市对区统计业务工作综合考评第三名；海沧区城市综合调查队在全省县级地方调查队考核中被评为优秀。

【统计运行监测】 2021年，海沧区统计局完成“四上企业”（规模以上工业企业、资质等级建筑业企业、限额以上批零住餐企业、规模以上服务业企业）报表工作。开展企业“一套表”网上直报工作，每月在报表上报期间实行报表报送通报制度，反馈企业报送进度和异常情况，规范数据审核流程，加强对企业数据的跟踪监测、比对分析，保证企业数据的上报率和准确率；详细了解企业生产经营状况，在每月（季）核定数出来后，对数据进行汇总、比对、分析，形成分析材料，并编印《统计月报》；对主要经济指标完成情况、存在问题和影响因素进行统计分析；围绕领导关注焦点，立足统计业务，开展专题分析。与厦门大学合作开展课题调研“厦门市海沧区集成电路产业发展研究”，10月提交成果。

【统计协调服务】 2021年，海沧区统计局推动统计数据应统尽统。跟踪走访新增长点企业、减产企业、项目进度滞后企业、当月数据报送异常企业等“三新”（新产业、新业态、新商业模式）企业，了解掌握企业生产进步、经济发展趋势，加强对企业数据监测和对统计人员业务指导，推动新增达限企业、规下转规上企业纳入统计，反映经济发展成果；加强与区发改局、区工信局、区建设局、区税务局等部门的沟通联系，跟踪重点企业、重点项目落地、建设、投产、达限等各阶段进展情况，定期梳理营业收入超规模的工业、商贸业和服务业企业信息，主动上门开展统计辅导，全年走访各类企业100多家；对各部门需要统计服务协调的事项，专人对接、即时办结，协调解决各街道统计站工作推进中遇到的困难和问题，年内，帮助各部门和企业解决统计问题40项。汇总、筛选企业经营信息，将达限企业纳入统计，至12月新增入统企业365家；做好“第七次全国人口普查”后续工作。抓好劳动力、居民收支、劳动工资、农业等调查工作，以及限下工业、商贸业等调查任务。开展劳动力调查入户回访、上门指导收支调查记账户科学记账，解决企业、群众所碰到的实际问题。10月，全面启动2021年全区人口变动抽样调查工作。

【防范统计造假专项整治】 2021年，海沧区统计局深化统计法制学习宣传，实施干部统计法知识任前考试制度，凡拟提拔为科级以上领导干部均须学习《中华人民共和国统计法》《中华人民共和国统计法实施条例》，并参加集中考试，至年底，全区有37名干部通过考试。通过全区统计系统各种会议形式，传达上级关于统计工作指示批示精神，把防范和惩治统计造假、弄虚作假作为政治纪律和政治规矩。6月3日，在管委会、区政府第145次常务会议上传达学习习近平总书记关于统计工作重要讲话指示批示；8月23日，区政府专题会上学习贯彻《法治统计建设规划（2021—2025年）》和全国全省统计法治工作会议精神；9月3日，区委常委会传达学习习近平总书记统计工作重要论述。做好统计督察迎检工作。清理纠正违反统计法精神的文件和做法，纳入统计执法监督检查内容，形成防范和清理的长效机制；组建统计督察工作联络组，明确各小组职责任务，疏理督察任务清单，完成调阅资料的整理工作。落实防惩统计造假责任制。先后制定下发《厦门市海沧区统计局防范和惩治统计造假弄虚作假责任制实施办法（试行）》《统计违法举报管理工作制度（试行）》《查处统计违法案件工作制度（试行）》等，细化具体工作措施，对标对表严格执行，落实相关责任，推进各项工作。强化数据比对，年内，对工业、劳动工资、服务业等专业企业开展数据核查，抽取27家企业，其中，劳动工资4家，工业13家，服务业10家。

【统计执法检查】 2021年，海沧区统计局加大统计执法检查力度。制定统计行政执法公示、统计行政执法全过程记录、重大行政执法决定法制审核3项制度，梳理统计执法事项等5项清单，制定统计权责清单；执行领导干部违规干预统计工作记录台账制度，完善执法检查和行政处罚流程，规范统计监督机制；开展“双随机”检查。根据2021年统计“双随机”工作要求，组织对辖区94家企业进行统计“双随机”检查，其中，工业30家、商贸业33家、服务业13家、建筑业7家、固定资产投资8家、劳动工资3家。通过数据核查和“双随机”检查，立案查处1件，罚款500元。

【年报培训模式创新】 2021年，海沧区统计局针对新冠肺炎疫情的不确定性，创新年报培训模式。1月14日，录制年报培训视频，录制时长计330分钟，通过网课形式把2021年年报及2022年定报的工作要求和操作要点传达到企业统计员；加强与企业沟通联系，通过微信群、QQ群方式，提醒并指导企业收看培训视频，确保完成上报相关报表。

【省统计法治宣传活动在海沧举行】 2021年12月8日是《中华人民共和国统计法》颁布38周年纪念日，海沧区举办以“弘扬宪法精神　奋进统计未来”为主题的统计法治宣传活动。活动由福建省统计局、厦门市统计局、海沧区统计局联合主办，海沧区城市综合调查队承办。福建省统计局局长叶飞文出席活动，海沧台商投资区管委会副主任章春杰致欢迎词。100多人参加宣传活动。活动围绕统计法律法规和统计知识，通过展板、展位宣传、发放宣传材料等宣传形式，全程网络同步直播，线上线下同步宣传，向群众普及宪法、统计法律法

2021 年 12 月 8 日，海沧区在海沧文化中心举办以“弘扬宪法精神　奋进统计未来”为主题的统计法治宣传活动（区统计局　供）

规知识。

（区统计局）

市场监督管理

【概况】 2021 年，海沧区市场监管局增强市场主体活力，新设商事主体 11959 家，新增注册资本 466.78 亿元；助推 64 个重点项目落地海沧，注册资本 107 亿元。至 12 月 31 日，海沧辖区有商事主体 68456 家，其中内资 817 家，私营 34272 家，农民专业合作社 104 家，外资企业 1211 家，个体户 32052 户。各类商事主体总注册资本 4643.91 亿元，其中，内资注册资本 3873.64 亿元，外资注册资本 729.41 亿元，个体户资金数额 40.86 亿元。全面推行全程网办，办理全省首张“微信办”个体户营业执照。加大市场监管力度，辖区食品安全监管工作成效在全市春、秋两季校园及周边食品安全检查中均排名第一，区市场监管局获评全市食品安全工作先进单位。承办 2021 年厦门市疫苗安全突发事件Ⅳ级应急演练。虚假违法广告整治工作、打击侵犯知识产权和制造假冒伪劣产品、打击传销工作成效在市对区综治考评中均排名第一。推进实施标准化战略，为 30 家企业兑现标准化资助资金 395.84 万元，辖区 1 家企业（厦门佳浴智能卫浴有限公司）获评企业标准“领跑者”称号，1 家企业（厦门长塑实业有限公司）获第五届厦门市质量奖。知识产权工作取得进步。全年全区国内专利授权量 4685 件，比上年增长 30.7%，有效发明专利拥有量 1907 件，增长 20.2%。新增注册商标 5535 件，总量 27612 件，地理标志产品申请受理 1 项（海沧土笋冻）。办结消费者投诉举报 7282 件，为消费者挽回经济损失 2667.54 万元。强化 3C、工业许可证后监管，对辖区 17 家工业产品获证生产企业、17 家 3C 获证企业开展全覆盖检查，整改闭环率 100%。落实成品油质量管控整改工作，联合多部门查获汽油 1.73 吨、柴油 3.6 吨。区市场监管局获评第十四届“省级文明单位”，实现“六连冠”；获评厦门市“创建模范机关先进单位”；区市场监管局工会获评厦门市“五星模范职工之家”。万欢获评全国药品监管系统先进个人，卢永生获评全省“扫黑除恶”先进个人，谢晓亮获评全省市场监管部门非公党建工作先进个人，郭平发立厦门市精神文明建设工作个人“三等功”，吴建坤和陈萍丽获评厦门市“文明家庭”；万雪宏和蔡瀚森获评海沧区“精神文明工作先进个人”；区市场监管局 11 名党员被中共海沧区委和海沧区直机关工委及市局党组表彰为“两优一先”。

【商事登记改革】 2021 年，海沧区市场监管局在全市率先推出全覆盖咨询导办岗，实现“咨询前移、分流引导、便捷受理”服务。全市首创“白鹭分”免预约绿色通道，有 98 家次企业享受该政策优惠。在全市率先推行“一业一证”改革，办理“一业一证”29 家，辖区厦门鹭燕大药房有限公司 11 家分店成为 2021 年度全市首批获得“行业综合许可证”企业。落实“证照联办”一件事套餐，结合辖区特色生物医药产业推行“生物医药企业一件事一次办”主题套餐服务。全年办理一件事套餐 1810 件，办件总量名列全市第一。

【疫情防控期间市场监管】 2021 年，海沧区市场监管局把好农贸市场防疫关口。做好辖区 14 家农贸市场、4 个摊规点的疫情防控工作，落实“一场一人”“一日一巡查”“轮流巡查”等农贸市场检查制度，检查农贸市场 460 家次；加强外卖网络平台监管。走访美团、饿了么网络平台外送配送站点 68 家次，指导建立平台站点送餐人员防疫情况台账，督促外卖平台人员疫苗接种工作；发挥药店哨点作用。联合海沧区药品经营行业协会

2021 年 9 月 24 日，区市场监督管理局工作人员在鹭邻超市查看口罩明码标价情况　（区市场监督管理局　供）

制定并发布全市首个《海沧区零售药店疫情防控技术指南》，出动执法人员检查药店 977 家次，立案 10 件，向公安部门移送全市首起经多次督促制止仍未实名登记销售治疗发热、咳嗽药品案；推动禁止“堂食”工作。9 月，厦门本土疫情防控期间组成 65 个宣贯小组，出动执法人员 3140 人次，走访餐饮企业 12052 家次，分发并张贴 11 号通告 3374 张，对 26 家屡教不改的商家责令停业整顿；对 25 家隔离酒店食品安全监管工作开展“一对一”约谈指导，采用“现场检查 + 远程抽查”方式进行全覆盖全过程监管，最高峰时期 1 天保障 33135 份餐食。做好万纬冷链集中监管仓相关工作，开具消毒证明 3904 份，规范处置阳性货物 41 批次 179.64 吨，海沧万纬冷链集中监管仓工作专班被中共厦门市委反腐败协调小组办公室作为正面典型通报表扬。完善《海沧区应对新冠肺炎疫情工作指挥部进口冷链食品疫情防控组工作方案》，落实进口冷链食品的全环节全链条追溯监管。

【食品安全监管】 2021 年，海沧区做好食品安全创城工作，完成省级初评和国家验收工作。完成 168 家学校食堂“明厨亮灶”建设全覆盖，推动公办学校“雪亮厨房”建设 100%、民办学校“互联网 + 明厨亮灶”建设 100%。实施小作坊质量提升行动，辖区 3 家小作坊被评为“厦门市食品生产加工小作坊示范点”，其中 1 家入选厦门首批“十佳”食品小作坊“特色品牌”。

【药品安全监管】 2021 年，海沧区开展儿童化妆品非法添加问题专项整治，组织签订企业规范经营承诺书 65 份，立案查处 2 家。开展医疗器械网络销售专项检查，联合区检察院约谈网络销售企业 23 家，检查医疗器械经营企业 48 家，责令改正 6 家，当场处罚 1 家。推进医疗器械唯一标识系统（UDI）建设工作，辖区 7 家企业全部完成 UDI 建设。

【特种设备监察】 2021 年，海沧区开展特种设备专项整治行动，完成省市局下发的 23 项专项整治行动，结合辖区实际每月开展 1 次专项检查。联合市特种设备检验检测院、嵩屿街道安监站等开展以“安全乘梯，幸福伴随”为主题的电梯安全使用宣传活动。在厦门双十中学海沧附属学校开展以“小手拉大手，电梯安全共坚守”为主题的校园电梯安全知识培训活动。

【重点领域监管执法】 2021 年，海沧区市场监管局抓好重点领域监管执法。全年立案 322 件，结案 302 件，罚没款 295.37 万元。加强知识产权保护。开展 4 次严格规范专利申请行为专项行动，打击 127 起非正常专利申请行为。查办福建恒声建设集团有限公司涉嫌侵犯注册商标专用权案，被省市场监管局评为“铁拳”执法行动典型案例。查办“假冒、翻新 ABB、西门子产品跨区域销售案”，被中国品保委员会评为“2020—2021 年度知识产权保护十佳案例及‘两法’衔接典型案例”，是全省市场监管系统唯一的获奖案例。加强食品药品监管。查办厦门建财医药有限公司未遵守《药品经营质量管理规范》经营药品案和厦门彬美生物科技有限公司销售未依法注册医疗器械案，被省市场监管局评为“两品一械”典型案例。根据《中华人民共和国反食品浪费法》开出全市首张针对食品浪费行为的责令改正书，中央广播电视总台《法治深壹度》栏目对此进行专题报道。加强违法广告整治。查办厦门利网科技有限公司未核对广告内容发布广告案，被市场监管总局网监司评为 2021 年国家级网络交易监管典型案例。

【重点企业发展助推】 2021 年，海沧区市场监管局组建 6 个帮扶工作组，提供知识产权保护、产品质量提升等7项服务内容，实现帮扶重点企业常态化、制度化。年内，区市场监管局走访重点企业56家，解决企业困难、需求63个。牵头修订《海沧区关于鼓励企业参与实施标准化战略若干规定》，指导5家企业完成25个“对标达标”项目申报。联合厦门市质检院制定《海沧区水暖卫浴产业质量提升实施方案》，形成《2021年厦门市海沧区卫浴产品质量状况分析报告》，推动传统卫浴产业转型升级。全市首创“三三‘问诊’”(每周三下午三点为企业提供知识产权服务)，知识产权咨询日活动和“白鹭分”知识产权便民通道服务，为企业提供知识产权咨询服务51次，为企业出具知识产权分析报告68份。制定《厦门市海沧区市场监管领域轻微违法行为不予处罚实施细则》，将包容审慎监管与柔性执法有机结合。

【全市疫苗安全突发事件应急演练在海沧举办】 2021年2月6日，厦门市为提升应对疫苗安全突发事件的应急反应和处置能力，维护人民群众的生命安全和社会稳定，举行疫苗安全突发事件Ⅳ级应急演练。是《中华人民共和国疫苗管理法》颁布后，厦门市组织开展的首次疫苗安全突发事件应急演练。演练由厦门市人民政府主办，市市场监督管理局、海沧区市场监督管理局承办，海沧区人民政府协办。演练以发生疑似预防接种异常反应为背景，按照“事件的发生与报告”“事件的调查与响应”“信息发布与舆论引导”“应急响应终止”4个环节，采取情景模拟、场景展现的方式实施，虚实结合，涉及大量疫苗专业知识，涵盖应急处置的全部内容。市直各相关部门领导和执法人员全程以真实身份开展实战演练。市区两级联动，针对事件的发生、发展，开展调查取证、应急预案启动、应急处置等相关工作。市委宣传部、市公安局、市卫健委等市、区两级相关部门分管应急工作的领导以及街道和疫苗接种医疗机构、企业代表等近200人参加。

【全市首个区级药品经营行业协会】 2021年5月13日，厦门市海沧区药品经营行业协会第一次会员大会在厦门片仔癀宏仁医药有限公司召开，协会代表80余人参加。会议现场审议通过《协会章程》《选举办法》《规范经营自律公约》《财务管理制度》，选举产生协会第一届领导机构，厦门片仔癀宏仁医药有限公司总经理陈文渊当选协会会长。厦门市海沧区药品经营行业协会是一家由厦门片仔癀宏仁医药有限公司、厦门同春医药股份有限公司、国药控股怀德居医药（厦门）有限公司等药品批发企业联合发起成立，以零售药店为主，批发企业共同参与的药品经营行业协会，也是厦门市第一家区级药品经营行业协会。

【国家药监局法治宣传教育基地建设现场会】 2021年，国家药监局法治宣传教育基地检查现场汇报会在海沧区举行。国家药监局政法司副司长吴利雅等5人对海沧区近年来的药品监管普法工作进行检查验收。检查组参观海沧区市场监督管理局校园普法示范点——海沧青礁小学、药品科普基地——青礁慈济宫和海峡两岸中医药文化展示馆、海沧区市场监督管理局本草社、法立方露台以及药品科科室文化，听取海沧区市场监督管理局关于药品监管普法工作的汇报，对海沧区市场监管局近几年坚持药品监管普法的工作予以肯定。海沧区市场监督管理局作为福建省3个教育基地代表，通过国家药监局的验收。海沧区市场监督管理局健全药品普法工作机制，将执法队伍法治建设、监管对象法治教育、社会公众法治宣传有机结合。同时，深化青少年药品安全科普教育。

2021年2月6日，海沧区市场监督管理局承办疫苗安全突发事件（Ⅳ级）应急演练。图为参加应急演练人员合影
（区市场监督管理局 供）

2021 年 5 月 20 日，国家药监局法治宣传教育基地检查现场汇报会在海沧区举行

（区市场监督管理局　供）

【海沧区药品监管和科普教育基地揭牌】 2021 年 6 月 21 日，厦门市海沧区药品监管和科普教育基地揭牌仪式在海沧区青礁小学举行。慈济中医药文化特色学校——青礁小学致力于“弘扬中医文化，传承国粹经典”，倡导“健康第一，快乐第二，学习第三”理念，被评为“全国流动人口健康教育示范学校”。学校内的中草药园为师生提供科普教育平台、劳动教育平台、综合实践平台和德育平台。授牌仪式后，市场监管局和教育局的领导与学校教师代表进行交流座谈。

【全市首个药店疫情防控技术指南发布】 2021 年，为贯彻落实厦门市应对新冠肺炎疫情工作指挥部第 7 号通告要求，海沧区市场监督管理局联合海沧区药品经营行业协会，共同发布全市首个零售药店疫情防控技术指南。发布会通过线上会议进行，海沧区各药店负责人、海沧区药品经营行业协会相关人员、市场监管局监管人员 180 余人参加。《海沧区零售药店疫情防控技术指南》全文分为四大部分，分别为适用范围、药店的主体责任、入店购药者管理和销售药品管理，对药店在疫情防控期间需要采取的措施进行明确的规范。

（区市场监督管理局）

价格管理

【概况】 2021 年，海沧区完成全区 2020 年度行政事业性收费统计录入工作。开展价格认定工作，为公安机关办理案件提供价格依据。两次启动平价商店差价补贴销售农副产品机制，对辖区内 12 家平价商店（超市）进行日常巡查工作，确保重要民生商品市场价格平稳，供应充足。

【价格收费管理】 2021 年，海沧区全面完成 2020 年的 38 个行政事业性收费单位及其收费项目审核统计，报省、市价格主管部门审核通过后，5 月 28 日将全年具有收费资质的 36 个收费单位名单及其 17 个收费项目通过厦门市海沧区政府网站对社会公布。开展价格认定工作，全年受理办结各类价格认定业务 288 件，标的额 535 万元。

【海沧中学新建宿舍收费标准核定】 2021 年，完成厦门市海沧中学新建宿舍楼收费标准核定工作。根据《福建省定价目录》和《厦门市发展改革委　厦门市财政局厦门市教育局关于印发厦门市高等学校中等职业学校普通高中学生公寓收费分类管理暂行办法的通知》文件规定，委托第三方会计师事务所对海沧中学宿舍楼进行 3 年运营成本监审，核定其新建住宿楼收费标准，试行 1 年后再核定收费标准。

（区发改局）

责任编辑、校对：蔡秋娟

财政　税务

财　　政

【概况】 2021年，海沧区财政总收入237.26亿元，比上年增长25.6%，其中，区级财政收入40.14亿元，增长18.1%。区级财政支出70.86亿元，比上年下降2.0%。实现政府性基金预算收入34.46亿元，政府性基金支出37.28亿元。国有资本经营预算收入0.4亿元，国有资本经营预算支出0.01亿元。

海沧区加强增收节支，集中有限财力支持疫情防控和经济社会发展。做好中央财政直达资金监管，确保资金直达基层、直接惠企利民；推进全面实施预算绩效管理，拓展预算绩效管理覆盖领域，试点部分新增项目事前绩效评估，扩大预算绩效信息公开范围，汇编全区2021年重大项目绩效目标向社会公开，同步报人大参阅。开展2021年节庆期间“三公”经费使用情况专项检查，全年全区（含街道）“三公”经费支出比上年同期上升22.33%。其中，公务接待比上年上升11.59%，车辆运行及购置费上升22.89%。全年完成预决算审核893个，送审总造价48.39亿元，

2021年海沧区财政收支情况表

表4　　单位：万元

预算科目	收入	预算科目	支出
一、区级财政收入合计	401350	区级财政支出合计	708629
税收收入	297088	一般公共服务支出	87098
专项收入	20053	国防支出	1064
行政事业性收费收入	14801	公共安全支出	30034
罚没收入	1386	教育支出	196844
国有资源（资产）有偿使用收入	66176	科学技术支出	24793
其他收入	1846	文化体育与传媒支出	9680
二、上缴市级税收	542066	社会保障和就业支出	49917
三、上划中央税收	1429155	卫生健康	58491
增值税	250605	节能环保支出	7885
消费税	706080	城乡社区支出	109940
企业所得税	362936	农林水支出	16800
个人所得税	71764	交通运输支出	2581
车辆购置税	37770	资源勘探信息等支出	77740
全区财政总收入	2372571	商贸服务业等支出	336
		金融支出	1281
		自然资源海洋气象支出	21376
		住房保障支出	2038
		粮油事务储备支出	5
		灾害防止及应急管理支出	6787
		其他支出	2000
		债务利息支出	1878
		债务发行费用	61

审核后43.55亿元，核减4.84亿元，核减率10%。其中结算价审核812个，送审价24.66亿元，审核价22.61亿元，净核减2.05亿元，核减率8.31%；控制价审核81个，送审价23.73亿元，审核价20.94亿元，净核减2.79亿元，核减率11.76%。

【民生支出】 2021年，海沧区教育、文化、卫生、疫情防控等各类民生支出50.07亿元，占总支出70.66%，其中，教育支出19.68亿元、城乡社区支出10.99亿元、社会保障和就业支出4.99亿元、卫生健康支出5.85亿元等。

【财政监督】 2021年，海沧区财政局强化日常监督管理，将财政监督评价作为财政管理的必要环节和组成部分，动态监控财政资金运行。开展2021年节庆期间“三公”经费使用情况专项检查。重点检查“三公”经费支出是否真实、合规，是否超预算，是否达到下降指标要求，是否建立和履行内部审批制度；检查公务接待、公务用车购置运行费用、公款出国（境）费用等开支情况，并对跨区域临时性公务出行费用、差旅费、会议费、培训费及夜餐费相关规定执行情况开展检查。对区公证处、双十中学海沧附属学校、外国语学校海沧附属学校、天心岛小学、四家卫生服务中心等进行奖励性绩效工资等奖金发放情况专项检查，规范奖励性绩效工资发放；选取3家代理记账机构，针对代理记账机构的执业资格、内部治理、会计信息质量等情况进行重点检查；开展“1+X”检查和预决算公开检查。

【政府采购】 2021年，海沧区不断规范办事程序，健全管理制度，强化全程监管，提升服务效能。全年完成政府采购预算资金3.01亿元，实际采购金额2.89亿元，节约财政资金0.12亿元，节约率3.61%。

【行政事业资产管理】 2021年，海沧区财政局做好区行政事业资产统计、审核上报工作，加强区行政事业性资产配置、使用、处置管理，提升规范化水平。全年移交竣工资产项目797个，移交金额39.88亿元。全年区行政事业资产（不含国企代管资产）出租租金收入5439.19万元。加大力度盘活闲置资产，针对减少拆迁安置过渡费、加快处置存量安置房、盘活经营性资产及闲置土地处置等方面盘活闲置资产取得初步成效，渐美村安居房等3个安置房项目变更为限制性安置房，盘活东坑花园店面5939平方米及完成贞庵汽车修理厂土地收储等。推动42宗罚没建筑拆除、跟踪协助督促协助各街道的拆除工作，全年拆除罚没违法建筑7宗。

【国库集中支付】 2021年，海沧区深化国库集中支付制度改革，实现对区级以上预算单位国库集中支付制度全覆盖的基础上，推进所有街道国库集中支付改革，建立起全覆盖的预算执行动态监控体系。按照资金拨付环节内控制度规定，加强印鉴、印章的安全保管与使用，加强国库集中支付，保证资金支付安全准确。全年完成国库集中支付32590笔，支付金额415003.58万元；集团账户（基本账户）支付4327笔，支付金额16818.76万元；通过公务卡结算方式支付1154笔，支付金额163.13万元；金库支付992笔，支付金额705651.64万元；预算外资金支付15笔，支付金额24279.15万元。

（区财政局）

税　务

【概况】 2021年，海沧区税务局坚持组织收入原则，坚守不收“过头税费”底线，监控重点税源企业，定期召开税收分析会，把握组织收入工作的主动权。推进社保费率提升、非税收入征管职责划转和日常管征工作。全年海沧区局累计组织各项收入169.93亿元，比上年增长42.51%。其中，税收收入127.76亿元，比上年增长45.68%，占全市税收收入的10.46%，位居六区第三；社会保险费37.43亿元，增长32.88%；非税收入4.74亿元，增长41.03%。

2021年海沧区税务局税收收入情况表

表5

项目	2021年（万元）	2020年（万元）	增减额（万元）	增长率（%）
税收收入合计	1277613	877008	400605	45.68
国内增值税	308438	300280	8158	2.72
消费税	6920	5840	1080	18.49

续表 5

项目	2021 年（万元）	2020 年（万元）	增减额（万元）	增长率（%）
营业税	16	−22	38	−172.73
企业所得税	589886	296567	293319	98.90
个人所得税	97422	67254	30168	44.86
资源税	30	17	13	76.47
城镇土地使用税	7634	7624	10	0.13
城市维护建设税	53245	36907	16338	44.27
印花税	19742	13398	6344	47.35
土地增值税	24579	53192	−28613	−53.79
房产税	30731	32411	−1680	−5.18
车船税	92	146	−54	−36.99
耕地占用税	1458	2873	−1415	−49.25
车辆购置税	37770			
契税	98970	59928	39042	65.15
环境保护税	680	593	87	14.67

说明：2021 年起车辆购置税收入由思明区税务局划转海沧区税务局征收

2021 年海沧区社会保险费收入情况表

表 6

项目	2021 年（万元）	2020 年（万元）	增减额（万元）	增长率（%）
社保费合计	374292.62	281685.62	92607.00	32.88
养老保险基金收入	231490.94	169050.58	62440.36	36.94
失业保险基金收入	7495.91	3972.67	3523.24	88.69
医疗保险基金收入	111928.93	93853.43	18075.49	19.26
工伤保险基金收入	8761.74	2703.06	6058.68	224.14
生育保险基金收入	10230.99	9034.47	1196.52	13.24
职业年金	4384.11	3071.41	1312.70	42.74

2021 年海沧区非税收入情况表

表 7

项目	2021 年（万元）	2020 年（万元）	增减额（万元）	增长率（%）
非税收入合计	47395	33606	13789	41.03

区税务局成立服务招商引资工作团队，组建大企业专家团队，针对黄金产业园、石油交易中心、生物医药、集成电路等重点行业开展专项税收分析，提出如何促进产业健康有序发展的意见和建议，建立税收服务台账，为地方经济社会健康快速发展建言献策。全年形成调研分析报告 5 篇次。

【税费征管】 2021 年，海沧区税务局推进发票电子化改革，强化纳税人分类分级管理，探索构建“实名办税 + 分类分级 + 信用积分 + 风险管理”的税费服务与监管体系。建立部门风险信息传递、风险任务快速反应、增值税发票管理内部快反等工作机制，强化数据安全监测预警，分行业分税费种设置 61 个风险监控指标，全年发送各类温馨提醒短信超过 10 万余条。成立增值税发票风险分析工作专班，初步形成全流程阻断发票风险的预警体系，发票全流程风险防控机制得到税务总局领导的肯定性批示。查找征管薄弱环节，提升 5C 征管质量绩效，整体 5C 质量排名全市前三。打击“假企业”虚开发票、“假出口”骗取退税、“假申报”骗取税费优惠，惩治偷逃税等行为，全年依法查处涉嫌虚开企业 300 余户，移交稽查进行处理 47 户次，涉及发票 2381 份，金额 2.32 亿元。全年个税汇算纳税申报人数 157094 人，比上年增长 31.96%，个税汇算总体申报率 100.46%，排名全市第二。

【减税降费】 2021 年，海沧区税务局完善减税降费落实工作机制，落实企业所得税研发费用加计扣除、支持煤电企业纾困解难税收措施、

续表 7

项目	2021 年（万元）	2020 年（万元）	增减额（万元）	增长率（%）
教育费附加	22745	15745	7000	44.46
文化事业建设费	−12	12	−24	−193.06
地方教育附加	15171	10497	4674	44.53
残疾人就业保障金	3393	2871	522	18.18
水土保持补偿费	127	0	127	100
防空地下室易地建设费	173	0	173	100
排污权出让收入	36	0	36	100
工会经费	5111	4481	630	14.07
土地闲置费	319	0	319	100
城市绿化赔偿收入	332	0	332	100

说明：2021 年起水土保持补偿费、防空地下室易地建设费、排污权出让收入、土地闲置费、城市绿化赔偿收入划转到税务部门，由区税务局征收

制造业中小微企业缓税、社保费减免等政策，制订个性化辅导方案。全年新增减税降费 9.36 亿元，退还增值税留抵退税 10.44 亿元，减免社保费 6.18 亿元，落实专项缓税政策为困难企业办理延缴税款 3.23 亿元，为辖区内制造业中小微企业延缴税款 1.00 亿元。全年办理出口退税 29.92 亿元。

【依法治税】 2021 年，海沧区税务局严格规范税务执法行为，全面落实行政执法公示、执法全过程记录、重大执法决定法制审核制度。推出微信税务执法信息公示平台，上线执法音像记录信息管理平台。创新行政执法方式，贯彻推广“首违不罚”10 项清单，受益辖区纳税人超过 1200 户。推进柔性执法，在发票领购、房产交易等办税过程中前置涉税风险事项提示告知，推行税务证明事项告知承诺制。排查整改税务执法有关典型问题，对审计署等执法督察中发现的问题及时整改，对账销号，进行执法责任追究 24 人次。

【纳税服务】 2021 年，海沧区税务局围绕 2021 年便民办税春风行动 10 大亮点 30 项内容 100 条举措，逐项抓好落实。精简 50% 以上的资料报送、25% 以上的纸质表证单书，95% 以上的税收优惠事项实现“免备案”。打造“定制版”纳税人学堂，推行“好差评”制度，核实回访轻微涉税违法举报案件 136 件。制定“满意度提升年”系列工作方案，落实 13 个方面 40 项举措，推广“非接触式”“不见面”办税缴费方式，日均受理网办申请事项超 200 条；组建青年文明号、涉税专业机构等税企微信群，服务 2.8 万家企业激活税企互动平台，激活率 93.85%。完成两个办税厅的整合并厅，对自助办税厅进行扩容。全年纳税人满意度在全国满意度调查中排名第 87，这是海沧区税务局近 3 年来首次跻身全国前 100 名。

（区税务局）

责任编辑、校对：李彩兰

2021 年 3 月 4 日，海沧区税务局开展以“优化执法服务　办好惠民实事”为主题的便民办税春风行动系列宣传活动

（区税务局　供）

城建　环保

综　　述

【概况】 2021年，海沧区推进海沧湾、马銮湾、鳌冠、沧江新城开发建设，安置房、市政道路、公园绿化等民生工程开发建设。策划生成厦门中心夜景提升改造工程、厦门海沧H2015P03地块及融信夜景工程2个，完成霞光西路及霞阳东路（南段）道路工程、东屿东路道路工程等道路建设项目14个，改造市政道路10.98千米。新增停车位3062个，公交线路5条，完成全区67.53平方千米建成区排水管网溯源排查，正本清源改造14.2平方千米。完成年度拆违任务的177.29%。腾出土地117.86万平方米，总利用面积117.75万平方米，总利用率99.91%。做好垃圾分类转运处理，完善海漂垃圾工作方案，做好海漂垃圾清理、打捞工作，转运海漂垃圾2418车。开展“爱国卫生运动”，全区累计动用人工48764人次，机械和车辆3783台班，清理垃圾和土头12479车次。推进马銮湾生态岛、马銮湾环湾片区生态修复（南岸滨水段）等项目建设，完成新增或改造园林绿地89.92公顷。完成口袋公园建设5处，新建（含改造）绿道11.21千米。兴钟林安置房二期、临港新城二期A地块等2个项目实现交付使用，安置房新增2191套。生态环境质量持续改善，空气质量优良率100%，水环境质量达考核标准，辖区土壤环境安全可控，危险废物处置利用率和医疗废物无害化处理率100%。年度公众对环境质量满意度继续保持全市第一。

（区建设与交通局　城建集团
海沧生态环境局）

【城乡建管业务拓展】 2021年，海沧区城建集团坚持城乡建管业务“走出去”战略，环卫保洁、园林绿化、生态治理、项目建设等板块业务持续跨市出省，进入宁德、龙岩、三明、新疆、安徽等省内外地市，市场化拓展合同签约金额比上年增长5.81%。

（城建集团）

【厦门市政建设管理中心改制】 2021年7月28日，厦门市政建设管理中心改制，由全民所有制更改为有限责任公司制，更名厦门城建市政建设管理有限公司。厦门城建市政建设管理有限公司将贯彻落实深化国有企业改革的政策要求，建立健全现代企业制度，发挥“海沧模式”城乡管理品牌效应，拓宽经营范围和业务领域，拓展市场形成规模，构建市政环卫园林一体化链条，促进企业转型升级。

（城建集团）

市政建设

【概况】 2021年，海沧区加快城区开发建设步伐，城市建设品质提升项目年度计划完成投资7.05亿元，实际完成投资9.96亿元，占年度计划投资141.37%。策划生成厦门中心夜景提升改造工程、厦门海沧H2015P03地块及融信夜景工程2个项目，完成投资约5000万元；马銮湾新城SM、海沧招商花园城商业综合体、象屿东南智慧供应链产业园等项目开工。基础设施建设日臻完善，第二西通道6月17日通车，缩短马銮湾片区、新阳工业区等到厦门岛内距离。实施市政基础设施项目58个，至年底，完成霞光西路及霞阳东路（南段）道路工程、东屿东路道路工程、临港新城二期配套道路工程（A 地块）等 14 个道路建设，建设改造市政道路 10.98 千米，污水管网 11.3 千米。新建人行天桥 1 座。新增停车位 3062 个，优化调整公交线路 30 条次、新增公交线路 5 条、新增团体定制公交线路 18 条，增设公交站点 11 个，更名公交站点 2 对。全年区建交局管养在养市政道路总面积 555.18 万平方米，雨污水管网 554.36 千米，桥梁、通道 33 座，排洪渠 32.96 万平方米，路灯 16553 盏，雨污水泵站 37 座，公交候车亭 304 座，交通信号灯 108 座，交通护栏 18039 米，热熔标线 3.3 万多平方米、标志牌维护 700 多套。年初完成全区 67.53 平方千米建成区排水管网溯源排查工作，根据溯源排查成果，推进 8 个正本清源项目，开工 8 个，完成正本清源改造 14.2 平方千米；同步推进排水管理进小区工作，10 月首批实行排水管理进小区 21 个。全年市考核海绵城市建设重点项目海沧区项目完工 34 个，完成市下达工作任务。全区新、改、扩建项目均按照《厦门市海绵城市建设管理办法》要求，落实海绵城市管控指标。

（区建设与交通局）

【市政道路建设】 2021 年，海沧区完成霞光西路及霞阳东路（南段）道路工程、东屿东路道路工程、临港新城二期配套道路工程（A 地块）、后山尾北路（海新路—南海路）、钟林北路（兴钟林二期至钟林路）改造工程、双埕西路（南海三路—雍厝路）、海沧信息产业园配套 C[后山尾路（海新路—南海路）]、海沧信息产业园配套 B[双埕路（南海三路—雍厝路）] 等道路建设项目 14 个，改造市政道路 10.98 千米。

（区建设与交通局）

【东孚南路（二期）市政道路工程及综合管廊工程竣工验收】 2021 年，项目位于厦门市海沧区马銮湾西片区，南起现状东孚西二路，北接东孚北路。道路总长约 4 千米，其中整幅路宽 43 米，二分路段宽 30 米，二分路中间道路宽 22 米。综合管廊总长 1.7 千米。道路总投资 35559.62 万元，主要建设内容包括：道路工程、市政管线配套工程、其他工程（道路交通标志标线系统、交通信号系统、照明系统）等。管廊总投资 24580 万元，主要建设内容包括：主体结构、电气、报警、监控、通风、排水、消防、标识工程。4 月 25 日完成竣工验收，5 月交付使用。

（城建集团）

【雨污水管网建设】 2021 年，海沧区推进市政道路建设时同步建设雨污水管网，全年推进污水管道建设项目 22 个，完成新改建污水管 11.3 千米。马銮湾再生水厂工程 6 月 8 日竣工验收，海沧水处理厂扩建工程 12 月 16 日竣工验收，新增污水处理能力 15 万吨 / 日。至年底，移交管养海沧区市政雨水管网总长 331.03 千米，市政污水管网总长 234.68 千米。

（区建设与交通局）

【燃气管道建设】 2021 年，海沧区新建设燃气管道 39.46 千米，建成并通气的市政燃气管线 341.08 千米，其中高压管线 1.85 千米，中压管线 204.43 千米，低压管线 134.80 千米。形成以海沧高中压调压站为起点，沿洪溪路—过坂路—孚莲路—翁角路的单线主干线，从翁角路分成沿马青路—杏海嵩—海沧大道—嵩屿中路—兴港路—南部生活区、沿海新路—马青路—兴港路—南部生活区的环状供气格局。

（区建设与交通局）

【海沧区正本清源改造工程施工】 2021 年，海沧区完成全区 67.53 平方千米建成区排水管网溯源排查

2021 年 10 月 30 日，海沧区正本清源改造项目沧虹路施工现场（城建集团　供）

工作，根据排查成果，推进8个正本清源改造项目，总投资12.3亿元。10月30日施工，完成正本清源改造14.2平方千米。根据正本清源EPC（工程建设项目设计、采购、施工、试运行等实行全过程或若干阶段的承包模式）项目点多面广和投资难以控制的特点，海沧区污水处理设施高质量高标准建设指挥部办公室组建正本清源项目管理领导小组，制定《海沧区正本清源EPC项目建设管理28条措施》，开发建设正本清源指导检查系统，实施量化考评，全面加强项目管理。12月2日，在海沧区临港新城举办福建省住建厅组织的水环境治理现场会，海沧区向参会人员介绍海沧区正本清源排水管理10项工作机制和10个创新举措。12月23日，海沧区召开正本清源改造项目新闻发布会，对正本清源改造项目进展及创新举措做介绍。

（区建设与交通局　城建集团）

【供水】 2021年，海沧辖区铺设DN100及以上的给水管道760千米，消防栓2287支。全区自来水用户表数61948户，清水售水量6363.54万吨，其中，生活用水2346.97万吨，行政事业及社会福利保障用水43.31万吨，部队和社会团体用水12.56万吨，学校用水124.65万吨，医疗单位用水56.73万吨，特种行业用水1.61万吨，商业用水331.64万吨，工业用水2158.06万吨，基建用水357.51万吨，公共设施及社会服务用水904.73万吨。

（水务集团）

【供电】 2021年，海沧辖区有公用变电站14座，公用主变压器32台，总容量2413.5兆伏安。全年全区总售电量527233.56万千瓦时，其中，大工业用电352460.62万千瓦时，非、普工业用电34870.19万千瓦时，居民生活用电85528.51万千瓦时，非居民照明用电11656.26万千瓦时，商业用电41144.55万千瓦时，农业生产用电1573.42万千瓦时。

（供电公司）

【供气】 2021年，海沧区新增22家企业和2840户居民用气需求，至年底，工商业261户（其中工业86户），居民用户77208户，瓶装燃气供应站11个。落实瓶装燃气日常检查，全年燃气中心组织检查组144个、288人次对站点进行日常巡查，发现安全隐患28项，下发整改通知单28份。对发现的安全隐患，均整改到位。

（区建设与交通局）

【公共交通】 2021年，海沧区按照“公交、地铁一体化”以及“城乡公交一体化”运营目标，优化调整公交线路，做好公交、地铁接驳换乘。至年底，有常规公交线路59条，公交车辆653辆，优化调整公交线路30条次，新增公交线路5条、团体公交线路18条。依照59条常规线路分布情况，可分为进出岛线路15条，其中经新阳进岛线路4条，桥南片区进岛线路2条，生活区进岛线路9条；跨其他区线路15条（含往角美6条，漳州开发区1条）和区内线路29条（含农客线路10条）。线路中往角美方向6条，往漳州开发区1条，往集美方向9条，往翔安1条，往同安1条，机场快线1条。公交线网主要布设在兴港路、沧林路、沧虹路、马青路、翁角路、东孚大道等主干道上，辖区主干道公交实现100%覆盖，辖区4个街道公交线网逐步完善，公交线路通达区内100%的行政村。

（区建设与交通局）

【停车场整治】 2021年，海沧区根据《厦门市建设局关于进一步提升停车场经营备案》服务工作通知，重点完成“点题整治”经营性停车场专项整治工作。扩大专项整治工作宣传的覆盖面，在企业经营性停车场张贴关于“点题整治”专项工作海报；在辖区100个公交站固定、滚动灯箱投放宣传海报；利用区属企业城建集团“厦门e停车”及海投集团“海投海生活”公众号开展推广宣传工作。整治工作排查政府储备土地20个，道路257条，城市广场、公园、绿地15个，群众举报反馈1例，合计面积24.74万平方米，涉及停车泊位数共计4289个，新增备案停车场73个。全年新建成投入使用12个停车场；新增3063个停车位，其中，1300个停车位，550个集装箱车位，1213个道路车位；地铁2号线区行政中心站、海沧湾公园站非机动车泊位改造，新增停车位约1600个。

（区建设与交通局　城建集团）

【夜景提升工程】 2021年，海沧湾沿线夜景提升改造主要是对厦门中心、厦门海沧H2015P03地块、融信酒店及办公楼朝海面进行提升改造，包括厦门中心夜景提升改造工程、厦门海沧H2015P03地块及融信夜景工程2个项目。项目由城建市政公司代建，6月1日开工，近4万套灯具于6月28日亮灯。7月1日，开启灯光秀。该夜景提升改造以庆祝中国共产党成立100周年为主题，改造后呈现出七彩媒体立面夜景动画效果。

（区建设与交通局　城建集团）

【夜景设施管理】 2021年，海沧区完成夜景夜间巡查102次，对存在安全隐患的设施载体进行维修加固，公园、广场等公共场所夜景设施安全隐患整改59处，处理各类亮灯故障问题113次，修复1、2号栈桥被盗电桥2300米。重大节日亮灯保障6次。为加强夜景设施用电安全，海沧区对23台老旧夜景控制箱进行重复接地改造，公园照树灯改造600盏。为响应节电号召，于10月关闭全区夜景亮灯，节省电量87万度。

（区建设与交通局）

【海绵城市建设】 2021年底，厦门市考核海绵城市建设重点项目海沧区项目完工34个，完成市下达的工作任务。全区新、改、扩建项目均按照《厦门市海绵城市建设管理办法》要求，落实海绵城市管控指标。2021年对东孚街道社区卫生服务中心工程二次装修工程、涉台法院暨档案馆室外景观绿化工程、厦门杨森数控设备有限公司海沧工程等48个项目开展日常巡查、专项验收等工作，编制72份巡验报告，对H2015G02地块、东坑安居房、集成电路先进封装测试产业化基地（一期）等14个项目的管养维护情况进行“回头看”巡查，并编制巡查报告。

（区建设与交通局）

【首批农村生活污水提升治理项目动工】 2021年5月31日，《海沧区全面推进农村生活污水高质量高标准提升治理实施方案》经海沧区政府研究同意并印发。海沧区按照“全面排查，源头治理，应纳尽纳，城乡一体”的总体要求，推动农村生活污水治理提升工作。以2020年开展的农村污水管网溯源排查情况为基础，盯紧6个目标，狠抓6家单位，落实4项保障，全区77个村纳入雨污水整治范围，按照工作计划，分3批推进。其中，第一批8个村6月25日启动，8月31日完工；第二批第一组9个自然村9月份进场，其中1个竣工验收，1个重新调整设计方案后推进，其余7个基本完工；第二批第二组22个自然村生成15个项目于11月下旬及12月上旬陆续进场。

（区建设与交通局）

2021年6月25日，海沧区首批农村生活污水提升治理项目启动

（城建集团　供）

【厦门宁店110千伏变电站工程投产送电】 2021年7月23日，由厦门海华电力科技有限公司建设的厦门宁店110千伏变电站成功投产送电。工程站址位于海沧信息产业园区内，总用地面积4965.11平方米，建筑面积3200.32平方米。变电站电气总规模：50兆伏安变压器2台，110千伏出线4回，两回分别接入220千伏彭埕变、220千伏京口变，两回至110千伏士兰变，采用双母线接线；10千伏出线24回，每台主变10千伏侧各安装1组4.8兆伏安和1组3.6兆伏安并联电容器组，1套500千伏安小电阻接地装置。110千伏宁店变电站为信息产业园区内士兰集科、通富微电、金柏科技、半导体产业园区提供稳定可靠的电源。

（海发集团）

【中鲨动保供热管道建设项目】 2021年2月26日，中鲨动保供热管道建设项目取得建设规划许可，5月27日开工建设，8月4日完成现场管道施工安装并经水压试验合格，取得安装安全质量监督检验报告，8月17日投入供热运行。中鲨动保供热管道管建设项目总投资近200

万元，由海发环保能源公司投资，中鲨动保供热管道管径 DN150，长度 772 米，从鼎山路与翁角路交汇口西北侧，沿翁角路北侧企业围墙边低架空敷设，跨山边洪东、西道路采用桁架跨越，至中鲨动保公司。

（海发集团）

【未来海岸社区作为厦门首个试点建设完整社区】 2021 年，海沧区未来海岸社区作为厦门首个试点建设完整社区，以打造“治理服务、助老爱幼服务、文化服务”为试点目标，增加社区居民群众的获得感、幸福感和安全感。针对未来海岸社区范围内公共服务配套不足现状，通过租用未来海岸小阿罗海用于改造完整社区项目。利用该建筑原有的条件，结合项目控制要素及基本控制要求，征集社区与街道相关业务部门意见，初步形成设计方案草稿。建设内容包括：老年人日照中心、托育机构房、文化设施（活动室、图书室、阅览室、文化广场）、健身房、练歌房、舞蹈室等。以“近邻党建”为引领，补齐未来海岸片区城市公共服务、养老托育、休闲娱乐和便民商业等功能配套不足的短板，以提高人民生活品质为目标，打造安全健康、设施完善、管理有序、环境优美的完整社区。

（区建设与交通局）

城市管理

【概况】 2021 年，海沧区城市管理局紧盯城市管理重点、难点、痛点、堵点等制约城市管理成效的顽疾，落实“创先争优百日攻坚”，推进“市容管理品质”集中提升专项整治活动，坚持保持“两违”治理高压态势。全年纠正占道经营 36932 起，流动摊贩 18500 起，处理油烟、噪音扰民投诉 3777 件，取缔露天烧烤 128 处。清理拆除违规户外 LED 走字屏 252 处、违规户外广告招牌 261 块，拆除面积 2687 平方米，拆除广告横幅条幅 2100 条，清理整治小广告乱张贴 3100 处。牵头开展建筑废土联合执法 49 次，查扣违规渣土车 139 辆，罚款金额 105.07 万元。拆除违建 897 宗，面积 106.37 万平方米，完成年度拆违任务的 177.29%。腾出土地 117.86 万平方米，总利用面积 117.75 万平方米，总利用率 99.91%。为健全落实安全生产责任，建立安全生产工作机制，落实执法领域内各项安全生产大排查工作的属地管理责任，海沧城管局排查并消除各种安全隐患。安全检测户外广告设施 16 处，整改存在安全隐患户外广告招牌 45 处。年内，海沧城管指挥中心接件 14247 件，其中智慧城管 5092 件、大城管平台 3089 件、联动平台 124 件、效能纪委 18 件、信访转办 322 件、“12345”市长专线平台 5598 件、市执法局交督办件 4 件，均予以办结，办结率 100%。按照精简放权、便民高效的要求，依法简化和规范行政审批程序。实施临时小型户外广告设施设置备案 4 起，受理户外广告招牌设置咨询服务 63 次，对临时小型户外广告设施设置“双随机一公开”事中事后检查 3 起。推进为民办实事，对区十二届人大六次会议第 77 号建议，拟订《海沧街道青礁村主干道沿街店面户外招牌提升改造方案》，向区财政落实提升改造经费 83.3 万元。推进城乡生活垃圾分类水平整体提升，重点推进示范片区和样板片区的建设工作，印发宣传资料 40 余万份，各类区级以上媒体宣传报道 119 次（国家级平台 2 次、省级 1 次、“学习强国”4 次、市级 23 次），制作各类视频 66 个，微信公众号推文 60 条，开展各类培训 300 多场次。收运各类垃圾 21.54 万吨，低值可回收物收运量从 57.9 吨提高到 1115.71 吨，生活垃圾资源再利用化成效明显。

【“两违”治理】 2021 年，海沧区城管局注重遏制新增“两违”（违法用地和违法建设行为）。结合六大专项攻坚战，加强网格化、片区化、责任化无缝对接的巡查机制，强化对第五立面、占用耕地、农田、河湖领域、热点区域的新增“两违”的巡查监管，拆除各类新增“两违”381 宗，拆除面积 7.34 万平方米。对农村和物业小区违规装修即查即改，排查拆除 154 处，面积 4492.34 平方米。组织召开安全生产工作会议，开展城管行业系统“安全生产月”和“百日整治”活动。发放“安全隐患自查告知书”1000 多份，排查安全隐患 61 处，全部拆除整改，拆除面积 5.8 万平方米。消除存量“两违”，配合街道推进裁执分离案件拆除工作，全年执结 23 宗，累计执结 224 宗，剩余 296 宗。配合梳理可暂缓、可终结执行的案件，对海沧区 2020 年 128 宗卫片进行核查，年内，整改 84 宗，全区整改率 65.63%；对全年 30 宗卫片进行核查，整改 16 宗，全区整改率 53.33%。至年底，158 宗卫片的全区整改率 63.29%。推进专项整治，第一阶段查纠乱占耕地行为，完成整治；第二阶段整治“一户多宅”拆除9宗；对别墅区违法建设和违规装修进行专项整治，对禹州尊海别墅的违规装修部分实施拆除。开展“红色利剑”专项行动，定期对区革命历史遗址进行巡查，巡查61次。常态推动扫黑除恶斗争，继续拆除涉黑违建（占地面积135.26平方米，建筑面积339.38平方米）1宗，拆后地块用作建设街边花园。

【市容市貌整治】 2021年，海沧区提升城市综合管理水平。区城管局加强城市综合管理服务平台对接，派发问题事（部）件，与街道等部门协调，促进“双向交流”。针对绿化景观、市政设施、交通秩序、环境卫生、户外广告、垃圾分类等具体问题逐项制定治理措施，编制《海沧区城市精细化管理样板街区标准汇编》。配合市生态环境部门开展“静夜守护”行动，开展夜间专项整治145批次，对沿街商户噪音、油烟扰民问题进行执法。组织召开拆除工地及道路扬尘现场会，进行观摩和座谈交流。召开“摊规点”推进会，加快推进便民型“摊规点”建设，结合实际在新阳街道新增1处霞阳美食街“摊规点”。开展过境公路责任区责任划分工作，设置管养分界指示牌72处。开展共享车辆专项整治，重新修订《海沧区互联网租赁车辆运营企业考核办法（试行）》，将骑行佩戴头盔、“一车一盔”等纳入量化考核。辖区中队专人定岗维序，协助运营企业、志愿者文明劝导和违停纠治，对乱停放、占用盲道等违规行为落实行政处罚。督促企业逐步减少投放量，配齐头盔，增加运维保障力量，加大运维调度量。推进户外广告规范管理工作。成立区户外广告设施设置管理工作领导小组，逐步完善工作机制，推进领导小组规范运行。选定霞阳中路、海富路，打造精品路段，改造提升153处户外广告招牌。开展违规户外LED走字屏专项清理整治，落实清核并举，完成拆除。建立户外广告设施拆除风险评估机制，对位于主干道和高速入口的2处存在安全隐患的大型户外广告设施，组织实施拆除。推进“六方共管共治”（户外商业广告设施设置管理实行“审批部门、属地责任单位、物业单位、第三方服务、广告协会、市民商户”六方共管共治的管理模式）及开展“委托第三方共管共治模式”试点工作。加强安全监管，对安全检测出的问题通报设置人，进行整改加固或拆除。受理户外广告（招牌）设施咨询情况63次，拆除违规户外广告招牌261块，拆除面积2687平方米。

【垃圾分类】 2021年，海沧区开展农村垃圾分类工作专题调研，确定8个垃圾分类重点整治提升村，提出对策措施。对省垃圾分类工作示范街道（东孚街道），以及各街道样板片区（各街道2个），针对性开展培训、调研，组织党员挂钩样板片区创建工作，指导各街道对样板片区垃圾投放点进行升级改造，其中东孚街道在创建省级垃圾分类示范片区工作中被评为优秀；东孚街道的天竺社区在创建市级垃圾分类工作样板片区中获全市第二名。对各村居投放点撤并改造提升，结合村居特色和周边景观，设置富有特色的投放亭（屋）。推进全国首个低值可回收物分选中心建设，配套低值可回收物宣教基地。建成1个泡沫冷压缩处理点，在海沧街道进行智能回收机投放试点，扩大低值可回收物收运范围。运用800路投放点监控设备建设成果，实现智能监控全覆盖，保证不分类问题的取证处罚力度和整改时效。开展分类执法考评。梳理市区两级考评情况，制定问题点位清单，检查610个点位发出45份考评通报，制定整改清单45份，对市级考评问题回头看和督办19次。组织4场多部门联合执法和5场“不分类不收运”专项执法，组建“不分类、不收运”活动联合小组，开展“不分类、不收运”专项执法活动，提高后进小区的垃圾分类准确率。开具责令改正通知书3992份，简易程序处罚决定书1413份，罚款81720元。做好涉疫垃圾处置，制定下发《海沧区涉疫垃圾收集转运操作说明》《关于涉疫垃圾收集转运工作相关事项提示（一至四）》等文件，协调城建市政设立专职队伍及应急队伍保障核酸检测点垃圾收运工作，定点专班组织检查，规范处置涉疫垃圾，清运涉疫垃圾497.06吨。

【环卫作业】 2021年，海沧区加强环卫作业管理考核，实现每月考核项目全覆盖。完善海漂垃圾工作方案，推进海漂垃圾趸船移交相关事项，清理、打捞、转运海漂垃圾2418车。组织“迎新春·清洁家园”“农村环卫品质提升”行动，开展“爱国卫生运动”，全区动用人工48764人次，机械和车辆3783台班，清理垃圾和土头12479车次。利用公交候车亭、公厕视频、公益广告、微信公众号、微博、抖音等平台加强环卫工作宣传力度，定期对全区市容考评存在问题开展巡查暗访，派发通报301份，发现问题2657个，落实跟踪领导交办的市容考评问题及督办件30件。引导企事业单位、社会团体等关心关爱环卫工人，开展关心慰问活动30余场，发放住房租金补贴26.34万元。以“环卫工人节”为契机，表彰环卫系统先进集体和先进个人167个。组织协调对封控管控区域、隔离保障房外围道路及易滋生蚊虫、细菌感染的区域进行消杀。开展涉疫环境整治，消杀解封区域6个，确诊病例活动轨迹场所32处，隔离保障房外围道路5条。对辖区72座城区公厕、3座清洁楼、168座农村公厕开展常态化消杀。

2021年11月2日，海沧区全国首个低值可回收物分拣中心项目开工

（城建集团　供）

【智慧城管建设】 2021年，海沧区打造智慧城管平台，扩大监控范围。通过平台对巡查、立案、调查取证、审批、告知等各个环节闭合流转，防止和克服选择性执法，规范案件办理流程。将停水停电、限制产权登记转移、广告巡查整治等措施纳入平台，完善提升平台功能。探索“非接触性执法”改革，先行试点建设14路监控，对试点区域内跨店经营、占道经营、流动摆摊等行为，通过监控摄像设备自动采集违法信息，电子化送达法律文书，线上缴交罚款的方式，实现与执法对象脱离接触，简化程序，提高执法效率。

【执法效能建设】 2021年，海沧区组织拍摄执法教学系列视频，规范执法流程，增强程序意识，推进依法行政。落实执法“三项制度”，做到音视频记录贯穿案件全过程，作出处罚决定1113起。区城管局发挥局重大案件评议委员会作用，组织听证6场次，组织案件评议28场次。收到行政复议案件7件（其中维持6件，调解1件），收到行政诉讼案件27件（其中尚未判决7件，驳回当事人诉求19件，当事人自行撤回1件），均依法依规办理。扫黑除恶斗争移交线索1条，办结相关部门移送的涉黑涉恶线索12件。相关案件43宗，已拆除8宗，进入查处程序24宗，因法律适用问题暂缓处理11宗。

【全国首个低值可回收物分拣中心开工】 2021年11月，海沧区推进全国首个低值可回收物分拣中心建设，采用“人工挑选+智能化分拣+归类自动打包”分拣工艺，促进生活垃圾分类收运体系和再生资源回收体系“两网融合”，配套低值可回收物宣教基地。分拣中心位于海沧快速路以南、龙门西路东侧，占地面积5613平方米，总建筑面积3890平方米，总投资2577.3万元，日分拣量可达50吨。

【垃圾投放点监控视频系统上线】 2021年，海沧区启动“雪亮环保”生活垃圾分类投放点视频监控项目。在海沧区各街道163个居民小区、97个自然村安装800路智能监控摄像机、211个电脑和手机客户端。通过24小时对生活垃圾分类投放点的监控，加强垃圾分类管理，提高垃圾分类成效。

（区城管局）

园林绿化

【概况】 2021年，海沧区遵循“以人为本、生态优先，科学规划、适地适树，建管并重、严格保护”原则，推进公园建设、道路绿化、绿道建设等。推进马銮湾生态岛、马銮湾环湾片区生态修复（南岸滨水段）等项目建设，完成新增或改造园林绿地89.92公顷、占年度任务106%，其中，公园绿地40.44公顷，占年度任务的202%；结合天竺山“桐花节”和林相改造，完成新增或改造提升郊野公园建设25公顷。推进道路慢行道、滨水步道等建设，完成新建（含改造）绿道11.21千米，占任务量的112%。完成口袋公园建设5处、立体绿化5处、新建林荫景观路1条、古树公园3个。完成花漾街区区级样板项目1个、特色园林风情道路区级样板项目1个。开展花化彩化提升，结合重要节日实施氛围布置，在滨湖路、滨湖北路、嵩屿码头、市民广场等18处重要节点及路段布置绿雕小品。

（区建设与交通局）

2021年11月，海沧区首个花漾街区项目完工。图为街区一角（城建集团　供）

【植树造林】 2021年3月11日，海沧区在东坑安置房小区和一农北路外侧地块（盈趣科技厂区外侧）组织开展2021年义务植树活动暨家园清洁活动，海沧区绿化办、市委组织部、区委组织部、区政府办、城建园林公司、海投物业公司和小区业主代表约100人共同种下宫粉羊蹄甲、黄花风铃木、桂花等开花（香化）乔木。全年完成义务植树7.2万工日，植树26.5万株。

（区建设与交通局）

【口袋公园建成投入使用】 2021年4月20—30日，海沧区先后完成海沧医院南侧口袋公园、儿童公园西侧口袋公园、石囷北路南侧口袋公园、新景桥西南侧口袋公园、马銮湾新城灌新路（新阳大道—后柯东路）东侧口袋公园5座口袋公园建设，增加绿地面积1.7万平方米。

（区建设与交通局　城建集团）

2021年4月，以“书香水岸”为主题的新景桥西南侧口袋公园建成投入使用。图为建成后的口袋公园一角（城建集团　供）

【花漾街区项目完工】 2021年11月，海沧区首个花漾街区项目完工。项目选址在滨湖路天源段，通过花境营造、海绵改造、垂直绿化、完善标识等形式，对1.26万平方米公共绿地实施城市造景，融休闲、漫步、赏花、科普等多功能于一体。

（城建集团）

【道路绿化工程】 2021年6月，海景支路及周边绿化工程竣工验收。项目主要对海沧区东南燕都产业园周边，海景支路、海景南二路及产业园东侧生产防护绿地进行环境整治，新增绿化面积1956平方米。10月，一农北路、文山路（南段）、湖头北路（东段）3条道路绿化工程竣工验收。项目总投资349.27万元，历时60天。主要种植小叶榄仁、火焰木、洋紫荆、印度紫檀、刺桐、小叶榕、小叶紫薇等苗木及地被，安装浇灌系统等，新增绿化面积23890.26平方米。12月，孚中央片区、孚中央西路（孚安路—后祥路段）、孚安路（孚莲路—孚中央路段）等道路绿化带完成绿化改造，实施面积688.5平方米。主要建设内容为整理场地，种植麻楝、马尼拉草等苗木，铺设园路、路沿石等。

（城建集团）

【天竺山环城森林景观带提升改造工程】 2021年5月，天竺山环城森林景观带提升改造，总实施面积50666平方米，其中，造林面积33333平方米，竹林整理抚育17333平方米。主要建设内容：清理场地（含竹整理抚育）、整地挖穴、回土与施肥；种植腊肠树、黄花风铃木、栀子花、山茶花、土沉香、枫香、落羽杉等苗木。

（城建集团）

建筑业

【概况】 2021年，海沧区建筑业产值全年完成302.99亿元，比上年增长12.55%。受监项目172个（其中停工项目33个），总建筑面积403.57万平方米，工程总造价136.78亿元，其中，房建监督项目121个（其中停工项目26个），建筑面积403.57万平方米，工程造价124.96亿元；市政监督项目50个（其中停工项目6个），工程总造价11.73亿元；安全监督项目1个（含停工项目1个），工程造价0.09亿元。受监建筑起重机械370台，其中继续使用84台（塔吊46台，施工电梯38台），拆卸286台（塔吊116台，施工电梯170台）。通过工程质量竣工验收项目78个。全年新申办监督项目95个，其中，房屋建筑监督申报75个，总建筑面积55.35万平方米，工程总造价21.02亿元；市政项目监督申报20个，工程总造价5.24亿元。全年出动双随机监督检查人员1352人次，检查工地436个次，检查起重机械232台，其中塔吊127台、施工电梯105台，发现一般事故隐患2052处，发出责令整改通知书342份，对责任单位及责任人共记7841.02分，对33家企业记录信用监管行为，P3档次5次，P4档次1次，P5档次11次，P6档次16次。全年办结施工许可115件，竣工验收备案46件，招投标备案类办件427件、建筑业资质及安全许可类628件、人防易地建设费88.18万元、建筑业企业工资保证金返还1936.12万元。开展消防工作，全年进行消防验收指导服务328次，消防验收项目65个，验收合格项目57个，验收通过率87.69%，合格率比上年提升13%。

（区建设与交通局）

【建筑业产业升级】 2021年，海沧区有资质在库建筑业企业174家，完成总产值302.99亿元，比上年增长12.55%。受疫情影响，建筑业总产值总量和增速总产值均呈现低开触底后反弹的态势。省外产值有所回升。全区有资质建筑业企业在外省完成的产值141.16亿元，比上年增长6.4%。占全区总市值的比重与上年基本持平。省内完成的产值支撑明显，有资质建筑业企业在省内完成产值161.83亿元，占全区建筑业总产值的53.41%，比上年增长134.23%。重点企业发展后劲足，全区拥有一级资质建筑业企业16家，占全区企业数的9.2%，完成产值165.8亿元，占全区建筑业总产值的54.72%；签订合同额、房屋建筑施工面积占全区比重分别为67.13%、77.96%。

（区统计局）

【工程安全监管】 2021年，海沧区召开安全生产专题会议，部署安全生产工作。4月15日、6月19日和11月10日，分别召开3场建设工程安全生产形势分析会，区管在建项目建设、施工、监理单位项目负责人，辖区内市管在建项目建设、施工、监理单位及项目负责人近1000人次参加会议。制定《关于进一步加强海沧区管建设工程安全生产管控工作的通知》，要求各建筑项目在现场醒目位置、具有一定危险性的部位增设安全宣传横幅、安全警示标语等；开展新《中华人民共和国安全生产法》宣传培训工作，9—10月，区质安站结合双随机检查、疫情防控、安全专项检查、复工复产检查等，开展新《中华人民共和国安全生产法》宣贯。中国共产党成立100周年大庆期间，落实“除隐患、保安全、迎建党百年”安全隐患整治工作。区建设与交通局分4个片区5个检查组，出动检查人员816人次，检查工地272个次，发出“技术服务告知单”272份，发现一般安全隐患519处，整改完成519处，整改率100%。其中领导带队检查项目39个，发现一般安全隐患56处，整改完成56处，整改率100%。开展建筑起重机械、施工脚手架、防高处坠落等安全生产专项检查。全年检查起重机械213台，其中塔吊98

台、施工电梯86台，吊篮29台，发出213份责令整改通知，发现一般安全生产隐患374处，其中塔吊136处、施工电梯182处，吊篮56处，已整改完成374处，整改完成率100%。抽查区管在建项目的脚手架工程116个次，发现一般安全生产隐患96处，整改完成96处，整改完成率100%，未发现模板支撑脚手架存在须停工并拆除重搭的重大隐患。开展防汛防台专项检查工作，在汛期来临前，部署建立隐患清单，分组排查汛期阶段区管项目，有6个项目存在深基坑，2个项目存在高大模板，11个项目有23台沿街塔吊，21个项目有外脚手架，1个项目临近山地（京口岩二期），2个项目临湖（金沙书院、金沙书院连接通道），3个沿海项目（海嘉面粉3个标段），均无发现险情。针对台风“圆规”抗台期间，区质安站分成4个片区、5个检查组，下沉干部63人次，检查项目20个，其中站领导带队检查6个次，发现一般问题隐患13处，发出责令整改通知单6份，各工地完成隐患治理100%。

（区建设与交通局）

【“安全生产月”系列活动开展】 2021年6月11—25日，海沧区建设与交通局主办建筑施工安全生产讲座4场，中国共产党成立100周年党史知识竞赛1场，消防安全演练观摩会1场。讲座主题分别为施工升降机使用与安全管理、危大工程管控要点及事故预防措施、盘扣架及爬升式脚手架安全技术要点、预防多发性伤害事故。区属建筑企业及各区管在建项目安全负责人约820人次到场接受安全宣讲教育，90家企业近300人参加知识竞赛，171个区管在建工地近400人参加消防安全演练观摩会。6月29日，举行架子工岗位技能竞赛，经过理论知识考试选拔，有16家施工企业48名选手参与竞赛。

（区建设与交通局）

【工程招投标管理】 2021年，海沧区完成招投标项目49个，总投资120001.46万元，其中公开招标45个，邀请招标4个，调查处理招投标行业投诉案件2件。同时开展围标串标等招投标违法违规行为专项整治工作，约谈涉嫌围标串标的企业23家，对涉及电子投标文件雷同违法行为的13家企业记P6档次1次。同时举办工程领域招投标法律法规培训和建设工程招投标“评定分离”宣贯培训，优化营商环境，促进建筑市场良性发展。

（区建设与交通局）

【工程劳资纠纷整治】 2021年，海沧区做好合同履约评价工作。1—12月，对92个次应评价项目进行评价，评价率100%，其中，对69个次项目存在的合同履约问题进行相应的评价扣分，共计683分，发出整改通知书69份，约谈施工企业11家。推进实名制管理和农民工工资专户制度。全年全区有66个新增项目申报创建“无欠薪项目部”，占新申报项目总数70个的94.28%（因有4个项目已办理施工许可，未录监督系统，故无法申报）。海沧区在建项目均能按要求落实并录入信息，实名制系统内录入在建项目81个，系统录入率100%，更新率87%。抓好工程劳资纠纷整治、维护社会稳定。年内，区建设和交通局配合协调解决建设工程劳资纠纷30起，比上年下降3.2%，其中，工人工资拖欠26起，下降7.1%，涉及工人209人，下降22.87%，工资款372.75万元，下降10.9%；工程款4起，涉及工程款拖欠3064.5万元。至年底，未发生群体性事件。

（区建设与交通局）

房地产业

【概况】 2021年，海沧区入库的房地产项目37个。在建和在售的房地产项目24个，其中商品房项目18个，商办类项目3个，安置型商品房项目3个。全年完成房地产开发投资额147.09亿元，比上年增长1.7%，完成全区房屋施工面积465.54万平方米，增长32%。全年入统的房地产销售面积92.8万平方米，比上年增长5.3%，其中商品房住宅实际销售面积51.6万平方米，全区剩余未售商品房面积61万平方米。完成2个批次277户保障性租赁房申请工作，其中通过区级复审97户；完成住房货币保障2个批次2户的应保尽保工作。推进7个安置房项目；做好新交付安置房的移交工作，维修改善已建成25个安置房的质量问题，完成拨付2392.27万元安置房物业费和维修运营费，完成绿苑小区、兴港花园等17个安置房车位、住宅和商场资产录入。年内，分6批次对231间店面进行招租，出租202间。根据《海沧区区级公共租赁住房租后管理点题整治工作方案》，推进海沧区公租房点题整治工作。加快佳芸花园、佳盛花园等10个项目建设，全年完成10.03亿元，完成年度计划的167%。兴钟林安置房二期、临港新城二期A地块等2个项目实现交付使用，新增2191套安置房。推动提前安置审批及配合安置房产权办理工作，全年完成审批、交房4户提前安置。加大房屋安全隐患排查整治力度，夯实房屋安全隐患排查整治百日攻坚成效。区存量D级危房391栋全部开展长效处置，长效处置率100%；维修加固解危的151栋，均完成竣工验收，竣工验收率100%；年内动态新增D级危房12栋，已督促街道完成清人封房并研究下步处置工作。至年底，海沧区结合既有房屋安全建档数据整理并完成数据复用，完成外业调查49668栋，完成率96.48%。

（区建设与交通局）

【安置房建设】 2021年，海沧区安置房计划完成投资额6亿元，实际完成10.03亿元，完成年度计划的167%。完成临港新城二期A地块、兴钟林安置房二期等2个项目交付使用，2191套；完成京口岩居住小区二期1号、2号、5～8号楼，兴东鑫花园二期一组团、大溪花园二期一组团项目主体工程质量竣工验收；佳盛花园一期、兴钟林安居房三期、兴港花园五期、佳芸花园、渐美村安居房5个在建项目实现主体工程基本完工。

（区建设与交通局）

【大溪花园二期一组团工程竣工验收】 2021年11月26日，大溪花园二期一组团工程竣工验收。项目位于东孚新城过坂西路以东、过坂中路以北、寨仔路两侧，总用地面积1.03万平方米，总建筑面积5.9万平方米，建设内容为2栋32层住宅楼（6号、7号楼），总投资2.5亿元。工程为棚户区（危旧房）改造项目，计划2022年9月交付使用。

（城建集团）

【渐美村安居房工程】 2021年12月，渐美村安居房工程完成项目预验收，超前完成项目总进度计划。项目位于海沧渐美村龙舟池以南地块，东临渐美东二路，西靠渐美东三路。项目总投资51698.66万元，建设用地面积25770.25平方米，建筑总面积130614.92平方米。地下室面积44085.64平方米（含地下商业8000平方米）；项目地下室为两层，设计停车位941个。全年计划完成投资8000万元，截至12月完成投资12264万元，超额完成市重点项目投资计划的153%。年底组织室外景观绿化及用电施工，项目完工后将安置699户安置户。

（城建集团）

【东瑶安居房一期项目】 2021年11月16日，项目主体预验收。项目位于马銮湾新城西片区，东瑶路以东，孚莲东二路以南，林埭路以北，东孚南路以西，主要安置林埭村、水头村、西园村、东瑶村、周瑶村、下尾村。用地面积37036.782平方米，总建筑面积191229.17平方米，地上建筑面积125404平方米，两层地下室，地下建筑面积63886.74平方米，总套数1170套，停车位1549个。全年完成投资19748.87万元，完成市重大、市重点项目全年投资计划（1.9亿元）的100%。

（城建集团）

【海沧新阳居住区保障性安居工程二期】 2021年2月9日，海沧新阳居住区保障性安居工程二期全面竣工，8月完成移交工作。项目位于海沧区新阳街道（孚中央路交后祥路西北侧），总用地面积174367平方米，总建筑面积703396平方米。其中，保障性住房427854平方米，6568套；幼儿园5900平方米，18个班；小学16720平方米，48个班；社区商业、生鲜超市、社区服务中心、物业等配套用房25230平方米；地下建筑面积227692平方米。

（区建设与交通局）

【海沧新阳居住区保障性安居工程三期】 2021年5月，海沧新阳居住区保障性安居工程三期动工建设，项目位于海沧区新阳街道（东孚西二路以南、东孚南路以西），总用地面积91117平方米，总建筑面积388825平方米。主要建设内容包括：保障性住房2900套，均为三房型；幼儿园18个班、老年人日间照料中心以及社区商业、生鲜超市、社区服务中心、物业等配套用房等。项目总投资概算180152万元（不含土地使用成本、征地拆迁及管线迁改费）。项目继续进行地下室主体结构施工，预计2024年11月建成。

（区建设与交通局）

【海新阳光公寓启动试运营】 2021年11月18日，海新阳光公寓二期8～9号楼先行开启运营。海新阳光公寓二期4～9号楼公寓建筑面积43041平方米，是厦门首个公园系超大型公寓综合体。项目由6栋公寓楼组成，规划超大中庭公园式景观设计，可提供近735套不同户型的公寓。先行开启运营租赁的8～9号楼推出254套公寓，户型包括两

2021 年 11 月 18 日，海新阳光公寓启动试运营　　（城建集团　供）

房一厅、全朝南户型的一房一厅、阳光小户型单身公寓户型。

（城建集团）

【临港生活广场完成整体招租】 2021 年 3 月 1 日，临港生活广场完成整体招商工作，招商面积 9133.70 平方米。承租方运营情况良好，其中第一层已先行营业，涵盖生鲜超市、饮品、餐饮、早点等多种业态。

（城建集团）

【海投房产公司】 2021 年 11 月 21 日，海投房产公司自贸国际开盘，认购住宅 152 套，车位 154 个，金额 3.75 亿元，认购套数位居当月全市第一；白鹭湾 5.16 亿元的销售业绩，连续两周为海沧区销量冠军。11 月 5 日和 8 日，12 月 31 日分别组织 3 场店面拍卖活动，销售店面 48 间，面积 0.65 万平方米、金额 1.2 亿元。全年海投房产公司位列海沧区销售备案套数、面积、金额第二。疫情期间做好疫情防护知识宣传及各商业点的每日防疫措施巡查，根据政府政策落实对各承租户的租金优惠政策，海投房产、海旅及集团资产减租 2075.75 万元。力促六大重点项目招商销售。临港大厦意向引进太平高端康养项目，初步合作方案经集团党委会研究通过；山边洪与盈趣科技、山边海（盈趣科技关联企业）签订商品房买卖合同，销售面积 13122.48 平方米，回笼资金 9727.2 万元；CBD1 号、古楼 4 号地块、建筑产业园、海文创招商方案推进中。12 月 6 日，完成阿罗海景观提升改造。阿罗海公交车站由南区前移到北区，梳理改造阿罗海机动车和非机动车停车空间及绿化改造提升等工作，改造提升工作按时按量按质完成。全年海投房产经营收入 27.81 亿元。全年认购总套数 1938 套，总金额 27.6 亿元，比上年增长 14.9%；销售签约套数 1893 套，总金额 26.24 亿元、增长 5.1%；销售回笼 20.84 亿元。租赁收入（不含税）1.55 亿元（含 2021 年减租金额 785.99 万元）。商办项目销售收入 1.08 亿元，完成固投 11.54 亿元。

（海投集团）

环境保护

【概况】 2021 年，海沧区生态环境质量持续改善。年度公众对环境质量满意度连续 4 年全市第一；市对区党政领导生态环保目标责任制考核排名全市第一。推进碧水蓝天，空气质量优良率 100%，水环境质量达考核标准，土壤环境质量保持稳定。生态文明建设深化，开展“绿水青山就是金山银山”实践创新基地创建，推进全国首批生态文明建设示范区复核工作。海沧生态环境局获省人力资源和社会保障厅和省生态环境厅联合授予“2021 年全省生态环境系统先进集体”称号。海沧生态环境保护执法典型做法被生态环境部《优化执法方式　提高执法效能》专刊采用并在全国推广。开展“绿盈乡村”创建，完成 1 个高级版（东孚街道莲花社区）和 1 个中级版（嵩屿街道石塘村）创建工作，高级版青礁村和洪塘村通过省生态环境厅验收。洪塘村“绿盈乡村”创建典型案例被生态环境部采用并推广。

【环境质量】 2021 年，海沧区空气质量综合指数 2.31，全市排名第二，空气质量优良率 100%，优级率全市排名第一，六项污染物指标均优于考核标准。水环境功能区达标率 98.57%，入海排放口水质达标率 92.67%。过芸溪全流域水质达Ⅳ类以上标准，汤岸桥省考断面年均水质类别达到Ⅲ类，达到考核标准。新阳主排洪渠稳定消除黑臭。海沧内湖排海水闸水质无机氮和活性磷酸盐浓度较上年分别下降 87% 和 60%；马銮湾海域水质无机氮和活性磷酸盐浓度分别下降76.4%和72.4%。辖区土壤环境安全可控，危险废物处置利用率和医疗废物无害化处理率达100%。

【环境治理】 2021年，海沧区抓好道路交通、扬尘治理、工业企业和绿色港口等污染源头治理，开展新阳工业区90家涉VOCs（挥发性有机物）和恶臭企业整治提升工作，完成11家重点企业厂界无组织在线监控设备和厂界公示牌安装，发出扬尘督查通报14份，启动轻微污染天气应急响应706次，其中一级响应75次，二级响应258次，三级响应373次。开展小流域周边环境执法检查，全部完成18个不达标入河口和15个不达标入海排放口整改工作。推进近岸海域海漂垃圾综合治理工作，全年组织人员船只打捞海漂垃圾3665.15吨。

【生态保护】 2021年，海沧区印发《厦门市海沧区构建现代化环境治理体系行动方案》《海沧区区直有关部门生态环境保护责任清单》《海沧区湾（滩）长制实施方案》，夯实党委领导、政府主导、企业主体、社会组织和公众共同参与的现代环境治理体系，形成生态环境保护齐抓共管大格局。探索建立辖区VOCs倍量替代试点，新阳片区新改扩建排放VOCs的项目倍量替代比例不小于2倍，东孚、南部片区不小于1.5倍，通过“以新带老”、削减存量、倍量替代等方式，确保辖区VOCs排放总量只减不增、不断下降，改善大气环境质量。

【绿色低碳】 2021年，海沧区将“低碳”指标纳入海沧区“十四五生态环保专项规划”指标体系，纳入党政领导生态环保目标责任制考核。在全区开展低碳城市建设与碳达峰碳中和专题学习，300余人参加。以辖区企业厦门士兰明镓化合物半导体有限公司为依托，在全市率先开展工业企业减污降碳试点，8月试点实施至11月，企业通过施行空调热回收、MAU加湿及RO水回收利用等项目，减少二氧化碳排放量1015吨，约占全年二氧化碳排放量的6.81%，实现经济效益约135万元，相关典型经验在人民网中国环境、《福建日报》上刊发。创建西雅图低碳创建试点小区、天竺山景区近零碳排放示范区，开展会议碳中和活动，完成低碳创建方案稿编制。指导港口码头提高清洁能源使用率，厦门海润码头获评国家“四星级中国绿色港口”。

【环境监管】 2021年，海沧区推进生态环境监管能力三年行动计划，建立新阳工业园区恶臭监测模块，构建溯源监管体系，更好地服务环境监管执法。生态环境部门环境执法立案82家次，下达行政处罚决定书76家次，处罚金额588.99万元；查封（扣押）11家次。海沧生态环境保护执法典型做法被生态环境部《优化执法方式 提高执法效能》专刊采用并在全国推广。

【环保督察整改】 2021年，海沧区推进涉及海沧区的环保督察整改任务，逐项明确问题责任单位、整改时限、整改目标、整改措施，每月召开环保督察整改工作例会。第2轮中央生态环境保护督察反馈问题涉及海沧区的10项整改任务（均为全市共性问题，海沧无个性问题）均达到省、市规定整改要求。

【第一批国家生态文明建设示范区复核迎检】 2021年6月，海沧区做好全国首批生态文明示范区复核迎检，召开全区复核工作推进会，对复核指标进行全面梳理，复核自查材料通过省生态环境厅专家评审，按要求将材料上报至国家平台。

【“低碳生活，绿建未来”2021年全国低碳日活动】 2021年8月24日，海沧区生态环境局联合海沧公益组织，沿嵩屿码头—海沧大道—滨湖北路—阿罗海城市广场进行骑行宣传绿色生活，开展“2021年全国低碳日”主题宣传活动。围绕“低碳生活，绿建未来”主题，工作人员向沿路市民宣讲节水节电、绿色低碳生活方式及城市环境清洁与生态环境保护知识。随后，在海沧大摩阿罗海邀请路过的市民加入活动，向市民发放环保宣传材料，宣传低碳环保科普知识。

【海沧区突发环境事件暨辐射安全应急演练】 2021年11月30日，海沧区环境应急指挥部成员单位出席并参加演练。演练由厦门市海沧区人民政府主办，海沧区生态环境局承办，辖区较大风险等级企业代表120多人参与观摩演练。演练模拟厦门宜境环保科技有限公司发生火灾引发突发环境事件造成辐射污染和次生环境污染事件的综合性一般突发环境事件。模拟突发环境事件情况复杂，先后启动《厦门宜境环保科技有限公司突发环境事件应急预案》和《海沧区突发环境事件应急预案》进行应急响应。根据模拟情况，启动《海沧区突发环境事件应急预案》后，组织海沧生态环境局、海沧消防救援大队等8个环境应急指挥部成员单位开展应急处置，重点考核区政府应急各部门的团队协调能力和对突发环境事件的应对处置能力。

（海沧生态环境局）

【鳌冠海域岸线保护和生态综合整治工程】 2021年，海沧区取得海域使用权证、海洋废弃物倾倒许可证、水上水下活动许可证，确保海上施工相关手续完备。全年完成滩面清理373.82万平方米、清淤完成561万立方米、红树林完成种植20.6万平方米。全年完成投资19029万元，完成市重大、重点项目全年投资计划（1亿元）的190%，节点目标总体超额完成，同时按规定使用中央资金20625万元。

2021年12月28日，过坂水库清淤整治工程完成拦砂坝和水库清杂

（城建集团　供）

【“厦门智慧海上环卫”系统启动】 2021年10月10日，海沧区在全市率先启动“厦门智慧海上环卫”系统，启用海漂垃圾整治工作新模式，海漂垃圾打捞融入无人机、无人船，视觉判定以及实船联动等“陆海空天一体化”运作，引入海漂垃圾运移轨迹预测预报系统，推动海上环卫工作走上“高、精、专、新”的智慧海漂垃圾管理新模式。

【海沧首个恶臭气体监管系统启用】 2021年2月，海沧区启用海沧首个恶臭气体监管系统，范围覆盖新阳工业区110家企业和2个重点居住区，建立在线监测、实时告警、统计分析、污染溯源服务等功能的信息平台和服务体系，采用固定站点、巡查走航等方式相结合，在5个重点区域安装恶臭及气象在线监测站点，配备便携式监测仪，提升恶臭气体监测、预警、溯源能力。

【过坂水库清淤整治工程】 2021年11月8日，过坂水库清淤整治工程启动。过坂水库位于厦门市海沧区东孚街道过坂社区，是一座以灌溉为主，结合防洪、养殖等综合利用的小（2）型水库，枢纽工程主要由大坝、溢洪道、放水系统等建筑物组成。水库大坝总控制流域面积2.11平方千米，主河道长度4.30千米。水库建成以来从未进行清淤，库区、大坝、溢洪道和放水系统在不同程度上出现安全问题，危及水库的正常运行。清淤整治工程项目投资概算335.15万元，工期为3个月，主要施工内容包含对水库进行清淤、清杂，修复溢洪道、坝坡、背水坡排水沟，改造放水涵洞，更换启闭设备，建设管理房、启闭房、灌溉设施等。

（城建集团）

责任编辑、校对：蔡秋娟

农业农村

综 述

【概况】2021年，海沧区全面推进乡村振兴，巩固脱贫攻坚成果，继续开展帮扶屏南工作，对口帮扶资金拨付1600万元。重点打造2条乡村振兴动线。全年完成粮食播种面积74.4公顷，超额完成市级下达的73.33公顷任务。全年完成蔬菜种植面积746.67公顷，产量2.61万吨。开展宰前检疫生猪2584车次，屠宰检疫合格生猪21.23万头。实施7家农业经营主体、合计面积27.93公顷商品有机肥推广工作，完成化肥减量增效项目5个田间肥效试验任务，创建1个绿色防控与统防统治融合示范点。推进现代农业招商，棠潮园艺暨班纳利中国育种中心项目如期完成一期主体建设并开始部分投产。推进农经管理和集体经济发展，重点推动温厝社区等7个农村集体经济项目，在建的莲花汤岸公寓及新垵正顺公寓累计完成投资2.5亿元。加强涉农巡查监管，完成4家自检型一品一码追溯点建设。做好3种重大动物疫病32.7万头羽，免疫抗体合格92.29%，远超省市既定70%以上的目标。超额完成市级下达高素质农民培训任务，全年培训407人次。强化森林资源保护，完成造林绿化面积545.13公顷，超额完成年度造林绿化任务“森林景观带提升改造13.33公顷，森林抚育530.07公顷”。救助野生动物197次，救助蛇类、鸟类等144条（只）。连续保持10年零火灾。抓实水利建设监管，深化河湖长制，推进77个小微水体治理。开展农村建设品质提升和人居环境整治。梳理形成农村建设品质提升项目第一批实施项目，总投资2.4亿元。完成美丽庭院创建300户，其中45户获评省级美丽庭院。

年内，海沧区在2020年市对区乡村振兴实绩考核中，排名全市第一；森林防火经验做法在全省推广；鳌冠“蓝色海湾”工程获中央资金支持；应邀参加第三批全国乡村治理体系建设交流活动作典型经验发言（全国16家，全省唯一），典型做法得到农业农村部、国家乡村振兴局发文推广，海沧区农业农村局获全国农业综合行政执法示范单位称号（全省仅3家单位、全市唯一）。全年海沧区农村居民人均可支配收入36948元，比上年增长12.7%，实现全省县区级“十六连冠”。

2021年12月10日，在建的莲花汤岸公寓　　（城建集团　供）

【农村集体经济发展】2021年，海沧区加大农村集体经济发展，邀请市资源规划部门专家对全区50名村（社区）主官进行农村预留发展用地新政策培训，按照“五个一批”要求重新对辖区内集体经济项目进行梳理，摸清底数。按照“成熟一个推动一个”原则及每个街道重点推动1个以上项目的思路，明确重点推动温厝社区等7个项目。推进在建的莲花汤岸公寓及新垵正顺公寓项目，温厝项目办理土地划拨手续已审核公示，继续办理相关招投标事宜，继续深化祥露社区、过坂社区等项目方案。

【农产品质量安全监管】2021年，海沧区保障农产品质量安全，确保不发生重大农产品质量安全事故。制定海沧区农产品质量安全监管方案，对全年工作进行规划。开展“利剑行动”、“治违禁　控药残　促提升”三年行动、“农资打假”等专项整治行动。加强对种植基地的巡查，检查生产环境、投入品的使用及生产记录等情况；巡查生产经营主体100余家次，出动执法人员300余人次；推送农产品质量安全相关短信约20条，覆盖人群2万余人次；配合上级抽检样品约200批次，区级执法抽检100批次、风险监测40批次，区、街道及各追溯点速测样品3000余批次。

【农村人居环境整治】2021年，海沧区推进农村人居环境整治工作，继续推动农村“厕所革命”工作，新建改造农村公厕10座。开展各类垃圾分类知识宣传活动，进村入户宣传教育177场10752人次，发放宣传资料22310份，张贴宣传标语179条。推进农膜和农药包装废弃物回收处置，实现水稻、蔬菜、水果主产区的农膜和农药包装废弃物回收处置全覆盖。落实示范点资金2万元，发送农药包装废弃物宣传短信2条，覆盖人群约2500人次。统筹推进农村生活污水提升治理工作，开展全区77个自然村农村生活污水提升改造工作，其中39个已完成。提升村容村貌，完成裸房整治任务1050栋。开展美丽庭院创建工作，完成美丽庭院创建300户，45户获评省级美丽庭院。推进“绿盈乡村”创建工作。

【高素质农民培训】2021年，海沧区组织新型农（渔）民、农民专业合作社及家庭农场负责人、种养殖大户等涉农人员及街村干部参加市区高素质农民培训。全年培训407人次，超额完成市级下达任务。

【海沧区2021年线上农民丰收节】2021年9月17日，海沧区落实新冠肺炎疫情防控的相关规定，线上举办“农民丰收感党恩　乡村振兴谱新篇”为主题的厦门市（海沧）2021年中国农民丰收节。活动采取“1场互动直播+1张丰收地图+1个互动小程序+2个线上展览”的形式。互动直播以直播的形式，通过记者的视角，以活动原来设定的主场地海沧区东孚街道洪塘村赤土社为出发点，带领农民朋友了解海沧、同安、翔安、集美各区的农业特色。配套的“乡村振兴看咱厝”小程序，吸引1万余人线上互动晒图参与；“厦门乡村书画摄影展”“邮票展”也通过网络向公众直播。活动收获观看量近50万次，其中新华社现场云10万次、趣看直播12.6万次、扎克新闻客户端25万次。

【第三批全国乡村治理典型案例入选】2021年，海沧区坚持源头治理，全面规范村居职责事项准入制度，制订村居有关权责事项6张清单，建立绩效考核、监督等机制，注重融合多元力量，帮助村居扩能增效，让村居干部回归主责主业，让基层工作者集中精力为民服务，促进基层建设，提高乡村治理能力和水平。9月，农业农村部、国家乡村振兴局发文推广海沧区“规范权责事项　推动村居减负增效”的典型案例。

（区农业农村局）

种植业

【概况】2021年，海沧区种植业以蔬菜种植为主，蔬菜播种面积746.67公顷，粮食作物播种面积74.4公顷。辖区有农产品质量安全“一品一码”追溯点7个，2个涉农街道均设有农产品质量安全快检室，每年为周边农户速测样品1000余批次。通过推广水旱轮作、稻蔬轮作、种植旱粮等手段，弥补辖区内耕地不足。蔬菜等农业稳产保供工作推进，德国班纳利种子公司海沧花卉育种育苗基地开工建设，东孚淘宝绿植花卉直播产业等都市农业发展新模式推进。做好耕地地力补贴发放工作，合计发放补贴资金51万元，18个村（社区）3159户农民受益。福满农庄获评省级示范社，获奖励资金30万元。

【都市农业种植设施建设】2021年，海沧区推进都市现代农业、农业设施发展。推动悠闲古楼农场果园等2家生产主体、面积4.67公顷的节水灌溉项目，实施7家农业经营主体、合计面积27.93公顷商品有机肥推广工作，完成困瑶蔬菜新品种示范基地创建及西坂菜地无公害产品（小白菜）续评工作，启动农民专业合作社质量提升整区推进省级试点工作，指导示范社、示范家庭农场生成农业发展项目。创建绿色防控与统防统治融合示范点1个，落实种养业废弃物资源化利用和种养结合循环农业制度，进行农膜废弃物回收摸底，引导西坂菜地等重要合作社示范利用农作物秸秆制成酵素肥、使用可降解膜。

【棠潮园艺暨班纳利中国育种中心项目开工】 2021年2月5日，棠潮园艺科技（厦门）有限公司注册成立，注册资金5000万元。4月30日，棠潮园艺暨班纳利中国育种中心项目开工，项目由德国班纳利种子公司和厦门爱垦园艺有限公司共同投资，总投资2亿元。项目选址新阳街道一农下陈，以花卉育种和种苗生产作为主要方向，一二三产融合发展。计划建设自动化智能温室7.9公顷，建成国际花卉创新交流中心、花园中心、“环球秋海棠秀”等。至年底，完成3.5万平方米智能化玻璃温室主体工程，其中智能化育种温室1万平方米，智能化育苗温室2.5万平方米。项目完成投资近5000万元，计划2022年年底前基本建成。

（区农业农村局）

畜牧业

【概况】 2021年，海沧区家畜（牛、羊）存栏2398头，家禽存栏17.2万羽。全年肉蛋产量1262吨，产值约4060万元。全年畜牧兽医工作围绕不发生重大动物疫情和重大畜禽产品质量安全事故，抓好高致病性禽流感等重大动物疫病防控、动物及动物产品检疫等卫生监督和动物产品质量安全监管。

【动物疫病防控】 2021年，海沧区组织开展高致病性禽流感、口蹄疫、小反刍兽疫和非洲猪瘟等动物疫病防控工作，全年免疫各类畜禽32.16头羽，使用高致病性禽流感等各类疫苗34.25万毫升/头份，全面完成全区应免畜禽集中强制免疫任务，做到“应免尽免、不留空档”，确保畜禽高致病性禽流感等重大动物疫病的群体免疫密度常年保持在90%以上，应免畜禽免疫密度达100%。全年全区没有发生重大动物疫情和重大畜禽产品质量安全事故。

（区农业农村局）

林　业

【概况】 2021年，海沧区林地面积0.59万公顷，森林面积0.68万公顷，森林覆盖率39.72%。森林面积中，乔木林面积0.47万公顷，竹林面积0.001万公顷，国家特别规定灌木林面积0.08万公顷，非林地上片林面积0.13万公顷。活立木蓄积41.86万立方米，其中，森林蓄积37.10万立方米，散生木蓄积0.39万立方米，非林地上片林4.36万立方米。全年完成植树造林14.13公顷，完成森林抚育531公顷。强化森林火灾预防工作，连续10年无森林火灾。继续巩固林业有害生物防控成果，未发生新疫情。

【造林绿化】 2021年，海沧区完成造林绿化任务545.13公顷。完成植树造林14.13公顷，其中，环城森林景观带改造13.33公顷，乡村生态景观林0.8公顷，造林成活率均在85%以上，造林质量合格，完成市级下达造林任务的106%；完成森林抚育531公顷，森林抚育措施到位，质量合格，完成市级下达森林抚育任务的100.18%。

【森林防火】 2021年，海沧区在森林防火指挥部的统一领导下，区农业农村局按照职责分工，组织编制海沧区十四五森林防火规划，加快基础设施项目建设，建成防火道路2条、3.747千米，全区建设护林哨卡35座，有护林员137人；日常防控坚持“因险设防、因人设防”的工作理念，制定各阶段森林防火工作方案，重点做好森林防火宣传教育、火源管护、防火巡护、检查督查等工作。针对清明民俗祭扫用火实际，因地制宜，率先在4个街道辖区内主要山下进山路口建成焚烧池31座。

【林业有害生物防治】 2021年，海沧区继续巩固林业有害生物防控成果，根据国家、省、市相关政策和松材线虫病防治技术要求，制订年度松材线虫病防控实施方案，加强防控监测，组织落实综合防控实施方案，清理松枯死树；挂设诱捕器200套；施放绿僵菌粉炮2500千克，预防面积666.67公顷；释放肿腿蜂50万头，预防面积33.33公顷。同时，加强市、区的联防联控工作，全年未发生林业有害生物疫情。

【天竺山林场】2021年，天竺山林场坚持疫情防控和森林防疫、防火工作两手抓，统筹推进天竺山林场辖区疫情防控和森林防疫防火、春季造林补植及幼林抚育等工作。连续26年没有发生森林火灾，连续18年没有发生各类破坏森林资源的林政与刑事案件。完成3.34公顷环城森林景观带提升改造造林绿化任务及493.4公顷森林抚育工作；完成辖区林场44.1千米车行道及16千米游步道两侧可燃物清杂和102.45千米的生物防火林带的抚育维修施工任务；加大对森林资源保护工作。加强野生动物和珍稀植物保护，发现并拆除非法捕猎人员设置的鸟网、电网、兽夹等，教育并驱逐进山诱捕鸟类、野蜂等人员；查获各类进山非法捕猎人员100多人次，拆除捕鸟网5张，解救各种鸟类10余只，制止野外捕马蜂60多起。加强林地林木保护，对辖区山水林田交界处的勤于巡查走访，发现侵占林地毁坏林木现象，通过“林地巡护平台”上报处置，加强对景区内在建项目施工监管力度，严格林地林木的审批手续。监控森林病虫害动态，关注虫害诱捕器使用情况，登记辖区枯死木，为病虫害防治技术人员提供准确数据，全年清理松枯死树239棵。加强森林防火工作。制定《天竺山国有林场护林员管理办法》《天竺山国有林场护林员考勤办法》《天竺山国有林场护林片区划分办法》《天竺山森林公园森林防灭火应急处置办法》，执行24小时值班制度，加强对主要进山路口设卡检查，登记进山人员和车辆信息。明确火灾扑救职责分工，开展多次技能培训和扑救模拟演练，实现“打早打小打了”灭火目标。设立林场级、护林片区级、宗地三级林长，制定《场级林长名单及责任区域》和《护林片区级林长名单及责任区域》，划分责任区域，实行分区负责，明确各级林长职责，严防发生森林火灾、地质灾害和违法破坏森林资源等问题，建立建全“早发现、早制止、早上报、早处置”的长效工作机制。开展“安全生产专项整治三年行动集中攻坚和安全隐患大排查大整治”、“迎建党百年　安全生产百日攻坚”专项行动、“景区和非景区景点安全管理专项整治”等专项工作，会同天竺山景区管理单位在节假日前、防洪抗台和高危火险等级期间对林场场部、各护林站、山场及旅游设施、各营业点开展事故隐患和重大危险源排查检查，排查整治景区和非景区安全隐患16项。全年林场辖区未发生安全生产事故。

（区农业农村局）

渔　业

【概况】2021年，海沧区水产养殖户116户，养殖面积78公顷。水产养殖的品种主要是罗非鱼、南美白对虾、“四大家鱼”等。全年全区水产品总产量799吨，其中，海洋捕捞水产品77吨，养殖水产品722吨。至年底，全区有在册渔船44艘，其中，小型捕捞渔船39艘，渔业辅助船5艘；海沧辖区仍在使用的避风坞有1个，位于鳌冠村。

【渔业安全生产管理】2021年，海沧区渔业主管部门渔业安全生产和疫情防控两手抓，召开渔业安全生产季度工作会和海上交通安全季度联席会，做好防范海上疫情非法输入防控和相关海域作业宣传管控，以及台风渔船避险和伏季休渔工作；加强宣传培训200多人次，发放宣传资料1600余份；举办2次渔民座谈会及1场渔船民安全生产技能培训会。开展渔船安全隐患大排查及“封港清查”涉渔“三无”［无船名船号、无船舶证书（无有效渔业船舶检验证书、船舶登记证书、捕捞许可证）、无船籍港］船舶清查专项行动12次，出动执法人员200人次，实现全年渔业安全生产零事故。

【海域全面退养】2021年，海沧区强化全面清退海域非规划养殖后续管控力度，联防联控，推进鳌冠海域海洋生态修复项目建设。全区后续常态管控效果良好，没有出现养殖回潮现象。在市海域养殖指挥部办公室对海沧区海域退养工作的考核中获满分。

【海洋执法】2021年，海沧区渔业部门联合市海洋执法支队开展水产品质量安全隐患排查，推进水产品质量安全“一品一码”可追溯体系建设，全年未发现违规使用违禁鱼药即投入品，产地水产品监督抽查合格率100%。利用“食品安全周”、执法巡查、科技下乡等现场活动，宣传水产品质量安全法律法规、食品安全等，发放资料1600余份。结合疫情防控工作，牵头相关单位定期开展海上反偷渡、平安海域创建、渔船管控、“三无”船只整治、“封港清查”及违规网具执法清理等各类联合执法活动。协助海洋综合行政执法支队驻点大队

鳌冠湾清淤现场　　（郑伟明　2021 年 7 月 7 日摄）

对海岸线、涂滩等进行强化管理，摸排海沧区海洋渔业领域是否有非法占用海域滩涂、非法从事海域养殖捕捞、涉海涉黑涉恶线索等。年内巡查岸线海域 3050 次，出动巡查人员 5280 人次。

【海沧区海洋文化嘉年华】 2021 年 11 月 18—24 日，在厦门国际海洋周举行期间，海沧区依托网络平台在线举行主题为“保护海洋生物多样性，海沧在行动”海洋文化嘉年华活动，近 10 万人次参与在线活动。

【鳌冠“蓝色海湾”工程】 2021 年，海沧区“蓝色海湾”鳌冠海域岸线保护和生态综合整治（鳌冠片区海域修复）工程获得 2021 年海洋生态保护修复项目中央资金补助 20625 万元。工程位于海沧区东北面鳌冠湾海域，岸线北起新阳大桥，南至朝阳水库南侧，整治后岸线长 5855 米。主要建设内容包括：鳌冠湾清淤（660.72 万立方米）、滩面清理（373.82 万平方米）、岸线保护与生态综合整治、红树林种植及排水工程等配套建设。至年底，项目完成清淤 561 万立方米、滩面清理 373.82 万平方米、红树林种植 20.6 万平方米及鳌冠沙滩回填砂 7.27 万立方米，完成总投资 25408 万元，节点目标总体超额完成。

（区农业农村局）

农业机械

【概况】 2021 年，海沧区在册多功能拖拉机全部注销，发展适合海沧区的农业机械微耕机，同步开展农机购机补贴及报废补贴。全年兑付补贴资金 13640 元，其中补贴 7 台微耕机 7440 元、报废补贴 1 台多功能拖拉机 6200 元。

【农机安全教育】 2021 年，海沧区农机主管部门联合区交警大队开展执法检查，采取路面巡查和设点检查的方式，打击驾驶报废的拖拉机违法行为。出动执法人员 48 人次，开展 24 次联合执法，查扣报废拖拉机 3 辆，发放安全宣传材料 50 多份。开展“农机安全生产宣传咨询日”“农机交通安全宣传日”“农机安全知识下乡”等活动，分发安全图册及各类宣传资料 40 多份，利用“群发短信”平台分别向手机群发农机安全生产常识短信 300 多条。

（区农业农村局）

水　利

【概况】 2021 年，海沧辖区主要水利工程设施有水库 13 座、涵闸 10 座，小流域河流 1 条、主要排洪渠 9 条。年内，海沧区深化河湖长制，下达溪流养护资金 120 万元，实现全区流域养护全覆盖，推进辖区水环境治理和水利工程建设，完成投资约 600 万元。依法开展水土保持和水利执法，做好防汛合署办公，落实水利工程设施各项防汛备汛工作，全年完成 15 次暴雨、5 次台风的防御工作。总结并运用“控源截污、抽水清淤、生态补水、循环蓄水、生物净化、活水曝气、水生浮岛”等治理模式，完成 56 个小微水体治理，青礁村小微水体治理项目入围全市为民办实事典型案例。

【水利工程建设】 2021 年，海沧区推进水利工程建设，完成投资约 600 万元。完成海沧后井排洪渠清淤整治工程，过芸溪 1 号、2 号涵闸维修工程，海沧区河道管理、水利工程管理与保护范围划定工程 3 个项目建设；过坂水库清淤整治工程开工建设并完成总工程量的 70%。

【水土保持】 2021 年，海沧区加强对全区生产建设项目的区域监管和项目监管工作，对全区域疑似扰动图斑进行比对核查，实现区域、项

2021 年海沧区小型水库基本情况表

表 8

水库名称	等级	所在地	集雨面积（平方千米）	总库容（万立方米）	坝长（米）	坝高（米）	坝型	建成时间
两二水库	小（1）型	东孚街道	3.50	108.3	210	31.9	土坝	1968.11
溪头水库	小（1）型	东孚街道	11.00	354.61	520	32.5	土坝	1975.07
古楼水库	小（1）型	海沧街道	1.96	134.71	258	20.0	土坝	1965.10
天竺山水库	小（2）型	东孚街道	1.49	80.84	96	17.0	土坝	1956.03
过坂水库	小（2）型	东孚街道	2.11	18.95	156	9.6	土坝	1965.03
蜈蚣山水库	小（2）型	东孚街道	0.89	35.59	117	28.37	土坝	1978.11
湖堀水库	小（2）型	嵩屿街道	1.2	26.57	198	16.2	土坝	1956.11
三魁岭水库	小（2）型	嵩屿街道	0.58	21.36	179.56	12.5	土坝	1958.05
龟山水库	小（2）型	嵩屿街道	0.72	29.29	93	12.5	土坝	1959.01
新桥水库	小（2）型	新阳街道	1.4	39.55	126	16.7	土坝	1957.05
石井内水库	小（2）型	新阳街道	0.41	20.23	175	14.5	土坝	1965.11
雷公山水库	小（2）型	新阳街道	0.41	18.67	94	16.8	土坝	1979.12
大坑内水库	小（2）型	新阳街道	0.12	11.80	120	12.5	土坝	1992.12

目全监管。全年完成水保方案报告书审批 4 份，水保自主验收 86 份。完成水保监测项目 120 个，图斑核查 22 个。征收水资源费 2.092 万元，水保补偿费 107.04 万元。

【防汛防台】 2021 年，海沧区做好水旱灾害防御工作，落实水利工程设施各项防汛备汛工作，全年启动 15 次防暴雨和 5 次防台风应急响应，实现水利工程设施安全度汛。

【河湖长制推行】 2021 年，海沧区坚持“节水优先、空间均衡、系统治理、两手发力”治水方针，落实河湖长制工作。过芸溪流域水质提升，省控点汤岸桥和市控点下尾桥断面水质达到Ⅳ类水标准以上，新阳主排洪渠巩固黑臭水体治理成果，水环境得到提升。

（区农业农村局）

责任编辑、校对：庄玉凤

工 业

综 述

【概况】 2021年，海沧区规模以上工业生产用电量36.49亿千瓦时，比上年增长11.6%，增幅比上年提高11.1个百分点，工业用电增速加快，企业用能效率提高。全年规模以上工业单位增加值能耗为0.35吨标准煤/万元，比上年同期下降18.9%，单位工业增加值能耗减少。全区439家规模以上工业企业实现工业总产值1809.25亿元，比上年增长27.6%，实现规模以上工业增加值576.21亿元，比上年增长23.7%。现有30个行业大类中，医药制造业、化学原料和化学制品制造业、有色金属冶炼和压延加工业3个行业增量最大，分别比上年增长134.8%、37.0%、27.3%。产值超1亿元的企业有188家，实现产值1699.41亿元，占规模以上工业总产值的93.9%。战略性新兴产业集群凸显，获国务院办公厅通报激励。生物医药、集成电路、新材料三大主导战略性新兴产业产值增速，在全区规模以上工业9大主要产业中增速位居前三，分别为363.8%、81.6%、52.7%。三大主导产业全年产值601.19亿元，比上年增长72.6%，产值占全区总量的33.2%，拉动全区规模以上工业产值增长17.8个百分点。规模以上工业企业实现销售产值1776.32亿元，产销率98.18%；实现利润总额248.51亿元，比上年增长56.3%。227家有出口实绩的规模以上工业企业完成出口交货值643.68亿元，比上年增长35.7%。出口交货值超亿元的企业72家，完成出口交货值589.75亿元，占规模以上工业出口交货值的91.6%。宝太生物、明达实业等25家2021年出口增长超亿元的企业，完成出口交货值424.09亿元，实现出口交货值增量179.84亿元。

（区统计局）

【“三高”企业服务】 2021年，海沧区纳入全市“三高”（高技术、高成长、高附加值）企业培育库的企业347家，较上年增加36家。年内，开展高企政策宣传，举办2场高企政策培训会，重点邀请150家集成电路、生物医药相关中小企业参加培训。落实“三高”企业挂钩服务全覆盖，建立分行业、分区域、分层级的领导挂钩服务“三高”企业服务机制，定期与挂钩企业交流、收集进展情况。走访“三高”挂钩企业1961家次，宣讲政策62场，组织座谈会146场，收集企业需求324项，解决企业需求256项。全年11家“三高”企业获得1183万元国家专项资金支持。全年实现135家企业新认定或重新认定为国家级高新技术企业，推动21家次“三高”企业获得国家级荣誉资质，爱维达电子、松竹精密、宝太生物、博益宁4家企业获评第三批专精特新“小巨人”企业；厦门长塑和狄耐克的楼宇对讲产品分别获评第六批国家级制造业单项冠军示范企业和产品，狄耐克获评第五批国家级企业工业设计中心；当盛新材料“一种闪蒸纺丝设备及其纺丝方法”获2021年度中国纺织工业联合会专利奖银奖。

（区工信局）

【工业企业发展扶持】 2021年，海沧区制订关于应对新冠肺炎疫情影响助力企业纾困减负若干措施，主要从加大金融支持力度、减轻企业税费负担、降低企业经营成本、支持企业用工、促进受影响行业加快恢复、鼓励企业开拓市场、加强信用和法律服务7个方面提出16条措施。修订《海沧区促进工业经济转型升级提质增效若干措施》《海沧区关于加快生物医药产业发展若干措施》，缓解企业因疫情带来的资金压力，从提前兑现用电奖励、加大新入统企业奖励、提高企业参展展位费补助力度、发放消费补贴等方面为企业纾困减负，加大对企业的帮扶力度。全年兑付工业政策扶持资金约 7.2 亿元，惠及企业约 1540 家。

（区工信局）

【工业企业节能环保】 2021 年，海沧区组织辖区内工业企业申报节能减排鼓励政策，通过短信、微信群、走访企业等方式，发动各街道及平台公司加大节能减排政策宣传，鼓励辖区内工业企业提升改造节能减排技术。年内，给予厦门市晶锐永兴塑胶有限公司实施的 152 千瓦分布式光伏发电项目、福建盛迪医药有限公司实施的创新药物研发平台项目（合成实验室废气处理系统）和五福印务实施的废气处理装置项目 3 家企业节能减排项目补助 195 万元。

（区工信局）

生物医药产业

【概况】 2021 年，海沧区以厦门宝太生物科技股份有限公司、安邦（厦门）生物科技有限公司、厦门为正生物科技股份有限公司等为代表的新冠诊断产品出口企业增长迅猛，带动佶银生物、迪佰生物、同仁心等一批体外诊断上游活性原料及辅材企业快速发展；以万泰沧海、特宝生物、大博医疗为代表的行业龙头企业继续高速增长。万泰沧海首个国产宫颈癌疫苗获得世界卫生组织 PQ 认证，其生物医药项目工程二期竣工，将作为国产九价宫颈癌疫苗生产基地；福建盛迪医药投产。全年全区生物医药企业 405 家，产业规模 516.24 亿元，比上年增长 57.42%。61 家规模以上生物医药企业完成工业总产值 371.38 亿元，占全区规模以上工业总产值的 20.5%，比上年增长 81.6%。其中年产值亿元以上的企业有 27 家，总产值 358.19 亿元，占规模以上生物医药产值的 96.4%。完成销售产值 343.25 亿元，产销率 92.4%，完成出口交货值 208.03 亿元。海沧生物医药企业获批第三类医疗器械产品 32 项，占全省该类医疗器械产品总数的 65.31%，占全市该类医疗器械产品总数的 82.05%；获批第二类医疗器械产品 62 项，占全省该类医疗器械产品总数的 22.79%，占全市该类医疗器械产品总数的 55.86%；获批备案的第一类医疗器械产品 259 项，占全市该类医疗器械产品总数的 71.94%。

（区工信局　海发集团　区统计局）

2021 年，博迪泰（厦门）生物科技有限公司为保障核酸检测采样管的供应，组织员工 24 小时不间断生产。图为 9 月 14 日生产现场　　（海发集团　供）

【生物医药企业支援防疫】 2021 年，海沧生物医药企业面对全球新冠肺炎疫情蔓延，超过 40 家生物医药企业开展防疫产品的研发与生产，其中厦门宝太生物科技股份有限公司、安邦（厦门）生物科技有限公司、厦门为正生物科技股份有限公司等 18 家企业的新冠检测试剂取得国外注册认证，进入商务部医疗物资出口“白名单”，全年出口额超过 170 亿元，厦门宝太生物科技股份有限公司制造的新冠检测试剂亮相 G7 峰会。应对厦门本地疫情，博迪泰、美林美邦、迈达瑞、安思尔、安氏兄弟、丽厦、国贸艾迪康、医药港健康公司等一批防疫物资生产和第三方医学检验企业紧急增产，保障防疫物资供应。9 月 14 日，厦门启动全市全员核酸检测以来，博迪泰（厦门）生物科技有限公司作为厦门市防疫物资保障重点单位，组织 200 多名员工坚守一线，24 小时不间断生产。博迪泰日产能由原先的 5 万套提升至 50 万套以上，担任全市超一半的核酸采样试剂的生产任务。

（海发集团）

【全国首座硼中子俘获治疗中心竣工】2021年2月，由中硼（厦门）医疗器械有限公司投入全套自主创新加速器BNCT肿瘤治疗装备及其附属设施，联合厦门弘爱医院共建的硼中子俘获治疗（下称BNCT）中心竣工。该中心是国内首座、全球单体规模最大、配套最完善的硼中子俘获治疗中心。截至年底，厦门BNCT中心已装机完毕，继续开展临床前评价实验，完成多批次动物照射实验，为中国加速器BNCT首次临床试验做准备。中心还配置医学物理与核技术实验室、GLP-like的动物房、化学实验室、ICP-MS实验室等，以打造国际顶尖的BNCT新药评价与临床转化研究平台，形成集临床研究、协同创新、人才培养、示范推广于一体的国家级临床医学创新基地。

（海发集团）

【市计量检定测试院和大博医疗联合实验室启动】2021年5月8日，厦门市计量检定测试院和大博医疗科技股份有限公司联合实验室启动，厦门市市场监督管理局现场向大博医疗派驻计量技术特派员。联合实验室将重点融合吸纳先进的检验检测技术，突破产业关键的技术瓶颈，提高产品在创新、质量、性能方面的市场核心竞争力。

（海发集团）

【成都华西海圻医药科技有限公司厦门海沧工作站揭牌】2021年5月29日，成都华西海圻医药科技有限公司厦门海沧工作站在厦门生物医药港揭牌，这是华西海圻在全国设立的第二个工作站。厦门工作站的建立方便本区域的医药企业面对面地沟通研发需求，可通过实时会议系统与成都本部技术团队链接。海圻厦门工作站会定期委派相关专家赴厦驻点工作，丰富海沧生物医药园区的服务板块，提供相关技术咨询，助力更多医药头部企业落地海沧生物医药园区。

华西海圻［国家（成都）新药安全性评价中心］由四川大学华西医院投资控股，是一家专业从事新药非临床药代动力学、安全性、有效性评价的服务机构，也是科技部“十五”时期在西南地区设立的国家级药物安全性评价中心。拥有NMPA新药审评专家，以及美国SQARQAP-GLP资质的专家、国际AAALAC检查专家，是国内规模最大且行业领先的新药临床前研究技术服务（CRO）机构之一。

（海发集团）

2021年5月29日，成都华西海圻医药科技有限公司厦门海沧工作站在厦门生物医药港揭牌
（海发集团 供）

【艾德生物PCR-11基因伴随诊断试剂在日本获批】2021年6月，厦门艾德生物医药科技股份有限公司基于PCR技术平台自主研发的肺癌多基因联合检测产品“AmoyDx® Pan lung cancer PCR panel”（PCR-11基因）获得日本独立行政法人医药品医疗器械综合机构（PMDA）批准上市。该产品囊括EGFR、ALK、ROS1、BRAF、RET、MET、HER2、KRAS、NTRK1、NTRK2、NTRK3 11个肺癌核心驱动基因，涵盖《非小细胞肺癌分子病理检测临床实践指南（2021年版）》中推荐肺癌一线检测必检基因及罕见突变基因，具有灵敏度高、特异性好、操作简便、出报告时间短、适用样本类型广等特点，有助于临床快速且全面地筛查出靶向治疗受益人群。艾德生物和礼来、安进、默克、海和生物、广生堂等药企达成针对PCR-11基因产品的伴随诊断合作。

（海发集团）

【厦门金域入驻厦门生物医药港】2021年7月14日，国内第三方医学检验行业龙头企业——广州金域医学检验集团股份有限公司在海沧投资设立的厦门金域医学检验实验室有限公司，签约入驻厦门生物医药港协同创新创业中心，主要设置生化、发光、免疫、微生物、基因、病理学等学科，为厦门提供高质量的医学诊断服务，业务辐射漳州、龙岩、泉州等地。

（海发集团）

【万泰沧海生物医药项目工程二期竣工】 2021年8月12日，万泰沧海生物医药项目工程二期取得《福建省房屋建筑工程竣工验收报告》，二期主体竣工。该项目位于海沧区山边洪东路以东、一农路以南，建有生产车间、库房、研发小试车间、餐厅宿舍、污水处理站等，引进管式离心机、生物反应系统等设备，用于新一代疫苗产品研发、原液生产、HPV九价疫苗生产。年设计能力800万支。项目达成后如市场需求，通过增加设备及升级可将产能可提升至1600万支/年。

（海发集团）

【金达威维生素A油和D3油新厂项目竣工】 2021年10月，厦门金达威维生素有限公司于2019年启动的“年产800吨维生素A油和年产200吨维生素D3油”新厂项目建设竣工。项目总投资4.94亿元（含流动资金），位于海沧区龙门巷37号，占地面积68197.6平方米，总建筑面积83045平方米。

（海发集团）

【宝太生物发布新药发展战略】 2021年，厦门宝太生物科技股份有限公司在第二十一届中国国际投资贸易洽谈会上，发布宝太生物新药发展战略。未来三年宝太生物计划投入10亿元以上的科研经费用于医疗健康领域的研发投入，同时设立10亿元母基金，专注投入以医疗健康领域为主的基金，带动百亿以上的社会资本共同投入医疗创新领域；将在厦门建立POCT产业园与生物医药研发总部中心，增强创新能力，汇聚研发人才；将寻求与厦门大学的合作，通过成立厦大医疗健康协会、生物经济研究院等，

2021年9月8日，厦门宝太生物科技股份有限公司在第二十一届中国国际投资贸易洽谈会上举行宝太生物战略品牌发布与签约仪式　　（海发集团　供）

发挥厦大校友在全球医疗健康领域的专业资源，吸引高水平人才回归创业；宝太生物与上海美迪西生物医药股份有限公司、北京赛赋医药研究院有限公司、海南华氏医药生物控股有限公司分别签署战略合作协议，打造医疗健康产业服务链条，提高厦门市医疗健康行业的研发能力，促进新药事业的发展。

（海发集团）

【首个国产宫颈癌疫苗获世界卫生组织PQ认证】 2021年10月14日，世界卫生组织（WHO）官网公布，由厦门大学和厦门万泰沧海生物技术有限公司联合研制的首个国产宫颈癌疫苗（馨可宁®，Cecolin®）通过世界卫生组织PQ认证。这是首个获得该认证的国产宫颈癌疫苗产品。中国成为继美国、英国之后，世界上第三个具备宫颈癌疫苗对外供应能力的国家。

（海发集团　区工信局）

【2家生物医药企业获第十届中国创新创业大赛（厦门赛区）一等奖】 2021年10月28日，海沧区生物医药企业——厦门英博迈生物科技有限公司、厦门通灵生物医药科技有限公司在第十届“中国创新创业大赛”、第六届“创客中国”中小企业创新创业大赛（厦门赛区）暨第七届“白鹭之星”创新创业大赛决赛中分别获得初创企业组和成长企业组一等奖。此外，厦门通灵生物医药科技有限公司还获得全国生物医药行业总决赛优胜奖。大赛于6月24日启动，吸引402家企业报名参赛，较上年新增注册参赛企业296家。经过初赛、复赛，最终20个项目进入决赛，涵盖新一代信息技术、高端装备制造、生物、新材料、新能源、节能环保等领域。

（海发集团）

【艾德生物与杨森中国签订战略合作备忘录】 2021年12月5日，厦门艾德生物医药科技股份有限公司与西安杨森制药有限公司签订战略合作备忘录。西安杨森制药有限公司将与厦门艾德生物医药科技股份有限公司共同携手驱动创新医药生态圈，旨在持续优化药品全生命周期，赋能患者全病程管理，改善患

者获益，助力“健康中国 2030”。

根据战略合作备忘录，双方将共同打造一个端到端的协同创新服务模式，覆盖市场准入、医患教育、新生物标志物的研发，以及大数据平台搭建。艾德生物将进一步赋能患者的全病程管理，在提升伴随诊断可及性和加快患者报销的同时，优化包括肺癌、尿路上皮癌症等杨森重点目标治疗领域的诊断。此外，双方将在“港澳药械通”等有关创新药物和医疗器械准入试点政策下，探索推进创新治疗方案的准入，尽早惠及患者，为他们提供更多治疗选择。双方还将通过合作实现资源互动互联，开展针对疾病、治疗和诊断等方面的高质量医患教育，协同推动精准诊治一体化。

（海发集团）

【英博迈生物公司成立】 2021 年 5 月，厦门英博迈生物科技有限公司成立，注册资本 2500 万元，是北京万泰生物药业股份有限公司全资子公司厦门万泰凯瑞生物技术有限公司旗下控股子公司。该公司专注于生物活性原料及创新诊断产品的研发、生产和销售，为全球体外诊断企业提供优质产品，让诊断惠及更多人。至年底，公司员工 108 人，其中博士 2 人、硕士 14 人，本科以上人员占 60% 以上，是一家不断发展的技术密集型新兴企业。企业已研发出包括传染病、肿瘤标志物、炎症、心肌、激素、核酸酶等在内的 10 多个类别，300 多种产品，实现生物活性原料的产业化制备和产品灵敏度、特异性、稳定性、批间差等关键性能指标的良好控制，供应于国内外众多体外诊断试剂厂家。

公司前身为厦门万泰的诊断研发部，以“国家传染病诊断试剂与疫苗工程技术研究中心”为技术依托，承继万泰凯瑞和北京万泰在体外诊断领域的技术与品质，经过十多年的自主研发和持续创新，建立包含生物信息学、蛋白结构技术、分子克隆技术、大肠杆菌表达技术、CHO 表达技术、昆虫细胞杆状病毒表达技术、小鼠单克隆抗体技术、大鼠单克隆技术、兔多抗技术、羊多抗技术等的蛋白研究核心技术平台；包含发酵工艺、蛋白纯化工艺、蛋白制剂工艺、蛋白评估工艺等的工艺研究核心技术平台；包含蛋白理化检验技术、蛋白稳定性分析技术等的质量研究核心技术平台，已拥有国内极具竞争力的生物活性原料研发和产业化能力。

（海发集团）

2021 年 10 月 28 日，第十届“中国创新创业大赛”、第六届“创客中国”中小企业创新创业大赛（厦门赛区）暨第七届“白鹭之星”创新创业大赛一等奖颁奖现场

（海发集团　供）

【宝太生物公司】 2021 年，厦门宝太生物科技股份有限公司重视产品研发及技术创新，在上海、深圳、杭州等全国领先的生物医药聚集地均建有高端研发中心，技术平台涵盖胶体金、荧光免疫层析、高效液相色谱、心肌、甲状腺功能、肿瘤系列等 70 余项快速诊断试剂及仪器并全部取得医疗器械注册证书，其中孕酮、心肺功能五联检、性激素系列等 10 项产品为全国荧光首创，获得 36 项产品 CE 认证，60 余项核心专利授权。在新冠肺炎疫情期间，宝太生物调动公司研发、生产、注册和销售力量，开发和销售多种新冠检测产品，胶体金快速检测系列，包括新型冠状病毒（SARS-CoV-2）IgG/IgM 抗体检测试剂盒、新型冠状病毒（SARS-CoV-2）总抗体检测试剂盒（胶体金法）、新型冠状病毒（SARS-CoV-2）抗原检测试剂盒（胶体金法）；荧光 PCR 检测产品，如新型冠状病毒（SARS-CoV-2）核酸检测试剂盒（荧光 PCR 法）；样本采集耗材，如一次性病毒采集管等。自主研发的新冠病毒检测试剂盒获得 FDA（美国食品药品监督管理

局）、EUA（美国食品药品监督管理局发布的应急使用授权）、CE（欧洲共同体）、MHRA（英国药品与健康产品管理局）、俄罗斯、巴西、乌克兰、菲律宾、智利、厄瓜多尔、洪都拉斯、尼日利亚等准入许可。

2020年上市的新冠抗原快速检测试剂产品以快速、便捷、高灵敏度等优势获得国际政府机构的高度认可，实现对欧美发达国家的大批量出口，并在2021年6月英国G7峰会上成为官方防疫检测产品。9月8日，在第二十一届“投洽会”会上，宝太生物与海沧区政府签约POCT产业园与生物医药研发总部中心项目；9月29日，宝太生物POCT产业园落地。全年宝太生物公司实现出口额152.90亿元。年内，宝太生物作为唯一一家入围所有百强榜单的医药制造企业，分别位于2021年福建省民营企业86名、2021年福建省创新型民营企业46名、2021年福建省民营企业制造业36名、2021年福建制造业企业100强81名，取得国家“专精特新”小巨人企业、福建省工业龙头企业、福建省优秀民营企业、厦门市未来产业骨干企业、厦门市守合同重信用企业、厦门市纳税大户等资质。

（海发集团）

集成电路产业

【概况】 2021年，海沧区在产品导向芯片制造（特色工艺）、先进封装和集成电路设计等细分领域打造比较优势，已集聚制造类项目15个，设计类项目34个，初步形成自身发展的集成电路产业模式，推动区域初步完成新旧动能转换。全年集成电路企业总营业收入26.3亿元，比上年增长230%，营业收入过亿企业有6家，较上年增加4家。全年规模以上集成电路企业完成工业总产值15.44亿元，比上年增长363.8%。其中年产值亿元以上的企业有4家，总产值13.74亿元，占规模以上集成电路产值的89%。完成销售产值15.3亿元，产销率99.1%。年内，海沧区新增1家企业入库厦门市集成电路产业发展工作领导小组办公室公布的第三批集成电路企业，至年底，入库企业22家，约占全市的25%。海沧半导体产业基地竣工，启动士兰明镓增资扩产、士兰12英寸第一条生产线二期增资扩产，安捷利美维项目落地。士兰集科持续高研发投入，其功率器件产品获第十六届“中国芯”优秀技术创新产品奖；云天半导体提供先进封装的两款芯片在2021年度ISSCC大会上发布；澎湃微电子公司及其产品分别获2021年度国产替代卓越表现企业、2021年度最佳MCU芯片2项大奖；开元通信、烨映电子获第十六届“中国芯”芯火新锐产品奖；开元通信完成1亿颗射频芯片出货，加速5G射频滤波及模组芯片产业化。海沧“三链融合”的半导体产业发展模式获评第四届“IC创新奖”产业链合作奖，是福建首获殊荣，8月19日，新华社《经济参考报》重点栏目《经参调查》对该模式及内容进行头条刊发。海沧集成电路产业园获评“2020—2021年中国十大集成电路高质量发展特色园区”，是全省唯一；海沧集成电路制造产业园获评“一星级低碳工业园区”。

（海发集团　区统计局）

【海沧集成电路企业群体获“IC创新奖”】 2021年3月20日，海沧区集成电路因为产业链、创新链、金融链“三链融合”推动半导体产业发展新模式，厦门半导体投资集团有限公司、厦门士兰集科微电子有限公司、厦门士兰明镓化合物半导体有限公司、厦门通富微电子有限公司、厦门云天半导体科技有限公司、开元通信技术（厦门）有限公司6家集成电路企业联手在2021年中国集成电路创新联盟大会上获得第四届集成电路产业技术创新奖（简称“IC创新奖”）产业链合作奖，是福建省企业首获殊荣。

（海发集团）

【海沧集成电路产业园获评中国十大集成电路高质量发展特色园区】 2021年6月9日，在南京举行的2021年世界半导体大会上，厦门海沧集成电路产业园获评“2020—2021年中国十大集成电路高质量发展特色园区”，成为福建全省唯一获此奖项的单位。大会由中国半导体行业协会、江苏省工信厅、南京江北新区主办，由赛迪顾问股份有限公司等单位承办，是国内半导体行业最具影响力的高端峰会之一。

（海发集团）

【第五届集微半导体峰会在海沧举行】 2021年6月25—26日，2021年第五届集微半导体峰会在厦门海沧举行，为期2天，由中国半导体投资联盟、手机中国联盟主办，集微网、厦门半导体投资集团承办。峰会以“心芯本相印，变化有鲲鹏”为主题，探讨国内半导体企业在新形势下的创新及发展路径，近2000名行业人士参与，交流行业创新思想、共探产业发展之

2021 年 6 月 25—26 日，第五届集微半导体峰会在厦门海沧举行。图为 26 日的会议现场（海发集团　供）

道。峰会保留中国“芯力量”评选、政策峰会、高峰论坛等内容，增加分析师大会、微电子学院院长论坛、高端通用芯片专场等内容。

（海发集团）

【安捷利美维项目落地】 2021 年 9 月 8 日，第二十一届中国国际投资贸易洽谈会上，安捷利美维电子（厦门）有限责任公司与海沧区签署项目合作协议，安捷利美维总部及半导体封装载板研发制造项目落地。安捷利美维公司作为高端集成电路封装载板、类载板领域龙头企业，项目的落地将进一步巩固海沧在先进封装、高端封装基板产业链形成的竞争性优势，对支撑国家集成电路产业发展具有重要意义。

（海发集团）

【海沧 2 家企业获“中国芯”芯火新锐产品奖】 2021 年 12 月 20 日，在 2021 年第十六届“中国芯”集成电路产业促进大会暨“中国芯”优秀产品征集仪式上，海沧区集成电路企业开元通信的“矽力豹”系列产品和烨映电子数字式远距离 MEMS 热电堆红外传感器系列产品获“中国芯”芯火新锐产品奖。这是继 2020 年码灵半导体公司获奖之后，园区企业再次获得该奖项。“中国芯”集成电路产业促进大会是由中国电子信息产业发展研究院（赛迪研究院）举办的全国性集成电路行业盛会，是国内集成电路领域最具影响力和权威性的行业会议之一。

（海发集团）

【厦门士兰集科公司】 2021 年 5 月 11 日，厦门士兰集科微电子有限公司启动第一条 12 英寸芯片生产线二期，即“新增年产 24 万片 12 英寸高压集成电路和功率器件芯片技术提升及扩产项目”。该项目总投资 20 亿元，将扩大厦门士兰集科 12 英寸特色工艺芯片生产线产能。厦门士兰集科微电子有限公司是由杭州士兰微电子有限公司与厦门半导体投资集团共同投资成立，拟投资 170 亿元，在厦门（海沧）建设两条 12 英寸 90～65 纳米的特色工艺芯片生产线。产品定位为 MEMS、功率半导体器件及相关产品。第一条生产线总投资 70 亿元，分两期建设，一期投资 50 亿元，月产能 3.5 万片，项目于 2020 年 12 月 21 日投产。年内完成产值 7.69 亿元。

（海发集团）

【开元通信公司】 2021 年，开元通信技术（厦门）有限公司立足于技术创新和代工合作，加速 5G 射频滤波及模组芯片产业化能力，推出“蜂鸟”品牌，并发布国内首创高集成度 4G/5G 接收模组芯片；作为中国领先的射频模组芯片供应商，量产本土首款高集成度的 H/M/L LFEM 模组芯片产品 EM5352；完成 3 亿元的 A 轮融资和 1 亿颗射频芯片出货。年内，开元通信“矽力豹”系列产品获 2021 中国 MEMS 创新创业大赛创新产品奖一等奖；公司获 2021 年中国 IC 风云榜年度最具成长潜力奖、第十六届“中国芯”芯火新锐产品奖、GEI（长城战略咨询）2021 年中国潜在独角兽企业和第十届 CFS 财经峰会“2021 年科技创新引领奖”。全年完成产值 4127 万元。

（海发集团）

【云天半导体公司】 2021 年，厦门云天半导体科技有限公司抓住 5G 时代机遇，致力于 5G 射频器件封装集成技术。公司主要业务包含滤波器晶圆级三维封装（SAW-WLP 技术），高频毫米波芯片集成（mmW-FO），射频模块集成，IPD 无源器件设计与制造，以及 Bumping/WLCSP/TGV 技术，具备从 4 英寸、6 英寸到 8 英寸、12 英寸全系列晶圆级封装能力。产品应用于智能手机等移动终端、自动驾驶、卫星通讯和光通讯等重要领域。年内，云天半导体提供先进封装的两款芯片在第六十八届国际固态电路会议（ISSCC 2021 年）上发布，引起业界关注；公司获 2021

年中国集成电路创新联盟大会“IC创新奖”产业链合作奖，董事长于大全获国家科学技术进步奖一等奖。12月，公司完成B轮融资，主要用于云天半导体二期量产线建设。全年完成产值2350万元。

（海发集团）

新材料产业

【概况】2021年，海沧区重点围绕厦钨新能源、厦顺铝箔等企业，按照“龙头培育—科技支撑—复合拓展”的思路，加强自主创新和产品开发，向以高附加值深加工为主转变，发展新型有色金属合金材料制造，发展贮氢合金、钴酸锂等新一代动力电池材料。深耕电池正极材料、铝箔加工、薄膜等优势产业，厦钨钨钼制品产业链基本形成。法拉电子、长塑实业、厦钨新能源等企业增资扩产，厦钨新能源公司在上海证券交易所科创板挂牌上市，成为福建省首家A拆A上市企业，厦钨新能源锂离子电池材料项目一期1万吨生产线竣工投产；当盛科技特种材料产业园项目地块成交；厦门长塑获第五届厦门市质量奖，成为中国功能性膜材BOPA行业内首家获得政府质量奖的企业；厦门长塑推出高端环保材料佰恩丽，是国内首款实现规模化量产的新型生物基可降解膜材BOPLA，代表中国在高性能膜材双拉技术领域的世界领先水平，并推动生物基可降解材料的普及化。全年16家规模以上新材料企业完成工业总产值214.37亿元，占全区规模以上工业总产值的11.8%，比上年增长52.7%。其中年产值亿元以上的企业有10家，总产值210.89亿元，占规模以上企业新材料产值的98.4%。完成销售产值213.73亿元，产销率99.7%，完成出口交货值63.09亿元。

（区工信局　区统计局）

【当盛科技特种材料产业园项目地块成交】2021年3月4日，厦门当盛科技有限公司以3720万元竞得海沧区H2020G02-G工业地块。该地位于海沧茂林路与孚莲西二路交叉口西北侧，用地面积6.6万平方米，项目总投资15亿元，计划打造特种材料产业园，建设20条特种材料生产线及其配套后整理生产线。当盛科技前期研发公司致力于闪蒸法新材料的研究开发和生产销售，产品主要应用于医疗最终灭菌包装材料、特种防护材料、工业包装新材料、建筑新材料等领域。

（区工信局）

【厦门长塑生物基膜材BOPLA实现量产】2021年6月5日，中仑新材料有限公司旗下企业——厦门长塑实业有限公司自主研发的高端环保材料佰恩丽，此款新型生物基可降解膜材BOPLA实现量产。公司全年产值提升至19.2亿元，比上年增长29.7%。该产品是国内首款规模化量产的生物基可降解双向拉伸薄膜，由于原料来自生物基，因此在减碳方面效果显著，碳排放比传统化石基塑料减少68%以上。新型生物基可降解膜材BOPLA是指以生物基可降解材料聚乳酸（PLA）为原料，通过配方与工艺创新，运用双向拉伸技术，从而获得的生物基可降解双向拉伸薄膜。双向拉伸工艺可以大幅度提升PLA薄膜的力学性能，扩大其应用领域，可用做食品、电子产品、书籍等领域的包装材料以及胶带等封装材料。

（区工信局）

【厦门长塑锂电膜PHA获汽车行业“国际通行证”】2021年9月，厦门长塑自主研发的新型膜材料科技产品长塑锂电膜通过IATF16949认证体系，获汽车行业“国际通行证”。作为软包锂电池封装的核心材料，长塑锂电膜率先攻克“卡脖子”技术，打破国际垄断，实现进口替代。

（区工信局）

【首届新材料科技创新发展大会在海沧召开】2021年11月15日，首届新材料科技创新发展大会在海沧举行。大会由厦门市发展和改革委员会、市工业和信息化局、市工商联（总商会）、海沧区人民政府指导，厦门市新材料产业协会、中华环保联合会可降解塑料专业委员会主办，中仑科技集团有限公司承办。大会以“共筑低碳未来·赋能绿色创变”为主题，围绕低碳经济、产业升级、绿色材料创新与应用等议题展开讨论。来自全国新材料领域的专家学者及行业协会、龙头企业等各界代表通过线上线下形式，探索“双碳”目标下新材料科技创新助力经济社会发展全面绿色转型的新路径。

（区工信局）

现代制造业

【概况】2021年，海沧区以智能化和信息化为导向，推广“机器换人”、建设智能车间，加强核心技术研发。智能家具、汽车及零配件、食品等优势产业发展态势稳定，传统优势的卫浴企业产品畅销海内外，法拉电子、通达科技等电子企业市场占有率持续保持全国领先优势，艾普偏光科技项目落地，主要生产色弱矫正镜片、防激光镜片、毛坯光学镜片、运动太阳镜等产品；5月10日，盛海智芯（厦门）智能科技有限公司成立，主要经营人工智能应用软件开发、硬件销售、公共服务平台技术咨询服务及电子专用设备制造等。以黄金珠宝产业园、东南燕都产业园为载体，通过专业产业园公司推动形成产业集聚。利用黄金珠宝产业园、东南燕都平台资源，争取黄金产业园股东周大生公司电商等业务板块落地园区，推动紫金信息科技项目注册落地；跟进东南燕都产业园、小仙炖等企业业务开展情况，力促新项目生成。全年完成规模以上机械产业产值452.83亿元，比上年增长28.5%；规模以上水暖卫浴产值100.46亿元，增长23%；规模以上电子信息产业产值290.28亿元，增长19.9%。

（区工信局　区统计局）

【机械产业】 2021年，海沧区机械产业主要以汽车及零配件为主，领域产业链相对完整，形成汽车总装、重型机械制造及底盘、连接器、汽车电子、转向系统、车用轮胎、橡胶塑料、车用保险丝等汽车及零配件产业链。新型汽车产品优先布局，金龙旅行车无人驾驶准L4级车型在在以色列成功测试，成为首辆走出国门进行道路测试的中国无人驾驶客车，全国首创5G微循环网约巴士“厦门约巴”在厦门运行。5G生态下的智能汽车发展聚集金龙旅行车、捷太格特、正新实业、宏发电子、法拉电子、协富光洋、卡斯卡特等龙头企业。全年汽车及配件实现产值168.6亿元，比上年增长12.4%。

（区工信局）

2021年7月5日，厦门松霖科技股份有限公司产品展示厅一角　（郑伟明　摄）

【智能家居产业】 2021年，海沧区拥有松霖、瑞尔特、威迪亚等水暖卫浴行业领先企业，特别是节水卫浴领域已经形成一定的产业集聚，松霖科技是国内规模领先的花洒、淋浴系统、龙头等卫浴配件产品专业生产企业之一，瑞尔特科技成长为国内冲水组件制造领域规模最大的企业之一。卫浴产业企业产品畅销海内外，全年出口额53亿元，比上年增长25.4%。

（区工信局）

【黄金珠宝产业园】 2021年，海沧区推动黄金珠宝产业园区建设，新增厦门金之沙文化发展有限公司。全年黄金珠宝产业园黄金加工提纯实现工业产值143.68亿元，各入园企业工业产值、销售收入合计175亿元。

（区工信局）

【“海投黄金”打入国际黄金市场】 2021年10月29日，厦门海投鑫锋工贸有限公司首票黄金进料加工业务落地。海投供应链公司坚持“工贸一体化”发展思路，打开黄金业务板块的外向经营通道，围绕含贵金属、建材、能源、整车进口等重点产品，构建贸易、物流、供应链金融“三位一体”发展体系，完善供应链、延伸产业链、提升价值链。

（海投集团）

【2家企业入选福建省制造业单项冠军企业（产品）名单】 2021年12月9日，福建省工业和信息化厅公布第五批省级制造业单项冠军企业（产品）名单，其中海沧区锐珂（厦门）医疗器材有限公司入选第五批省级制造业单项冠军企业，厦门东声电子有限公司生产的手机扬声器受话器入选第五批省级制造业单项冠军产品。

（区工信局）

责任编辑、校对：李彩兰

商贸服务业

综　述

【概况】 2021年，海沧区制订应对新冠肺炎疫情影响助力企业纾困减负若干措施，形成16条措施并公布办事指南，组织人员进行政策解读、申报指导。以“暖心年夜饭·百万消费券·乐购在海沧”为主题开展商贸促销活动。联手区内商圈综合体、品牌餐饮、特色商超、老字号企业代表，为超过500家海沧企业留“厦”过年的职工送出2021份暖心年夜饭。在春节期间派发100万元消费券，整体核销率86%，拉动消费超400万元。开展“云shopping　GO海沧”促消费活动，2021年11月至2022年1月，分3期发放400万元消费券，促进海沧区餐饮商超消费。全年社会消费品零售总额300.97亿元，比上年增长4.0%，其中，限上社会消费品零售额135.84亿元，比上年增长5.62%。规模以上服务业经营机构192家，营业收入170.36亿元，年均从业人员25131人。各类居民服务业3909家，其中，修理与维护服务业686家（机动车维修服务业337家），理发及美容保健服务业1194家，房产中介服务业339家。

（区工信局　区统计局
区市场监督管理局）

【农贸市场改造】 2021年5月17日，海沧区制定农贸市场改造提升工作三年实施方案，明确2021—2023年海沧区农贸市场改造任务目标和工作职责。年内完成石塘农贸市场、渐美村农贸市场、锦里村农贸市场、水云湾农贸市场、石塘村农贸市场5个项目改造施工。鳌冠村农贸市场在改造中发现房屋主体为危房（经鉴定为Dsu级），经区政府专题会研究决定采取“翻改建”方式解决安全隐患，重新办理新工程立项手续。

（区工信局）

【厦门中心商业（购物中心）摘牌运营】 2021年4月21日，厦门中心商业（购物中心）由北京汉博商业管理集团股份有限公司摘牌运营，4月30日签订委托运营合同。厦门中心商业（购物中心）位于A、E、F座裙楼，建筑面积8万平方米。

（海发集团）

【海沧石塘农贸市场投入使用】 2021年12月，海沧石塘农贸市场完成升级改造并投入使用。改造后，市场内商品类别分区合理、区域标识醒目、卫生环境改善。经营摊位（商铺）由不到60个增加至150多个。除合理规划果蔬、肉禽、海鲜、干货等区域外，增设冻库、市场管理处、食品安全检测室，以提升食品安全规范。

（区工信局）

商贸流通业

【概况】 2021年，海沧区落实商贸流通业发展若干措施，从加大新入统企业奖励、提高企业参展展位费补助力度、发放消费补贴等方面为企业纾困减负，加大对企业的帮扶。全年兑现各类商贸企业扶持资金22315万元，惠及企业2248家。海沧区委、区政府加快提升商贸流通业建设，以高端业态、特色业态扶持汽车4S产业，壮大海沧区汽车销售的产业规模，集聚67家企业、50个主流汽车品牌，形成以马青路、南海三路、霞飞路、青礁的汽车4S店及自贸区平行进口车销售展厅组成的“海沧国际汽贸城”。

2021 年海沧区规模以上服务业收入和人员情况表

表 9

项目	单位数（个）	营业收入（亿元）	从业人员劳动报酬（亿元）	年均从业人员（人）
交通运输、仓储和邮政业	102	112.04	12.62	10725
电信服务业	2	2.02	0.03	17
信息传输、软件和信息技术服务业	8	1.93	0.63	573
租赁和商务服务业	36	26.15	4.46	6681
科学研究和技术服务业	12	6.53	1.70	1715
水利、环境和公共设施管理业	3	0.52	0.23	120
居民服务、修理和其他服务业	4	3.27	0.29	263
教育和卫生	5	9.32	3.64	1935
房地产辅助活动	14	7.16	1.91	2756
文化体育和娱乐业	6	1.42	0.37	346
合　计	192	170.36	25.88	25131

区内的大宗商品发展，集中在金属、钢材、化工、石油等行业，引领批零业发展。至年底，全区有限上石化及矿产建材类企业 558 家。全年完成销售额 3612.53 亿元，占限上批零销售额的 84.6%，四年年平均增速 33.39%，成为海沧区限上批零业的主导。2021 年，海沧区批发零售业销售额 4458.34 亿元，比上年增长 64.4%，其中，限额以上批发零售业销售额 4269.48 亿元，比上年增长 69.7%。

（区工信局　区统计局）

【限额以上批发零售业】 2021 年，海沧区有限额以上批发零售商品法人企业 955 家，年末从业人数 14301 人，商品购进总额 4435.92 亿元，商品销售总额 4463.26 亿元。其中，批发业 857 家，从业人数 8501 人，购进总额 4297.99 亿元，销售总额 4321.88 亿元；零售企业 98 家，从业人数 5800 人，购进总额 137.93 亿元，销售总额 141.38 亿元。

（区统计局）

【住宿餐饮业】 2021 年，海沧区住宿餐饮业营业额 14.69 亿元，比上年增长 17.7%。全区有限额以上住宿和餐饮业法人企业 38 家，年末从业人数 2554 人，全年主营业务收入 6.13 亿元。其中住宿业 15 家，年末从业人数 1485 人，全年主营业务收入 3.89 亿元；餐饮业 23 家，年末从业人数 1069 人，全年主营业务收入 2.24 亿元。

（区统计局）

【石油交易】 2021 年，海沧区限上入统石油贸易完成 1678.62 亿元，占全区限额以上批零销售额的 39.32%。全年厦门石油交易中心会员企业交易额 1703 亿元（含限下企业交易额）。新落地厦门国贸化工项目、道普（厦门）石化公司增资项目等 78 个石油关联商贸项目，投资总额 59.52 亿元。厦门石油交易中心深耕石化产业，促进产业升级，筹建垂直电商平台，以电商平台经济为抓手，推动石化产业数字化转型，探索“垂直电商＋供应链金融＋智慧物流”业务模式。

（区工信局）

【汽车销售】 2021 年，海沧区通过举办春季欢乐购车节等宣传活动，帮助企业提高销售量和销售额。支持汽车企业参加 2021 年厦门节能汽车博览会、2021 年海峡西岸汽车博览会、2021 年厦门市汽车行业复工复产大联展、2021 年厦门第十七届惠民团车节等大型车展，全年补助汽车企业参展展位费约 500 万元。至年底，注册在海沧区且限上入统的汽车销售企业 67 家，涵盖保时捷、奔驰、宝马、奥迪、雷克萨斯等近 50 个汽车品牌。全年限额以上汽车批零销售额 112.79 亿元，比上年下降 4.95%。限额以上汽车零售额 92.1 亿元，比上年增长 4.12%。

（区工信局）

2021年5月7日至6月30日，海沧区工信局联合32家品牌4S店开展2021年海沧春季欢乐购车节。图为在阿罗海城市广场举办的商超车展　（区工信局　供）

【海沧春季欢乐购车节】 2021年5月7日至6月30日，海沧区工业和信息化局联合海沧当地32家品牌4S店开展2021海沧春季欢乐购车节。购车节采用线上广告投放引流和线下活动相结合方式，线上广告投放以海沧区域为主，辐射思明、湖里主要人口集中区，线下活动在阿罗海城市广场、SM购物中心、湖里万达举行商超车展，以“购车即送交强险”开展优惠促销活动。同时结合“首届海西杯超级智能轨道车大奖赛”活动，吸引参赛群体参与购车节活动。活动期间接待客流量6万人次，留资线索量超千组。带动销售车辆4693辆，营业额12.3亿元，销售额比上年同期增长6.22%。

（区工信局）

【海沧国际汽贸城启动】 2021年2月26日，海沧国际汽贸城在海沧马青路保时捷中心启动。海沧区工业和信息化局与厦门丰骏汽车销售服务有限公司、厦门乾炫汽车服务有限公司等4家汽车公司签订5个汽车战略合作项目，分别是野马电动车福建销售中心项目、江铃福特厦门销售中心项目、平行进口车配套项目、一汽红旗体验中心项目、郑州日产销售中心项目。海沧国际汽贸城是集汽车销售、装饰美容、备件供应、维修服务、车辆检测等功能于一体的汽车销售中心。海沧区通过投放海沧大桥LED屏、白鹭洲人民会堂LED屏、SM商圈LED屏、万象城LED屏等宣传载体，在马青路沿线进行灯杆旗氛围布置、4S店路口设置导购图，借助官媒微信公众号、福建日报平台等，线上线下对海沧国际汽贸城进行宣传，每天播放1000多次，日浏览量上万，曝光覆盖率226万人次。

（区工信局）

【元初食品落地厦门中心】 2021年12月20日，厦门元初国际供应链有限公司入驻厦门中心。厦门元初食品股份有限公司的企业定位是“健康三餐提供者”，涉及食品零售批发业、食品进出口、电商业务等业务领域。该企业为区政府重点招商引资企业，以开发和经营自有品牌为特色，以“自建供应链”为优势，在自有品牌商品、自建零售渠道、自控供应链等方面经验丰富。

（海发集团）

2021年2月26日，海沧国际汽贸城在海沧马青路保时捷中心启动

（区工信局　供）

进出口贸易

【概况】 2021年，海沧区组织辖区企业参加中国进博会，有紫金矿业、丝海供应链等28家企业参会。跟踪26家重点外贸企业，督促企业填报综合服务平台月度调查表及平台系统发布问卷。首列搭载以“跨境电商B2B直接出口”监管方式申报出口的跨境电商货物的厦门中欧班列从海沧发往波兰，该批货物主要为床上用品，价值近7万美元，通过“单一窗口”完成报关申报。海投供应链公司成功获得二手车出口试点企业资质，厦门市仅有5家；首次操作平行车出口1单3辆奔驰轿车。2021年海沧整车进口口岸一线到港各类整车152辆，比上年下降92.17%；进口货值1343.93万美元，比上年下降87.2%；二线进口整车169辆，比上年下降91.33%。全年口岸有保税库存车辆66辆。

（区工信局　海投集团）

【京东（厦门）跨境贸易】 2021年，京东（厦门）跨境贸易运营中心推进京东国际中心仓业务、1210（跨境电商保税进口）业务、国际采购分拨中心业务；引入京东进口超市项目，为厦门及周边地区提供“211”及次日达服务。9月，京东（厦门）跨境贸易运营中心入选首批京东国际保税中心仓。中心依托中心仓区位优势、服务质量、价格优势，将中心仓定位为京东国际业务中转中心，为跨境电商商家提供多平台多地区一盘货备货服务，助力商家实现低成本备货。在海沧仓库开展国际采购分拨中心业务，以家具用品为主，为京东境外客户提供保税区仓库集货、挑拣、打包、装柜业务。货物进到分拨中心后根据国外的订单进行分拣、打包、装柜，从分拨中心直接送达境外门店，节约物流费用的同时提升物流时效。全年京东（厦门）跨境贸易运营中心跨境电商“1210”业务241万单，货值7.46亿元；“1210”贸易额12009.17万美元，一般贸易额29509.57万美元，一线贸易额41518.74万美元。

（区工信局）

【海投供应链公司获二手车出口试点企业资质】 2021年11月8日，海投供应链公司获得二手车出口试点企业资质，厦门市有5家企业获此资质。扩大二手车出口是国家推动国内汽车消费升级、促进畅通汽车产业国内国际双循环的一个重要途径。海投汽车整车进口平台将以此整合国内外资源，构建国内采购网络、海外销售网络、互联网交易平台、仓储物流体系、海外售后服务体系、金融服务体系等，构建海投二手车出口服务平台，打造中国二手车出口海外新模式。

（海投集团）

【进口厢式货车首次展出】 2021年11月，海投·厦门进口汽车贸易博览中心首次展出进口厢式货车，这也是厦门口岸首次展出进口厢式货车车厢，总价值超63万美元。在此之前，海沧整车进口口岸开展包括越野车、小轿车、小客车、挂车等车型的进口业务。此次厦门口岸进口的厢式货车是平行进口汽车新增的一个系列，让厦门平行进口车的产品线更加全面。

（海投集团）

粮油物资储备

【概况】 2021年，海沧区完善粮食应急体系，增补应急粮店9家。联合市粮油检测中心，加强对储备粮的质量监管，对海沧粮库进行应急储备成品粮专项检查。定期对超市的粮油进行随机质量抽查。组织对区内21家应急粮店、12家平价商店的监督检查，重点检查粮油、平价肉类、蔬菜等市场供应情况，全年出动检查46次、人数143人次、检查超市133家次。加大扶持力度，完成2020年粮食应急体系工作协作奖励拨付工作。

【应急粮店增补】 2021年，海沧区落实好粮食安全行政首长责任制，增补应急粮店9家，确认21家应急粮店作为新一年的应急供应网点。组织对辖区内应急粮店开展监督检查，确保市场粮油供应充足、价格稳定。开展2021年粮食安全宣传活动，策划“进机关、进社区、进家庭、进学校、进企业、进田间、进粮店”系列活动。区发改局与市发改委粮食监管二局一同前往厦门市海沧储备粮管理有限公司开展质量安全主体责任检查，实地检查仓库、账本、消防设施等项目，经检查，该企业符合检查标准。

【储备粮监管】 2021年，海沧区发改局做好储备粮监管，配合市发改委粮食监管二局、市粮食质监站对海沧储备粮公司的储备粮库存数量、质量、储存安全、制度落实情况实施季度监督检查。辖区储备粮符合“一符四无”（一符是账和物相符，即粮食的数量和账本相吻合；

2021 年 10 月 16 日，第 41 个世界粮食日，海沧区发改局深入田间开展粮食安全宣传活动

（区发改局　供）

四无是无虫、无鼠雀、无霉变、无事故）要求。10 月 26 日，陪同区纪委实地走访检查海沧储备粮公司消防安全生产落实情况。11 月 26 日，配合市发改委粮食监管二局对海沧储备粮公司进行秋季粮油安全检查。12 月 9 日，配合市发改委粮食监管二局对海沧储备粮进行专项整治督导及监督检查工作。加强应急粮店巡查检查。年内，组织对辖区 21 家应急粮店、12 家平价商店监督检查，检查粮油市场供应情况，总体情况良好，区发改局出动检查 46 次、143 人次，检查超市 133 家次。

【粮食应急网点申报与认定】 2021 年，海沧区先后组织 2 场“爱粮节粮”活动。完成全年应急供应网点申报与认定工作。企业自愿申报，按规定程序核查，有中闽百汇、马銮湾超市店等 9 家供应网点符合申报条件，纳入新年度的应急供应网点，辖区有 21 家应急供应网点。迎接粮食首长责任制考核。11 月 19 日，接受市粮食安全行政首长责任制考核工作组现场核查，取得优秀等次。

【粮食安全宣传活动】 2021 年，海沧区发改局组织粮食安全宣传进机关、社区、企业、校园等一系列活动，宣传节粮与健康知识，动员全社会力量参与节粮减损行动。6 月 10 日，联合佳格公司主办“爱粮节粮　健康用油”主题研学活动，现场组织华中师范大学厦门海沧附属小学的 50 名学生代表到省粮食安全教育基地——佳格食品（厦门）有限公司参观、学习、体验。10 月 16 日，第 41 个世界粮食日，结合疫情防控需要，采取“化整为零”的形式，在全区 10 个村（社区）开展 10 个粮食安全宣传分场活动。

（区发改局）

责任编辑、校对：李彩兰

2021 年 11 月 19 日，区发改局检查应急供应网点天虹超市的粮油储存销售情况

（区发改局　供）

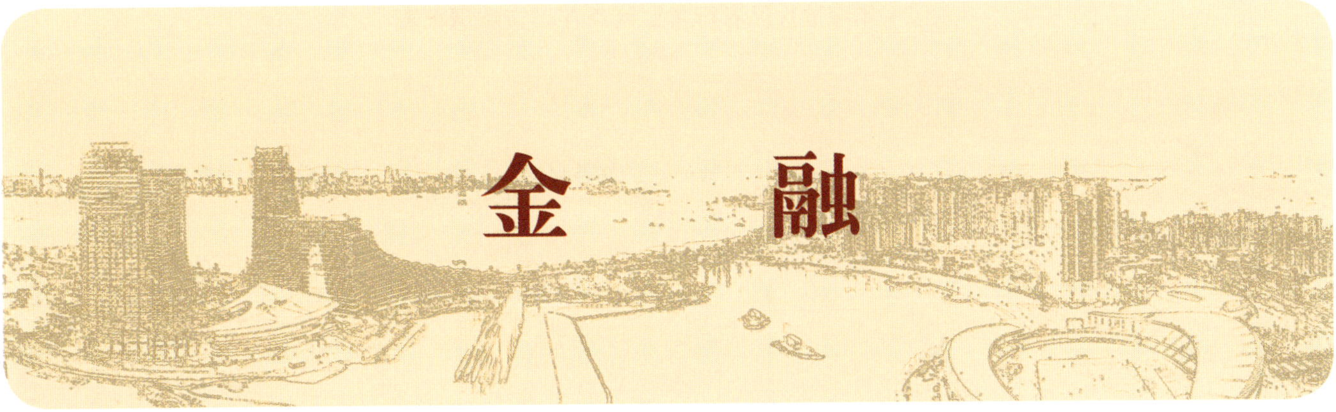

金 融

综 述

【概况】 2021年，海沧区提升金融招商质量，强化金融招商项目的遴选和风险把控，引进符合海沧区产业定位的金融项目。年内新增金融机构10家，总注册资本2.73亿元，外资3630.55万美元，其中，股权投资类企业6家，担保、信用服务等金融类机构4家。海沧融资担保有限公司为1569家中小微企业及企业主、个体工商户、农户提供融资性担保及保函等相关金融服务。公司在保余额136699万元，其中融资担保余额59857万元，非融资担保余额76842万元。区金融办指导辖区各成员单位和各街道开展防范非法集资实地宣传活动3场，现场发放宣传物品600份以上；开展2021年海沧区金融服务暨资本市场培训系列活动中小微企业专场培训会，推动企业对接资本市场做优做强，推广普惠金融服务，吸引辖区中小微企业代表70余人参会。金融风险排查工作常态化，全年摸排企业519家，其中实际经营金融类业务的6家。

【服务企业改制上市】 2021年，海沧区落实鼓励企业改制上市做强做大的若干意见，对6家企业兑现改制上市奖励资金1210万元。建立后备企业资源库，24家企业入选2021年厦门市重点上市后备企业，其中14家企业入选2021年福建省重点上市后备企业。强化上市服务工作，优化企业上市各项审批流程，新增上市企业厦钨新能源公司。截至12月，全区境内上市企业数量增加至14家。

【金融风险防范化解】 2021年，海沧区优化金融服务，防范化解企业风险。发现9家企业存在违规开展放贷业务、涉嫌非法集资的风险，区金融办联合区公安分局、市场监管局、税务局等相关部门进行排查处置。化解网络借贷企业存量风险，跟踪督促网络借贷企业整改清退时限。

（区财政局）

银行业

【概况】 2021年，海沧区辖区1家银行机构网点更名，1家银行机构网点地址变更、1家银行机构网点撤销、1家银行机构网点成立。至年末，海沧辖区有农业银行、工商银行、建设银行、中国银行、农商银行、兴业银行、交通银行、厦门银行、邮政储蓄银行等专业银行的支行银行企业（含社区银行）52家，员工总人数860人；驻海沧区的银行各类存款总数762.71亿元；各类贷款总数778.76亿元。

【海沧片区农行】 2021年，中国农业银行股份有限公司厦门海沧支行下辖支行营业部和新阳、东孚、嵩屿、保税港和自贸试验区港区5个二级支行（以上统称海沧片区农行），是网点覆盖全区4个街道的唯一大型国有商业银行。至年底，海沧片区农行本外币各项存款余额（不含同业）近80亿元，本外币各项贷款余额（含票据贴现）近140亿元。

海沧片区农行立足区域经济发展特点，服务实体经济、普惠金融和乡村振兴工作等重点工作，推进“精品银行、管理强行、平安农行”建设。对接20户优质企业，落地多家重点客户及重点招商项目，贯彻落实减费让利政策，提速

2021 年海沧片区农行营业网点存、贷款情况表

表 10

单位：万元

单位	地址	存款			贷款		
		对公存款	储蓄存款	各项存款余额	对公贷款	个人贷款	各项贷款余额
中国农业银行股份有限公司厦门海沧支行	海沧区海富路 254 号	214207	125815	340022	327502	569153	896655
中国农业银行股份有限公司厦门新阳支行	海沧区新垵中路 2 号	32319	85784	118103	42911	102469	145380
中国农业银行股份有限公司厦门东孚支行	海沧区东孚新城商业步行街一期 B 区 102、202、302 单元	62258	74798	137056	54465	25616	80081
中国农业银行股份有限公司厦门嵩屿支行	海沧区嵩屿路 59 号	49064	58077	107141	43357	109063	152420
中国农业银行股份有限公司厦门保税港支行	海沧区兴港六里 6 号 009～016 单元	18544	33058	51602	16725	80881	97606
中国农业银行股份有限公司厦门自贸试验区港区支行	海沧区海沧街道大路头 15 号	9967	35678	45645	4781	22205	26986
合　计		386359	413210	799569	489741	909387	1399128

服务普惠工作，普惠有贷客户比年初增加 127 户，法人普惠贷款年增量 2.44 亿元，制造业贷款月均增量 9.54 亿元，新兴产业贷款月均增量 6.97 亿元。落地市区重点村居账户及项目共管账户，为农村集体经济项目、乡村数字经济发展提供金融支持，与区 12 个村党委共建，开展“我为群众办实事”实践活动，入村入户办理第三代社保卡，普及理财、金融反诈骗知识，全年走村入户进企业开展金融服务 300 余次。公私联动，加强服务财政、社保、学校、医院等批量客群和代发工资、场景金融等领域。全年抗疫捐赠 4.29 万元，员工参与抗疫志愿服务超 25 人次，消费扶贫直接购买 18.09 万元。

（中国农业银行厦门海沧支行）

【海沧片区建行】 2021 年，中国建设银行在海沧区辖区设厦门海沧支行、厦门海沧嵩屿支行、厦门海沧绿苑支行、厦门新阳支行、厦门自贸试验区兴港支行 5 家支行网点（以上统称海沧片区建行）。海沧片区建行支持“六稳”“六保”，落实金融减费降税政策。新冠肺炎疫情期间组织团队电话回访受困企业，走访防疫物品等生产企业，完成企业贷款投放约 1.5 亿元，其中完成中小企业贷款签约 54 户，金额 3810 万元，涵盖餐饮、外贸等社会民生领域。提升客户数量和质量，跟进市区两级商务局招商进度，抢抓营销重点客户及项目，拓展有质量的新户、大户；加大对平台、园区、协会等拓展力度，进行批量营销；与海沧片区相关村居进行对接，提供包括不限于农村集体用地融资、住房租赁、个人服务、金融科技等综合金融服务方案，寻找业务新增点。做好客户服务，为企业办理“三走进，送金融知识下乡”10 次，深入周边农村为群众送金融服务 5 次以上。至年底，海沧片区建行本外币各项存款余额 129.09 亿元，其中对公存款余额 65.58 亿元、储蓄存款余额 63.51 亿元。各项贷款余额 101.99 亿元，其中对公贷款余额 54.2 亿元、个人贷款余额 42.57 亿元、个人卡透支 5.22 亿元。

（中国建设银行厦门海沧支行）

【海沧片区工行】 2021 年，中国工商银行股份有限公司厦门海沧支行下辖支行本部和新阳支行、自贸试验区航运支行、滨湖支行 3 个营业网点（以上统称海沧片区工行）。至年末，海沧片区工行各项存款余额 104.38 亿元，时点增量 25.52 亿元。其中，对公存款余额 62.74 亿元，时点增量 20.97 亿元；储蓄存款余额 41.64 亿元，时点增量 4.55 亿元。各项贷款余额 97.54 亿元，

2021 年海沧片区建行营业网点存、贷款情况表

表 11

单位：亿元

单位	地址	存款			贷款			
		对公存款	储蓄存款	各项存款余额	对公贷款	个人贷款	个人卡透支	各项贷款余额
中国建设银行股份有限公司厦门海沧支行	海沧区沧虹路 160 号	51.94	27.57	79.51	48.94	42.04	3.08	94.06
中国建设银行股份有限公司厦门海沧嵩屿支行	海沧区嵩屿中路 53、55、57、59、61 号店面	1.68	6.30	7.98	0.55	0.12	0.43	1.10
中国建设银行股份有限公司厦门海沧绿苑支行	海沧区滨湖东路 57、59、61、63、65、67、69 号店面	0.77	7.09	7.86	0.62	0.21	0.43	1.26
中国建设银行股份有限公司厦门自贸试验区兴港支行	海沧区兴港六里 6 号 017～026 单元	1.23	5.86	7.09	0.90	0.13	0.40	1.43
中国建设银行股份有限公司厦门新阳支行	海沧区新盛路 19 号西侧一、二层	9.96	16.69	26.65	3.19	0.07	0.88	4.14
合 计		65.58	63.51	129.09	54.20	42.57	5.22	101.99

时点增量 8.60 亿元。其中，法人贷款余额 60.84 亿元，时点增量 5.21 亿元；个人贷款余额 36.70 亿元，时点增量 3.39 亿元。服务对公客户 3049 户，个人客户 52.46 万户。

海沧片区工行贯彻高质量发展理念，服务区域实体经济发展，支持制造业、民营、普惠等重点领域。围绕海沧区域发展规划，聚焦产业创新转型，为重大产业项目提供专业化金融服务；跟进区域“千亿产业链”产业布局，支持制造业、生物医药、电子信息等新兴产业的发展；参与海沧区“国际一流海湾城区”建设，为海沧区商业基础设施项目、城市广场开发等提供融资配套服务。至年末，制造业贷款余额 29.98 亿元，民营企业贷款 24.57 亿元，战略新兴产业贷款 6.11 亿元，银监口径普惠贷款 7.45 亿元。服务海沧区广大居民的金融需求，

2021 年海沧片区工行营业网点存、贷款情况表

表 12

单位：万元

单位	地址	存款			贷款		
		对公存款	储蓄存款	各项存款余额	对公贷款	个人贷款	各项贷款余额
中国工商银行股份有限公司厦门市海沧支行	海沧区沧虹路 95 号	496278	163564	659842	608361	366153	974514
中国工商银行股份有限公司厦门市新阳支行	海沧区新光路 253 号	108875	172657	281532	—	420	420
中国工商银行股份有限公司厦门自贸试验区航运支行	海沧区嵩屿路 104、106、108 号店面	7117	52237	59354	—	372	372
中国工商银行股份有限公司厦门滨湖支行	海沧区海沧大道 885 号	15147	27924	43071	—	87	87
合 计		627417	416382	1043799	608361	367032	975393

表 13

2021 年海沧片区中行营业网点存、贷款情况表

单位：万元

单位	地址	存款			贷款		
		对公存款	储蓄存款	各项存款	公司贷款	零售贷款	各项贷款
中国银行股份有限公司厦门海沧支行	海沧区滨湖一里 76、77、78、79 号	203136.07	60836.44	263972.50	341928.34	54099.60	396027.94
中国银行股份有限公司厦门新阳支行	厦门市海沧区新阳翁角路 574 号 A101 单元、A201 单元	20712.00	56372.88	77084.88	170.00	35127.85	35297.85
中国银行股份有限公司厦门海虹支行	厦门市海沧区沧虹路 323 号 103、203 单元	16903.48	42077.23	58980.71	2229.00	73076.62	75305.62
中国银行股份有限公司厦门嵩屿支行	海沧区嵩屿中路 809 号第一层西侧	114021.35	37530.86	151552.21	12113.26	60304.45	72417.70
合　计		354772.89	196817.41	551590.30	356440.59	222608.52	579049.11

提供养老金发放，市民卡办理等便民服务；为众多中小企业主、经营商户提供集融资、结算、个人理财等综合金融服务。全年新增社保卡客户 1.64 万户，净增商户 710 户。

（中国工商银行厦门海沧支行）

【海沧片区中行】 2021 年，中国银行厦门市分行在海沧区设有海沧支行、嵩屿支行、海虹支行、新阳支行 4 家支行（以上统称海沧片区中行）。至年末，海沧片区中行本外币各项存款余额 55.16 亿元，本外币各项贷款余额 57.90 亿元。

年内，海沧片区中行在公司业务方面，优化调整贷款结构，房地产贷款由上年 70% 的占比下降到 20%，制造业贷款由上年 30% 的占比提高到 75%；推进重点客户业务突破，新增大公司授信客户且实现投放 3 户，实现厦门分行首笔且是唯一一笔碳综合指标贷款投放，扶持集成电路产业，新增贷款 6 亿多元；完善小微企业服务，两增两控口径信贷余额 56052 万元，较上年新增 12358 万元。个人业务方面，组织员工到拆迁村进行宣传，为拆迁户提供上门服务等多项措施。全年信用卡分期 14154 万元，比上年增长 6%。新增 5 个楼盘按揭项目，收按揭贷款金额超 4 亿元。全年对私加权有效客户新增 1.23 万户，全年信用卡月活客户数 5070 户，比上年增长 9.1%。

（中国银行厦门分行）

【厦门农商银行海沧片区支行】 2021 年 3 月 17 日，厦门农商银行鼎美支行营业网点地址由海沧区东孚街道鼎美村一组鼻仔尾变更为海沧区孚中央西路孚莲一里 131～134 号。10 月，厦门农商银行机构扁平化管理，至年底，厦门农村商业银行股份有限公司在海沧区设立有 9 家支行，分别是海沧支行、厦门自贸试验区金海支行、厦门自贸试验区嵩屿支行、新阳支行、霞阳支行、海沧政务中心支行、东孚支行、天竺支行、鼎美支行（以上统称厦门农商银行海沧片区支行）。

2021 年，厦门农商银行海沧片区支行利用村集体项目，深耕零售业务，统筹推进疫情防控工作和业务稳健发展。辖区内新阳支行与新垵村签订“正顺公寓项目”金融服务专案。至年底，投放项目贷款 1274 笔，投放金额 8320.5 万元；东孚支行与东孚街道莲花村合作“莲花汤岸公寓项目”，为 33 户村民发放贷款 174 万元。以服务海沧当地国企和拓展辖区内小微企业为业务重心，加大银企合作。发挥农 e 贷、马上贷、普惠信用贷、绿荫计划、万通宝小微贷等信贷产品优势，开通网上银行、手机银行、微信银行等电子银行服务，满足“三农”、小微企业等领域金融需求。至年末，厦门农商银行海沧片区支行各项存款余额 73.83 亿元，其中对公存款余额 22.39 亿元、个人存款余额 51.44 亿元；各项贷款余额 57.87 亿元，其中对公贷款 12.62 亿元、个人贷款 45.25 亿元。作为服务“三农”的金融主力军，在年末小微企业贷款余额 41.65 亿元、普惠涉农贷款余额 11.66 亿元。

（厦门农商银行海沧支行）

2021年厦门农商银行海沧片区支行营业网点存、贷款情况表

表14　　单位：万元

单位	地址	存款			贷款				
		对公存款	个人存款	各项存款余额	个人贷款	对公贷款	各项贷款余额	其中：普惠涉农贷款	小微企业贷款
厦门农商银行海沧支行	海沧区沧虹路148号	66103	73692	139795	89176	50101	139277	16640	76323
厦门农商银行厦门自贸试验区金海支行	海沧区海沧村新大街68号	27120	53039	80159	60363	11930	72293	17282	57743
厦门农商银行厦门自贸试验区嵩屿支行	海沧区嵩屿建港路2053号	23354	39419	62773	39867	9320	49187	11962	39517
厦门农商银行新阳支行	海沧区新阳工业区新垵中路9号	9173	53479	62652	53065	8593	61658	33518	41661
厦门农商银行霞阳支行	海沧区新阳工业区8号公路南侧霞光外口公寓一层B12号	6248	28730	34978	35985	13705	49690	4871	35855
厦门农商银行海沧政务中心支行	海沧区滨湖北路9号行政中心附楼一楼	12610	7829	20439	29920	4396	34316	4490	30142
厦门农商银行东孚支行	海沧区东孚街道山边村大庵10号	14747	45474	60221	54717	11514	66231	11357	52211
厦门农商银行天竺支行	海沧区东孚商业街A2栋1～2层	28006	101303	129309	54318	8175	62493	9943	49695
厦门农商银行鼎美支行	海沧区孚中央西路孚莲一里131～134号	36489	111478	147967	35133	8416	43549	6579	33371
合　计		223850	514443	738293	452544	126150	578694	116642	416518

说明：1. 各项贷款总额＝个人贷款＋对公贷款；
2. 小微企业贷款＝小型、微型企业＋个体工商户、小微企业主个人贷款；
3. 普惠涉农贷款＝单户授信500万元（含）以下农户经营性贷款＋授信1000万元（含）以下涉农小微企业贷款

【交通银行海沧支行】 2021年，交通银行股份有限公司厦门分行海沧支行（以下简称交通银行海沧支行）地址在海沧区沧虹路。至年底，存款余额118210万元，比上年增长28.07%；贷款余额303709万元，比上年下降14.68%。

（交通银行海沧支行）

【光大银行海沧支行】 2021年10月，中国光大银行股份有限公司厦门尊海社区支行撤销在海沧禹州尊海社区营业网点。年内，中国光大银行在海沧区辖区设有中国光大银行股份有限公司厦门海沧支行（以下简称光大银行海沧支行）1家支行网点，地址在海沧区钟林路8号海投大厦裙楼1层。至年末，各项存款余额12.19亿元，各项贷款余额15.83亿元。

（光大银行海沧支行）

【中信银行海沧支行】 2021年，中信银行股份有限公司厦门海沧支行（以下简称中信银行海沧支行）地址在海沧区滨湖东路99号鼓浪湾酒店1层A区。全年为辖区企业、个人提供综合融资金融服务超40亿元，服务各类对公客户400余户、个人客户3.6万人。年末，中信银行海沧支行各项存款余额113961万元，管理资产169434万元，各项贷款余额67278万元。

（中信银行海沧支行）

【赣州银行海沧支行】 2021年，赣州银行股份有限公司厦门海沧支行（以下简称赣州银行海沧支行）地址在海沧区滨湖东路99号鼓浪

湾大酒店旁。至年末，赣州银行海沧支行对公客户 161 户，个人银行卡 3456 张，实现各项存款余额 231080.12 万元，其中对公存款 61122.33 万元，储蓄存款 36548.75 万元，保证金存款 133409.04 万元；各项贷款余额 62262.14 万元，其中贴现资产 11760.59 万元，个人贷款 10304.97 万元，对公贷款 38100 万元，贸易融资 2096.58 万元。

（赣州银行海沧支行）

【海沧片区邮政储蓄银行】 2021 年 1 月，中国邮政储蓄银行股份有限公司厦门海沧区孚莲营业所开业，地址在海沧区孚莲一里 140～141 号，由中国邮政储蓄银行股份有限公司厦门海沧区原兴港营业所更名而来。年内，中国邮政储蓄银行厦门海沧区支行下辖 8 个营业网点，其中海沧区支行营业部、海沧区城建支行、厦门自贸试验区嵩屿支行、海沧区霞阳支行 4 个网点为自营网点，海沧区东孚营业所、海沧区新阳营业所、海沧区鼓浪湾营业所、海沧区孚莲营业所 4 个网点为储蓄代理网点（以上统称海沧片区邮政储蓄银行）。至年底，海沧片区邮政储蓄银行各项存款余额 228484.65 万元（含代理网点），其中，公司存款余额 26006 万元，储蓄存款余额 202478.65 万元；各项贷款余额 473594.82 万元（含贴现和贸易融资），其中，对公贷款 241178.82 万元，零售贷款 232416 万元。

（中国邮政储蓄银行厦门海沧区支行）

【民生银行海沧支行】 2021 年，中国民生银行股份有限公司厦门海沧支行（以下简称民生银行海沧支行）位于海沧区海林路 9 号天成小区一层，下辖未来海岸社区支行（位于海沧区嵩屿北一里 110 号）。年内，民生银行海沧支行新增对公有效户 15 户、对公授信客户 2 户、零售有效户 327 户，新增小微贷款 1.73 亿元。年末各类存款余额 11.69 亿元（含社区支行），其中对公存款 8.42 亿元、零售存款 3.27 亿元；各类贷款余额 15.47 亿元（含社区支行），其中，对公贷款 2.7 亿元，零售贷款 12.77 亿元。

（民生银行海沧支行）

【海沧片区厦门银行】 2021 年 10

2021 年海沧片区邮政储蓄银行营业网点存、贷款情况表

表 15　　单位：万元

单位	地址	存款			贷款		
		对公存款	储蓄存款	各项存款余额	对公贷款	零售贷款	各项贷款余额
中国邮政储蓄银行厦门海沧区支行	海沧区海富路 250 号	21156.63	33129.59	54286.22	239543.82	62526	302069.82
中国邮政储蓄银行厦门自贸试验区嵩屿支行	海沧区嵩屿南二路 80 号	631	16620.67	17251.67	631	49515	50146
中国邮政储蓄银行厦门海沧区城建支行	海沧区南海三路 1188 号城建大厦 101 单元	752	17466.42	18218.42	752	69171	69923
中国邮政储蓄银行厦门海沧区霞阳支行	海沧区霞阳社区中路 258-2-101 号	252	22878.23	23130.23	252	51204	51456
中国邮政储蓄银行厦门海沧区东孚营业所	海沧区东孚街道莲花村 389 号	0.02	42192.23	42192.25	0	0	0
中国邮政储蓄银行厦门海沧区新阳营业所	海沧区新垵村南片 109～101 号	0	42166.38	42166.38	0	0	0
中国邮政储蓄银行厦门海沧区鼓浪湾营业所	海沧区滨湖路 1904 号	78.7	13461.49	13540.19	0	0	0
中国邮政储蓄银行厦门海沧区孚莲营业所	海沧区孚莲一里 140～141 号	3135.65	14563.64	17699.29	0	0	0
合　计		26006	202478.65	228484.65	241178.82	232416	473594.82

表 16

2021 年海沧片区厦门银行营业网点存、贷款情况表

单位：万元

单位	地址	存款			贷款		
		对公存款	储蓄存款	各项存款余额	对公贷款	零售贷款	各项贷款余额
厦门银行股份有限公司海沧支行	海沧区沧林路 119 号	352187.53	231694.1	583881.63	131176.33	41203.03	172379.36
厦门银行股份有限公司新阳支行	海沧区新阳新美路 19 号	171980.32	81202.49	253182.81	93294.64	42416.22	135710.86
厦门银行股份有限公司海虹支行	海沧区沧湖东一里 370～373 号	461.29	29700.66	30161.95	4391.00	21865.05	26256.05
合 计		524629.14	342597.25	867226.39	228861.97	105484.30	334346.27

月 18 日，厦门银行股份有限公司海虹支行成立。至年末，厦门银行在海沧区辖区设有海沧支行、新阳支行、海虹支行 3 家支行（以上统称海沧片区厦门银行）。各项存款余额 867226.39 万元，各项贷款余额 334346.27 万元。

（厦门银行）

【海沧片区招行】 2021 年，招商银行股份有限公司厦门分行在海沧区设有自贸试验区厦门片区分行、海沧支行、海虹支行 3 家网点（以上统称海沧片区招行）。年内，招商银行海沧支行协同海沧区税务局助力东孚花卉产业绽放，开展专题业务培训及座谈会，梳理厦门市税务局出台的 16 条税费优惠政策，“面对面”讲解银税互动、纳税信用等，为小微企业解决融资难、融资慢，化解资金周转压力提供支持，“手把手”帮企业理清税费优惠政策。至年末，海沧片区招行各项存款余额 24.23 亿元，各项贷款余额 33.72 亿元。

（招商银行海沧支行）

【海沧片区兴业银行】 2021 年，兴业银行股份有限公司厦门海沧支行地址在海沧区沧虹路 172 号，下辖新阳支行、天心岛社区支行（以上统称海沧片区兴业银行）。至年末，海沧片区兴业银行实现各项存款余额 46.64 亿元（含新阳支行和天心岛社区支行），比上年增长 26%，其中对公存款 31.29 亿元，零售储蓄 15.35 亿元；各项贷款余额 66.10 亿元（含新阳支行和天心岛社区支行），其中对公贷款 22.99 亿元，个人贷款 43.11 亿元。

（兴业银行海沧支行）

【国际银行海沧支行】 2021 年，厦门国际银行股份有限公司厦门海沧支行（以下简称国际银行海沧支行），地址在海沧区沧虹路 156 号 A01 室。至年末，国际银行海沧支行各项存款余额 69.60 亿元，比上年下降 2.07%，其中，对公存款 63.57 亿元，储蓄存款 6.03 亿元；各项贷款余额 68.22 亿元，比上年增长 10.77%，其中，个人贷款 8.50 亿元，对公贷款 59.72 亿元。

（国际银行海沧支行）

2021 年 11 月 23 日，招商银行海沧支行同海沧区税务局、区工商联走进花卉直播间，为小微企业解决融资难、融资慢等问题。图为东孚街道淘宝福建绿植花卉产业带直播大楼培训现场

（招商银行海沧支行 供）

2021 年海沧片区招行营业网点存、贷款情况表

表 17

单位：亿元

单位	地址	存款			贷款		
		对公存款	储蓄存款	各项存款余额	对公贷款	零售贷款	各项贷款余额
招商银行股份有限公司厦门海沧支行	海沧区钟林路 12 号海沧商务大厦一层裙楼	6.46	7.14	13.6	0	22.47	22.47
招商银行股份有限公司厦门海虹支行	海沧区沧林东路 278～284 号一层 1001C 单元	0.17	2.56	2.73	0	7.13	7.13
招商银行股份有限公司福建自贸试验区厦门片区分行	海沧区海景中路 25 号	7.47	0.43	7.9	3.55	0.57	4.12
合　计		14.1	10.13	24.23	3.55	30.17	33.72

保 险 业

【概况】 2021 年，海沧区有人保财险海沧支公司、中华联合财险海沧支公司、太平洋财险海沧支公司、中国大地保险海沧支公司、中国人寿保险海沧区支公司、泰康寿险海沧支公司 6 家保险业企业，全年保费收入 63549.18 万元，理赔金额 17207.99 万元。至年底，6 家保险业企业的员工总数 738 人。

【人保财险海沧支公司】 2021 年，中国人民财产保险股份有限公司厦门市海沧支公司（以下简称人保财险海沧支公司）地址在海沧区海沧自贸区海景中路 21 号。人保财险海沧支公司践行国有保险企业责任，做好乡村振兴、智慧交通、健康养老、绿色环保、科技创新、社会治理六大战略服务，先后承保计生家庭保险、法院执行救助保险、市老人幸福安康保险等，为服务政府治理提供保障；承保区内重点企业一揽子保险、中小微企业资产类、责任类保险，为企业保驾护航；开展“防灾减灾”活动，提高群众防灾、抗灾意识、灾害应对能力，协助完善灾害防患和救助体系，建成覆盖全区的防灾、报灾、查勘、理赔的服务保障网络。全年实现保费收入 15573 万元，理赔金额 9011 万元。

（人保财险海沧支公司）

【中华联合财险海沧支公司】 2021 年，中华联合财产保险股份有限公司厦门分公司海沧支公司（以下简称中华联合财险海沧支公司）地址在海沧区海沧大道 825 号 403 单元。至年底，实现保费收入 2590.17 万元，比上年增长 4.54%，理赔金额 1913.2 万元，比上年增长 97.8%。

（中华联合财险海沧支公司）

【太平洋财险海沧支公司】 2021 年，中国太平洋财产保险股份有限公司厦门市海沧支公司（以下简称太平洋财险海沧支公司）地址在海沧区钟林路 12 号海沧商务大厦 8 楼。至年底，实现保费收入 1.3 亿元。

（太平洋财险海沧支公司）

【中国大地保险海沧支公司】 2021 年 12 月，中国大地财产保险股份有限公司厦门市海沧支公司（以下简称中国大地保险海沧支公司）地址由海沧区钟林南里 17～18 号变更为海沧区海景路 278 号 323 室。至年底，实现保费收入 1871.01 万元，理赔金额 993.28 万元。

（中国大地保险海沧支公司）

【中国人寿海沧支公司】 2021 年，中国人寿保险股份有限公司海沧区支公司（以下简称中国人寿海沧区支公司）地址在海沧区海沧大道 891 号 2207 单元、2208 单元、2301 至 2308 单元。中国人寿海沧区支公司联合海沧区妇联、海沧区计生协会推出计划生育家庭意外伤害保险及“关爱妇女儿童健康”活动。至年底，中国人寿海沧区支公司为辖区 2025 名女性、5501 名青少年儿童提供健康保险保障。年内，中国人寿海沧支公司工作人员与海沧区嵩屿街道钟山社区妇联主席，共同入户宣传及慰问厦门市妇联为厦门市低保家庭妇女购买“低保家庭妇女安康保险”。全年公司实现总保费收入 2.99 亿元，比上年增长 7.14%；理赔金额 5265.65 万

2021年10月19日，中国人寿海沧支公司入户宣传低保家庭妇女安康保险

（中国人寿海沧支公司 供）

元，比上年增长20.85%。

（中国人寿海沧支公司）

【泰康寿险海沧支公司】 2021年，泰康人寿保险有限责任公司厦门海沧支公司（以下简称泰康寿险海沧支公司）地址在海沧区滨湖北路745号。公司主要开展普通寿险、意外险等保险业务。全年实现保费收入615万元，完成理赔件数14件24.86万元。

（泰康寿险海沧支公司）

证券业

【概况】 2021年，海沧区有华安证券厦门钟林路营业部、长城国瑞厦门沧虹路营业部、国元证券福建分公司、兴业证券厦门海沧大道营业部、华福证券有限责任公司厦门钟林路证券营业部（11月29日成立）5家证券企业，实现营业收入1773.46万元。至年底，资金账户29157户，员工总数60人。

【华安证券厦门钟林路营业部】 2021年，华安证券股份有限公司厦门钟林路证券营业部（简称华安证券厦门钟林路营业部）地址在海沧区钟林路8号海投大厦7楼。至年底，营业部资金账户6343户。全年证券买卖交易量（含港股通）141.2亿元，实现营业净收入433.46万元、营业支出423.09万元，净利润5.94万元。

（华安证券厦门钟林路营业部）

【长城国瑞厦门沧虹路营业部】 2021年，长城国瑞证券有限公司厦门沧虹路证券营业部（简称长城国瑞厦门沧虹路营业部）开展投资者教育活动10余场，主要有2021年“公募REITs基金”宣传活动、2021年防非宣传月暨“5·15”全国投资者保护宣传日活动、2021年世界投资周等宣传内容、2021年宪法宣传月宣传活动，同时配合证监局以及协会开展投资者教育进社区活动，进行金融知识联合宣传及滚雪球产品风险防范宣传，扩大受众投资者覆盖面。

（长城国瑞厦门沧虹路营业部）

【国元证券福建分公司】 2021年，国元证券股份有限公司福建分公司（简称国元证券福建分公司）地址在海沧区钟林路12号海沧商务大厦10楼1002～1005单元。年内，做好投资者教育工作，引导投资者理性投资，开展“3·15”投资者保护主题教育、“股东来了”投资者权益知识竞赛、“5·15”全国投资者保护日宣传、防范非法证券期货宣传月、“金融知识普及月金融知识进万家争做理性投资者争做金融好网民”和“宪法宣传周”等主题活动。至年底，公司有普通资金账户10814户。全年实现营业收入746万元，比上年增长23.1%。

（国元证券福建分公司）

【兴业证券厦门海沧大道营业部】 2021年，兴业证券股份有限公司厦门海沧大道证券营业部（简称兴业证券厦门海沧大道营业部），地址在海沧区海沧大道893号泰地海西B座18层02单元。至年末，营业部资金账户数突破1.2万户，A股交易额突破220亿元，客户总资产近14亿元。全年实现营业收入594万元，营业支出498.57万元，利润总额95万元。

（兴业证券厦门海沧大道营业部）

责任编辑、校对：李彩兰

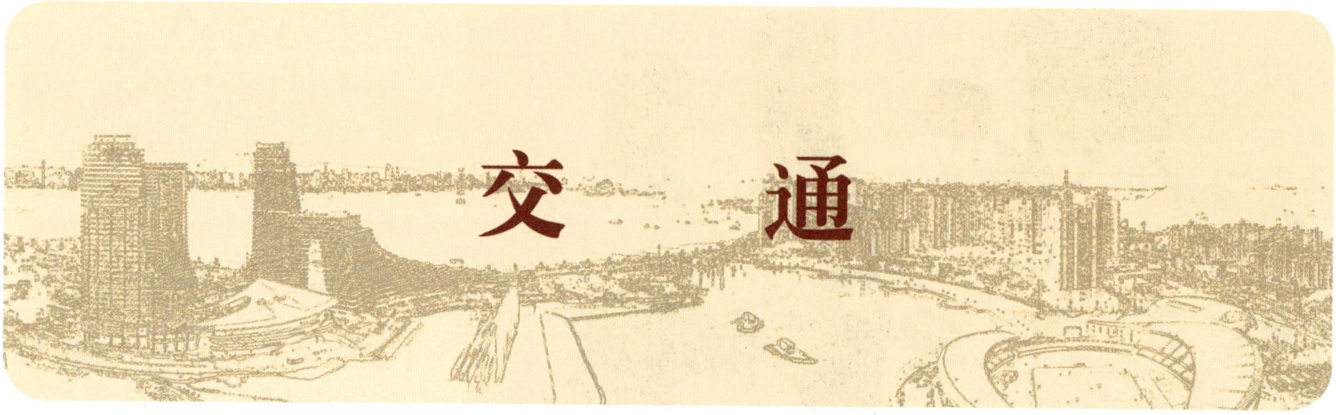

交　通

港　口

【概况】 2021年，海沧港综合保税区运营，21个项目签约入驻，总投资额超百亿。“智慧港口2.0”在厦门远海码头启动商业化运营，海润码头获评国家四星级“中国绿色港口”，中远海运港口厦门远海码头基于5G的自动化码头业务场景应用项目获一等奖。2021年“丝路海运”年会在厦门举行，首设“优质码头、航商服务”奖。厦门海润集装箱码头有限公司、厦门远海集装箱码头有限公司等获“2021年‘丝路海运’命名航线年度优质码头服务奖”。海沧港区由海沧港区和嵩屿港区两部分组成，有生产性泊位34个。至年底，海沧港区有集装箱班轮航线74条，其中，国际航线34条，内支线13条，内贸27条。全年海沧港区完成集装箱吞吐量963.45万标准箱，占全市的75%，完成货物吞吐量12893.48万吨，占全市的50%。

【“智慧港口2.0”在厦门远海码头启动】 2021年12月21日，由东风公司、中国移动、中国远洋海运三方联合行业伙伴打造的“智慧港口2.0”在厦门远海码头启动商业化运营。“智慧港口2.0”是在“5G智慧港口全场景应用”的基础上持续创新开发，推动包括5G高中低频立体组网、无人集卡开放场景混合运行、北斗高精定位与多传感融合、基于5G的港机远控改造等关键技术的系统性提升，制定港口无人驾驶集装箱车的标准，实现智慧港口的商业化运营。根据现场实际测试及方案比较，“智慧港口2.0”具有投资小、建设周期短、绿色低碳、适用性广等特性。

【海润码头获评四星级“中国绿色港口”】 2021年4月，2020年度绿色港口等级评价第二批项目评价结果在青岛发布，厦门港海润码头获评四星级“中国绿色港口”。经两轮评选，全国范围有9个码头获此荣誉。据估计，绿色港口项目每年可为厦门港节约1.4万吨标准煤，减少二氧化碳排放3.8万吨，节约物流成本超亿元。

【海润码头5G无线通信网络系统获第四届“绽放杯”5G应用征集大赛全国总决赛优秀奖】 2021年12月4日，第四届“绽放杯”5G应用征集大赛全国总决赛落幕，厦门港务控股集团海润码头5G无线通信网络系统获优秀奖。这是厦门入围第一批5G试商用城市后，在港口物流领域获得的一个重要奖项。另外，该项目同期获得第一届厦门5G应用大赛一等奖。

【厦门远海码头获奖】 2021年3月11日，厦门市海洋发展局发布《关于公布新一批厦门市海洋新兴产业龙头企业名单的通知》，厦门远海码头被授予“2019年度厦门市海洋新兴产业龙头企业”称号，该项目2年评选一次，这是该公司继荣获“2017年度厦门市海洋新兴产业龙头企业”后再次获此殊荣。9月6日，第二届促进金砖工业创新合作大赛总决赛在厦门启动。大赛由工业和信息化部、福建省人民政府、厦门市人民政府主办，以“创新发展、共筑未来”为主题，聚焦工业互联、智能制造、绿色循环低碳等领域，展示在新工业革命前沿技术和应用领域的创新成果。中远海运港口厦门远海码头基于5G的自动化码头业务场景应用项目，经专家评审，在总决赛中获一等奖。

远海码头一角　　（张玉明　2021 年 4 月 23 日摄）

【中远海运港口厦门海沧供应链项目开工】 2021 年 12 月 22 日，中远海运港口厦门海沧供应链项目开工仪式在厦门海沧举行。项目位于海沧港区 13 号泊位后方，占地面积 6.6 万平方米。项目分两期开发，一期用地 2.38 万平方米，将建设 2 座高标准双层坡道仓库，可提供约 2 万平方米仓储面积，预计 2023 年第一季度竣工投入运营。依托厦门远海自动化码头及海铁联运，形成“自动化码头 + 自动化铁路 + 自动化仓库”集成融合的供应链基础设施。

（区建设与交通局）

铁　路

【概况】 2021 年，海沧铁路公司与厦门中外运物流有限公司共同开发物流服务合作，海沧货场货四道 1～3 号仓库，面积 10302.5 平方米，做好仓储、装卸等增值服务；与三钢、三安、安溪德泰等公司合作，做好港口铁矿石、煤炭等运输总包服务；利用白礁货场货 7 道散装水泥罐区的资产资源，与厦门泰垚环保科技有限公司合作经营，挖掘发挥白礁货场功能；与海翼物流公司拼箱、大宗货物堆场业务合作经营；首发“厦门—深圳—俄罗斯”中欧班列，全年公司营业利润 524.29 万元。全年完成货物发送量 334.43 万吨（其中港口 277 万吨），较上年同期 225.94 万吨（其中港口 187 万吨）增加 108.49 万吨，增幅 48.02%；货物到达量 42.09 万吨，较上年同期 37.81 万吨增加 4.28 万吨，增幅 11.32%；装车数 59011 车，较上年同期 43606 车增加 15405 车，增幅 35.33%；卸车数 8054 车，较上年同期 9355 车减少 1301 车，减幅 13.91%。国际联运运输完成 6931 车，较上年同期 8385 车减少 1454 车，减幅 17.34%。至年底，海投集团运营中欧班列（厦门）中欧中亚线发运 764 列，31092 个 40 尺大柜，进出口货值 19784 亿元。年内，开行 129 列，运送 12444 标箱货物。

（海沧铁路公司　海投集团）

【中欧班列（厦门）运行】 2021 年，厦门中欧班列运行平稳，途经 12 个国家和 30 多个地区，平均每周 2 列，中亚班列每旬 1 列。班列主要运载产品包含机械、电子、五金、服装轻工、石材、建筑等。在空运、海运受疫情影响情况下，中欧班列（厦门）发挥“国际物流新通道”作用，支持防疫抗疫，运送 555 个 40 尺大柜近 4200 吨防疫物资至欧洲。由海投集团运营的中欧班列（厦门）中欧线中亚线全年共开行 129 列，运送 12444 标箱货物，货值 8.3 亿美元，比上年增长 17%。

（海投集团）

【“厦门—深圳—俄罗斯”中欧班列首发】 2021 年 11 月 20 日，搭载 12 个集装箱的铁路专列从厦门海

2021 年 11 月 20 日，“厦门—深圳—俄罗斯”中欧班列首发　　（海沧铁路公司　供）

沧铁路公司“多式联运国际班列监管中心”开出，该批集装箱将经深圳运抵俄罗斯。“厦门—深圳—俄罗斯”中欧班列首发，标志着厦门海沧铁路公司与中国外运合作开发的“仓储配送商贸中心”延伸增值服务项目启动，“仓储配送商贸中心”与“多式联运国际班列中心”联合运作。试运行专列为厦门海沧铁路公司增加支线运费收入3600元，为集团公司增加国铁运费收入60271.2元。

（海沧铁路公司）

【海沧防疫物资搭乘中欧班列（厦门）专列发往德国】 2021年4月21日9点48分，1列满载新型冠状病毒（COVID-19）抗原自测试剂盒的中欧班列由福建自由贸易区厦门片区海沧园区发往德国杜伊斯堡。这是中欧班列（厦门）首次为海沧本地企业（厦门宝太生物科技有限公司）提供防疫物资专列服务。专列运载41柜，物品4.7万件，货值超4500万美元。

（海投集团）

【中欧班列（厦门）解锁跨境电商新模式】 2021年3月20日，福建省首列搭载按“9710”监管方式申报出口的跨境电商货物的厦门中欧班列从海沧发往波兰。代码“9710”简称“跨境电商B2B直接出口”，指的是境内企业通过跨境物流将货物运送至境外企业或海外仓，并通过跨境电商平台完成交易的贸易模式。这种贸易模式充分考虑跨境电商新业态信息化程度高、平台交易数据留痕等特点，采用企业一次登记、一点对接、便利通关、简化申报、优先查验、允许转关、退货底账管理等针对性的监管便利化措施。该票货物670余件，价值近7万美元。厦门中欧班列解锁该新模式后，在为厦门及周边跨境电商企业提供一条便捷、高性价比物流通道的同时，也进一步带动整个厦门跨境电商产业链条的发展。

（海投集团）

【中欧厦门班列开行突破1000列】 2021年6月2日下午13点40分，厦门中欧班列第1000列搭载着100个标箱、货值超270万美元的货物，驶出福建自由贸易区厦门片区海沧园区。自2015年8月16日开行以来，厦门中欧班列运送厦门及周边城市80094个标箱、价值32.42亿美元的货物至欧洲各国。在双循环新发展格局下，厦门中欧班列展现“国际物流新通道”优势，践行国家“一带一路”倡议，在中国共产党成立100周年之际实现1000列的突破。

（海投集团）

【地铁6号线林埭—马銮西（鼎美）区间左线贯通】 2021年12月26日，轨道交通6号线林埭—马銮西（鼎美）区间左线贯通。至此，轨道6号线林埭西—林埭—马銮西（鼎美）隧道全线贯通；林埭西、林埭车站完成主体结构封顶，仅余少量的附属设施。轨道交通6号线全长18.8千米，设13座车站，于2019年12月动工，海沧段设4个车站，林埭西、林埭车站主体工程以及区间建设工程在海沧段全线工程中率先完工，其中，林埭西站—林埭站区间较原计划提前30天完工；林埭站—马銮西（鼎美）站区间较原计划提前近6个月完工。

（区发改局
厦门地铁6号线项目部）

公　路

【概况】 2021年，海沧区推进海新路与疏港通道立交工程、海沧疏港通道及芦澳路（马青路—翁角路段）等项目，第二西通道（海沧隧道）6月17日建成开放通车，马青路提升改造工程及324国道（纵二线）厦漳界至凤山段工程等项目开工建设。至年底，全区快速路建成通车总长59千米。推进农村公路建设，完成6.4千米“四好农村路”建设，全年计划推进锦里村外围滨渠路改造工程项目等5个农村公路建设项目，完成6.451千米，投资额1840.74万元，完成投资计划297%。起草海沧区农村公路养护三方协议，督促市政中心开展巡查管养工作，巡查农村公路4912千米，上报管养事件342件，完成335件上报事件的处理。

海沧公路分局作为海沧辖区道路管养单位，下设中沧、东孚2个班站，承担海沧区境内17条干线公路的管理、养护工作，管养绿化面积163.7万平方米，绿化率100%。专养公路总里程92.72千米，机械化清扫率100%，其中国道（包括324国道、319国道及228国道）29.59千米、省道（318省道）7.54千米、县道51.35千米、乡道4.24千米；管养涵洞77座、桥梁12座，管养人行天桥25座、人行桥1座、地下通道11座、车行下穿隧道1座。

（区建设与交通局　海沧公路分局）

【道路养护】 2021年，海沧公路分局加强道路日常养护管理。对空气质量污染预警及时反应，开启绿化带雾喷，洒水车洒水降尘，清理路面沙尘，全年启动轻微污染天气应急响应708次，其中，一级75次，二级258次，三级375次。对辖区桥梁、涵洞、边沟、雨水井、检查井、地下通道泵房等排水系统设备进行保养清理维护工作，清除桥梁、涵洞、水沟进出口杂物堆积，确保各项排水设施完善、排水畅通。全年完成桥梁日常检查12次，专项检查1次，清理边沟1288千米，清理雨水井及检查井75717个，清理淤泥4290立方米。提高公路养护管理水平，全年修复路面8207.54平方米、雨水检查井及雨水篦266套、浸塑护栏1408米、波形护栏164米、人行道彩砖3037平方米、障碍墩92根，完成养护小修项目合计金额790万元。做好绿化管养，完成施肥量233吨；开展绿化补植，排查辖区管养道路行道树缺株和绿化带断档死缺苗情况，制订计划，完成1.7万平方米绿化补植完善工作；对翁角路、兴港路、杏海嵩、货运通道等道路强化绿化浇灌；修复喷灌管网，对翁厝立交、海新立交、货运通道桥下等布设喷灌系统，保证苗木水份供给，全年增设喷灌管网7600余米。海沧货运通道（马青路—疏港通道段及疏港通道—海翔大道段）工程、324国道（凤南—角美段）改线工程海沧段、灌新路（灌口中路—环湾大道段）B标、厦门（海沧）至漳州（天宝）公路（厦门段）工程等纳入管养；厦门（海沧）至漳州（天宝）公路（厦门段）绿化景观工程（角嵩路绿化）B标（马青路—三都路口中分带）、H标（南海路—加油站段中、侧分带）纳入绿化日常养护。

【路政管理】 2021年，海沧公路分局将公路日常巡查与区交通综合执法大队联合巡查相结合，纠正制止侵犯路产路权行为。年内，“护路者联盟”联合巡查过程中发现并制止各类道路违法行为为95起。针对桥下空间被占用堆积杂物、饲养家禽，难整治易反复被侵占等特点，开展联合专项行动，解决桥下空间被占用现象。做好路面污染治理工作，实地走访，管控污染源头；加大污染路段的巡查次数与力度，管控运输过程；利用隧道监控系统及路面监管系统，实时监控路面，对污染车辆进行倒查和处置，通过治理，辖区路面污染现象减少，路域环境提升。年内，分局上路巡查330车次、896人次；与区交通综合执法大队开展联合整治行动41次，参加人员105人次，纠正、制止违章95起；办理许可案件69件，收取许可案件赔（补）偿费566.40万元；处理公路路产损坏案件25件，收取赔偿费19.97万元；开具科室业务联系单44份。

【海沧货运通道（疏港通道段—海翔大道段）工程纳入管养】 2021年6月1日，海沧货运通道（疏港通道段—海翔大道段）工程由代建单位厦门路桥百城公司移交海沧公路分局管养。移交高架桥3.35千米，沥青路面12.6万平方米，绿化5.9万平方米，人行天桥2座，标志牌115面，热熔标线1.3万平方米。项目起点顺接海沧货运通道（马青路—疏港通道），终点接海翔大道，全长3.57千米（包含路基工程、雨水工程、路面工程、交安工程、照明工程、绿化工程、桥梁工程及海绵城市工程）。地面道路等级为城市主干道。设计时速为主车道60千米/小时、辅道40千米/小时，标准横断面60米。项目于2015年9月1日开工，2019年1月31日完工。

【厦门（海沧）至漳州（天宝）厦门段公路（角嵩路、马青路）工程纳入管养】 2021年10月21日，厦门（海沧）至漳州（天宝）厦门段公路（角嵩路、马青路）工程由代建单位厦门路桥公司移交海沧公路分局管养。移交道路3千米，沥青路面15.3万平方米，水泥路面2472平方米，人行道1.3万平方米，标志牌41面。项目起点为海沧兴港路交叉口，终点位于漳州角美。全长8千米，包含路基工程、路面工程、雨水工程、交安工程等。道路等级为城市主干道。设计时速为主车道60千米/小时，辅道40千米/小时，标准横断面60米。项目于2013年6月9日开工，2017年12月22日完工。

【日月谷人行天桥改造工程纳入管养】 2021年12月15日，日月谷人行天桥改造工程由代建单位海沧城建集团土地公司移交海沧公路分局管养。项目位于孚莲路，主要改造内容为厦门日月谷人行天桥两侧增设梯道。项目于2020年10月18日开工，12月15日完工。

【辖区节点位置彩化工程】 2021年，海沧公路分局在“9·8”投洽会、国庆节、特区创建40周年、金鸡电影节等重要节点，对翁厝立交端头、新阳隧道口、324国道厦漳交界处、孚莲立交端头等重要道路节点位置进行彩化工程，彩化面积约2000平方米。

【国道324复线海沧段绿化养护完善工程】 2021年项目完成现场施工。

2021 年 6 月 17 日，海沧隧道试通车（周赞家　摄）

项目起点位于新 324 改线，寨仔山隧道西侧出口，终点位于东浦立交东侧，绿化总面积 29543 平方米。

（海沧公路分局）

【海沧隧道通车】 2021 年 6 月 17 日，海沧隧道开放通车。海沧隧道项目起点位于海沧马青路与海沧大道交叉口东侧，穿越西海域后沿兴湖路，穿过石鼓山立交，终点位于火炬北路。路线全长 7.1 千米，其中隧道长 6.3 千米，包括海域段的 2.8 千米和穿越城市主干道兴湖路段的 3.5 千米，隧道最深处位于海平面下 73.6 米。它是中国第一条海底隧道结合城市隧道的地下工程，是当前国内最复杂、最具难度的地下工程之一。作为厦门第二条海底隧道（第一条为翔安隧道），海沧隧道连接厦门岛与海沧区，是厦门“两环八射”路网“内环”线的重要组成部分，是实施跨岛发展战略的重大项目。海沧隧道主线设双向六车道，设计行车速度 80 千米 / 小时，日设计通行能力是 8.5 万辆。海域段左右线间设服务隧道，全线设地下互通 1 处，风塔 2 座，主线收费站 1 处。交通运输部批复项目投资概算 56.4 亿元。

（区建设与交通局）

【东孚南路（二期）通车】 2021 年 4 月 27 日，东孚南路（二期）开放通车，东孚南路二期位于厦门市海沧区马銮湾西片区，南起现状东孚西二路，北接东孚北路。道路设计为双向六车道，总长约 4 千米。随着东瑶站周边学校、人才房、安置房、企业园区投入使用，东孚南路二期解决百姓所需。

（区建设与交通局）

【海沧新城综合交通枢纽】 2021 年 1 月 25 日，海沧新城综合交通枢纽完成竣工验收，10 月 19 日完成竣工验收备案。项目位于海沧区钟林路与钟林北路交叉口南侧，拟建长途客运、公交、出租、配套倒班宿舍以及商业、办公于一体的现代化综合交通枢纽。建设用地面积 37217.59 平方米，总建筑面积 18.8 万平方米，地下建筑面积 90162.38 平方米，地上建筑面积 97720.58 平方米，其中枢纽站主站房 3.6 万平方米，倒班宿舍 1.5 万平方米，办公 3 万平方米，商业 1.6 万平方米。项目总投资额约 75400 万元（含地价款 5400 万元）。项目于 2017 年 3 月 15 日开工。

（海投集团）

责任编辑、校对：蔡秋娟

邮政 物流 通信

邮 政

【概况】 2021年，海沧邮政管理局落实2021年全国、省、市邮政管理工作会议部署要求，把握系统治理、依法治理、综合治理、源头治理“四个治理”原则，推进庆祝中国共产党成立100周年宣传工作，履行区邮政管理局职责。2021年，辖区内监管对象含寄递企业网点270家，其中快递业务独立经营许可企业3个、企业分支机构4个、快递末端网点263个。邮政企业1家，为海沧邮政分公司。海沧邮政分公司在海沧区设立邮政营业网点7个、营业部5个、储汇网点4个、便民服务站17个，人员总数201人，投递道段86个，汽车大宗道段2段，辖区日均道段投递行程公里数4379千米，其中，石塘营业部2546千米，新阳营业部728千米，东孚营业部1105千米，兴港营业部0千米（无普服业务）。2021年，海沧邮政分公司平常函件进口量770721件，比上年下降14.4%，出口量20077件，比上年增长25.96%；给据函件进口量117489件，比上年下降31.86%，出口量18540件，比上年增长0.07%。石塘邮政支局全年销售邮票5122套18728元，其他邮品58万元（其中定制年册372册、81096元）。开展函件、包裹、报刊、集邮、代理速递、汇兑和代缴类业务等，全年完成业务收入5232万元。跟进处理“12345”便民服务平台等渠道投诉寄递服务质量相关问题件273件，服务窗口规范达标率100%，日均处理快件约1.7万件。

【邮政业安全监管】 2021年，海沧邮政管理局完成全国两会、“9·8”投洽会、国庆节等重要节点保障任务。部署打击枪爆物品、扫黄打非、塑料污染治理、实名收寄、消防安全、安全生产专项整治三年行动、禁毒等专项整治行动。全年开展各类检查核查191次，出检人员538人次，督促企业整改隐患19处，配合市邮政管理局立案查处7件，定期摸排快递从业人员信息。全区寄递业未发生寄递安全事故，行业运行安全平稳。对7个普服网点开展邮政普遍服务质量检查，督促邮政企业落实法定义务责任，加快构建以邮政营业场所设置、法定业务开办、邮件寄递时限、邮件查询、邮件损失赔偿、寄递安全、用户满意度、用户申诉率等为关键核心指标的邮政普遍服务评价体系，实现所有普服网点检查全覆盖。加强“扫黄打非”工作，查堵宣扬淫秽色情、暴力、恐怖、迷信等有害内容及非法出版的少儿出版物。进入社区、广场等场所宣传，邀请市民参与打击涉黄涉非刊物，加强对一线收派员及安检员的教育。调研邮政农村公共基础设施管护情况，管护目录中的农村邮政营业网点及村级邮政快递服务站相关运营情况，将服务网点管护相关成本报送给区发改局争取政策支持。

【邮政快递服务乡村振兴】 2021年，海沧邮政管理局与区建设与交通局挂牌的6个服务点发挥农村物流服务点综合服务效应，融入乡村振兴事业中，推动县乡村三级电子商务快递业协同发展，全年服务农村包裹超过55万个。把农村邮政快递服务设施纳入管护工作，梳理建制村邮政快递服务站纳入农村公共基础基础设施管护。把建制村通邮便民落到实处，与东孚街道洪塘村、东孚街道东瑶村、东孚街道贞岱村3个建制村委会加强沟通，查询通邮情况。

【邮政行业破解绿色发展短板】2021年，海沧邮政管理局融入“生态美”新福建、美丽厦门建设大局，按照“减量、循环、再利用”指导思想，聚焦瘦身胶带、可降解包装袋、可循环中转袋（箱）等短板，推进行业绿色发展“2582”工程向纵深挺进，开展快递业塑料污染治理、固体废弃物治理、包装重金属超标及过度包装治理等生态环保宣传工作。

2021年11月24日，海沧区快递物流行业党建联盟揭牌仪式在海沧区党群活动服务中心举行 （海沧邮政管理局 供）

【普法宣传】 2021年12月3日，海沧邮政管理局携手嵩屿街道综治办、嵩屿司法所等16家单位在海沧区法制广场开展宪法宣传活动。全年组织企业学习《中华人民共和国邮政法》《中华人民共和国刑法》《中华人民共和国反恐怖主义法》《邮件快件实名收寄管理办法》《邮件快件包装管理办法》《智能信包箱》《鲜活水产品快递服务要求》等相关法律和行业方针政策，邀请民警专业讲解反诈骗、反恐、禁毒等常识。

【邮政业健康防疫】 2021年，海沧邮政管理局构筑以核酸检测、疫苗接种、网点防控三位一体的防护体系，保障行业持续稳定。组织快递员按照“应检尽检，适时抽检”原则进行核酸检测。疫苗接种基本实现全覆盖。9月，受新冠肺炎疫情影响要求快递将物品统一放置到小区（村）指定的存放处，实行“无接触”配送。

【快递员（投递员）权益保护】 2021年，海沧邮政管理局联合团区委、区工商联开展“暖蜂行动”，为辖区顺丰、中通、申通等快递从业人员发放爱心礼包；聚焦关心关爱快递物流群体，推进快递物流业非公党建工作。联合海沧区委组织部、公安分局、区建设与交通局、区市场监督管理局等13家共建单位建立“暖蜂邮我”护骑联盟和“红骑先锋”党建联盟服务品牌，强化要素保障和服务支持。

（海沧邮政管理局）

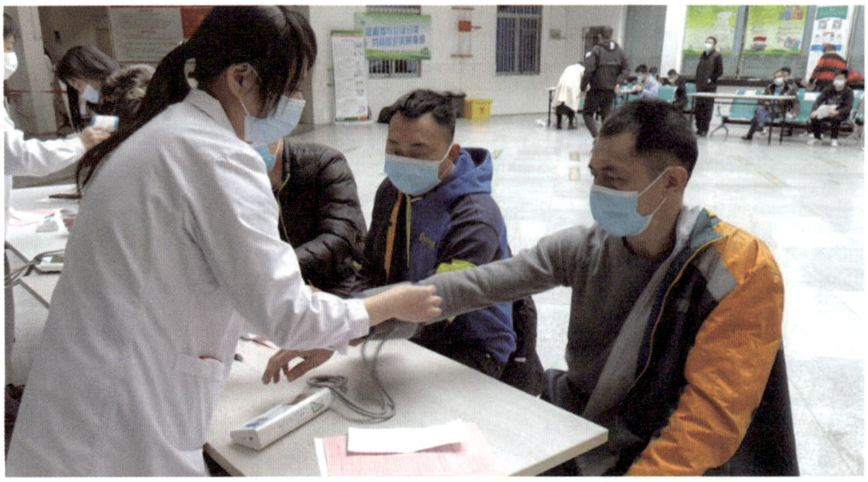
2021年1月8日，快递员在海沧医院接种疫苗 （海沧邮政管理局 供）

物　流

【概况】 2021年，海沧区做好航运物流政策咨询宣传工作，开展兑现《海沧区航运物流业发展奖励扶持办法》，申请企业21家次，申请金额1459万元，审核兑现747.25万元。重点完成中谷厦门基地项目、中远厦门供应链项目落地；前场象屿东南智慧供应链项目提前进场施工；象兴国际物流服务中心项目、中通国际项目完成区土管办会议研究通过同时跟进中外运用地置换工作，对接上海广德、金远东物流等项目前期洽谈工作。整合海投临港物流资源，引入中远海运港口公司为战略合作伙伴。8月，由海投物流公司承接操作的一艘装载3118吨进口再生钢铁原料在厦门远海通达码头验放。中集海投集装箱年操作量第一次超百万标箱；继万纬冷链二期之后，嘉功物流临港物流二期项目实现“开仓即满仓”；西查公司以信息化手段提升通关效率；万纬冷链筑牢进口冷链食品安全防线。全年全区有规模以上交通运输业企业101家，比上年增加9家，实现营业收入111.24亿元，比上年增长38.76%。

（区建设与交通局 海投集团）

【象屿东南智慧供应链产业园开工】 2021年3月23日，象屿东南智慧供应链产业园在厦门马銮湾新城动工。东南智慧供应链产业园项目计划投资13亿元，总占地面积22.87万平方米，总建筑面积42万平方米。项目将面向民生物资、智能制造、高端商贸产业客户，以改进和提升物流效率为目标，以物流产业高端化、创新化为发展方向，依托数字化管理工具，打造集物流集约功能和产业链服务功能于一体的现代智慧供应链产业园。

（区建设与交通局）

【海投物流进口福建省首艘再生钢铁散货船】 2021年7月23日，海投物流公司开展先行先试，瞄准再生钢铁进口市场，按《再生钢铁原料》国标（2021年1月1日起施行）承接操作的一艘装载3118吨进口再生钢铁原料在厦门远海通达码头验收。这是全省首次开展由中国台湾进口的再生钢铁散货船业务，为福建省钢铁企业寻求可替代铁矿石的低能耗低污染绿色原料开辟通道。

（区建设与交通局 海投集团）

【厦门海投物流有限公司】 2021年，厦门海投物流有限公司合并完成营业收入2.12亿元，实现经营利润3019.15万元，比上年增长6.37%。进口业务操作量近2.47万标准箱，再生浆业务操作6045柜，占市场份额30%；出口场装、拼箱业务操作超1.72万标准箱，综合查验场操作近2.02万标准箱；集装箱堆场吞吐量超100万标准箱，为海沧区第一。公司取得福建省、厦门市双重“守合同重信用”企业称号和中国“AAA”信用企业称号；完成首船木薯淀粉散货通关，打开散货船通关业务新窗口；操作福建省首条进口再生钢材散货船通关业务。

【海投供应链运营公司】 2021年，海投供应链公司实现营业收入260亿元，当期损益净利润超过1.5亿元，纳税总额2.25亿元；公司入选厦门市供应链创新与应用试点企业、取得二手车出口资质；在煤炭、钢材等业务实现物贸一体；黄金进料加工复出口模式落地，海投黄金打入国际市场，工贸一体实现突破，入统工业产值10亿元；首次操作平行车出口1单3辆奔驰轿车；推动周边地市合作，构建“国企战略联盟”，全年与省内其他地市属国企开展合作金额6亿元；中欧班列、黄金产业及汽车整车进口平台从精品走向发展。

（海投集团）

通　信

【概况】 2021年，海沧区推进全区信息化工作。组织14批信息化项目专家评审，下达信息化项目计划68个，涵盖视频安防、教育、城市管理等领域，项目金额5211万元。推进“雪亮工程”建设，一期完工，二期通过初验，三期完成前端监控建设。加强5G网络等新型基础设施支撑，基本实现主次干道、中心城区及新阳工业区、生物医药园、信息产业园等室外覆盖。深度应用联动信息平台，社会治理联动信息平台依托市公共安全管理平台、市“12345”平台等，实现“社区—街道—区”三级网格化联动服务。全年接收事件75193件，处置率100%，其中来源于市公共安全管理平台的事件3873件。推动多元数据汇聚，汇聚网格员、手机App、PC端等渠道采集的基础数据、事件数据和专题业务数据，以及与市级平台共享的事件数据和专项数据，汇聚各类数据621类160多万条，通过平台处置各类事件和研判指令31多万件。平台采集各类汇聚数据，为各部门开放各类数据共享。向政法委、生态环境局、农业农村局、建设与交通局、民政局等相关部门及4个街道提供11类20多万条共享分析数据，形成综合、环保、气象、应急等10个专题可视化分析功能；向省公安基础数据、积分入学、市公共安全、省市智慧环保等7个系统推送共享9大类业务数据信息。基于社会治理联动信息平台，支撑部门业务应用系统主要有5个：政法综治管理系统、环保网格化管理系统、山体保护网格化管理系统、民办教育机构网格管理系统、社会救助管理系统。

（区工信局）

【中国电信厦门海沧分公司】 2021年，中国电信厦门海沧分公司在海沧辖区有4家电信营业厅，分布在海沧、嵩屿、新阳、东孚4个街道，主营天翼、宽带、智慧家庭、全屋Wi-Fi、云业务等服务，海沧辖区光纤网络实现全覆盖。至12月底，海沧辖区电信天翼用户15.7万户（其中5G套餐用户9.1万户），有线宽带用户 11.4 万户，高清互动电视用户 5.1 万户，全年业务经营收入 2.03 亿元。年内，海沧分公司党支部获评“福建电信先进基层党组织”“福建电信示范党支部”，海沧电信营业厅获评“全国青年文明号”。

（海沧电信）

【中国移动福建公司海沧分公司】
2021 年，中国移动福建公司海沧分公司设有石塘、新阳、霞阳 3 个营业厅网点。海沧移动通信客户 34.3 万户，宽带用户 11.8 万户，全年运营收入 3.3 亿元。移动网络站点数 2897 个，4G 覆盖率 100%，5G 覆盖率 98.61%。

（海沧移动）

【中国联通海沧分公司】 2021 年，中国联通海沧分公司按照“网业协同发展，定点、定向、定片超越”的战略推进要求，按照“客情、网络”两个维度制定村镇矩阵，优选数字乡村建设目标，排定优先级，制订拓展规划，加快数字乡村平台发展。年内，完成数村签约及部署 9 个，村民导入数 16 户。打造精品网络和百兆光宽带网络，全年移动网 4G 基站 633 个（含室分站 115 个、地铁 23 个），建设 5G 基站 452 个。自建宽带端口容量 3.9 万个（其中 FTTH 为 3.5 万个端口，PON+LAN 为 4540 个端口），覆盖小区 164 个。用户数 6000 户，实装率 15%。全年完成主营收入 8094 万元，其中创新业务收入 1371 万元，出账用户规模 7.64 万户，5G 用户 3.6 万户。

（海沧联通）

【数字经济发展】 2021 年，海沧区推进数字产业化和产业数字化，加快经济社会各领域数字化、网络化、智能化转型。修订《海沧区促进工业经济转型升级提质增效若干措施》，提升企业技术改造、企业上云等政策的帮扶力度，覆盖电子信息、生物医药、新能源、新材料等行业。鼓励企业以信息化带动工业化，以工业化促进信息化。加大力量推进 5G 网络、工业互联网等新型基础设施建设，实施“数字福建・宽带工程”。全年辖区光纤铺设里程数 65.9 万芯千米、5G 基站数量 665 个，在建基站 82 个，全区覆盖率超 60%。盈趣科技 5G+ 工业互联网智慧工厂，实现 5G 数据采集、5G 远程调试等功能；金旅客车数字化集成应用平台，通过建设统一的数据管理平台及多层次、系统化工业互联网平台体系，加快流水线生产方式向网络化制造方式转变，将供应链向供应网络转变；锐珂医疗器械有限公司通过 AGV 运输、“Wi-Fi+ 自动驾驶”等技术改造，解决暗室货物运输安全问题。

（区工信局）

2021 年 7 月，海沧移动在青礁村“幸福食堂”设置健康养老体验区，为活动中心的老人提供测血压、在线远程诊疗等服务 （海沧移动 供）

【数字民生服务】 2021 年，海沧区推进福建省网办事大厅应用，福建省网上办事大厅海沧分厅部署行政审批、公共服务事项 1279 项。其中，全流程网上办理事项 1203 项，占总事项 94.06%，行政许可事项全程网办率 100%，位居全市各区第一。规范电子证照生成应用，发布证照目录 472 类，其中证照 153 类、批文 319 类，推动 61 个事项实现市区联动“秒批秒办”，720 个事项实现电子证照共享调用；推进“自助办”，以“E 政务”自助终端为载体，打造综合政务自助服务平台。在全区部署 36 个“E 政务”服务站点，提供服务事项 192 项。涵盖公安、人社、医保、交通、公积金等多个领域，打造多点位的“24 小时不打烊”政务服务站，全年受理自助服务办件 111558 件。

（区工信局 区审批管理局）

【智慧城中村平台】 2021 年，智慧城中村在新阳街道新垵村试点运行。该项目在新阳街道新垵村选定 400 栋出租房、五角亭等重点公共部位和垃圾分类点位开展“智慧城中村”试点建设。其中每栋出租房按照 2 路人脸抓拍监控 800 路进行建设，五角亭、垃圾分类点等重点公共部位增设人脸抓拍监控，增

2021 年 9 月，海沧移动依托“中国移动 5G 数字乡村”平台人脸识别技术，搭建青礁七社联盟平安驿站　（海沧移动　供）

设人脸抓拍监控，另 400 栋出租屋及新垵中路等重要区域建设 AP 热点覆盖。平台通过视频监控资源应用及智能设备采集等方式，实现一标三实信息智能采集与核实、重点人员网络管控、疫情风险预警精准化、反诈骗宣传、提升垃圾分类投放管控能力等功能。

（区工信局）

【“数智乡村”建设示范点】 2021 年，海沧移动实施“近邻党建”，与海沧区青礁村确立共建关系，运用智能安防、5G、大数据等技术为乡村振兴注入信息动能，联合开展“青”语“礁”响·“薪火相传学党史·‘青’语声声迎百年”活动，助力青礁村实现“数智乡村”。

（海沧移动）

【疫情防控通信服务保障】 2021 年，海沧电信在厦门两轮新冠肺炎疫情期间，为海沧疾控中心紧急开通 113 部固定电话以及来电名片业务用于密接、次密接流调；为全区各街道 72 个全员核酸检测点开通宽带及视频监控 159 路并提供全程通信保障；先后为党校、雍厝公寓、新阳西集中隔离点、各街道居家隔离点以及防疫酒店安装天翼看家、云监控等监控摄像头 1350 部、智企门磁 1021 部、新装宽带及全屋 Wi-Fi 各 3000 余部；为区政府、各街道及防疫单位一线人员赠送包含 10G 流量和 1000 分钟语音包的抗疫暖心包，合计为 43 家单位、760 个号码开通暖心包业务，保障海沧区疫情防控通信服务需求。海沧移动组建 6 支党员先锋队投身疫情防控战，为辖区 29 个核酸检测点提供网络保障和志愿服务等工作。在新阳安居保障房项目中，完成 8900 户隔离用房的智能门磁、网络保障服务。

（海沧电信　海沧移动）

【海沧电信信息化项目建设】 2021 年，海沧电信配合做好生活垃圾分类投放点视频监控项目。该项目凭借中国电信原子能力产品智能视频云平台兼容纳管能力，实现与公安图云平台对接，覆盖海沧辖区全街道 157 个居民小区、105 个自然村垃圾投放点，解决垃圾落地执法取证等难题。

【政务上云】 2021 年，海沧电信配合区政府政务上云工作，发挥电信天翼云弹性支持、快速部署的特点，第一期将辖区 8 家单位、20 个系统、97 台服务器迁移至中国电信政务云平台，为“互联网 +”政务服务提供平台和数据支撑。同时组建专业团队，为上云单位提供本地化的技术支撑。

【平安校园共创】 2021 年，海沧电信在教育应用上云的基础上，完成海沧区校园安防视频专网及存储上云项目建设，将海沧区各学校 8500 路监控摄像头全部接入视频云平台进行统一管理；为不满足本地存储 90 天的学校的 1278 路监控（1810T 存储空间）摄像头开通云存储空间，实现上云存储，满足 90 天的视频存储，在全市率先建设并投用首个区级层面的校园安防视频专网。至年底，海沧电信在海沧所有公办中小学和幼儿园，实现“雪亮厨房”、校门监控及一键报警、校内监控平台的全覆盖，利用技术创新助力海沧校园安全建设提升。

（海沧电信）

【“雪亮工程”建设】 2021 年，海沧区“雪亮工程”一期完成 16 个“雪亮社区”、26 个“无盗小区”和基础支撑平台。“雪亮工程”二期建设 16 个“雪亮社区”和 67 个“雪亮校园”项目。“雪亮工程”三期建设 5 个“雪亮社区”、建设 3 个重点区域（铁路沿线、海岸沿线、厦漳出入口边界）、扩容 2 个平台。项目主要在出入口设置人脸抓拍摄像机及微卡口摄像机，在道路交叉路口及重要活动场所设置高清摄像机、球机及枪球联动摄像机。

（区工信局）

责任编辑、校对：蔡秋娟

教育 科技

综 述

【概况】 2021年，海沧区有各级各类学校146所。全区有公办学校51所，其中普通中学10所（完全中学2所、九年一贯制学校6所、初级中学2所）、小学19所、公办幼儿园20所、中等职业学校1所、特殊教育学校1所。经教育主管部门审批的民办学校95所，其中民办小学5所、民办幼儿园90所（含地方企业办5所）。全区学生96391人，其中，幼儿27259人，小学生45764人，初中生15467人，高中生4303人，中职学生3488人，特教学生110人。全区有公办编内教职工3500人，其中，小学教职工1182人，普通中学教职工1922人，幼儿园教职工243人，特殊教育教职工24人，中等职业学校教职工129人。幼儿入园率99.1%，小学入学率100%，初中入学率99.99%，初中升学率100%。

年内，全区同步推进27个项目建设，其中，新开工项目7个，续建项目6个，竣工项目14个，分别是双十海沧附校庚西分校、东瑶学校小学部、延奎实验小学孚中央分校、北附思齐校区、北附嵩屿校区、双十海沧附校扩建、一农小学、鼎美中学、马銮西小学、雍厝公寓配套幼儿园、海沧湾幼儿园、湖岸绘童瑶幼儿园、童瑶幼儿园、新阳保障房二期配套幼儿园。总投资14.36亿元，新增学额17700个（其中，中学学额5550个，小学学额10260个，幼儿园学额1890个）。全年完成27299名适龄儿童青少年的招生录取工作，其中，幼儿园小班入园9769人，小学一年

2021年海沧区各类学校设置情况表

表18

类型	学校数（所）	其中		班级数（个）	学生数（人）	其中		教职工（人）	其中	
		公办	民办			公办	民办		公办	民办
完全中学	2	2	0	159	7528	7528	0	635	635（含编外56）	0
职校	1	1	0	83	3488	3488	0	241	241（含编外112）	0
初级中学	2	2	0	80	3586	3586	0	282	282（含编外66）	0
九年一贯制学校	6	6	0	545	25945	25945	0	1569	1569（含编外442）	0
小学	24	19	5	608	28475	23622	4853	1708	1387（含编外205）	321
特教	1	1	0	12	110	110	0	371	37（含编外13）	0
幼儿园	105	20	85	794	25069	12647	12422	3228	1528（含编外1285）	1700
国企办园	5	0	5	59	2190	2190	0	250	250	0

表 19　　**2021 年海沧区各类教师职称情况表**　　单位：人

学段	高级职称	中级职称	初级职称
职　校	31	55	26
中　学	265	391	563
小　学	127	697	751
幼儿园	7	117	118
合　计	430	1260	1458

级入学 9113 人（户籍儿童、港澳台侨外、政策性照顾等人员子女 7020 人，占比 77%；进城务工人员随迁子女 2093 人，占比 23%），特教学校一年级入学 22 人，初中一年级入学 5472 人，区属高中高一入学 1527 人，职业学校新生入学 1396 人。

教育质量持续提档，中考成绩保持岛外领先，不断缩小与岛内差距，教育质量综合评价值、学业质量值均超市均值。区属高中均为“福建省普通高中课程改革基地建设学校”，完成首次“3+1+2”新高考。

【义务教育学校小片区划分优化教育管理调整】 2021 年，海沧区开展学区化办学改革，优化小片区划分管理，推进南部生活区优质学校与学区的校际协作，发挥名校名师的辐射作用，整合教育资源，构建更加科学合理的校际合作交流平台，促进教育优质均衡发展。

【6 所学校获评全国青少年人工智能活动特色单位】 2021 年，海沧区探索教育与信息化的融合，不断提升教育教学质量。全年，海沧区第二实验小学、北京师范大学厦门海沧附属学校、育才小学、厦门外国语学校海沧附属学校、海沧区教师进修学校附属学校、天心岛小学 6 所学校获评“全国青少年人工智能活动特色单位”。

【海沧区青少年研学实践营地项目启动】 2021 年 5 月 28 日，海沧区青少年研学实践营地启动仪式暨“六・一”公益研学体验活动在海沧区沧江会展中心启动。海沧青少年研学实践营地位于马青路北侧，东临青礁慈济宫，营地用地面积 6.2 万平方米，已建建筑面积近 2.7 万平方米，由 B、C、D、E、F 五栋馆舍组成，室内总面积 1.65 万平方米，室外面积 8700 平方米。海沧研学营地强调“教育”属性，构建以研学营地为枢纽，以各校外活动场所为基站的全域研学实践教育网络，链接关联区域优质资源，打造海沧本土化、特色化的“教育 +”课程体系。活动当天，营地面向社会“新鲜上架”30 余个公益研学体验项目。

【第五届福建省教师技能大赛获奖】 2021 年，海沧区重视教师培养，针对新入职教师，形成“14・41”（一个目标、四次培训、“四个一”平台）三年培养模式。年内，组织教师参加福建省第五届教师教学大赛，海沧区 7 名教师代表厦门参赛，获 2 个特等奖，2 个一等奖，2 个三等奖。其中，绿苑幼儿园何楚获幼儿园段特等奖，双十海沧附校张琦获初中段特等奖。

【校园安防视频专网建设投用】 2021 年，海沧区为解决传统校园视频监控存在的问题，组建全新视频专网，实现学校重点区域、非重点

2021 年 5 月 28 日，海沧区青少年研学实践营地启动仪式暨“六・一”公益研学体验活动在海沧区沧江会展中心开启　　（区教育局　供）

2021 年 6 月 30 日，“百年潮 · 中国梦”海沧区教育系统庆祝中国共产党成立 100 周年文艺晚会暨“七一”表彰大会在厦门双十海沧附属学校初中部千人演播厅举行（区教育局　供）

区域、车库等监控上云存储和管理的解决思路。以购买服务的方式统筹建设全区教育系统视频资源，采用“本地存储 + 云端存储并存”的方式，对不符合存储需求的校园进行存储扩容。该项目在 9 月 30 日完工，组建全新视频专网与学校城域网互联互通，将海沧区各学校监控摄像头全部接入视频云平台，进行统一管理；将不满足本地存储 90 天的学校的监控摄像头开通云存储空间，实现上云存储，满足 90 天的视频存储要求。

【海沧区教育系统庆祝中国共产党成立 100 周年】 2021 年 6 月 30 日，海沧区委教育工委、区教育局、区教育基金会于厦门双十海沧附属学校初中部千人演播厅举办“百年潮　中国梦”海沧区教育系统庆祝中国共产党成立 100 周年文艺晚会暨“七一”表彰大会。大会邀请市、区、街道、中小学、幼儿园等相关领导参加。活动流程分为序及 3 个篇章。晚会现场表彰优秀共产党员 50 名，优秀党务工作者 20 名，优秀党组织 10 个。

（区教育局）

学前教育

【概况】 2021 年，海沧区有公办幼儿园 40 所（含 15 所分园、5 所国企办幼儿园）、民办幼儿园 90 所，在园幼儿 27259 人，普惠性幼儿园在园幼儿比例达 98.6%。至年底，有福建省示范性幼儿园 7 所，厦门市示范性幼儿园 4 所，海沧区示范性幼儿园 34 所。

【海沧实验幼儿园增设海裕路分园】 2021 年 9 月，海沧实验幼儿园海裕路分园开园，位于嵩屿街道海裕路 200 号，占地面积 5051 平方米，建筑面积 6535 平方米，班级活动室 15 间，设有活动区、午睡区、盥洗区、储藏区四大功能区；室内功能室 7 间，设有乐高室、建构室、阅读室、科学室、美工室、角色室、生活坊。户外场地面积 2184 平方米，设有融活动、种植、沙水、休闲于一体的活动、绿化场地。

【2 所幼儿园入选全国足球特色幼儿园示范园】 2021 年，海沧区根据全国青少年校园足球工作领导小组办公室《关于遴选全国足球特色幼儿园示范园的通知》和《关于开展第二批全国足球特色幼儿园示范园试点工作的通知》要求，经幼儿园自主申报、教育行政部门推荐、中国足球发展基金会认定，海沧区新绿幼儿园和海沧区天竺幼儿园过云

2021 年 9 月 1 日，厦门海沧实验幼儿园海裕路分园投入使用（区教育局　供）

溪分园入选全国足球特色幼儿园示范园。

【海沧实验幼儿园】 2021年，海沧实验幼儿园位于海沧区沧林二路300号，总园占地面积7542.3平方米，建筑面积8497.8平方米；海裕路分园座落于厦门市海沧区海裕路200号，占地面积5051平方米，建筑面积6535平方米。2021年，总园18个班，幼儿778人；分园5个班，幼儿160人；总分园教职员工110人。

【东孚中心幼儿园】 2021年，海沧区东孚中心幼儿园总园位于东孚街道山边社区，分园位于新阳街道一农社区。总园占地面积5516平方米，建筑面积4296平方米，分园占地面积2557平方米，建筑面积2425平方米。2021年，总分园有13个班（其中总园10个班，分园3个班），有教职工65人，幼儿434人。

【新阳幼儿园】 2021年，海沧区新阳幼儿园位于新阳街道新景路正顺花园内，占地面积4480平方米，建筑面积3550平方米，户外活动总面积3210平方米，人均户外活动场地可利用面积7.4平方米，室内活动总面积2012平方米，人均活动室面积4.6平方米，绿化面积1403平方米。新景西五路分园，占地面积4242平方米，建筑面积4653平方米，室外面积2674平方米。2021年总分园有教职工88人，19个班，在园幼儿655人。新阳幼儿园新景西五路分园2021年被评为“海沧区示范幼儿园”，并作为厦门市首家拥有资源教室的普通幼儿园，5月被遴选为“福建省融合教育试点校（园）”，成为华中师范大学融合教育学院实践基地以及华东师范大学教授邓猛主持的“教育司的中国融合教育推进：教师专业能力提升”项目基地园。

（区教育局）

中小学教育

【概况】 2021年，海沧区有公办小学19所，民办校5所，在校生45764人。全区有公办编内教职工1182人，小学入学率100%。海沧区普通中学10所（完全中学2所、九年一贯制学校6所、初级中学2所），初中生15467人，高中生4303人，普通中学教职工1922人。普通中学均为“福建省义务教育管理标准化学校”，普通高中均为“福建省一级达标高中”。

【厦门外国语学校海沧附属学校钟山校区投入使用】 2021年，厦门外国语学校海沧附属学校钟山校区（原项目立项名称为延奎小学钟山校区）位于钟山社区兴港路东侧，用地面积1.08万平方米，总建筑面积1.76万平方米，设计规模为小学24个班，提供学位1080个，2021年9月投入使用。

【厦门双十中学海沧附属学校庚西分校投入使用】 2021年，厦门双十中学海沧附属学校庚西分校（原项目立项名称为庚西小学）位于马銮湾新城阳庚路南侧、庚西路东侧、海明路西侧、阳庚二路北侧，用地面积34714平方米，总建筑面积29187平方米，设计规模为小学48个班，提供学位2160个，2021年9月投入使用。

【延奎实验小学孚中央分校投入使用】 2021年，厦门海沧延奎实验

2021年9月1日，厦门双十中学海沧附属学校庚西分校投入使用。图为师生在交流

（区教育局 供）

小学孚中央分校（原项目立项名称为海沧第一实验小学）位于马銮湾新城后祥路北侧、孚中央路东侧、孚安路南侧、孚中央东路西侧，用地面积39139平方米，总建筑面积35678平方米，设计规模为小学48班，提供学位2160个，2021年9月投入使用。

【北附学校思齐校区投入使用】 2021年，北附学校思齐校区位于（原项目立项名称为新阳西中学）马銮湾新城孚安路与后祥西路交叉口西南侧，用地面积43347.82平方米，总建筑面积79464.97平方米，设计规模为初中60个班，提供学位3000个，2021年11月14日投入使用。

【小学选介】 2021年，海沧区公办小学19所，以下为部分学校选介。

育才小学 2021年，厦门市海沧区育才小学位于海沧区石塘东路9号，占地面积15955.48平方米，总建筑面积7590.76平方米。有30个教学班，学生1375人，教师88人，其中，高级教师9人，一级教师42人，二级教师18人。年内，学校先后获评第二届福建省文明校园、第三批全国中小学中华优秀传统文化传承学校、第一批省级平安校园、厦门市依法治校示范校、全国青少年人工智能活动特色单位。

东孚中心小学 2021年，东孚中心小学位于东孚街道坂南路88号，用地面积27774平方米，有36个教学班，学生近1800名，教职工100余人。2021年7月获评海沧区教育系统先进基层党组织。

【九年一贯制学校选介】 2021年，海沧区九年一贯制学校6所，以下为部分学校选介。

厦门外国语学校海沧附属学校 2021年，厦门外国语学校海沧附属学校（厦外海沧附校），兴港校区位于海沧区兴港二里1号，占地面积4.7万平方米，建筑面积3.7万平方米；钟山校区位于海沧区兴港路2588号，占地面积1.08万平方米，总建筑面积1.76万平方米。2021年班级总数70个，学生总数3000余人。正高级教师1人、省名师1人、省特级教师2人、省学科带头人4人、省级骨干教师3人、市专家型教师3人、市级学科带头人及骨干教师43人。2021年初中毕业升学率100%。

鳌冠学校 2021年，厦门市海沧区鳌冠学校位于海沧区鳌冠社区霞美新村266号，学校占地4.8万多平方米，2021年班级总数36个，教职工107人，学生总数1621人。

【中学介绍】 2021年，海沧区完全中学2所，初级中学2所，以下为学校介绍。

厦门海沧实验中学 2021年，学校有正高级教师3人，高级教师97人，一级教师121人，二级教师90人。学校由初中校区、高中校区两部分组成。初高中共有92个教学班，学生4275人。初中校区改扩建工程完成，占地28350平方米；高中校区坐落于海沧大道边上，占地103721.9平方米。年内，学校先后获评福建省文明校园、省级平安校园、厦门市绿色校园、第五届“厦门市中小学教师教学技能岗位练兵先进单位”等称号。

海沧中学 2021年，海沧中学位于马銮湾畔，毗邻地铁2号线，占地面积6.67公顷。有教学班67个，其中，高中教学班34个，初中教学班33个，学生总数3303人。教职工285人，其中正高级1人、高级62人、中级91人、初级73人、特级1人、省学科带头人3人、市专家型教师1人、市学科带头人7人、区学科带头人12人、区级以上骨干教师93人。名师工作室3个，特色工作室3个。年内，学校先后获评全国特色学校、福建省一级达标高中、福建省陶行知实验学校、厦门市绿色特色学校等称号。

海沧区东师理想东孚实验中学 2021年，学校位于天竺山森林公园内，南接324国道，东接地铁2号线，西靠东孚商业街，校园总面积4.2万平方米。设有初中36个班，学生近1600人，教职工139人。年内，学校先后获评福建省第一批省级平安校园、厦门市第十六届（2018—2020年度）文明校园、厦门市绿色学校、数学教研组获厦门市“五一先锋号”优胜集体、海沧区AAAAA级平安校园及综治安全目标管理责任考评优秀单位。

华中师范大学厦门海沧附属中学 2021年，华师附中位于海沧临港新城，北临龟山公园、慈济东宫，南接自贸区，西衔海沧保税港区，学校四期建设规划全面启动，新增规划用地2公顷、新建教学设施5栋，预计新增投资2.19亿元。至年底，全校有40个教学班，1840名学生，教职工137人，其中研究生学历教师31人，高级教师20人，市专家型教师1人，市学科带头人2人，市级骨干教师18人。研究生学历教师占专任教师的30%。年内，学校获评“厦门市智慧校园达标校”称号。

（区教育局）

职业教育

【概况】 2021年，海沧区有中等职业学校1所，中职学生3488人，教职工129人。学校为福建省重点中等职业学校、福建省示范性现代中等职业学校、福建省高水平职业院校和专业建设学校。

【海沧区职业中专学校】 2021年，该校有2个校区，即“校本部”“台创园校区”，校园总占地面积51734平方米，建筑面积79860平方米，固定资产总值2.27亿元。其中，台创园校区建成省内规模最大、功能最完善的，集“实训教学、技能考核、社会培训、技能竞赛、创业孵化”等功能“五位一体”工业园区型电商物流实训基地。学校在校生3488人，教职工241人，其中专任教师203人，专任教师中“双师型”教师占比达77%。开设“物流服务与管理”“数控技术应用”“旅游服务与管理”3大专业群22个专业。4月，成立全省首个中高职一体的“海沧智能制造产业学院”。年内，学校先后获评“福建省高水平职业院校和高水平专业群”立项建设单位、全国物流职业教育教学指导委员会委员单位、中国物流与采购协会物流与供应链人力资源专业委员会副组长单位、厦门市第二届文明校园、厦门市绿色学校。

【海沧智能制造产业学院揭牌】 2021年4月，厦门市海沧区职业中专学校、福建船政交通职业学院、厦门海沧产业招商服务有限公司联合创办全省首个“五年一贯制”中高职贯通、校企合作、产教融合的智能制造产业学院。产业学院在全省首创“1+2+N”即“政府牵头＋中高职一体＋国企平台公司和若干区域企业”办学模式，构建“在地化招生、在地化培养、在地化就业”办学思路。首届开设5个专业，招生计划250人，完成招收新生236人。6月，依托产业学院平台，服务海沧区域重点企业解决高技术技能人才需求，先后在合作高校——福建船政交通职业学院、福建水利电力职业技术学院举办4场“海沧企业招聘专场会”，签订两高校就业（实习）意向1782人，实现对口人才满足率88.5%。

（区教育局）

特殊教育

【概况】 2021年，海沧区有特教学校1所，14所普校建成资源教室。海沧区重视特殊教育，按照“普特融合、社校融合、医教结合、家校结合”工作思路，为有特殊教育需求的儿童和家长服务，推进海沧区特殊教育事业的发展。

【海沧区晨昕学校】 2021年，学校义教部有7个班，职教部3个班，学生110人，教职工37人。该校是1所学前教育、九年义务教育、职业技术教育的十五年一贯制特殊教育学校，集全日制学校教育、区特殊教育资源与指导中心、区自闭症儿童早期干预中心、区域特殊教育职业教育基地等综合职能。学校根据办学需要分为学前部、义教部、职教部。6月18日，承办福建省教学开放日特殊教育专场活动，学校办学成效得到认可。

（区教育局）

科技工作

【概况】 2021年，海沧区实施创新驱动发展战略，推动产业转型升级和科技创新。全年，海沧区组织实施科技计划项目10批，安排科技计划项目39个，兑现科技资金12317.83万元，补助企、事业单位647家次。

【科技交流与合作】 2021年11月，海沧区工信局开展科技交流与合作工作，厦门希吉亚控股集团有限公司入驻厦门生物医药产业协同创新创业中心，与集美大学水产学院签订协议，共建产学研合作创新基地。12月，厦门宝太生物科技股份有限公司与厦门大学合作成立厦门大学宝太生物医学研究中心，发挥学校的科研、人才优势和企业的资源、市场优势，共同助力厦门医药产业发展。

【科技特派员工作】 2021年，海沧区工信局加强与街道、科技特派员的沟通联系，要求下派制科技特派员结合专业方向，明确科技特派员工作的原则、目的和核心，与街道不同部门协同开展日常工作，根据各街道产业基础和发展实际，助力乡村基层治理体系和治理能力现代化。结合年度目标，细化工作任务，下发科技特派员工作方案落实进展情况表，收集工作月报，掌握服务情况，做好考核统计。发挥科技资源优势，助力产业振兴，科技特派员发挥原派出单位的资源及优势，注重科技嫁接，拓展服务内涵，创新培训方式、丰富培训内容，开展培训、义诊、知识讲座等活动。至年底，举办各类培训34场次，培训人数超过1100人次。重视总结工作成效和宣传，在“学习强国”学习平台、人民网、街道和派出单位微信公众号等宣传报道科技特派员服务事迹，提升科技特派员制度的公众知晓度。海沧街道拍摄的《最美的身影》微视频参与科技部办公厅“大美科技特派员”微视频征集活动并在中国科技网展播。

【高新技术产业】 2021年，海沧区有135家企业获评国家级高新技术企业，其中新认定73家，重新认定62家。至年底，全区资格有效的国家级高新技术企业289家，比上年增长24.6%，全年高技术产业增加值189.78亿元、增长58.7%，增幅居全市各区第一。

【科技成果】 2021年，海沧区获得科学技术奖10项。国家级奖项2项，通富微电股份有限公司完成的“高密度高可靠电子封装关键技术及成套工艺”项目和厦门云天半导体科技有限公司完成的“高密度高可靠电子封装关键技术及成套工艺”项目均获得科学技术进步一等奖。省级奖项3项，分别为厦门金龙旅行车有限公司完成的“高性能氢燃料电池客车关键技术及产业化”项目获得科学技术进步一等奖；厦门厦钨新能源材料股份有限公司完成的“晶粒分层控制的高电压低钴动力锂电池多元复合正极材料”项目、厦门钨业股份有限公司完成的“低重稀土烧结钕铁硼永磁材料制备技术及产业化应用”项目获得科学技术进步三等奖。市级奖项5项，分别为厦门钨业股份有限公司完成的“高强韧性金属陶瓷切削刀具开发”项目获得科学技术进步一等奖；厦门金龙旅行车有限公司完成的“智能网联电动汽车底盘一体化集成与协同控制技术及产业化”项目、厦门凯纳石墨烯技术股份有限公司完成的“机械剥离法石墨烯的制备与改性技术”项目获得科学技术进步二等奖；厦门宏发电声股份有限公司完成的“逆变器用核心高压交流270A/1000VAC继电器的研发及产业化”项目、力品药业（厦门）股份有限公司完成的“极低剂量缓释技术在盐酸可乐定缓释片中的应用及产业化”项目获得科学技术进步三等奖。

厦门通富微电子有限公司　（郑伟明　2021年8月9日摄）

【创新创业】 2021年，海沧区推进大众创新创业，建设无人机孵化基地、创业公社等众创空间18家（至年底仍在正常运营的众创空间有7家），其中获评国家级众创空间2家、国家专业化众创空间1家、省级众创空间5家、市级众创空间6家。众创空间孵化出国家级高新技术企业14家、厦门市级高新技术企业31家、厦门“双百人才”企业10家。

【科技资金投入】 2021年，海沧区全年投入财政科技资金14447.61万元，占年初预算的124.28%。全年组织实施科技计划项目10批，安排科技项目39个，兑现科技资金12317.83万元，补助企、事业单位647家次。其中兑现企业研发费用补助7164.09万元，补助企业482家次，带动企业研发费用投入2.8亿元。兑现往年暂缓拨付项目，兑现科技资金345万元。其他款项支出75.79万元，主要用于历年科技计划项目尾款、项目进度款、专家补贴等。集成电路支出1708.99万元，用于兑现海沧ICC平台（集成电路基地）。

【中建三局集团项目签约】 2021年12月19日，海沧区人民政府与中建三局集团加深战略合作，在厦门经济特区40周年庆上签约，中建三局计划于“十四五”期间在海沧区及外区扩大市场规模和份额，争取在房地产开发、投融资建造、代建、片区开发等领域落地项目。

【海峡两岸无人机暨智能机器人孵化基地】 2021 年，海峡两岸无人机暨智能机器人孵化基地专注于无人机、智能机器人、智能硬件及周边等六大类产业的新型创业加速器。至年底，海峡两岸无人机暨智能机器人孵化基地累计孵化创业团队超 700 个，孵化总人数超 1800 人。其中，国家级高新技术企业 14 家、市级高新技术企业 27 家、厦门市“双百计划”企业 8 家，获得融资企业 19 家，融资金额超 1700 万元。海峡智慧经济产业基地孵化创业团队近 150 家，孵化总人数超 400 人。孵化基地采用线上 + 线下形式，举办超 170 场创业活动，参与人数近 2.6 万人次。接待参观参访次数超 100 次。

（区工信局）

气象服务

【概况】 2021 年，海沧区气象局发布预警 142 次，预警信号 603 次，发送预警短信 745 条，政府及各部门决策人员接收预警 175075 次。

【防灾减灾】 2021 年，海沧区气象局依托海沧防汛群、黑臭水体生态治理、森林防火等分类微信群，发布服务信息，提升灾害天气的叫应效率。制作发布《海沧大桥上下班预报》249 期，《未来十天预报》104 期，《重大突发公共卫生事件应急响应气象服务专报》14 期。制作发布《每日公众预报》365 期，新增《每月气候评价和气候预测专项服务》发布 10 期，为农业生产、森林防灭火等工作提供对策和建议。

2021 年 6 月 9 日，海沧区气象局对厦门市博坦仓储有限公司开展防雷监管执法和法治宣传

（区气象局 供）

【“气象 +”服务】 2021 年，海沧区气象局开展“气象 +”服务。“气象 + 旅游”服务，与天竺山景区签订党建结对共建协议，在前期为天竺山元宵节活动、桐花旅游节活动提供全流程滚动式服务保障基础上，在气象服务保障、文明创建方面加强联动；“气象 + 生态”服务，助力海沧区天竺山景区入选“清新福建 · 气候福地”康养福地名单，是厦门地区首个获评的国家 A 级旅游景区。“气象 + 农业”服务，为花卉行业、休闲农业等提供关键时节预报、农产品和气候统计等农业气象预报服务。

【气象科普宣传】 2021 年，海沧气象局联合区科协开展科普大篷车进农村活动，覆盖 50 多个村（社区），解决科普“最后一公里”的问题；利用天语舟台风科技馆“科普 + 党建”等优势，加强气象科普宣传推广；在西坂菜地开设气象小课堂，开展看云识天气；在世界气象日、防灾减灾日走进天心岛小学、过坂社区、企业等开展科普；在“今日海沧”官媒平台、厦门气象公众号，开展世界气象日科普答题活动，2400 多人次参与气象科普知识活动；在灾害天气和日常工作中向政府部门、学校、小农户等开展灾害天气科普宣传。

【防雷和升放气球安全监管】 2021 年，海沧区加强防雷和升放气球安全监管。组织开展防雷和升放气球安全隐患大排查大整治工作，对辖区内 74 家防雷监管对象开展检查，对 22 家重点企业开展现场检查。定期开展升放气球安全巡查。

（区气象局）

责任编辑、校对：庄玉凤

文化 体育 旅游

群众文化

【概况】 2021年，海沧区文旅局牵头制定实施基层公共文化设施排查工作方案，常态化推进对街道文化站、村（社区）综合文化服务中心的监督检查和业务指导，保障基层群众基本文化权益。牵头完成市文旅局对辖区钟山、海林、温厝、兴祥、海景、海盛6个村（社区）综合文化服务中心实地验收考评，6个验收点全部获评“优秀”等级。至年底，海沧区基层综合性文化服务中心建设覆盖率、达标率100%。推进和完善公共文化服务标准化数字化建设、文化馆总分馆制建设和基层综合性文化服务中心达标建设，推进国家公共文化服务体系示范区创新发展。12月，海沧区文化馆在第五次全国文化馆评估定级工作中获评“国家一级文化馆”（复评）。推进金沙书院、智慧广播二期工程、全区软件正版化工作等文化设施建设。推进公共文化服务数字化建设，依托“厦门数字文化馆联合网”平台，完善文化馆门户网站建设。加大文化产业招商引资力度，对接引进华瑞影业（厦门）有限公司、故事匣子影视文化（厦门）有限公司以及厦门马晓伟影视艺术工作室等影视企业在海沧注册落地。提升“文化海沧”微信公众号，整合利用国家公共文化云、超星文化慕课等数字文化资源，提升群众享受公共文化服务的便捷性。全年“文化海沧”微信公众号发布文化资讯308篇次，在线上举办“非遗过大年”有奖猜谜、“海沧人文”有奖问答、《中华人民共和国非物质文化遗产法》有奖问答、中秋线上博饼大会等互动活动。

【2021年新春文体活动】 2021年2月12—17日（农历正月初一至初六），海沧区开展“猜灯谜，点亮海沧年”线上有奖问答活动，27877人次参与；举办舞龙舞狮闹新春活动，组织舞龙舞狮队伍分别在辖区6个场所开展12场舞龙舞狮表演。

【原创精品】 2021年，海沧区文化馆围绕庆祝中国共产党成立100周年，编排红色主题少儿小品《战地书声》，获第四届福建省丹桂奖少

2021年7月17日，海沧区文化馆编排红色主题少儿小品《战地书声》。图为《战地书声》剧照
（区文旅局　供）

儿大赛三等奖。同时，小品拍摄成视频，被“学习强国”学习平台选用。疫情期间创作歌曲《我们是光荣的志愿者》，展现海沧人的责任和担当。

【宣传片拍摄】 2021 年，海沧区文化馆拍摄制作公益宣传片《打开门，让文化发声》。视频以文化馆所开展的业务活动为主要拍摄对象，全片分为 4 个板块，从非遗保护、公益培训、广场活动、志愿服务 4 个方面讲述海沧区文化馆的故事，塑造海沧区文化馆形象，此片被“学习强国”学习平台选用。

【文化丛书编纂】 2021 年，海沧区发掘乡村文史资料，完成全区范围内的楹联匾额调查、注释、汇编工作，编印出版《铭记海沧——海沧楹联碑刻精选汇编》（上下册）。推动“沧江文库”保生慈济文化丛书等富有海沧地域特色的文化经典编纂出版工作。

【公益培训】 2021 年，海沧区文化馆推进“全民艺术普及”工作。全年组织开展 3 期公益文艺培训，每期时长 2～3 个月。开设成人类、少儿类免费培训项目 90 多个，涵盖古筝、拉丁舞、围棋、书法、绘画等艺术门类，招收学员近 3000 人。组织开展各类读者活动 61 场，参与活动人次 2.07 万人。深化文化志愿服务，推进文化馆文化志愿者队伍规范化建设，完善志愿服务时长记录、培训辅导、公益互换、星级认证、择优表彰等工作。常态化做好志愿服务驿站的日常开放和服务。

2021 年 7 月 17 日，“庆祝建党 100 周年——我的中国梦·文化进万家”海沧区文化馆全民艺术普及成果展演在区文化中心猫耳朵舞台举行（区文旅局 供）

2021 年 9 月 15 日，海沧区文化馆开展成人形体芭蕾舞班培训（区文旅局 供）

【全民艺术普及成果展演】 2021 年 7 月 17 日，“庆祝建党 100 周年——我的中国梦·文化进万家”海沧区文化馆全民艺术普及成果展演在区文化中心猫耳朵舞台演出。演出由海沧区文化和旅游局主办，海沧区文化馆承办，包含 9 个原创节目，采用歌舞、合唱、小品、朗诵、戏曲等艺术表现形式，总结海沧区文化馆全民艺术普及工作所取得的成果。

【街头艺人招募及展演】 2021 年，海沧区完成第一批街头艺人选拔考试，设立区文化中心、天竺山景区、阿罗海广场等处为街头艺人表演点，组织街头艺人在景区、街区常态化开展文艺展演。在由省文旅厅主办、省艺术馆承办的第八届福建艺术节——福建省街头文化艺术展演活动中，文化馆选送的吉他手鼓表演唱《加州旅馆》节目获“福建省街头文化艺术展演入围奖”；文化馆选送的街头艺人李朝林获“福建省十佳街头文化艺术达人”称号。

【第十二届海峡两岸少儿美术大展】

2021年6月18—27日，第十二届海峡两岸少儿美术大展在海沧区文化中心展厅举行。展览以“发现·秘密”为主题，分为“生活小发现”“被发现的秘密”“世界真奇妙”“未知的奥秘”4个分主题，展出海峡两岸少儿美术精品200余幅，吸引超过1500名市民朋友和中小学生到场观赏。2021年适逢颜思齐开台400周年，展览特设“发现历史的秘密”板块，通过40余幅海沧学生的作品，让观众重新认识“开台王”。“海峡两岸少儿美术大展”是国台办重点对台交流项目，由两岸多家机构、单位共同发起并推动，自2009年至2021年成功举办11届，活动在新华网、人民网、新浪网、《厦门日报》、《海峡导报》、《台湾导报》、台湾“《中华日报》”、台湾“《国语日报》”等两岸媒体刊发报道宣传。

2021年6月20日，海沧区文化馆举办“桥空间·艺起玩”亲子沙龙

（区文旅局　供）

【第十一届少儿故事大王比赛】

2021年7月，海沧区第十一届少儿故事大王比赛暨厦门市第十三届少儿故事大王比赛选拔赛举行，选送18个作品参加厦门市第十三届故事大王比赛，获5个银奖、8个铜奖，选送作品《谁是最可爱的人》参加福建省第十七届少儿故事大王录像比赛并获小学高年级组铜奖。

【“桥空间·艺起玩”亲子沙龙】

2021年，海沧区文化馆打造“桥空间·艺起玩”亲子沙龙品牌。组织举办绘本、快板、民族鼓、尤克里里、礼仪表演剧等亲子互动体验课程7场次。举办“我是非遗小传人”亲子手工体验7场次，包含盘纸技艺、草木敲拓染项目、刻纸技艺等。

2021年6月18—27日，第十二届海峡两岸少儿美术大展在海沧区文化中心展厅举行。图为展厅一角

（区文旅局　供）

【2021年海峡两岸汉字节活动】

2021年10月11日，海沧区举办海峡两岸汉字节活动。汉字文化创意大赛中，评出238件优秀作品；“金沙书院杯”诗联大赛以“纪念颜思齐开台400周年”为主题，征得作品2325件，其中32件作品获得奖项；海峡两岸年度汉字评选，中国国民党副主席夏立言、中国台湾孙文学校总校长张亚中、新党荣誉主席郁慕明等两岸有代表性的知名人士参与，推荐产生36个候选年度汉字，最终“难”字高票获选。活动利用海西晨报的融媒体平台，策划组织2021海峡两岸汉字节宣传报道，至12月15日，在《海西晨报》刊发15个版面23篇报道。

（区委宣传部　区文旅局）

文物和非遗保护

【概况】 2021年，海沧区先后公布3批区级非遗代表性项目名录。至年底，全区非遗代表性项目29项（其中世界级1项、国家级5项、省级1项、市级5项、区级17项）；代表性传承人38人（其中省级5人、市级10人、区级23人）。加强文物保护力度。推进历史文化遗产集中保护修缮专项工作；推进文博单位消防安全管理标准化达标创建工作；开展国有和集体所有文物安全直接责任人公告公示工作；开展鉴定为D级危房文物建筑抢救性修缮工作；针对马銮湾片区村庄整体征拆，建立不可移动文物征收监管机制。探索文物活化利用，将19处保护完整或已修缮文物点作为影视取景点及村史馆、耕读园等公益活动点，结合文物保护工作策划举办首届“小小文物守护人”评选活动。指导东屿社区成立享德立台姓氏源流文化传习中心。

【非遗代表性项目申报】 2021年，海沧区推荐海沧土笋冻制作技艺、厦门青草药、寒单爷习俗申报第七批省级非遗代表性项目。6月，传统香制作技艺（福建香制作技艺）被国务院公布为第五批国家级非物质文化遗产代表性项目。

【非遗宣传展示活动】 2021年2月，海沧区结合春节、元宵传统节日，举办“以爱为家·一起留厦”非遗过大年系列活动，开展“海沧文史大家读”“非遗文创开墟市”“摄影展览赏非遗”“有奖猜谜闹元宵”四大主题活动。6月，围绕“人民的非遗，人民共享”非遗活动主题，举办“文化和自然遗产日”主题宣传活动。开展中草药香囊制作体验、送王船文化专题展、海沧区第三批区级非遗代表性项目和传承人授牌颁证仪式、王船模型制作体验、非遗法知识线上有奖问答等活动。10月，结合中秋、国庆节，举办“晒家风　传家训”闽南优良家风传承亲子活动、海沧清水祖师信俗文化节、“线上非遗展览”、“中秋线上博饼大会”、“国庆特辑——《贤话青草药》视频推送”、“‘艺’起战疫·我们同在——抗疫作品选登”等线上线下活动。

2021年6月11日，海沧区在非遗展厅举办送王船文化主题展（区文旅局　供）

【闽南新童谣征集评选】 2021年，海沧区组织开展闽南新童谣征集、初评、推荐工作。面向海沧区中小学和群众，征集到作品194篇。其中，《好风气，我做起》被市文化馆、市非遗保护中心、市语言文字工作委员会办公室评为“闽南新童谣十佳作品”，《海沧赞》等9篇被评为“闽南新童谣优秀作品”，《十二月历歌》等4篇被评为“闽南新童谣入围作品”。

【“崇礼学堂·亲子国学读经班”公益活动】 2021年，海沧区文化馆定期开办“崇礼学堂·亲子国学读经班”公益活动，围绕国学经典《论语》《孝弟三百千》《三字经》《弟子规》等进行传统文化教学。依托桥·空间打造“非遗课堂”，举办常态化的闽南文化亲子体验活动和手工课堂。先后举办中草药香包制作、古法刻纸等非遗制作亲子体验活动，邀请非遗代表性传承人授课，让学员现场参与体验制作。

【“小小文物守护人”评选】 2021年10—12月，海沧区举办“文物活起来·我为海沧文物代言”2021年海沧区“小小文物守护人”评选活动，活动吸引107名选手报名参加，评选出30名选手进入决

2021 年 6 月 11 日，海沧区文化馆举办中草药香包制作亲子体验活动　（区文旅局　供）

赛。开启一周的网络人气投票环节，网络链接访问近 12 万次，选手获票数 3 万多票，产生“海沧区小小文物守护人”6 名，“海沧区优秀小小文物讲解员”24 名。活动决赛采用视频直播，观看人次 9.4 万；活动还通过 XM6 户外媒体平台（公交、地铁）进行专题宣传报道，其中公交媒体平台超 5000 人次，流动覆盖客流 250 万人次；地铁媒体平台超 7300 人次，实现地铁 1、2、3 号线站厅、站台、车厢全覆盖。

【海沧区历史文化遗产集中修缮专项工作】 2021 年，海沧区完成 17 处不可移动文物集中保护修缮项目，总投入 2258 万元。海沧区历史文化遗产集中保护修缮工作为期 3 年，2020 年上半年启动。以“全区重点历史文化遗产保护状况明显改善，各类隐患基本消除，文化资源优势进一步转化为发展优势”为目标，以化解历史文化遗产难题积案、排除重大隐患风险为重点，计划 2022 年底完成全区 25 处濒危或急需维修的不可移动文物集中保护修缮工作，其中 16 处列入为民办实事项目。

【福建省第一批不可移动革命文物申报】 2021 年，海沧区开展革命文物申报工作，提高文物保护管理利用水平。3 月，海沧区东头山烈士陵园、魁星楼 2 处不可移动文物被福建省文物局核定公布为福建省第一批不可移动革命文物。

（区文旅局）

2021 年海沧区各级非物质文化遗产代表性项目一览表

表 20

序号	项目名称	级别	保护单位
1	闽台送王船	人类非物质文化遗产代表作、国家级	海沧区钟山村水美“送王船”民俗文化传习中心
			海沧区芸美通济送王船文化传习中心
2	保生大帝信俗	国家级	海沧区青礁保生慈济文化促进会
3	海沧蜈蚣阁	国家级	海沧区文化馆
4	闽南童谣	国家级	海沧延奎实验小学
			海沧区育才小学
5	歌仔戏	国家级	海沧区闽南文化研究会
6	传统香制作技艺（福建香制作技艺）	国家级	妙吉祥香道文化传播有限公司
7	新垵五祖拳	省级	海沧区文化馆
			海沧区五祖拳协会
8	厦门青草药	市级	海沧区保生青草药传习中心
9	寒单爷习俗	市级	海沧区青礁玄坛诚信文化传习中心
10	海沧土笋冻制作技艺	市级	海沧区文化馆
11	（闽南元宵节）海沧元宵油炬走境习俗	市级	海沧区海沧街道综合服务中心

续表 20

序号	项目名称	级别	保护单位
12	闽南蛇伤传统疗法	市级	海沧区闽南蛇伤非遗传习中心
13	蜈蚣阁制作技艺	区级	海沧区东屿蜈蚣阁文化传习中心
			青礁玄坛诚信文化传习中心
14	中草药香制作技艺	区级	厦门市香乘文化传播有限公司
15	清水祖师信俗（海沧）	区级	厦门市海沧区锦里清水济世文化传习中心
16	水仙尊王信俗（海沧）	区级	厦门市海沧区闽南文化研究会
			厦门市海沧区温厝泰安献江习俗文化传习中心
17	元宵节（海沧钻灯脚习俗）	区级	厦门市海沧区祖德传承文化工作室
18	洪塘公信俗	区级	厦门市海沧区东孚民俗文化艺术协会
19	双忠圣王信俗	区级	厦门市海沧区嵩屿街道鳌冠社区居民委员会
20	海沧打大龟习俗	区级	厦门市海沧区嵩屿街道石塘村村民委员会
21	义勇将军信俗	区级	厦门鑫龙谷旅游发展有限公司
22	布袋木偶戏	区级	厦门市海沧区东孚民俗文化艺术协会
23	采莲	区级	厦门市海沧区钟山村水美送王船民俗文化传习中心
24	古法酱油酿造技艺（海沧）	区级	厦门市海沧区东孚民俗文化艺术协会
25	戏曲头饰制作技艺	区级	厦门市海沧区玉芳霖歌仔戏剧团
26	福船制作技艺（海沧）	区级	厦门市海沧区嵩屿街道东屿社区居民委员会
27	石花冻制作技艺（海沧）	区级	厦门市海沧区嵩屿街道贞庵村村民委员会
28	白灼章鱼制作技艺	区级	厦门三都食品有限公司
29	闽南童玩	区级	厦门书香阳光文化传播有限公司

文化市场管理

【概况】 2021 年，海沧区有网吧 8 家，娱乐场所 15 家，电影院 5 家，文艺表演团体 3 家，演出场所经营单位 1 家，出版物零售企业 52 家，高危险性体育项目经营单位 32 家。年内，海沧区文化市场综合执法大队推进执法下沉工作，全年出动执法人员 2958 人次，巡查各类经营单位 986 家次，立案查处 9 件，办结 9 件，罚款 4.09 万元，受理各类举报 63 件，全部办结。4 月 2 日，厦门市海沧区文化和旅游市场综合执法大队更名为厦门市海沧区文化市场综合执法大队，参照公务员法管理事业单位，编制 33 人，主要承担辖区文化和旅游、文物、出版、版权、广播电视、体育、电影等市场领域的行政处罚以及与行政处罚相关的行政检查、行政强制等职能，承担辖区“扫黄打非”有关工作。新冠肺炎疫情期间，参与隔离点筹建及专班工作。

【执法力量下沉各街道】 2021 年 10 月 15 日，根据中共海沧区委编制委员会《海沧区街道综合执法改革实施方案》要求，海沧区文化市场综合执法大队执法人员下沉嵩屿、海沧、新阳、东孚 4 个街道，每个街道下沉 2 名执法队员，计 8 名，同时下沉文化、旅游、体育、文物等各类执法清单 685 项。

【文旅市场监管】 2021 年，海沧区文化市场综合执法大队强化法律法规宣传工作，落实“谁执法、谁宣传”机制。利用组织召开业主会议、世界知识产权日、巡查执法办案等时机，通过集中学习、分发资料、面对面交流等方式开展法律法规宣传活动，提高经营业者守法意识。分发宣传资料6000份，召开业主会议6次，开展法律宣传专项活动4次。把安全巡查工作作为日常巡查的重要内容，随时检查文旅经营单位的安全，突出重大节假日、重大活动、重大会议等重要时段，以及歌舞娱乐场、印刷企业等重点部位的安全工作，开展安全排查和隐患的整改。全年出动执法人员1164人次，安全巡查企业388家次，发现安全隐患56处，整改安全隐患56处。按期推进文化娱乐行业从业人员968人进行多轮次核酸检测，督促打疫苗工作。通过各种方式鼓励企业诚实守信经营，推进企业信用修复2件，及时处理举报63起，满意率100%。

【“扫黄打非”工作】 2021年，海沧区推进区“扫黄打非”工作。全年区文化市场综合执法大队、海沧公安分局、市场监督管理局等部门开展联合专项行动9次，共同出动执法人员108人次，各成员单位自行组织检查1768人次，检查辖区网吧、游艺娱乐场所、歌舞娱乐场所、书报刊经营单位、出版物经营单位、印刷经营单位、旅游市场763家次，办理办结各类案件9件，没收非法出版物68册，删除、屏蔽网络有害信息100余条。在全区4个街道、47个村（社区）和32所中小学学校，组织开展“绿书签行动”宣传活动，由区“扫黄打非”工作领导小组办公室指导，区教育局、区文旅局主办，东孚街道办事处、东师理想厦门海沧东孚实验中学承办，以“护助少年儿童健康成长，抵制有害出版物和信息”为主题，线上线下同步展开。全区张贴宣传海报200张，派放“绿书签”5000张，利用辖区LED屏幕播放“护助少年儿童健康成长　拒绝有害出版物及信息”等宣传标语时长136小时，播放“扫黄打非”动漫宣传视频时长52小时，各类宣讲5场次，发放宣传折页1万张。

（区文旅局）

图书阅览

【概况】 2021年，海沧区图书馆图书流通量65.13万册次、接待读者20.91万人次；新增办证982个，其中白鹭分读者692个；新增流通点1个；送书下乡16次，送达图书1.82万册。开展读者活动67场（其中线上活动62场、线下活动5场），参与活动人次2.20万人次（其中线上参与1.43万人次，线下参与0.77万人次），活动包括专题讲座18场、主题展览15场、读书交流会7场、好书荐读6场、阅读推广21场等，其中“建党百年”主题系列活动5场，2000余人次参与。完成全年图书采购计划，优化采购流程，加快订单流转，提高到书率和到书质量。至年底，图书馆藏量60.40万册（含电子图书），增购新书5829种、3.32万册；订购期刊615种，报纸100种。提供微信公众号线上办证、“无证借阅”之市民App扫码借阅及手动录入借阅证号借阅等惠民利民服务举措。9月，厦门疫情防控期间，对馆内图书进行常规顺架，下架破旧图书，规整图书3万余册。

【社区、单位图书流通点建立】 2021年1月13日，海沧区图书馆建立温厝社区图书流通点，促进图书资源共享，加强区、街、村（社区）三级图书交流，送书2000册。11月19日，建立海警海沧工作站图书流通点，送书1307册。

2021年2月4日，海沧区图书馆举办“我爱你，中国——最美中国年画展”

（区图书馆　供）

2021 年 6 月 20 日，海沧区图书馆举办“浸润书香，畅游书海”连环画主题阅读活动　　（区图书馆　供）

【我爱你，中国——最美中国年画展】 2021 年 2 月 4 日，海沧区图书馆线上、线下同举办“我爱你，中国——最美中国年画展”，展出 19 幅展板。线上参展约 200 人，线下参展约 3000 人。

【《党史故事 100 讲》视频播放活动】 2021 年 3—12 月，逢周末，海沧区图书馆在馆内 3 楼视听阅览室播放《党史故事 100 讲》系列视频，为进馆市民普及党史知识。视频播放 86 场次，约 5500 人次参与。为海沧进馆市民普及党史知识，引导全体党员和市民学有所思、学有所悟、学有所得，发扬红色传统、传承红色基因。

【“方法好，收效高——浅谈中考语文现代文阅读提分技巧”讲座】 2021 年 4 月 17 日，海沧区图书馆特邀厦门双十中学高级教师，厦门市语文学科带头人，厦门市十佳班主任吴秀菊到馆开展主题为“方法好，收效高——浅谈中考语文现代文阅读提分技巧”的讲座，吸引 20 组家庭、46 位家长和青少年学生参加。

【连环画阅读活动】 2021 年 6 月 20 日，海沧区图书馆举办“浸润书香　畅游书海”连环画主题阅读活动，带领少儿读者走进中华连环画世界，领略连环画的文化与艺术魅力。共计 40 组家庭参与活动。11 月 21 日，海沧区图书馆举办“小人书里‘话’西游”连环画阅读推广活动，27 组家庭报名参加。

【中国共产党党史上的第一——庆祝中国共产党成立 100 周年特展】 2021 年 7 月 1 日，中国共产党成立 100 周年之际，海沧区图书馆策划推出“中国共产党党史上的第一——庆祝中国共产党成立 100 周年特展”，线上、线下同开展，参与人数 2200 人次。

【学生志愿服务活动】 2021 年 7—8 月，海沧区图书馆举办为青少年学生提供的暑期志愿服务活动。在新冠肺炎疫情防控要求下，区图书馆根据要求增设门口测温岗。学生志愿者在测温岗服务进馆读者，协助采编整理、归类过往期刊，于 8 月底完成志愿服务活动。

【“深海潜行　与鲸共舞”科普 VR 体验活动】 2021 年 10 月 24 日，海沧区图书馆在 3 楼视听阅览室策划推出“深海潜行　与鲸共舞”科普 VR 体验活动。为 30 组 7～15 岁少儿读者家庭提供活动机会。

【“你选书·我买单”采书主题活动】 2021 年 11 月 7 日，海沧区图书馆举办主题为“你选书·我买单”的

2021 年 11 月 7 日，海沧区图书馆举办主题为“你选书·我买单”的“馆员采书 + 读者采书”的双向采书活动　　（区图书馆　供）

"馆员采书 + 读者采书"的双向采书活动。区图书馆从公众号遴选读者留言中点赞最多的 5 名读者参与福建新华发行集团举办的 2021 年"名社好书"馆配现采订货会的采书活动。参与采选的读者根据自身的专业知识及馆藏需求，采选图书 600 余种。

（区图书馆）

广播电视

【概况】 2021 年，海沧区新闻中心进行机构调整，由海沧区广播电视台更名为"海沧区新闻中心"，新闻中心继续承接原区广播电视台承担的工作任务。全年完成新闻报道 1200 余条，制作《海沧新闻》240 期，制作《海沧法治之窗》11 期；播出公益广告 3.21 万条次，播出专题片 204 部，制作联线市台今日视区 52 档。大型人文历史纪录片《南侨诗宗——邱菽园》在中央广播电视总台等各大平台完成宣传。

【媒体宣传】 2021 年，海沧区新闻中心借助融媒体中心宣传平台，利用中心视、播、网、端一体化的融通网络在"云上海沧"App，已开启习近平时间、海沧 TV、疫情速报、新春走基层、今日海沧、北京冬奥会、聚焦党的十九届六中全会、新思想引领新征程·时代答卷等 25 个专栏，节目形态包含图文、音视频新闻、微电影、短视频、云直播等。全年发布 3661 条，其中海沧 TV 发布 1767 条，疫情速报 392 条。App 云直播播出元宵油炬沧江、党史教育理论宣讲启动仪式、人才招聘、海纳百川汇聚英才发布仪式、端午民俗文化进村居、"七一"全国、省文艺晚会、诚信宣传月、抗疫云展播、普法等 15 场。

【广播宣传】 2021 年，海沧区广播宣传主要以公益宣传及贯彻落实上级宣传工作要求为主，节目内容包括文明倡导、移风易俗、消防安全、平安三率、交通安全、扫黑除恶、乡村振兴、防疫抗疫、党史故事、学习强国时间等。年内，创作并播出微广播剧《山沟沟里的缝伞女工》，该剧参加福建省《希望的田野——走向我们的小康生活》全省百集微广播剧创作展播活动，获入围优秀作品奖。

【《南侨诗宗——邱菽园》首播】 2021 年 6 月 12 日，《南侨诗宗——邱菽园》在中央广播电视总台老故事频道完成首播。这是海沧区继《开台王——颜思齐》《海洋赤子——周起元》之后组织拍摄的第三部人文纪录片。该片于 2018 年 9 月开机拍摄，总时长 52 分钟，分为上、下两部。《南侨诗宗——邱菽园》锁定闽南先贤、爱国诗人邱菽园，以邱菽园一生的起伏和主要事迹为主线，讲述其经历和捐资报国的爱国精神。邱菽园（1873—1941）福建海澄县（今厦门海沧新垵村惠佐）人，是新加坡早期华侨领袖及著名诗人，在闽南籍爱国南洋华侨实业家中颇具典型性和代表性。8 岁即随父定居新加坡，是新加坡第一位举人，被誉为"南侨诗宗"，是新加坡早期华侨政治运动和文化事业的重要领袖及著名诗人，其虽身在海外，仍心系故国，热心文化、教育及社会公益事业。完成首播后，执行单位同步在央视频、爱奇艺等网络及新媒体平台播出，在新华社、《光明日报》等主流媒体进行宣传推广。

（区新闻中心）

档　案

【概况】 2021 年 6 月 30 日，海沧区档案馆新馆开馆。全年接收各类档案 1.2 万件，面向社会征集各类档案资料 202 册。完成全文数字化扫描 25 万幅。年内，全馆接待档案利用者 600 余人次，利用档案 7200 余卷（件）。选派业务骨干进驻区应对疫情工作指挥部综合组，安排 2 名干部下沉社区担任网格员助理，组织全馆干部职工参加国家干部教育中心举办的"十四五"全国档案事业发展规划公益大讲堂、国家档案局举办的档案统计业务培训、福建省档案学会举办的全省。档案专业人员继续教育网络培训，全年接受培训 23 人次，人均 90 学时。

【档案归类指导】 2021 年，海沧区档案馆协助海沧区档案局完成行政审批服务事项办理、权责事项梳理调整、"互联网 + 监管"事项清单梳理等，协助抓好"文件材料归档范围与保管期限表"修订工作及开展档案业务指导。对区委巡办、区委党校、区教育局、区行政审批管理局、区退役军人事务局 5 家单位开展为期 1 周的"双随机一公开"专项检查，依法督促各立档单位落实档案安全管理责任。协助开展归档目录审核，全年完成 57 家立档单位年度归档目录审核工作，审核、接

2021年6月9日，海沧区档案馆走进老旧小区开展档案宣传活动（王晓莉　摄）

收档案目录电子数据1.5万条。

【档案宣传活动】 2021年“6·9”国际档案日，海沧区档案馆围绕“档案话百年”主题，采取走进老旧小区，提供现场解答、发放资料与印刷有宣传语的环保袋，悬挂宣传条幅等形式开展档案宣传活动；7月1日，为庆祝中国共产党成立100周年，海沧区档案馆联合海沧区文联等单位开展“庆祝中国共产党成立100周年‘百年奋斗　百年华章’邮票图片展”活动；“12·4”国家宪法日，采取局馆一体、局馆联动的模式，在海沧区法治文化公园宣传《中华人民共和国档案法》等法律法规；12月下旬，社会科学宣传周，与区社科联等13家单位进基层宣传档案知识系列活动；区档案馆新馆开馆以来，“沧海观澜”展厅接待各类团体和个人参观者800余人次。

【档案资源体系】 2021年，海沧区档案馆通过接收、征集等方式加强档案资源建设。完成50家立档单位档案接收工作，接收文书档案8800件、专门档案4430件、数码照片档案858张；提前完成2020年度疫情防控实体档案移交进馆和数字化工作，接收文书档案6298件，实物档案2件，数码照片档案857张，录像档案87件；面向社会征集各类档案资料计202册；侨批、油画、吴陞坊表石刻等特色实物档案5件。

【档案资料征集】 2021年，海沧区档案馆围绕展厅布展征集反映海沧人文历史和开发建设的档案资料。其中，清代巡视南海第一人吴陞坊表石刻、抗战烈士证明书等一批实物档案在展厅展出后，受到关注。区档案馆还结合年度热播电影《长津湖》，采集《血战长津湖》《三十八军在朝鲜》等相关电子图书；对居住在辖区的抗美援朝老战士进行口述史料采集。

【档案利用体系建设】 2021年，海沧区档案馆在与省、市、区档案馆签订跨馆利用服务协议的基础上，作为全省首批6家单位之一入选全国档案查询利用平台试点单位，进一步扩大跨馆服务范围。优化查档服务流程，疫情防控期间，开展“不见面利用”和“无接触服务”。至12月底，接待档案利用者600余人次，利用档案7200余卷（件）。

【档案信息化建设】 2021年，海沧区档案馆以数字档案馆建设为重点，以安全、规范、好用为前提，围绕搭建数字档案馆综合管理平台和数字档案室管理系统暨电子档案接收系统两项任务，推进区档案馆信息化及配套项目和数字档案馆机房及相关配套设施项目建设。至年底，两项建设基本完成并进入试运行阶段。与区政府办等相关部门协调对接，解决数字档案室管理系统暨电子档案接收系统与区信息中心OA办公系统的联通问题，并配套财政预算经费。年内，增量纸质档案数字化工作同步推进，完成数字化副本转换25万幅。

【档案安全体系建设】 2021年，海沧区档案馆新馆投入使用后组织全方位安全专项检查；落实工作规范，抓好库房巡查、实体抽检、信息备份等工作。全年全区未发生档案实体及信息丢失、损毁、失泄密等事故，实现年初提出的全年档案工作安全无事故的目标。

【新修订档案法宣传】 2021年，海沧区档案局组织编印《新修订档案法学习材料汇编》并发放至有关单位学习；组织开展全区立档单位档案员培训，对新修订档案法进行专题辅导；利用“6·9”国际档案日、“12·4”国家宪法日、社科宣传周等时机，采取条幅宣传、现场

2021 年 6 月 30 日，海沧区档案馆新馆揭牌开馆　（陈淑华　摄）

咨询、发放宣传单等方式，宣传新修订档案法。

【海沧区档案馆新馆揭牌开馆】 2021 年 6 月 30 日，海沧区档案馆新馆揭牌开馆，馆藏档案精华主题展览《沧海观澜》同步开展。海沧区档案馆新馆按县级一类国家档案馆标准设计建设，位于海沧区兴港一里 197 号，馆库面积约 6400 平方米，附属公共配套齐全，是厦门市下辖六区中规模最大的综合档案馆。馆藏档案 25 个门类、6.5 万余卷，除会计档案外，全部完成数字化。数字化档案目录 51 万余条，数字化成果约 320 万幅，可以向社会提供档案利用服务。

【新冠肺炎疫情防控档案资料征集接收】 2021 年，海沧区档案馆做好新冠肺炎疫情防控档案收集整理指导、档案征集接收工作。3 月中旬，区疫情防控指挥部综合协调组与区档案馆联合召开全区疫情防控档案归档工作推进会；5 月底，完成区疫情防控档案的目录接收工作；8 月底，完成 2020 年度疫情防控实体档案的接收计划。全年接收综合协调组、疫情防控组等 13 个小组的各类纸质档案 6298 件，照片档案 857 张，录像档案 87 件。该轮新冠肺炎疫情发生以来，收集各类疫情防控档案资料 7000 余件。

【“百年奋斗　百年华章”邮票图片展】 2021 年 7 月 1—15 日，海沧区档案馆与海沧区文联、海沧区社科联、海沧区邮政分公司联合举办以“百年奋斗　百年华章”为主题的邮票图片展，2100 多名党员和群众参观。

（区档案馆）

体　育

【概况】 2021 年，海沧区开展全民健身运动，打造全民健身、全民参与、全民共享的体育文化格局。对大型赛事进行整体优化调整，规划发展海沧特色体育品牌赛事，提升赛事发展格局。协调推进全民健身工作，发挥区全民健身领导小组各职能部门作用，组织开展 2021 年海沧全民健身户外运动节暨全民健身运动会、2020—2021 年游泳俱乐部大联盟全国联赛（厦门站）暨第四届两岸三地少年儿童游泳联赛、海沧区首届中小学生散打锦标赛、2021 年新春健步行、健身功气球千人展演、100 公里超级马拉松等体育赛事活动，全年开展各类体育赛事活动 70 余场、中小学校校运会 20 余场，参加人数近 5 万人。12 月底，海沧区获评“第一届福建省全民运动健身模范县（市）区”。

【福建省全民运动健身模范区创建】 2021 年，海沧区深入实施全民健身和健康中国国家战略，坚持服务群众、注重实效，推动新时代海沧体育事业迈上新台阶。2019 年，海沧区在全市率先启动福建省全民运动健身模范区创建活动，结合创建工作进一步浓厚全民健身氛围，并于 2021 年 7 月通过省考评组实地核查，12 月底获评“第一届福建省全民运动健身模范县（市、区）”。

【基层全民健身场地设施建设】 2021 年，海沧区提升公共体育服务水平，完善城乡全民健身设施，保障群众体育健身的需求。为贯彻全民健身国家战略，推进海沧区全民健身事业的发展和《海沧区全民健身实施计划》的落实，海沧区持续完善公共体育设施，完善以区级大型公共文体设施为核心，街道公共文体设施为枢纽，村（社区）基层文体设施为基础的“十五分钟健身圈”，满足城乡居民日益增长的健身运动需求。全年安排体彩公益金 450 万元，建设全民健身场地设施 90 余处，建设智慧健身房 3 个。

【2021 年海沧区全民健身户外运动节暨全民健身运动会】 2021 年 7 月 5 日在海沧体育中心开幕。全民健身系列赛事活动为期近 5 个月，12 月 20 日结束。活动由厦门市海沧区文化和旅游局主办，主题为“健康海沧，全民参与”。赛事以群众健身需求为出发点，开展足球、篮球、气排球、乒乓球、羽毛球、游泳、定向运动、围棋、工间操、健身功气球在内的 10 个单项比赛，以及“奔驰杯”高尔夫赛、大屏山环山道趣味跑活动等多场群众性体育活动。近 2000 人报名参加。

（区文旅局）

2021 年 7 月 7 日，海沧区首届少年儿童田径夏令营在海沧体育中心主体育场举行

（城建集团　供）

【第二届飞越达人挑战赛】 2021 年 7 月，海沧天竺山景区举办第二届飞越达人挑战赛，邀请 22 所中小学校 300 余名学生参加。活动全程免费，通过市区媒体宣传，带动飞越丛林及片区的经营收入，促进景区宣传。

【“欧啦杯”游泳俱乐部大联盟全国联赛（厦门站）暨第四届两岸三地少年儿童游泳联谊赛】 2021 年 5 月 4—5 日，2021 年“欧啦杯”游泳俱乐部大联盟全国联赛（厦门站）暨第四届两岸三地少年儿童游泳联谊赛在海沧体育中心游泳跳水馆举行。赛事分别设置学龄前、7 岁、9 岁等多个年龄组以及团体项目，涵盖 50 米和 100 米的自由泳、蛙泳、仰泳、蝶泳。除个人赛，还设置男女 4×50 米自由泳、4×50 米混合泳接力赛，还有水中寻宝互动活动，来自全国各地的 47 家俱乐部、1600 余名两岸优秀青少年游泳运动员参加，突破福建省游泳单项赛事的最大规模，5000 名家长、观众现场观看。

2021 年 5 月 4 日，2021 年“欧啦杯”游泳俱乐部大联盟全国联赛（厦门站）暨第四届两岸三地少年儿童游泳联谊赛在海沧体育中心游泳跳水馆举行

（城建集团　供）

【少年儿童田径夏令营】 2021 年 7 月 7—12 日，由城建天视公司承办的海沧区首届少年儿童田径夏令营在海沧体育中心主体育场举行，活动 6 天，海沧区各中小学田径爱好者近 150 人参与。

（城建集团）

【体育赛事获奖】 2021 年，海沧区全面推进青少年体育工作，组队参加上级组织的青少年各项比赛活动，并取得较好成绩。

足球　2021 年厦门市青少年足球联赛中，育才小学和延奎实验小学获儿童组冠、亚军，育才小学获男子小学组冠军，厦门海沧双十附校和育才小学分别获小学女子甲组亚军和季军。

排球　2021 年厦门市中小学生排球锦标赛中，外国语附校获小学女子组冠军，锦里小学获小学男子组亚军，厦门海沧双十附校和华师附中分别获初中男子组和初中女子组季军，为海沧历年来最好成绩。

射箭 2021年厦门市中小学射箭锦标赛中，延奎实验小学分别获个人男子乙组25米冠军和季军，个人男子乙组全能亚军、个人男子乙组淘汰赛季军。

田径 2021年福建省青少年田径锦标赛中，厦门海沧双十附校颜欣获100米和200米双料冠军，并获国家二级运动员资格。

乒乓球 2021年福建省青少年乒乓球锦标赛，获男子乙组单打冠军和团体赛冠军、男子乙组团体赛冠军、女子丙组团体赛亚军；厦门市中小学生乒乓球锦标赛中，获小学组团体冠军和初中组团体季军。

篮球 2021年厦门市中小学生篮球锦标赛中，获初中男子组亚军和高中男子组亚军。

羽毛球 2021年10月，参加“光大银行”杯全国羽毛球后备人才基地比赛中，官依晨获9岁女子单打第四名和刘俊勋获男子单打第六名，创海沧区最好成绩。7月参加厦门市中小学生羽毛球锦标赛中，厦门海沧双十附校刘俊勋和教师进修附校官依晨分别获男子单打和女子单打小学组季军。

网球 2021年厦门市中小学生网球锦标赛中，获小学组团体总分亚军。

举重 2021年厦门市中小学生举重锦标赛中，东孚中心小学获男女丁组个人赛4人冠军、2人亚军，3人季军；男子丙组个人赛获1人冠军、1人亚军。

击剑 2021年厦门市中小学生击剑锦标赛中，天心岛小学获女子团体总分冠军。女子丙组花剑团体冠军、女子乙组重剑团体冠军，女子丁组花剑、女子丙组重剑、女子乙组花剑、男子丙组重剑、男子乙组重剑各获团体季军，女子丁组重剑获个人冠军，女子乙组重剑获个人亚军和季军，女子丁组花剑获个人季军，男子丙组重剑获个人季军。北师大体育中心校区获男子丁组重剑团体季军、个人赛冠军，女子甲组和女子乙组重剑各获个人赛亚军。

帆船 2021年“梅沙教育”全国青少年帆船联赛（深圳站）中，获OP男子U15组场地赛冠、亚军。2021年“梅沙教育”全国青少年帆船联赛（厦门站）中，获OP男子U15组场地赛亚军、OP男子U12组场地赛亚军、Topper男子5.3男U15组场地赛季军。2021年厦门市中小学生帆船帆板锦标赛中，获男子激光场地赛冠亚军、男子激光场地长距离赛亚军、男子丙组OP场地赛季军。

三大球联赛 2021年参加厦门市青少年三大球联赛取得佳绩。足球获男子丙组亚军、女子丙组季军、女子组季军；排球获女子乙组冠军、女子丙组亚军、男子丙组和男子乙组季军；篮球获男子丙组和女子丙组亚军。

（区教育局）

2021年海沧区参加全国、省、市体育比赛情况表

表21

序号	赛事名称	项目	组别	参赛单位	姓名	名次	备注
1	福建省青少年乒乓球锦标赛	乒乓球	男子乙组单打	厦门市竞体中心	危毅杰（北附）	第一名	该运动员为海沧区输送至市竞体中心，代表厦门市参加省锦标赛的运动员
2			男子乙组单打		陈　肯（北附）	第四名	
3			男子丙组单打		傅立成（北附）	第四名	
4			男子乙组团体		危毅杰（北附） 陈　肯（北附）	第一名	
5			男子丙组团体		傅立成（北附）	第一名	
6			女子丙组团体		郑苡蓉（鳌冠） 陈南辛（外附）	第二名	
7	厦门市中小学生网球锦标赛	网球	小学组	海沧区		团体第二名	

续表 21

序号	赛事名称	项目	组别	参赛单位	姓名	名次	备注
8	厦门市中小学生羽毛球锦标赛	羽毛球	小学组	海沧区	刘俊勋（双十附校）	第三名	
9				海沧区	官依晨（进修附校）	第三名	
10	厦门市中小学生射箭锦标赛	射箭	男子乙组 25 米	延奎实验小学	苏汝杰	第一名	
11			男子乙组 25 米		苏汝杰	第三名	
12			男子乙组全能		苏汝杰	第二名	
13			男子乙组淘汰赛		苏汝杰	第三名	
14			男子丙组团体		虞运奇、郭伟弘 王晟萌	第五名	
15			女子丙组团体		罗　悦、廖沁馨 桂婉菁	第六名	
16	厦门市中小学生乒乓球锦标赛	乒乓球	小学组	海沧区		团体第一名	
17			初中组	海沧区		团体第三名	
18			高中组	厦门海沧实验中学		团体第四名	
19	厦门市中小学生篮球锦标赛	篮球	小学女子组	东埔小学		团体第六名	
20			小学男子组	北师大海沧附校		团体第五名	
21				外国语附属学校		团体第八名	
22			初中男子组	双十中学海沧附属学校		团体第二名	
23				北师大海沧附校		团体第四名	
24			高中男子组	厦门海沧实验中学		团体第二名	
25	2021 年厦门市中小学生排球锦标赛	排球	小学女子组	外国语海沧附校		团体第一名	
26			小学男子组	锦里小学		团体第二名	
27			初中男子组	双十中学海沧附属学校		团体第三名	
28			初中女子组	华中师范大学厦门海沧附属中学		团体第三名	
29	2021 福建省青少年击剑锦标赛	击剑	儿童甲组重剑	天心岛小学	兰昕萍	团体第一名	
30			少年乙组花剑		柯佳琳	团体第二名	
24			少年乙组花剑		郭王馨玥	团体第二名	
25			儿童乙组重剑		王心茹	团体第三名 个人第八名	
26			少年甲组重剑		罗　焱	团体第三名 个人第五名	

续表 21

序号	赛事名称	项目	组别	参赛单位	姓名	名次	备注
27	2021 福建省青少年击剑锦标赛	击剑	少年甲组重剑	天心岛小学	林慧蓉	团体第三名	
28			少年乙组重剑		林诗涵	团体第四名	
29			少年甲组花剑		曾星依	团体第四名	
30			儿童甲组花剑		张馨雅	团体第三名	
31			儿童甲组重剑		温可雯	团体第四名 个人第七名	
32	2021 年厦门市中小学生校园足球联赛	足球	儿童组冠军	育才小学		第一名	
			儿童组亚军	延奎实验小学		第二名	
33			男子小学甲组	育才小学		第一名	
34			小学女子甲组	北附海沧附校		第二名	
35			小学女子甲组	育才小学		第三名	
36			初中男子超级组	海沧中学		第五名	
37			初中女子组	东孚中学		第四名	
38			初中女子组	海沧中学		第五名	
39			高中男子超级组	海沧中学		第六名	
40	2021 年厦门市青少年健美操锦标赛	健美操	自选动作徒手健身操舞自由舞蹈	厦门市海沧区新绿幼儿园绿舞灵动一队	郭若宸、曹梓芯 曾予奕、李沁颜 林旖婷、陈蒋雯 刘祎一、苏诗雨 林苡曼、谭佳昀 黎宇萱、叶紫婷 曾可馨、黄伊伊 傅睿希、林妤悉 林欣雨（替补）	一等奖	
41			自选动作轻器械健身操舞 表演轻器械健身操	厦门双十中学海沧附属学校双十海娃队	林柏萱、陈韵涵 余奕澄、刘晓涵 颜雅琪、邓乐妍 张曦允、蔡欣妤 方语诺、林语欣 潘迪希、吕昕岳 翟若曦、詹馨茹 周诗音、谢婧舒 林静涵（替补）	一等奖	
42			自选动作徒手健身操舞自由舞蹈	厦门一中海沧校区代表队	詹壹缨、陈灵馨 陈湘怡、陈静雯 吴凌薇、马文茜	二等奖	
43	2021 厦门市青少年柔力球锦标赛	柔力球	男子小学甲组单打	鳌冠学校	程杨涛	第一名	
44					王国豪	第三名	

续表 21

序号	赛事名称	项目	组别	参赛单位	姓名	名次	备注
45	2021 厦门市青少年柔力球锦标赛	柔力球	女子小学甲组单打	鳌冠学校	廖子瑾	第一名	
46					林雯娴	第二名	
47			男子小学乙组单打		王鸿瑞	第一名	
48					马炜强	第三名	
49			女子小学乙组单打		陈　莹	第一名	
50					洪婧璇	第三名	
51			男子初中组单打	华师附中	陈　彬	第一名	
52				鳌冠学校	肖文涛	第三名	
53			女子初中组单打	华师附中	张　千	第二名	
54				鳌冠学校	林梦涛	第三名	
55			男子小学甲组双打	鳌冠学校	程杨涛、王国豪	第一名	
56			女子小学甲组双打		廖子仪、王依晨	第一名	
57					廖子瑾、林雯娴	第二名	
58			小学混双（小学甲组）	鳌冠学校	王依晨、程杨涛	第一名	
59					王国豪、陈涵婕	第二名	
60			小学混双（小学乙组）		王鸿瑞、洪婧璇	第一名	
61					林　辰、马炜强	第三名	
62			男子小学乙组双打	鳌冠学校	马炜强、王鸿瑞	第一名	
63					陈恒屿、周敏杰	第三名	
64			女子小学乙组双打		陈　莹、廖煜欣	第一名	
65					林　辰、洪婧璇	第三名	
66			初中组混双	华师附中	钟坤明、张　千	第一名	
67				华师附中	邹心宇、魏　晨	第二名	
68				鳌冠学校	林梦涛、肖文涛	第三名	
69			男子初中组双打	华师附中	陈　彬、黄梓浩	第二名	
70			女子初中组双打	鳌冠学校	林梦涛、钟梅烨	第三名	
71			花式比赛	华中师范大学厦门海沧附属中学初中一队	丁兴乐、凌曼茹 林可欣、赵雅蓥 乔思宇、饶婧蕾 颜璐琪	一等奖	
72				厦门市海沧区鳌冠学校初中一队	白晓钰、王雅妮 林梦涛、钟梅烨 蔡以轩、李懋奇 肖文涛	一等奖	

续表 21

序号	赛事名称	项目	组别	参赛单位	姓名	名次	备注
73	2021 厦门市青少年柔力球锦标赛	柔力球	花式比赛	华中师范大学厦门海沧附属中学初中二队	颜程璟、李佳怡 王晨怡、袁文燕 吴夏伊、林欣怡 罗玉琴、叶涵蕾	二等奖	
74				厦门市海沧区鳌冠学校初中二队	林诗曼、郭雨涵 王秋婷、揭雨昕 白晨曦、李宇婷 潘雅鑫	三等奖	
75				厦门市海沧区鳌冠学校小学甲组一队	廖子仪、廖子瑾 王依晨、林芷琪 陈颖昕、林雯娴 陈钰琳	二等奖	
76				厦门市海沧区鳌冠学校小学甲组二队	廖煜萱、许怡玲 廖齐萱、王国豪 程杨涛、陈涵婕 傅筱筱	三等奖	
77				厦门市海沧区鳌冠学校小学乙组一队	林　辰、洪婧璇 吴　敌、马炜强 王鸿瑞、陈恒屿 翁敏责	一等奖	
78				厦门市海沧区鳌冠学校小学乙组二队	陈　莹、廖煜欣 周敏杰、苏奕轩 樊林轩、苏佩慈 童　汭	二等奖	
79	2021 年厦门市中小学棋类锦标赛	棋类	女子象棋	海沧延奎实验小学	宋依茜	第一名	
80				北师大厦门海沧附属学校	徐羽宣	第三名	
81			国际象棋	海沧延奎实验小学	孙启桓	第三名	
82	2021 年厦门市青少年航海模型锦标赛	航海模型	“宁德”号导弹护卫舰模型制作赛（小学女子组）	鳌冠学校	张英皇	三等奖	
83	2021 年厦门市青少年航海模型锦标赛		“戚继光”号导弹护卫舰模型航向赛（小学男子组）	锦里小学	苏子涵	一等奖	
84				天心岛小学	李禹辰	二等奖	
85				锦里小学	陈宇震	三等奖	
86				锦里小学	谢永生	三等奖	
87				福建省厦门双十中学海沧附属学校	姜元浩	三等奖	
88				福建省厦门双十中学海沧附属学校	应昌霖	三等奖	
89				海沧中心小学	胡一龙	三等奖	

续表 21

序号	赛事名称	项目	组别	参赛单位	姓名	名次	备注
90	2021 年厦门市青少年航海模型锦标赛	航海模型	“戚继光”号导弹护卫舰模型航向赛（小学女子组）	海沧中心小学	黄君瑛	二等奖	
91				锦里小学	黄晓楠	三等奖	
92				锦里小学	郑静涵	三等奖	
93				锦里小学	廖　菁	三等奖	
94			“雪龙”号南极科考船模型航向赛（小学组）	天心岛小学	许　睿	一等奖	
95				天心岛小学	柯皓继	二等奖	
96				天心岛小学	张启荣	三等奖	
97				福建省厦门双十中学海沧附属学校	马华茗	三等奖	
98			“蛟龙”号深潜考察船模型航向赛（小学男子组）	海沧中心小学	周旭辉	一等奖	
99				天心岛小学	廖鹏奕	二等奖	
100				锦里小学	罗春河	三等奖	
101				鳌冠学校	李基宇	三等奖	
102				海沧区第二实验小学	郭少堃	三等奖	
103			“蛟龙”号深潜考察船模型航向赛（小学女子组）	厦门双十中学海沧附属学校	何礼妍	一等奖	
104				锦里小学	林欣宇	二等奖	
105				锦里小学	冯菁菁	二等奖	
106				海沧区第二实验小学	李　涵	三等奖	
107				海沧区第二实验小学	高雨萱	三等奖	
108				海沧区第二实验小学	崔婧悠	三等奖	
109			“宁德”号导弹护卫舰模型航向赛（小学男子组）	鳌冠学校	陈　爽	二等奖	
110			“宁德”号导弹护卫舰模型航向赛（小学女子组）	锦里小学	刘诗彤	一等奖	
111				锦里小学	冼雨欣	三等奖	
112			中华鱼雷航向赛（小学男子组）	厦门双十中学海沧附属学校	张智勋	三等奖	
113					陈嗣禹	三等奖	
114			中华鱼雷航向赛（小学女子组）	厦门双十中学海沧附属学校	叶持伊	一等奖	
115			两栖快艇模型航向赛（小学组）	厦门双十中学海沧附属学校	黄修齐	一等奖	
116			海警舰拼装模型航向赛（小学女子组）	厦门双十中学海沧附属学校	蔡雨澄	二等奖	

续表 21

序号	赛事名称	项目	组别	参赛单位	姓名	名次	备注
117	2021 年“光大银行”杯全国羽毛球后备人才基地比赛	羽毛球	9 岁组男子单打	厦门市竞体中心	刘俊勋	第六名	该运动员为海沧区输送至市竞体中心，代表厦门市参加全国比赛的运动员
118			9 岁组女子单打		官依晨	第四名	
119	2021 年福建省青少年田径锦标赛	田径	女子乙组 100 米	厦门市竞体中心	颜　欣	第一名	该运动员为海沧区输送至市竞体中心，代表厦门市参加省锦标赛的运动员
120			女子乙组 200 米			第一名	
121	全国第十四届运动会	帆船	男子激光级	厦门市水上运动中心	陈惠超	第一名	该运动员为海沧区输送至市竞体中心，代表福建省参加全国十四届运动会的运动员

旅　　游

【概况】 2021 年，海沧区推进旅游业发展，完善旅游设施，丰富旅游产品体系。编制《海沧区全域旅游发展规划》，确定旅游口号和徽标，举办首届天竺山桐花节，融入“厦门休闲生活之旅”文旅主题活动，开展“盛夏海沧乐活之旅”特色旅游线路采风活动。加强对外交流推介，与宁夏泾源县达成文旅合作协议，对接宁德市屏南县开展 2021 年“沧海城湾　携手屏南”（海沧—屏南）文旅协作活动。提升旅游配套设施建设，推进建设旅游厕所、海沧旅游集散中心，增设全域旅游导览牌，提升主要通景道路指引牌，搭建海沧智慧文旅信息平台等。全年海沧区接待国内外游客 663.04 万人次，旅游收入 74.67 亿元，住宿餐饮业营业额 14.69 亿元，比上年下降 17.7%。至年底，全区有海沧国际旅行社、厦门佰廉国际旅行社、厦门友客国际旅行社等 22 家旅行社。

【旅游配套设施建设】 2021 年，海沧区创评福建省全域生态旅游示范区，围绕打造“国际一流的生态康养湾区旅游目的地”发展目标，编制《海沧区全域旅游发展规划》，通过公开征集，确定旅游口号（“厦门会客厅　山水新海沧”）和徽标。提升旅游配套设施建设，推进建设 1 座旅游厕所，增设 14 块全域旅游导览牌，对主要通景道路的 35 块道路指引牌进行提升。推进海沧旅游集散中心建设，完成内部装修，在咨询接待中心、综合服务中心和文旅监测中心的购置和安装设备。推进智慧旅游建设，在集散中心布局 1000 兆带宽网络，为市民游客提供免费 Wi-Fi 服务；在文化海沧微信公众号嵌入全域全景导览图，以 VR 形式进行重要景区（点）展示；开发海沧智慧文旅信息平台，通过对接通讯运营商数据、嵩屿码头数据以及限上住宿业企业，实现旅游市场监测和相关内容展示。

【旅游产业扶持政策制定】 2021 年，海沧区以政策扶持激发动力。根据《海沧区促进旅游产业发展奖励扶持措施》，对全年的奖励金额进行申报审核。在旅行社扶持政策的带动下，至年底，海沧区酒店引进 1.2 万多名游客，奖励金额 38.32 万元，兑现引进会议奖励金额 35 万元。

（区文旅局）

【酒店建设】 2021 年 7 月，根据福建省旅游星级饭店评定委员会研究部署，在厦门开展星级饭店复评复核工作，将海沧区日月谷温泉酒店纳入五星级复评复核酒店范畴，12 月，通过日月谷温泉酒店五星级饭店评定复核标准。11 月，经全国旅游星级饭店评定委员会研究决定，取消厦门鼓浪湾大酒店五星级旅游饭店资格。推进松霖生活空间酒店、紫云山庄度假酒店建设。至年底，海沧区有日月谷温泉度假村、正元希尔顿逸林、融信华邑 3 家五星级酒店。

【旅游“厕所革命”】 2021 年，海沧区文旅局开展旅游“厕所革命”，按照省、市、区为民办实事和年度旅游厕所建设与管理工作要求，12 月初完成 1 座（天竺山坝头）旅游厕所新建任务，总投资额 87.2 万元，项目在天竺山风景区真寂寺东南侧六角亭旁地块新建 1 座 108 平方米的成品装配钢结构旅游公厕，室外铺装 179 平方米，新增绿化面积 633 平方米，公厕外水外电接入及现状场地拆除等。至年底，配套设施已完善并投放使用。至此，全区旅游公厕 41 个。

（区文旅局）

2021 年 4 月 24 日，海沧区举办 2021（厦门・海沧）天竺山桐花旅游节开幕式

（张玉明　摄）

【旅游宣传】 2021 年“五一”假期，海沧区策划举办首届“2021 年（厦门・海沧）天竺山桐花旅游节”活动，新华社、厦门日报社直播开幕式，总浏览量 1.1 亿人次，旅游节期间，接待旅客人数近 10 万人次。5 月 16—21 日，组织文旅相关单位到新疆乌鲁木齐、甘肃酒泉、青海西宁开展 2021 年“诗意厦门・乐活海沧”厦门四季生活之旅推介活动，活动期间运用全媒体手段，通过央视移动新闻网、一直播、百度直播、云现场四大视频平台吸引 725.5 万网友在线互动，在微博发起互动话题引发 2658 万名网友关注，扩展西北内陆地区客源市场。融入“厦门休闲生活之旅”文旅主题活动，推出日月谷温泉度假村、咖啡梦工厂、“纸的时代”书店、莲塘别墅、海沧湾公园、妙吉祥香道等网红打卡点，打造新阳工业旅游路线、东孚片区运动休闲路线、海沧湾—马銮湾都市浪漫路线、东宫—青礁村人文体验路线等旅游产品，开展“盛夏海沧乐活之旅”特色旅游线路采风活动。印刷海沧旅游宣传折页及宣传册，投放至海沧重点客源市场。

【文旅产业对口帮扶】 2021 年，海沧区文旅局开展对口挂钩宁夏泾源县和宁德屏南县文旅帮扶协作工作，加强两地文旅部门互通、互联、互助、互进，开发两地文旅优势产业，加快两地文旅协作发展。对口协作泾源，因新冠肺炎疫情影响，由线下对口协作活动改为线上视频协作。11 月 16 日，协作双方文旅部门、专家教授、文旅企业等相关人员，召开“闽宁一家亲・协作看海泾”文旅系统线上交流协作会，通过《厦门日报》《厦门晚报》《海西晨报》等主要媒体作报道。对口协作屏南，11 月 26—28 日，在宁德市屏南县举办“沧海城湾・携手屏南”（海沧—屏南）文旅协作活动，双方参加人员 120 人。《朝闻天下》、今日头条、《厦门日报》、《海峡导报》等 17 家主要媒体跟进报道。推送全国超 760 万人次，活动热度破 1200 万人次，通过直播平台开展 2 场直播，观看总计 572 万人次，参与阅读讨论 368.3 万人次。协作活动遵循“树品牌、亮产品、拓渠道、重推广、促消费”的基本思路，结合疫后文旅市场特点，开展互动推广、资源嫁接、产业帮扶、山海协作，以实际举措推动宁夏泾源县、宁德屏南县文旅产业发展。

（区文旅局）

【2021 年天竺山桐花旅游节】 2021 年 4 月，海沧区举办 2021（厦门・海沧）天竺山桐花旅游节。在景区举办漫游情诗大会、音乐会、桐花女神之约等主题活动，与山下“寻味东孚　花开海沧”活动贯穿整个“五一”。活动在新华社、人民网、《厦门日报》、厦门电视台等各界媒体上引发关注，吸引游客量

超10万人次。

【天竺山森林公园获评福建省首批气候康养福地】 2021年4月，福建省气象学会、福建省旅游协会联合开展2021年“清新福建·气候福地”推荐认定工作。天竺山景区凭借良好的生态环境、安全设施、康养配套设施优势和旅游服务接待水平，在参评的70多家申报单位中通过评审，成为福建省首批气候康养福地。全省24家单位获评，其中厦门仅2家（海沧区1家）单位获此殊荣。天竺山森林公园是厦门市首个获此荣誉的国家A级旅游景区。

（城建集团）

天竺山森林公园天竺秘境　（郑伟明　2021年2月9日摄）

【天竺山景区】 天竺山景区位于海沧区西北部东孚街道境内，景区面积37.05平方千米，是集旅游观光、休闲度假、体育锻炼、康体疗养、农业科普和宗教文化于一体的原生态滨海城郊森林公园。景区主要景点有“三湖”“三谷”“两峰”“两寺”（“三湖”为天竺湖、两二湖、皓月湖；“三谷”为玉兰幽谷、四季花谷、大峡谷；“两峰”为天柱峰、仙灵棋；“两寺”为龙门寺、真寂寺）。2021年，天竺山景区进行市场化改革运营，全年游客接待量接近90万人次，为历年最高。2021年12月15日，天竺山景区通过海沧区生态环境局组织的一星级近零碳景区创建验收，成为海沧区首个“一星级近零碳景区”。推进森林研学活动，入选厦门市第二批中小学生实践教育基地。精神文明建设效果良好，获评市级文明风景旅游区（2018—2020年度）并申报福建省文明风景旅游区。生成互动参与性强的天竺湖泛舟、丛林魔网、射击馆等游乐体验项目，打造天竺秘境夜游乐园，首次尝试旅游“夜经济”，配备配齐天竺湖餐饮服务中心、花谷餐厅等基础服务设施。

（城建集团）

【厦门日月谷温泉度假村】 厦门日月谷温泉度假村位于厦门市海沧区孚莲路，是外商合资温泉休闲旅游综合型企业，设温泉酒店、温泉公园，为游客提供住宿、温泉、餐饮、SPA等服务。2021年，接待游客近40.9万人次。年内，获美团——厦门必玩景点 & 必住酒店 & 最佳度假酒店、十佳消费维权网点、第五届博鳌国际金汤奖“金獬豸奖”、第五届博鳌国际金汤奖“十佳温泉”等多项荣誉；被市保健办、保健委批准的海沧区第一家干部疗休养点。连续多年入选福建省旅游系统纳税先进企业，在安全文明、公益捐赠、节能减排、诚信旅游等方面均取得一定成效。为纪念“5·12”国际护士节，日月谷于5月7日及5月12日，携手厦门市卫健委系统工会，举办“暖城行动·泉暖身心最美护士月”公益活动，诚邀厦门市200多名抗疫一线医务人员免费体验五星级“老品牌·真温泉”。为开拓亲子市场，2021年耗资约1500万元建成童趣宫（儿童亲水室内天地，含惊喜喷泉、泡泡鸭萌翻斗桶、彩虹跑道、心跳滑梯等）并投入使用。

（区文旅局）

责任编辑、校对：蔡秋娟

卫 生

综 述

【概况】 2021年，海沧区有各类卫生机构221家，其中医院3家，疾病预防控制中心1家，卫生计生监督所1家，妇幼保健机构1家，门诊部36家，诊所、医务室145家，社区卫生服务中心4家，村卫生所27家，社区卫生服务站3家；全区医院、卫生院实际拥有床位2100张，各类专业卫生技术人员3364人，其中执业医师（含执业助理医师）1371人、注册护士1399人。全年全区总诊疗327.32万人次，其中，门急诊321.49万人次，比上年增长15.73%；住院量5.83万人次，增长4.47%。区卫健局坚持“外防输入、内防反弹”“人物同防”的防控策略和“动态清零”的总要求，抓好疫情防控工作；以提升人民健康水平为主线，优化健康服务、完善健康保障。年内，海沧区获评全国计划生育优质服务先进单位，区卫健局获评2018—2020年省级文明单位、第一批全国节约型机关。

【卫生基础建设】 2021年12月21日，海沧区嵩屿街道社区卫生服务中心沧江新城分中心（原临港新城卫生服务中心项目）揭牌。社区卫生服务中心位于海沧区海沧街道慈济一里105号，项目总建筑面积1.68万平方米（地上面积9600平方米），总投资8000多万元。主要服务周边8个村（社区）8万多人，开设中西医全科、妇科、针灸理疗科、中医骨伤科等门诊服务科室和预防接种、儿童保健、妇幼保健、健康教育、慢性病管理等基本公共卫生服务科室，配有自助式甲亢检测设备、检验室、彩超、心电图、DR等辅助科室。马銮湾医院于12月底二装开标。全区新增床位110张，全区每千人均床位数3.61张。

【医疗队伍建设】 2021年，海沧区各医院持续招聘各类人才。长庚医院招聘144人，海沧医院招聘到位79人，新阳医院储备人才100余名。长庚医院招聘引进福建省医学会消化内镜学分会第五届委员会小肠疾病学组委员、福建省医学会消化病学分会第七届委员会青年委员会委员詹晓娟；海沧医院简化程序引进黑龙江省康复医学会超声评价与应用专业委员会常务委员戴海

2021年12月21日，海沧区嵩屿街道社区卫生服务中心沧江新城分中心揭牌

（孙越 摄）

鹏；实施台湾医师个税奖励的惠台政策，对10名台湾医师发放个税奖励22.68万元，吸引台湾医师到海沧区执业。拨付卫生人才经费157.85万元，确保人才政策落实到位。通过多点执业平台引进三级医院专家23人，专家下社区坐诊824次，门诊量12652人次。

【医疗服务提升】 2021年，海沧区加快推进医疗卫生事业发展，市区两级投入5066万元，提升医疗单位硬件水平。全国首创柔性引进台湾医疗专家进社区，直接将台湾优质医疗资源下沉到最基层，解决群众看病"最后一百米"问题。全年23名三级医院专家通过多点执业的方式下社区开展传帮带，提升基层服务能力。扩大签约覆盖面，全区家庭医生签约6.13万人，签约率27.15%，其中65岁以上老年人签约率65.79%。厦门i健康绑定率58.09%；家庭医生通过厦门i健康回复签约居民的健康咨询6397次，代居民预约4058次，开展健康教育36.4万次。在全市开展的第三方满意度测评中，辖区签约居民满意率96.7%。借力复旦中山厦门医院国家区域医疗中心优质医疗资源，开展远程诊疗、远程教学等合作，让群众在家门口的社区卫生服务中心就能享受到上海专家的服务；链接复旦中山医院全国领先的全科教学水平，开展针对性人才培训，提升基层医务人员业务水平。复旦中山厦门医院药委会专家定期到各社区卫生服务中心进行合理用药、处方评审等医疗质量管理指导，推动社区规范用药。依托复旦中山厦门医院医疗和科研优势，与海沧区基层社区卫生服务中心及有关生物医药公司联合开展慢性呼吸疾病全科综合管理创新示范中心项目和厦门乙肝相关肝癌三级预防管理创新项目。

【医疗援助】 2021年，海沧区开展对甘肃临夏州积石山县、宁夏固原市泾源县、福建宁德市屏南县健康帮扶工作。6月，根据中央关于调整优化东西部协作结对关系的部署，海沧区卫健局相关单位与积石山县帮扶结对单位解除帮扶合作关系。10月，选派2名支医人员到泾源县开展支医帮扶工作，其中1人支医1年，1人支医半年；11月，选派3名支医人员到屏南县开展为期1周的支医帮扶工作；受疫情影响，海沧区卫健局通过远程交流的方式与泾源县开展远程交流学习帮扶工作。

【干部保健】 2021年，海沧区卫健局持续做好干部保健工作，推进干部保健会议制度和联络员制度，规范干部保健工作相关的工作制度和工作流程，科学制订保健计划，完成130名干部保健对象（含18人参照三级人员）的资料核对与年检工作，做好干部医疗保健证日常管理工作。全年办理保健关系转移6人，办理保健对象状态变更4人，新增办理保健证干部保健对象4人；做好干部保健体检工作，组织干部专场体检8场，完成体检92人次；组织、协调安排干部保健对象96人次到各疗养点参加健康疗养活动，协调市保健办将厦门日月谷温泉度假村增设为厦门市干部保健对象疗养点。指导保健对象做好自我保健，根据保健对象身体情况和重点关注健康信息推送健康知识，做好四季养生和传染病防控温馨提醒；加强与各医院联络，保障保健对象就医绿色通道通畅，确保保健对象因病就医及时安排，全年与各医院联系治疗92次。

（区卫健局）

【爱国卫生运动】 2021年，海沧区完善街道"四害"消杀工作机制，每月开展爱国卫生运动，结合疫情防控和文明创建，开展5次集中性爱国卫生运动统一行动，不定期开

2021年10月1日，海沧区开展爱国卫生统一行动。图为工作人员对青礁村芦塘社房前屋后、空地周边废弃物进行清理

（城建集团　供）

展村庄、背街小巷、土头垃圾等重点区域的环境整治，开展医疗单位、商超、农贸市场等重点场所消毒活动。出动5.03万人次清理卫生死角及清除乱堆杂物数2.39万处，清理垃圾1321吨。在环境清理的基础上开展“四害”消杀，消杀面积718.93万平方米。扩大健康教育宣传，引导群众形成文明的行为习惯和健康的生活方式。发放各种宣传材料2.8万余份，通过今日海沧微信公众号、宣传栏、短信等进行宣传，普及64万余人次。推进省级卫生村、卫生社区创建工作。全年海沧区有4个村（海沧街道后井村、锦里村、渐美村，嵩屿街道石塘村）和12个社区（海沧街道温厝社区、海农社区，新阳街道兴旺社区、兴祥社区、一农社区，嵩屿街道海翔社区、钟山社区、未来海岸社区、海发社区、鳌冠社区，东孚街道凤山社区、莲花社区）获省级卫生村、卫生社区称号。

9月30日至10月6日，城建市政公司根据市爱卫办、市委文明办部署，在全区开展爱国卫生统一行动。安排766人次对辖区范围内72座公厕、3座在用清洁楼及易滋生蚊虫、细菌感染的果皮箱、窨井盖、沟渠等公共区域进行全面消杀，安排1230人次对168座公厕以及垃圾投放点、沟渠等易滋生蚊虫、细菌感染的区域进行消杀，每日消杀频次不少于2次；安排1279人次对管养范围内市政道路进行全面清洗及清理整治；安排1986人次对各村房前屋后、空地周边废弃物进行清理，出动车辆241台班，清运大件垃圾、土头、杂物等480车次。

（区卫健局　城建集团）

疾病防控

【概况】 2021年，海沧区加强重大疾病防控。加强艾滋病、结核病等重点传染病防治，开展禽流感、霍乱、登革热、鼠疫等传染病监测工作。加强地方病防控，开展碘缺乏病、饮水型地氟病综合防治工作，强化严重精神障碍患者管理。结合文明城市创建、国家卫生城市复审和疫情防控，开展爱国卫生运动。抓好常态化新冠肺炎疫情防控，制定常态化新冠肺炎疫情防控工作方案，加强国内中高风险地区入厦人员和境外入厦人员的摸排和健康管理，全流程防范境外疫情输入，至12月31日，管理境外入厦人员26145人。成立“三公一大”融合流调溯源专班，组建15支应急采样队伍和15支应急流调队伍，按检测频次组织相关人群和相关物品环境进行检测。至12月31日，采集核酸检测样本80081管，开具消毒证明3904份，规范处置阳性货物41批次179.64吨。9月，厦门本土疫情暴发，海沧区报告确诊病例8例，全部治愈出院。制定《海沧区新冠病毒疫苗接种工作方案》等，推行《社区组织居民疫苗接种“541”工作法》和《行业部门组织员工疫苗接种“5+2”工作法》，推进疫苗接种工作。8月28日，海沧区在全市率先完成12～14周岁、15～17岁、18周岁以上人群全程疫苗接种任务，60岁以上老年人全程接种率排全市第一。

【疾病预防控制】 2021年，海沧区无甲类传染病发生。全年海沧区报告法定传染病2612例，其中甲类传染病0例、乙类传染病1035例、丙类传染病1577例；其他传染病上报863例。开展霍乱监测，报告腹泻门诊病人485例，粪检483例，粪检率99.59%，未发现阳性病例。开展常规免疫工作，全年全

2021年8月3日，海沧中队协助海兴社区电话督促劝导群众接种疫苗

（区城管局　供）

区常住人口儿童建卡建证率100%，流动儿童超过99%，儿童免疫规划基础免疫接种率和新生儿乙肝疫苗接种率95%以上，加强免疫接种率达到省市90%以上要求；全区非免疫规划疫苗完成114133剂次，比上年增长23.94%。开展蟑螂检测，随机选择农贸市场、餐饮、宾馆、医院和居民区等12处作为常规监测点，全年监测，每两月一期，每个监测点布10个蟑螂盒，完成全年的监测任务。开展蚊媒疫情及登革热监测，全年海沧区未发生输入性登革热病例和疟疾病例；4—12月监测户数900户，阳性户数85户，布雷图指数9.4。开展慢性病防治、居民死亡原因、恶性肿瘤和心脑血管事件报告监测工作，海沧区户籍居民人均期望寿命为82.07岁，前五位疾病死因依次为恶性肿瘤、心脏病、脑血管病、伤害、呼吸系统疾病。恶性肿瘤报告发病率246.79/10万，发病第一位是肺癌，其后依次是乳腺癌、结直肠癌、甲状腺癌、胃癌；恶性肿瘤报告死亡率139.67/10万；恶性肿瘤报告发病率和死亡率均低于全省城市地区的水平。急性心脑血管事件报告发病率为385.94/10万，其中，脑卒中311.47/10万，心肌梗死43.66/10万，心绞痛29.35/10万。

【卫生应急】 2021年，海沧区报告学校托幼机构传染病981例，通报学校医疗机构报告的传染病409例和托幼机构572例，指导学校托幼机构散发疫情防控工作。全年接到疑似食源性疾病暴发报告8起，经调查后确定1起，排除7起。通过综合预防控制措施，均得到有效处置。

【心血管病高危人群早期筛查与综合干预项目推进】 2021年，海沧区根据国家、省、市区《慢性病中长期规划（2017—2025年）》要求，推进上年启动的心血管高危人群早期筛查与综合干预项目。全区7个项目点，石塘社区、嵩屿社区、新阳社区、东孚卫生院4个项目点负责初筛和短期随访，复旦中山厦门医院、厦门市海沧医院、厦门长庚医院3个项目点负责高危人群评估和长期随访。年内，海沧区完成1万余人心血管病高危筛查，完成率101%，其中检出高危对象2894人，完成2459人高危评估和干预，高危评估率98.36%。短期随访和个体化干预完成数为2293人（含电话随访和面对面随访），失访166人。

【全区核酸检测启动】 2021年，海沧区在9月厦门本土疫情期间，进行6轮全员核酸检测、2轮重点区域（嵩屿街道和海兴社区）核酸检测，包括隔离点的密接、次密接核酸检测，“黄码”人员的核酸检测、管控区、封控区内人员核酸检测。经统计，开展核酸检测4349192人次，其中，1人1检161839人次，10合1混检4187353人次。制定《海沧区新冠肺炎全员核酸检测工作方案（第四版）》，全区设置采样点72个、采样台581个，在规定时间内保质保量完成划定区域范围内全员核酸检测任务。

【新冠疫苗接种点启用】 2021年5月，海沧区除医院、社区卫生服务中心接种点位开放外，各社区及街道根据接种需求陆续开设疫苗临时接种点，方便其居民接种疫苗，新增启用最大新冠疫苗临时接种点——海沧体育中心。各接种点根据严格的防疫标准进行区域划分，规划有等候区、填表区、登记评估区、接种等候区、留观区等区域。每个区域都有相应工作人员引导，居民有序等候，分批进行接种。区卫健局负责接种点总协调工作，开展预防接种及医疗救治保障

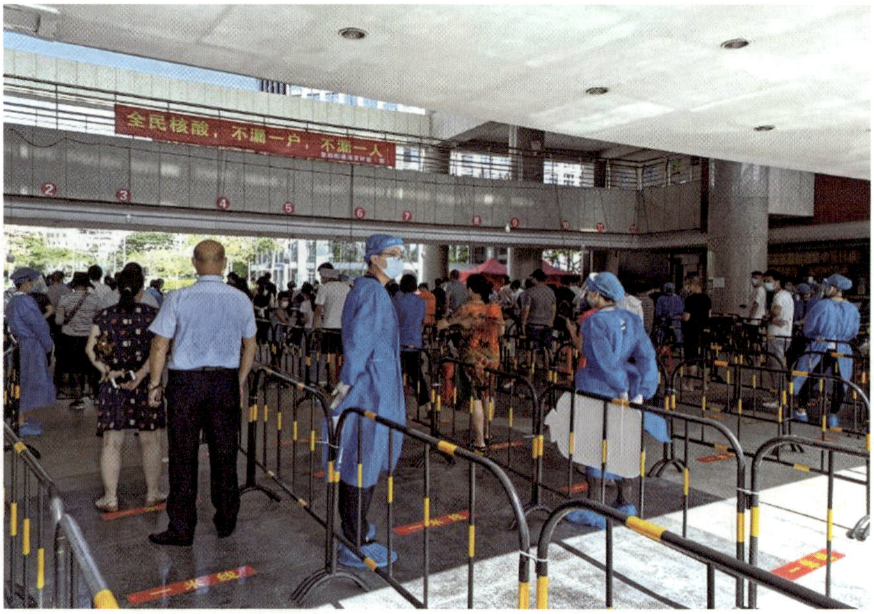

2021年9月24日，嵩屿街道海发社区开展全员核酸检测。图为检测现场
（郑伟明　摄）

工作。通过增加启用新冠疫苗临时接种点，提升海沧区的疫苗接种能力，同时也提升了疫苗接种覆盖率。至12月31日，海沧区接种649181人次，其中，3～11岁人群完成全程接种67290人（接种覆盖率95.02%）；12～17岁人群完成全程接种35759人（接种覆盖率122.89%）；18岁以上人群完成全程接种456349人（接种覆盖率98.63%）；60岁以上人群完成第一剂次接种37512人（接种覆盖率80.91%）；加强免疫接种89783人，无严重异常反应病例报告。

【在全市率先完成3个年龄段人群的新冠疫苗接种】 2021年8月，海沧区推进辖区12岁以上人群新冠病毒疫苗接种工作。其中12～17岁人群接种工作由区教育局、区卫健局为主协作完成，与各社区居民委员会相互配合。至8月28日，辖区18岁以上人群完成全程接种人数43.1万人，全程接种目标完成率105.40%；15～17岁人群全程接种13521人，全程接种完成率106.11%；12～14岁人群完成全程接种13877人，全程接种完成率104.54%，在厦门市率先完成3个年龄段人群的疫苗接种目标。

【3～11岁儿童新冠病毒疫苗接种启动】 2021年10月，海沧区启动3～11岁人群新冠病毒疫苗接种工作。11月26日完成3～11岁人群第一剂接种目标7.06万人，12月26日完成3～11岁人群第二剂接种目标6.64万人。3～11岁儿童接种工作由区教育局和区卫健局为主统筹负责，各街道组织3～11岁非在校人群的摸底统计和动员工作，引导适龄人群主动接种、积极接种。因儿童群体特殊，根据上级要求疫苗接种点配备急诊科、儿科和精神科相应的医生，采用在体育中心设置3～11岁儿童接种专场，由教育部门安排学生分批到场接种。区卫健局负责体育中心疫苗接种人员安排和医疗救治保障工作。区教育局负责协调各学校做好宣传动员，制订接种计划，安排志愿者做好接种点维序等工作。

（区卫健局）

妇幼保健

【概况】 2021年，海沧区完成农村育龄妇女和女职工免费“两癌”（乳腺癌、宫颈癌）筛查工作，筛查10008人。推进适龄女生免费国产二价宫颈癌疫苗接种工作，全程接种完成3005人，全程接种率98.22%。开展爱心敬老行动，投入146万元为60周岁以上老年人购买意外伤害保险，为101名失能老年人开展评估与健康服务。推进生育全程全周期服务，孕产妇高危管理率100%、孕产妇死亡率为0。新建母婴室6家（含2家多性别母婴室）。推进母婴托育服务工作，华中师范大学厦门海沧附属小学母婴设施获评福建省2021年度“我最喜爱的妈妈小屋”；东孚卫生院和地铁2号线新阳大道站母婴室获评2021年市级“示范母婴室”；厦门安居托育服务有限公司确定为2021年省级婴幼儿照护服务试点单位，厦门市艾尼优加托育服务有限公司确定为2021年市级婴幼儿照护服务试点单位。推动对口支援工作，协助甘肃省临夏州积石山县人民医院儿科学科建设及业务交流，协助积石山妇幼保健站搭建全县儿童健康保健管理框架及儿童保健科相关学科建设。

【妇幼健康教育】 2021年，海沧区创新宣教模式，结合线上线下，通过微信公众号、妇儿保健工作群等渠道，结合地中海贫血防治、世界母乳喂养周、预防出生缺陷日等重大宣传节点，开展优生优育和儿童早期发展健康知识宣传教育。探索儿童早期发展的医、教、护“三结合”下沉模式。5月，在辖区儿童早期发展联盟成员单位“海萌萌托育机构”，挂牌设立第一个“海沧区优生优育指导站、海沧区儿童早期发展指导站”，运用ASQ（儿童发育筛查系统）国际化筛查量表，为该园0～3岁儿童在入园前进行一次免费筛查。

【妇女保健】 2021年，海沧区完成全年农村育龄妇女和女职工免费“两癌”筛查工作。新冠肺炎疫情期间为确保筛查工作有序进行，区妇幼通过互联网宣传和“健康海沧”公众号进行网上预约。实现35岁以上妇女乳腺彩超检查全覆盖，提高乳腺癌的检出率。全年完成辖区35～64岁妇女宫颈癌筛查11810例，宫颈癌人群筛查率82.63%；乳腺癌筛查12653例，乳腺癌人群筛查率67.87%。其中免费“两癌”筛查1万余例，市级任务数完成率125.1%。

【孕产妇健康管理】 2021年，海沧区以贯彻实施《中华人民共和国母婴保健法》为核心，以提高出生人口素质、保障生殖健康为重点，优化调整孕产妇保健流程和管理模式，加强母婴安全管理，孕产妇系统保健各项工作有序开展。海沧区危重症孕产妇管理中心以孕产妇早建卡率为抓手，对辖区各医疗保健机构的早建卡工作进行定期质控和全区通报，孕产妇各项保健指标保持在较高水平。全年全区户籍人口产妇数2975人，活产数3015人，产前检查率98.67%，孕早期检查率97.25%，产后访视率98.67%，系统管理率97.21%，高危孕产妇管理率100%，住院分娩率100%，全年孕产妇零死亡；婚前医学检查率94.43%；孕前优生检查率90.13%；免费发放叶酸项目任务完成率140.25%；产前筛查率95.63%；孕产妇艾滋病、梅毒、乙肝病毒检测率100%，孕产妇艾滋病、梅毒、乙肝病毒早期检测率83.22%，检出阳性孕产妇及所生婴儿均按厦门市艾梅乙母婴传播阻断方案进行规范管理。

【儿童健康管理】 2021年，海沧区贯彻落实《儿童发展纲要（2021—2030年）》，结合妇幼基本公共卫生管理，指导辖区内医疗机构进行疫情防控，常态化开展各项儿童保健工作。完善"先体检后预防接种"一站式服务模式，促进常住及流动儿童均等化管理，完成全区适龄儿童健康管理工作，包括儿童健康体检、五官（口腔、眼、听力）、心理保健及健康宣教，儿童保健各项指标维持在较高水平，全区7岁以下儿童健康管理率98.92%；3岁以下儿童系统管理率96.66%；5岁以下儿童死亡10人，其中婴儿死亡4人（包含新生儿死亡3人），5岁以下儿童死亡率3.32‰，婴儿死亡率1.33‰，新生儿死亡率1.0‰。

【幼儿园卫生保健督导】 2021年，海沧区根据《托幼机构管理办法》及《托儿所幼儿园卫生保健工作规范》，以托育/托幼机构开园前卫生评价为抓手，推进辖区内托幼/托育机构卫生保健工作，指导托幼/托育机构疫情防控下开展相关卫生保健工作，完成4.09万人次在园儿童的口腔、眼、听力保健工作，筛查出屈光不正率11.25%，视功能筛查异常率20%，龋齿患病率54.0%，听力筛查未通过率22.38%，选取部分托育机构作为试点，落实托育机构儿童早期发展促进工作。

【老龄健康工作】 2021年，海沧区落实国家基本公共卫生服务老年人健康管理项目，65岁及以上老年人城乡社区规范健康管理服务人数1.44万人，接受中医药健康管理服务人数1.40万人。做好老年人家庭医生签约履约服务，签约1.17万人，为有需求的老年人提供上门巡诊服务2296人次，开设家庭病床32张。开展老年健康宣传周活动，开展16场健康知识讲座，12场义诊活动，播放老年健康信息视频86次，发放各类宣传资料3500份。遴选孚中央社区、海虹社区、渐美村为项目点，组织专业心理健康服务团队开展心理健康知识普及、心理健康评估及心理干预等关爱老年人心理健康活动。推动医疗机构与养老服务机构做实签约健康服务工作，签约48对，实现全覆盖。开展医养结合机构服务质量提升行动，辖区三家医养结合机构通过自查整改活动提升服务质量并通过市级核查。实施老年人幸福安康险项目，投入146万元为全区年满60周岁以上的户籍老年人购买2021年度老年人意外伤害险。

【国产二价宫颈癌疫苗第二针免费接种】 2021年，海沧区根据《厦门市卫生健康委员会关于印发厦门市国产二价HPV疫苗接种实施方案的通知》，在2020—2022年项目实施期间，区卫健局继续加大与区教育局等相关部门的协作力度，统筹协调区妇幼保健院、区疾控中心、各社区卫生服务中心等专业力量，克服疫情影响，开展13周岁至14周岁半适龄女生国产二价宫颈癌疫苗免费接种。全年完成目标人群国产二价宫颈癌疫苗接种1516人，3005剂次，全程接种率98.22%，接种率和接种进度位居全市首位。

（区卫健局）

卫生监督

【概况】 2021年，海沧区推进健康监管工作。优化审批服务，在全省率先推行"零证明"审批和"一业一证"改革，全年受理各类审批服务1307件，其中即办件1222件，占比93.5%。强化各项传染病防控监督检查，推进游泳池水质在线监测。强化公共卫生场所卫生监管，开展公共场所"四小行业"（小浴室、小美容美发店、小歌舞厅、小旅店）专项整治活动，监督公共场所"四小行业"2000余户次。制定职业卫生专项监督执法工作方案，拉网式排查职业病防治违法违规行为。加强卫生健康监管，全年作出行政处罚36起，其中简易程序16起，一般程序20起，结案35件，罚款13.66万元，没收违法所得1280元，无行政复议和诉讼案。

【卫生健康行业监督】 2021 年，海沧区依法开展职业卫生、医疗机构、饮用水单位、放射诊疗单位、学校及托幼机构综合卫生监督工作。多次开展卫生健康行业专项整治，口腔医疗机构、医疗美容机构依法执业专项整治，医疗废物管理督导等多项专项监督检查工作，全年出动卫生监督员 8000 余人次，监督各类型经营单位达 1 万余户次。受理卫生投诉件 99 起，其中，医疗卫生投诉 40 起、公共场所 43 起、二次供水 1 起、职业卫生 13 起、传染病 2 起，均及时予以核查处理，投诉件查处率、反馈率、办结率均达 100%。组织“全国法制宣传日”“职业病宣传周”“安全生产月”等集中普法行动 4 次，出动卫生监督员 53 人次，发放各类宣传品及宣传材料 2000 多份。

【卫生行政许可】 2021 年，海沧区落实“减证便民”举措，率先实现“零证明”审批服务、“证照分离”改革复制推广工作，提前实现“医疗广告审查”事项的“跨省通办”，落实“放管服”改革，开展行政许可工作。全年受理各类审批服务 1307 件，其中即办件 1222 件，占比 93.5%。

【公共场所卫生监管】 2021 年，海沧区强化公共卫生场所卫生监管，以美容美发店、公共浴室（包括足浴）、歌舞厅、旅店为重点，开展公共场所“四小行业”专项整治活动，监督公共场所“四小行业”2000 余户次。结合全国文明城市创建工作，开展公共场所控烟工作，出动卫生监督员 350 人次，检查各类公共场所及工作场所 1850 家次。发放控烟相关宣传资材 1000 多份，张贴禁烟标识 1500 多张。

计生服务

【概况】 2021 年，海沧区推进计生工作职能转变，强化计生投入保障机制，持续保障计生家庭奖励扶助等刚性需求。全年确认计划生育家庭奖励扶助对象 1.35 万人，发放奖励扶助金 1879.41 万元。

【计生服务管理】 2021 年，海沧区推进实施全面三孩政策，截至 12 月 31 日，全区总人口 63.49 万人，其中常住人口 24.91 万人，流动人口 38.58 万人；总出生人口 5053 人，出生人口性别比 115.11。其中，常住人口出生 2397 人，出生率 9.84‰；流动人口出生 2656 人。常住人口死亡 647 人，常住人口自增率 7.18‰。常住人口女性初婚 718 人，晚婚率 91.23%（按计生口径统计）。推行“就近办、马上办”便民服务，便民服务事项 17 项，全部下放村（社区）即来即办，全年累计办件 4547 件；三孩政策实施前执行计生审核制度，全年审核单位 228 个，审核个人 453 人。

【计生奖励与扶助】 2021 年，海沧区农村计生奖励扶助年龄提前 4577 人，发放奖励扶助金 275.1 万元；农村计生奖励扶助 2388 人，发放奖励扶助金 430.73 万元；城镇计生奖励扶助 4242 人，发放奖励扶助金 764.82 万元；农村二女夫妇奖励人数 1318 人，发放奖励金 47.448 万元；农村计划生育家庭贡献奖励对象 561 人，发放奖励金 53.856 万元；计生特殊家庭特别扶助对象 206 人，发放特别扶助金 268.44 万元；特殊家庭紧急救助 7 人，发放救助金 11 万元；特殊家庭经济救助、医疗补助 3 人，发放救助金 1.28 万元；独生子女父母奖励 40 人，发放奖励金 3.89 万元；计生困难女孩家庭帮扶 28 人，发放扶助金 8 万元；春节慰问计生困难家庭 52 人，发放慰问金 5.2 万元；发放手术并发症补助 2 人，补助金 0.96 万元。2020 年 10 月到 2021 年 9 月，计生家庭意外保险投入保费 630 万元。截至 9 月，赔付 3907 起案件，总赔付 520.48 万元，简单赔付率 83%。其中，全年死亡 12 例，赔付 139.82 万元；疾病住院津贴赔付 3093 起，赔付 136.86 万元。

（区卫健局）

驻区医院

【概况】 2021 年，海沧区有厦门市海沧医院、海沧新阳医院、厦门长庚医院 3 家驻区医院。医院职工总数 2849 人，其中，卫技人员 2220 人，高级职级 337 人，中级职级 633 人。年内新招聘人才 332 人。全年门急诊量 204.24 万人次，手术 2.57 万台。年内，厦门长庚医院成为华侨大学附属医院，厦门市海沧医院成为厦门医学院非直属附属医院。

【厦门市海沧医院】 2021 年，厦门市海沧医院（简称“海沧医院”）职工总数 945 人，其中，卫技人员 787 人，高级职级 206 人（含退休返聘人员 16 人），中级职级 288 人（含退休返聘人员 5 人），年内招聘人员 79 人。制订印发《中共厦门市海沧医院委员会“三畅三位”落实方案》，在智慧管理、优化布局、优化流程，以及建立和完善精益体验医疗四维管理体系等方面推动医院高质量发展；建设“清风海医　大医厚德”品牌实体馆。1 月，成为厦门医学院非直属附属医院，厦门市总工会、市机关事业工会联合会为海沧医院冯水土工作室授牌“冯水土劳模创新工作室”；10 月 8 日，厦门市海沧医院互联网医院（简称“互联网医院”）揭牌。全年门急诊量 96.19 万人次，比上年增长 54.94%；出院病人数 2.37 万人次，比上年增长 11.62%；手术 8147 台，比上年增长 10.78%，其中三、四级手术 5161 台，占总手术 63.35%；出院患者平均住院日数 7.48 天，比上年下降 3.23%；病床周转次数 38.4 次，增长 11.6%；病床工作日数 287.29 日，增长 8.19%；胃肠镜 1.40 万台次，增长 40.18%；DSA 检查手术 651 台次，增长 17.93%；医疗收入 5.16 亿元，增长 16.99%。

海沧医院推进与辖区 4 家社区急性胸痛患者联合救治体系，指导胸痛单元建设，完善胸痛患者上下转诊流程。年内，卒中中心建设通过省卫健委验收；创伤中心病区装修改造完成，人员、设备相继到位，畅通“院前—院内”以及“院内—专科”两大救治通道。医院成立干部管理培训班，首创干部职业化管理培训模式，定期邀请知名专家、教授进行专题讲座，对医院领导、中层干部等医院行政管理工作的人员进行培训。全年开展 8 期课程，受训人数达 800 人次。互联网医院上线试经营，方便患者就医；诊间结算及统一支付对账平台软件上线，为患者提供多种在线支付方式，优化患者就诊流程；医保电子支付凭证全面推广，省内医保患者无需带医保卡，凭手机医保码即可在院全流程就医。

7 月和 9 月，海沧医院动员全院力量，投入厦门本土新冠肺炎疫情战役，将全院 17 个病区调整成 7 个病区，最大限度整合医务人员，除满足基本医疗需求外，先后选派 81 批次、7000 余人次保障核酸采样、定点隔离点医疗保障、定点救治医院等疫情防控工作任务。自 5 月起，海沧医院承担海沧体育中心新冠疫苗集中接种任务，至 12 月 31 日，接种 33.22 万针次，完成海沧辖区人员近 25 万人，占海沧区总接种人数约 50%。随着疫苗接种点分散布点，除了长庚医院接种点外，海沧区其他所有疫苗接种点的医疗保障工作均由海沧医院承担。

【海沧新阳医院】 2021 年底，海沧新阳医院（简称“新阳医院”）床位总数 300 张，全院职工 380 人，其中卫计人员 260 人，高级职称 20 人，中级职称 54 人。全年门（急）就诊 18.23 万人次，收住院人数 3638 人次，住院手术 1093 台，分娩婴儿 701 人，体检 11.79 万人次，全年分娩婴儿比上年下降 11.3%。全年急危重病人 41 人、急危重病人抢救成功率 97.57%。全年筛查病历 3740 份，住院病历甲级率 100%。全年调剂各类处方单 13.93 万张，报告药品不良反应 158 例，质控出院病历 3658 份，甲级病历率 100%。2021 年实际开放总床日数 10.95 万日，实际占用总床日数 3.29 万日，病床使用率 30.06%。住院、门诊、输液大厅病人进行满意度抽样调查 513 人次，全年满意度 98.44%。年内招聘 109 人，为转正医护人员办理执业注册、延续、变更工作，全年医护执业证件变更注册 77 本。

全年全院出院病历 3744 份，监测 3740 例病患，抽查率 99.89%，全年无感染病例，无感染病例漏报，无医院感染暴发事件发生。抗

2021 年 10 月 8 日，厦门市海沧医院互联网医院揭牌仪式　（夏华珍　摄）

感染药物使用人数 2340 人，使用率 62.50%。全年报告传染病 365 例，其中甲类传染病 0 例，乙类传染病 6 种 334 例，丙类传染病 1 种 28 例，其他传染病 2 种 3 例。乙类传染病有以下 6 种：肺结核 133 例、梅毒 82 例、乙肝 67 例、淋病 29 例、HIV20 例、丙肝 3 例；丙类传染病有以下 1 种：腹泻病 28 例；其他传染病有以下 2 种：恙虫病 2 例、水痘 1 例；以上传染病报告率 100%。无新冠肺炎患者。

4 月，放射科 62 排 CT 投入使用；12 月，C 臂机、PCR 实验室申报，成为市级新的社会阶层人士统战工作党建统战融合发展示范点。

9 月，厦门本土新冠肺炎疫情期间，外派 13 批次医务人员，服务新阳街道、东孚街道、杏林街道、嵩屿街道等，外派 1300 人次，其中医务人员 1100 余人次，后勤保障人员 200 余人次，核酸采集人员 50.30 万人次。9 月 19 日，组织派出 6 人的队伍应召支援杏林定点救治医院，负责厦门市新冠肺炎确诊病人的医疗救治等工作。

【厦门长庚医院】 2021 年，厦门长庚医院（简称“长庚医院”），全院在岗职工人数 1524 人，其中卫计人员 1173 人，高级职称 111 人，中级职称 291 人，年内招聘 144 人。门急诊 89.82 万人次，出院 3.1 万人次，手术 1.65 人次；开设临床医技科室 37 个，总开放床位达 800 张。2 月 7 日，获第三批“国家远程医疗与互联网医学中心皮肤影像推广单位”称号。6 月 1 日，举行银屑病规范化诊疗示范中心揭牌仪式，被认证为首批规范化诊疗中心，成为 14 家示范中心之一（厦漳泉唯一）。6 月 2 日，举行华侨大学附属医院揭牌仪式。6 月 26 日，长庚医院呼吸内科牵头成立厦门市医学会变态反应学分会（过敏疾病学分会）第一届委员会。7 月 10 日，再次入围丁香园 2020 年中国医疗机构最佳雇主“全国民营医院前 10 强”、2020 年中国医疗机构品牌传播“全国民营医疗机构前 50 强”。10 月 22 日，再次获评香港艾力彼全国民营医院竞争力百强（2015—2020 年连续 6 年获评）、2020 年排名社会办医单体医院 100 强（排名 18）、医养结合机构 30 强（排名第一）。11 月 7 日，被授予“市级化妆品不良反应监测哨点”医院。

医疗服务 打造“整形中心”，提供国际级颅颜整形服务，全年执行正颚手术 77 件，唇腭裂的综合序列治疗 368 件。开展 ERCP（内镜下逆行胰胆管造影）、RFA 手术 97 例；HAIC 介入治疗 56 例；与浙江省人民医院肝胆外科专家陶然教授，合作开展困难肝胆手术 24 例，其中全腹腔镜胰十二指肠切除术、腹腔镜肝肿瘤切除术属领先技术。提供“24 小时急诊儿科服务”，全年服务急诊病童 7.6 万人次。坚持“听力重建 启聪行动”项目，由台塑关系企业向中国残疾人福利基金会捐赠人工耳蜗的公益慈善项目，年内完成小切口人工耳蜗植入手术 250 余例；2011—2021 年，长庚医院完成人工耳蜗植入手术近 2000 例，手术成功率 100%。康复科新址于 8 月启用，康复案例 29.58 万人次。开展完整产前诊断项目（含超声检查、核型分析、无创 DNA 等）整合资源完善产妇生产服务体验，月子中心入住率近 100%；服务产妇达 5000 人次。引进国内先进人才，联合打造医疗特色，引进浙江省人民医院肝胆外科专家陶然发展肝胆胰技术及减重手术等、南方皮肤病医院林志淼开展银屑病诊疗技术、北京清华长庚医院路桂军团队开展疼痛治疗等。厦门市卫生健康委员会授予厦门长庚医院为创伤中心建设单位，2021 年收治 106 例多发伤重症病患（外伤疾病严重度 ISS ＞ 16 分），救治案例存活率＞ 82%。推出新技术新项目，如骨科微创通道螺钉治疗技术、子宫肌瘤射频消融术、创伤介入栓塞治疗、儿童脑电图、儿童鼻窦球囊扩张术等。扩大发热门诊使用面积 1381 平方米，扩充 5 间留观室，达到 10 间；发热门诊总占地面积 2480 平方米，在发热门诊内增加发热 CT，7 月投入使用；实现闭环管理，全年发热门诊服务病患超 5 万人次。

医学教研 厦门长庚医院开展院内教育训练，全年举办急救教育训练课程 8 场次：ACLS（高级心脏救命术）5 场次、NRP（新生儿急救训练）1 场次、POCUS（急重症超声训练）1 场次、BLS（基础生命支持）1 场次，185 人参加，整体通过率 87%。举办执业医师技能训练 6 场次，理论考试辅导训练 32 场次。鼓励参加院外继续教育活动，采用线下、线上教学等多模式开展继续教育项目，全年继续教育人数 315 人次。年内，长庚医院线上线下举办继续教育项目 10 个：国家级 1 个，省级 2 个，市级 4 个，院级 3 个，6794 人次参与本院举办之继续教育项目；2022 年申报国家级继续教育项目 3 个。

志愿服务 年内，长庚志工队结合志愿服务者专长。于 2021 年北京中国国际服务贸易会上展示医院宣传片（作为厦门特色亮点）。

全年举办义诊活动33场次、医疗保障活动1场次，服务人数约3700人。厦门本土新冠肺炎疫情期间派出医护3560人次支援近百个核酸检测点，完成全员核酸采样逾160万人次，成为新冠疫苗接种定点医院，接种20万余人次。由于本土新冠肺炎疫情期间对同安的援助，获同安区新民镇人民政府锦旗表扬。疫情期间以两岸同心抗疫等主题，经媒体采访报道近30则。

（区卫健局）

社区卫生服务中心

【概况】 2021年，海沧区有海沧街道石塘社区卫生服务中心、海沧区嵩屿街道社区卫生服务中心、新阳街道社区卫生服务中心、东孚街道社区卫生服务中心4家社区卫生服务中心。有职工343人，专业技术人员304人，其中正高专业技术职称4人，副高专业技术职称41人，中级专业技术职称181人。基层社区医院门诊量79.71万人次（含村卫生所），比上年下降2.98%。年内，海沧区嵩屿街道社区卫生服务中心沧江新城分中心正式揭牌。社区卫生服务中心与复旦中山厦门医院常态化开展远程会诊、转诊、远程教学和远程诊断，联合开展重大疾病防治能力提升项目。嵩屿社区卫生服务中心和东孚街道社区卫生服务中心（原东孚卫生院，2021年更名）在2020年“优质服务基层行”活动中表现突出、成效显著被国家卫生健康委员会通报表扬。

【海沧街道石塘社区卫生服务中心】 2021年，海沧区海沧街道石塘社区卫生服务中心实际在职人员111人，专业技术人员98人，其中副高专业技术职称10人（含退休返聘人员1人），中级专业技术职称61人。年内，石塘社区卫生服务中心党支部参与新冠肺炎疫情防控，织密社区“防护网”。在兼顾防控任务的同时，坚持统筹协调人员做好基本医疗、基本公共卫生、家庭医生签约等业务工作。全年完成门（急）诊28.83万人次，比上年增长9.5%，办理健康证1.59万人，完成医疗保障65场次。完成计划免疫接种一类苗+二类苗9.20万针次，新冠疫苗接种13.25万针次，儿童体检2.13万人次。开展60岁以上老人体检7387人（其中65岁以上5426人），规范管理高血压7609人，管理糖尿病3121人，孕产妇建卡977人，产后访视1041人次，完成妇科“两癌”筛查2696人次。开展健康讲座32场次，健康义诊22场次，印发宣传资料25种。完成家庭医生签约2.09万人，65岁以上老人3629人，重点人群签约覆盖率63%，高血压患者签约5347人，签约覆盖率77.49%，糖尿病患者签约2332人，签约覆盖率106%。年内，职工王映亮被福建省献血工作办公室评为2021年度“百行百名”热血党员；医师许晓迟获厦门市委、市政府授予集体二等功奖励（援临干部人才队伍）。

【嵩屿街道社区卫生服务中心】 2021年，海沧区嵩屿街道社区卫生服务中心职工77人，专业技术人员66人，其中正高专业技术职称2人，副高专业技术职称10人，中级专业技术职称36人。年内，嵩屿社区卫生服务中心统筹推进新冠疫情防控和日常门诊、公共卫生服务、家庭医生签约服务等工作。基本医疗服务能力不断提升，投入1697.56万元购置CT、FibroScan肝纤维化定量检测仪、全自动生化分析仪、全自动血球分析仪、急救设备等诊疗设备，提升诊疗能力。完善制定医疗质量质控、医院感染管控等制度、流程和切实可行的检查与考核细则，加强专业技能、院感培训，提升服务质量。推进与复旦中山厦门医院、海沧医院等医院的远程医疗协作和三级医院专家进中心常态化坐诊；11月20日，厦门市海沧医院与嵩屿街道社区卫生服务中心举行急性胸痛患者联合救治——胸痛单元建设签约仪式。推进中医药服务能力提升，先后完成省级精品中医馆、沧江新城分中心中医馆、闽南中草药园等中医药项目建设，11月22日，接受省级基层精品中医馆建设项目评审验收。全年门诊量17.26万人次，其中中医门诊量2.80万人次，比上年增长12.78%。组建23个“全专结合”医生团队，年内签约1.69万人，采取线上+线下签约服务模式，通过家庭医生门诊、入户随诊、建立家庭病床、定点巡诊、电话短信、App微信群等多种形式提供履约服务，被国家卫生健康委员会人口文化发展中心评为“2021年中国家庭健康守门人”。

【新阳街道社区卫生服务中心】 2021年，新阳街道社区卫生服务中心实际在职人员82人，专业技术人员77人，其中正高专业技术职称1人，副高专业技术职称11人（含引进人才1人），中级专业技术职称45人；开展全科、儿科、妇女保健科、儿童保健科、预防接种科、口腔科、心内科、中医科、康复理疗科、结核病门诊等，满足片区居民的就医需求。5月31日，万科社区卫生服务站投入使用，打造15分钟健康圈。年内，做好门诊预检分诊、核酸采样、转运居家医学观察人员等重点人群、集中医学观察的健康管理工作。组建新冠疫苗流动接种先锋队，深入企业、学校，让居民在家门口就能享受新冠疫苗接种服务。全年门诊量18.89万人次，家庭医生签约8776人，签约覆盖率26.56%；签约完成率88.53%。其中，65岁老年人签约1615人，高血压患者签约2099人，糖尿病患者签约923人，续签率都在85%以上。签约居民通过微信绑定厦门i健康4125人，绑定率达47%，咨询875人次，24小时内回复达98.17%。通过i健康代预约234人，健康教育发送4.63万人次，开具长处方119人次。为辖区居民建立健康档案12.25万份，建档率68.72%；管理高血压3514人，规范管理2824人，规范管理率80.36%；管理糖尿病1507人，规范管理1063人，规范管理率80.23%。创新推出“陈医生话育儿”短视频、“老吴说苗”短视频，以通俗易懂的语言加强科普卫生健康知识宣传。

海沧区东孚街道社区卫生服务中心　　（郑伟明　2021年2月7日摄）

【东孚街道社区卫生服务中心】

2021年，海沧区东孚街道社区卫生服务中心实际在职人员73人，专业技术人员63人，其中正高专业技术职称1人，副高专业技术职称10人（含柔性引进人才1人），中级专业技术职称39人。开展各项临床常用检验检测，基本满足基层基本医疗和公共卫生所需。年内，东孚街道卫生服务中心抓好疫情常态化防控工作，除做好公共卫生和医疗服务日常工作，落实重点人群摸排、转运，隔离酒店医学观察点驻点，居家观察人员核酸采样工作。全年门急诊服务14.74万人次，辖区卫生所门诊服务2.45万人次。签约1.48万人，签约覆盖率37.17%；其中高血压3285人，覆盖率84.23%；糖尿病1225人，覆盖率102.08%；65岁老年人2872人，覆盖率74.48%。为辖区居民建立健康档案5.06万份，建档率为55.7%；高血压管理人数3929人，规范化管理3159人，规范化管理率为80.4%，糖尿病管理人数1390人，规范化管理1168人，规范化管理率84.03%。做好东西部扶贫医疗协作工作，年内，卢超淼被评为“福建省脱贫攻坚先进个人”。

（区卫健局）

责任编辑、校对：蔡秋娟

社会民生

劳动与就业

【概况】 2021年，海沧区实施《海沧区促进就业创业实施细则》，减负稳岗扩就业保就业并举。全年区人社局落实减税降费政策，减轻企业稳岗成本，审核发放各项社保补贴8128.88万元，惠及企业14547家次、98510人次；助力企业稳生产留工，对春节期间开工生产的137家规模以上工业企业给予补贴1053万元。应对新冠肺炎疫情影响助力企业纾困减负，全程网办，兑现扶企纾困政策，助力企业复工复产；降低企业缴纳失业保险费率，对积极稳定用工的企业给予一次性稳岗补贴；降低门槛，对10月以后企业自主招用劳动力符合政策条件的给予一次性招工奖励。推动新阳人力资源市场整体搬迁，建设海沧人力资源服务产业园并通过市级评定。全年完成宁夏泾源县到海沧就业、就近就地、第三地就业623人，为甘肃积石山县、福建屏南县、云南彝良县等地输转劳动力超2000人。全区登记用工企业17267家，比上年增长11.99%；登记在职职工263647人，比上年增长6.69%，其中高校毕业生69726人，登记用工企业数量和登记在职职工人数稳步提升。新引进劳动力13223人，新引进大专以上毕业生6118人；91家300人以上用工企业的员工数95910人、缺工数4803人、缺工率4.77%，与上年同期4.75%的缺工率基本持平，全区就业形势稳定。全年完成就业登记162835人，失业登记144405人。

【和谐劳动关系建设】 2021年，海沧区建立健全包括海沧区协调劳动关系三方委员会、海沧区根治拖欠农民工工资领导小组等各项和谐劳动关系协调机制。15家企业被评为市级劳动关系和谐企业，获评1家市级金牌协调劳动关系社会组织。7月，海沧区在市对区保障农民工工资支付工作考核中连续四个年度考核等级为A级（全市仅2个区）。区人社局获评2019—2020年福建省根治拖欠农民工工资工作成绩突出单位，区人社局黄灿宾获评2019—2020年福建省根治拖欠农民工工资工作成绩突出个人。

【劳动培训与就业】 2021年，海沧区围绕乡村振兴启动重点群体项目制线下培训，主要有本地劳动力、

2021年9月2日，海沧区人社局赴宁夏泾源举办招聘会　（区人社局　供）

2021年10月29日，海翔社区举办美容化妆员项目制培训。图为培训现场
（区人社局 供）

精准对接，新增贵州威宁县、云南彝良县、宁夏泾源县3个劳务基地。2—3月，分批组织14家重点缺工企业到甘肃省积石山县、云南省彝良县、贵州省毕节市，开展现场招聘活动，达成就业意向762人。全年海沧区对口帮扶工作完成宁夏至海沧稳定就业93人、就近就业420人、第三地就业110人（脱贫35人、非脱贫75人），完成623人，年度任务550人，完成率113%；培训16期400人脱贫人员（含同安200人）。

未就业大学生、农村妇女等群体，开展保育员、化妆师、特色小吃、编织、烘焙等培训，全年培训58期1675人，其中乡村振兴培训993人，发放职业技能培训补贴104.3万元。新增“一企一策”重点企业8家，年内开展“一企一策”培训企业数123家，人数36327人；以工代训培训企业数83家，人数350人。开发环卫、绿化、停车收费员、保安等公益性岗位，提供岗位185个。发放灵活就业社保补贴191.87万元，惠及2651人次。梳理未就业的就业困难人员726名，其中有就业意愿52名，全部纳入“113”（一次入户走访，一种技能培训，三次岗位推荐）就业帮扶机制，均已完成就业帮扶。全年完成失业人员再就业8627人、城镇就业困难人员再就业483人、本市农村富余劳动力转移就业599人。

【高校毕业生就业帮扶】 2021年，海沧区接收各地高校毕业生档案1512名，针对288名海沧户籍未就业毕业生，开展保姆式就业兜底帮扶，在全区范围进行实名制摸查并纳入“113”就业帮扶工作机制，采取“一人一案”的帮扶措施，其中实现就业274人，其余毕业生继续求职及考研、考公等。

【企业人才招聘】 2021年，海沧区强化企业用工保障，春节前发出倡议书鼓励员工留厦过年，举办留厦专场招聘会帮助企业招聘2832名员工；协助宝太生物、安邦生物等重点企业招聘并指导其规范用工，增设新阳人力资源市场（中达招聘点），服务5223家次企业招聘9947人，实现岗位招工与人员就业的良性互动。开展重点劳动力输出地的现场招聘工作，截至12月底，组织51家企业赴甘肃、云南、贵州等地开展现场招聘，达成就业意向2064人。全年全区人力资源市场开放提供岗位约32万个次，达成就业意向1.4万个。

【对口帮扶劳务协作】 2021年，海沧区人社局为解决辖区企业用工需求紧张问题，在宁夏泾源，云南楚雄、文山、红河，贵州毕节，湖南湘西等地开辟新的劳务输入基地，通过当地经人社部门推荐认可的人力资源服务机构与海沧区企业进行

【劳动监察】 2021年，海沧区开展根治欠薪夏季行动、冬季行动、打击非法用工、落实高温津补贴发放、用人单位遵守劳动用工和社会保险法律法规情况等6项专项执法检查，书面审查用人单位612家，监察用人单位361家，双随机抽查182家，受理处理投诉信访件3002件，处置突发群体性劳资纠纷1154起，立案处罚6家用人单位，处罚金额7.1万元。开展劳动保障法律宣传和无欠薪项目部创建活动，有13个项目部获评“无欠薪项目部”标杆项目部。

【劳动争议调处】 2021年，海沧区建设升级智慧仲裁办案系统，对案件审理进程实时把控，方便群众立案申请，提升办案效率；设立白鹭分信用绿色通道，对白鹭分达680分以上人员优先立案；开展青年仲裁员帮扶中小微企业，服务下沉，通过“线上+线下”的方式为企业提供免费法律咨询。全年区劳动人事争议仲裁院办理立案887件，总涉案人数1069人，结案836件，结案金额3211.08万元；调撤603件，调撤率72.2%，其中集体案16

件，涉及人数387人。

【大中专未就业毕业专场招聘会】 2021年11月8日，海沧区人社局在海沧人力资源市场举办大中专未就业毕业专场招聘会，邀请60余家企业参会，针对高校毕业生发布业务专员、结构工程师、品质专员、生技储干等用工岗位1000余个，区联动中心、区劳动就业中心、嵩屿街道社区卫生服务中心等7家单位提供17个见习生岗位，吸引278人现场求职，达成初步意向协议72人次。

【新阳人力资源市场营业】 2021年12月1日，海沧区新阳人力资源市场整体搬迁升级后试营业。新市场位于海沧区新昌路39号（中达电商园北侧），有功能大厅1个，招聘展位115个，电子信息发布屏116块，设置求职人员咨询、企业招聘受理、职业培训咨询服务窗口3个，可同时容纳进场招聘企业115家。每周一至周五开展招聘活动，至12月底，开展招聘活动23场，进场招聘企业988家次，提供工作岗位36175个，吸引现场求职人数4322人，达成初步意向协议1133人次。

（区人社局）

居民生活

【概况】 2021年，海沧区全体居民人均可支配收入60859元，人均消费性支出41667元。其中农村居民人均可支配收入连续16年位居全省第一。

【居民收入】 2021年，海沧区全体居民人均可支配收入60859元，比上年增长11.3%，全市排名第一。其中，城镇居民人均可支配收入61664元，比上年增长10.1%，全市排名第一；农村居民人均可支配收入36948元，比上年增长12.7%。

【居民消费】 2021年，海沧区全体居民人均消费性支出41667元，比上年增长14.7%。其中，城镇居民人均消费性支出42025元，比上年增长13.5%；农村居民人均消费性支出33636元，比上年增长20.1%。

（区统计局）

社会保险

【概况】 2021年，海沧区社会保险中心及时准确足额支付各项社会保险待遇，全年经办社保业务56548件，发放待遇10954.53万元。巩固全民参保态势，按每人200元标准，为7215名城乡居民代缴社保费144.3万元。宣传社会保险法律法规和各项政策规定，完成“惠民政策进社区”政策宣讲活动10场，提高服务对象对社会保险政策的知晓率。6月开始，以城乡保为重点，对城乡保、企业保、机关保、失业保险、工伤保险待遇发放异常情况、核定发放、内部控制、信息系统管理、经办稽核等情况进行全面排查和自查。6—7月，核对各类档案804份，抽检街道、社区城乡养老台账1447份，核查各类数据4724组，均未发现违规情况。改进窗口服务工作，社会保险业务“不见面”办件量达到总办件量的50%以上。全年全区纳入社会化管理退休人员30732人，企业离退休人员社区管理服务率99.9%。

【企业职工养老保险】 2021年1月1日，厦门市企业职工基本养老保险纳入省级统筹。7月1日，非本市户籍企业职工（外来员工）缴费基数与本市户籍企业职工保持一致，即以职工个人上年度月平均工资为缴费基数，最大程度地保障外来员工的合法权益。全年全区新增办理企业职工退休1726人，比上年增长152人，支付退休待遇1935.28万元。

【机关事业单位人员养老保险】 2021年，海沧区机关事业单位人员养老保险参保人数6431人，办理退休人员42人，完成2020年机关退休人员重算25人。做好职业年金待遇核定36人，完成职业年金赎回退休人员2996人次97.42万元。完成辞职人员职业年金补记5人35.02万元，调动人员职业年金记实3人12.77万元，在职死亡人员

2021年海沧区社会保险参保情况表

表22　　单位：万人

	城镇职工					被征地人员养老保险	城乡居民	
	养老保险	医疗保险	工伤保险	失业保险	生育保险		养老保险	医疗保险
参保人数	27.07	28.84	26.46	26.28	27.7	4.05	0.72	16

职业年金记实 1 人 16.76 万元。完成 2021 年度海沧区机关事业单位调资人数 663 人，补发调资待遇 94.71 万元。

【被征地人员基本养老保险】 2021 年，海沧区被征地人员养老保险新增参保人数 874 人，发放参保补贴 1812.83 万元，参保人数 40512 人。全年被征地人员养老保险新增退养人数 849 人，支付待遇 69.35 万元，退养人数 21414 人。

【城乡居民养老保险】 2021 年，海沧区城乡居民养老保险参保人数累计 7215 人，参保补贴支出 144.3 万元；城乡居民养老保险新增退养人数 97 人，在领待遇人数 1438 人，支付待遇 535.40 万元；核发城乡居民死亡待遇 63 人，支付待遇 15.75 万元；落实贫困、残疾人员城乡居民基本养老保险应保尽保工作，累计参保 727 人，完成率 100%。

（区人社局）

【医疗保险】 2021 年，海沧区按照《厦门市人民政府关于继续实施阶段性降低社会保险费政策的通知》，全年城镇职工基本医疗保险单位缴费费率继续按 7% 执行；外来从业人员基本医疗保险单位缴费费率继续按 3% 执行。参保人员待遇保持不变。根据《厦门市人民政府关于印发积极应对新冠肺炎疫情影响助力企业纾困减负若干措施的通知》，10—12 月，厦门市职工基本医疗保险单位缴费费率从原始费率 8% 下调至 6%。

（区税务局）

【失业保险】 2021 年，海沧区按照厦门市政府《积极应对新冠肺炎疫情影响，助力企业纾困减负若干措施》精神，10—12 月，对企业和个体工商户失业保险缴费费率单位缴费部分由 0.5% 下调至 0.25%，对 7 月 1 日前办理就业登记、缴交社保并在同一企业连续工作到 12 月 31 日的，按 500 元 / 人给予企业一次性稳岗补贴。采用“非申即享”方式实施普惠性失业保险稳岗返还政策，全年审批企业 4844 家，发放金额 510.18 万元。全年审批办理本市失业人员保险金 1355 人次、外来人员一次性生活补贴 662 人次，办理失业补助金和临时生活补助金 1345 人次 112.01 万元；办理失业保险支持技能提升补贴 2578 人次 386.44 万元。

【工伤保险】 2021 年海沧区围绕工伤政策、经办流程、注意须知等内容，举办 2 场工伤保险待遇业务培训，176 家企业、223 人参加。强化“网上办”，一次性伤残补助金申领、住院伙食补助费申领、一次性工伤医疗补助金申领、伤残津贴申领、生活护理费申领等 13 个事项实现“全程网办”，9 个事项变更为即来即办事项，3 个事项承诺时限由 6 个工作日压缩为 3 个工作日。全年受理工伤保险申请 2280 人次，核定支付 6181.19 万元，比上年增长 21.09%。

（区人社局）

社会救助

【概况】 2021 年，海沧区以最低生活保障制度为核心，梳理完善贫、学、老、住、病、残、灾、难 8 个方面救助和社会互助帮困制度，形成覆盖广、整体性高的社会救助体系。全年发放各类救助金 2748.23 万元，其中，低保户 539 户、857 人、824.68 万元（含慰问金），困难群众急难救助 1827 户、2608 名、691.62 万元，特困供养 44 人、106.56 万元（含慰问金），孤儿供养 2 名、5.3 万元（含慰问金），事实无人抚养儿童 45 名、99.29 万元（含慰问金），困难残疾人生活补贴 411 名、171.65 万元，重度残疾人护理补贴 1859 名、849.13 万元。用好家庭经济状况比对系统，保障民政保障金发放的准确性。加大对困难群众的入户走访力度，全年入户走访 1096 户次，最低生活保障对象净增 43 户、65 人。开展“雨露育青苗”“朝阳助学”活动，帮扶区内 270 名困难学子，发放扶助金 71.85 万元；朝阳行动同帮共助，结对帮扶 95 名困难群众，发放 7.98 万元；发动社会各界爱心企业参与疫情防控捐赠活动，依托海沧区慈善会收到 15 家企业、社会团体捐赠，金额 167.70 万元；助力东西部扶贫，开展闽宁协作工作，建立工作交流机制，联合区工信局、区建设与交通局，依托区慈善会社会化募集 330.01 万元助力深化闽宁协作工作。

【低保户救助】 2021 年，海沧区城乡低保标准 850 元 / 人・月，全区低保对象 539 户、857 人，其中，城镇低保对象 339 户、525 人，农村低保对象 200 户、332 人。全年发放低保资金 824.68 万元（含慰问金、电费补贴等），实现应保尽保。

【特困供养】 2021 年，海沧区特困人员 44 人，其中有集中供养意愿的 20 名特困人员全部供养在区社会福利中心（敬善养老院），24名分散供养特困人员均按规定与其及亲属签订供养协议书和委托照料服务协议，逐一指定委托人。海沧区特困人员供养标准按基本生活+照料护理的模式（基本生活标准为1275元/人·月，照料护理标准为全自理260元/人·月、半护理595元/人·月、全护理1020元/人·月）。全年发放特困供养金106.56万元（含慰问金）。

【全民大病医疗保险救助】 2021年，海沧区创新医疗救助方式，采取政府购买保险服务的方式，投入500万元，凡海沧户籍居民在保险期内（每年3月1日至次年2月28日），起付线为1万元，救助比例为40%，救助封顶线20万元；民政对象（低保人员、特困人员、80岁以上老人）实行零起付线，自付合理医药费给予50%救助，每人每年救助限额为20万元。2021年保险年度（2021年3月1日至2022年2月28日）理赔案件数512件，理赔金额216.81万元。

【慰问活动】 2021年，海沧区在元旦、春节、中秋节、国庆期间开展慰问活动，对低保对象、特困人员每个节日每人500元；对低收入家庭每年每户2500元（元旦、春节1500元，中秋、国庆1000元）。元旦、春节期间，开展市、区领导走访慰问、“新春慈善快车”及“新春年夜饭”等慰问活动，全年发放慰问金258.17万元，惠及低保对象、特困人员、低收入家庭、40%精简职工、村（社区）主干等困难群众3531人（户）次。

（区民政局）

社会福利

【概况】 2021年，海沧区推进第二社会福利中心建设，完成项目立项及方案设计，建成后将增加500张左右床位，完善全区养老服务设施布局。全区有养老机构3家、街道级养老服务照料中心4家、村（社区）级养老服务设施41个。开展农村幸福院质量提升工作，从设备添置、适老化改造等方面入手，提升农村幸福院为老服务水平。全区开办渐美村、温厝社区、青礁村、祥露社区4家老年幸福食堂，为本村（社区）75周岁以上老人免费提供“幸福午餐”，4个老年幸福食堂筹得资金440万元，日均服务老人约370人。落实老年人社会福利保障工作，为全区困难失能半失能老人发放春节、重阳节护理补助金57人次9.55万元。开展公益创投大赛并推进获奖项目落地实施，征集项目23个，通过项目初审、项目大赛确定12个项目获奖，采用“以奖代补”的方式，发放补助资金31万元，撬动社会资金26.8万元。

【居家养老服务】 2021年，海沧区投入约450万购买信息化助老服务，确保每个村（社区）至少配备1名助老员，提供“助餐、助洁、助医、助行、助乐、助急”等居家社区养老服务。全年实地走访老人4.8万人次，电访老人约2万人次。开展活动约1270场，参与老人3.33万人次。开展困难老年人家庭适老化改造，2021年改造92户，为老人改善居家生活环境。

【祥露社区幸福食堂揭牌】 2021年5月10日，祥露社区幸福食堂揭牌，祥露社区采取政府补助、社会捐助、居民互助等方式开办幸福食堂，为辖区内75周岁以上老年人免费提供“幸福午餐”，日均为30余名老人提供助餐服务，解决老人就餐难题。

【家庭养老床位创新探索】 2021年，海沧区试点开展家庭养老床

2021年5月10日，祥露社区幸福食堂揭牌 （区民政局 供）

位，面向海沧户籍且常住的60周岁及以上经济困难的失能、部分失能老人启动家庭养老床位服务项目。根据签约服务对象的评估情况及服务需求，开展家庭个性化生活照料服务，如助餐、助洁、助行、助浴、助医、巡访关爱等。截至12月底，合计52名老人申请开办家庭养老床位。

（区民政局）

民政事务

【概况】 2021年，海沧区民政部门做好“保护地名文化、记住美丽乡愁”乡村地名信息服务提升行动工作，为政府工作部门提供地名信息数据服务20条。完善地名数据库，采集更新地名信息44条。全年登记备案社会组织63家，办理结婚登记1650对。全区火化率保持100%。

【社会组织登记与年审】 2021年，海沧区民政部门加强社会组织管理，依法开展登记工作，年内新成立社会组织13家，其中社会团体8家、民办非企业单位5家；至年底，登记备案社会组织759家，其中登记社团108家、民办非企业199家、基金会2家、备案社区社会组织450家；注销社会组织18家，其中社会团体9家、民办非企业单位9家。开展社会组织年度工作报告和财务审计工作，参加年报的社会组织270家，审核通过254家，委托注册会计师事务所对社会组织进行财务审计的38家，整改58家，约谈社会组织2家。开展区级社会组织“双随机”抽查工作，检查社会组织34家。动员符合条件的社会组织参与等级评估工作，参评社会组织18家。加强社会组织信用信息管理，依法纳入活动异常名录24家。

【婚姻与收养登记】 2021年，海沧区民政部门办理结婚登记1650对，办理离婚登记616对，补发结婚证162对，补发离婚证53件，办理离婚登记申请1047对。倡导婚俗新风，鼓励参与婚姻登记颁证服务114对，接待家庭婚姻辅导咨询服务35人次，举办婚姻家庭教育讲座4场，参与人数1440人次。与区总工会、团区委、区妇联共同主办海沧区首届集体婚礼，11对新人参加。

【殡仪服务】 2021年，海沧区民政部门做好日常殡葬服务工作，全年收运尸体1277具，火化率保持100%；配合公安、交警等部门收殓刑事案件、交通事故、安全事故等非正常死亡的遗体110具。做好日常骨灰楼内寄存骨灰数据的电脑动态全方位精准管理，全年办理214具骨灰迁出和576具骨灰登记寄存手续，年底骨灰楼安放16379具骨灰。全年免除132名城乡困难群众基本丧葬服务费用83160元。协助“海沧区土地开发公司、征地拆迁办”等单位迁移坟墓105个，保障海沧区的开发建设。清明期间通过在祭祀活动现场设置纸钱收纳点等方式，引导群众禁烧纸钱、无烟祭祀；接待祭扫群众6万多人次、车辆3000多车次，未发生任何突发的安全事故。

（区民政局）

基层自治组织建设

【概况】 2021年，海沧区推进基层治理与服务创新各项工作开展。制定《海沧区推行城乡社区近邻服务实施方案》，海沧街道温厝社区、嵩屿街道海翔社区被确认为省级城乡社区近邻服务试点，以助幼、助教、助医、助老、助困为内容，探索海沧区推行城乡社区近邻服务新模式。结合当前海沧信息产业园、生物医药港的崛起，以及南部临港新城、北部马銮湾新城的开发建设等新形势，增设海沧街道临港社区、新阳街道翁厝社区、孚中央社区、东孚街道孚美社区4个城市社区。健全完善村（社区）网格化体系，按照“街巷定界、规模适度、便于管理”的原则，落实村（社区）网格划分，全区47个村（社区）划分网格625个，较划分前的532个增加93个。修订《海沧区村（居）绩效考核评价办法》，岛外首创将基层治理建设情况纳入绩效考评内容，以党建引领城乡社区治理。加强海峡城乡发展基金会的专业化规范化建设，推动基金会全面融入乡村振兴战略。

【村（社区）组织建设】 2021年10月31日，海沧区在全市率先完成村（社区）党组织换届。12月30日，完成村（社区）“两委”换届，选举产生新一届村（社区）“两委”干部372名。党组织成员237名，村（社区）委成员192名，交叉任职57人，实现村（社区）书记“一肩挑”100%。

【社区工作者队伍建设】 2021年，

海沧区加强社区工作者职业体系规范化建设，制定《海沧区社区工作者管理实施细则》，构成海沧区社区工作者的选（招）、用、管、育、评、养、退等完备社区工作者职业体系，提高社区工作者薪酬待遇。全区47个村（社区）划分网格625个，按照“原则上每1000名常住人口不高于3人的标准”配备社区工作者。全年新增招聘城乡社区网格员208人，全区在职社区工作者及村干部1082名，其中城市社区“两委”（含一般专职工作者）184人，村干部200人，城乡社区网格员698人。

【两岸社区营造】 2021年，海沧区以“培根计划：乡村振兴五福临门”为主题，推动海峡城乡发展基金会参与乡村振兴示范点的社区营造，在两岸融合发展新路上探索基层深度融合治理的新模式、新路径。确定青礁村芦塘社、海沧社区、第一农场下陈社、洪塘村赤土社、过坂社区5个乡村振兴示范点，并挂牌成立工作站。

【新阳街道翁厝社区和孚中央社区居民委员会设立】 2021年4月2日，经区委常委会会议和区政府常务会议研究，同意拆分兴旺社区居委会，增设海沧区新阳街道翁厝社区居委会；同意拆分一农社区居委会，增设海沧区新阳街道孚中央社区居委会。

翁厝社区管辖范围：东至新阳大桥，西至霞美路，北至霞光北路、霞阳南路，南至翁角路。含世贸华玺，融侨官邸，海沧万科城一、二、三、四、五期，宏鼎国际8个小区。办公场所设在海沧区霞光东里325号。

拆分后的兴旺社区管辖范围：东至霞美路，西至新景路，南至蔡尖尾山，北至新垵北路。含兴旺广场、名仕阁、金茗花园、正顺花园、SOHO百和仕国际5个小区。办公场所不变，仍设在海沧区新光路302号。

孚中央社区管辖范围：东至东孚南路，西至山边洪东路，南至后祥路，北至东孚西二路、一农路。含佳隆花园，尚书房，新阳居住区一期、二期，海西轻公寓5个小区。办公场所设在海沧区孚莲一里193号。

拆分后的一农社区管辖范围：山边洪东路以西原属一农社区管辖范围。含湖头村、山边洪村、下陈村、孚中央4个作业区。办公场所不变，仍设在海沧区湖头村108号。

【海沧街道临港社区居民委员会设立】 2021年4月2日，经区委常委会会议和区政府常务会议研究，同意设立海沧区海沧街道临港社区居民委员会。临港社区管辖范围：东至南海路，西至石岑社，南至角嵩路，北至马青路，管辖范围为临港新城居住片区和信息产业园片区，面积4.3平方千米。片区内有自贸城、临港新城一期、临港新城二期、保障性住房雍厝公寓、招商1872、海投自贸天际、海投自贸国际7个小区。办公场所设在海沧区慈济一里101–2号。

【东孚街道孚美社区居民委员会设立】 2021年4月2日，经区委常委会会议和区政府常务会议研究，同意设立海沧区东孚街道孚美社区居民委员会。孚美社区管辖范围：东至东孚南路，西至鼎山西路，南至东孚西二路，北至林埭路。含马銮湾地铁社区保障性商品房一期、二期，佳美花园安置房，佳福花园人才公寓一期、二期，孚中央北安置房，建发文澜和著一期、二期8个小区。办公场所设在海沧区孚莲二里202号102。

（区民政局）

海沧社区古镇新街60米乡村振兴示范段工程建设现场

（郑伟明　2021年6月3日摄）

责任编辑、校对：李彩兰

街道概览

海沧街道

【概况】 海沧街道地处厦门岛西部，海沧区南部，九龙江出海口北岸；东与嵩屿街道相连，西北毗邻东孚街道，北隔蔡尖尾山与新阳街道为邻，西南与龙海市相邻。辖区面积 37.61 平方千米，街道办事处驻新大街 29 号，2021 年总人口数 111434 人，其中常住人口 63001 人、流动人口 48433 人。下辖村（居、场）11 个，辖基层党组织 101 个，党员 1980 名，街道内设“五办一中心”（党政办公室、村居建设办公室、经济服务办公室、综合治理办公室、综合执法办公室，综合服务中心）。2021 年，海沧街道新组建“两新”组织 7 个，在中沧工业园区建立全国首个“战疫党建广场”，海兴、海农 2 个社区党组织被评为市级先进基层党组织；完成村（社区）“两委”换届选举工作，100% 落实“一肩挑”目标。年内，海沧街道渐美村五星级农村幸福院被福建省民政厅确定为 2020 年度五星级养老服务设施，渐美村“爱心妈妈”志愿者服务队入选福建省新时代巾帼志愿服务“十大优秀组织”。

【经济建设】 2021 年，海沧街道实现财政总收入 43.41 亿元，本级财政收入 12145 万元。完成规模以上工业产值 244.83 亿元，比上年增长 77.71%；完成限额以上批发零售总额 1891.7 亿元，增长 55.4%；完成固定资产投资 86.59 亿元。开展招商引资服务，到福州、深圳、成都等地考察招商项目。全年完成落地项目总投资额 607.42 亿元，完成全年任务的 281.2%；实际利用外资 1.38 亿元，完成全年任务的 61.6%；民企投资总额 20.30 亿元，完成全年任务的 112.78%；高能级项目完成 6 个，完成全年任务的 200%。做深企业服务，促进太平地毯外资到资 2550 万元、宝太浩宸生物内资到资 8000 万元、港基百汇内资到资 7548 万元等。

【服务企业】 2021 年，海沧街道摸排并入统达规达限企业 60 家，其中工业企业 11 家、商贸业企业 49 家。为辖区小微企业 295 家、规模以上企业 15 家审核办理政策兑现工作，金额 1175.73 万元，协助 57 家企业申报、兑现用电奖励、新入统奖励、增量奖励等补贴 1000 多万元。精准匹配推送辖内空置厂房、楼宇信息，为 15 家企业提供合适场地租赁面积 5.3 万平方米。

【基础设施建设】 2021 年，海沧街道加快推进锦里村西片主干道道路改造、青礁村片仔癀至角美圣地亚哥村道增设路灯、渐美村环村道路“白改黑”等工程项目建设，完善村庄公共照明设施，提升沿路绿化品质。推进自来水抄表到户。年内，实施管网提升改造，以青礁村芦塘社自来水“抄表到户”改造项目为重点，完成主、支管道铺设 1500 米，抄表到户 145 户。以提档、升级为重点，改建一批、提升一批农村公厕，全年完成 8 座普通公厕改造升级。街道农村生活污水提升治理项目投资 3.85 亿元，街道 31 个自然村、27 个项目，分批次逐步开工建设。

【环境整治】 2021 年，海沧街道开展“散乱污”排查整治，排查企业 245 家，发现环保问题并督促整改 88 家。完成辖区内 8 个入河排放口整治。重点推进“三清一改”工作。结合爱国卫生运动、庭院清洁等工作，推进村庄清洁行动，全年开展各类清洁行动 12 场，5000 余人次参加，清理房前屋后堆杂、水沟垃圾 73.4 吨，清理农村生活垃圾 324.5 吨，清理村内塘沟 90 口次、沟渠 80.3 千米。推进垃圾分类工作，全年投入资金 1236 万元，设置垃圾投放点 96 个，实现监控全覆盖。

【征地拆迁】 2021 年，海沧街道完成拆除 95 栋（宗）4.22 万平方米、拆迁 22 栋（宗）1.40 万平方米、交地 40 公顷、征地 66.81 公顷任务，分别完成年度计划的 310.37%、181.43%、318.44%、126.56%。封闭轨道平衡用地（院前地块二）等项目 13 个，为产业发展提供用地保障。

【乡村振兴】 2021 年，海沧街道深入推进乡村振兴，3 个试点示范村，有乡村振兴项目 31 个，总投资 2911.12 万元，已完工 24 个、在建 7 个，完成年度投资 1785.62 万元。青礁村芦塘社、开台公园周边环境持续提升，海沧社区沧江新街段风貌提升取得初步成果，古楼农场"一轴八景"建设思路基本拟定。芦塘耕读文化市集和街道乡村振兴成果被人民网福建频道、学习强国、《厦门日报》等媒体宣传报道。梳理盘活村（社区）资产，促成锦里村通用厂房达成意向并签约。温厝社区集体经济项目步入相关招投标阶段。

【文明创建】 2021 年，海沧街道不断深化文明创建，发挥志愿服务队伍服务群众、引导群众的作用，已组建党员志愿服务队、老年大学志愿服务队、巾帼志愿服务队等 76 支志愿服务队，有志愿者 3452 名。新时代文明实践所开展活动 952 场，惠及 165278 人次。海沧社区新时代文明实践站被确定为首批厦门市新时代文明实践示范站。将移风易俗作为精神文明建设的重要任务，后井村等村以"分享会"替代"升学宴"，让"香油钱"变"助学金"，发放助学金 18.51 万元，惠及学生 91 名。开展志愿服务，打造"海兴大妈"喊街团等志愿队伍，渐美村"爱心妈妈"志愿者服务队入选福建省新时代巾帼志愿服务"十大优秀组织"。

柯井莲花洲陈氏家庙　　（郑伟明　2021 年 6 月 3 日摄）

【民生保障】 2021 年，海沧街道持续优化养老服务照料中心建设，推进农村"三社联动"试点工作，为辖区老人提供关爱服务。建成海沧社区狮头山公园，为老年人提供健身休闲场所，渐美村农村幸福院被评为省级五星级幸福院，锦里村、海兴社区被评为"金秋老年乐园"。开展学区化办学工作，落实辖区学校教育专项补助经费 139 万元，依托三都教育促进会奖励优秀学子 11 人 8.8 万元。保障华师附小三期用地需求。通过今日海沧、街道公众号等各种渠道，发布企业用工需求信息，举办幸福职场"招聘会"，保障辖区 48 家企业用工需求，搭起就业桥梁，全年街道新增就业人数 4653 人。

【平安建设】 2021 年，海沧街道推进"平安海沧"建设，开展景区、非景区景点安全管理专项整治，检查发现并整改企业安全隐患 874 处，排查涉水区域安全隐患 26 处。推进锦里村外围滨渠路等农村道路建设，25 处道路交通隐患点实现销号清零，道路交通死亡人数比上年下降 50%。全年调解各类矛盾纠纷 447 起，海兴社区、后井村获评市级文明村（社区）。

【疫情防控】 2021 年，海沧街道落实防控措施，排查溯源数据 19715 条，核实来自高风险地区 176 人，中风险地区 254 人，转运 1383 人。开展疫苗接种，完成 18 周岁以上人群全程接种 79565 人，全程覆盖率 121.05%，完成加强剂 9992 人。完成六轮全员核酸检测任务及水岸名筑小区等重点区域风控管控、解封工作，1 个月左右取得阶段性胜利。利用街道公众号推送等方式，发布最新防控要求。

【崇文重教座谈会】 2021 年 1 月 22 日，海沧街道召开崇文重教座谈会，发放中考奖励金 12.6 万元。8 月 25 日，奖励考取“985”“211”院校的优秀学子奖励金 8.8 万元。街道辖区温厝、后井、锦里、青礁、海农、海沧、囷瑶等 7 个村（社区）开展奖学活动，奖励高考学子 90 余名，发放奖励金 18 万余元。

（海沧街道）

新阳街道

【概况】 新阳街道位于海沧区中部，辖区面积 22.36 平方千米，街道办事处驻地在海沧区新光路 253 号。2021 年下辖建制村 1 个、社区 7 个。街道总人口 222403 人，其中常住人口 42803 人、流动人口 179600 人。全年拆除“两违”158 处，拆除面积 16520.94 平方米。开展平安建设，提升环境质量，完善区、街道、社区三级便民服务体系。

【经济建设】 2021 年，新阳街道地方一般公共预算收入 3.48 亿元，比上年增长 15.2%，其中，街道本级收入 1.39 亿元，比上年增长 15.2%，完成全年目标任务。全年街道规模以上工业企业 230 家，完成工业产值 904.3 亿元，首次突破 900 亿元，比上年增长 21.1%（街道负责的 208 家规模以上工业企业完成工业产值 384.7 亿元，比上年增长 28.4%）；工业固定资产投资完成 27.2 亿元，比上年增长 30.8%；万泰、宏发、法拉、安井 4 家企业进入中国上市企业 500 强。

【招商引资】 2021 年，新阳街道发挥存量商脉招商顾问的作用，存量企业增资扩产、新设或引入关联企业意向强烈，全年街道实际使用外资完成 5.801 亿元，落地项目总投资额完成 486.91 亿元，内资完成 65.8 亿元，利用内资完成 96.74 亿元。街道拓宽招商宣传服务，通过主动走访、招商顾问、代办协会等信息渠道，为企业打好政策传播基础，挖掘大博医疗、普美霖、海西龙郡相关衍生项目。

【基础设施建设】 2021 年，新阳街道开展房屋排查行动，按“一房一策”，完成 44 栋房屋修缮工作；策划生成新垵村自来水改造、山边洪农村污水提升治理工程等 5 个项目；策划生成铺设雨水管及雨水井配套设施改造等 10 个交通排水项目；推进新垵村邱埭明渠改造工程等，缓解各村庄易涝点问题。

【征地拆迁】 2021 年，新阳街道做好征拆工作，全年街道完成征地 26 公顷，完成年度任务的 261.137%，交地 152.94 公顷，拆迁 0.425 万平方米，拆除 0.147 万平方米，封闭项目 3 个。

【环境整治】 2021 年，新阳街道打造“双城合一”，开启城区执法新模式，发挥城市综合执法办公室执法效能，引入“联合执法清理整治 + 引摊入点规范经营”举措，整治提升新垵中路开设 128 个规摊点，新增设霞阳夜市 64 个点位。推进垃圾分类，创建万科城小区宣教基地，打造翁厝社区和祥露社区生活垃圾分类样板片区，完成新垵村东社农村上门收运。

【乡村振兴】 2021 年，新阳街道壮大村集体经济促进乡村振兴，村党支部领办合作社工作，有村级集体经济建设项目 8 个，总投资 14.3 亿元，其中新垵正顺公寓建设计划总投资 2.97 亿元，投入运营后预计年收益 2000 万元。争取各级专项扶持资金，建设资金主要来源于村集体经济发展基金、征地补偿款、政府各级补助、银行融资、村集体自筹等。落地实施 6 个村级集体经济项目，预计未来年收益可达 3500 万元。年内，霞阳社区发放分红款 869.9 万元，霞阳社区股民 4349.5 股领到“分红”。

【民生保障】 2021 年，新阳街道推进扶持助残工作，组织开展“爱心农场”第三期“农疗”活动，帮助残疾人进行身心康复；辖区两家“爱心屋”营业额 267 万元。霞阳社区老人活动中心迁址扩大面积，内设功能室配备齐全；开设祥露幸福食堂，为辖区 75 周岁以上老人提供免费助餐服务。成立生物医药行业关工委。关心退役军人，创建省级示范型退役军人服务站，至年底各项准备工作已完成，等待上级部门验收。服务新老厦门人，建设关爱中心（站），实现街道辖区村（社区）关爱全覆盖。

【文教事业】 2021 年，新阳街道支持“一校一品”特色教育，促进辖区学校美育工作开展。年内对辖区 146 处不可移动文物进行全面调查

霞阳社区老人活动中心新址　（郑伟明　2021 年 2 月 26 日摄）

并修缮，庄银安旧居、庄天来洋楼完工。联合《海西晨报》整理《新阳变迁史》。装修升级海沧区图书馆新阳分馆，服务居民 3000 余人。举办红歌大赛，邀请村（居）、企业 12 支队伍 400 余人参赛。举办庆祝中国共产党成立 100 周年文艺晚会，线上线下同步进行，其中，直播点击率超 23 万人次。

【“智慧新阳”模式】 2021 年，新阳街道“智慧新阳”模式成效初显。推进新垵村、霞阳社区“智慧城中村”建设，加强人口基础数据管理运用创新，实现以“以脸管人”“以网管人”，破解流动人口服务管理难题。推进智慧环保监测平台、大气污染监测系统建设，形成线上线下同步监管格局。至年底，完成对辖区第一批 16 家重点排污企业的产污、治污设备用电监控，选取 15 个微站全部建成并接入数据，在新阳居住区、万科城生活区小区门口安装 LED 显示宣传屏，向居民同步公开监测数据，有效化解废气信访纠纷。优化网格化综合管理服务，形成街道包村—两委分管—网格员—志愿者模式。为新垵服务站购置 e 政务自助终端，不断完善“就近办、马上办”三级便民服务体系。依靠省网办事大厅“好差评”系统，主动评价率 96% 以上。

【疫情防控】 2021 年 9 月，面对本土新冠肺炎疫情，新阳街道连夜完成新垵、霞阳大村合围工作，快速实现闭环管理。以万科城、泰禾厦门院子为试点，开展第一批无疫小区创建。完成 6 轮检测全员核酸检测 135 万余人次，完成新冠疫苗全程接种 146318 人。

【霞阳社区商业（美食）街开街】 2021 年 7 月 16 日，新阳街道霞阳社区商业（美食）街开街。霞阳商业街经过近一年的筹备建设，将步行街、美食夜市和霞阳特色文化有机结合，建设历时 7 个月，投入 1000 多万元，打造霞阳夜市特色商业街，点亮霞阳“夜经济”，打造宜居宜业村庄。

【霞阳红色文化广场改造提升】 2021 年，新阳街道对霞阳社区——海沧区首批革命老区基点村红色阵地进行氛围改造提升，采取廊架文化氛围布置、党建文化标语上墙、扩充红色文化墙绘等方式，再现霞阳仁人志士为革命事业前赴后继的历史。

（新阳街道）

东孚街道

【概况】 东孚街道位于海沧区西北部，西邻漳州市角美镇，东邻集美区灌口镇，南连海沧区新阳街道，北接漳州市长泰县；福厦高铁、厦深铁路、厦成高速、沈海高速、新 324 国道、海翔大道、厦漳同城大道等穿境而过，是厦漳交通走廊的重要节点。2021 年辖区面积 48.82 平方千米，下辖 6 个行政村、8 个社区（其中 6 个为村改居）。总人口 103092 人，其中常住人口 50646 人、流动人口 52446 人。年内，受理信访件 164 件次，办结 153 件；“12345”便民服务平台受理 1214 件，办结 1146 件。街道、村（社区）两级信访评理室评理 55 件。年内，孚美社区党支部正式成立，东孚街道获评“福建省乡村振兴重点特色乡镇”。

【经济建设】 2021 年，东孚街道公共财政总收入 6.06 亿元，比上年增长 4%。其中，本级收入 1.04 亿元，比上年增长 7.25%。公共预算本级支出 1.51 亿元。街道规模以上工业企业 120 家，完成工业产值 279.73 亿元，比上年增长 13.5%。其中街道负责的工业企业106家，完成工业产值124.03亿元，比上年增长13.19%。限额以上批发零售业销售额完成38.69亿元，比上年增长4.85%。社会消费品零售总额完成6.41亿元，比上年增长54.83%。建筑业产值完成4.54亿元，比上年增长14.42%。

【招商引资】 2021年，东孚街道录入厦门市招商引资项目管理平台并审核通过的在库招商项目178个，落地项目97个，落地率54.49%，落地项目总投资额272.99亿元，落地项目注册资本101.42亿元；落地项目实际内资到资额28.55亿元。新增落地高能级项目5个。其中，完成实际使用外资6亿元，完成落地项目总投资额129.39亿元，完成任务数的100%；新增落地高能级项目5个，完成任务数（3个）的166.67%；完成民企投资额36.2亿元，完成任务数（29.06亿元）的124.59%。

【征地拆迁】 2021年，东孚街道完成征地46.9公顷，完成率146.18%；完成交地110.31公顷，完成率111.23%；完成鼎美、芸美、后柯3村381本“同安老证”的签订工作；完成林埭、水头、西园3社的补差工作。全年完成拆迁31.68万平方米（住宅房屋794栋30.58万平方米），完成率152.47%；拆除66.39万平方米（住宅房屋2410栋65.45万平方米），完成率183.38%；完成封闭项目13个。

【乡村振兴】 2021年，东孚街道坚持把乡村振兴作为“三农工作”总抓手，立足镇情，按照“产业兴旺、生态宜居、乡风文明、生活富裕、治理有效”总要求，推进5个乡村振兴试点示范村（过坂、洪塘、山边、莲花、东埔）和乡村振兴动线建设工作，打造乡村振兴的“东孚样板”。围绕“一山一水一方田”的生态宜居风景线与“一花一泉一玛瑙”的产业兴旺振兴线，打造长6.3千米、涉及3个社区（莲花社区、山边社区、东埔社区）的第二条“灵动东孚、富民产业”动线。动线生成30个项目（完工24个，在建6个），投入资金7649万元，完成投资7199万元。年内，东孚街道响应市、区“美丽庭院”创建工作号召，引导打造并评选出5个乡村振兴省级试点村，120户星级“美丽庭院”。20户获评2021年省级美丽庭院示范户。推动村企共建，全年有20余名本地青年返乡创业，吸引见福、欧森研学、元初食品、海澳石油等7家大公司入驻村（社区），助力乡村振兴。

【民生保障】 2021年，东孚街道开展“送温暖、访民情”慰问走访活动，发放慰问金131.65万元；进行精准救助，发放各类救助金147.58万元；优化养老服务，发放高龄津贴116.78万元；关爱残疾事业，发放各类补助282万元；兜底社会保障，完成被征地人员基本养老保险年度参保317人。

【信访工作】 2021年，东孚街道开展双主官接访活动，坚持双主官每月第一个星期六接访，年内开展5次双主官接访活动（因疫情防控暂停7次），接待信访群众700余人次，受理信访件164件，化解153件。推进“治重化积”工作。街道共接收上级交办件15件，全部办结并上报，上报率100%；上级认定化解14件，化解率93.33%。结合“为群众办实事”活动，化解4件平均历时3年上访多次的征地拆迁类历史遗留疑难问题。同时，针对群众来访反映较为集中的同安县老证产权人姓名与身份证姓名不一致影响拆迁赔偿的问题，街道协调区信访局、区资规局、东孚派出所，制定出一套声明公证的程序。至年底，解决4起该类问题，涉

乡村振兴示范村——东孚过坂村　　（郑伟明　2021年4月12日摄）

及4个家族、80余人。年内，街道通过组织信访评理，化解辖区村民周某的纠纷，被中央广播电视总台农业农村频道《乡理乡亲》栏目播出的专题片《113号院的兄弟》宣传报道。东孚调解案例《马某与厦门某公司劳动争议纠纷成功预防“民转刑”案件的措施与启示》被省司法厅作为典型案例转发学习。至年底，东孚街道化解矛盾纠纷262起，收到上级转办信访件286件，办结262件，办结率91.6%。“12345”便民服务平台受理1214件，办结1146件，办结率94.3%。

【平安建设】 2021年，东孚街道从宣传方面入手巩固提高群众的遵纪守法意识和防火、防盗、防诈骗等人身财产安全意识。联合东孚派出所每天制作1张“平安日历”，通过微信朋友圈进行宣传。加强刑释解教对象、社区矫正人员、邪教人员等高危人群的教育帮扶转化。在刑释解教对象、社区矫正人员高危人群管理上，对刑释解教人员做到100%接回，对社区矫正人员配备GPS定位手机，关注社区矫正人员的活动轨迹。在易肇事肇祸精神病人管控工作上，落实“八个一”措施，关注18名易肇事肇祸精神病人的病情变化，并为2名家庭困难对象落实民政低保。在邪教人员管理上，对邪教在册人员13人（其中失联1人）按照一人一册定时走访，关注其心理状态及生活轨迹。全年成功转化3名“全能神”人员。在吸毒人员管理上，以创建省级社区戒毒社区康复示范单位为目标，强化68名社会面管控戒毒人员的管控。通过开展无毒街道、村（社区）守护行动进行宣传教育。

【“两违”综合治理】 2021年，东孚街道上报省平台拆除“两违”828宗，面积57.3万平方米，拆后腾出土地19.22万平方米，腾出土地利用率99.44%，完成市、区下达2021年东孚街道拆违任务量的260.87%（市、区下达2021年东孚街道拆违任务量22万平方米），拆违量位居全区第一。

【垃圾分类示范区创建】 2021年3月，东孚街道被列为2021年省级生活垃圾分类示范片区创建单位。为更好完成创建任务，街道成立领导小组，统筹部署创建工作，完善基础设施改造提升，开展“小手拉大手”家庭社区互动宣传活动，以及垃圾分类知识进学堂、进企业宣传等系列活动。全年街道开展68场主题宣传活动，组织培训70场，入户宣传36740户。东孚街道重点打造工作亮点特色，助力省、市垃圾分类考核验收工作，开展环保酵素制作，将厨余垃圾变废为宝，真正做到厨余垃圾减量化；打造后坑垃圾分类主题公园，利用木、石、铁、瓦、瓶等废弃物，改造成有创意的各类小品摆件、绿植微景观以及户外夜景灯，实现垃圾分类指导与教学、废弃物再利用等功能；实行固定点位与上门收运相结合的收运方式，实现城乡一体化垃圾直运模式；在清洁楼设置泡沫压缩机解决泡沫体积大运输成本高的难题。街道垃圾分类典型案例在电视台、报纸、公众号等媒体均有宣传报道。东孚街道垃圾分类工作成效显著，在市级样板片区验收中与天竺社区并列第二名，洪塘村第七名，在省级示范片区考核验收中全省排名第三。

【环境治理“网格化”】 2021年，东孚街道在区级网格的基础上，设立村（社区）分管“环保”两委，强化上下联动。做到“定区域、定人员、定职责、定任务、定奖惩”，做到网格边界清晰责任主体明确、目标任务具体。至年底，辖区90名网格员上报环境相关事件4808件，均已办结，达到每月巡查上报事件4.45件/人。上报环境类违法行为线索5件，可查处的冒黑烟非道路移动机械线索1条，非道路移动机械冒黑烟巡查内容66件。2021年，街道空气质量监测点空气质量优良率99.7%，较上年提升0.6%。结合“六五”世界环境日、“低碳日”等主题宣传活动，发放宣传品200余个，宣传册250余份。

【环境监管】 2021年，东孚街道按照区级印发的“散乱污”整治方案开展整治工作，并组织“回头看”，防止已关闭取缔的“散乱污”企业“死灰复燃”。全年排查“散乱污”企业651家（新增176家，回头看475家）；按照2021年厦门市禁止准入清单及市民投诉，经核查后关停28家（其中玛瑙厂19家）、搬迁7家。为解决居住区信访投诉问题，开展周边小微企业排查整治工作，排查30家并全部进行提升改造。开展非法重污染企业整治，至年底，取缔13家电镀厂、4家阳极氧化厂、8家再生塑料米厂、8家酸洗厂、1家炼油厂等非法重污染企业。

【2021东孚乡村振兴夜生活暨天竺夜巷活动】 2021年7月，东孚街道提出打造“过·云悦光”乡村振兴夜生活品牌，引入瑞禾设计团队

进行夜市造景工程改造，打造“天竺夜巷”。11 月 19 日，“过·云悦光漫游东孚夜——2021 年东孚乡村振兴夜生活暨天竺夜巷”活动启动，六大营地共同签订倡议书，为获评省级美丽庭院（20 家）颁奖。利用夜市造景、夜市街道、夜市摊位、夜市节目“引流入村”，为“过·云生活”乡村振兴品牌赋能，实现夜购、夜游、夜食、夜秀、夜宿的乡村新经济模式。

【首个田园朗读亭揭幕】 2021 年 6 月 26 日，由海沧区东孚街道办事处主办、厦门广电集团广播中心承办的《听田园里的声音》首个田园朗读亭揭幕仪式在天竺山欧森香草园揭幕。厦门综合广播主持人陈磊等朗读爱好者和省教院附属集美实验学校美山分校的 80 组学生家庭分别进行现场朗读和表演。朗读亭支持线上线下服务，市民可以通过关注微信公众号“i 听厦门”和“耕读东孚”进行线上报名，通过审核后，便可使用。

【村（社区）“两委”换届选举】 2021 年，东孚街道成立换届工作领导小组和工作专班，做好换届工作。走访调研 14 个村（社区）60 余次，个别谈话了解 200 余次；各村（社区）挂钩领导结合日常工作，摸透“一村一情”。年内，东孚街道完成 14 个村（社区）“两委”换届选举工作，产生“两委”成员 99 名，其中党组织 65 人，有 31 人为新晋成员，新晋成员数为历届之最，班子结构呈现“两优化、三提高”特点，14 个村（社区）100% 实现书记、主任“一肩挑”。

（东孚街道）

嵩屿街道

【概况】 嵩屿街道地处海沧区东南部，九龙江出海口北岸，与厦门岛隔海相望，属亚热带海洋性季风气候，辖区面积 27.06 平方千米。2021 年，总人口 237032 人，其中常住人口 123607 人、流动人口 113425 人。街道下辖 14 个村（居），包含 2 个建制村（石塘村、贞庵村）、3 个村改社区（鳌冠社区、东屿社区、钟山社区）、9 个社区（海发社区、海达社区、海翔社区、海虹社区、海盛社区、海景社区、未来海岸社区、北附小社区、海林社区）。街道党工委下辖 1 个机关党总支、14 个村（社区）党委、2 个非公有制党委，有党支部 151 个、党员 3485 名。

【经济建设】 2021 年，嵩屿街道税收总收入 11.54 亿元，比上年增长 34.57%；街道本级财政收入 9871.43 万元，比上年增长 30.57%。批发零售销售额完成 2022.30 亿元，比上年增长 93.24%；工业总产值完成 13.68 亿元，增长 0.20%。全年街道一般公共预算支出 22932 万元，比上年增长 2.29%。其中区转移支付支出 6297.88 万元、街道本级支出 16634.12 万元，完成全年预算的 97.84%。

【招商引资】 2021 年，嵩屿街道实现入库项目 224.1 个，比上年增长 1.63%；落地项目 165.3 个，增长 63.66%；高能级项目落地 4 个。落地项目总注册资本 119.64 亿元，比上年增长 253.22%；投资额 255.61 亿元，内资到资 26.504 亿元，增长 61.6%。

【环境治理】 2021 年，嵩屿街道与 4319 家沿街店面签订“门前三包”管理承诺书，覆盖率 99%。利用“城市网格”App 开展日常巡查，有效巡查 9899 次，登记、处理问题 2150 件。发动 5529 人次整治占道经营、劝离流动摊贩，发放沿街店面“门前三包”温馨告知书、宣传手册 2000 份。疫情防控期间出动人员 5772 人次，送达“厦门市应对新冠肺炎疫情指挥部（2021 年）第一号、第三号通告”1 万余份，暂扣煤气瓶 6 个、电子秤 5 个、广告牌 16 个。

【“两违”治理】 2021 年，嵩屿街道拆除“两违”面积 13.48 万平方米，完成全年进度的 112.4%。开展京口岩“开后门”专项整治，联合社区、物业及嵩屿中队等开具责令改正通知书 20 份，拆除违搭及私自硬化绿地 25 处。

【征地拆迁】 2021 年，嵩屿街道实施的征迁项目 17 个（征地 11 个、拆迁 6 个），其中结转项目 15 个、新增项目 1 个、预备项目 1 个（马青路拓宽改造），主要涉及东屿、鳌冠、钟山、石塘、贞庵 5 个片区。全年完成征地 240 公顷（完成年度计划的 97.3%），交地 246.64 公顷，完成年度计划的 95.44%；签约 7 栋（宗）0.68 万平方米，完成年度计划的 63.52%；拆除 19 栋（宗）1.5 万平方米，完成年度计划的 127%，保障东屿 CBD3 号、5 号地块净地交付施工围挡。收回王将花园遗留的 3 栋 22 套房屋，实施回收工作并全部完成拆除。

【乡村振兴】 2021年，嵩屿街道对沧一小区、文圃花园等21个老旧小区开展各类修缮工程；对水云湾农贸市场、钟山农贸市场等4个农贸市场开展升级改造工作；完成第一批28宗危房处置工作，第二批12宗危房完成测量、公证工作；完成鳌冠社区主干道商业环境氛围提升工程、购买入海排污口水质应急提升服务等项目6个；贞庵新村、水头新村农村生活污水提升治理工程竣工。

【民生保障】 2021年，嵩屿街道推进帮扶救助，针对困难对象，发放各类补助金、救急款266.87万元，保障性租赁房第一批、二批完成意向登记220户，已受理58户。针对老年对象，建立健康档案约9800份，拜访老人21223人次，发放各类老年人补助金、慰问金130.34万元。针对残疾人对象，向辖区1103名各类残疾人发放各项补助616.51万元，开展文体艺术服务活动68次，入户接待建档127户，提供康复训练523人次，帮助中心学员创造服务收入超过6.32万元。落实社会保障，引导帮助辖区实现就业、再就业、转移就业群众6366人，其中失业人员再就业3822人，城镇就业困难对象再就业208人。组织职业技能提升培训406人次，审核失业登记764人次，办理被征地人员基本养老保险参保126人，财政补贴259.672万元。审核上岗就业补贴申请260人次，补贴金额24.89万元。开展关爱活动24场次、庆祝中国共产党成立100周年活动38场次、普法教育活动18场次。全年救助、关爱困难对象187人次，春蕾助学帮扶辖区困难学生80人次，受理贫困妇女“四癌”、重大疾病救助申请33人次。

【平安建设】 2021年，嵩屿街道推进综治中心建设，完成智慧小区建设62个，其中钟山所建成47个，覆盖率为54.15%；嵩屿所建成15个，覆盖率为45.45%。深化平安创建工作，举办“平安三率”集中宣传活动2场、小型活动30场，布置平安创建宣传栏15板次，悬挂横幅184条，发放《致居民一封信》1万份，宣传单15万份、宣传品13.2万份。坚持市、区、街三级联动，出动巡查人员500人次。

【信访工作】 2021年，嵩屿街道受理各类信访咨询件3596件，开展信访评理件45件，化解率达98%，攻坚化解“治重化积”信访件9件，签订息诉息访承诺书4份，调解矛盾纠纷858件，调解成功率100%。

【疫情防控】 2021年，嵩屿街道加强应对疫情指挥部力量，组建党员先锋队48支，设立党员先锋岗350余个，动员7600余名志愿者参与疫情防控。在辖区5个封控管控区域成立临时党组织、下沉工作专班，保障封控管控区内16396名居民的居家生活，对395名特殊人群加强关爱。做好区级6轮核酸检测，推进辖区118个小区无疫小区创建，对14个村（社区）落实闭环管理。

【换届选举】 2021年，嵩屿街道辖区14个村（社区）召开党员大会选举产生新一届党组织委员74名，连任55名，通过率100%，完成党组织换届工作。新一届村（社区）党组织班子中，平均年龄40.36岁，其中村（村改社区）党组织班子平均年龄43.41岁，城市社区党组织班子平均年龄38.40岁；新进班子19人，占班子成员总数的26%，其中女性12人；村（社区）实现女性进党组织班子，女委员39人，比上届增加3人，占村居总数的53%；35岁以下20人。学历层次提高，大专以上60人，占81%，比上届多9人，其中硕士学历1名。

【扫黑除恶】 2021年，嵩屿街道持续把源头治理作为扫黑除恶的治本之策，推动扫黑除恶常态化，让社会更安宁、群众更安乐。打击违法犯罪，全年核查线索10条，查处九类案件32起，涉赌案件104起，涉毒刑事案件6起。9月，嵩屿街道获评“厦门市扫黑除恶专项斗争先进集体”称号。

（嵩屿街道）

责任编辑、校对：庄玉凤

人物 名录

区主要领导

2021 年海沧台商投资区、海沧区主要领导名表

表 23

机构名称	职务	姓名	任职时间
中共厦门市海沧台商投资区工作委员会	书 记	林文生	2016 年 7 月—2021 年 8 月
		游文昌	2021 年 8 月—
	副书记	游文昌	2018 年 6 月—2021 年 8 月
		龚建阳	2021 年 8 月—
	委 员	张善美	2012 年 3 月—
		黄炳文	2016 年 7 月—
		章春杰	2019 年 12 月—
厦门海沧台商投资区管理委员会	主 任	游文昌	2018 年 7 月—2021 年 8 月
		龚建阳	2021 年 9 月—
	副主任	张善美	2012 年 3 月—
		章春杰	2019 年 12 月—
中共厦门市海沧区委	书 记	林文生	2016 年 7 月—2021 年 8 月
		游文昌	2021 年 8 月—
	副书记	游文昌	2018 年 6 月—2021 年 8 月
		龚建阳	2021 年 8 月—
		庄海英	2019 年 12 月—2021 年 10 月
		连维兴	2021 年 10 月—

续表 23

机构名称	职务	姓名	任职时间
中共厦门市海沧区委	常　委	黄炳文	2016 年 7 月—2021 年 9 月
		廖　凡	2016 年 8 月—2021 年 10 月
		欧阳丽娟	2016 年 8 月—2021 年 9 月
		黄平南	2019 年 8 月—2021 年 9 月
		谢舒展	2020 年 4 月—
		苏亮文	2020 年 6 月—2021 年 9 月
		连维兴	2020 年 6 月—
		何平辉	2020 年 11 月—2021 年 9 月
		邓英志	2021 年 9 月—
		林江帆	2021 年 9 月—
		杜昌营	2021 年 9 月—
		黄　芳	2021 年 9 月—
		柯少敏	2021 年 9 月—
		陈仲谋	2021 年 9 月—
		赖小平	2021 年 9 月—
海沧区人大常委会	主　任	江根云	2016 年 12 月—
	副主任	陈延年	2011 年 12 月—2021 年 2 月
		王明德	2012 年 12 月—2021 年 12 月
		王常忠	2015 年 2 月—2021 年 12 月
		王斌元	2016 年 12 月—2021 年 12 月
		郭素芬	2019 年 12 月—
		苏亮文	2021 年 12 月—
		蔡德进	2021 年 12 月—
		杨　文	2021 年 12 月—
		张　骏	2021 年 12 月—
海沧区人民政府	区　长	游文昌	2019 年 1 月—2021 年 8 月
	代理区长	龚建阳	2021 年 9 月—2021 年 12 月
	区　长	龚建阳	2021 年 12 月—
	副区长	龚建阳	2021 年 8 月—2021 年 12 月
		苏亮文	2014 年 7 月—2021 年 9 月
		黄　芳	2020 年 6 月—2021 年 9 月
		柯少敏	2018 年 2 月—2021 年 9 月
		韦信斌	2019 年 9 月—

续表 23

机构名称	职务	姓名	任职时间
海沧区人民政府	副区长	黄书枚	2019 年 12 月—
		蔡德进	2020 年 6 月—2021 年 12 月
		江庆生	2020 年 6 月—2021 年 9 月
		林丽征	2021 年 9 月—
		苏永昌	2021 年 12 月—
		庄源源	2021 年 12 月—
		王继东	2021 年 12 月—
政协海沧区委员会	主　席	曹　放	2019 年 12 月—2021 年 12 月
		黄炳文	2021 年 12 月—
	副主席	林丽卿	2012 年 12 月—2021 年 12 月
		乐智强	2014 年 7 月—
		陆晓红	2014 年 7 月—2021 年 12 月
		赵雪晖	2019 年 12 月—
		吴金平	2021 年 12 月—
		颜丽珍	2021 年 12 月—

（区委组织部）

福建省五一劳动奖章获得者

【宋昊芳】 1982 年 2 月出生，女，中共党员，北京师范大学厦门海沧附属学校美术教师，从事教育工作 18 年。宋昊芳是一名深受学生喜爱和同事敬佩的人民教师，在学校担任过多个部门的工作，每一项都高度负责。在美术教学工作中带领学生向善向美，基于学校 5 个校区，引领教研组进行分校区备课和分年级进行教学研讨，在区域中发挥骨干教师和学科带头人的引领示范作用，每年开设公开课、讲座、送教下乡 10 余场，先后获得厦门市优秀教师、福建省优秀教师、福建省青年技术岗位能手称号。在任校团总支书记期间，举办多种深受团员学生和教师喜欢的活动，获得厦门市优秀团干部称号，并带领学校团支部获得区级五四团支部。在支教宁夏海原期间，帮扶当地困难学生和家庭，筹款 18 万余元，让 30 余名濒临失学的学生重返课堂；为当地乡村教师购置教学书籍、教学用具，传播先进教育理念和教学方法，为当地教师开设各类公开课、讲座 20 余场，获得海原县优秀共产党员和宁夏回族自治区优秀支教队员称号。在各类教育教学工作中，带领团队开展家校合作与社区合作，建立家校联系体系，倡导小、初、高衔接模式，用美术老师的情怀统领全科目发展，用实际行动引领学校和区域美术教学进步与发展。2021 年，宋昊芳被授予福建省五一劳动奖章。

【杨卫锋】 1978 年 1 月出生，厦门盈趣汽车电子有限公司，资深硬件工程师。杨卫锋 2012 年进入厦门盈趣汽车电子有限公司，在硬件开发部负责车载产品硬件设计研发。主要开发项目有车载高清播放器、无线车载诊断系统。在设计开发中，解决相关的技术问题及电磁兼容性问题，提高产品的质量。在多个项目并行、时间紧、任务重的情况下，主动加班加点，按时按质完成美国通讯产品的认证，为公司的产品出口到美国提供技术保障。2021 年，杨卫锋被授予福建省五一劳动奖章。

（区总工会）

省级以上先进人物

2021 年海沧区获评省级以上先进人物名表

表 24

姓名	性别	所在单位	荣誉称号	表彰机关	表彰时间
蔡月英	女	厦门城建市政建设管理有限公司	全国优秀农民工	国务院农民工工作小组	2021 年 1 月
黄育青（中国台湾）	女	海沧区	全国抗疫三八红旗手	全国妇联	2021 年 3 月
张英才	男	海沧区城市综合调查队	第七次全国人口普查先进个人	国家统计局	2021 年 9 月
梁小华	男	海沧区司法局新阳司法所	全国司法所模范个人	司法部	2021 年 10 月
万　观	女	海沧区市场监督管理局	全国药品监管系统先进个人	人力资源和社会保障部、市场监管总局、国家药监局	2021 年 12 月
卢永生	男	海沧区市场监督管理局	全省“扫黑除恶”先进个人	福建省市场监督管理局	2021 年 12 月
谢晓亮	男	海沧区市场监督管理局新阳市场监管所	全省市场监管部门非公党建工作先进个人	福建省市场监督管理局	2021 年 6 月
龙静宜	女	海沧区政府办	“诚实守信”福建好人	中共福建省委文明办	2021 年 1 月
林淑莲	女	北京师范大学厦门海沧附属学校	2020 年福建省中小学体育教师教学技能展示活动一等奖	福建省教育厅	2021 年 1 月
陈基周	男	海沧区人民法院	2019—2020 年度全省法院先进个人	福建省高级人民法院、福建省人力资源和社会保障厅	2021 年 1 月
王春孟	男	海沧区人民检察院	“法治进校园”全省巡讲活动表现突出个人	福建省人民检察院	2021 年 1 月
陈卡真	女	海沧区人民检察院	优秀检察宣传工作者	福建省人民检察院	2021 年 2 月
曾祥洪	男	海沧街道办事处	2020 年度福建省政法系统先进工作者	中共福建省委政法委员会、福建省人力资源和社会保障厅	2021 年 2 月
林宏滨	男	海沧区芸美小学	福建省第五批中小学（幼儿园、特殊教育）学科教学带头人	福建省教育厅	2021 年 3 月
郭　静	女	海沧区人民法院家事少年审判庭	福建省三八红旗手	福建省妇女联合会	2021 年 3 月
陈忠煜	男	厦门海沧实验中学	中小学幼儿正高级教师	福建省人力资源和社会保障厅	2021 年 4 月
刘文胜	男	海沧中学	中小学幼儿正高级教师	福建省人力资源和社会保障厅	2021 年 4 月
刘　湘家庭		海沧区嵩屿街道海达社区	2018—2020 年度省级文明家庭	中共福建省委、福建省人民政府	2021 年 4 月
黄灿宾	男	海沧区劳动保障监察大队	福建省根治拖欠农民工工资工作成绩突出个人	福建省根治拖欠农民工工资工作领导小组	2021 年 4 月

续表 24

姓名	性别	所在单位	荣誉称号	表彰机关	表彰时间
黄浩洋	男	北京师范大学厦门海沧附属学校	2020 年度福建省优秀共青团干部	共青团福建省委	2021 年 4 月
谢剑飞	男	海沧区职业中专学校	福建省脱贫攻坚先进个人	中共福建省委、福建省人民政府	2021 年 5 月
卢超淼	男	海沧区东孚街道社区卫生服务中心	福建省脱贫攻坚先进个人	中共福建省委、福建省人民政府	2021 年 5 月
林　溱	男	厦门中达集团有限公司	福建省脱贫攻坚先进个人	中共福建省委、福建省人民政府	2021 年 5 月
马立达	男	新阳派出所	个人二等功	福建省公安厅	2021 年 6 月
周丽琴	女	海沧区海沧街道后井村	全省优秀共产党员	中共福建省委	2021 年 6 月
杨五一	男	厦门城建市政建设管理有限公司	全省优秀党务工作者	中共福建省委	2021 年 6 月
朱立水	男	厦门远海集装箱码头有限公司	全省优秀党务工作者	中共福建省委	2021 年 6 月
陈婵娟	女	海沧区人民检察院	全省检察机关扫黑除恶先进个人	福建省人民检察院	2021 年 7 月
王映亮	男	石塘社区卫生服务中心	2021 年度“百行百名”热血党员	福建省献血工作办公室	2021 年 7 月
赖大庆	男	海沧区司法局	福建省民族团结进步模范个人	福建省人民政府	2021 年 10 月
王春孟	男	海沧区人民检察院	第三届全省检察机关未成年人检察业务竞赛中获业务标兵	福建省人民检察院	2021 年 10 月
林慧娟	女	海沧区社会保险中心	福建省人力资源和社会保障系统先进工作者	福建省人力资源和社会保障厅	2021 年 11 月
洪　轲	女	厦门外国语学校海沧附属学校	2021 年“基础教育精品课”省级优课	福建省教育厅	2021 年 12 月
骆　洋	男	新阳派出所	全省优秀人民警察	福建省人力资源和社会保障厅、福建省公安厅	2021 年 12 月
陈小火	男	东孚派出所	全省优秀人民警察	福建省人力资源和社会保障厅、福建省公安厅	2021 年 12 月
何　楚	女	绿苑幼儿园	福建省第五届中小学教师教学大赛特等奖、一等奖	福建省教育厅、福建省总工会	2021 年 12 月
张　琦	女	双十海沧附校	福建省第五届中小学教师教学大赛特等奖、一等奖	福建省教育厅、福建省总工会	2021 年 12 月
陈　磊	男	北京师范大学厦门海沧附属学校	福建省第五届中小学教师教学大赛一等奖	福建省教育厅、福建省总工会	2021 年 12 月
刘智彬	男	北京师范大学厦门海沧附属学校	福建省第五届中小学教师教学大赛一等奖	福建省教育厅、福建省总工会	2021 年 12 月
丁凯鹏	男	双十海沧附校	福建省第五届中小学教师教学大赛三等奖	福建省教育厅、福建省总工会	2021 年 12 月
程　凡	女	海沧延奎实验小学	福建省第五届中小学教师教学大赛三等奖	福建省教育厅、福建省总工会	2021 年 12 月
赖小平	男	海沧区人武部	福建省征兵先进个人	福建省征兵办	2021 年 12 月

省级以上先进单位

2021 年海沧区获评省级以上先进单位名表

表 25

单位名称	荣誉称号	表彰机关	表彰时间
海沧区	2018—2020 年全国计划生育优质服务先进单位	国家卫生健康委	2021 年 1 月
海沧区侨联	全国侨联系统抗击新冠肺炎疫情先进集体	中华全国归国华侨联合会	2021 年 1 月
新阳街道兴祥社区	2020 年度全国综合减灾示范社区	应急管理部	2021 年 2 月
嵩屿社区卫生服务中心	摄影作品《疫情防控下的拜年》获“2021 年全国卫生健康系统‘中国年味’摄影大赛”优秀奖	中国卫生摄影协会	2021 年 3 月
厦门艾德生物医药科技股份有限公司研发部	全国工人先锋号	中华全国总工会	2021 年 4 月
海沧区海霞幼儿园	2020—2021 年全国啦啦操联赛（厦门站）公开幼儿甲组花球校园啦啦操示范套路第三套项目冠军	国家体育总局体操运动管理中心、全国啦啦操委员会	2021 年 5 月
海沧区农业农村局	全国农业综合行政执法示范单位	农业农村部	2021 年 6 月
海沧区人武部党委	先进旅团级党委	中央军委国防动员部	2021 年 6 月
国药控股星鲨制药（厦门）有限公司	中央企业先进基层党组织	国务院国资委	2021 年 6 月
海沧区残疾人工作委员会	全国残疾人工作先进单位	国务院残疾人工作委员会	2021 年 7 月
海沧区卫生健康局	节约型机关	国管局、中直管理局、国家发展改革委、财政部	2021 年 8 月
海沧区家庭发展事务中心	节约型机关	国管局、中直管理局、发展改革委、财政部	2021 年 8 月
海沧区卫生和计划生育监督所	节约型机关	国管局、中直管理局、发展改革委、财政部	2021 年 8 月
海沧区育才小学	2021 年度全国青少年人工智能活动特色单位	中国科协青少年科技中心、中国青少年科技辅导员协会	2021 年 9 月
海沧区第二实验小学	2021 年度全国青少年人工智能活动特色单位	中国科协青少年科技中心、中国青少年科技辅导员协会	2021 年 9 月
海沧区教师进修学校附属学校	2021 年度全国青少年人工智能活动特色单位	中国科协青少年科技中心、中国青少年科技辅导员协会	2021 年 9 月
北京师范大学厦门海沧附属学校	2021 年度全国青少年人工智能活动特色单位	中国科协青少年科技中心、中国青少年科技辅导员协会	2021 年 9 月
厦门外国语学校海沧附属学校	2021 年度全国青少年人工智能活动特色单位	中国科协青少年科技中心、中国青少年科技辅导员协会	2021 年 9 月

续表 25

单位名称	荣誉称号	表彰机关	表彰时间
海沧区天心岛小学	2021 年度全国青少年人工智能活动特色单位	中国科协青少年科技中心、中国青少年科技辅导员协会	2021 年 9 月
大博医疗科技股份有限公司	第二批先进制造业和现代服务业融合发展试点单位	国家发改委办公厅	2021 年 9 月
中共厦门市海沧区委台港澳工作办公室	全国对台工作系统先进集体	中共中央台湾工作办公室、国务院台湾事务办公室	2021 年 10 月
海沧区新绿幼儿园	第一批全国围棋特色学校（幼儿园）	中国围棋协会	2021 年 10 月
海沧区天竺幼儿园过芸溪分园	第二批全国足球特色幼儿园示范园试点	全国青少年校园足球工作领导小组办公室（教育部体育卫生与艺术教育司代章）	2021 年 11 月
海沧区新绿幼儿园	第二批全国足球特色幼儿园示范园试点	全国青少年校园足球工作领导小组办公室（教育部体育卫生与艺术教育司代章）	2021 年 11 月
海沧区育才小学	第三批全国中小学中华优秀传统文化传承学校	教育部体育卫生与艺术教育司	2021 年 11 月
海沧区妇联	全国维护妇女儿童权益先进集体	全国妇联	2021 年 12 月
嵩屿社区卫生服务中心	嵩屿街道社区卫生服务中心精神卫生服务团队获“2021 中国家庭健康守门人”称号	国家卫生健康委人口文化发展中心、中国家庭报社	2021 年 12 月
海沧区文化馆	国家一级文化馆	文化和旅游部	2021 年 12 月
海沧区	2021 年度中国政务网站领先奖	中国信息化研究与促进网	2021 年 12 月
厦门海沧投资集团有限公司	2021 年中国服务业企业 500 强	中国企业联合会、中国企业家协会	2021 年
海沧区委政法委	2017—2020 年度全省政法委系统先进集体	中共福建省委政法委员会、福建省人力资源和社会保障厅	2021 年 1 月
海沧区福满农庄生态科技农村专业合作社	2020 年度福建省农民专业合作社示范社	福建省农业农村厅	2021 年 1 月
海沧区人武部	全面建设先进人武部	福建省军区	2021 年 1 月
海沧区海沧街道渐美村幸福院	2020 年度福建省五星级养老服务施	福建省民政厅	2021 年 3 月
海沧区行政审批服务中心	福建省巾帼文明岗	福建省妇女联合会	2021 年 3 月
海沧区新阳街道霞阳社区居委会	福建省三八红旗集体	福建省妇女联合会	2021 年 3 月
东孚街道	福建省乡村振兴重点特色乡镇	中共福建省委实施乡村振兴战略领导小组办公室	2021 年 4 月
海沧区人力资源和社会保障局	福建省根治拖欠农民工工资工作成绩突出单位	福建省根治拖欠农民工工资工作领导小组	2021 年 4 月
海沧区	2018—2020 年度省级文明城区	中共福建省委、福建省人民政府	2021 年 4 月
海沧区人民政府办公室	2018—2020 年度省级文明单位	中共福建省委、福建省人民政府	2021 年 4 月

续表 25

单位名称	荣誉称号	表彰机关	表彰时间
海沧区人力资源和社会保障局	2018—2020 年度省级文明单位	中共福建省委、福建省人民政府	2021 年 4 月
中共厦门市海沧区委组织部	2018—2020 年度省级文明单位	中共福建省委、福建省人民政府	2021 年 4 月
中共厦门市海沧区委宣传部	2018—2020 年度省级文明单位	中共福建省委、福建省人民政府	2021 年 4 月
海沧区人民法院	2018—2020 年度省级文明单位	中共福建省委、福建省人民政府	2021 年 4 月
海沧区卫生健康局	2018—2020 年度省级文明单位	中共福建省委、福建省人民政府	2021 年 4 月
海沧区纪委监委	2018—2020 年度省级文明单位	中共福建省委、福建省人民政府	2021 年 4 月
厦门市公安局海沧分局	2018—2020 年度省级文明单位	中共福建省委、福建省人民政府	2021 年 4 月
海沧区教育局	2018—2020 年度省级文明单位	中共福建省委、福建省人民政府	2021 年 4 月
海沧区海沧街道办事处	2018—2020 年度省级文明单位	中共福建省委、福建省人民政府	2021 年 4 月
海沧区市场监督管理局	2018—2020 年度省级文明单位	中共福建省委、福建省人民政府	2021 年 4 月
中共厦门市海沧区委办公室	2018—2020 年度省级文明单位	中共福建省委、福建省人民政府	2021 年 4 月
海沧区东孚街道办事处	2018—2020 年度省级文明单位	中共福建省委、福建省人民政府	2021 年 4 月
海沧区东孚街道后柯村	2018—2020 年度省级文明村	中共福建省委、福建省人民政府	2021 年 4 月
海沧区嵩屿街道海发社区	2018—2020 年度省级文明社区	中共福建省委、福建省人民政府	2021 年 4 月
海沧区新阳街道兴旺社区	2018—2020 年度省级文明社区	中共福建省委、福建省人民政府	2021 年 4 月
海沧区嵩屿街道未来海岸社区	2018—2020 年度省级文明社区	中共福建省委、福建省人民政府	2021 年 4 月
海沧区东孚街道天竺社区	2018—2020 年度省级文明社区	中共福建省委、福建省人民政府	2021 年 4 月
海沧区育才小学	2018—2020 年度省级文明校园	中共福建省委、福建省人民政府	2021 年 4 月
厦门海沧延奎实验小学	2018—2020 年度省级文明校园	中共福建省委、福建省人民政府	2021 年 4 月
北京师范大学厦门海沧附属学校	2018—2020 年度省级文明校园	中共福建省委、福建省人民政府	2021 年 4 月
厦门海沧实验幼儿园	2018—2020 年度省级文明校园	中共福建省委、福建省人民政府	2021 年 4 月
厦门海沧实验中学	2018—2020 年度省级文明校园	中共福建省委、福建省人民政府	2021 年 4 月
海沧区新阳幼儿园	2018—2020 年度省级文明校园	中共福建省委、福建省人民政府	2021 年 4 月
海沧区青礁慈济宫	2018—2020 年度省级文明旅游风景区	中共福建省委、福建省人民政府	2021 年 4 月
大博医疗科技股份有限公司	福建省五一劳动奖状	福建省总工会	2021 年 4 月
海沧区疾病预防控制中心健康教育与慢性病防制科	福建省五一先锋号	福建省总工会	2021 年 4 月
明达实业（厦门）有限公司胶布厂印贴课 C 班	福建省工人先锋号	福建省总工会	2021 年 4 月
积石山海沧产业运营有限公司	甘肃省脱贫攻坚先进集体	中共甘肃省委、甘肃省人民政府	2021 年 5 月
海沧区劳动就业中心	福建省脱贫攻坚先进集体	中共福建省委、福建省人民政府	2021 年 5 月

续表 25

单位名称	荣誉称号	表彰机关	表彰时间
海沧区海沧街道青礁村团支部	福建省五四红旗团（总）支部	共青团福建省委	2021 年 5 月
海沧区海沧街道党工委	全省扫黑除恶专项斗争先进集体	福建省扫黑除恶专项斗争领导小组	2021 年 5 月
中共海沧区委办公室机关支部委员会	全省先进基层党组织	中共福建省委	2021 年 6 月
中共海沧区嵩屿街道海发社区委员会	全省先进基层党组织	中共福建省委	2021 年 6 月
中共海沧区卫生和计划生育监督所支部委员会	全省先进基层党组织	中共福建省委	2021 年 6 月
中共海沧区华中师范大学厦门海沧附属小学支部委员会	全省先进基层党组织	中共福建省委	2021 年 6 月
厦门艾德生物医药科技股份有限公司党支部	福建省民营企业党建工作先进单位	中共福建省委	2021 年 6 月
海沧区教师进修学校附属学校	福建省新一批中小学人工智能教育试点校	福建省教育厅	2021 年 9 月
海沧区	2021 年福建省城市发展“十优”区	福建省人民政府发展研究中心	2021 年 10 月
海沧区嵩屿街道海虹社区居民委员会	福建省民族团结进步模范集体	福建省人民政府	2021 年 10 月
厦门海投物流有限公司	2018—2019 年度福建省守合同重信用企业	福建省市场监督管理局	2021 年 12 月
海沧区育才小学	第一批省级平安校园	福建省教育厅	2021 年 12 月
海沧区	第一届福建省全民运动健身模范县（市、区）	福建省体育局	2021 年 12 月
海沧区	第二批福建省全域生态旅游示范县（市、区）	福建省文化和旅游厅	2021 年 12 月
厦门海沧投资集团有限公司	2020 年福建省安康示范企业	福建省总工会、福建省应急管理厅、福建省卫生健康委员会	2021 年
厦门海沧投资集团有限公司	2021 年福建服务企业 100 强	福建省企业与企业家联合会、福建省广播影视集团、福建省社科院联合	2021 年
厦门海沧投资集团有限公司	2021 年福建企业 100 强	福建省企业与企业家联合会、福建省广播影视集团、福建省社科院联合	2021 年

责任编辑、校对：李彩兰
庄玉凤

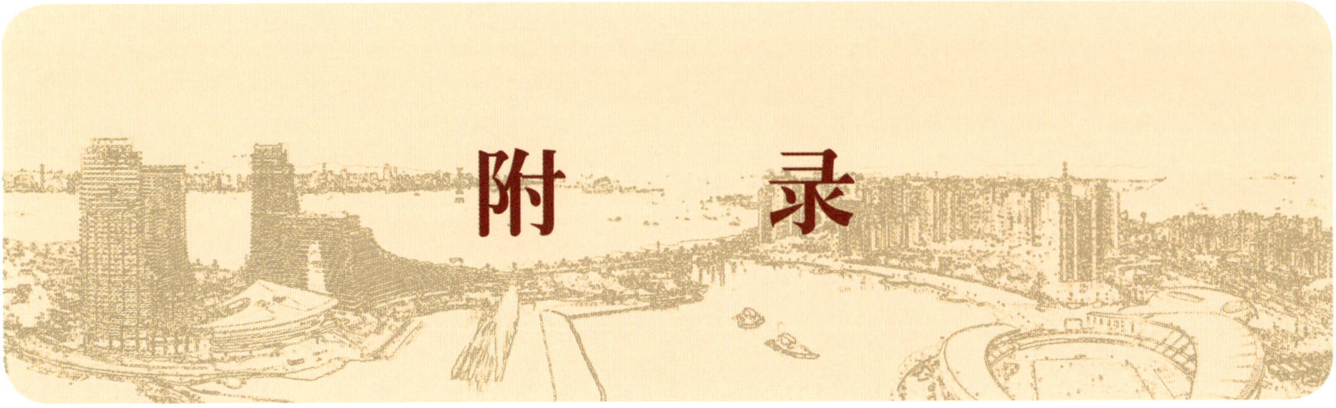

附录

统计数据

2021 年海沧区经济发展主要指标一览表（快报数）

表 26

指标名称	单位	海沧区	增幅（%）
地区生产总值（GDP）	总量（万元）	9382442	11.9
第一产业增加值	总量（万元）	16440	−6.8
第二产业增加值	总量（万元）	5651026	14.7
第三产业增加值	总量（万元）	3714976	8.1
规模以上工业增加值	增幅（%）	—	23.7
批发零售贸易业销售额	总量（万元）	44583366	64.4
限额以上批发零售贸易业销售额	总量（万元）	42694808	69.7
住宿餐饮业营业额	总量（万元）	146871	17.7
限额以上住宿餐饮业营业额	总量（万元）	61483	26.3
社会消费品零售总额	总量（万元）	3009691	4.0
固定资产投资（不含农户）	增幅（%）	—	15.1
区财政总收入	总量（万元）	2372571	25.6
区级财政收入	总量（万元）	401350	18.1
区级财政支出	总量（万元）	708629	−2.0
实际使用外资	总量（万元）	173392	15.8
全体居民人均可支配收入	总量（元）	60859	11.3
城镇居民人均可支配收入	总量（元）	61664	10.1
农村居民人均可支配收入	总量（元）	36948	12.7
全体居民人均消费性支出	总量（元）	41667	14.7
城镇居民人均消费性支出	总量（元）	42025	13.5
农村居民人均消费性支出	总量（元）	33636	20.1

工作报告

中共厦门市海沧区委常委会工作报告

——在区委五届二次全会上

游文昌

（2021 年 12 月 31 日）

各位委员、同志们：

今年以来，在省委、市委的正确领导下，区委坚持以习近平新时代中国特色社会主义思想为指导，深入贯彻习近平总书记对福建及厦门工作的重要讲话重要指示批示精神，统筹疫情防控和经济社会发展，全方位推进高质量发展超越。2021 年，预计地区生产总值同比增长 11%，1—11 月，规上工业增加值、限上批零、固定产投资分别同比增长 29%、75.9%、18.5%，三项指标均为全市第一。

一、弘扬伟大建党精神，牢记“两个确立”，做到“两个维护”

坚持把政治建设摆在首位，牢记“两个确立”，进一步增强“四个意识”、坚定“四个自信”、做到“两个维护”，持续增强以党的创新理论指导实践的政治自觉、思想自觉和行动自觉。

1. 强化政治学习。一是领导带头学。区委班子以“五个带头”示范引领，带动各级党组织以“送学上门”“青年榜样说”为载体，开展集中学习 7000 余场、党课学习 5000 余场。二是多种形式学。深入开展党史学习教育和“再学习、再调研、再落实”活动，采取集中学习与个人自学结合、实地观摩与现场点评结合等多种形式，区委理论学习中心组累计开展学习会 22 场。三是突出重点学。深入学习宣传贯彻十九届五中、六中全会精神、习近平总书记在福建考察时的重要讲话精神、习近平总书记致厦门经济特区建设 40 周年贺信精神和省、市、区党代会精神，围绕产业发展、城乡建设、社会治理等中心工作，开展各类研讨、讨论 3725 次，推动党员干部切实把学习成效转化为推动发展的动力源泉。

2. 严肃政治生活。一是严守纪律规矩。严守政治纪律和政治规矩，坚决防止“七个有之”。严格执行重大事项、重大问题请示报告制度，对涉及海沧的重大发展问题、重大工作进展及时向市委报告。二是用好批评与自我批评武器。认真落实民主生活会和党员领导干部双重组织生活会等制度，坚持红红脸出出汗，让党员干部在相互提醒和监督中共同进步。三是落实民主集中制。坚决贯彻民主集中制，严格执行党内请示报告、任用重要干部票决、党内监督等规定要求，注重加强与人大、政协的沟通协商，广泛听取党外人士和离退休老干部等社会各界的意见建议。

3. 提升政治能力。一是提高政治判断力。深入学习贯彻习近平新时代中国特色社会主义思想，坚持人民利益至上，审时度势、精准施策，妥善应对今年 9 月突发疫情，有力维护社会大局和谐安定。二是提高政治领悟力。认真学习贯彻党的十九届六中全会和省、市党代会精神，找准海沧发展的切合点，明确提出“在更高起点上打造高素质高颜值国际一流湾区”的总体目标和具体任务。三是提高政治执行力。坚决落实党中央重要决策部署，大力推进常态化扫黑除恶斗争，打掉恶势力犯罪集团 2 个、恶势力犯罪团伙 1 个；勇担东西部协作任务，今年以来派出 1 名正处级干部，助力宁夏泾源县巩固拓展脱贫攻坚成果同乡村振兴有效衔接，累计拨付帮扶资金 821.35 万元。

二、坚守人民健康防线，把抓好疫情防控转化为社会发展的首要保障

坚持人民至上、生命至上，全力做好“外防输入、内防反弹”各项工作。一是快严实细打赢疫情防控歼灭战。今年 9 月，面对来势汹汹的疫情，迅速激活优化指挥部体系，创新协同管理机制，果断落实严格管控措施，有序开展六轮全员核酸检测，及时有效控制住疫情零星散发态势。二是全力以赴为全市疫情防控大局作出贡献。在做好我区5960名集中隔离人员健康管理的同时，接纳管理3405名同安集中隔离人员，为全市疫情防控大局贡献力量。三是毫不放松推进疫情防控常态化。积极应对当前国内多点散发疫情，完善平急一体化机制，组建常态化疫情防控工作专班，推进疫苗接种、核酸检测等常态化疫情防控措施落实。

三、坚决贯彻创先争优，把高质量发展转化为走在前列的重要载体

牢记市委五个“走在前列”的要求，坚持抓经济促全局，全方位推进高质量发展，经济社会各项事业蓬勃发展。主要是“五个坚持、五个持续”：

1. 坚持产业立区，经济体系持续完善。聚焦实体经济，工业经济继续领跑全市。今年1—9月工业占比GDP达到51.3%，规上工业增加值总量与增幅继续保持全市第一。一是战略性新兴产业势头强劲，获国务院办公厅专门通报激励。1—11月，集成电路、生物医药和新材料三大主导战略性新兴产业完成产值占全区规上工业总产值的33.8%，入选重点产业紧缺人才占全市46%，新增高层次人才数量全市第一。其中，集成电路加速发展，士兰12英寸二期启动，“三链融合”发展模式获评2021中国集成电路创新联盟大会“IC创新奖”产业链合作奖，集成电路园区获评“2020—2021中国集成电路高质量发展十大特色园区”；生物医药厚积薄发，盛迪医药正式投产；宝太、安邦等企业实现大规模出口，其中宝太生物制造的新冠快速自检产品亮相G7峰会；新材料持续发力，厦钨新能源成功上市，厦钨新能源锂离子材料项目部分竣工投产，金鹭硬质合金项目加快建设。二是现代制造业提质增效，智能家具、汽车及零配件、食品等优势产业发展态势稳定，传统优势的卫浴企业产品畅销海内外，法拉电子、通达科技等电子企业市场占有率持续保持全国领先优势。三是现代服务业加速培育，商贸业高速增长，新经济新业态加快布局，特别是港口物流业加快发展，与世界物流企业夸特纳斯集团完成签约，中远海运、中谷海运等航运龙头企业落地，象屿智慧供应链项目、中远海运港口厦门供应链项目、宝泰码头等项目开工建设。

2. 坚持跨岛发展，城乡建设持续提升。坚持城乡协调、一体推进，切实当好跨岛发展的排头兵。一是新城建设加速推进。海沧湾新城滨海魅力更加凸显，海沧湾沿线夜景提升工程完工，汉博商业进驻厦门中心。马銮湾新城开发形成气势，SM、招商蛇口海沧花园城等项目开工建设。鳌冠新城规划落地实施，鳌冠海域岸线保护和生态综合整治工程全面铺开。沧江新城加速建设成型，沧江生活广场完成整体出租。二是乡村振兴深入拓展。打造了芦塘、赤土等一批两岸融合乡村振兴示范点，“灵动东孚”“醉美临港”2条乡村振兴动线基本成型，全国乡村治理体系建设试点工作获得农业农村部专家肯定。现代都市农业、农村集体经济加快发展，推动与班纳利合作的项目加快建成华南最大花卉育种育苗基地，农民人均可支配收入实现全省“十六连冠”。

3. 坚持绿色低碳，生态建设持续巩固。深入贯彻习近平生态文明思想，不断巩固生态文明建设成果，2021年上半年公众对环境质量满意度蝉联全市第一，空气质量优良率100%，优级率全市第一。一是居住环境清朗宜人。序时完成中央生态环保督察反馈问题整改，扎实做好群众反映强烈的企业废弃物排放污染等问题的整改落实，天竺山景区成为福建省首批气候康养福地，并成功创建海沧首个近零碳景区。二是绿色低碳深入推进。深入开展绿色生活创建行动，着力打造低碳工业园区和低碳试点小区，开展会议碳中和活动；全国首个低值可回收物分拣中心正式动工，有效促进可持续发展。三是陆海统筹成效显著。过芸溪全流域和新阳主排洪渠水质稳定达标，马銮湾海域水质显著改善。大力推进鳌冠“蓝色海湾”修复工程，完成正本清源改造12.7平方公里。

4. 坚持改革创新，营商环境持续优化。坚持以改革促发展，以发展促改革，用心用情做好企业服务，着力打造市场化、法治化、国际化、便利化的营商环境。一是积极融入“一带一路”。海沧港综合保税区验收挂牌，首批21个项目签约入驻，总投资超百亿。中欧（厦门）班列持续拓展，全省首列跨境电商专列正式发运。成立全国首家“一带一路”国际商事调解中心涉台调解室，获最高人民法院肯定。二是持续深化“放管服”改革。设立“办不成事”反映窗口，精准化解办事难题。探索“一业一证”“多证合一”改革，开出全市首张“微信办”个体户营业执照，“证照联办”一件事套餐办件总量全市第一。多措并举缓解企业资金压力，今年累计兑付扶持资金约11.3亿元，惠及企业1817家；1—11月，累计落实减税降费9.15亿元。三是全力保障项目建设。创新“监管＋服务”模式，建立“一项目一台账”联系制度，提供“保姆式”服务，探索先行进入设备安装、分段申报消防验收等方法，为企业早日投产争取最优的“时间、空间”。实行工程建设项目“一窗受理”，当盛新材料提前4个月开工。

5. 坚持以人民为中心，民生福祉持续增强。坚持把人民群众对美好生活的向往作为奋斗目标，以“我为群众办实事”为抓手，着力解决群众最关心最直接最现实的利益问题。一是教育发展优质均衡。建成北附嵩屿校区、雍厝公寓配套幼儿园等14个项目，新增学位17700个，多渠道招聘301名新教师，启动青少年研学实践营地项目，教育质量持续提升。二是医疗供给提质增效。投入4400万元提升基层医疗机构综合服务能力，嵩屿社区卫生服务中心和东孚卫生院通过国家级“优质服务基层行”验收，获国家卫健委通报表扬。三是民生保障全面覆盖。抓好高校毕业生、就业困难人员等重点群体就业，推动兴钟林安置房等10个项目建设，2191套安置房交付使用，创新探索居家社区养老服务。四是社会治理创新出彩。探索“近邻”党建引领基层社会治理创新，建立健全疫情防控网格化管理机制，持续探索“非接触性执法”的城市管理模式。率先全市成立区级人民调解员协会及驻企警民调解工作室，群众安全感率位居全省前列。

四、牢记对台使命任务，把探索经验转化为两岸融合发展新思路

坚决扛起台商投资区的使命责任，坚持“向内向下”，按照“海沧所需、台湾所长”的具体路径，创新开展两岸融合发展实践，着力打造台胞台企登陆第一家园的“第一站”。

1. 经济融合更实。加强对台招商工作，新注册台企18家，落地台资项目2个，与台湾威盛集团合作，共同推动注册成立盛海智芯（厦门）智能科技有限公司。深化对台服务，加大对台资工业企业的扶持力度，新设立“台胞台企商事登记服务专窗”。全面实施“人才+”战略，引进了台湾集成电路高层次人才20人。

2. 社会融合更深。完善海峡城乡发展基金会和台胞社区主任助理工作专业化规范化制度化建设，持续发挥台湾青年在社区治理和乡村振兴的重要作用，推动两岸基层治理融合走深走实。开展台湾法学青年学生交流实习2期8人，积极打造交流展示窗口，工作成效获中共中央台办肯定。

3. 文化融合更紧。积极配合参与保障海峡论坛的成功举办，获得中央领导肯定。圆满举办第十四届保生慈济文化节，通过“线下+线上”联动，进一步加深两岸同胞情谊，促进心灵契合。

五、加强民主政治建设，把制度优势转化为高质量发展的有力支撑

坚持党的领导、人民当家作主、依法治国有机统一，持续巩固民主团结、生动活泼、安定和谐的政治局面，为海沧高质量发展凝聚智慧和力量。

1. 支持区人大依法履职。深化人大代表联系群众平台建设，围绕教育、医疗、养老等民生热点持续发力，促进政府决策更好满足群众需求。支持人大做好财政、审计等监督工作，加强对全区经济运行情况的跟踪分析。依法完成区人大换届选举。

2. 支持政府依法行政。分类推进行政审批制度改革，严格执行“三重一大”事项研究决策程序，深化推进街道综合执法改革，推进行政执法权限和力量向基层延伸和下沉，深入落实行政执法“三项制度”，坚持严格规范公正文明执法。

3. 支持区政协参政议政。发挥政协专门协商机构作用，就保生慈济文化与青草药传承、沧江古镇保护与开发、推进产业发展与优化营商环境等进行专题协商，形成建议案或专报件，有效推动解决实际问题。

4. 巩固发展爱国统一战线。加强政治引领，深化构建大统战工作格局，健全完善与党外代表人士联系交友制度和党派列席重要会议制度。用心做好侨务，认真落实民族团结发展各项政策，做好大团结大联合文章。发挥工青妇等群团组织的桥梁纽带作用，广泛动员群众积极主动服务发展大局。

六、落实新时代党的建设，把从严治党转化为提振精气神的强力抓手

全面落实新时代党的建设总要求，一以贯之纵深推进全面从严治党，着力把各级党组织锻造得更加坚强有力，为海沧全方位推进高质量发展提供坚强组织保障。

1. 严格落实从严治党主体责任。贯彻落实《中共中央关于落实全面从严治党主体责任的规定》《中共中央关于加强对“一把手”和领导班子监督的意见》，对3名履职不力人员进行谈话，开展谈话186人次，让“咬耳扯袖、红脸出汗”成为常态。认真开展省委、市委主体责任检查移交的38个问题整改，已完成25项，未完成的13项也取得了阶段性进展。全力打好四届区委巡察全覆盖收官之战，衔接做好新一届区委巡察工作。严密开展村（社区）巡察“回头看”，扎实推进整改。完善巡察整改促进机制，建立实行区委专题会交办事项通报机制，推动实现专项巡察及巡察“回头看”整

改完成率超过 95%。

2. 牢牢把握意识形态主动权。健全、规范运行意识形态工作领导体制机制，区委书记主持召开领导小组会议研究意识形态工作 4 次、中心组专题学习 1 次、综合分析意识形态工作 1 次，切实加强党对意识形态工作的全面领导。理论学习宣讲走深走实，开展中心组学习 24 场，41 支宣讲队伍及 323 名小小红色宣讲员宣讲 700 余场，受众超 10 万人次。全面贯彻落实《中国共产党宣传工作条例》，持续聚焦巡视巡察整改和市对区考核反馈意见举一反三，完成 21 家单位全面从严治党主体责任检查、意识形态工作督查。

3. 切实加强干部队伍建设。胜利召开第五次党代会，圆满完成区四套班子换届工作，换届选举风气测评名列全市前列。围绕“干事、创业、担当”，树立正确选人用人导向，全年提拔晋升重用干部 60 名，其中 61.6% 有基层一线经历。继续推进“干部成长深耕计划”，启动“海青优才行动”，疫情期间下派 270 余名干部组建专班驻点隔离酒店、封管控小区，抽调党员干部 1.1 万余人次下沉村（社区），在大战大考中淬炼海沧干部的精气神。稳步实施事业单位管理岗位职员等级晋升制度，释放事业干部活力。

4. 全面筑牢基层战斗堡垒。全面推广“近邻”党建，党群服务汇享联盟实体运行。持续开展“金牌支部”创建活动，创新实施“党务新星”培育工程，基层党组织标准化、规范化建设进一步提升。完成村（社区）“两委”换届工作，选优配强基层带头人。持续抓好党建引领乡村振兴，党建引领化解城中村一二手房屋租赁纠纷的经验得到市委批示肯定并推广。深入开展“党旗在基层一线高高飘扬”活动，组织 5500 余名在职党员深入（社区）精准“报到”，帮助解决问题 307 个。统筹推进非公、机关、国企等领域党建工作，成立全省首个区级药品行业协会党组织、全市首个集成电路产业园区党建联盟。

5. 营造风清气正的政治生态。精准运用“四种形态”，持续加大正风肃纪反腐力度，处理 301 人次，由“惩治极少数”向“管住大多数”拓展。驰而不息纠治“四风”，查处享乐主义、奢靡之风问题 11 起 12 人，查处形式主义、官僚主义典型问题 12 起 20 人。深入开展政法队伍教育整顿，处理 13 人，3 名干警主动投案。全区党员干部作风主流持续向好，创先争优的氛围更加浓厚。

厦门市海沧区人民代表大会常务委员会工作报告

——在区第十三届人民代表大会第一次会议上

江根云

（2021 年 12 月 28 日）

过去五年工作回顾

过去五年，区人大常委会在区委的坚强领导下，以习近平新时代中国特色社会主义思想为指导，深入学习贯彻党的十九大和十九届历次全会精神，全面贯彻落实习近平总书记关于坚持和完善人民代表大会制度的重要思想，坚持党的领导、人民当家作主、依法治国有机统一，认真履行法定职责，共召开常委会会议 50 次、主任会议 92 次，听取和审议“一府一委两院”[1]工作报告 108 项，开展执法检查 10 次，视察 40 次，满意度测评 5 次，较好地发挥了地方国家权力机关作用，为我区建设高素质高颜值国际一流湾区作出了积极贡献。

一、坚持党的领导，突出人大政治机关属性

（一）提高站位，确保正确政治方向。区人大常委会始终把政治建设摆在首位，强化理论武装，建立健全学习机制，常态化开展读书班、专题讲座、理论研讨等

活动，第一时间学习习近平总书记最新重要讲话重要指示批示精神，深刻领会“两个确立”的决定性意义，增强“四个意识”、坚定“四个自信”、做到“两个维护”。

（二）依法履职，主动服务中心大局。自觉在大事要事上担当尽责，做到区委有号召、人大有行动。面对新冠肺炎疫情，区人大常委会领导率先垂范，深入一线指导做实做细各项防控措施；机关干部闻令而动，下沉基层与群众携手筑牢“战疫”防线。全区各级人大代表在关键时刻、重要关头挺身而出，或废寝忘食坚守医疗岗位；或带领村（居）群众日夜奋战；或发挥特长，做好服务保障、宣传引导、维护稳定等工作，大家以实际行动为抗疫、向人民交出了满意答卷。围绕厚植文化自信，人大常委会作出弘扬优秀传统文化决定，并连续4年从移风易俗、“一村一品”文化建设、非物质文化遗产保护和校园美育等不同角度促进优秀传统文化与社会主义核心价值观相结合，将代表所提相关议案列入议事日程，通过抓好议案办理，助推优秀传统文化在海沧传承发展。

（三）规范程序，依法做好人事任免。坚持党管干部原则和人大依法任免相统一，坚决贯彻组织意图，不断完善任免程序，实现任免工作依法、规范、有序。五年来，共完成人事任免182人次，保障了机构改革顺利进行，为海沧经济社会发展提供了坚强的组织保障。

（四）精心组织，圆满完成代表换届。按照区委统一部署，充分发扬民主，严格依法办事，严肃换届纪律，把政治标准放在首位，严把政治素质关，顺利选举产生了区第十三届人大代表190名。选举产生的新一届代表具有较高素质和广泛的代表性，成为我区全过程人民民主的生动写照。

二、坚持人民至上，积极增进群众福祉

（一）力促学有所教、病有所医。教育是民生之基。区人大常委会高度重视，从教育经费绩效入手，开展专项调研，并通过“回头看”督促问题解决，助力我区教育优质均衡发展，获评福建省教育强区。高度关注适龄儿童“入园难”问题，连续三年推动大力发展公办园，近三年我区新增学前教育学位4680个，“入园难”问题得到有效缓解。围绕保障人民群众身体健康，开展医疗卫生事业发展专项调研，多次组织代表视察海沧医院、长庚医院和社区卫生服务中心，助推我区实现“三甲”医院零突破，2家社区卫生服务中心位列全国百强，基层卫生服务水平不断提升。

（二）力促老有所养、居有所宜。为更好满足群众养老需求，持续紧盯养老事业发展，推进嵌入式养老服务有序开展，加快构建“15分钟养老服务圈”。紧扣打造高颜值生态花园之城，坚持听取环境状况和环保目标完成情况的报告，持续巩固我区首批生态文明建设示范区成果。围绕水环境整治，每年精选群众关注热点问题进行监督，先后聚焦过芸溪、海沧湖、新阳主排洪渠黑臭水体整治和污水管网规划建设等，开展视察调研、进行议案督办、听取审议报告，全区水体综合整治取得明显成效，过芸溪成为厦门小流域治理典范。围绕打好蓝天保卫战，督促综合施策、防治并行，我区空气质量优良率连续五年达100%。围绕生活垃圾分类，通过执法检查、视察调研、建议督办等方式多管齐下，推动生活垃圾全程分类管理，实现城乡全覆盖，群众居住环境和生活品质不断提升。

（三）力促劳有所得、行有所安。听取和审议农民工欠薪治理工作情况的报告，督促完善预警机制，更好地保障农民工劳动所得。聚焦就业民生热点，强化政策落实，推动实现更充分就业。区政府持续加大力度扶持农村集体经济项目，有效拓宽农民增收渠道，农村居民人均可支配收入实现全省“十五连冠”。坚持问题导向，每年组织省、市、区三级人大代表视察道路交通安全情况，通过问题整改，打造畅通、安全、有序的道路交通环境，有效减少了交通伤亡事故。高度关注社会安全稳定，听取应急管理体系建设、安全生产“除隐患、遏事故、保安全”百日行动等工作情况的报告，开展《消防法》和《福建省消防条例》执法检查，组织视察全区消防安全和老旧小区消防改造，有效减少了各类安全事故发生，群众安全感明显增强。

三、坚持新发展理念，助力经济高质量发展

（一）关注全局，助推经济发展稳中有进。持续跟踪区“十三五”规划实施情况，定期听取和审议年度计划执行情况，认真开展区“十三五”规划实施中期评估、“十四五”规划和二〇三五年远景目标纲要审查及专项调研，支持政府积极应对错综复杂的形势和挑战，特别是在疫情冲击下，坚持稳中求进工作总基调，扎实做好“六稳”工作、落实“六保”任务，确保经济社会平稳健康发展。

（二）关注产业，助推转型升级初见成效。坚持产业立区，开展产业发展专项调研，多次组织省、市、区三级人大代表视察重点产业发展情况，助力主导产业做大做强。立足优化营商环境，聚焦工程项目审批难问题形成专项调研报告，帮助破解制度瓶颈，促进审批提速

增效。关注中小企业发展，听取惠企政策落实情况的报告，视察“三高”企业[2]，落实挂钩联系企业制度，积极助力企业排忧解难，激发发展活力。开展《科技进步法》执法检查，区政府大力实施创新驱动发展战略，以科技创新引领产业发展。

（三）关注财政，助推资金使用提质增效。推进零基预算改革，落实预算审查重点向支出预算和政策拓展，紧抓预算编制和执行等关键环节，每年听取和审议专项报告，依法审查批准年度预决算和预算调整。强化审计发现问题整改的监督，实现“问题清单”和“整改清单”有效对接，整改质效显著提升。聚焦财政资金使用绩效，开展征拆资金使用情况专项调研，推动解决了一批历史遗留问题，盘活了大量闲置土地和沉淀资金，受到省委巡视组肯定。同时，注重深挖共性问题，连续四年从盘活存量资产、用好沉淀资金、开源节流等不同角度督促提高财政资金使用效益。

四、坚持法治引领，全面推进依法治区

（一）注重普法，促进全民守法。区人大常委会带头学习贯彻习近平法治思想，坚持把法治教育与法治实践相结合，弘扬宪法精神，树立宪法权威。审议“七五”普法规划，作出“八五”普法决议，督促“一府一委两院”突出普法重点，改进普法方式，形成尊法学法守法用法的良好氛围，为海沧社会建设筑牢法治基础。创新开展《中华人民共和国民法典》走进基层学习宣传活动，开设线上线下学习专栏，推动《中华人民共和国民法典》精神家喻户晓。积极发挥市立法联系点的桥梁作用，主动配合市人大开展立法调研，广泛征集意见建议，使立法更贴近民心、更具有针对性。

（二）监督执法，促进依法行政。充分发挥人大执法检查“法律巡视”的利剑作用，先后对《教师法》《食品安全法》《禁毒法》等12部法律法规的实施情况进行检查，有效促进了法律法规的贯彻执行。依法做好规范性文件备案审查，坚持有件必备、有备必审、有错必纠，确保法制统一。加强和改进人大信访工作，主动融入全区信访工作大局，推动一批信访问题依法妥善处理，促进社会和谐稳定。

（三）聚焦司法，促进公平正义。支持“两院”深化司法体制改革，创新开展任后监督，连续三年组织“两院”司法人员向人大常委会报告履职情况，激励干部依法履职、担当作为。聚焦扫黑除恶专项斗争，推动建立长效机制，促进标本兼治，除恶务尽。听取和审议刑事审判工作情况的报告，持续紧盯群众反映强烈的“执行难”，推动大力化解陈案、积案，努力让群众在每一个司法案件中都感受到公平正义。组织人大代表旁听热点案件庭审，完善人民陪审员工作机制，五年来共依法任免人民陪审员202人次，进一步促进司法公开，提高司法透明度。关注适用认罪认罚制度情况，推动优化司法资源配置，促进司法公正与效率相统一。

五、坚持激发活力，充分发挥代表主体作用

（一）建立平台，联系群众更密切。代表联系群众平台是常委会组成人员联系代表、代表联系群众“两个联系”走向纵深的重要载体。五年来，人大常委会持续推动平台从无到有，从有到优。一是制定标准，全覆盖建站。制定平台建设方案，规范硬件标准，建成“六有”[3]活动室（站）53个，实现街道、村（居）全覆盖，形成以街道代表联系群众活动室为依托、村（居）代表活动站为支撑的常态化联系网。二是抓好活动，高效能运转。建立健全“4个1”代表活动机制[4]，紧扣中心工作和群众关切开展丰富多彩的代表活动，凸显了代表联系群众的实效。各活动室（站）用群众喜闻乐见的方式，学习宣传习近平新时代中国特色社会主义思想，促进党的创新理论在基层落地生根。围绕解决群众身边事，海沧街道温厝社区活动站着力建设幸福食堂，为社区老人打造温暖的“家”；嵩屿街道北附小社区活动站持续聚焦老旧小区管理难题，完成消防管网设施改造，受到群众好评。三是善于创新，特色化发展。一方面，挖“深”度，出台量化考评办法，率先全市开展星级评选，支持活动室（站）积极探索“自选动作”，打造特色品牌。如东孚街道过坂社区活动站通过定期在后坑与群众夜聊畅谈，在“话家常”中形成“后坑夜话”品牌，群众的好建议变成乡村振兴的新路子。另一方面，拓“广”度，因地制宜延伸代表履职“触角”，发挥代表专长，率先全市在企业、学校、医院等设立6个行业代表活动站。如新阳街道企业片区代表活动站倾力服务企业，履职故事和工作经验受到全国、省、市人大肯定。

（二）强化督办，建议办理更有效。改进代表建议督办方法，创新实施建议办理绩效评估，推动建议办理由“答复满意”向“结果满意”转变。坚持建议办理“回头看”，对受条件限制暂不能解决的建议，实行跨年度滚动督办，通过“一跟到底”力促向代表承诺的事项落到实处。在各方共同努力下，区十二届人大代表所提707件建议均已办复，代表满意率和基本满意率达100%，集体经济、交通配套等一批群众关心问题得到有力推动，贞庵村统迁自建房产权证办理、农场职工养

老保险补缴等一批难点问题得到妥善解决。

（三）突出实效，服务管理更到位。高度重视代表学习培训，精心组织代表初任培训、专题培训等各类学习活动，不断提高代表政治素养和履职能力。坚持召开政情通报会，根据代表专业背景、职业特点，有针对性地邀请基层代表1336人次列席人大常委会会议，参加视察、调研、执法检查等活动，既拓宽了代表履职渠道，又扩大了代表对常委会工作的参与。出台代表活动经费管理办法，制定代表联系选民、定期述职、履职档案管理等一系列制度。积极推广“互联网+”代表履职，全面使用省三级人大代表履职服务平台，常态化利用“海沧人大”公众号、代表微信群，及时通报重要信息、反映代表呼声、交流履职经验。

六、坚持强基固本，加强人大常委会自身建设

（一）深化教育，加强人大党的建设。贯彻新时代党的建设总要求，高标准高质量开展“两学一做”学习教育、“不忘初心、牢记使命”主题教育、党史学习教育和“再学习、再调研、再落实”活动，深入开展“我为群众办实事”实践活动。坚决履行全面从严治党主体责任，严格落实中央八项规定及其实施细则精神，巩固深化巡视巡察整改成果。积极参与“爱心厦门”建设，主动融入文明创建，广泛动员人大代表、组织机关干部开展清洁家园、交通督导等志愿服务。

（二）创先争优，不断改进工作作风。以创先争优精气神狠抓工作落实，大兴调查研究之风，坚持每年开展重点课题专项调研，调研报告受到区委主要领导充分肯定并作出专门批示。同时，建立问题整改落实常委会审议制度，以钉钉子精神求实问效，实现开展一项调研，解决一系列具体问题，推动一项事业发展。创新开办以常委会任命人员为主、专业人才为辅进行授课的“人大讲堂”，不仅提升了人大常委会成员、机关干部和代表的履职能力，又为开展柔性监督提供了新方法，相关经验和做法入选福建省县乡人大创新案例，成为海沧人大特色品牌。

（三）扩大宣传，抓好意识形态工作。严格落实意识形态工作责任制，坚持正确舆论导向，充分发挥报纸、杂志、电视等传统媒体作用，精心打造“海沧人大”公众号，策划开展“两会时间”“同心抗疫”“履职五载书答卷”“建议办理观成效”等系列宣传活动，多渠道、全方位展示常委会工作成果、代表履职成效。五年来，共在国家、省、市各级媒体刊发稿件139篇，制作公众号推文292期443篇，有效传递了“人大声音”。

各位代表！区十二届人大常委会已经顺利完成了历史使命，五年来所取得的成绩，是在区委的正确领导下，全体人大代表、人大工作者兢兢业业、积极奉献的结果，是“一府一委两院”密切配合、区政协团结协作的结果，也是全区广大人民群众充分信任、大力支持的结果。在此，我谨代表区十二届人大常委会，向所有关心、支持、帮助我区人大工作的同志们和社会各界人士，表示崇高的敬意和衷心的感谢！

回顾区人大常委会五年来的工作实践，我们深切体会到：

——毫不动摇坚持党的领导，是做好人大工作的根本保证。坚持党的全面领导是人民代表大会制度的本质要求和最大优势。五年来，我们始终坚持在区委的领导下开展各项工作，围绕区委决策部署作出重大事项决定决议，及时使区委的主张通过法定程序成为全区人民的共同意志和统一行动。实践证明，只有自觉坚持和依靠党的领导，人大工作才能方向不偏、根基不松，才能取得人民满意的效果。

——坚定不移以人民为中心，是做好人大工作的根本目标。人大及其常委会是人民通过民主选举产生，代表人民的意志，人民群众的根本利益是人大一切工作的出发点和落脚点。五年来，我们牢记人民代表大会制度的初心使命，聚焦群众“急难愁盼”精准发力、久久为功。实践证明，只有着眼基层实际，放眼民生诉求，切实维护民利，人大工作才能更接地气，才能赢得更广泛的信任和支持。

——坚持不懈服务中心大局，是做好人大工作的关键所在。人大工作是党和国家工作的重要组成部分。五年来，我们始终做到全区工作重心在哪里，人大工作就跟进到哪里，力量就汇聚到哪里，作用就发挥到哪里。实践证明，只有坚持在大局下谋划和推进人大工作，人大工作才能更具针对性、实效性，才能更好地把制度优势转化为治理效能。

——驰而不息推进法治建设，是做好人大工作的必然要求。人大及其常委会处于社会主义民主法治建设的第一线，在推进全面依法治国进程中担负着重大职责。五年来，我们以宪法为根本活动准则，严格依照法定职责、限于法定范围、遵守法定程序，监督“一府一委两院”依法行政、依法监察、公正司法，扎实推进法治海沧、法治政府、法治社会一体建设。实践证明，只有带头尊崇法治，充分发挥人大在法治建设中的重要作用，人大工作才能更有作为、更具权威。

——高度重视发挥代表作用，是做好人大工作的坚实基础。人大代表是人民的代言人，是人民代表大会的主体，代表工作是人大工作的基石。五年来，从加强平台建设深化“两个联系”，到开展代表活动反映民意、汇聚民智；从引导代表参与中心工作发挥优势、贡献力量，到督办建议解决问题；从完善机制支持代表履职有为，到表彰一批先进激发代表履职热情，我们不断加强和改进代表工作，亮点纷呈。实践证明，只有充分尊重代表主体地位、发挥代表作用，人大工作成效才能更加显著。

——持之以恒践行守正创新，是做好人大工作的不竭动力。人民代表大会制度具有面向未来、面向实践、与时俱进的属性和品格。五年来，我们始终将坚持制度自信和改革创新相统一，无论是针对不同监督议题“量体裁衣”，灵活运用各种监督手段，实现程序性与实质性监督并行；还是以“监督—落实—再监督—再落实”为主要模式，建立问题滚动解决制度，形成监督闭环；亦或是拓展“人大讲堂”内容形式，走进老区苏区、高山海岛开展学习，深入基层推动疫情下助企纾困政策加快落实……都是我们在探索中前行的坚定步伐。实践证明，只有勇于开拓创新，人大工作才能与新时代新形势相适应，才能更好、更有效地发挥人大职能作用，实现人大工作与时俱进。

在总结成绩的同时，我们也清醒地看到区人大常委会的工作与宪法法律的要求和人民群众的期盼还有差距，主要表现在：个别监督议题审议质量和实效还有待进一步提升；监督的方式方法还有待进一步丰富；代表的服务工作还有待进一步完善；人大常委会自身建设还有待进一步加强。这些都必须在今后工作中认真研究、切实加以解决。

今后五年和 2022 年工作意见

过去五年，海沧筑牢了全方位推进高质量发展超越的坚实基础，未来五年，是海沧奔跑冲刺，在更高起点上建设高素质高颜值国际一流湾区的关键时期。新一届区人大常委会要在区委的坚强领导下，高举习近平新时代中国特色社会主义思想伟大旗帜，全面学习贯彻习近平总书记关于坚持和完善人民代表大会制度的重要思想，深入学习贯彻习近平总书记致厦门经济特区建设40周年贺信重要精神，勇立潮头、勇毅前行，创先争优、走在前列，不断开创人大工作新局面，为海沧实现“十四五”高质量发展作出新的更大贡献。

今后五年，我们的目标是：

——着力建设自觉坚持中国共产党领导的政治机关。善于通过人民代表大会制度，保证党的路线方针政策在各项工作中得到全面贯彻，保证区委的决策部署得到有力执行。

——着力建设保证人民当家作主的国家权力机关。把人民当家作主具体地、现实地体现到实现人民对美好生活的向往上来，做到民有所呼、我有所应。按照发展全过程人民民主的要求，健全吸纳民意、汇集民智的工作机制，确保决策、执行、监督落实各环节都能听到人民的声音。

——着力建设全面担负宪法法律赋予的各项职责的工作机关。聚焦区第五次党代会既定的目标任务，紧扣全面深化改革开放，建设现代产业体系、推进跨岛发展、优化营商环境、生态环境保护、法律法规实施等事关我区“十四五”时期发展大局的重大工作，依法行使监督权、决定权、任免权，充分发挥人大在推进治理体系和治理能力现代化中的重要作用。

——着力建设始终同人民群众保持密切联系的代表机关。加强代表工作能力建设，不断拓展代表参与常委会工作的深度和广度，进一步丰富代表联系群众的内容和形式，以代表为纽带，将人民的智慧和力量凝聚到海沧发展大局上来。

2022 年是党的二十大召开之年，是“跨岛发展”重大战略提出 20 周年，是贯彻落实区第五次党代会各项部署的起步之年，也是新一届人大常委会依法履职的第一年，建议重点抓好以下四个方面工作：

（一）以更实举措维护群众根本利益。坚持以人民为中心，围绕教育、医疗、文化、交通、养老、社会治理等民生重点领域，精选监督议题，实行正确监督、有效监督、依法监督。一方面，综合运用听取和审议专项报告、执法检查、视察、满意度测评等各种监督方式；另一方面，建立覆盖意见交办、跟踪落实、效果评价等环节的全链条闭环监督机制，以持续监督的韧劲推动问题解决，不断增强群众获得感、幸福感、安全感。

（二）以更高站位服务全区发展大局。持续关注财政资金使用绩效，依法监督财政预决算、审计工作，审议国有资产管理情况综合报告，力促财政资金更多用于为发展添后劲、为民生解难题。深化依法治区实践，全面实施宪法，督促“八五”普法规划实施。聚焦司法为民，关注诉源治理，力促纠纷止于萌芽，提升基层社会治理实效。高标准做好人事任免工作，健全任后监督机制，确保行政权、监察权、审判权、检察权得到有效监督。贯彻绿色发展理念，促进垃圾分类工作提档升级，持续紧盯全区污水管网排查整治，继续落实环保工作年度报告制度，助力打造高颜值的生态文明示范区。

（三）以更优服务保障代表履职尽责。完善代表联系群众平台，持续打造行业代表活动站，继续开展星级评选，固化经验、形成常态。丰富代表闭会期间活动，密切常委会成员同代表的互动与交流，建立人大常委会领导与列席会议代表座谈交流制度，以健全的机制促进“双联”工作接地气、有实效。加强代表学习培训，为代表履职充电赋能。积极运用大数据服务和支持代表履职，推动代表工作信息化。紧盯代表议案建议“提、交、督、办”四个环节，建立工作台账，持续抓好督办，力促代表所提意见建议事事有回应、件件有着落。

（四）以更大力度全面加强自身建设。持续深入学习习近平总书记在中央人大工作会议上的重要讲话精神，弘扬伟大建党精神，以政治建设为统领，打造政治坚定、服务人民、尊崇法治、发扬民主、勤勉尽责的人大工作队伍。坚定不移把全面从严治党引向深入，扎实推进人大机关党的建设。对标新时代人大工作需要，完善人大常委会及机关工作制度和议事规则，形成充满活力、务实高效的运行机制。加强意识形态工作，统筹运用各种媒体，讲好民主故事、人大故事。

各位代表，推动新时代人大工作与时俱进、高质量发展，我们任重道远。让我们更加紧密地团结在以习近平同志为核心的党中央周围，在区委的坚强领导下，坚定信心决心，扛起使命责任，创先争优、走在前列，为在更高起点上建设高素质高颜值国际一流湾区而努力奋斗，以优异成绩迎接党的二十大胜利召开！

《人大常委会工作报告》名词解释

1. 一府一委两院：人民政府、监察委员会、人民法院和人民检察院。

2.“三高”企业：高技术、高成长、高附加值企业。

3.“六有”活动室（站）：人大代表联系群众活动室（站）均有固定场地、有驻站代表和工作人员、有统一标牌、有工作制度、有学习资料、有履职档案。

4.“4 个 1”代表活动机制：代表活动安排具体为每年年初制定一次全年活动计划、每季度围绕一个主题开展活动、每月固定一天接待选民、每双月组织代表开展一次理论学习。

厦门市海沧区人民政府工作报告

——在区第十三届人民代表大会第一次会议上

龚建阳

（2021 年 12 月 27 日）

一、2021 年和过去五年工作回顾

今年是中国共产党成立 100 周年，也是厦门经济特区建设 40 周年。我们始终坚持以习近平新时代中国特色社会主义思想为指导，全面贯彻党的十九大和十九届历次全会精神，在市委、市政府和区委的正确领导下，坚持稳中求进工作总基调，坚持新发展理念，全方位推进高质量发展超越，统筹做好疫情防控和经济社会发展，全面落实“六稳”“六保”任务和“五促一保一防一控”工作，高质量发展势头强劲。全年预计实现地区生产总值 900 亿元左右，同比增长 11%，增幅全市各区第一；财政总收入、区级财政收入分别同比增长 24% 和 15%；固定资产投资 432 亿元，同比增长 15%；城镇居民和农村居民人均可支配收入增幅超过省市平均水平。

一年来，主要工作和成效是：

（一）着力守初心、护生命，疫情防控有力有效

果断快速扑灭本土疫情。坚持快严实细，迅速激活并完善指挥体系，机关、企事业单位下沉一线1.2万人次，全区上下团结一心、共克时艰，凝聚起抗疫的强大力量。创新“流调—转运—隔离”全流程管理机制，率先全市建立信息化平台，快速阻断疫情传播，受到国家工作组充分肯定。14天内启用24个隔离场所，累计纳管9371名密接、次密接人员（含同安集中隔离人员）。强化社区防控、社会管控和物资保障，筑牢群防群治严密防线。8例本土确诊病例痊愈出院，一个月左右取得阶段性胜利。

有力恢复疫后经济社会秩序。争分夺秒复工复产，出台16条措施助力企业纾困减负，走访服务企业6.4万家次，为企业减负超1.6亿元。安全有序恢复线下教学。发放400万元消费券，力促住宿餐饮、批发零售等行业加快复苏。

慎终如始做好常态化疫情防控。狠抓外防输入，严格落实集中隔离酒店、港口码头、万纬集中监管仓等重点场所闭环管理，落实境外入厦人员健康管理近9千人。夯实常态监测、多点触发机制，强化国内中高风险地区入厦人员摸排管理，全面落实重点人群核酸检测。初步建立“三公（工）一大”流调机制，制定“1+18”常态化疫情防控工作方案。全力构建免疫屏障，累计接种新冠疫苗119.1万剂次。

（二）着力稳增长、促转型，现代产业体系加快构建

产业发展崭露头角。工业经济领跑全市，规上工业产值1785亿元，同比增长25.8%。持续育大培强，新增“小升规”50家、十亿级企业5家、百亿级企业1家，入选福建省工业现有龙头和培育企业31家。战略性新兴产业集群凸显，获国务院办公厅通报激励。生物医药产值实现翻倍增长，步入产业链协同创新、齐头并进的集中回报周期；万泰沧海自主研发的宫颈癌疫苗获世界卫生组织认证，全国首座硼中子俘获治疗中心竣工。集成电路产值同比增长453%，新增4家产值过亿企业，士兰12英寸二期启动，金柏半导体项目竣工。新材料产值同比增长51%，厦钨新能源成功上市。现代制造业更具活力，机械制造、智能家居等优势产业产能提升，佳浴陶瓷、捷太格特等新产线投产。现代服务业稳步发展，海沧港集装箱标箱同比增长8%，中远海运等项目开工建设，海润码头智能化改造项目投入试运行。新引进并入统批发零售业项目93个，实现营收163.5亿元。

招商引资卓有成效。毫不动摇抓招商促发展，落地项目875个、总投资1164亿元。引进紫金智控等36个高能级项目，落地新格诺康等3个总部项目，宝太生物等5个项目完成供地。实际使用外资12.9亿元，同比增长6.6%。厦门中心引进元初食品总部等优质项目，积极推进高端酒店等项目洽谈。出台（修订）5项扶持政策，有力提升产业链招商精准度。

双创生态不断改善。海沧生物医药港入选国家“双创”示范基地。新增“三高”企业36家、专精特新“小巨人”企业4家、省级以上研发机构1家。公共平台更加完善，半导体产业基地竣工，华西海圻厦门工作站揭牌。宁店变电站投运，电力供应更有保障。引进高层次人才220人、高校毕业生6118人，柔性引才1546人；新增2家主导产业省外引才基地。

（三）着力提品质、促融合，跨岛发展纵深推进

城区开发形成气势。有效投资持续扩大，新增“五个一批”项目81个、总投资534.9亿元；62个省市重点项目完成投资264.5亿元。征收工作有力推进，完成征地5573.9亩、交地5489.9亩，实现项目封闭23个，后柯村等3个村整村征收签约基本完成。新城建设加快步伐，海沧湾沿线夜景提升工程完工；鳌冠海域岸线保护和生态综合整治工程全面铺开；马銮湾新城SM、象屿东南智慧供应链产业园等项目开工；沧江新城5个道路项目完工，路网、商业综合体等配套设施逐步健全。

基础设施日臻完善。海沧隧道正式通车，轨道6号线海沧段车站全面封顶。交通路网不断织密，新建（改造）道路12.2公里，翁角路（孚莲路—厦漳界段）等15个道路项目完工，打通断头路寨后北路。新增公共停车位1085个，增设公交线路（含定制公交）19条、站点11个。完成石塘等4个农贸市场的改造提升。

乡村振兴持续深化。在全国乡村治理体系建设交流活动上作经验介绍。推动乡村振兴试点示范村项目151个，完成投资5.8亿元。9个农村集体经济项目有序推进。班纳利中国育种中心一期完成建设。推动一批农村建设品质提升项目，完成5千米“四好农村路”建设、1102栋裸房整治，分批推进77个自然村的农村生活污水治理提升。持续开展泾源县和屏南县对口帮扶，获评“福建省脱贫攻坚先进集体”。

生态环境更趋优良。扎实做好第二轮中央生态环保督察问题整改。年度公众对环境质量满意度蝉联全市各区第一。蓝天、碧水、净土保卫战深入推进，加强工业

废气排放信息化监管，空气质量优良率100%；建立湾（滩）长制，马銮湾再生水厂和海沧水质净化厂投入使用，完成正本清源改造12.7平方千米；土壤环境质量保持稳定。低碳工作加速发力，打造低碳智慧工业园区和低碳试点区。绿色空间持续拓展，5座“口袋公园”投用，建成马銮湾生态三岛公园，新增（改造）园林绿地89.9公顷、绿道11.2千米，完成造林绿化8177亩。

（四）着力促改革、扩开放，发展环境持续优化

两岸融合走深走实。产业合作稳步加强，新注册台企18家，落地台资项目2个，合同使用台资同比增长8.2%。新设立台胞台企商事登记服务专窗，审批服务更加便捷。举办两岸散文奖弘扬爱国情怀，共同纪念颜思齐开台400周年，文化认同进一步加深。台湾青年参与社区建设和乡村振兴工作得到充分肯定。成立全国首家“一带一路”国际商事调解中心涉台调解室，完成全省首例“跨海峡”远程立案。

自贸优势有力发挥。海沧港综合保税区正式运营，21个项目签约入驻，总投资额超百亿。中欧（厦门）班列持续拓展，全省首列跨境电商专列正式发运。重点园区平台加速发展，黄金珠宝产业园产值超140亿元，燕窝加工、进口酒等平台有序运营。

行政服务便捷高效。深化“互联网+”政务服务，办理全省首张“微信办”个体户营业执照。持续推进“放管服”改革，行政许可事项“一趟不用跑”事项占比99.9%，“秒批秒办”事项61项，实行工程建设项目“一窗受理”。新设商事主体近1.2万户，新增注册资本314亿元。落实减税降费9.2亿元，兑付扶持资金11.3亿元。深入开展“法治助企”行动，多元化解涉企纠纷152次。

（五）着力补短板、暖人心，民生福祉日益增强

社会事业持续发展。建成14个中小学幼儿园项目，新增学位17700个；落实国家“双减”政策，实现中小学课后延时服务全覆盖。海沧街道社区卫生服务中心竣工投用，海沧医院互联网医院正式揭牌；深化与复旦中山厦门医院医疗技术协作，2家基层医疗卫生机构获国家卫健委通报表扬。建设篮球场等93个休闲活动设施。开展D级危房文物建筑修缮工作，创新性发展优秀传统文化。获评“第二批福建省全域生态旅游示范区”。

社会保障更加完善。64项为民办实事项目基本完成。做好高校毕业生等重点群体就业服务，推动失业人员再就业近9000人，新阳人力资源市场投入使用。强化特殊人群保障，率先全市开展残疾人评定上门服务；被征地人员基本养老保险参保完成度岛外最高；推进低保扩面，发放困难群众救助金2030万元。推动4个社区养老服务设施建设，新开办1个幸福食堂。加快佳芸花园等8个安置房项目建设，交付房源2191套。

社会治理创新提升。顺利推进47个村（社区）“两委”换届工作，基层组织焕发新活力。获评“省级文明城区”。扎实推进平安海沧建设，诉源治理工作经验被最高法院推广，刑事、民商事案件万人成讼率稳步下降，信访维稳取得实效。“五星级”平安小区占比全市各区第一，上半年群众安全感率99.4%。开展重点行业领域整治，依法拆除“两违”建筑77万平方米。扎实推进安全生产专项整治三年行动，森林防火经验做法全省推广，安全生产形势总体稳定。持续深化质量强区建设。民族宗教、侨务外事、档案方志、人防海防、粮食安全、双拥等工作取得新进展，工会、青年、妇女儿童、老龄、残疾人、红十字等事业实现新进步。

（六）着力强担当、重实干，政府建设持续深化

深入学习贯彻习近平总书记“七一”重要讲话和在福建考察时的重要讲话精神，推动党史学习教育和“再学习、再调研、再落实”活动走深走实，政府系统党的建设全面加强。抓牢抓实意识形态工作，发挥融媒体传播优势和新时代文明实践基地作用，更好强信心、稳人心、聚民心。严格落实中央八项规定及其实施细则精神，毫不松懈纠治“四风”，力戒形式主义、官僚主义。坚决落实过紧日子要求，完善“三全”预算绩效管理体系。自觉接受区人大及其常委会依法监督、区政协民主监督和社会各界监督。办理人大代表议案1件、建议128件，政协委员提案99件，满意和基本满意率100%。

各位代表！今年本届政府任期届满。过去五年，是海沧爬坡过坎、攻坚克难、极不平凡的五年。在习近平新时代中国特色社会主义思想的指引下，在市委、市政府和区委的坚强领导下，我们在经济新常态中保持产业定力、在疫情防控斗争中经受重大考验，紧抓跨岛发展重要战略机遇期，化压力为动力、化危机为契机，砥砺奋进、稳扎稳打，顺利完成本届政府目标任务，全面建成小康社会取得决定性成就，谱写了全方位推进高质量发展超越的新篇章。

五年来，“强”的基础更加坚实。经济发展提档升级，地区生产总值连续跨越4个百亿台阶，年均增长6.3%；规上工业产值摆脱“千亿徘徊”困境，突破1700亿元。三大主导战略性新兴产业产值占工业产值比重达33.5%，新增上市企业10家，落地投资过亿项目226个，新增产值过亿项目29个，发展动能持续增强。常

住人口数由48万增加至58.6万，城区吸引力不断攀升。

五年来，“产”的发展更加蓬勃。坚持产业立区，久久为功，“3+1+1”现代产业体系成效明显。三大主导战略性新兴产业成为重要支撑，生物医药产业强势崛起，诞生全球首支重组戊肝疫苗、国内首支二价宫颈癌疫苗等领先产品，特别是在疫情防控中充分发挥全产业链保障能力，彰显“海沧担当”；集成电路产业从无到有、形成集群，士兰、通富等龙头项目投产；新材料产业持续发力，拥有厦钨、长塑等一批有国际影响力的企业。现代制造业迈向智能化、信息化。现代服务业加速培育，新经济新业态加快布局。

五年来，“美”的底色更加靓丽。将金砖会晤保障与环境品质提升有机统筹，新城建设连片成势，面貌日新月异。海沧大道沿线高端酒店集聚、环湾夜景流光溢彩，成为城市新名片。“五纵八横”主干路网基本成型，轨道2号线、海沧隧道等群众热盼项目通车，新增主干道路7.5千米。基本完成9个村整村征收。跻身首批“国家生态文明建设示范区”，以前所未有的决心和力度保卫蓝天、碧水、净土。率先全市获评“全国绿化模范区”，新增园林绿地399公顷、绿道43.6千米，绿化覆盖率超50%。

五年来，“富”的内涵更加丰厚。城乡居民人均可支配收入分别增长32.8%和39.2%。民生事业量质齐升，新增学位5.6万个，实现“三甲”医院零突破，“15分钟养老服务圈”加快构建。文体事业蓬勃发展，助力“送王船”项目成功申报人类非遗名录，海沧半程马拉松赛获评“中国田径协会金牌赛事”。入选“全国乡村治理体系建设首批试点单位”，青礁村、过坂社区获评“中国美丽休闲乡村”，渐美村获评“全国文明村镇”。落实帮扶资金3.2亿元，对口帮扶贫困县均脱贫“摘帽”。

五年来，“创”的标识更加鲜明。自贸优势愈发凸显，海沧港综合保税区揭牌运作。港口集装箱年吞吐量占厦门港比重超七成。两岸融合金字招牌不断擦亮，成立全国首个涉台法庭，颜思齐开台史实载入国家历史教科书，两岸创新创业经验得到国务院通报表扬。“放管服”改革纵深推进，一系列便民服务举措深受好评。

五年来，“稳”的基石更加牢固。坚持人民至上、生命至上，付出巨大努力，疫情防控取得显著成效。推进基层社会治理现代化和社区服务精细化，“红裙子志愿服务队”亮相央视，校园“微治理”经验获中央政法委领导批示肯定。有力防范化解金融风险。群众安全感率始终保持在99%以上。

各位代表！看似寻常最奇崛，成如容易却艰辛。五年的奋斗探索，为海沧走在前列打实了基础；五年的发展成就，为海沧接续前行坚定了信心。成绩的取得，离不开市委、市政府和区委的正确领导，离不开历届班子打下的良好基础，离不开全区上下的奋力拼搏，离不开各位代表、委员的大力支持，离不开广大人民群众、社会各界的共同努力。在此，我谨代表区人民政府，向全区人民，向全体人大代表和政协委员，向各民主党派、工商联、各人民团体、无党派人士、离退休老同志和社会各界人士，向各驻区单位、驻区部队、武警官兵和公安干警，向广大投资者和劳动者，向关心支持海沧发展的台港澳同胞、海外侨胞和国际友人，表示衷心的感谢！特别要向为抗疫做出突出贡献的广大医护人员，向奋战在一线的基层干部、社区工作者和志愿者，致以最崇高的敬意！

在总结成绩的同时，我们要清醒认识到存在的严峻挑战和问题不足：外部环境复杂多变，疫情影响不确定性较大；产业结构有待优化调整，尤其是第三产业对经济增长的贡献和拉动还不明显；财政收支平衡面临更大压力；国企经营困境尚未得到有效破解；城市管理、民生保障与群众期待仍有差距；干部队伍创先争优的紧迫感不够强，快抓落实、主动担当、攻坚克难的精气神不足。针对这些问题，我们将采取有力措施，切实加以解决。

二、今后五年工作展望和2022年主要工作建议

奋进新时代，迈向新征程。未来五年，将是海沧奔跑冲刺，在更高起点上建设高素质高颜值国际一流湾区的关键时期。根据区第五次党代会精神，今后五年的指导思想和总体要求是：高举习近平新时代中国特色社会主义思想伟大旗帜，深入学习贯彻习近平总书记致厦门经济特区建设40周年贺信重要精神，全面贯彻落实各级决策部署，立足新发展阶段、贯彻新发展理念、积极服务并深度融入新发展格局，全面深化改革开放，坚持稳中求进工作总基调，以全方位推进高质量发展超越为主题，以供给侧结构性改革为主线，牢固树立抓经济促全局理念，加快建设现代化经济体系，深入实施跨岛发展战略，不断完善城区功能，提高人民生活品质，推进治理体系和治理能力现代化，探索两岸融合发展新路，在更高起点上建设高素质高颜值国际一流湾区，创先争优、走在前列，为谱写全面建设社会主义现代化国家福

建篇章和厦门更高水平建设高素质高颜值现代化国际化城市做出新的更大贡献。

今后五年的奋斗目标是：

——致力打造高质量的现代产业集聚区。产业结构持续优化，新旧动能加速转化，现代产业体系质量显著增强，企业自主创新能力明显提高，规上工业研发投入占 GDP 比重达 3.5%，三大主导战略性新兴产业产值占工业产值比重达 50%，全区地区生产总值突破 1350 亿元。

——致力打造高水平的跨岛发展标杆区。纵深推进跨岛发展，新城建设、乡村振兴取得更大进展，环海湾城区基本形成，国际一流湾区形象进一步凸显，成为产城人深度融合发展的标杆城区。

——致力打造高颜值的生态文明示范区。生态文明理念更加深入人心，碳达峰、碳中和工作稳步推进，绿色发展和绿色生活方式基本形成，生态系统的质量和稳定性持续提升，国家生态文明试验区和示范区建设不断深化，生态文明体制改革成果得到进一步巩固。

——致力打造高层次的深化改革先行区。积极融入自贸试验区、海丝战略支点城市建设，政府职能加快转变，市场化、法治化、便利化、国际化营商环境进一步形成，对台先行先试、示范引领作用进一步凸显，持续探索两岸融合发展新路，打造成为台胞台企登陆第一家园的“第一站”。

——致力打造高品质的民生福祉样板区。以促进人的全面发展和共同富裕为目标，教育、医疗、养老、住房等民生领域短板明显改善，居民收入稳步增长，公共文化服务体系持续完善，全面推广“近邻”党建，基层社会治理现代化水平显著提升，在创造高品质生活上实现更大突破。

各位代表！2022 年是党的二十大召开之年，是“跨岛发展”重大战略提出 20 周年，也是全面落实各级党代会决策部署的起步之年，做好明年工作至关重要。我们要统筹疫情防控和经济社会发展，继续做好“六稳”“六保”工作，保持经济运行在合理区间。主要预期目标是：地区生产总值同比增长 7.5% 以上，固定资产投资同比增长 10%，区级财政收入同比增长 7.5%，社会消费品零售总额同比增长 10%，工业经济稳中有进，城镇居民和农村居民人均可支配收入实现稳步增长。

为此，要重点抓好六个方面工作：

（一）以优化结构为主线，在实现高质量发展上走前列

坚持大抓经济、大抓产业、大抓招商、大抓服务，坚定不移深耕主导产业，统筹推进现代制造业和现代服务业发展，加快构建高端、完整的现代产业体系。

做大做强主导产业。生物医药产业方面，力促万泰沧海二期投产，推动盛迪医药等增资扩产项目落地，加快生物医药港扩容提升。集成电路产业方面，助力通富、士兰等项目加快释放产能；发挥半导体产业基地效益，加快云天半导体、中科四合等入驻项目建设及投产；力促金柏尽快投产、安捷利美维开工。新材料产业方面，推动厦钨新能源锂离子材料项目尽快达产，加快金鹭硬质合金项目施工进度。

推动产业多元发展。以智能家居、汽车及零配件等优势领域作为突破口，加强技术创新，提升制造业核心竞争力。加大力度引进建筑业龙头企业，支持中建三局区域总部建设。依托港口优势，大力引进高端物流项目。做优做活商圈经济，力促汉博漫乐城投入运营，加快 SM、招商蛇口海沧花园城项目进度，打造马銮湾新零售中心。加快新经济业态布局，推动研发总部、营销总部等落地。

不断延链补链强链。建立健全“链长制”，坚持补短板和锻长板相结合，统筹研究行业规划、空间布局和政策扶持等工作，推动全产业链优化升级。强化精准招商，形成目标企业清单，深入开展联动招商、以商引商等，力争引进一批龙头企业和高能级项目，推动产业链条向上下游延伸。

加强产业空间保障。全面摸清空间家底，优化空间布局，完善马銮湾、信息产业园等片区产业空间规划，强化资源节约集约利用，提升土地综合效益。盘活海投 CBD1 号等商办楼宇资源。加快建成生物医药园五期等专业园区。实施重大产业项目用地专项保障，开通审批绿色通道，助力项目建设提速提效。

用心用情服务企业。全面提升服务能力，创新成立企业综合服务中心，协调解决“进不了窗口”事项。设立“服务企业接待日”，真情实意为企业排忧解难。加快推动一批增资扩产项目，鼓励企业发展壮大。用好惠企政策“免申即享”平台，加快扶持资金兑现。拓展企业多元融资渠道。运用直播带岗、揭榜挂帅等新方式，解决企业用工、引才难题。

（二）以提升品质为核心，在落实跨岛发展上走前列

加快产城人融合，统筹生产、生活、生态三大布局，把城区打造得更加美丽、更加富裕、更加繁荣。

系统推进成片综合开发。统筹规划、建设、管理各环节，着力推进东屿 CBD、沧江新城等条件成熟区域

的成片综合开发。加强城市设计引领，打造产城融合、功能完备、立体开发、生态宜居、治理高效的典范区。成立5个新城开发建设和征收工作指挥部，完成海沧湾新城、马銮湾新城南片区征收扫尾，推进沧江新城、马銮湾新城北片区征收工作，谋划鳌冠新城片区综合提升，策划许厝片区综合开发改造。加快前期手续和土地出让，推动项目早落地、快见效。

全面实施乡村振兴战略。优化提升村庄规划，统筹推进开发与保护。发展特色都市现代农业，开展农业科技示范点创建工作，力促班纳利中国育种中心二期建成。做强农村集体经济，加快莲花、新垵等项目招商，推动温厝、祥露等项目实施；加快培育庭院经济等新业态，拓展就业创业空间，促进农民增收。深化人居环境综合整治，全面完成77个自然村的农村生活污水治理提升，完善农村公路管养长效机制，提升乡村振兴示范点创建成效。深化林权制度改革、东西部协作等工作。

不断完善城乡基础配套。聚焦“两新一重”和民生补短板等领域，深化“五个一批”项目机制，力争完成固定资产投资475亿元。健全市政路网体系，力促海沧南大道（马青路—沧江路）提升改造等项目开工，加快海沧疏港通道、芦澳路（马青路—翁角路段）建成通车，打通鼎山西二路等一批断头路。结合轨道站点及路网布局，统筹优化公交网络；加快推进健康步道等慢行系统建设。

（三）以绿色低碳为路径，在生态文明建设上走前列

深化生态文明体制改革，以更大力度推进国家生态文明试验区和示范区建设，让绿色成为高质量发展的鲜明底色。

加快推进碳达峰碳中和。构筑全方位、多层次的低碳试点体系，创建低碳社区、低碳园区、低碳景区。严格落实能耗“双控”，坚决淘汰落后产能，推进高耗能企业开展节能改造，持续优化能源结构。增强全民环保意识，倡导简约适度、绿色低碳的生活方式，提升垃圾分类工作质效。

巩固污染防治攻坚成果。坚决完成第二轮中央生态环保督察问题整改。实施蓝天工程，持续开展扬尘污染防治，强化环保网格化监管，确保空气质量位居全市前列。实施碧水工程，深化河（湖）长制，完成正本清源改造54.4平方千米。实施碧海工程，全面推行湾（滩）长制，完成鳌冠海域岸线保护和生态综合整治，强化海漂垃圾治理，打造美丽海湾。实施净土工程，加强建设用地和农用地土壤污染防控。

推进城市景观全面提升。新建（改造）霞阳路东侧等一批“口袋公园”，提升绿化隔离带、道路节点等景观品质。聚焦道路养护、公园管理等重点领域，精细管养、综合施策，推进已建市政道路和公共设施更新，让老百姓乐享绿色生态红利。

（四）以创新突破为引领，在推动改革开放上走前列

大力弘扬敢闯敢试、敢为人先、埋头苦干的特区精神，坚持以开放促改革、促发展、促创新，深化两岸交流合作，进一步激发发展活力。

紧盯重点领域改革。积极融入金砖创新基地建设，聚焦人才培养、项目开发等领域拓展合作。深化“放管服”改革，完善政府权责清单动态管理机制，持续推进“互联网+”政务，拓宽“网上办”“掌上办”“自助办”服务范围，优化提升营商环境。深化国企改革，强化内部管理，健全市场化经营机制，加快资产盘活和去化、股权处置等工作。支持民营企业转型升级、壮大发展。

充分发挥自贸优势。用好用足综合保税区政策，高标准推动自贸试验区功能提升。积极融入“一带一路”建设，提高海铁联运比例，增强中欧（厦门）班列竞争力和服务附加值。做大做强黄金珠宝、东南燕都等产业园，形成产业集聚。

探索两岸融合新路。推动两岸资金、技术、人才等要素流动，支持台青台企落地海沧就业创业。落实各项惠台措施，提升涉台专窗服务质量。深化台湾青年参与乡村振兴、社区治理等模式。提升保生慈济文化节、乐活节等品牌活动影响力，深化两岸交流。

（五）以群众满意为目标，在提升幸福指数上走前列

坚持为民惠民理念，持续推动解决群众身边“急难愁盼”问题，不断增强人民的获得感、幸福感、安全感。

推动教育发展优质均衡。坚持教育优先发展，确保教育经费“两个只增不减”。加快推进一批海沧湾新城片区学校扩容建设，缓解就学压力；稳步推动马銮湾新城、沧江新城等片区教育项目建设，力争学位供给适度超前。深化产教融合，探索中高职贯通联合办学。加强师资队伍建设，提升教师执教能力和职业幸福感。依托高质量集团化办学，打造紧密型教育共同体。联合开展家庭教育促进行动，构建家校社协同育人新格局。

推动健康事业强基提质。建成马銮湾医院，新增床位1000张。鼓励长庚医院打造省级重点专科并启动护理院建设，支持海沧医院创建“三甲”，强化社区卫生服务中心功能。深入推进医养结合发展。建成医疗急救站点和洗消中心。健全公共卫生服务体系，开展疾控体

系综合改革试点，提高预防和应对重大突发公共卫生事件能力。

推动文化发展繁荣多彩。增加文体设施资源供给，建成马銮湾智慧体育公园，改造提升一批老旧公共体育设施。丰富群众文体生活，常态化开展全民阅读、广场文化演出等活动。做好文物保护与活化利用，加快金沙书院建设，推进沧江古镇保护性开发，在城市更新中留住“乡愁”。

推动社会保障更有温度。加强就业困难人员托底帮扶，支持多渠道灵活就业。强化社会兜底保障，重点做好困难群众应保尽保。加快区社会福利中心提质改造，打造婴幼儿照护服务机构示范点，健全“一老一幼”服务保障体系。力促兴港花园五期等 8 个安置房项目交付使用。

推动城市管理更为精细。下足“绣花功夫”，健全“大城管”指挥体系，开发建设“城市大脑”，提升城市管理规范化、精细化、智慧化水平。加快系统综合整治，力促石塘、新垵等一批城中村“旧貌换新颜”，提升重要商圈、农贸市场等环境品质。强化综合治理，确保新增“两违”零增长。疏堵结合解决停车难问题，每年新增 500 个以上公共停车位。

（六）以坚守底线为根本，在稳定社会大局上走前列

毫不放松抓好疫情防控，持续推进治理体系和治理能力现代化，深化平安海沧建设，保持社会和谐稳定。

抓紧抓实疫情防控工作。坚决克服松懈麻痹思想，科学精准落实“外防输入、内防反弹”工作。健全“平急一体化”方案，加强专业队伍建设，强化应急演练，不断提升快速反应能力。持续做好重点人员排查管控。加快新冠疫苗“应种尽种”。保持万纬集中监管仓安全有序运转。

持续深化平安海沧建设。坚持统筹发展和安全，防范化解各类风险挑战。完善金融风险处置机制，坚决守住不发生系统性金融风险的底线。持之以恒抓实安全生产工作，狠抓房屋安全、建筑施工、交通运输、森林防火等重点领域监管，强化隐患排查整治，坚决遏制重特大事故发生。完善应急救援和防灾减灾救灾体制机制，切实保障人民群众生命财产安全。巩固国家食品安全示范城市创建成效。

创新探索社会治理模式。主动融入“市域社会治理现代化示范市”创建，探索构建基层管理服务平台。深化“近邻”党建和网格化管理模式，夯实社区治理基础。完善社会矛盾综合治理机制，用心用情解决群众合理诉求。常态化开展扫黑除恶斗争。坚持文明创建全民参与、创建成果全民共享，大力推进“爱心厦门”建设。高标准做好全国双拥模范城（县）创建工作。助推侨务外事、民族宗教、国防动员、人防海防、粮食安全、档案方志、双拥、工会、青年、妇女儿童、老龄、残疾人、红十字等工作取得新进步。

三、全面建设新时代人民满意政府

把坚持和加强党的全面领导贯穿到政府工作各方面全过程，切实加强政府自身建设，不自满不懈怠、勇担当善作为，更好满足人民对美好生活的新期待。

讲政治强担当。坚持把党的政治建设摆在首位，牢记“两个确立”，做到“两个维护”，弘扬伟大建党精神，巩固深化党史学习教育成果。坚持系统思维，科学谋划、狠抓落实，确保各级重大决策部署落地见效。坚决扛起意识形态工作责任，牢牢守住意识形态阵地。强化忧患意识、危机意识，激励干部永葆“闯”的精神、“创”的劲头、“干”的作风，以咬定青山不放松的执着和越是艰险越向前的气概，创造新机遇、推动新发展。

讲法治促规范。坚决落实民主集中制，严格执行重大行政决策程序，健全科学民主依法决策机制，纵深推进法治政府建设。依法接受人大及其常委会的法律监督和工作监督，自觉接受政协的民主监督，主动接受社会和舆论监督。坚持重大事项向人大报告、向政协通报，高质量办好议案、建议和提案。加大政务公开力度，切实营造公开透明、公平公正的法治环境。

讲严治守底线。坚持全面从严治党，扎实推进党风廉政建设。力戒形式主义、官僚主义，进一步精文减会。坚决落实中央八项规定及其实施细则精神，强化重点领域、关键岗位监管和审计监督，严肃整治不正之风和腐败问题。坚持过紧日子，严控“三公”经费和一般性支出，提高财政资金使用效率。

各位代表！唯其艰难，方显勇毅；唯其磨砺，始得玉成。新的一年，发展任务更重、群众期盼更高。让我们更加紧密地团结在以习近平同志为核心的党中央周围，在市委、市政府和区委的坚强领导下，以归零的心态、翻篇的姿态、奋斗的状态，重整行装再出发、锚定目标再超越；让我们以“时不我待、只争朝夕”的精神投入工作，以“创先争优、走在前列”的劲头奋力拼搏，勇立潮头、勇毅前行，在更高起点上建设高素质高颜值国际一流湾区，为厦门努力率先实现社会主义现代化做出新的更大贡献，以优异成绩迎接党的二十大胜利召开！

《政府工作报告》名词解释

（以在文中出现先后排序）

1.“三公（工）一大”融合流调：建立以公安部门牵头，公共卫生、工信、大数据等多部门融合协同机制，充分运用信息化手段，快速精准流调溯源，科学判定密接、次密接人员，全力阻断疫情传播。

2.“小升规”：小微工业企业从规模以下升级为规模以上工业企业。

3.“三高”企业：高技术、高成长、高附加值企业。

4.专精特新“小巨人”企业：具有持续创新能力和研发投入、重视并实施长期发展战略等基本条件和经济效益、专业化程度、创新能力、经营管理等专项条件以及分类条件的排头兵企业，是全国中小企业评定工作中最高等级、最具权威的荣誉称号。

5.湾（滩）长制：由各级党政主要负责人担任湾（滩）长，以改善海洋生态环境质量、维护海洋生态安全为目标，推行陆海统筹、河海兼顾、上下联动、协同共治的治理模式，构建海洋生态环境保护长效管理机制。

6.正本清源改造：通过对错接乱排的源头排水户进行整改，不断完善建筑与小区雨污水管网和市政管网，建立健全城市雨污两套管网系统，实现雨污分流。

7.“口袋公园”：也称袖珍公园，指规模很小的城市开放空间，常呈斑块状散落或隐藏在城市结构中。

8.“双减”：减轻义务教育阶段学生作业负担和校外培训负担。

9.“三全”预算绩效管理体系：全方位、全过程、全覆盖的预算绩效管理体系。

10.“五纵八横”主干路网：“五纵”为厦漳跨海大桥—厦成高速、海沧货运通道—海新路、海新路—灌新路、芦澳路（海景路，含北延伸段）、新阳大桥—马青路；“八横”为沈海高速、324国道改线、海翔大道、翁角路、海沧疏港通道—海沧隧道、马青路、厦成高速（角嵩路）、沧江路。

11.“链长制”：选择和安排能够促进地方经济发展的核心和重点产业，由政府领导担任“链长”，以“补链”和“强链”为目标，着眼于贯通上下游产业链条，推行的一系列制度设计。

12.直播带岗：运用网络直播“屏对屏”方式，打破企业线下线上招聘的地域和信息壁垒，让企业有更多机会详细介绍情况，使更多人才和求职者了解企业岗位需求，促进企业人才精准对接，提高企业招聘成功率。

13.揭榜挂帅：瞄准关键核心技术展开重点攻关，建立的一套选贤任能、让能者脱颖而出的引才聚才创新模式。

14.“两新一重”：新型基础设施、新型城镇化建设，交通、水利等重大工程建设。

15.能耗“双控”：对能源消费总量和强度进行控制。

16.教育经费“两个只增不减”：确保财政一般公共预算教育支出逐年只增不减，确保按在校学生人数平均的一般公共预算教育支出逐年只增不减。

17.紧密型教育共同体：在保持法人和运作独立的前提下，选定支援和受援学校，由支援校选派教学及管理骨干指导、帮助受援学校各项工作，提升受援学校管理水平和办学质量。

18.“大城管”指挥体系：城市综合管理指挥系统，指建立集中权威的指挥体系，融合城管执法、市政园林、公安交警等多部门职能，实现问题统一派发、迅速整改、及时反馈、考核评价的工作闭环，推动环卫保洁、绿化管养、市政维护、违法建设等城市管理问题快速有效解决。

19.“城市大脑”：是互联网大脑架构与智慧城市建设相结合的产物，通过人类智慧和机器智能的共同参与，在物联网、大数据、人工智能、5G等前沿技术的支撑下，高效解决城市运行中面临的复杂问题。

中国人民政治协商会议
厦门市海沧区第八届委员会常务委员会工作报告

——在厦门市海沧区政协九届一次会议上

曹 放

（2021 年 12 月 26 日）

过去五年工作回顾

过去的五年，在习近平新时代中国特色社会主义思想的指引下，中共海沧区委团结带领全区人民，攻坚克难，奋发进取，推动疫情防控和经济社会发展取得明显成效。五年来，区政协及其常委会在中共海沧区委的坚强领导和上级政协的指导下，讲政治，顾大局，乘势而上，积极作为，切实发挥专门协商机构作用，为海沧发展贡献了政协智慧和力量。回顾五年的工作，我们深切感到：

这五年，党对政协工作的领导持续强化。五年来，区委认真贯彻中央政协工作会议精神，高度重视并不断加强政协工作，大力支持政协依法遵章履职，让政协政治有地位、建言有机会、出力有舞台。区委常委会议每年专题听取政协工作汇报，认真研究政协有关事项，审议通过年度协商计划。区委出台了关于加强和改进政协协商民主建设、民主监督工作两个实施意见，转发了市委关于加强和改进人民政协工作的意见，为政协履职提供了有力保障。区委、区政府领导对政协报送的协商报告、大会发言、社情民意专报多次作出批示，多次参加政协有关活动和会议。区政协党组充分发挥把方向、管大局、保落实的重要作用，把党的领导体现到政协重要会议、调研视察、协商议政、民主监督各个环节，坚持对履职选题、工作方案和建言成果进行专题研究、集体审议、全程把关，确保了党的决策部署在政协系统落地落实。

这五年，政协协商民主实践更加生动。五年来，区政协立足专门协商机构的性质定位，抓住全区经济社会发展中重要性、长远性、前瞻性问题拟定协商议题，就产业发展、营商环境优化、疫情防控、两岸融合、乡村振兴、新城建设、传统文化保护等，多形式开展专题协商、对口协商、界别协商、提案办理协商，形成建议案或专报件，报区委、区政府决策参考。在协商中，注重建言成果和思想收获一体设计，坚持主体的广泛性、过程的充分性、形式的互动性、办理的实效性相结合，宣传党和国家的方针政策，反映群众的意见建议，协助党委政府做好春风化雨、解疑释惑、理顺情绪、化解矛盾的工作。尤其注重办理实效，认真研究委员意见和建议，密切同党政部门沟通联系，完善举措，求实问效，使协商成果得到有效转化。通过集中教育、现场调研、交流谈心等多种形式，就防控疫情与复工复产、新城建设与传统文化保护、社区治理与发挥对台工作优势等议题协商共治，把全体委员以至全区社会各界的人心聚得更紧、共识筑得更牢。

这五年，政协委员主体作用日益凸显。五年来，以专委会为依托，坚持走访委员制度，密切关注委员思想动态、工作动态和履职动态，有针对性扬长补短，互帮共进。加强委员履职培训、考核和管理，多维度提升委员素质，焕发委员履职新气象。通过举办主题培训班，培育先进典型，采编委员履职故事等，在《人民政协报》、《政协天地》、中央广电总台、厦门电视台、《厦门日报》等媒体宣传政协工作，放大政协影响力，展现新时代政协委员新形象。广大委员有担当、有情怀，恪尽职守、勤勉努力，一些委员在本职岗位上大有作为，荣获国家和省、市、区各类荣誉称号，一些委员积极参与疫情防控、投身民生公益事业，一些委员带动行业创出特色、促进重要决策成果落地。2021 年，区委专门召开表彰大会，充分肯定先进政协委员和政协工作者的履职业绩。

五年来，区政协及其常委会统筹推进了以下工作。

一、不忘初心，牢记使命，巩固共同思想政治基础有新进步

抓学习教育，促思想觉悟提高。完善党组理论学习中心组学习制度，引领政协系统理论学习，推进理论学习常态化机制化。自觉将习近平新时代中国特色社会主义思想作为党组学习会议第一议题，开展习近平总书记关于加强和改进人民政协工作的重要思想学习研讨活动，扎实推进常委会会议、主席会议、委员培训班等集体学习，系统学习中共十九大及十九届历次全会精神，接续组织开展“两学一做”、“不忘初心、牢记使命”、党史学习教育等活动，推动思想上共同进步。通过持续学习，坚定不移把“两个确立”转化为做到“两个维护”的思想自觉、政治自觉和行动自觉，不断夯实团结奋斗跟党走的共同思想政治基础。

抓制度建设，促党建工作提升。以迎接省委协商民主调研检查和省委巡视、区委巡察机关党支部为契机，修订完善《主席会议工作规则》《视察考察工作条例》等 7 项制度，推进政协工作制度化、规范化、程序化。召开 13 次巡视巡察整改工作会议，对标对表，强化措施，认真整改，完成 3 个方面 34 项问题整改任务。在全市各区中率先建立功能型党支部，召开 3 次党建工作推进会，开展不同形式支部活动 30 多场次，创新模式推进政协系统党的建设。认真落实意识形态工作责任制，建立党组成员联系界别和党员委员联系党外委员等制度，坚持政协全体会议和专题学习培训设立临时党组织，强化在协商议政、视察调研中热点敏感问题的政治引领和思想引领。

抓文化建设，促思想感情认同。开展“迎厦门会晤、树文明形象、展委员风采”系列活动。组织委员推进闽南文化进社区、法律知识进企业。2020 年 9 月，配合市委统战部并在钟南山院士的支持下，举办《烽火仁心——林可胜与抗日战争时期的中国红十字会救护总队》原创主题展览，这一展览后在北京协和医院“可胜大楼”揭牌之际接续举办。发挥存史、资政、团结、育人作用，完成《沧江文库》第一辑编撰出版并举行首发式，启动第二辑编撰工作。遵循“亲历、亲见、亲闻”原则，用心用情编辑出版了《厦门海沧文史资料》5 辑、《周起元》等绘本 5 本。创建海沧政协书画院，每年开展送春联活动，举办 4 次书画摄影作品展，共展出作品 500 多幅。

二、担起主责，精进主业，建言全方位高质量发展超越有新成效

助推产业发展创实绩。就集成电路、生物医药、文旅发展等议题，相继组织开展协商议政、深度调研、提案督办，多层面、全领域求解产业转型之策。特别是多年来持续关注集成电路产业发展，先后召开 3 场协商会议，集中建言，关于人才引进要留得住等建议受到重视，区委组织部专门出台相关人才举措，为产业发展营造良好环境。针对民营企业发展进行专题协商，提出提升服务能力、注重政策效果、促进健康发展、加大招商力度等 22 条意见。区政府高度重视，两次召开专题会议，研究促进政协意见建议落地的具体举措。

助力规划建设出实招。发挥政协人才密集的优势，开展“我为海沧‘十四五’规划建言献策”活动，并召开专题协商会议，就产业、城区、营商环境、人文、人才高地建设等提出 37 条建议，许多意见被吸纳到规划建议中。为打造亮点、带动片区、优化布局，先后 2 次召开东屿 CBD 片区开发建设专题协商会，“点”“线”兼顾把脉片区建设，建议案得到区委主要领导批示。聚焦马銮湾新城建设，先后多次开展调研视察活动，为优化提升新城规划谋思路、打基础、寻突破。

服务中心工作出实力。金砖厦门会晤期间，向全区政协系统发出总动员，开展清洁家园、文明执勤等工作，做服务保障的参与者、助力者、示范者。广大委员奋战在项目建设、环境整治、平安护航第一线，圆满完成任务，涌现出许多好人好事。面对疫情防控大战，全体委员闻令而动、向险而行，扛起责任、忘我奔忙，白衣为甲、志愿服务，克服困难、复工复产，参与卡口值守、下沉社区防控。广大委员急公好义、慷慨解囊，委员个人和委员所在企业捐款捐物超千万元，为夺取疫情防控阶段性胜利提供了有力的保障支持，福建省红十字会专门发函表扬。围绕夺取“双胜利”目标，召开疫情防控背景下社区治理建设常委会议专题协商会，政协委员就做好“六稳”工作、落实“六保”任务积极建言献策，报送情况反映和意见建议，在特殊年份书写了优秀的“委员作业”。

三、重点下移，履职为民，推动社会事业和民生福祉有新作为

聚焦民生福祉，协力解民忧。五年来，我们坚持言为民所建、策为民所献、力为民所出，通过协商议政、

调研视察和提案信息等履职手段，推动一大批民生事项得到落实，提升了海沧市民的幸福感、获得感和满意度。五年来，共征集提案781件，立案610件，共编辑《海沧政协》简报254期，其中反映社情民意信息480条，被全国和省市政协采用48条。着眼推进教育优质发展，围绕加强学前教育、特殊教育、健康教育体系建设开展协商监督，提出建议案，形成《海沧区义务教育均衡发展策略和途径研究》等调研报告。着眼医疗健康事业发展，召开“医养结合养老服务”界别协商会议，提出《关于加快推进妇女乳腺癌筛查的建议》等提案。着眼更好地满足市民文化需求，围绕“在征拆中处理好文化保护与建设发展的关系”召开提案办理协商会议，联合厦大课题组就沧江古镇保护与开发进行深度调研，倾情出力推进金沙书院建设，围绕完善公共文化服务体系建设、打造社区特色文化、保护和传承传统文化等建言献策。着眼民生关切，就停车难、垃圾分类处理等，多次组织委员开展视察，召开农村垃圾分类专题协商及民主监督会议，对涉及群众生活的问题“全景式”予以关注，“全方位”助力落实。

聚焦乡村振兴，真情谋民利。召开“加快乡村振兴”专题议政性常委会会议，着重从促进五个振兴、完善政策配套、健全工作机制等方面提出意见和建议。就生态文明试验区建设进行专题协商，着重从对比先进地区、对标考核指标、对照民生短板、对焦问题节点等方面，向区委、区政府提出对策建议。主动融入爱心厦门建设，组织委员到本区贫困家庭开展帮扶救济活动；到甘肃积石山县、宁夏泾源县和省内屏南县等对口帮扶地区，与当地政协携手，就落实精准帮扶工作联合开展调研，探索西部长效扶贫机制。助力台青参与西部扶贫，助推帮扶举措早落地、早见效。在省政协的指导协调下，配合区委、区政府，支持长汀建成中央苏区红色邮局及红古田惠农产品展销中心。

聚焦两岸融合，广泛聚民心。立足再创台商投资区新优势，紧扣两岸融合发展，组织开展对口协商，提出的意见建议转化为区委区政府的多项政策举措。推动颜思齐开台史实写入国家历史教科书。开展纪念开台四百周年系列活动，以提案形式促成在开台文化公园新增一批开台群英石雕，开台文化公园被省政协确定为全省港澳台侨交流基地。以全国政协第一批调研基地为契机，参与保生慈济文化节、乐活节等品牌创建活动，参加海峡论坛·两岸基层治理论坛并作大会主旨发言。推动金沙书院两岸散文奖成功举办，征集来稿2000多篇，在海内外华人社会产生积极影响。在人民政协报开辟“薪火相传忆先贤——海沧历史名人谱”专栏，推出了《颜思齐：两岸共仰的“开台王”》《吴本：慈济怀仁的“保生大帝”》等文章，收集台湾文献上千册。促成保生大帝正名工作。创新对台工作思路和方法，加强与台湾宗亲的交流交往，定期参与组织召开台助分享汇，与台湾青年联合开展专题调研、非遗传承、文史挖掘等活动，大力促进两岸同胞文化认同、情感认同。

四、固本强基，守正创新，加强自身建设有新提升

注重统战功能，汇聚大团结大联合的“政协力量”。充分发挥人民政协作为实行新型政党制度重要政治形式和组织形式作用，建立党组成员分工联系非中共政协委员工作制度，广泛走访联系各党派团体，支持他们参与全区重大决策的讨论协商等履职活动，合作共事更为紧密。五年来，各党派团体及其成员共提交提案425件（占比70%），参加大会发言15人次（占比60%），开展专题调研78项，在政协履职过程中发挥了重要作用。发挥界别作为扩大社会各界有序政治参与的重要渠道作用，深入本界别群众问政、问需、问计，深化思想政治引领，及时反映意见建议。发挥专委会专业优势，专委会联系界别、服务委员的功能和基础性作用明显增强。着力做好团结联谊工作，注重发挥港澳委员“双重积极作用”，加强同海外侨胞联系，联系交流更为广泛。

注重品牌创建，增强服务全区大局的“政协效能”。在台商投资区创建30周年之际，组织开展“30年30件最具影响力政协提案”评选活动，加强策划、组织、评选、宣传和总结，有7.8万多名网友参与线上投票，通过成果发布、宣传推介、深度挖掘，效果不断扩大，受到多方好评。为更接地气，服务群众，开展“委员走基层”活动，将文明礼仪培训、税改金融讲座等送进社区，收集社情民意，推动协商民主向基层延伸，把协商大门开在百姓家门口。落实全国政协要求，积极开展“书香政协”读书活动，召开30多场读书分享会，600多人次委员参加，带动1万多名社区居民、志愿者和台湾青年参与，政协传书香，书香遍海沧。省《政协天地》、《厦门政协》专题刊发交流文章，厦门电视台“政协视点”作专题报道。

注重队伍建设，凸显新时代新作为的“政协形象”。强化“为国履职、为民尽责”思想教育，认真履行全面从严治党政治责任和党风廉政建设主体责任，支持派驻政协机关纪检监察组履行监督责任，强化“在纪律规矩作风面前没有任何特殊性”的命题，加强纪律作风建

设。加强机关干部队伍建设，强化教育、管理、监督和考核，提高了干部综合素质和能力。推进机关规范化建设，开展机关党支部达标创星和“深化大学习、提振精气神”“再学习、再调研、再落实”等活动，激励机关干部担当作为，整个政协机关形成了风清气正、向善向好的深厚氛围。

各位委员，五年的履职实践，彰显了中国共产党领导的多党合作和政治协商制度的巨大优越性和强大生命力，增强了政协组织和广大委员的自信心和自豪感。这些成绩，是在习近平新时代中国特色社会主义思想的科学指引下取得的，是省市政协关怀指导和中共海沧区委坚强领导的结果，是区人大、区政府和全区各级各部门及社会各界大力支持的结果，是区政协各参加单位和全体委员共同努力的结果。全国政协领导、全国政协农业和农村委、港澳台侨委、文化文史和学习委多次表扬，省政协主要领导专门作出批示充分肯定海沧政协工作经验，市政协多位领导对海沧政协工作给予指导并充分肯定。在此，我代表八届区政协常委会，向关心支持海沧政协工作的各级领导和社会各界，向八届全体区政协委员表示衷心的感谢和崇高的敬意！

在肯定成绩的同时，我们也清醒地认识到，区政协的工作还存在一些需要加强和改进的方面，主要有：协商议政的重点仍需进一步聚焦，民主监督的成效仍需进一步增强，凝聚共识的载体仍需进一步探索，委员参政议政的能力仍需进一步提高。这些都亟待在今后工作中加以解决。

各位委员，回顾八届区政协工作，我们积累了一些有益经验，形成了一些规律性的认识和体会。

只有坚持党的领导，才能把握政协工作的正确方向。坚持党的领导是做好政协工作的生命线。五年来，中共海沧区委不断加强对政协工作的领导，生动践行了肝胆相照、荣辱与共的庄严承诺，充分展示了从谏如流、开明清新的民主作风。区政协主动自觉接受党的领导，切实担负起“凝聚起来、落实下去”的政治责任，通过履行政协职能、发挥政协优势，把党的主张转化为社会各界的共识和行动。实践昭示我们，坚持党的领导，就能确保政协事业始终沿着正确的政治方向前进。

只有坚持服务大局，才能发挥政协工作的独特作用。人民政协是国家治理体系的重要组成部分，只有在大局下思考、在大局下行动，才能明确主攻方向、把握着力重点、彰显意义价值。五年来，区政协聚焦区委、区政府中心任务，做深调研、做实议政、做好协商，提升建言献策的精度、选准民主监督的角度、拓展参政议政的深度，当好新时代海沧改革发展的支持者、参与者和推动者。实践昭示我们，围绕中心、服务大局，政协工作才能有声有色、有为有位。

只有坚持履职为民，才能彰显政协工作的价值追求。五年来，区政协始终坚持以人民为中心的发展思想，广泛汇聚人心和力量，把政协的履职实践与维护最广大人民群众的根本利益联系起来，聚焦民生改善实事、社会治理难事，下移工作重心，用脚丈量民情，把为民服务的情怀和成果写进群众的心坎里，在履职尽责中践行人民政协的初心和使命。实践昭示我们，坚持人民政协为人民，政协工作才能体现价值追求，才能让群众感到政协心在人民、委员就在身边。

只有坚持委员为本，才能增强政协工作的力量保障。人民政协工作的基础在委员、力量在委员、优势在委员。五年来，区政协坚持用事业凝聚委员，用工作锻炼委员，用机制激励委员，商议大事必有委员声音，服务发展必见委员身影。委员们倍加珍惜为政协事业服务奉献的大好机会，倍加珍重风雨同舟、合作共事的人生机缘，努力做到在行业做标兵、在社会做先进、在政协做主体，以出色的履职“答卷”展示了新时代委员风采。实践昭示我们，充分发挥委员主体作用，就能更好地加强和改进人民政协工作，形成“百舸争流、千帆竞逐”的生动景象。

今后五年工作建议

各位委员，八届区政协已经顺利完成历史使命，九届区政协工作正在拉开序幕。区第五次党代会明确了海沧未来五年发展的指导思想和奋斗目标，吹响了创先争优、走在前列的嘹亮号角，也为区政协事业的发展指明了前进方向。相信新一届区政协一定能勇担新使命，奋进新征程，走好新的赶考之路，为海沧在更高起点上建设高素质高颜值国际一流海湾城区贡献力量，交出满意答卷。为此，谨向九届区政协提出以下建议：

新的赶考路上，要坚定不移坚持党的领导，以伟大思想引领前进征程。毫不动摇坚持中国共产党的全面领导，通过民主程序和有效工作，把党的主张转化为社会各界的共识。持之以恒抓好党的建设，充分发挥区政协党组的领导核心作用，加强机关党支部和功能型党支部建设，推进“两个全覆盖”。认真组织各项学习活动，把学习贯彻习近平新时代中国特色社会主义思想不断引向深入，重点学习贯彻习近平总书记“七一”重要讲话精神和中共十九届六中全会精神，弘扬伟大建党精神，引导各级政协组织和广大政协委员不断提高政治判断力、政治领悟力、政治执行力，以实际行动捍卫“两个确立”、增强“四个意识”、坚定“四个自信”、做到“两个维护”。重点学习习近平总书记致厦门经济特区建设40周年的贺信，牢记嘱托，感恩奋进，推进经济特区和海沧台商投资区建设，努力率先实现社会主义现代化。认真学习贯彻省第十一次党代会、市第十三次党代会和区第五次党代会精神，始终坚持并自觉接受区委的坚强领导，定期向区委报告工作，主动把政协工作融入全区工作总体布局，把对党绝对忠诚体现在强执行、抓落实、促发展的具体行动上。

新的赶考路上，要不折不扣抓好任务落实，以务实之功服务发展大局。始终坚持区委中心工作推进到哪里，政协履职就跟进到哪里，紧扣区第五次党代会确定的更高起点上建设高素质高颜值国际一流海湾城区战略任务，聚焦现代产业集聚区、跨岛发展标杆区、生态文明示范区、深化改革先行区、民生福祉样板区奋斗目标，围绕发展实体经济、产城人融合发展、生态文明建设、民生关切等重点任务，发挥专门协商机构作用，找准政协工作的着眼点、立足点、契合点，精心组织调查研究，积极开展协商议政，多建睿智之言，多献务实之策，多谋创新之举，为海沧高质量发展聚势赋能。以推动区委、区政府决策部署落实为目标，围绕“十四五”规划中的重点工作、重大项目，以及民生实事的推进完成情况开展民主监督，提出意见建议。以深入协商互动凝聚各界智慧，充分调动各民主党派、工商联、无党派人士和各方面力量，不断提高参政议政水平，在党委政府科学决策中发挥出更大作用。

新的赶考路上，要矢志不渝践行初心使命，以众志成城汇聚奋进伟力。牢牢把握团结和民主两大主题，着力构建委员学习机制、委员联系机制、委员协作机制，激发委员履职热情，形成委员履职合力，切实增进人民政协各党派、各团体、各界别的大团结大联合。发挥最广泛爱国统一战线组织作用，把加强思想政治引领、广泛凝聚共识作为中心环节，融凝聚共识于视察考察、调查研究等履职活动中，强信心、聚人心、筑同心。在一些敏感点、风险点、关切点上强化思想政治引领，做好宣传政策、理顺情绪、增进团结的工作。发挥新型政党制度优势，为各民主党派和无党派人士更好发挥作用创造条件。构建与党外知识分子、非公有制经济人士、新的社会阶层人士等常态化沟通联络机制，畅通反映意愿诉求渠道，最大限度把他们团结在党委政府周围。在并肩奋斗中浇筑精诚合作的坚实基础，于携手奋进中拓宽真诚共事的大道坦途。

新的赶考路上，要持之以恒推进自身建设，以过硬本领立好政协形象。进一步加强区政协领导班子、常委班子建设。健全委员学习培训、服务管理、考核评价等机制，促进委员更好地运用协商规则、掌握沟通方法，做到各抒己见而又乐于互动，谋有差异而又善于求同，使政治协商更加有序、民主监督更加有力、参政议政更加有为、凝聚共识更加有效，知责于心、担责于身、履责于行，以实际行动展现新时代“责任委员”风采。加强专委会工作制度建设，更好发挥基础性作用。完善界别工作机制，发挥界别优势，彰显界别特色。以政协系统党的建设为引领，以机关规范化建设为目标，以文明创建、机关效能、意识形态等为载体，强化机关服务保障能力，激励机关干部担当作为，打造过硬的干部队伍。

各位委员，同志们，人民政协只有肩负起新时代新使命，才能与时代同行、与人民同心。让我们更加紧密地团结在以习近平同志为核心的党中央周围，在中共海沧区委的坚强领导下，为海沧在更高起点上建设高素质高颜值国际一流海湾城区，贡献更多的“政协智慧”、提供更优的“政协方案”、凝聚更强的“政协力量”，奋力开创新时代人民政协事业新局面！

区委文件

中共海沧区委关于学习贯彻习近平总书记在福建考察时的重要讲话精神　为谱写全面建设社会主义现代化国家福建篇章和厦门更高水平建设高素质高颜值现代化国际化城市贡献海沧力量的决定

厦海委〔2021〕29 号

（2021 年 6 月 26 日，中国共产党海沧区第四届委员会第十四次全体会议通过）

2021 年 3 月 22 日至 25 日，习近平总书记亲临福建考察指导并发表重要讲话，充分体现了对福建的关心关怀，对广大干部群众的深情厚谊，对福建发展的殷切期望，为福建高质量发展指明了方向。为深入学习贯彻落实习近平总书记在福建考察时的重要讲话精神和党中央决策部署，认真贯彻落实省委十届十二次全会、市委十二届十三次全会部署要求，在更高起点上建设高素质高颜值国际一流海湾城区，为谱写全面建设社会主义现代化国家福建篇章和厦门更高水平建设高素质高颜值现代化国际化城市贡献海沧力量，作出如下决定。

一、不断提高学习贯彻落实习近平总书记在福建考察时的重要讲话精神的政治自觉、思想自觉和行动自觉

1. 认真学习领会，做到学之愈深。在“两个一百年”奋斗目标历史交汇点，全面建设社会主义现代化国家新征程的开启之初，“十四五”开局之年，我省全方位推进高质量发展超越的重要时刻，习近平总书记回到曾经工作 17 年半的福建考察并发表重要讲话，高瞻远瞩、内涵丰富，情真意切、催人奋进，极大激发了全省人民全方位推进高质量发展超越的豪情壮志，必将指引我们在新征程上乘势而上开新局，奋勇前进谱新篇。习近平总书记在福建考察期间所到之处、所谈要事，对于我们都是一堂堂深刻的思想政治课、生动的群众路线课、深入的调查研究课。全区广大党员干部要深刻领会重大意义，认真按照党中央以及省委、市委的统一部署，把思想和行动统一到习近平总书记重要讲话精神上来，真正把习近平总书记对福建、厦门的殷切嘱托、亲切关怀转化为努力奋斗、拼搏争先的前进动力，把海沧人民对习近平总书记的爱戴敬仰、深厚感情转化成增强“四个意识”、坚定“四个自信”、做到“两个维护”的实际行动，不忘初心、牢记使命，在更高起点上建设高素质高颜值国际一流海湾城区。

2. 一体学深悟透，做到知之愈明。习近平总书记的重要讲话，对福建提出了“在加快建设现代化经济体系上取得更大进步，在服务和融入新发展格局上展现更大作为，在探索海峡两岸融合发展新路上迈出更大步伐，在创造高品质生活上实现更大突破”的新希望、新要求，明确了“坚定不移推动高质量发展、加快推进乡村振兴、着力提高人民生活品质、在党史学习教育中做到学史明理”当前四项重点任务，殷切期望我们奋力谱写全面建设社会主义现代化国家福建篇章。这是习近平总书记从党和国家事业发展全局和统筹推进“五位一体”总体布局、协调推进“四个全面”战略布局的高度，进一步标定了福建在服务全国发展大局中的时代方位，阐明了新发展阶段新福建建设的实践要求，明确了开新局谱新篇的着力点，与党的十八大以来习近平总书记对福建、厦门工作作出的一系列重要讲话重要指示批示精

神，以及习近平总书记在福建、厦门工作期间创造的宝贵思想财富、精神财富和实践成果，思想上一以贯之、目标上与时俱进、要求上递进深化，整体构成福建、厦门发展的总遵循、总纲领、总蓝图，其中贯穿着鲜明的马克思主义立场观点方法、彰显着习近平新时代中国特色社会主义思想的真理力量。

厦门是习近平总书记在福建工作的第一站，习近平总书记在厦门工作期间开启了一系列探索和实践，取得了丰硕的成果，凝聚其中的科学理念、宝贵经验和优良作风，至今仍具有重要指导意义。全区广大党员干部要全面把握、融会贯通、深入落实，带着更深感情、更大责任、更强担当，立足新发展阶段、贯彻新发展理念、积极服务和深度融入新发展格局，自觉将海沧工作放在全国、全省、全市大局中考量推动，不断提高政治判断力、政治领悟力、政治执行力，坚定不移沿着习近平总书记指引方向，全方位推进高质量发展超越，在更高起点上建设高素质高颜值国际一流海湾城区，奋力把习近平总书记为我们擘画的宏伟蓝图变成美好现实。

3. 全面对标对表，做到行之愈笃。学习宣传贯彻落实习近平总书记在福建考察时的重要讲话精神，是检验政治站位、政治担当的重要标尺，是我区当前和今后一个时期的重大政治任务。全区各级党组织和广大党员干部要紧密结合学习贯彻习近平新时代中国特色社会主义思想，紧密结合贯彻落实党的十九大和十九届二中、三中、四中、五中全会精神，紧密结合贯彻落实习近平总书记对福建、厦门工作作出的一系列重要讲话重要指示批示精神，紧密结合党史学习教育和“再学习、再调研、再落实”活动，用心用情感悟、学懂弄通吃透，不断把学习宣传贯彻落实引向深入。要精心组织安排，营造浓厚氛围，分层次、分批次抓好学习教育，深化宣传宣讲和研究阐释，持续推动习近平总书记重要讲话精神进机关、进企业、进农村、进社区、进校园、进网站，做到家喻户晓、深入人心。要确保落地落实，聚焦党中央和省委、市委重大战略举措谋划海沧工作，把省委全会、市委全会明确的各项任务落实到海沧工作的各方面、全过程，推动贯彻落实工作具体化、责任化、清单化，以更加坚定的自觉、更加真挚的情感、更加扎实的行动，确保习近平总书记重要讲话精神和党中央、省委、市委各项决策部署在海沧落地生根、结出硕果。

二、加快建设现代化经济体系，坚定不移推进高质量高速度发展

4. 坚持加强党对经济工作的集中统一领导。始终坚持发展第一要务不动摇，完整、准确、全面贯彻新发展理念，深刻认识新发展理念和高质量发展的内在统一，深刻理解高质量发展就是新发展理念下的发展。不断增强党领导经济工作的责任感使命感紧迫感，深入贯彻落实习近平新时代中国特色社会主义经济思想和党中央、省委、市委对经济工作的决策部署，准确把握党中央对经济形势的重大判断、对经济工作的重大决策、对经济工作思想和方法的重大调整，保证经济工作方向的正确性，强化对全区经济领域重大工作的总体谋划、统筹协调、整体推进和督促落实。牢固树立抓经济促全局理念，全面落实市委提出的“七以七为”要求（以提高人民生活品质为总目标，践行以人民为中心的发展思想，建设美丽厦门、富裕厦门、繁荣厦门、平安厦门；以战略性新兴产业为主体，强化创新引领，加快推动传统产业数字化转型，实现“产业优”；以实体经济为支撑，做优做强先进制造业，拉动现代服务业，防止经济脱实向虚；以项目建设为抓手，科学精准专业化招商，促投资增后劲；以承接平台为载体，充分发挥经济特区、“海丝”核心区、金砖创新基地、自贸试验区、自主创新区、火炬高新区、各新城片区等功能作用，完善空间战略和主体功能布局；以营商环境为促进，打造一流领先的市场化、法治化、国际化营商环境；以要素便利自由流动为保障，建立公开公平公正要素市场，确保全市经济运行在合理区间）。

5. 坚持创新在现代化建设全局中的核心地位。提升企业创新能力，紧抓金砖国家新工业革命伙伴关系创新基地建设机遇，大力推进科技创新及其他各方面创新，强化对创新的政策、法律服务保障，促进资金、人才、技术等创新要素向企业集聚，激发企业作为创新主体的内生活力。构筑创新人才高地，结合我区产业发展趋势，保持开放包容、海纳百川的气度，坚持依靠专业人才引领产业发展，强化对人才创业、子女教育、住房等全要素保障，走出以产业集群带动人才集聚的高质量发展之路，为“十四五”时期战略性新兴产业的发展提供有力的人才支撑。构建开放创新生态，以科技创新为重点，完善创新驱动发展机制，加大知识产权保护力度，布局和推进建设一批重大研发公共服务平台，做优做强国家集成电路深圳产业化基地厦门（海沧）基地、中科院微电子研究所产业合作（海沧）基地、厦门大学集成电路产教融合创新平台，与清华大学共建 SIP 载板技术平台，着力打造药物和制剂技术国家级特色创新高地。

6. 坚持把壮大实体经济作为建设现代化经济体系

的主攻方向。发挥三大主导战略性新兴产业支撑带动作用，努力在国家打造世界级产业集群中占据一席之地。集成电路产业，大力支持士兰微、通富、开元通信、云天半导体等一批突破“卡脖子”技术的企业快速发展壮大，加快推动安捷利美维项目落地和金柏、海沧半导体产业基地等项目建成投产，重点培育一批企业上市，加快科技创新资源集聚，补齐产业链关键环节的公共技术平台，继续在强优补弱方面发力，在细分领域和产品类别上打造中国集成电路产业的第三极；生物医药产业，在全省重点发展生物医药的大局中切实发挥主力军作用，继续规划拓展空间，推动建设生物医药现代产业学院，加快培植和引进龙头企业，以万泰沧海为龙头打造国家级特色疫苗研发生产基地，支持恒瑞打造华南研发中心和新药生产基地，推动特宝生物、艾德生物、大博医疗等骨干企业加快新品种研发和产业化，推进万泰凯瑞医疗器械基地、宝太 POCT 产业园建设，努力打造生物医药高新技术产业集聚区；新材料产业，支持厦钨新能源、厦顺铝箔、长塑等企业，深耕电池正极材料、铝箔加工、薄膜等优势产业，培育国际领先的新材料企业，加快建成国内重要的新材料产业集聚区。推动传统优势产业转型升级，以智能化和信息化为导向，鼓励企业加强核心技术研发、加快自有品牌建立，努力提升传统优势产业智能制造和信息化水平。加快发展现代服务业，依托厦门中心等空间载体，集中优势资源打造具有竞争力和影响力的总部经济区；做大做强航运物流及临港产业、跨境电商、商贸服务业等，加大文化产业政策扶持力度，引进明星工作室，加快影视业发展；推动教育服务、健康服务、文化服务等生活性服务业品质化多样化发展，促进服务业繁荣发展。

7. 坚持发展壮大数字经济、绿色经济、海洋经济。加快发展数字经济，把数字化建设作为全方位推进高质量发展超越的战略工程，主动参与金砖国家新工业革命伙伴关系论坛、数字中国建设峰会厦门分会、中国人工智能·多媒体信息识别技术大赛、厦门国际动漫节，加速数字经济和实体经济深度融合，助力全市打造全国数字经济发展示范区。加快发展绿色经济，把实现减污降碳协同增效作为促进经济社会发展全面绿色转型的总抓手，建立健全绿色低碳循环发展的经济体系，努力实现生态环境高颜值和经济发展高素质协同并进。加快发展海洋经济，坚持陆海统筹、港湾联动，积极融入全市海洋经济高质量发展三年行动，推动水产品加工、海洋医药、海洋生物制品等海洋经济发展，为加快建设海洋强市、深化国家海洋经济发展示范区建设作出海沧贡献。

三、积极服务和深度融入新发展格局，推动更深层次改革和更高水平开放

8. 加大重大领域改革攻坚力度。大力弘扬敢闯敢试、敢为人先、埋头苦干的特区精神，发挥改革在积极服务和深度融入新发展格局中的关键作用，强化改革系统集成、精准施策，以更深层次改革破解高质量发展中的难题。深化“放管服”改革，完善政府权责清单动态管理机制，推动开办企业、办理施工许可、登记财产、纳税等各项营商环境考核指标有进一步的提升。健全政企常态化沟通机制，推动构建亲清政商关系。推动区属国有企业深化改革，坚持市场化、专业化，推进国有资本运营公司“投资—上市—退出”的产业投资模式，积极稳妥推进国有企业混合所有制改革，健全完善人才激励机制，激发国资国企发展动力。支持民营企业加快改革发展，加大对民营企业的服务支持，引导民营企业高质量发展。深化投融资改革，合理引导社会资本围绕区域重点产业、城市建设、社会事业进行科学化配置、多样化投资。

9. 坚持扩大内需。以深化供给侧结构性改革为主线，注重需求侧管理，合理引导消费、储蓄和投资，形成需求牵引供给、供给创造需求的更高水平动态平衡，夯实畅通国内大循环的重要基础。坚持精准招商、专业招商，紧盯重点产业发展方向，围绕主导战略性新兴产业补链强链，引进行业龙头企业和关键配套企业，促进产业链体系化建设，提升产业基础能力和产业链水平。推进专业化招商队伍建设，针对目标行业、目标企业深度走访，加大招商宣传力度和项目对接。完善招商工作跟踪督查机制，常态化开展“回头看”，及时协调解决问题，切实抓好招商引资的后续服务工作。坚持增量与存量并重，做好现有企业培育扶持，加大企业增资扩产政策支持力度。突出高效集约，加强对产业项目空间要素保障。坚持大抓项目、抓大项目，紧盯国家及省市“十四五”时期战略导向，围绕资源优势、产业基础、现有存量，加大项目谋划，积极争取国家部委和省市更多政策、项目和资金支持；实行重点项目挂图作战，强化协调调度，全面排查和有效解决影响项目推进的重点、难点问题，以强有力的执行力确保项目早建成、早投产、早见效。千方百计稳投资，充分发挥有效投资的关键作用，结合“十四五”规划布局，围绕加快拓展新城及重点片区建设，围绕 5G 等新型基础设施、市政基础设施，围绕教育、卫生、养老、保障性住房等民生短板项目，围绕传统产业改造升级、先进制造业和现代服务业融合发展等，加快策划生成一批重大项目。多措并举促消费，顺应消费提质转型升级新趋势，继续升级传统消费，适当增加公共消费，加快发展育幼、养老、绿色、工业旅游等新型消费，不断优化消费结构，推动线上消费和线下消费有效融合。优化区域商业网点布局，推进海沧汽贸城特色商圈提升业态品质，高标准推进马銮湾新城商圈规划建设，引进国内外知名商业品牌，打造知名核心商圈。

10. 促进区域协调发展。持续深化跨岛发展，大力推进“岛外大发展”。深化跨岛发展战略，以“海沧湾—马銮湾—过芸溪—天竺山”山海通廊为主轴，加快推进海沧湾、马銮湾、临港、东孚等新城建设，推动东屿 CBD 片区、鳌冠片区、集成电路产业园等重点片区开发，加快产城人融合、精细化管理、一体化发展。积极融入闽西南协同发展区建设，加快推进交通基础设施互联互通，加强生物医药等重点产业集群发展互补合作，促进区域一体化发展。

11. 坚定不移扩大开放。充分发挥自贸区、港口优势，积极融入“一带一路”，拓展完善“海丝”航线网络布局，做大做强厦门中欧班列，构建“双循环”重要通道，提高统筹利用国内国际两个市场两种资源的能力。鼓励引导企业加大“走出去”步伐，支持企业赴境外参展、拓展“一带一路”市场，培育以技术、品牌、质量、服务为核心的出口竞争新优势。

四、充分发挥对台前沿阵地作用，积极探索海峡两岸融合发展新路

12. 提升经贸合作水平。立足国家级台商投资区优势，发挥自贸试验区、福厦泉国家自主创新示范区等政策叠加优势和海峡论坛、两岸企业家峰会等平台作用，不断提升项目吸纳功能和承载能力，促进两岸资金、人才、技术等要素流动，支持更多台湾人才来海沧创新创业，推动经济深度融合。瞄准台湾集成电路等领域，进一步探索台资与陆资融合、陆资与台湾人才团队融合等多种模式，鼓励两岸企业在产业链、供应链、价值链方面开展紧密合作，通过产业分工，联合打造全球知名品牌，经营全球市场。

13. 深化两岸社会融合。继续支持海峡城乡发展基金会发展，深化台湾青年参与乡村振兴、社区治理、东西部对口协作模式，着力打造芦塘社、赤土社、下陈社、过坂社区、海沧社区等两岸基层融合治理的乡村振兴示范点，推动海沧经验走向全国各地。建立两岸宗亲、村居等基层常态化交流合作机制，充分发挥开台王颜思齐的两岸同根优势和闽台神医保生大帝的民间信仰优势，推动更多台湾宗亲返乡寻根谒祖。不断优化两岸交流的品牌活动和载体，继续办好海峡两岸保生慈济文化节、汉字节、散文奖、乐活节等两岸交流活动，提升和加快青礁慈济宫、石室书院两个国家级“海峡两岸交流基地”以及金沙书院、开台文化公园等平台载体建设，把海沧打造成为闽南文化研习、展示、传播中心，让两岸同胞有更多机会进行交流交往、交融交心。推动科教卫等社会事业领域的交流合作，加强与台湾有关机构合作开展教师培训，强化与台湾教师的交流研讨。发挥长庚医院两岸医疗卫生纽带作用，持续推进台湾医师社区坐诊、社区健康营造试点，促进两岸医疗资源共享、多元办医合作。

14. 落实惠台利民政策。落实落细各项惠及台胞措施，系统梳理现有政策，形成政策汇编。支持符合条件的台企在大陆资本市场上市融资，鼓励更多台企在两岸股权交易中心“台资板”展示挂牌。健全完善台商座谈会制度，构建涉台企业服务长效机制。提升涉台司法服务水平，加大两岸司法研讨力度。持续办好“涉台法庭”和“涉台检察室”，做好涉台社区矫正工作，完善涉台法庭义工、涉台刑事缓刑考察员和台胞执行监督员制度，邀请台湾同胞担任特邀调解员、人民陪审员、涉台检察联络员等。发挥台商台胞服务站作用，把深化“台商台胞服务年”活动作为落实同等待遇的重要载体，强化相关部门的沟通协调、联动协作机制，切实推动形成并联式服务合力。

五、全面推进乡村振兴，促进农业农村现代化

15. 巩固拓展脱贫攻坚成果。坚决扛起东西部协作和对口支援政治责任，扎实做好对口帮扶宁夏泾源县的东西部协作工作，确保实现巩固脱贫攻坚成果同乡村振兴有效衔接，推进更广领域交流合作，把闽宁协作的金字招牌擦得更亮。建立健全以基本生活救助、专项社会救助、急难社会救助为主体，社会力量参与为补充，城乡一体、分层分类的社会救助制度体系。

16. 完善城乡融合发展机制。完善农村基本经营制度，加快推进农村重点领域和关键环节改革，进一步激活农村资源要素活力；探索农村宅基地使用管理多种路径，解决城乡发展中的人地矛盾；稳定农村土地承包关系，衔接落实好第二轮土地承包到期后再延长 30 年的政策。推进农村土地制度改革，完善农村新增用地保障机制，优先安排农村基础设施和公共服务用地，做好休

闲农业、设施农用地、特色小镇的用地保障。深化农村土地、经营、集体产权制度改革，拓宽农村集体经济发展路径，盘活存量资源，加大用地保障，推进农村集体经济项目建设，促进被征地农民和海域退养渔民素质提升和转产就业，确保农民受益，全力促进农民增收。

17. 大力发展都市现代农业。推进都市现代农业升级，丰富乡村经济业态，更好带动农民就业增收。做强花卉、蔬菜、种苗等优势特色农业产业，探索建立多元化的联结机制和承载平台，实现城乡生产和消费的多层次对接。深入实施科技特派员制度，培育造就新型农村专业人才队伍，引导各类人才投身乡村振兴。紧抓机遇打造更多像“桐花节”“芦塘社”这样响亮的招牌，推动农村一二三产融合发展，进一步为海沧乡村振兴注入强劲动能。

18. 建设宜居宜业美丽乡村。持续深化乡村治理试点，深度挖掘村庄的自然资源、传统文化、乡土文化，创造“一村一景、乡村客厅”，重点推进重点示范村和美丽乡村动线的建设，以点串线、以线连片，形成美丽乡村的风景线和产业发展的振兴线。加快补齐农村民生短板，不断加大对农村基础设施建设和公共服务体系投入，提升城乡基本公共服务均等化水平，让农村成为农民幸福生活的美好家园。完善绿盈乡村服务系统，梯次推进“绿化、绿韵、绿态、绿魂”的生态乡村建设，聚焦群众关切的生态问题。推进农村人居环境综合整治，实施农村垃圾治理、农村污水治理和河湖水系综合治理行动，推进农村“厕所革命”，开展村庄房前屋后整治，建设生态宜居的美丽乡村。加强农村思想道德建设，培育文明乡风。

六、努力建设人与自然和谐共生的现代化，打造高颜值生态环境

19. 打好污染防治攻坚战。坚持目标导向和问题导向，聚焦大气、水体、土壤等领域关键问题，持续抓好中央和省生态环保督察问题整改，解决好群众身边突出生态环境问题。实施蓝天工程，保持空气质量优良率领先优势，持续开展环境空气质量提升行动。持续推动机动车污染减排，加强工业企业无组织排放管控，强化工地扬尘污染防治和露天矿山、露天焚烧整治力度，推进绿色港口建设，力争空气质量指数排名在全市各区“保三争一”。实施碧水工程，统筹水资源、水环境、水生态，落实河湖长制，巩固提升新阳主排洪渠和过芸溪小流域综合治理成效，持续推动入河入湖入海口排污口整治。高质量高标准建设污水管网，做好正本清源工作。实施小微水体治理。实施蓝海工程，加强陆海统筹，推进蓝色海湾二期工程建设，完成鳌冠海域岸线保护和生态综合整治（鳌冠片区海域修复）工程建设，严格海岸带空间管控，大力推进海域清淤、红树林种植等系列工程。实施净土工程，加强农用地土壤和地下水污染防控，减少农业面源污染。建立污染地块清单和优先管控名录，因地制宜实施受污染耕地安全利用方案，提升医疗废物、工业固废处置能力，加强地下水环境质量监测，强化涉重金属污染防治。

20. 推进碳达峰碳中和工作。将碳达峰、碳中和纳入生态文明建设整体布局，科学制定时间表、路线图、施工图。编制实施碳排放达峰行动方案，持续提升生态碳汇能力，倡导绿色消费，扎实推进生活垃圾分类，深入开展绿色生活创建活动，持续推动形成绿色生活方式和消费模式，为国家如期实现2030年前碳达峰、2060年前碳中和的目标作出贡献，打造绿色低碳的幸福城区。

21. 健全生态文明体制机制。践行“绿水青山就是金山银山”理念，持续推进国家生态文明试验区和示范区建设，巩固深化生态文明体制改革成果。深化现代环境治理体系构建，融合党政领导生态环保目标责任考核、ISO 14001环境管理和网格化环境监管体系，全面形成陆海统筹、天地一体的全方位管理格局。开展年度党政领导生态文明建设和环境保护评价考核，落实区直部门、街道领导干部自然资源资产离任审计。落实生态环境损害赔偿制度，强化企业治理主体责任，全面开展环境损害赔偿。

七、坚持以人民为中心，加快创造高品质生活

22. 提升居民收入。围绕“百姓富”，切实把增加居民收入作为改善人民生活的基础，促进经济发展、就业充分与收入增长联动。着力壮大中等收入群体，以技能人才、新型职业农民、科研人员、小微创业者、企业经营管理人员等群体为主体，鼓励勤劳守法致富。深化收入分配制度改革，坚持以按劳分配为主体、多种分配方式并存，不断拓宽城乡居民工资性、激励性、经营性、财产性、转移性五种收入来源，覆盖城镇职工、农村居民、专业人才、困难群体和退休群体五类人员。坚持多项发展要素相结合，制定财力支持可持续、社会预期可把握、市场主体可承受的目标任务和政策措施，保障居民收入可持续增长，让发展更有温度、幸福更有质感。

23. 加强就业保障。强化就业优先政策，把稳就业放在更加突出位置，全力稳定和扩大就业，开发各层级的劳动力岗位，充分挖掘新兴产业就业潜力。支持高校

毕业生、农民工、退役军人等群体就业，健全各类职业技能培训、等级评价制度，保障劳动者待遇和权益。深化构建和谐劳动关系，加强就业形势监测，防范化解突发性、规模性失业风险。

24. 推动教育优质均衡特色发展。全面贯彻党的教育方针，坚持立德树人，加强师德师风建设，培养德智体美劳全面发展的社会主义建设者和接班人。坚持教育公益性原则，加大教育投入，推进学前教育优质普惠发展、义务教育优质均衡发展、普高教育优质多元、职业教育产教融合，继续与重点师范高校及厦门市名校合作办学，鼓励支持社会力量和民间资本进入教育事业，加快构建优质均衡基本公共教育服务体系，办好人民满意的教育。加强教师队伍建设，实施名师工程。完善规范校外培训机构管理的长效机制。

25. 加快建设健康海沧。优化医疗卫生资源空间布局，加快推进马銮湾医院建成、临港新城卫生服务中心投用，推动马銮湾医院与复旦大学附属肿瘤医院展开合作，启动长庚护理院建设，支持长庚医院肿瘤专科争创省级重点专科，扶持海沧医院争创三甲医院，打造市级重点专科。全面深化基层医疗机构与复旦中山厦门医院合作，从单一技术协作向临床合作、远程影像诊断、教学培养、医企联合创新等全方位合作发展，加强社区卫生服务中心建设，提升基层医疗机构综合服务能力。认真总结新冠肺炎疫情防控经验，推进海沧疾控体系综合改革试点工作，加强公共卫生应急管理体系建设，加强公共卫生人才队伍建设，提升重大疫情防控和救治水平。毫不放松持续抓好疫情防控，坚持“人物同防”，坚持防疫“无例外”，严格落实“外防输入、内防反弹”各项措施，加快疫苗接种工作，千方百计织密织牢疫情防控网络。

26. 促进文化繁荣兴盛。牢牢掌握意识形态工作领导权，坚持正确的政治方向、舆论导向、价值取向，加快推动融媒主力军全面挺进主战场，形成具有强大凝聚力和引领力的社会主义意识形态。培育和践行社会主义核心价值观，拓展新时代文明实践中心全国试点建设，倡导文明新风、做优志愿服务、培植先进典型，推动未成年人思想道德建设和文明城区创建工作持续保持全省前列。大力推进文化强区建设，创新实施文化惠民工程，加快金沙书院等重大文化项目建设，推动闽南文化、华侨文化等传统文化创造性、创新性发展，加大对沧江古镇、红砖古厝等历史风貌建筑的保护修缮利用力度。不断繁荣发展文化事业和文化产业，坚定文化自信，讲好海沧故事，努力提升海沧出品的文化文艺产品质量，打造国际一流人文。

27. 加快建设“平安海沧”。践行习近平法治思想，坚持总体国家安全观，统筹发展与安全，加强风险分析研判和综合治理，严密防范各种风险挑战。深化主动创稳，加强军地协作，健全落实社会稳定风险评估、涉稳问题预警预防等机制，坚持新时代“枫桥经验”，完善“四门四访”“信访评理”等信访制度，构建源头防控、排查梳理、多元化解、应急处置的社会矛盾综合治理机制，把矛盾纠纷化解在源头、化解在基层，依法处理信访活动中的违法行为。深化“五安”平安系列工程建设，推进扫黑除恶常态化，建立健全常治长效“六大机制”，坚持常态打击、深挖彻查、源头治理。不断巩固深化政法队伍教育整顿成果，增强政法队伍向心力凝聚力战斗力。深入开展安全生产专项整治三年行动，按照“管行业必须管安全、管业务必须管安全、管生产经营必须管安全”要求，严格落实安全生产责任制，坚决防范遏制重特大生产安全事故。深化“餐桌污染”治理，建设“食品放心工程”，不断提高从农田到餐桌全过程监管能力，全过程全链条保障食品安全。

28. 提升社会保障水平。加强统筹谋划和协调推进，健全覆盖全民、统筹城乡、公平统一、可持续的多层次社会保障体系。深化“爱心厦门”建设，深入实施全民参保计划，加大低保兜底对象和特困人员保障力度，建立健全分层分类的社会救助体系，织密扎牢民生保障安全网。推动养老事业和养老产业协同发展，大力发展普惠性养老，持续提升老年人生活品质和生命质量。坚持“房住不炒”定位，完善多主体供应、多渠道保障、租购并举的住房制度，扩大租赁住房供给，完善人才住房保障体系，加大困难群众和有稳定就业的外来务工人员住房保障力度。

29. 提升财政保障能力。持之以恒夯实发展基础，稳固基本盘，为应对未来的各项风险挑战做好充足准备。坚决压减非急需非刚性支出，盘活存量资金资产，集中有限财力保障重点产业、重点项目、基本民生和基层运转。推进零基预算改革与预算绩效管理相结合，强化协税护税工作机制，积极争取上级资金，争取发债额度，多方筹集资金，切实做到开源节流并重。

八、坚持全面从严治党，以高质量党建保障高质量发展

30. 扎实开展党史学习教育。充分挖掘用好我区丰富的红色资源，引导党员干部传承红色基因，坚定信

仰、坚定信念、坚定信心，把学党史、悟思想、办实事、开新局贯通起来。深入开展“四史”宣传教育，面向基层开展“大宣讲”，提高学习参与率、覆盖面和实效性。加强政治忠诚教育，完善落实“两个维护”的制度机制。扎实推进“永远跟党走”群众性主题宣传教育活动，引导广大干部群众矢志不渝感党恩、听党话、跟党走。扎实开展“我为群众办实事”实践活动，解决好群众和企业“急难愁盼”问题，推动党员干部始终同人民群众想在一起、干在一起，促进全区党员领导干部在学党史中不断增强推动事业发展的动力。

31. 打造忠诚干净担当的高素质干部队伍。不断提高把握新发展阶段、贯彻新发展理念、积极服务和深度融入新发展格局的能力水平，着力打造政治过硬、具备现代化建设能力的干部队伍。建立健全干部担当作为的激励和保护机制，把好用人导向“方向盘”，用好评价标准“指挥棒”，以正确用人导向引领干事创业导向。严明换届纪律，扎实做好换届工作，强化政治素质考察，突出重大斗争实践，大力选拔对党绝对忠诚、素质能力过硬、清正廉洁的优秀干部，配备结构功能强的好班子。深入推进“干部成长深耕计划”，完善培养选拔年轻干部常态化机制，实施“海青优才行动”，强化全链条梯次培养，建设一支数量充足、素质优良的年轻干部队伍。用好各年龄段干部，广泛调动干部积极性。

32. 建设坚强战斗堡垒。牢固树立大抓基层的鲜明导向，完善上下贯通、执行有力的组织体系，不断增强基层党组织的政治领导力、思想引领力、群众组织力、社会号召力。全面加强各领域基层党组织建设，努力把基层党组织建设成为全方位推进高质量发展超越的坚强战斗堡垒。深入推进“近邻”党建，开展城乡社区近邻服务，健全党员干部直接联系服务群众制度机制，依托基层党建引领基层治理效能，深化在职党员到社区报到为群众服务等制度，推动服务、力量、资源下沉。严格党员队伍教育管理，高标准高质量发展党员，不断激发党员队伍活力。

33. 持续深化作风建设。树牢“今天再晚也是早，明天再早也是晚”责任意识，倡导“早干晚干早晚要干的事，务必要早干”的作风，引导广大干部永葆“闯”的精神、“创”的劲头、“干”的作风，锚定目标、坚持对标、猛追猛冲。深入开展“再学习、再调研、再落实”活动，推动党员干部下基层、到一线，掌握真实情况，找准差距短板，有效破解难题。完善作风建设长效机制，锲而不舍落实中央八项规定及其实施细则精神和省市实施办法，坚持纠“四风”树新风并举，深化整治形式主义、官僚主义顽瘴固疾。健全完善基层减负常态化机制，改进督察检查考核方式方法，坚决整治文山会海、向基层甩责，切实减轻基层负担。

34. 加强党风廉政建设和反腐败斗争。围绕党中央决策部署强化政治监督，把贯彻落实习近平总书记在福建考察时的重要讲话精神作为政治监督的重要内容，完善“1+X”等监督机制，严格跟踪问效，确保落实落细。加强对一把手和领导班子的监督，构筑立体式监督网络，督促领导干部正确用权、廉洁用权。深入整治群众身边腐败和不正之风，持续治理民生领域损害群众利益问题，聚焦群众所想所盼，开展“点题整治”。保持惩治腐败高压态势，把严的主基调长期坚持下去，一体推进严肃执纪问责不敢腐、加强制度约束不能腐、强化思想教育和心防约束不想腐，持续巩固发展良好的政治生态。

全区各级党组织和广大党员干部要更加紧密地团结在以习近平同志为核心的党中央周围，认真贯彻落实党中央以及省委、市委部署要求，以时不我待的精神状态，敢拼会赢、担当有为，全方位推进高质量发展超越，在更高起点上建设高素质高颜值国际一流海湾城区，为谱写全面建设社会主义现代化国家福建篇章和厦门更高水平建设高素质高颜值现代化国际化城市贡献海沧力量！

中共海沧区委　海沧区人民政府关于海沧区2021年度人口和计划生育工作情况报告

厦海委〔2021〕54号

（2021年11月30日）

市委、市政府：

2021年，在市委、市政府的坚强领导下，在市卫健委的正确指导下，我区深入贯彻落实中央《中共中央国务院关于优化生育政策促进人口长期均衡发展的决定》精神和全国、省、市卫生健康大会精神，坚持以人民为中心、以均衡为主线、以改革为动力、以法治为保障，依法实施三孩生育政策及配套支持措施，深化计划生育服务管理改革，提升优生优育和普惠托育服务水平，着力构建家庭发展支持体系，不断推进人口均衡发展和家庭和谐幸福，推动全区计划生育工作再上新台阶。2021年，我区获评2018—2020年全国计划生育优质服务先进区和2016—2020年计生家庭意外伤害保险工作先进区。现将我区2021年度人口和计划生育工作完成情况报告如下：

一、主要指标完成情况

截至2021年10月31日，我区总人口597248人，当年度出生4015人，出生人口性别比116.91。其中常住人口247557人，出生1956人，出生人口性别比109.87；流动人口349691人，出生2059人，出生人口性别比124.05。

二、主要工作情况

（一）坚持党的领导，坚决贯彻落实中央《中共中央国务院关于优化生育政策促进人口长期均衡发展的决定》精神

一是加强组织领导。区委、区政府高度重视人口与家庭发展工作，始终坚持计划生育目标管理责任制，紧紧围绕"优化生育政策，促进人口长期均衡发展"这一中心任务，党政主要领导亲自抓、负总责，成立了以党政主要领导为组长，分管领导为副组长，区委办、区府办、人大、政协、卫健、民政、教育等各单位为成员的人口和计划生育工作领导小组，各部门各负其责，分工协作，共同推进。

二是加强宣传贯彻。加强中央《中共中央国务院关于优化生育政策促进人口长期均衡发展的决定》精神和新修订的人口与计划生育法的宣传贯彻，在卫健局党委会上组织专题学习，印制法律法规宣传读本18000本、宣传折页15000份，组织学习培训4场、宣传活动4场，切实将中央《中共中央国务院关于优化生育政策促进人口长期均衡发展的决定》精神和全面三孩政策做到家喻户晓。

三是加强队伍建设。推进计生工作职能转变，区流动人口计生服务站更名为家庭发展事务中心，承担母婴设施建设、婴幼儿照护服务等人口健康服务新职能。街道卫计办和社区（村）对应配备专人负责人口健康服务工作，社区网格员职能进一步优化提升，全区691名网格员实行"分片包户、全责管理"，将人口计生工作全部纳入网格化管理，工资待遇提高至每人每年7.5至8万元。

四是加强经费投入。强化计生投入保障机制，持续保障计生家庭奖励扶助等刚性需求，突出落实我区特有的独生子女父母双亡对象补助、独生子女父母年老补助、独生子女圆梦帮扶和计生困难家庭住院补助等四项计生奖励政策，实现计生意外伤害保险所有计生家庭全覆盖。全区计划生育工作专项经费足额保障，今年预算投入3220万元。

（二）坚持适度生育，有序推进全面三孩政策

一是人口监测质量稳步提升。提升统计业务水平。利用每月工作例会，以会代训，随时掌握人口变动情况。加大培训力度，加强对统计口径的理解，提高系统操作技能，今年共举行全区性大型人口计生统计信息化培训会4场次。提升信息准确率。建立部门间人口基础信息共享机制，与公安、民政、统计等部门签订部门共享协议，每月利用各部门共享的人口信息数据进行关联比对，及时掌握全区人口的出生、死亡，迁入、迁出情况，查缺补漏，确保信息的准确性。今年计生信息统计准确率达99.53%。提升数据分析能力。每月认真指导各村居及时变动登记各项计生业务数据，保质保量完成常住和流动人口监测基础数据分析警示表，科学进行人口形势统计分析，有序推进厦门市2021年人口监测信息质量一级达标单位验收评选工作。

二是行政审批服务便民高效。下沉服务更便民。涉及独生子女父母光荣证办理、部分计生家庭奖励扶助等18项计生事项全部下放村居便民服务窗口办理，提供一站式服务。施行计生便民服务事项规范化建设，全区统一申请材料，统一办理流程和统一办事指南。建立月督查和月报告制度，每月至少抽查2个村（居），对便民服务事项进行实地督查，发现问题立即整改。今年共办理4101件。特色服务更精准。压缩办事时限，18项计生便民服务事项全部即来即办，18项计生便民服务事项实现“一趟不用跑”。窗口人员实行坐班制，并提供延时服务和预约服务。针对老、弱、病、残、孕等特殊群体，走家入户主动提供上门服务。网上通办更高效。推行18项便民服务事项网上办理，让群众可以足不出户便能办理相关手续，提升服务效能。同时，一、二孩生育登记和再生育服务证办理实现全省通办，为群众提供更为便捷的生育服务。

三是配套政策调整及时规范。及时推行三孩生育登记服务，为符合条件的夫妻办理三孩生育登记共61份。按照省市部署，对将个人计生情况与入学、入户、入职等挂钩的情况进行全面清理，对进城务工人员随迁子女义务教育不再要求提供计划生育证明，并及时取消社会抚养费征收等限制措施，对已申请法院强制执行尚未结案的征收案件33件及时进行撤销结案。

（三）坚持以人为本，不断提升优质服务水平

一是妇幼健康服务保障有力。加强孕前健康服务。关口前移，加强婚前医学检查和优生优育咨询服务，充分发挥婚姻登记+孕前优生检查“一站式”服务作用，今年婚检率达98%，免费孕前优生健康检查完成率90%。优化厦门市孕产妇建册管理系统，巩固孕产妇保健新流程成果，有效提高早建卡率，今年户籍人口早建卡率达96.46%，常住人口早建卡率达92.57%。持续守护母婴安全，孕产妇高危管理率100%，孕产妇死亡率0。推进出生缺陷综合防治。推广出生缺陷宣传和健康教育，为孕前及孕早期妇女免费增补叶酸，叶酸免费发放任务完成率达109.44%。规范开展新生儿听力筛查、先天性甲状腺功能减低、G6P6、苯丙酮尿症及新生儿先天性心脏病等新生儿疾病筛查工作。全区3岁以下儿童系统保健管理率达95%，多项妇幼健康指标居于全市前列。强化母婴安全管理。印发《海沧区母婴安全管理制度》，建立母婴安全管理工作例会制度。组织辖区医疗机构开展危重症孕产妇转诊救治演练，保障母婴安全。与市妇幼保健院建立“双向转诊”，增设厦门长庚医院为我区第二个高危孕产妇管理救治中心，孕产妇转诊救治“绿色通道”更加通畅，借力优质妇幼健康服务资源，为三孩政策保驾护航。实施儿童健康提升计划。加强儿童眼、耳、口腔保健和管理，截至目前已完成约3.5万人次。推进儿童早期发展服务，组织儿童早期发展线上线下讲座和活动4次，参加640余人次，将优势医疗资源下沉到托育园，为辖区0～3岁儿童开展免费ASQ儿童发育筛查评估，截至目前共筛查130人次。

二是婴幼儿照护服务示范有方。深入调查摸底。为掌握了解我区托育服务机构的服务情况，区卫健局多次深入托育机构调研，了解我区托育机构总体建设，托育机构建设的标准、规范落实情况以及目前存在的主要困难与问题。经摸底调查，目前我区共有托育服务机构25家。扎实推进试点工作。推进落实《厦门市卫健委厦门市发改委厦门市财政局关于拓展婴幼儿照护服务试点工作的通知》，经街道推荐，区卫健局实地调研和党委会讨论研究，确定厦门安居托育服务有限公司作为省级试点单位、厦门市艾尼优加托育服务有限公司作为试点单位。目前，两家试点单位均已通过省市验收。规范开展备案登记。将托育机构备案纳入行政服务中心窗口办理，公布备案咨询电话和备案流程，督促辖区托育机构积极落实备案登记。区市场监管、民政和建交等相关部门积极配合，全力做好托育机构备案注册登记和消防安全评估等工作。严格做好疫情防控。区卫健局组织家发、疾控、妇幼等单位先后5次对辖区托育机构进行业务指导和疫情防控检查指导，督促托育机构落实常态化疫情防控，规范落实托育机构工作人员疫苗接种和定期核酸检测措施。

三是母婴设施建设推进有序。完善工作机制，加强一线指导。建立联席会议制度，强化部门间常态化沟通联络，做好日常资料收集、统计、上报等具体工作，积极协调推进中遇到的问题。深入一线检查督导母婴（哺乳）室建设、使用、管理和维护工作等情况，及时了解到母婴设施建设推进工作情况，及时发现和纠正母婴设施建设中存在的问题，推动全区母婴设施建设落到实处。整合基础资源，拓展服务功能。不断完善硬件设施，丰富母婴设施服务功能。规范母婴室配备，存放母乳喂养、孕育常识、健康知识等内容的宣传折页；有条件的母婴室还配备了儿童游乐设施、儿童图书架和儿童图刊；有的单位还利用母婴室定期开展育儿知识讲座及读书会活动，把幸福教育融入其中，既为妈妈们提供了一个舒适、隐蔽、卫生、安全的哺乳场所，又为妈妈和准妈妈们提供了一个交流健康育婴知识的沟通平台。建立多性别母婴室，解决奶爸带娃困扰。试点开展东孚街道社区卫生服务中心和新阳街道社区卫生服务中心多性别母婴室建设，设置哺乳区、护理区和休憩区等，方便男性护理者进入，解决奶爸在公共场所为孩子更换尿布、泡奶等生活困扰。同时将我区25家公共场所的母婴室位置分布、内设照片等信息上传高德地图和百度地图，市民通过手机一键导航即可快速查找。2021年共完成新建母婴设施6个（2所学校、2家企业、2家医疗单位）。

（四）坚持利益导向，全力保障计生家庭合法权益

一是计生家庭奖扶到位。加强重点帮扶。在继续保留原有计生奖励扶持项目的基础上，制定《海沧区卫生健康局关于开展2021年春节慰问计划生育困难家庭工作的通知》和《海沧区卫生健康局关于开展2021年计划生育困难女孩家庭帮扶工作的通知》，对我区计生困难家庭给予重点帮扶。今年共帮扶计生困难对象80人，发放扶助金（慰问金）13.2万元。坚持问题导向。及时收集基层在兑现计生奖励过程中存在的问题，今年开展2次以上有针对性的业务培训，进行答疑解惑，提升街道、村居精准施策能力。根据各项计生奖励政策的特殊性和关联性，查找廉政风险点12个，并进行风险解析，制定防范措施，做到每个经办人员人手一份，实现风险可排查、认定更精准。强化精准施策。规范申请流程和资金发放流程，实行“两公开、两会议”制度，实现计生奖励公开化、透明化。强化监督检查，采取入户核查、系统核查和台账检查等方式，确保奖励资金兑现到位。今年以来，我区共对各项计生奖励优惠政策对象13426人发放奖励金1854.17万元。

二是特殊家庭帮扶到位。完善信息档案。建立特殊家庭“一户一档”制度、双岗联系人制度、监护人制度和走访慰问制度。全区131户特殊家庭（失独48户、伤残83户）全部建立信息档案，开展全方位关怀服务。实施经济扶助。对区属48周岁以下特殊家庭夫妇发放特别扶助金每人每年9600元，实现特殊家庭扶助全覆盖。今年发放特别扶助金共262.92万元，发放紧急救助金11万元，未出现集体访、越级访或进京访。提供健康保障。根据《海沧区计划生育特殊家庭就医绿色通道实施方案》，指定海沧医院作为特殊家庭定点医疗机构，签订便捷就医服务合作协议，为特殊家庭开通就医绿色通道，免除普通门诊挂号费。落实特殊家庭成员优先享受家庭医生签约服务，免除签约服务费中个人承担的20元部分，由基层全科医师、健康管理师和大医院专科医师共同组成家庭医生团队，为计划生育特殊家庭成员提供连续、整合、一体化的医疗健康服务。在特殊家庭医疗救助的基础上，对家庭生活确实困难的特殊家庭开展医疗补助。

三是暖心家园服务到位。组建爱心团队。成立全区失独家庭关爱帮扶领导小组，各街道配备2名专职工作人员、卫生服务中心配备1名医护人员、村居配备1名项目工作人员，组成专班队伍，明确工作任务和职责，为每户发放帮扶联系爱心卡，完善服务档案，开展服务效果跟踪和动态管理。构建暖心家园。区“暖心家园”项目点按计划组织健体加油站、缘聚大家庭等系列关爱特殊家庭活动7余场，营造良好的活动氛围，让他们切身地感受到党和政府关爱。今年，全区帮扶农村计生困难家庭16户，每户5000元，共计9万元；慰问计生困难母亲38户，每户约价值400元的米、油等物资。开展入户帮扶。坚持先行先试，2015年起购买社工服务项目，通过招投标择优引进了综合实力最强的社工机构，发挥其服务优势给失独家庭提供更加精准、精心、精细的入户居家关怀服务，特别在心理援助、精神慰藉等方面取得了非常好的效果。今年9月，海沧区“暖心家园”骨干志愿服务队获中国计划生育协会通报表扬。

（五）坚持齐抓共管，积极构建生育支持体系

一是深化生育关怀行动。坚持精准、精细、精致的“三精”服务标准，做深做细做实生育关怀。持续加大计生意外伤害保险力度。以开展最早、覆盖最广、保额最高、理赔最快、服务最好之“五个最”树立生育关怀项目品牌，目前已走在全国前列，成为全市唯一实现全区计生保险全覆盖的单位，先后共投入630万元，每户投保100元，理赔金额每户最高可达42万元及0.91万元住院津贴，受益人群达19.27万人，有力提升了我区计生群众的幸福感、获得感。今年9月，海沧区获评2016—2020年计生家庭意外伤害保险工作先进区。持续开展免费产前筛查服务。今年，继续推行免费产前筛查服务，持续为高风险孕妇提供产前诊断指导。今年累计投入55.28万元，筛查高危对象100%追踪管理。逐步完善避孕药具网点建设。将辖区医疗机构及村卫生所纳入药具发放网点，实现全区避孕药具全覆盖，加大避孕药具宣传，避孕药具使用人数逐年增加，今年以来免费避孕药具发放耗资32.24万元，受益58740人次。

二是深化基层群众自治。推进全国计生基层群众自治示范区建设。建立“两委负总责、专干抓落实、协会当骨干、群众做主人”的工作机制，指导村（居）根据调整后的生育政策修订群众自治章程，成立诚信计生小组385个，80%以上已婚育龄夫妇参与诚信计生，签约率达97.1%。目前，全区共有计生协会小组长484名，每人每月发放补贴不少于500元。推进“四联创”工作。全区建立各级各类计生协组织47个、小组435个，发展会员20381名，形成按“四级联创”建立的横向到边、纵向到底的工作服务网络。持续推进“六好”示范村（居）创建，全区共有先进街道2个，占比50%，协会五好小组348个，占比80%，“六好”示范村居31个，占比73%。推进企业协会建设。创建6家流动人口计生协示范企业（其中国家级1家，市级3家），制定个性化帮扶方案，打造厦门烟草公司、威迪亚公司与立扬光学公司等计生协会示范点，建立百人以上企业协会145个，为企业计生会员打通服务“最后一公里”。

三是深化“三育”服务保障。积极探索群众多元化生育需求，统筹推进生育、养育、教育一体化服务。合理配置公共服务资源。根据我区生育服务需求和人口变动情况，合理配置医疗卫生、儿童照料、学前和中小学教育等资源，满足新增公共服务需求。2021年，我区建设竣工社区卫生服务中心1家，社区卫生服务站1家，在建医院1家；新增幼儿园3所，新增中小学3所（共5个校区）。开展儿童早期发展工作。先后2次召开全区早教联盟工作推进会，全区早教联盟成员单位开展各种活动受益超过1万人次，受益家庭近千户。各街道早教项目点开展早教讲座或亲子活动35场、受益1240人次、受益家庭510户，全力维护女职工生育保法权益。强化与妇联、工会、人社等职能部门互联互动，全面落实产假、陪产假等政策，组织企业员工学习《中共中央国务院关于优化生育政策促进人口长期均衡发展的决定》和《中华人民共和国人口与计划生育法》，监督企业落实产假、哺乳假、陪产假制度，保障生育津贴足额发放，构建生育友好的社会环境。

中共海沧区委　海沧区人民政府
关于2021年实施乡村振兴战略进展情况的报告

厦海委办〔2021〕66号

（2021年12月23日）

市委、市政府：

今年来，海沧区委区政府坚持以习近平新时代中国特色社会主义思想为指导，全面贯彻落实党的十九大和十九届五中、六中全会精神，认真落实中央、省、市的部署要求，大力推进乡村振兴。现将有关情况报告如下：

一、总体情况

（一）坚持全面统筹推进。一是确保有效衔接。调整成立区委扶贫开发成果巩固与乡村振兴工作领导小组，增设巩固脱贫攻坚成果专项小组，成立乡村振兴局，保障工作有序运转。二是完善村庄规划。启动一批特色保留村庄的规划修编，完成洪塘等7个重点示范村规划修编。三是抓好专题培训。组织区乡村振兴领导小组主要成员单位领导和30个涉农村（居）书记进行乡村振兴专题培训。四是坚持项目带动。围绕城乡建设品质提升、乡村振兴试点示范村和动线建设，组织策划年度乡村振兴项目240个，总投资59.6亿元，落实年度各级奖补资金1.13亿元。五是加强宣传推广。梳理试点示范村和动线建设的优秀经验做法，打造芦塘样本、桐花节、过·云生活等响亮的乡村振兴招牌，成功举办厦门市2021年中国农民丰收节。认真抓好乡村振兴促进法宣贯落实，为乡村振兴保驾护航。

（二）巩固扶贫开发成果。一是持续推进东西部协作。3月底，区政府主要领导带队赴泾源县考察，开展结对协作；落实泾源县帮扶资金932.35万元，帮助泾源新增落地投产12家企业，到位投资约1.12亿元，推动消费帮扶达1.4亿元；选派领导干部和专技人才赴泾源挂职、支教、支医，开展教育、卫生培训泾源专业人才6期955人次，组织乡村振兴专题党政干部培训班2期333人次，助力培训农村劳动力1600人，帮助农村劳动力就业4916人；青礁、过坂分别与闽宁镇木兰村、玉树村结对协作；助力泾源县创新肉牛养殖模式，帮助企业培育反季节食用菌，支持中锋产业提质增效。二是持续做好省内对口帮扶。区政府主要领导于8月份带队赴屏南交流对接。9月、12月，屏南县委县政府主要领导分别带队到我区考察和交流。健全工作机制，落实对口协作任务和1600万屏南县帮扶资金。

（三）抓好试点示范建设。一是持续推进点线串联。重点推进贞庵、新垵等5个试点示范村建设，在去年2条乡村振兴动线基础上，新打造“灵动东孚”动线和“醉美临港”2条动线。二是紧盯项目建设进度。区主要领导亲自研究部署和调研推进乡村振兴重点项目建设，实施周调度机制，深入重点村和动线沿线加快项目建设。区委办、区政府办、区委乡村振兴办联合督导，强化跟踪落实。推动乡村振兴试点示范村项目151个，完成投资5.84亿元，项目开工率96%，完工率58.9%。

二、主要成效

（一）有序推动农业高质高效。一是科学谋划，打造精品都市农业。提出并推进“两园一中心”产业发展布局实施，“北园”——厦门国际现代花卉科创产业园已完成初步规划，“南园”——龟山现代农业公园开始前期策划，“一中心”——棠潮园艺暨班纳利育种中心项目已完成一期工程建设并开始部分投产。二是招优引强，培育优势优质产业。坚持“两头在内中间在外”，以现代种业、农村电商平台等为抓手，引进中星天成农业项目，持续培育种业创新企业；引进海澳集团、元初食品公司分别进驻过坂、洪塘带动村庄经济发展。三是创新驱动，发展特色现代农业。以“农业＋旅游”“农业＋电商”“农业＋研学”“农业＋两岸融合”等为基础，将山海资源和闽南重要文化古迹串点成线，打造4条乡村振兴旅游动线。塑造“过·云悦光”夜经济品牌，导流入村加速农村三产融合发展。四是稳产保供，坚持农业绿色发展。完成400多亩商品有机肥推广任务，启动农民专业合作社质量提升整区推进省级试点工作，发动育培等大型花卉企业进行水旱轮作，完成粮食面积1116亩、产量403吨，超额完成市级下达的生产任务。五是齐头并进，壮大农村集体经济。区主要领导分管领导定期研究推动集体经济项目建设。全区各类农村集体经济项目20个，在建的莲花公寓完成招商，新垵正顺公寓进入收尾阶段并累计完成投资2.5亿元。

（二）有力促进农村宜居宜业。一是实施乡村建设行动成效显著。全面推进农村生活污水提升改造，77个自然村纳入雨污水整治范围，完成投资7000万元。完成裸房整治1102栋，完成率110%。推进锦里村外围滨渠路改造工程项目等5个农村公路建设项目，完成投资1840万元，完成率297%。二是农村人居环境进一步改善。落实常态化监督检查机制，持续开展村庄清洁行动。新建、改造、提升10座农村公厕，委托海沧市政建设管理中心实施村庄保洁、垃圾转运、农村公厕管护。完成18个“绿盈乡村”创建提升，创建率100%。完成300户美丽庭院创建，其中45户获评省级美丽庭院。三是农村公共服务水平持续提升。加快临港高中等教育项目建设，完成投资2.42亿元；引进23名三级医院专家到农村社区卫生服务中心坐诊，加大农村优质医疗资源供给。实现全区基层综合性文化服务中心覆盖率、达标率均达到100%。四是涵养乡村文化繁荣兴盛。开展40余项服务活动，面向农村送理论、送文明、送服务、送人才。创建省级文明家庭1户、市级文明家庭11户、市级文明市民标兵20个，实现区级以上文明村覆盖率100%。五是乡村治理持续深化。持续推进全国乡村治理体系试点建设，海沧乡村治理经验获评第三批全国乡村治理典型案例，得到农业农村部、国家乡村振兴局发文推广。农业农村局荣获全国农业综合行政执法示范单位。“后坑夜话”获评厦门基层政务十大经典品牌案例。洪塘乡村振兴“陪伴式”服务入选人民网2021乡村振兴示范案例。海峡城乡发展基金会驻村，打造了芦塘、海沧、一农等5个两岸融合乡村振兴示范点。

（三）有效加快农民富裕富足。一是强化农民转产就业保障。组织涉农人员参加市区“农产品直播”“休闲农业创新发展”等专题培训，举办区级培训9期407人次。完成乡村振兴技能提升培训53班次1573人。二是聚焦农民“急难愁盼”问题。开展“我为群众办实事”实践活动，办结乡村振兴项目36个。结合“爱心厦门”建设，全市率先开展残疾评定上门服务。组织医务人员进村定点医疗服务1138人次。完成村“两委”与困难户“一对一”结亲帮扶210户。三是持续拓宽农民增收渠道。打造67家庭院经济试点，带动就业200余人。前三季度我区农村居民人均可支配收入30694元，继续领跑全省。

三、2022年工作计划

（一）做好巩固扶贫开发成果工作。进一步完善对口帮扶工作机制，树立工作典型，持续加强挂钩镇、结对村的互动交流。聚焦乡村振兴，在资金、项目、产业和劳务协作、消费帮扶、重点示范村建设、乡村治理经验探索等方面持续发力。

（二）推进试点示范村和动线建设。串点连线成片，系统推进乡村全面振兴。进一步规范资金使用，开展专项审计，及时发现问题、督促整改到位，严格审核把关资金使用。

（三）加快都市现代农业高质量发展。加快棠潮园艺暨班纳利中国育种中心二期工程建设，推动重点在谈现代农业招商项目尽早落地。推进淘宝福建绿植花卉直播产业带、玛瑙直播和各类农村自媒体平台加快发展。加快农村集体经济项目建设，推动新垵正顺公寓与莲花汤岸公寓项目正式投用。

（四）持续推进农村生态宜居。做好农村人居环境整治提升五年规划，持续推进农村人居环境改善。加快农村污水、小微水体、裸房整治、厕所改造和杆线整治等一批项目建设，持续推进农村建设品质提升。全面推进美丽庭院创建活动，实现试点示范村全覆盖。

（五）推进现代乡村治理体系建设。提炼两岸融合试点村建设经验，探索打造更多示范点。积极引导乡村振兴“陪伴式”服务全面推开，推广“后坑夜话”等特色做法，逐步构建现代乡村治理体系海沧模式。

中共海沧区委办公室印发《关于巩固深化“不忘初心、牢记使命”主题教育成果的具体措施》的通知

厦海委办〔2021〕2号

（2021年2月3日）

各街道党工委，区直各部、委、办、局党委（党组、党工委、总支、支部），各人民团体支部（总支），区属各企事业单位党委（支部）：

《关于巩固深化“不忘初心、牢记使命”主题教育成果的具体措施》已经区委领导同志同意，现印发给你们，请结合实际认真贯彻落实。

关于巩固深化“不忘初心、牢记使命”主题教育成果的具体措施

为深入贯彻习近平新时代中国特色社会主义思想，全面贯彻党的十九大和十九届二中、三中、四中、五中全会精神，认真落实新时代党的建设总要求和新时代党的组织路线，持续推动全区各级党组织和广大党员不忘初心、牢记使命，切实增强“四个意识”、坚定“四个自信”、做到“两个维护”，巩固“深化大学习、提振精气神”专项活动成果，为加快建设高素质高颜值的国际一流海湾城区不懈奋斗，根据《中共中央办公厅印发〈关于巩固深化“不忘初心、牢记使命”主题教育成果的意见〉的通知》、《中共福建省委办公厅印发〈关于巩固深化“不忘初心、牢记使命”主题教育成果的实施方案〉的通知》和《中共厦门市委办公厅印发〈关于巩固深化“不忘初心、牢记使命”主题教育成果的实施方案〉的通知》，结合我区实际，提出如下具体措施。

一、目标意义

党的十九届四中全会提出建立不忘初心、牢记使命制度，要求把不忘初心、牢记使命作为加强党的建设的永恒课题和全体党员领导干部的终身课题。习近平总书记强调，不忘初心、牢记使命，必须完善和发展党内制度，形成长效机制。建立不忘初心、牢记使命制度，巩固主题教育成果，是以习近平同志为核心的党中央作出的一项重大制度安排，是党的性质宗旨、理想信念、奋斗目标的重要体现，对于推动“岛内大提升、岛外大发展”、加快建设高素质高颜值的国际一流海湾城区具有深远的意义。全区各级党组织要深刻认识巩固“不忘初心、牢记使命”主题教育成果的重大意义，强化使命担当，增强行动自觉，抓好贯彻落实。

二、工作措施

（一）坚持理论武装常态化

持之以恒加强理论武装，筑牢思想根基，自觉做习近平新时代中国特色社会主义思想的坚定信仰者、忠实实践者。

1. 按原著细学。把学习贯彻习近平新时代中国特色社会主义思想作为首要政治任务，原原本本学习《习近平谈治国理政》第一卷、第二卷和第三卷，及时跟进学习习近平总书记最新重要讲话重要指示批示重要文章，持续在学懂弄通做实上下功夫，始终保持统一的思想、坚定的意志、协调的行动、强大的战斗力。认真学习领会习近平总书记在党的十九届五中全会上的重要讲话和全会精神，做到悟于心、践于行、落于实。［牵

头单位：区委宣传部、区委组织部；责任单位：区委党校、各党（工）委］

2. 带感情深学。深入学习习近平总书记对福建、厦门工作的重要讲话和指示批示精神，传承贯彻习近平总书记在福建、厦门工作时创造的宝贵思想财富、精神财富和实践成果，用好《摆脱贫困》《习近平在福建》《习近平在厦门》等系列采访实录特色教材，以及高山党校、鼓浪屿红色教育基地、10 条红色文化经典线路、东头山烈士陵园等特色资源，不断深化对习近平新时代中国特色社会主义思想历史逻辑、理论逻辑、实践逻辑在学习领会，在增强政治认同、思想认同、理论认同、情感认同上取得新成效。［牵头单位：区委宣传部、区委组织部；责任单位：区委党校、各党（工）委］

3. 中心组领学。通过党委（党组）理论中心组学习、党员干部自学等方式，推进新思想往深里走、往实里走、往心里走。各级领导班子每年至少举办 1 期读书班，列出若干专题，集中学习研讨，邀请党员、干部列席旁听。［牵头单位：区委宣传部、区委组织部；责任单位：各党（工）委］

4. 分层次研学。根据国企、非公等六大领域党组织特点，围绕基层党组织书记、新党员、老年党员等六大群体党员特点，有计划、分层次开展党员教育轮训。严格落实“三会一课”制度，党员要按时参加党员大会、党小组会和上党课，通过学习典型案例、听理论宣讲，增强学习效果。党员领导干部要列出年度重点书目学习，每年到基层单位或所在党支部至少讲 1 次专题党课。［牵头单位：区委组织部；责任单位：各党（工）委］

5. 多载体活学。用好“共产党员网”“学习强国”“厦门党建 e 家”“今日海沧”等线上教育平台，依托党群活动服务中心、新时代文明实践中心（站、所）等场所，采取组建理论轻骑兵、开设“微党课”、开展“新思想·悦享学”学习强国挑战赛等方式，通过“固定宣讲 + 移动宣讲”“理论学习 + 故事分享”“线上讨论 + 线下座谈”，确保学习教育走深走实。［牵头单位：区委组织部、区委宣传部；责任单位：各党（工）委］

（二）坚持信念教育常态化

坚持集中培训与日常教育相结合、组织教育与自我提高相结合，推动党员干部筑牢信仰之基、补足精神之钙、把稳思想之舵。

6. 以党章党纪立规明矩。把党章作为必修课，党员、干部党性教育和领导干部任职培训必学党章，党委（党组）理论学习中心组每年安排 1 次党章集体学习，党支部每年组织 1 次党章专题学习交流。［牵头单位：区委组织部；责任单位：区委宣传部、区委党校、各党（工）委］

7. 以忠诚教育立根固本。落实主题党日制度，坚持和完善重温入党誓词、党员过“政治生日”等政治仪式，强化党的意识、党员意识。［牵头单位：区委组织部；责任单位：各党（工）委］

8. 以历史教育鉴往知来。开展党史、新中国史、改革开放史、社会主义发展史专题教育，让党员、干部学习了解党的奋斗历史、光荣传统、宝贵经验和伟大成就，激发爱党爱国热情。用好厦门“六种精神”、《厦门红色记忆》等红色资源，传承红色基因，激发前行动力。［牵头单位：区委宣传部、区委组织部；责任单位：区委党校、各党（工）委］

9. 以典型教育见贤思齐。深入开展向谷文昌、廖俊波、盖军衔、陈清洲、“时代楷模”“八闽楷模”“最美人物”以及我区林志强等先进典型学习活动，大力宣传在服务率先实现全方位高质量发展超越大局、防范化解重大风险、抗击新冠肺炎疫情等重大任务中做出突出贡献的党组织和党员的先进典型，教育引导党员、干部立足岗位学先进、争先进、赶先进。［牵头单位：区委宣传部、区委组织部；责任单位：各党（工）委］

（三）坚持调查研究常态化

弘扬“四下基层”“马上就办、真抓实干”等优良作风，把调查研究贯穿于发现和解决问题、密切党群干群关系全过程。

10. 调研求深。县处级以上领导班子要围绕贯彻落实习近平总书记对福建、厦门工作的重要讲话重要指示批示精神和党中央决策部署、落实省委、市委、区委工作要求，每年确定若干重点调研课题，领导班子成员要结合分管工作领题调研，自己撰写或主持起草调研报告，调研结束后，领导班子要深入研究，拿出实招硬招，把各项工作做细做实做成。［牵头单位：区委办公室、区政府办公室；责任单位：区人大常委会办公室、区政协办公室、各党（工）委］

11. 挂钩求实。党员领导干部要按照要求持续深入挂钩联系的村（居）、企业（项目），围绕基层工作推进中的热点难点问题，定期走访慰问、现场考察、谈心谈话，推动基层干部把更多时间精力投入到推动发展、推进工作、为民服务上来。［牵头单位：区委办公室、区政府办公室；责任单位：区人大常委会办公室、区政协

办公室、各党（工）委］

12. 问计求新。要坚持问计于民，通过开展调研，了解基层情况、明确政策导向、回应群众诉求。开展干部成长深耕行动，通过常态化安排组织、纪委、统战、政法等部门干部到村居担任网格员，引导干部走出机关，向群众学习、下一线调研、在村居开展工作，更直观地了解基层一线的工作情况。［牵头单位：区委办公室、区政府办公室、区委组织部；责任单位：区人大常委会办公室、区政协办公室、各党（工）委］

13. 解题求真。把群众关心关注的热点难点问题以及党的建设面临的紧迫问题，作为重点调研内容，直奔问题多、困难多、矛盾多的地方开展调查研究，着眼解决实际问题。对经过充分研究、比较成熟的调研成果，要及时上升为决策部署，转化为具体措施；对尚未研究透彻的调研成果，要更深入地听取意见，完善后再付诸实施；对已经形成举措、落实落地的，要及时跟踪评估，视情况调整优化。［牵头单位：区委办公室、区政府办公室；责任单位：区人大常委会办公室、区政协办公室、各党（工）委］

14. 作风求实。加强调研统筹，防止扎堆调研、作秀调研。不得提前"踩点"、打"前站"，不得对干部群众的座谈发言提前演练和"把关"。弘扬唯实求真精神，掌握真实情况、寻求务实对策，确保调研成果可信可靠可用。［牵头单位：区委办公室、区政府办公室；责任单位：区人大常委会办公室、区政协办公室、各党（工）委］

（四）坚持检视问题常态化

把政治体检作为党员、干部自觉打扫思想政治灰尘、不断增强政治免疫力的重要途径，不断推进自我革命，永葆党的先进性和纯洁性。

15. 经常性自我剖析。经常对照习近平新时代中国特色社会主义思想和党中央决策部署，对照党章党规，对照人民群众新期待，对照先进典型、身边榜样，查找自身在政治、思想、组织、作风、能力、廉洁等方面存在的差距和不足。领导班子还要针对巡视巡察、干部考核、专项督查反馈的意见，联系本区本部门本单位发生的重大事件、典型案件，把自己摆进去、把职责摆进去、把工作摆进去，集体讨论查找问题。加强分析研判，推动形成风清气正的政治生态。［牵头单位：区纪委监委、区委组织部、区委巡察办；责任单位：各党（工）委］

16. 常规化谈心谈话。落实党委"六必谈"制度，各级领导班子成员之间、党支部委员之间、党员之间要经常性开展谈心谈话，交流思想、相互提醒、相互帮助。谈心谈话内容包括对重大问题的认识和看法，个人的思想、工作、学习、生活情况等，采取集中开会谈与分散个别谈、定时定点谈与随时随地谈、干部主动谈与领导约谈相结合，把问题谈开、把思想谈透，增进了解、共同提高。［牵头单位：区委组织部；责任单位：区纪委监委、各党（工）委］

17. 多渠道开门纳谏。要广开言路听民声，通过在区政府官方网站设立悬浮窗、微信公众号设立专栏、政务服务窗口粘贴二维码、设置专线电话、专门邮箱、意见箱等形式，引导社会公众积极参与，切实让呼声与建议"浮上来"，让政策和措施"沉下去"。［牵头单位：区纪委监委、区委组织部；责任单位：区委宣传部、区委巡察办、各党（工）委］

18. 高标准带头示范。党员领导干部要将对照初心使命找差距作为民主生活会、组织生活会的常态化课题，以普通党员身份参加所在党支部或者党小组组织生活，虚心听取意见，带头开展批评与自我批评。上级党组织要派人列席下级党组织的民主生活会、专题学习研讨会等，加强具体指导，确保质量效果。［牵头单位：区委组织部；责任单位：区纪委监委、各党（工）委］

19. 销账式立查立改。针对巡视巡察和检视查摆的问题，即知即改、立查立改，从具体事、身边事、群众最不满意的事改起。要把民主生活会、组织生活会整改工作同党员、干部政治体检中查找出来的问题整改结合起来，列出清单、销号整改，确保整改到位，整改情况要在适当范围内公开。［牵头单位：区纪委监委、区委组织部、区委巡察办；责任单位：各党（工）委］

（五）坚持整改落实常态化

运用好主题教育期间开展专项整治这一解决工作中突出问题的有效方法和重要抓手。

20. 项目化拉单列表。开展突破"难、硬、重、新"工作行动，健全完善"四门四访"工作机制，严格落实各级领导干部下访接访工作机制和挂钩联系包案化解制度，全面查找、深入研判、推动解决。要在抓好"8+2"突出问题（党中央在主题教育期间列出的8个方面突出问题，以及领导干部利用名贵特产、特殊资源谋求私利问题和"景观亮化工程"过度化等"政绩工程""面子工程"问题）专项整治的基础上，综合分析民意收集、信访反映、巡视巡察、调查研究等方面情况，每年列出重点问题进行集中整治。［牵头单位：区纪委监委；责

任单位：区委办公室、区政府办公室、区信访局、各党（工）委］

21. 责任制即知即改。要建立整改落实责任制，严格落实“党政同责、一岗双责”，由党委书记亲自抓、班子成员分头抓、承办部门具体抓，制定挂钩整改方案。对问题整改列出清单，实行台账式管理、项目化推进，推动各承接单位对接沟通、搞清关系，明确主体责任、进度时限和工作措施。［牵头单位：区委办公室、区政府办公室；责任单位：各党（工）委］

22. 考核式督促检查。结合效能建设，建立督办考核机制，适时开展专项检查、重点查访，推动问题整改任务按时序推进，对专项整治不力或搞形式走过场的严肃批评、督促改正。要将督办和帮办有机结合起来，针对群众关注度高的热点难点问题，要联合相关部门成立专项组，深入一线帮助指导推动，形成合力抓好重点项目、重要节点的落地落实。［牵头单位：区委办公室、区政府办公室；责任单位：各党（工）委］

（六）坚持担当作为常态化

广大党员要紧紧围绕“岛内大提升、岛外大发展”、建设高素质高颜值国际一流海湾城区的战略定位，在“过紧日子”的同时，注重涵养敢担当的胸怀和气魄，提升善作为的本领和能力，作出经得起实践、人民、历史检验的实绩。

23. 大战大考有本领。健全重大突发事件领导班子应急处置机制和党员、干部应急动员发挥作用机制，推动领导班子和领导干部勇于担当、靠前指挥，引导党员、干部关键时刻冲得上去、危难关头豁得出来、重大斗争中经得住考验。加强党员、干部的治理能力和专业能力培训，紧紧围绕贯彻新发展理念、构建新发展格局、扎实做好“六稳”工作、全面落实“六保”任务、防范化解重大风险、应对重大突发事件等内容，持续开展治理能力和专业能力培训，提高干部打硬仗、解难题、防风险的能力。［牵头单位：区委组织部；责任单位：海沧公安分局、区建设与交通局、海沧生态环境局、区应急局、区卫健局、区信访局、区委党校、各党（工）委］

24. 服务发展有担当。深入学习贯彻习近平总书记关于加快经济特区发展的重要讲话精神，用好在厦门建设金砖国家新工业革命伙伴关系创新基地的重大机遇，围绕高素质标杆、高颜值典范、现代化前沿、国际化枢纽，更高水平建设高素质高颜值的国际一流海湾城区。弘扬敢闯敢试、敢为人先、埋头苦干的特区精神和朝气蓬勃、积极进取的投资区初创精神，对照区委区政府部署的各项重点任务，采用挂职锻炼、交流任职等方式有计划地安排机关干部到基层一线、艰苦地方、关键岗位，在重点工作和重大活动中锻炼培养。党员领导干部要带头做表率，带动广大党员苦干实干，特别是对推进我区集成电路、生物医药、新材料三大主导产业，马銮湾新城、东屿 CBD、信息产业园、鳌冠湾等重点片区建设以及招商引资、“三高”企业发展等重点工作，要主动靠前服务、创新优化措施，不断取得新突破、新成绩。［牵头单位：区委办公室、区政府办公室；责任单位：各党（工）委］

25. 干事创业有平台。建立党员先锋岗、责任区，推行设岗定责、承诺践诺。认真总结推广“深化大学习、提振精气神”专项活动、“当先锋、做示范、争创‘六连冠’”主题实践活动等主题活动中创造的党员先锋岗、党员突击队以及临时党支部建在项目指挥部等载体平台，让广大党员干部干事有平台、创业有载体。［牵头单位：区委办公室、区政府办公室、区委组织部；责任单位：各党（工）委］

26. 激励关怀有抓手。健全完善党管干部、选贤任能制度机制，落实关心关爱基层干部的具体措施，突出实干实绩考察考核干部，重点围绕率先实现全方位高质量发展超越，改进领导班子和领导干部政绩考核，及时宣传表彰先进典型，以正确用人导向引领干事创业导向。落实《中国共产党党员权利保障条例》，确保党员参加会议、发表意见、检举揭发、选举与被选举等合法权益有效落实。把干部担当作为情况作为结合巡察开展选人用人专项检查的重要内容，对不敢面对问题、触及矛盾，工作长期没有实质性进展、群众反映强烈的问题长期得不到解决的领导班子，对庸政懒政怠政的领导干部，解决群众困难“推拖绕”的党员、干部，依规依纪依法予以问责。按照“三个区分开来”要求，落实我区《关于建立机关工作人员容误免责机制的实施细则（试行）》，合理使用受处理处分影响期满、工作表现优秀的干部，认真做好失实检举控告澄清工作，切实保护党员、干部干事创业积极性。［牵头单位：区纪委监委、区委组织部；责任单位：区委巡察办、各党（工）委］

（七）坚持服务群众常态化

始终坚持以人民为中心，真心实意帮助群众解决实际困难，切实增强群众的获得感、幸福感、安全感。

27. 联系群众解民忧。落实好区委常委联系党支部工作，推动各级党委（党组）书记和班子成员每人确定 1 个后进基层党支部作为联系点，每年至少深入联系点 2 次，帮助解决突出问题，促进转化提升。各级党委（党组）领导班子成员党支部工作联系点应覆盖各个领域。深化党政机关支部与基层支部共建，确保有活动、有实质内容，注重实际效果。联系基层要注重服务群众，认真倾听群众呼声，了解民情民意，增进群众感情，密切党群干群关系。[牵头单位：区委办公室；责任单位：区人大常委会办公室、区政府办公室、区政协办公室、区委组织部、各党（工）委]

28. 聚焦热点办实事。坚持问需于民、问计于民，真心实意帮助群众解决操心事、烦心事、揪心事。各级党政领导班子要聚焦群众关切的“急难愁盼”等问题，制定年度民生实事计划。采取适当方式公开方案、进度和结果，接受群众评价和监督。[牵头单位：区委办公室、区政府办公室；责任单位：各党（工）委]

29. 创新形式送服务。巩固好发展好科技特派员制度，深入开展“精准双报到、为民解难题”活动和“爱心厦门”建设，进一步拓展服务领域、深化服务内涵、提高服务成效。大力传承弘扬习近平总书记在厦工作生活期间倡导的“远亲不如近邻”重要理念，大力推行近邻党建工作，以服务民生为切入点，用“大党建”激活“微治理”，以党建高质量引领基层治理创新发展。[牵头单位：区委组织部；责任单位：区工信局、各党（工）委]

（八）坚持纠风纠治常态化

聚焦形式主义、官僚主义突出问题，不断改进领导方式和工作方法，树立正确的政绩观。

30. 紧扣重点出击。深入实施市委《关于持续解决困扰基层的形式主义问题为决胜全面建成小康社会提供坚强作风保证的具体措施》，重点纠治贯彻落实党中央决策部署装样子、做选择、搞变通，维护群众利益不担当不作为特别是漠视人民群众生命安全和身体健康，发文开会不切实际，落实工作重“形”不重“效”、重“痕”不重“绩”，督查检查考核大范围要台账资料，多头重复向基层派任务要表格等困扰基层的形式主义问题。[牵头单位：区委办公室；责任单位：区政府办公室、区纪委监委、区委巡察办、各党（工）委]

31. 加强督促整改。通过明察暗访、监督举报、重点督办，严肃查处典型问题，同时以适当形式进行通报曝光，达到查处一件、警示一片的目的。各单位每年要对形式主义、官僚主义问题纠治情况进行自查，加强督促整改。[牵头单位：区纪委监委；责任单位：区委办公室、区政府办公室、区委巡察办、各党（工）委]

32. 注重成果巩固。各级领导机关要把自己摆进去，对形式主义、官僚主义的新表现、新动向进行梳理，作为下一年度纠治重点任务，持续深化整治。[牵头单位：区纪委监委；责任单位：区委办公室、区政府办公室、区委巡察办、各党（工）委]

（九）坚持作风建设常态化

作风建设永远在路上。教育党员、干部公正用权、依法用权、廉洁用权，始终保持为民务实清廉的政治本色。

33. 树立政治规矩意识。加强党规党纪教育特别是政治纪律和政治规矩教育，督促党员、干部强化组织观念，做到“四个服从”，自觉做政治上的明白人、老实人、正派人。党员领导干部要严格执行廉洁自律准则、党内政治生活若干准则、重大事项请示报告制度、领导干部个人有关事项报告制度等，严守党纪条规；坚持民主集中制，严格领导班子议事决策规则，落实领导干部插手干预重大事项记录制度，规范使用公权。[牵头单位：区纪委监委、区委组织部；责任单位：各党（工）委]

34. 加强家风家教建设。严格落实中央八项规定及其实施细则精神和省、市、区实施办法，注重家庭家教家风建设，反对特权思想和特权行为，全面规范领导干部配偶、子女及其配偶经商办企业行为，保持共产党人的高尚品格和廉洁操守。[牵头单位：区纪委监委、区委组织部；责任单位：各党（工）委]

35. 强化廉洁从政引导。督促党员、干部正确处理公私、义利、是非、情法、亲清、俭奢、苦乐、得失的关系，清清白白做人、干干净净做事。通过与干部谈心谈话、对新任职党员领导干部开展廉政谈话、办理来信来访、列席民主生活会和组织生活会等途径，发现苗头性、倾向性问题，及时咬耳扯袖，做好提醒谈话函询诫勉工作，防止小毛病演化成大问题。扎实做好查处的典型案件“后半篇”文章，做实同级同类干部警示教育，以案释德、以案释纪、以案释法。增强一体推进“三不”的联动效应，锻造忠诚干净担当的高素质干部队伍。[牵头单位：区纪委监委、区委组织部；责任单位：各党（工）委]

三、有关要求

加强组织领导，强化督促指导，推动巩固深化“不忘初心、牢记使命”主题教育成果各项任务落地见效。

36. 压实主体责任。各党委（党组、党工委）要负起主体责任，深化省委“三四八”贯彻落实机制，把不忘初心、牢记使命作为加强党的建设的永恒课题和全体党员、干部的终身课题，不断巩固深化主题教育成果，高度重视、精心组织，抓常抓细抓长，推动各项任务落地见效。各级领导机关、领导干部要走在前、作表率，既抓自身又抓下级，形成一级抓一级、层层抓落实的良好工作格局。[牵头单位：区委办公室、区政府办公室；责任单位：区委组织部、区委宣传部、各党（工）委]

37. 加强考核评估。通过听取意见、随机查访测评，了解党员、群众评价，及时发现解决存在的突出问题。对搞形式、走过场的，要严肃批评，通报曝光，促其改正。各行业系统主管部门要加强对本行业本系统的指导。[牵头单位：区委办公室；责任单位：区政府办公室、区委组织部、各党（工）委]

38. 注重氛围营造。要充分运用报纸、网络、广播等方式，发挥今日海沧微信公众号等平台作用，深入宣传习近平总书记关于“不忘初心、牢记使命”主题教育的重要讲话、重要指示批示精神，进一步统一思想、提高认识。要充分挖掘基层党组织巩固主题教育成果的好经验、好做法，及时反映进展情况和工作成效，加强舆论引导、营造良好氛围。[牵头单位：区委宣传部、区委组织部；责任单位：各党（工）委]

39. 坚持统筹兼顾。把巩固深化“不忘初心、牢记使命”主题教育成果，同统筹推进常态化疫情防控和经济社会发展、改革发展稳定等各项工作结合起来，同实施我区国民经济和社会发展“十四五”规划和二〇三五年远景目标结合起来，坚持两手抓，做到两促进，推动形成坚定理想信念、坚守初心使命、敢于担当作为的浓厚氛围，推动“岛内大提升、岛外大发展”、加快建设高素质高颜值的国际一流海湾城区做出更大贡献。[牵头单位：区委办公室、区政府办公室；责任单位：区委组织部、区委宣传部、各党（工）委]

中共海沧区委办公室　海沧区人民政府办公室关于印发《海沧区关于进一步加强人才住房保障的实施办法》的通知

厦海委办〔2021〕9号

（2021年4月12日）

各街道党工委、办事处，区直各部、委、办、局，各人民团体，区属各企事业单位：

《海沧区关于进一步加强人才住房保障的实施办法》已经区委和区政府研究同意，现印发给你们，请遵照执行。

海沧区关于进一步加强人才住房保障的实施办法

第一章　总　则

第一条　为贯彻落实省、市人才住房保障精神，更广泛地满足全区各类人才落地安居需求，将《厦门市引进高层次人才住房补贴实施意见》《完善我市高层次人才安居政策的补充通知》《进一步加强“三高”企业骨干员工住房保障政策若干意见》等政策保障效应向下延伸。以需求为导向，为海沧区经济社会事业发展所需人才引进提供更多元的住房保障，特制定本办法。

第二条　本办法对标厦门市人才住房政策，在新时期下将原有的《海沧区企业人才住房优惠暂行办法》《海沧区青年人才公寓管理暂行办法》两项住房政策进行修订整合。同时围绕海沧区实际，突出社会所需、政府所能的住房保障原则。保障形式是住房货币化补贴和实物房租赁并举，保障方式主要包括给予住房补贴和提供青年人才公寓优惠入住。

第三条 本办法所称企业是指在海沧区内办理商事登记、税务登记并缴纳税收，税收收入归属海沧区财政且符合下列条件的企业。本办法所称的企业人才是指在上述企业工作且符合下列条件的人才。

第二章 企业人才住房补贴

第四条 符合以下条件之一的企业，其人才方可申请人才住房补贴：

（一）实际到位注册资金达 5000 万元（人民币或等额外币）以上，且约定总投资额 5 亿元以上（人民币或等额外币，以投资协议约定为准）的新设企业；

（二）申请时上一年度主营业务收入达 5 亿元以上且近三年增长率平均 5% 以上（企业设立不足三年的按设立年限取增长率平均值），同时缴纳区级税收达 200 万元以上的企业；

（三）申请时上一年度缴纳区级税收 500 万元以上的企业。

第五条 符合本办法第四条规定的企业，自 2020 年 9 月 1 日起，从厦门市外新引进到海沧区企业工作、缴交社保，且符合相应条件的优秀骨干型人才，年龄 55 周岁以下，符合以下四类人才认定条件之一，在海沧区购（租）商品房的，可按以下标准予以补贴。

（一）A 档人才：年薪 70 万元（含本数）以上的企业人才，可申请购房补贴 80 万元或租房补贴每月 3000 元；

（二）B 档人才：年薪 50 万元（含本数）以上不到 70 万元，或具有博士且高级职称的企业人才，可申请购房补贴 65 万元或租房补贴每月 2500 元；

（三）C 档人才：年薪 30 万元（含本数）以上不到 50 万元，或具有博士、高级职称、高级技师的企业人才，可申请购房补贴 45 万元或租房补贴每月 1500 元；

（四）D 档人才：在企业服务满 1 年的，具有本科且中级职称、硕士、技师的企业人才，可申请租房补贴每月 800 元。

购房补贴分 5 年发放，A 档人才首次发放 30 万元，B 档人才首次发放 25 万元，C 档人才首次发放 15 万元，余额自次年起 4 年内，每年平均发放。租房补贴最长补贴 5 年，每年发放一次。住房补贴除首次发放外，其余年限发放须满足一年的周期核定。

第六条 区各职能部门分别对企业人才资格条件进行认定。区行业主管部门负责审核新设企业注册资金及约定总投资额情况；区财政局负责核查申请企业缴纳地方级税收情况；区市场监督管理局负责提供申请企业注册情况；区人社局负责核查人才的资格条件。

第七条 符合条件的企业每年最多可申请 2 个购房补贴、5 个租房补贴名额。全区住房补贴名额实行总量控制，购房补贴每年 100 个名额，租房补贴每年 500 个名额，如遇审核通过名额超过总量控制数，由区委人才工作领导小组研究决定。

第八条 企业人才如同时符合本办法和市、区其他人才住房优惠政策，按“自愿、就高、不重复”的原则享受政策。夫妻双方均符合申请条件的，按照“就高从优”的原则，由层次较高的一方申请，不重复享受。享受住房补贴期间结婚且配偶人才层次更高的，按层次更高一方核定人才档次继续兑现补贴。

享受住房补贴期间人才档次变化的，按变化确认时间重新认定住房补贴标准。购、租房补贴转换的，由人才提出申请，按照“就高、不重复”的原则实施。补贴期间人才变动单位的，重新认定人才住房补贴待遇。

第九条 凡已享受厦门市市级人才住房优惠政策的，不得按本办法申请住房补贴。申请购房补贴的人才，补贴期间须在海沧区持有商品房（用地性质：住宅）记录。申请租房补贴的人才，其本人、配偶及未成年子女须在厦无任何房产。

第十条 人才在享受住房补贴期间，区相关职能部门每年核查申报企业资格；用人单位每年考核人才资格，并将考核结果报区人社局审定，根据考核结果最终兑现人才住房补贴。

第十一条 享受购房补贴的人才必须自享受补贴之日起在海沧区企业服务满 5 年，不满 5 年的，按未满服务年限的比例缴还购房补贴。应缴还的金额＝已发放的购房补贴 -（购房补贴总额 ÷60 个月）× 实际在海沧区服务月数。用人单位负责追回购房补贴并上缴区财政，否则由用人单位承担损失。

第三章 青年人才公寓

第十二条 本办法中所指的青年人才公寓是指经相关会议和程序划拨用于人才租赁的专项房产。青年人才公寓只租不售，以租金优惠的方式提供给人才入住。

第十三条 区建交局负责青年人才公寓房源的筹集、青年人才公寓物业管理的指导；区人社局牵头负责青年人才公寓入住申请审核以及公寓运营情况的日常监督；海投物业负责青年人才公寓信息化平台的开发管理、日常维护，青年人才公寓租金优惠信息核对；区发改局负责对公寓运营单位提出的房屋租金价格进行核定；区财政局负责为青年人才公寓建设及运行提供资金保障。

第十四条 海沧区企业人才，同时满足下列条件者，可申请青年人才公寓：

（一）距离申请日期 24 个月以内新引进海沧区，与企业签订一年以上劳动合同并缴纳社保；

（二）具有全日制普通教育本科以上学历、初级以上职称、高级工以上职业资格，或纳税 500 万元以上的企业可自主认定推荐不超过 3 人申请人才公寓。

每家企业申请入住青年人才公寓每年不超过 10 人，含企业自主认定的人才。

第十五条 辖区内机关事业单位、区属民办校（园）、市管民营医院工作人员，在海沧区工作并同时满足下列条件者，也可申请青年人才公寓。

（一）具有全日制普通教育本科以上学历，或初级以上职称；

（二）距离申请日期 24 个月以内新引进海沧区，与用人单位签订一年以上劳动（聘用）合同并缴纳社保。

每家单位申请入住青年人才公寓每年不超过 10 人。

第十六条 本人及配偶、未成年子女须在厦门无任何房产，且未享受市级人才住房优惠政策，方可入住青年人才公寓。夫妻双方同在海沧区工作，且同时符合申请入住青年人才公寓条件的，按照不重复享受原则，由一方提出申请。

第十七条 青年人才公寓租金价格由公寓运营单位结合项目建设、运营和管理成本拟定，根据市场行情实行动态调整。租金按照市场价由承租人向公寓运营单位支付，按第一年优惠 67.5%，第二年优惠 57.75%，第三年优惠 51.25% 的标准直接给予减免。

第十八条 同一人才或同一对夫妻累计租住青年人才公寓时间原则上不超过 3 年，且租赁期限最长不能超过工作合同期限。租住期间人才结婚，配偶也符合入住条件的，以先入住人才时间为准。租住期间人才离异，一方再另外申请租住青年人才公寓的，离异前居住公寓时间需累计。租赁期满后用人单位和承租人应主动退让房源。同一人才不能同时享受青年人才公寓政策与人才住房补贴政策。

第十九条 人才入住青年人才公寓需遵循以下规定：

（一）入住青年人才公寓期间产生的物业管理费及水、电、燃气等相关费用，由承租人自行支付；

（二）青年人才公寓以市场化方式运行，承租人应服从公寓运营单位的物业管理规定；

（三）承租人工作单位发生变化后，新工作单位仍符合本办法第十四条、十五条所规定要求的，由新工作单位重新申报青年人才公寓入住申请；

（四）承租人出现下列情况之一的，应主动申报退出青年人才公寓：

1. 终止在海沧区创业或不在海沧区继续工作的；

2. 居住期间承租人及其配偶、未成年子女在厦门拥有自有住房或享受其他人才住房优惠政策的；

3. 在海沧区变动工作但未由新单位重新办理租住手续的。

（五）青年人才公寓承租人有下列行为之一的，公寓运营单位有权终止租赁合同，收回公寓，通知用人单位，并报备区人社局：

1. 有违法违纪行为的；

2. 将青年人才公寓转租、出借的；

3. 入住青年人才公寓累计满 3 年的；

4. 不履行租赁合同条款的。

（六）承租期内，用人单位及承租人情况发生变动的，须在变动后 1 个月内向公寓管理单位报告相关信息，除出现本条第（三）项规定情形外，承租人应当在变动后的 1 个月内退出公寓，未及时报告的由公寓运营单位收回公寓，并按公寓市场价补交已享受的租金减免部分。公寓运营单位不定期对青年人才公寓居住情况进行抽查，如发现有不符合居住青年人才公寓条件的，责成当事各方及时纠正，属用人单位过失的，由用人单位赔偿损失，取消用人单位一年内申请资格。

第四章 附 则

第二十条 本办法的实施按照党务公开制度，接受纪检监察部门和社会的监督。人才或企业有骗取住房补贴或申请人才公寓后将公寓转租他人等违法违规行为，取消企业申请资格，终止人才享受补贴或退出人才公寓，并由用人单位追回已发放的住房补贴或人才公寓房租优惠，情节严重的，依法追究相应法律责任。

第二十一条 本办法自生效之日起执行，有效期 5 年。人才根据《海沧区企业人才住房优惠暂行办法》（厦海委办〔2012〕83 号）已享受或仍在享受相关优惠措施的，按照原规定和协议执行。人才根据《海沧区青年人才公寓管理暂行办法》（厦海委办〔2017〕21 号）已享受或仍在享受相关优惠措施的，按照原规定和协议执行。

第二十二条 本办法的具体解释工作由区委人才办和区人社局承担。

中共海沧区委办公室　海沧区人民政府办公室 关于印发《海沧区贯彻落实〈福建省中小学教师减负清单〉实施办法》的通知

厦海委办〔2021〕25号

（2021年10月21日）

各街道党工委、办事处，区直各部、委、办、局，各人民团体，区属各企事业单位，各学校：

现将《海沧区贯彻落实〈福建省中小学教师减负清单〉实施办法》印发给你们，请结合实际认真贯彻执行。

海沧区贯彻落实《福建省中小学教师减负清单》实施办法

为贯彻落实《中共中央办公厅、国务院办公厅印发〈关于减轻中小学教师负担进一步营造教育教学良好环境的若干意见〉的通知》《中共福建省委办公厅、福建省人民政府办公厅关于印发〈福建省中小学教师减负清单〉的通知》精神和《厦门市贯彻落实〈福建省中小学教师减负清单〉实施方案》要求，结合我区实际，制定如下实施办法。

一、总体要求

以习近平新时代中国特色社会主义思想为指导，全面贯彻党的教育方针，遵循教育规律，聚焦学校立德树人根本任务、教师教书育人主责主业，坚决反对形式主义和官僚主义，严格落实《福建省中小学教师减负清单》，清理规范与中小学教育教学无关事项，确保对中小学校和教师的督查检查评比考核事项在现有基础上减少50%以上，精选各类进校园活动内容，提高教育效果，切实减轻中小学校和教师负担，进一步营造全社会尊师重教的浓厚氛围，为广大教师营造潜心教书育人的良好环境。

二、主要任务

（一）严格落实党委、政府审批备案制度

1. 落实对校督查检查评比考核报批制度。除教育部门外，其他各部门（含下属单位）及非常设机构不得自行设置以中小学校和教师为对象（包括以教育部门为对象并涉及学校及教师）的督查检查评比考核事项，不得以调研、指导、验收等名义变相开展。确需开展的督查检查评比考核实行审批报备和清单管理制度，按照归口管理原则，每年12月上旬将下一年度计划报区委办公室、区政府办公室，会同教育部门研究审核后，由区委办公室统一报区委审批后纳入清单予以公布（2021年度海沧区涉及中小学校师生督查检查评比考核事项清单附后）。未列入清单的不得开展。对紧急突发事项的督查检查，要按照“一事一报”流程，由分管区领导签批后，报区委办公室备案实施。（责任单位：区委办公室、区政府办公室、区教育局）

2. 落实对校调研、采集数据报批制度。严格规范涉及中小学校和教师的报表填写工作，杜绝重复上报各种数据及多头填表格、报材料现象，精简相关报表填写工作。严格限制涉及中小学校和教师的数据采集次数，充分利用现代信息技术特别是人工智能技术，提升数据采集的信息化水平，建立健全各类教育信息数据库，努力做到一次采集多次使用。

除教育部门外，其他部门开展针对中小学校和教师的调研活动，要求教育部门和学校上报各种数据及填表格、报材料，要按照归口原则、“一事一报”流程，提请区委办公室、区政府办公室审批同意后，由区教育局统一部署。其中，涉及中小学校和教师的教育统计工作，其他部门须先报区统计局审核备案。（责任单位：区委办公室、区政府办公室、区教育局、区统计局）

3. 落实抽调借用中小学教师报批制度。严格限制和规范抽调借用中小学教师行为。对于抽调借用中小学教师参与贯彻落实党和国家重大决策部署任务的，在不影响学校正常教育教学情况下，应经区教育局同意并报区委审批备案，借用期限原则上不超过半年。除此之外，不得抽调借用中小学教师，不得安排中小学教师到与教育教学无关的场所开展专项工作，原则上不得在城市创优评先活动中安排中小学教师上街执勤或做其他与教师职责无关的工作。各部门召开的与教育教学无关的会议，原则上不得安排中小学校和教师参加。（责任单位：区教育局）

（二）严格落实教育部门统筹协调责任

1. 严格规范社会事务进校园。除法律法规有明确规定外，未经教育部门同意，有关部门不得擅自进校园指导中小学校和教师开展相关工作。区委和区政府统一安排部署的维护稳定、扫黑除恶、防灾减灾、安全生产、禁毒防艾等专项工作原则上每学年不超过 2 次，文明、卫生、绿色、宜居、旅游等城市创优评先活动原则上每学年不超过 1 次。杜绝摊派与教育教学无关的事务进入校园。有关部门和企业等不得把与教育教学无关的庆典、招商、拆迁等活动和工作强制摊派给中小学校，并向教师下达指令性任务，不得随意让学校停课出人出场地举办有关活动。

未经区教育局同意，不得强制或通过与考核挂钩等方式要求中小学校和教师（或通过学校和教师组织学生、家长）关注微信公众号、下载安装与教育教学无关的政务 App（应用程序）、参与点赞投票、评选先进、问卷调查、网络答题等活动，不得提出参与率、达标率等硬性要求。（责任单位：区教育局、各有关部门）

2. 严格规范教育宣传活动进校园。不得随意安排面向中小学生的教育宣传活动进入校园。如中小学课程已有类似内容，可根据实际需要合理融入教学安排，不得重复安排。如确有需要开展的思想政治教育类主题宣传教育活动，要根据中小学生德智体美劳全面发展的需要，报区教育局汇总后，由区教育局会同区委宣传部整体规划、统筹安排进入校园。（责任单位：区委宣传部、区教育局）

3. 严格规范中小学教师培训活动。教育部门要统筹安排中小学教师培训活动。针对教师的专业培训，要结合教师工作和生活实际，优化内容、改进形式、合理开展，避免硬性安排，坚决杜绝走形式、走过程。对于非教育教学方面的培训，需经教育部门严格把关，除人力资源社会保障部门依法依规开展的培训外，能取消的取消，能合并的合并，不得拉教师拼凑充数，把无关培训摊派给教师。（责任单位：区教育局、区人社局）

4. 建立各类事务进校园统筹规划制度。严格落实教育部门统筹规划制度。除上级部门组织开展的活动外，由区委和区政府统一安排部署的专项工作、创优评先活动，以及各部门需开展的社会事务、教育活动、培训活动等进校园项目，各主管部门或主办单位应填写《厦门市海沧区中小学校进校园活动申请表》（附件 1），于每年 1 月、7 月向区教育局申报下学期的进校园活动，区教育局按照程序进行汇总、审核、筛选、归类、合并，与有关单位会商后，统筹安排并发布学期进校园活动清单。（责任单位：区教育局、区人社局）

三、工作要求

（一）加强组织领导。区委教育工作领导小组负责统筹协调、宣传引导、督促落实。各相关部门要高度重视，切实将教师减负作为基层减负的重要内容，纳入重要议事日程。

（二）广泛宣传引导。宣传部门、教育部门要加大宣传力度，广泛宣传党的教育方针，党中央、国务院关于教师队伍建设的决策部署，以及省、市、区党委和政府的工作要求，广泛宣传中小学教师教书育人、培养社会主义建设者和接班人的神圣使命，及时推送教师减负政策，及时曝光增加中小学教师负担的典型问题。大力倡导尊师重教，引导全社会进一步关心教育、关爱教师，共同营造良好的教育教学环境。

（三）狠抓工作落实。严格执行进校园申报审批制度，切实落实清单管理。各相关部门要及时将每年要开展的督查检查评比考核项目报区委审批，及时向区教育局申报进校园项目，纳入清单管理，未纳入清单的不得开展。区委办、区政府办要对进校园督查检查评比考核项目，区教育局要对各类事务进校园进行指导、管理和监督，确保进校园活动取得实效。

（四）加强督导检查。区人民政府教育督导委员会要把各相关部门贯彻落实《福建省中小学教师减负清单》，减轻中小学教师负担工作情况纳入督导范围，并向社会和学校公布进校园监督举报电话，对于执行不力、落实不到位的要严肃问责。

附件：1. 厦门市海沧区进校园活动申报表（略）

2. 海沧区涉及中小学校师生督查检查评比考核事项清单（略）

厦门市海沧区人民政府关于印发《厦门市海沧区国民经济和社会发展第十四个五年规划和二〇三五年远景目标纲要》的通知

厦海政〔2020〕59 号

（2021 年 4 月 23 日）

各有关单位：

《厦门市海沧区国民经济和社会发展第十四个五年规划和二〇三五年远景目标纲要》已经区十二届人大六次会议批准，现印发给你们，请认真组织实施，确保完成规划确定的发展目标和任务。

厦门市海沧区国民经济和社会发展第十四个五年规划和二〇三五年远景目标纲要（节选）

海沧区国民经济和社会发展第十四个五年规划和二〇三五年远景目标纲要，根据《中共海沧区委关于制定海沧区国民经济和社会发展第十四个五年规划和二〇三五远景目标的建议》编制，主要阐述海沧区未来五年经济社会发展的总体目标、主要任务和重大举措，是市场主体的行为导向，是政府依法履行职责的重要依据，是全区人民共同的行动纲领。

第一章　全面推进高素质高颜值的国际一流海湾城区建设

“十三五”时期，以习近平同志为核心的党中央带领全党全国各族人民，推动党和国家各项事业取得决定性成就，实现历史性跨越，全面建成小康社会胜利在望。在省委、市委的坚强领导下，海沧区深入贯彻习近平总书记系列重要讲话和对福建、厦门工作的重要指示批示精神，团结和带领全区广大党员干部群众，纵深推动跨岛发展，高素质高颜值的国际一流海湾城区建设取得重大进展，为“十四五”时期实现高质量高速度发展奠定了坚实基础。

第一节　发展基础

经济实力实现新跃升。海沧区大力推进国际一流海湾城区建设，产业转型升级步伐加快，城市建设与管理同步推进，各项社会事业不断进步，人民生活水平进一步提高。经济持续平稳发展，2020 年实现地区生产总值 815.75 亿元，按常住人口计算的人均地区生产总值 19.61 万元；完成财政总收入 188.85 亿元，区级财政收入 33.98 亿元；规上工业产值突破 1400 亿元，达到 1402.06 亿元，限上批零突破 2000 亿元，达到 2360.09 亿元。产业结构进一步优化，三次产业结构从 2015 年的 0.28∶63.08∶36.64 调整为 2020 年的 0.2∶56.2∶43.6；创新驱动进一步强化，规上高技术产业完成产值 368.39 亿元，占规上工业产值的 26.3%。

产业发展打开新局面。坚持创新发展，重树产业立区理念，尊重人才、尊重市场，走专业化、市场化路子，聚焦集成电路、生物医药、新材料三大主导产业，初步形成具有区域影响力的产业集群，汽车及零部件、食品、智能家居等传统产业加快转型升级，现代服务业蓬勃发展，现代产业体系加快构建。集成电路实现了从“0”到“1”的发展，累计引进了通富、士兰、金柏等重大项目，涵盖芯片设计、晶圆测试、载板制造、封装测试、半导体 MEMS 以及半导体功率器件等产业链环节。生物医药涌现出金达威、特宝、大博、艾德、万泰沧海等一批国内领先、具有国际竞争力的龙头企业。新材料引进补链型项目，厦钨钨钼制品产业链基本形成。汽车及零部件、食品、智能家居等传统产业不断向品牌化、高端化、智能化、绿色化方向发展。海沧集装箱吞吐量占厦门港比重 78%。推动商贸业流通企业扩容增量。温德姆至尊酒店、正元希尔顿逸林酒店、融信华邑酒店、泰地万豪酒店等高端酒店开业。

城区建设呈现新风貌。坚持协调发展，规划先行、产城融合、城乡一体，持续推动海沧湾、马銮湾、临港新城、东孚新城等新城建设。“五纵八横”主干路网基本成型，第二西通道通车在即，轨道 2 号线开通运行，6 号线海沧段加快建设。城区燃气管道改造有序进行，智能电网建设加快完善，海沧污水处理厂通水运行，日污水处理能力显著提升。建成天然气海沧门站、垃圾焚烧发电厂二期、蔡尖尾山气象台，新建供水管道约 12 千米，建成市政道路约 50 千米、污水管约 120 千米、地下综合管廊约 10 千米，完成马銮湾海绵城市试点区三年建设任务。

公共服务实现新提升。“十三五”期间，新增幼儿园学位 8820 个、义务教育学位 34290 个；获评福建省“教育强区”，教育质量跃居岛外首位，中考体育成绩连续五年全市第一；北师大海沧附属学校、双十中学海沧附属学校、延奎小学等一批学校进入全市优质学校行列。长庚医院获批“三甲”综合医院，桥南社区卫生服务中心、东孚街道社区卫生服务中心正式投用，马銮湾医院、临港社区卫生服务中心加快建设，石塘、嵩屿社区卫生服务中心入选全国百强，东孚卫生院入选“全国群众满意卫生院”，基本公共卫生考核荣膺全省第一、全国第四，获评全国首批“国家级妇幼健康优质服务示范区”，顺利通过“国家级慢性病综合防控示范区”复审，再次获评“全国基层中医药工作先进单位”。深入实施社区书院和“四点钟学校”等文化惠民工程。开台文化公园投入使用，金沙书院启动建设，加快推进海沧街区 24 小时自助图书馆、海沧街道文体中心、体育公园二期、社区公共健身体育设施及区老年人活动中心建设。

改革开放取得新进展。坚持开放发展，以法治化、国际化、便利化为目标，加速推广“智慧政务”改革，深度融入“一带一路”建设，积极探索两岸融合发展新路，对台交流合作不断走深走宽。落实外商投资负面清单，深化市场准入负面清单试点。率先试行食品一线检验、二线备案新模式。中欧班列稳定运营，汽车整车进口口岸正式投用。厦漳泉城市联盟线（孚莲路—厦漳界段）建成通车，厦门华夏电力向漳州台商投资区龙池片区集中供热项目加快推进，轨道 6 号线漳州角美延伸段加快建设。

生态环境再上新台阶。坚持绿色发展，环境质量持续高位运行，率先全市获评生态文明建设示范区，海沧湖截污整治工程顺利完工，新阳主排洪渠黑臭水体除名。过芸溪小流域水质率先全市九条溪流全域消除劣Ⅴ类水质。率先全市完成挥发性有机物治理。推进铁路沿线综合环境整治，完成世佳化工榕树公园、湖头村街心公园一期、翁角路沿线等街心公园建设提升。推进集成电路产业园地块绿化、生物医药园地块绿化等道路绿化提升，建成新阳大道公园、海沧自贸公园、气象公园、大埕公园等，新增公园绿地 439.81 公顷。竹兰山生态修复工程初具成效，完成天竺山、大屏山等重要景区节点花海风景林建设。

但“十三五”时期，海沧仍处于城市化进程的核心转型期、公共服务提升的重要提质期，自身面临的挑战不断加大。土地资源受到紧约束影响，企业生产经营成本较高，重点发展的战略性新兴产业和现代服务业在与粤港澳大湾区、长江经济带等地区的竞争中优势不够明显；新城建设有待加快，产城融合需要进一步深化，市政配套、公共服务、商业配套等设施有待进一步完善；优质教育、医疗、养老、育幼等公共服务还有缺口，公共文化供给缺乏多样性，与人民群众对美好生活的需求存在差距；国有企业改革仍然存在困难。

第二节　发展环境

一、国际环境

当今世界正经历百年未有之大变局，国际力量对比深刻调整，不稳定性不确定性明显增加，世界进入动荡变革期。全球新冠疫情冲击深刻影响经济社会发展，西方国家经济增长乏力，国际市场需求疲软，中美在多个领域的摩擦仍将持续，对海沧的生物医药、卫浴、电子信息等优势产业的产品出口、原材料进口、国际人才交流等影响仍将存在；此外，发达国家对芯片、集成电路、高端软件等“卡脖子”技术钳制，对海沧重点打造的集成电路等战略主导产业也将带来影响。但我们的发展仍然处于重要战略机遇期，特别是中美贸易摩擦日益

专栏一

海沧区“十三五”期间经济社会发展主要指标完成情况

附表 1

	指标名称	单位	2020 年目标值		2020 年完成		属性
			绝对值	年均增长	绝对值	年均增长	
经济发展	1. 地区生产总值（GDP）	亿元	850	10.33%	815.75	4.5%	预期性
	2. 三产比重	—	0.1 : 54.9 : 45		0.2 : 56.2 : 43.6		预期性
	3. 户籍城镇人口占常住人口比重	%	45		58.2*		预期性
发展动力	1. 全社会 R & D 经费支出占 GDP 比重	%	4.5		3.15* （工业 R&D 经费占 GDP 比重）		预期性
	2. 新增劳动力平均受教育年限	年	13.5		与全市一致		预期性
	3. 万人有效发明专利拥有量	件	18		37		预期性
	4. 互联网普及率	%	85		100		预期性
	5. 全社会固定资产投资总额	亿元	[3080]	18%	[1925.9]	5.1%	预期性
	6. 外贸进出口总额	亿美元	86.3	6%	市里不再核定各区数据，无法测算		预期性
	7. 五年累计实际利用外资总额	亿美元	[15]		[70.62](亿元)		预期性
民生福祉	1. 人类发展指数	—	与全市一致				预期性
	2. 居民人均可支配收入	万元	6.07	10%	5.47	4%	预期性
	3. 城镇新增就业人数	万人	[4.5]		各区未单独统计，全市已完成“十四五”规划目标任务		预期性
	4. 千人医疗床位数	张	6.5		4.8		预期性
	5. 每千人口执业（助理）医师数	人	3.1		3.1		约束性
	6. 新增义务教育学位数	个	[38760]		[34290]		预期性
	7. 新增公办幼儿园学位数	个	[4320]		[8820]		预期性
	8. 城乡居民各类基本社会保险参保率	%	100		100		预期性
	9. 每千名老人养老床位数	张	38		42		预期性
生态文明	1. 森林覆盖率	%	40		38.9		约束性
	2. 空气质量优良率	%	95		99		约束性
	3. 万元 GDP 用水量	立方米	完成国家、省、市下达任务		完成国家、省、市下达任务		约束性
	4. 单位 GDP 能耗降低	%					约束性
	5. 非化石能源占一次能源消费比重	%					约束性
	6. 万元 GDP 二氧化碳排放量下降	%					约束性
	7. 主要污染物排放量减少	%					约束性

说明：“[ ]”内数据为 2016—2020 年五年累计数；标“*”为 2019 年数据

聚焦在科技领域后，产业链供应链安全可控的重要性、紧迫性凸显，为我区重点培育的集成电路、生物医药、新材料等战略性新兴产业发展带来重大机遇，也为传统优势产业进一步拓展空间创造机会。

二、国内环境

“十四五”时期，我国将在全面实现小康目标的基础上，开启全面建设社会主义现代化国家新征程，加快推进高质量发展，加快构建以国内大循环为主体、国内国际双循环相互促进的新发展格局；全省正在加快全方位推动高质量发展超越、推进闽西南协同区建设；全市持续深入实施跨岛发展战略，积极推动“岛内大提升、岛外大发展”；资源要素将加速向我省我市集聚，为海沧加快提升区域影响力、吸附力、集聚力带来重大契机。同时，周边城市和各区加快发展的机遇意识和责任意识增强，使得海沧区面临着与周边地区更为激烈的竞争。

三、市内环境

“十四五”期间，厦门将深入落实全方位推动高质量发展超越部署，加快建设高素质高颜值现代化国际化城市，以更高的站位、更宽的视野、更大的力度，努力建成高素质标杆、高颜值典范、现代化前沿、国际化枢纽。聚焦新城拓展，以大基建打造新城新形象，以大产业集聚新城新功能，以大环境激发新城新活力，以更大力度推进岛外大发展。地铁 2 号线的开通运营，轨道 4 号、6 号以及厦门第二西通道将建成投用，将极大的改善海沧区的交通状况。有利于海沧区做大做强产业，加快新城建设，建设国际一流海湾城区。

第三节　指导思想

一、指导思想

高举中国特色社会主义伟大旗帜，深入贯彻党的十九大和十九届二中、三中、四中、五中全会精神，坚持以马克思列宁主义、毛泽东思想、邓小平理论、“三个代表”重要思想、科学发展观、习近平新时代中国特色社会主义思想为指导，全面贯彻党的基本理论、基本路线、基本方略，深入学习贯彻习近平总书记对福建、厦门的重要讲话重要指示批示精神，统筹推进“五位一体”总体布局，协调推进“四个全面”战略布局，坚持党的全面领导，坚持以人民为中心，坚持新发展理念，坚持改革开放，坚持系统观念，坚持稳中求进工作总基调，以全方位推动高质量发展超越为主题，以供给侧结构性改革为主线，以改革创新为动力，服务新发展格局，探索海峡两岸融合发展新路，深入实施跨岛发展战略，构建现代产业体系，不断完善城区功能，满足人民日益增长的美好生活需要，推进治理体系和治理能力现代化，在更高起点上建设高素质高颜值的国际一流海湾城区，勇当全方位高质量发展超越的排头兵，推动经济行稳致远、社会安定和谐，实现高质量高速度发展，为新福建建设和厦门建设高素质高颜值现代化国际化城市作出新的更大贡献。

二、重要原则

坚持党的全面领导。坚持和完善党领导经济社会发展各方面重要工作的体制机制，坚持和完善中国特色社会主义制度，不断提高贯彻新发展理念、构建新发展格局能力和水平，为勇当全方位高质量发展超越的排头兵提供根本保证。

坚持人民至上。始终以满足人民群众对美好生活的需求为出发点和落脚点，尽力而为、量力而行，共建共治共享，不断增进民生福祉，努力使发展成果更广泛、更均衡、更公平、更优质地惠及人民群众。

坚持产业立区。始终把发展着力点放在实体经济上，坚持创新驱动，大力发展战略性新兴产业，推进传统产业转型升级，积极融入双循环新发展格局，进一步完善产业链供应链，推动产业向高端化、集群化发展。

坚持改革开放。牢记经济特区、台商投资区使命，坚持在全球化发展和全国“一盘棋”中找准定位，解放思想、敢闯敢创，持续推动机制创新、科技创新、环境创新，持续探索两岸融合发展新路，不断激发海沧发展的动力和活力。

坚持系统观念。加强前瞻性思考、全局性谋划、战略性布局、整体性推进，统筹“五位一体”，立足海沧、服务大局，发挥比较优势，防范风险挑战，推动发展质量、结构、规模、速度、效益、安全相统一。

第四节　发展目标

一、二〇三五年远景目标

到二〇三五年我国基本实现社会主义现代化、我省基本实现全方位高质量发展超越之时，我区全方位高质量发展超越全面实现，高素质高颜值的国际一流海湾城区基本建成。

展望二〇三五年，我区经济实力将再上新的更高台阶，发展质量和效益显著优化；科技实力大幅跃升，成为海峡两岸创新创业的引领区、创新资源和创新人才的集聚区；产业结构全面优化、质量全面提高，集成电路、生物医药、新材料三大产业成为支柱产业，全面建成现代产业体系；实现区域社会治理现代化，平安海沧建设达到更高水平，建成法治海沧、法治政府、法治社会；持续探索两岸融合发展新路，全面完善开放型经济新体制；城市建设管理水平全面领先，人与自然和谐共生，成为新时代生态文明典范城区；社会事业取得长足进步，社会文明程度达到新高度，人民生活更加美好，居民收入达到高收入经济体水平，人的全面发展、全体人民共同富裕取得更为明显的实质性进展。

二、“十四五”发展目标

锚定二〇三五年远景目标，综合考虑国内外发展趋势，考虑海沧发展的可能和需求，坚持目标导向和问题导向相结合，坚持守正和创新相统一，到2025年成为全方位高质量发展超越的排头兵、国际化海湾城区的样板、生态文明建设的示范，基本建成高素质高颜值的国际一流海湾城区。

经济发展质量更优。到2025年，全区地区生产总值突破1350亿元，人均地区生产总值达到20.77万元，五年累计完成投资2000亿元。集成电路、生物医药和新材料三大主导产业壮大发展，产值占工业产值比重达到50%；自主创新能力不断增强，每万人发明专利拥有量45件；科技进步对经济增长的贡献显著提升，规上工业研发投入占GDP比重达3.5%，在库“三高”企业突破460家，产业体系质量明显提高。

城区宜居水平更高。科学统筹生产、生活、生态空间和发展，纵深推进跨岛发展，环海湾城区框架基本形成，由南向北、由海向陆串起的海湾城区国际形象进一步凸显。五年累计新增主干道路50千米，新增污水管网50千米。生态环境更趋优良，新增（改造）绿化面积400公顷、绿道40千米，省控地表水水环境功能区达标率到100%，空气质量优良天数比例达到99%，森林覆盖率达到40%。

改革开放更深入。坚持全面深化改革扩大开放，专业化市场化的产业发展机制更加成熟，五年累计实际利用外资65亿元。积极融入自贸试验区、海丝战略支点城市建设，市场化法治化国际化营商环境水平进一步形成，五年累计外贸进出口总额3800亿元，到2025年海沧港区年集装箱吞吐量900万标箱、年货物吞吐量1.5亿吨。对台先行先试、示范引领作用进一步凸显，持续深化两岸融合发展，加速打造台胞台企登陆第一家园的桥头堡。

人文生活更美好。以促进人的全面发展和共同富裕为目标，就业规模和就业结构实现双提升，居民收入稳步增长，到2025年居民人均可支配收入达7.28万元。教育、医疗、养老、城乡基础设施等领域短板明显改善，五年累计新增公办幼儿园学位3240个、义务教育学位17040个、医疗床位1200张；到2025年，全区每千人口医疗床位6张，每千人口执业（助理）医师3.12人，每千名老人养老床位45张。深入推进文明城区建设，持续完善公共文化服务体系，繁荣文化产业，敢闯敢创、崇文尚武、文明自强、开放包容的海沧人文精神进一步凝聚。

治理体系更完善。政府职能加快转变，民主法治更加健全，城乡社区共建共治共享的治理水平明显提高；强化系统集成，构建网格化管理、精细化服务、信息化支撑、开放共享的基层管理服务平台，以主动创稳为主线、五治并举为路径、平安海沧为载体的社会治理现代化新模式基本形成，建成最具安全感城区。

专栏二

海沧区“十四五”经济社会发展主要指标

附表2

指标名称		单位	2020年完成	2025年预期	属性
经济发展	1. 地区生产总值	亿元	815.75	1350	预期性
	2. 三大主导产业产值占工业产值比重	%	30	50	预期性
	3. 五年累计完成固定资产投资	亿元	[1925.9] 2016—2020年累计数	[2000] 2021—2025年累计数	预期性
创新驱动	4. 规上工业研发投入占GDP比重	%	3.15*	3.5	预期性
	5. 每万人拥有发明专利数	件	37	45	预期性
	6. 高技术产业产值占规上工业产值比重	%	26.3	35	预期性

续附表 2

指标名称		单位	2020 年完成	2025 年预期	属性
民生福祉	7. 人均预期寿命	岁	82.06	82.2	预期性
	8. 居民人均可支配收入	万元	5.47	7.28	预期性
	9. 新增义务教育学位数	个	8190	[17040]	预期性
	10. 新增公办幼儿园学位数	个	1980	[3240]	预期性
	11. 每千人口医疗床位数	个	4.8	6	预期性
	12. 每千人口执业（助理）医师数	人	3.1	3.1	预期性
	13. 每千名老人养老床位数	张	42	45	预期性
	14. 每千人口 3 岁以下婴幼儿托位数	个	—	累计提高 1.5 个	预期性
绿色生态	15. 省控地表水水环境功能区达标率	%	100	100	约束性
	16. 空气质量优良天数比例	%	99	99	约束性
	17. 森林覆盖率	%	38.9	40	约束性

说明："[ ]"内数据为 2021—2025 年五年累计数；标"*"为 2019 年数据

第二章　打造"两湾三区"空间发展格局

围绕我区建设高素质高颜值国际一流海湾城区总体目标，按照"岛外大发展"空间导向，统筹生产、生活、生态三大布局，推动产业和人口集聚发展，加快推动片区成片开发，加快产城人融合，进一步提升城区集聚力、承载力和辐射力，打造功能集聚、分工合理、协调发展、特色突出的"两湾三区"空间发展格局。

第一节　建设"两湾"发展核心

"两湾"包括海沧湾和马銮湾，打造高素质高颜值现代化国际化样板区与高端产业集聚区。

——海沧湾。按照"产城人融合"理念，充分发挥湾区"山海湖岛城"一体的禀赋，高起点、高标准、高层次、高水平规划建设鳌冠湾、东屿 CBD 等功能片区，集聚集成电路设计、金融服务、旅游会展等高端产业，由南向北串起海湾城区国际形象的主线。鳌冠湾片区要坚持"一湾双镇"的空间布局思路和"水清、岸绿、滩净、湾美"的蓝色海湾生态修复目标，加快完成片区发展规划编制，推进鳌冠海域岸线保护和生态综合整治，建成鳌冠环湾线，尽早实现"不回头"的最美滨海半马赛道鸣枪开跑。东屿 CBD 片区要加快推动厦门中心招商和金沙书院建设，适时启动东屿 CBD3#、4#、5# 等地块出让、建设，引进高端酒店、大型购物中心等商业配套项目，打造海沧湾沿线滨海魅力核心街区。

——马銮湾。依托良好的生态和滨海资源，以建设"厦门湾两高两化新极点"和"厦门最温馨、最具人气的国际一流湾区"为目标，按照"生态优先""绿色出行""密路网小街区""智慧城市"等先进理念推进新城建设，大力发展生物医药、智能科技等产业，打造产城融合的国际化生态海湾新城。完成孚中央、惠佐、许厝、后柯、鼎美、芸美等整村拆迁工作，为片区大开发大建设提供新空间；不断完善学校、医院、片区路网、综合管廊等公建配套，加快地铁社区、保障性住房建设；推动生态修复、美丽乡村等宜居环境项目落地；推进 SM 马銮湾商城、象屿智慧物流园等项目建设，迅速集聚人气、商气。联动生物医药港不断推动产城融合，适时拓展生物医药港产业发展空间，打造生物医药与大健康产业园区。

第二节　夯实"三区"产业支撑

"三区"包括北部生态旅游休闲区、中部生物医药与大健康集聚区和南部产城融合示范区，成为实现国际一流海湾城区的支撑功能区域。

——北部生态旅游休闲区。主要包括天竺山及周边区域，依托区域绿水青山、田园风光、乡土文化等资源优势，重点发展休闲度假、旅游观光、健康养老、创意农业等业态，优化提升现有民宿及旅游服务配套设施，打造集都市农业、休闲旅游、科普娱乐为一体的休闲旅游区。

——中部生物医药与大健康产业集聚区。主要包括生物医药港、新阳工业区和马銮湾新城，重点发展生物医药、电子信息、新材料等新兴产业。推动生物医药港扩展产业发展空间，打造大健康产业园区，依托马銮湾开发建设不断补齐区内生活服务短板。以科技化、智能化、绿色化为导向，推动新阳工业区传统产业升级，主动承接国外内优质产业转移，吸引若干重点实验室、技术中心等科研机构入驻，着力打造高端制造与创新研发基地。

——南部产城融合示范区。加快集成电路重点项目的建设与招商，更加注重产业发展、人口聚集、新城建设互相促进、融合发展，将片区建设成为国家集成电路产业发展布局中的重要承载区，南部产城融合的综合性城市片区。依托自贸试验区厦门片区的政策优势，推动货物、服务、资金、人员、信息的自由流动，扩大自贸试验区的外溢效应，发展高端航运服务业，共同提升片区综合竞争力。

第三章　建设高端产业集聚区

把发展经济的着力点放在实体经济上，立足国际国内产业布局和海沧比较优势，保持制造业增加值比重的优势地位，以产品链升级为基础，以知识链升级为核心，以价值链升级为目标，嵌入全球价值链，融入全省全市产业链布局，持续培育壮大集成电路、生物医药、新材料三大主导产业，加快发展现代服务业，推动传统产业转型升级，加快构建高端、完整的现代产业体系。

第一节　大力发展高端制造业

建设集成电路产业集群。紧抓国家产业链供应链提升契机，持续完善政府资源与市场手段结合的集成电路产业发展模式，推动集成电路产业建设成为支撑海沧未来 20～30 年产业转型升级的核心和基础；到“十四五”末期，进一步引导全球集成电路产业资源要素向海沧集聚，形成一个比较完备的集成电路产业生态，将我区建设成为国家集成电路产业发展布局中的重要承载区，形成以特色工艺技术路线为主的产业链布局，特别是在先进封装、特色封装产业链形成比较优势和区域特色。重点支持士兰 12 吋、开元通信、云天半导体等突破卡脖子技术的企业快速发展壮大；支持辖区设计企业加速产品和技术的落地及国产化替代，围绕“自主可控”核心芯片平台，提升中国本土供应链核心产品迅速实现国产化进程；支持安捷利美维、金柏、海沧半导体产业基地等项目建成投产，成为全球知名封装（载板）产业集聚区域。进一步提升集成电路产业载体配套建设，完善 EDA 公共设计服务平台、嵌入式处理器与 SoC 设计服务平台、SIP 系统级封装平台、厦门大学集成电路特色工艺与先进封装产教融合平台、国产化信息技术生态体验与适配中心等平台建设，推进行业资源开放共享、高效利用，为我区集成电路企业提供供应链支撑、产业与人才资源集聚的深度服务。到 2025 年，产业规模力争突破 500 亿元，培育 10 家集成电路上市企业，带动电子信息技术、物联网、智能制造、网络通信、大数据和云计算等相关产业规模超千亿，打造成为具有国际影响力的集成电路产业重镇。

建设生物医药产业集聚区。全面落实《厦门生物医药港产业发展规划（2020 年—2025 年）》，努力推进生物医药港的发展跃上新能级、新台阶。在进一步强化创新小分子药、改良型新药、抗病毒药物、新型疫苗、基因工程蛋白药物、体外诊断等优势细分领域的基础上，加快培植和引进龙头企业；加快高潜力技术和大品种产品的引进和转化，在细分领域打造比较优势、价值链优势。建设以生态化、国际化为特色的技术创新和科研成果转化基地，以万泰沧海为龙头，建成国家级特色疫苗研发生产基地；全力支持恒瑞打造华南研发中心和新药生产基地，支持特宝等骨干企业加快新品种研发和产业化，形成优势特色新药研发和产业化基地；以体外诊断（IVD）与高值耗材产业为核心，持续优化提升创新医疗器械产业板块，积极支持万泰凯瑞医疗器械基地、宝太 POCT 产业园建设，加快发展先进特色治疗性医疗设备、听力器材等细分新兴产业板块。推动辖区生物医药企业与复旦中山厦门医院等高水平医疗机构临床合作，强化医企联合创新。继续规划拓展生物医药产业空间，积极配合省市有关部门建设完善省药监局厦门生物医药港服务工作站、医疗器械研发检测中心等行业监管和服务机构，完善从早期初创和孵化、研发中试直到产业化的全生命周期产业发展支持体系。推进生物医药总部经济区的形成和发展。到 2025 年，产业规模力争突破 500 亿元，建成以特色优势产业板块为引领、具有持续的自主创新转化能力、在细分市场具有先进性和竞争力、领导力的专业化生物医药高新技术产业集聚区。

培育国际领先的新材料企业。围绕厦钨新能源、厦顺铝箔、长塑等企业，深耕电池正极材料、铝箔加工、薄膜等优势产业，培育国际领先的新材料企业，加快当盛新材料项目建设，布局医用包装新材料领域，有效延伸产业链。到2025年，产业规模力争突破300亿元，建成国内重要的新材料产业聚集区。

第二节　推动传统优势产业转型升级

以智能化和信息化为导向，鼓励企业加强核心技术研发、加快自有品牌的建立，以智能化和信息化为导向，支持智能家居、汽车及零配件、食品等传统优势产业转型升级和增资扩产，努力提升传统优势产业智能制造和信息化水平。大力扶持威迪亚、瑞尔特、佳浴陶瓷、钢宇等智能家居企业加快发展，推动金龙旅行车、捷太格特等汽车及零配件企业做大做强，大力扶持安井食品、佳格等食品企业发展。加快电子信息发展，发挥宏发等龙头企业带动作用，集聚电子元器件企业发展。积极引导推动正新、翔鹭等化工企业有序转型、退出。充分利用厦门海峡黄金珠宝产业园平台，重点引进拥有国际先进生产工艺的黄金加工制造企业、设计师工作室、黄金珠宝贸易企业、黄金金融服务企业及其它黄金相关配套企业。推动东南燕都燕窝产业园发挥好厦门毛燕指定加工企业配额优势，形成燕窝全产业链集聚效应。到2025年，产业规模力争突破1300亿元，行业发展质量进一步提升。

第三节　加快发展现代服务业

积极发展商贸服务业。顺应消费提质转型升级新趋势，着力打造消费高质量发展新载体，加快向消费升级发力，培育消费新增长点，积极引导商业业态调整，促进消费保持平稳较快增长，增强消费对经济发展的基础性作用。面向福建及全国，发展目的性消费，高标准布局具有品牌影响力的大型消费商圈，加快推动地铁商圈布局和建设，推动桥南商圈、新阳商圈提升发展，高标准培育发展马銮湾SM商圈、临港新城商圈，促进百货、超市、专卖店、便利店、大型商业综合体、网络购物等多种业态并存，发展夜间经济，推进全域旅游，以特色化和差异化经营满足消费者多元化需求。

吸引总部经济项目落地。依托集成电路、生物医药、新材料等主导产业以及智能家居、电子、文创港口物流等传统优势产业积极引进企业研发总部、营销总部、结算中心及现代物流总部等总部经济类型。充分利用好马銮湾、东屿CBD、鳌冠湾等重点片区及厦门中心、泰地海西等空间载体，集中优势资源打造具有竞争力和影响力的总部经济区，重点关注软件信息服务业、人工智能产业等带动强、见效快的产业。持续完善扶持总部经济生态环境，持续优化提升、做大做强本地企业总部，同时积极招商，引进一批外地企业，特别是新经济类企业在海沧设立总部。

大力发展临港产业。推动整合港区码头资源，将9号～12号液体化工泊位功能整合至11号、12号泊位，同步整合后方危货仓储区域；推动将7号～10#号泊位功能调整为集装箱专业化泊位；加快宝泰22～24号泊位建设。重点发展多式联运，推进远海码头铁路专用线建设，建成象屿东南智慧供应链产业园，推动其他物流项目落地前场物流园区，使前场物流园区发展成为厦门陆路物流核心园；做大做强中欧班列，扩大台湾商品经国际海铁联运向中亚和欧洲市场输出。加快发展仓储物流、粮油加工等临港产业，推动中远厦门供应链、中谷厦门物流基地、建发物流、象屿物流、中粮项目等项目建成投产。

第四节　创新发展新基建产业

紧抓金砖国家新工业革命伙伴关系创新基地建设机遇，统筹融入新网络、新算力、新设施、新融合等新型基础设施建设大局，加快5G商用步伐，科学合理规划基站布局，加快5G基站建设力度，实现海沧全区5G信号全覆盖。积极拓展5G应用广度和深度，支持开展面向政务、医疗、教育、交通、协同制造、港口等垂直行业的示范应用。加快发展工业互联网，依托市工业互联网公共服务平台，积极推动企业上云，不断开放和丰富应用场景，推动5G+、人工智能+等创新应用。支持建设一批面向互联网应用服务、公共应用服务、重点行业和企业应用的数据中心，推动数据整合开放与创新应用。

第五节　推动“三高”企业倍增

对符合“高技术、高成长、高附加值”特征的存量企业，千方百计加大服务扶持力度，全力帮助企业做强做优、发展壮大，分行业培育一批创新型生态型龙头企业。持续挑选一批高技术、高成长、高附加值企业，设立“三高”企业培育库，通过政策“组合拳”予以重点扶持，为企业发展提供“精准滴灌”和个性化服务。强力支撑海沧区一批企业集约化发展形成核心竞争力，为海沧区实体经济发展提供强劲持久的发展动能。加大招商引资力度，促进高能级项目集聚发展。到2025年，在库“三高”企业突破460家。

第六节　拓展产业发展空间

优化产业空间布局，推进集成电路产业园、生物医药产业园等一批产业示范区建设；加快推进生物医药港扩建；推动新阳工业区整合提升，盘活存量空间资源，鼓励将旧村屋、旧工业区、旧商住区改造为高科技、创新创业、文化创意等优质产业园区，为先进制造业和高端服务提供载体支撑。按照产城融合的理念，加快完善园区居住、交通、商业等设施配套，提高园区载体建设和配套水平。以亩均产出和税收、单位能耗、研发投入等为考核指标，探索进行亩产效益综合评价，根据考核结果，促进低效企业通过优化升级提高发展质量，提升土地产出效率。

专栏三

集成电路产业：士兰12英寸二期、通富二期、安捷利美维半导体封装载板、海沧半导体产业基地等

生物医药产业：恒瑞研发总部及新药基地、博益宁骨科器械项目、施爱德外科器械项目、万泰凯瑞生产基地、宝太POCT产业园等

新材料产业：当盛新材料有限公司闪蒸法特种纸产业基地等

传统优势工业：瑞尔特智能卫浴项目、安井食品增资、瑞之路眼镜、班纳利中国育种中心项目等

现代服务业：中远港口远海供应链智慧平台项目、东南智慧物流港、中谷海运物流项目、SM新生活广场+、厦门中心酒店等

第四章　建设充满活力创新型城区

全面树立创新驱动在发展中的核心战略地位，深入实施人才强区战略，构建符合海沧实际的科技创新体系，加快建成科技创新资源集聚、成果转化有效、体制机制灵活、生态环境完善的创新型城区，积极参与金砖国家新工业革命伙伴关系创新基地建设。到2025年，建成具有较强影响力的区域创新中心的核心功能区。

第一节　集聚创新要素资源

建设科技创新平台。完善园区配套，规范服务企业体系，做优做强国家集成电路深圳产业化基地厦门（海沧）基地和厦门大学集成电路产教融合创新平台。支持建设医疗器械检测中心，完善临床试验、CRO、CMO等柔性技术平台；加大对IC设计（EDA平台、RISC-V平台）、特色工艺设计平台、SIP技术平台、龙芯生态与适配中心等集成电路公共服务平台，以及生物医药测试分析平台、体外诊断仪器平台、化学创新药研发平台等生物医药公共服务平台建设、运营的扶持力度。建设科技交流平台，发挥集微半导体峰会等一批规格高、影响大的会议作用，为企业搭建互动交流、学习合作的平台。根据产业链和创新链的需求，培育扶持研发设计、技术转移转化、检验检测认证、创业孵化、知识产权、科技金融、科技成果咨询和评估等科技服务机构，催生科技服务新业态、新模式。

集聚高科技企业。以企业为创新主体，加大创新政策集成，支持企业承担重点实验室等建设任务，支持行业骨干企业与高校、科研机构联合建设研发平台和组建产业技术创新战略联盟。完善科技孵化链条和创新创业生态，实施科技企业“全周期”培育工程，做大做强高科技企业群。制定实施海沧区高科技企业培育工程，建立高新技术企业培育库，促进科技型中小企业、科技小巨人（领军）企业加速成长为高新技术企业。

集聚新型研发机构。加强与厦门大学、清华大学（集成电路）、中科院苏州医工所（生物医药）、武汉理工大学（新材料）等重点高校、科研院所合作，吸引国内外知名高校院所、企业、科技服务机构在我区设立技术转移中心或技术转移服务机构，培育扶持研究开发、技术转移转化、检验检测认证、创业孵化、知识产权、科技金融等科技服务机构，催生科技服务新业态、新模式。发展研发设计、科技成果咨询和评估、检验检测认证、创业孵化、知识产权、科技金融等科技服务，培育新型研发组织、研发中介和研发服务外包新业态。

第二节　构筑创新人才高地

深化人才发展体制机制改革。推动以用人单位为主体的人才工作机制更加成熟。聚焦集成电路、生物医药、新材料等重点产业，进一步提升重大人才计划与重点项目、优质项目的契合度，加大对重大团队的引育力度。通过“政企共建、成本共担、资源共享”模式，探索实施产学研用协同式人才培养模式。坚持“重点突出、分类施策、提升效益”，建立人才政策动态调整机制，通过财政资金撬动，切实发挥用人单位主体作用和市场机制作用。健全人才评价体系，拓展职称评审改革试点范围，探索由行业协会、产业园区等社会中介机构做好各类产业人才评价审核工作。

持续加大人才引育力度。围绕海沧区三大主导产业，突出“高精尖缺”导向，继续大力引进国家、省、市级高层次人才，加快引进国内外拥有关键核心技术、能够带动我区产业转型的高层次人才到海沧创新创业。探索更为灵活的柔性引才方式，加强与高端智库合作，招募高端人才团队，汇聚一批行业顶级专家和智库参与科技创新决策咨询。建立用人主体需求对接机制，支持

和鼓励企业与一流高校科研院所建设实习实训基地，推动国家集成电路产教融合创新平台等人才培养平台建设。依托海沧区职业中专学校，加快职业技能人才培育，壮大海沧人才队伍规模。

提升完善人才发展综合环境。进一步发挥用人单位主体作用，鼓励和支持企业建立创业创新平台，采取政策支持、项目合作、购买服务等方式，加大猎头公司、科技中介、律所、会计师事务所等专业机构引进扶持力度，整合激活人才发展各类要素，提升人才工作的市场化水平，为人才提供专业化、个性化服务。完善“产业办＋人才办＋平台公司”人才服务体系，加大人才实物住房筹集力度，对接市级人才住房政策体系，针对不同人才类别，完善我区分层次差异化“货币＋实物”人才住房体系。

第三节　优化创新生态环境

完善“众创空间—孵化器加速器—产业园”创新创业体系建设，突出专业化运营、多元化投入、协同化发展，构建创新创业企业及项目全周期培育体系。争取在集成电路、生物医药、新材料等领域，布局和推进建设一批重大研发公共服务平台。健全多层次科技投融资服务体系，带动社会资本更加聚焦对种子期和初创期科技企业的股权投资力度，建立覆盖科技企业各成长阶段的股权投资体系。支持科技创新企业利用多层次资本市场做大做强。探索通过政府购买服务、平台使用费用补贴、绩效奖励等方式加大对公共服务平台的扶持力度。加大对科技中介服务机构的支持和引导，打造开放协作、功能完备、高效运行的科技中介服务体系。

第五章　建设改革开放新高地

坚持以开放促改革、以改革促发展，大力推进自由贸易试验区建设，全面融入闽西南协同发展区建设，积极参与“海丝”核心区建设，加强系统集成、协同高效，聚焦重点领域和关键环节探索实施一批改革举措，以更深层次改革提高资源配置效率，进一步完善推动高质量发展超越的体制机制，加快构建国内国外双循环的新格局。

第一节　构建“双循环”战略通道

依托港区、前场物流园区等平台，完善集疏运体系，积极融入国家物流枢纽建设；进一步盘活海沧港区闲置及低效用地转型升级，提高海沧港区土地利用效率，完善海沧港口基础设施，全面提升港区服务功能和水平；充分发挥自贸区、港口优势，积极融入“一带一路”，拓展完善“海丝”航线网络布局，打响“丝路海运”品牌；深化拓展中欧班列，增加海铁联运比率，做大做强厦门中欧班列；积极参与建设国家跨境电商综合试验区，完善汽车整车进口口岸功能，推动汽车贸易产业集聚，发挥毛燕指定进口口岸、加工平台优势，打造燕窝全产业链。鼓励引导企业加大“走出去”步伐，支持企业赴境外参展、拓展“一带一路”国家市场，培育以技术、品牌、质量、服务为核心的出口竞争新优势，力促外贸稳定向好。

第二节　坚定不移扩大内需

充分发挥有效投资和消费拉动关键作用。积极扩大有效投资，注重项目接续，围绕重点片区开发建设，加快推进一批既促消费惠民生又调结构增后劲的重大重点项目，加快拓展海沧湾新城、马銮湾新城、集成电路产业园等重点片区建设，加快构建城市主干路网、完善市政基础设施，大力推进、提前谋划布局一批新型基础设施和教育、卫生、养老、保障性住房等民生补短板项目，加强资源规划要素保障，让“地等项目”，有力保障产业招商和重大重点项目快速落地；加快消费扩容提质，推进传统核心商圈提升业态品质，高标准推进马銮湾新商圈规划建设，引进国内外知名商业品牌，打造知名核心商圈。支持出口产品转内销，推动出口型企业转型发展，加强与国内企业产业链供应链合作扩大国内市场销售规模，推动外向型经济转型升级发展。

第三节　建设高水平的市场化机制

探索推动有效市场和有为政府更好结合。继续发挥区委财经委作用与优势，定方向、建机制、带队伍、抓项目，统筹全区力量协调困难问题，有效推动决策部署落实到位。以“保护好市场主体”为重点，落实好各项惠企扶持政策；促进政银企三方对接合作，建立多方共担风险机制，优化金融服务；合理引导社会资本围绕区域重点产业进行科学化配置、多样化投资。持续推动区属国有企业深化改革和制度创新，让国企成为“有为政府、有效市场”的最佳结合点；推进国有资本运营公司“投资—上市—退出”的产业投资模式，实行市场化、实体化和专业化运营，积极参与重点培育产业投资，以国有资本为纽带，通过龙头项目牵引，完善产业链条、壮大产业规模、构建产业集群，实现国有资本与产业发展互相促进、螺旋上升的良好局面；不断深化和完善“政府＋园区＋基金投资公司＋专家委员会”的机制、规划引领和项目带动相结合的机制、专业化市场化队伍与传统队伍相结合的产业招商服务体系；支持民营经济发展；弘扬企业家精神。

第四节 加快融入闽西南协同发展区

加强规划对接。推动闽西南经济协同区建设，加强海沧区与漳州台商投资区（角美）在道路交通、市政配套、用地规划衔接联系，加强两地在汽车汽配、电子家电等产业的互补合作，努力拓展海沧城区发展空间。促进交通一体。加快推进海沧疏港通道、翁角路延伸段等城际主干道，轨道 6 号线漳州角美延伸段、城际铁路、福厦高铁等项目规划建设，加快国省干线纵二线（G324 线）建设，推动厦漳半小时经济圈、生活圈尽快成形。推进港口合作。加快推进海沧角美南港区建设，持续强化海沧港区与漳州港区的协同发展、功能优化整合，形成合力推进大厦门港口集群建设。

第五节 持续优化营商环境

以打造更加市场化、法治化、国际化的一流营商环境为核心，强化政务信息基础设施支撑能力，聚焦便民利企，优化升级营商环境政务信息系统，全面实行服务承诺制和限时办结制，全面推进“网上办”“一窗办”“一件事一次办”，最大程度减环节、减材料、减时间、减成本，加快实现企业、群众办事“少跑腿”“零跑动”。深化“放管服”改革，完善政府权责清单动态管理机制，推动开办企业、办理施工许可、登记财产、纳税等各项营商环境考核指标排名有较大幅度的提升。转变政府职能，强化服务发展意识，切实构建亲清新型政商关系。提升财税管理水平，树牢过紧日子思想，保持艰苦奋斗、勤俭节约的作风，健全和完善债务管理，切实防范和化解政府债务风险。

专栏四

“双循环”战略通道： 厦门宝泰码头 22 号～24 号泊位工程，厦门港海沧港区 1 号～3 号码头结构加固改造、回旋水域及停泊水域扩建工程，厦门远海集装箱码头铁路专用线工程，福州至厦门铁路客运专线（海沧段），象屿智慧供应链产业园项目等

闽西南协同发展： 国省干线纵二线（G324 线）、翁角路（孚莲路—厦漳界段）工程、轨道 6 号线漳州角美延伸段等

第六章 打造国际一流海湾城区

纵深推动跨岛发展战略，大力推进岛外大发展，发挥“山海湖岛城”一体优势，对标国际一流，高起点高标准高水平规划建设活力新城，推动产业和人口集聚发展，进一步提升城区集聚力、承载力和辐射力。

第一节 扎实推进新城建设

紧紧抓住市委“岛内大提升、岛外大发展”重大契机，以“海沧湾—马銮湾—过芸溪—天竺山”山海通廊为主轴，加快推进新城及重大片区建设，迅速集聚人气商气，打造区域新增长极。

持续提升海沧湾新城。 鳌冠湾片区要坚持“一湾双镇”的空间布局思路和“水清、岸绿、滩净、湾美”的蓝色海湾生态修复目标，加快完成片区发展规划编制，推进鳌冠海域岸线保护和生态综合整治，建成鳌冠环湾线，加快拓展海岸生活空间。东屿 CBD 片区及周边片区要加快推动厦门中心招商和金沙书院建设，适时启动东屿 CBD3#、4#、5# 等地块出让、建设，引进高端酒店、大型购物中心等商业配套项目，串连海沧湾沿线、东屿片区、厦门中心，打造滨海魅力核心街区。加快推动南部片区成片开发。

精心构筑马銮湾新城。 以建设“厦门湾两高两化新极点”和厦门最温馨、最具人气的国际一流湾区为目标，完善学校、医院、片区路网、综合管廊等公建配套，加快地铁社区、保障性住房建设，推动生态修复、美丽乡村等宜居环境项目落地，推进 SM 马銮湾项目等商业配套建设，迅速集聚人气、商气，打造成为厦漳同城化枢纽，加快推动马銮湾片区成片开发。联动生物医药港不断推动产城融合，适时拓展生物医药港产业发展空间，打造生物医药与大健康产业园区。

不断优化临港新城。 服务集成电路产业园发展，加快集成电路重点项目的建设与招商，更加注重产业发展、人口聚集、新城建设互相促进、融合发展，不断完善公建配套、持续聚集人气，将片区建设成为国家集成电路产业发展布局中的重要承载区，南部产城融合的综合性城市片区。依托自贸试验区厦门片区的政策优势，推动货物、服务、资金、人员、信息的自由流动，扩大自贸试验区的外溢效应，发展高端航运服务业，共同提升片区综合竞争力。

加快建设东孚新城。 利用轨道 2 号线开通运营契机，加强地铁站点片区综合开发，着力完善商业配套服务功能，重点引入带动力强、知名度高的商业综合体，加快注入优质旅游资源，丰富旅游产品供给，增强天竺山旅游目的地吸引力，进一步提升景区风貌颜值，加快建成以洪塘片区为核心的地铁商圈及高端旅游休闲区

域。加快推动北部片区成片开发。

第二节 增强城区交通畅达性

完善城区主干路网。全面推进“五纵八横”项目建设，第二西通道、海新路与疏港通道立交、海沧疏港通道、芦澳路（马青路—翁角路段）、鳌冠大道等重大项目建成通车，实现疏港交通、岛内外交通、南北城区交通和过境交通有效衔接，打造内外联动、高效便捷的城市道路交通体系。推进轨道线网建设。推动福厦高铁海沧段、轨道 4 号线、轨道 6 号线、厦漳城际轨道 R1 线建设，实现轨道站点与城市路网、公交系统的无缝衔接，结合轨道各站点做好周边片区开发和公建配套。加快片区支路网建设。加快完善港区、临港片区、马銮湾片区、东孚片区等片区路网系统，提高区内支路网系统通达性，加强与主干路网一体化衔接。

第三节 提升市政设施配套水平

完善市政基础建设。全面提升给排水、供电、供气、供热等能源设施，推动“共管共沟、多杆合一”。推动马銮湾新城综合管廊、马銮湾再生水厂等项目尽快建成并投入使用，推进海沧区市政排水管网地理信息系统项目建设，实现海沧区市政排水管网智慧化、账册化管理。大力推进“厕所革命”，建设一批“四合一”清洁楼等设施。加快城区电网建设，推进城区电力架空线缆化入地，建设充电桩等配套。加快推进绿色出行。实施“公交优先”战略，进一步完善居民小区、学校、医院、商圈等周边公共交通配套，优化公交线路，进一步提升公交出行便利性。全面推进市政道路建设改造项目及道路“白改黑”工程，提升人行天桥、地下通道等交通设施，规范发展共享单车。加快建设慢行系统。提升应急保障能力。强化应急物资储备工作，重点加强对自然灾害、事故灾难、重大疫情、社会安全等突发事件必需的应急救灾物资储备，完善预防、监测、预警和应急处置体系，增强应急保障能力。推进防震减灾、应急避灾场所等设施建设，提高防灾减灾应变能力。

第四节 推进城区治理智慧化

完善区域内通信骨干网，加快城市管理、社会治安、电子政务等一批信息化项目建设，鼓励电信运营企业加大新型信息基础设施建设投入，加快 5G 网络设施延伸覆盖，积极推动 5G 在工业互联网、智慧城市、智慧医疗、智慧交通、智慧环保等领域应用，探索新型智慧城市运行管理模式。加快建设智慧城管平台，运用科技化、智能化、精细化的技术，完善实时巡查、自动预警、溯源存证、规范执法、科学决策平台建设，有效解决城市管理难点、痛点，进一步提升城市治理能力的现代化水平。

专栏五

轨道交通： 轨道交通 4 号线、轨道交通 6 号线

道路建设： 第二西通道、海沧疏港通道、芦澳路（马青路—翁角路段）、鳌冠环湾线、东孚南路与疏港通道立交、海沧南大道（马青路—沧江路段）等

市政设施： 海沧区城区正本清源改造工程、马銮泵站污水管及马銮湾再生水厂应急连通管工程、海沧水厂三期工程、新阳西中学地下公共停车场、鼎美中学地下公共停车场、马銮湾新城南岸中心绿轴公园、全区慢行系统提升改造等

电力设施： 华夏电力 2×660 兆瓦“上大压小”项目、电力进岛第三通道缆化（福建厦门嵩屿电厂—厦禾 220 千伏线路改造工程）、海沧 500 千伏变电站主变扩建工程、林埭 220 千伏输变电工程、钟山—嵩屿 220kV 线路工程等

第七章 全面推动乡村振兴

全面实施乡村振兴战略，强化以城带乡、以工促农，坚持城乡融合发展，加快推进农业农村现代化，努力走出一条具有海沧特色的乡村振兴之路。

第一节 大力发展都市现代农业

统筹推进农业基础设施及设施农业建设、优势特色产业提升、农产品质量安全体系健全、农产品加工、智慧农业与对台农业发展、农村农业人才培育等工作，实现农业生产、生态、生活和示范功能的有机统一。做强花卉、蔬菜、种苗等优势特色农业产业，加快种苗业发展；推进农业与旅游、教育、文化、健康养老等产业深度融合，重点推动农业观光、研学教育、乡村旅游等特色农业，探索建立多元化的联结机制和承载平台，实现城乡生产和消费的多层次对接。优化一、二、三产业融合供应链，加快发展“互联网+”农业，鼓励互联网企业建设农业服务平台，促进产销对接。发展复合型的农村创意休闲产业，引进创意工作室、民间技艺、乡遗展示，加大玛瑙产业的政策扶持力度，进一步促进乡村经济振兴。

第二节 推动美丽乡村建设

深度挖掘村庄的自然资源、传统文化、乡土文化，创造“一村一景、乡村客厅”，重点推动“两点一线”

即青礁—过坂—铁路沿线环境整治和天竺山、青礁慈济宫2个国家AAAA级景区周边的规划策划工作，加快推进青礁村及周边片区提升，在试点示范村和乡村振兴动线的基础上进行叠加提升，形成串点连线成片的规模效应。推进农村人居环境综合整治，加快补齐农村民生短板，不断加大对农村基础设施建设和公共服务体系投入，提高农村美好生活保障水平；实施农村垃圾治理行动、农村污水治理行动和河湖水系综合治理，推进农村"厕所革命"，开展村庄房前屋后整治，建设生态宜居的美丽乡村。

第三节 完善城乡融合发展机制

完善农村基本经营制度，稳定农村土地承包关系，衔接落实好第二轮土地承包到期后再延长30年的政策，巩固农村土地承包经营权确权登记颁证成果，拓宽确权颁证成果应用领域。推进农村土地制度改革，完善农村新增用地保障机制，优先安排农村基础设施和公共服务用地，做好休闲农业、设施农用地、特色小镇的用地保障。深化农村集体产权制度改革，明晰集体资产所有权，推进改革成果运用，维护集体组织成员权益。持续壮大农村集体经济，统筹好农村集体经济项目，促进被征地农民和海域退养渔民素质提升和转产就业，确保农民受益，全力促进农民增收。

第八章 建设文化强区

坚定文化自信，坚持以社会主义核心价值观引领文化建设，不断挖掘、传承和弘扬中华优秀传统文化，以满足人民日益增长的精神文化需求为出发点和落脚点，建成2～3个标志性、高水平的大型文体场馆，塑造1～3个国际化的文体品牌，全面推进文化发展改革，促进文化消费和传播，不断提升海沧区文化"软实力"和产业竞争力，树立起在海峡两岸乃至东南亚具有较大影响力的文化标杆。

第一节 繁荣文化事业

延续历史文脉，建成金沙书院，打造海沧文化地标，持续弘扬闽南文化、海洋文化、耕读文化，打造海峡两岸人文新高地。深入挖掘我区优秀传统文化、红色文化和台商投资区创业史，推动创造性转化、创新性发展。打造闽南文化高地，继续办好两岸乐活节、汉字节，以及保生慈济文化旅游节等节庆活动；推进村落民俗文化调查、整理和编纂工作，挖掘历史文化集成，加强历史文物和非物质文化遗产保护，推进沧江古镇和新垵、霞阳红砖古厝等历史风貌建筑保护开发；建成中国闽南文化研究中心、海丝（闽台）寻根中心等文化研究载体，适时推动"入岛寻根"。不断完善公共文化服务网络，创新社会资源参与公共文化模式，提高公共文化社会化服务效能；创新群众文化活动，推动基层文化繁荣。统筹建设全民健身公共设施，加强健身步道、骑行道、社区多功能运动场等场地设施建设，丰富各类群众性体育活动。弘扬优秀传统文化、良好家教家风，大力推进移风易俗，倡导艰苦奋斗、勤俭节约，做强做大颜思齐、周起元等沧江文化系列品牌，发挥侨乡优势加强与"一带一路"沿线国家地区文化交流，不断凝聚敢闯敢创、崇文尚武、文明自强、开放包容的海沧人文精神。

第二节 发展文化产业

坚持把社会效益放在首位、社会效益和经济效益相统一，全面推进文化发展改革。抓住"全城金鸡"的契机，大力推动影视产业发展，引进影视企业和工作室，打造"海沧出品""海沧主题"的影视精品。推动文化创意升级，培育发展视听直播、会展演艺、文创设计等新兴文化产业。推动产业深度融合，做优文化旅游业，推进"文化＋科技""文化＋金融""文化＋康养"等多种业态融合发展，积极融入"泛鼓浪屿旅游文化圈"。用好新媒体平台，推动文化产品生产，鼓励创作生产优秀文化产品，讲好"海沧故事"，促进文化消费和文化传播，持续挖掘整理海沧本土文化和台侨文化资源，编著出版《沧江文库》。推动文化园区建设，培育形成更多文化产业园区，推动文化产业集聚发展。推动产业招商引资，加大政策扶持，健全招商引资工作机制，加强优秀文化人才引进，培育形成新的经济增长点。

第三节 建设文明城区

着力铸魂育人，推动形成适应新时代要求的思想观念、精神面貌、文明风尚、行为规范。深入开展习近平新时代中国特色社会主义思想学习宣传教育，加强党史、新中国史、改革开放史、社会主义发展史教育，加强爱国主义、集体主义、社会主义教育，广泛开展志愿服务，大力推动文明城区、文明单位等各类文明创建活动常态长效，拓展新时代文明实践中心全国试点建设，推动未成年人思想道德建设和文明城区创建工作始终保持全省前列。持续深化"爱心厦门"建设，统筹推进"五大行动"开展和"四大机制"健全完善，不断弘扬爱心文化，营造浓厚爱心氛围。进一步加强烈士纪念设施保护管理，弘扬爱国主义、集体主义精神和社会主义道德风尚。

专栏六

文化项目：金沙书院、马銮湾新城科技馆、马銮文体中心及文化广场、海沧青少年宫、闽南文化馆等

体育项目：新阳街道、东孚街道、嵩屿街道体育中心等

第九章　建设生态文明示范区

以提升国家生态文明试验区和示范区建设为抓手，坚持和贯彻绿色发展理念，统筹“山水林田湖海”发展，促进人与自然和谐共生，着力抓好水、大气、土壤污染综合防治，扩大环境容量和生态空间，推进碳达峰、碳中和行动，切实让绿色成为区域发展的鲜明底色。

第一节　推进绿色发展行动

对标国际先进水平推进绿色生产，加强对高污染、高能耗、高排放行业的监管力度，进一步完善落后产能淘汰机制，实现资源消耗、主要污染物排放总量控制，按照第一产业“增效调优”、第二产业“集中做强”、第三产业“提升跨越”的总体要求，加快低碳产业体系建设进程，推进碳达峰、碳中和行动。加快推进工业园区循环化、生态化改造，提升资源循环化水平，组织企业申报绿色设计、绿色工厂、绿色园区和循环经济示范企业。推动生态产品产业化，大力发展“生态 +”产业，做精大旅游、大健康、生态农业等深绿产业，提升水产品加工、海洋医药、海洋生物制品等海洋经济发展水平。提升全社会绿色生活理念，构建完善公交、轨道、共享单车相结合的公共交通网络体系，深入推进“限塑令”，推动产品包装减量化。积极推进节约型机关、绿色家庭、绿色学校、绿色社区、绿色出行、绿色商场、绿色建筑等创建，普及低碳发展理念和低碳生活方式，动员全民参与节能减排降碳，倡导文明、节约、绿色的消费模式和生活习惯，建设低碳社区。

第二节　提升环境质量

坚决打好蓝天、碧水、净土和海洋保卫战。实施“蓝天工程”，保持空气质量优良率领先优势，持续推动机动车污染减排，加强工业企业无组织排放管控，强化工地扬尘污染防治和露天矿山、露天焚烧整治力度，推进绿色港口建设，力争空气质量指数排名在全市各区“保三争一”。实施“碧水行动”，巩固提升新阳主排洪渠和过芸溪小流域综合治理成效，持续推动入河入湖入海口排污口整治，强化农村污水和农业面源污染防治。实施“净土工程”，建立污染地块清单和优先管控名录，因地制宜实施受污染耕地安全利用方案，提升医疗废物、工业固废处置能力，加强地下水环境质量监测，强化涉重金属污染防治。实施“海洋工程”，加强陆海统筹，实施蓝色海湾工程建设，完成鳌冠海域岸线保护和生态综合整治（鳌冠片区海域修复）工程建设，严格海岸带空间管控，大力推进海域清淤、红树林种植等系列工程。

第三节　创新生态文明体制机制

践行“绿水青山就是金山银山”理念，持续推进国家生态文明试验区和示范区建设，巩固深化生态文明体制改革成果，探索建立全区生态产品统计账户以及环境资源财富的动态台账。开展年度党政领导生态文明建设和环境保护评价考核，落实区直部门、街道领导干部自然资源资产离任审计和生态补偿、环境损害赔偿制度，强化生态环保终身追责。坚持海陆统筹、区域协调、城乡融合，保护优先原则，深化“多规合一”改革，加快构建区级国土空间规划体系，强化底线思维、分类管控。持续推行 ISO 14001 环境管理体系，落实河（湖）长、山长制；精细市容环境管理，进一步提高生活垃圾基础设施和分类质量。健全以排污许可证为核心的固定污染源监管制度和主要污染物排放约束制度体系，加强排污权交易与排污许可等制度融合。配合做好碳排放权交易和用能权交易相关工作，引导各类资本参与环境治理投资、建设、运营，大力培育环境治理市场主体。

第四节　打造宜居城市空间

强化空间管控，加快构建国土空间规划监测预警和绩效考核机制。严守生态保护红线，加强自然保护区、滨海湿地等重要生态功能区保护。开展国土绿化行动和蓝色海湾整治示范工程，重点推动马銮湾生态修复和鳌冠海域岸线保护与生态综合整治。大力提升生活垃圾“三化”水平，提高源头分类投放准确率，提倡精细化分类管理。不断夯实污水收集处理能力基础建设，力争全区污水全收集全处理。聚焦“绿化、彩化、美化、亮化”，高标准、大尺度拓展绿色生态空间，高效推进“留白增绿”，打造更多充满活力与温度的城市风景线。加快城市湿地公园、郊野公园、街头小游园、绿地广场、防灾避险公园等规划建设，加快形成布局合理、类型丰富、功能完善的公园绿地体系、绿地生态系统。全面提升森林质量、优化林相、发展森林碳汇，持续开展对现有低质低效林和中幼林的改造和抚育。

专栏七

生态整治项目：鳌冠海域岸线保护和生态综合整治（鳌冠片区海域修复）工程、马銮湾新城雨洪生态补水工程等

第十章 建设民生幸福标杆

坚持以人民为中心，尽力而为、量力而行，持续改善公共服务供给，提升民生社会事业水平，增进民生福祉，扎实推进共同富裕，不断满足人民对美好生活的向往。

第一节 推动辖区居民收入增长

坚持以按劳分配为主体，多种分配方式并存，不断拓宽城乡居民工资性、激励性、经营性、财产性、转移性五种收入来源，覆盖城镇职工、农村居民、专业人才、困难群体和退休群体五类人员，实现居民收入增长与经济增长基本同步。坚持多项发展要素相结合，制定财力支持可持续、社会预期可把握、市场主体可承受的目标任务和政策措施，保障居民收入可持续增长。深化薪酬改革，完善以知识价值为导向的收入分配政策，健全以实际贡献为标准的薪酬激励机制。创新金融服务，促进居民财产性收入增长。严格执行最低工资标准调整方案和医疗、养老、失业、工伤等保险制度，拓宽工资性收入与转移性收入渠道。大力发展农村集体股份合作经济，推动农民收入持续稳定增加。坚持多项区域特色相结合，依托海沧独特的区位优势和发展基础，统筹港口、城区、产业园区协调发展，推进传统优势产业、现代服务业产业、高新企业产业优化发展，为促进市场就业增量提质、高端人才集聚成长、民生保障全面有力，实现居民收入与经济基本同步增长提供发展基础。

第二节 加强就业保障

把稳就业放在更加突出位置，千方百计稳定和扩大就业，构建各层级的劳动力岗位。全力稳住产业链供应链，构建完善产业链配套体系，推动新兴产业发展，继续扩大产业工人就业岗位供给。更加突出解决结构性就业矛盾，针对失地失海农渔民，强化培训教育，大力支持转产就业；加强区域劳动协作和东西部对口帮扶，加大院校与企业、毕业生与岗位的对接，实现人力资源输出与输入有机结合；鼓励传统企业加大电商应用，支持灵活就业和新就业形态；支持养老、托育、家政等行业发展，鼓励到民生急需领域创业就业。落实用人单位招工招才奖励和社会保障补贴。深入实施创业培训、技能培训以及服务外包、商贸服务、信息化等领域的实训项目，加强失业人员培训。实行常住地就业援助，提升基层就业服务能力。

第三节 促进教育优质均衡特色发展

落实立德树人根本任务，不断推动教育提质增量。坚持动态平衡、适度超前的原则，建立与常住人口增长趋势和空间布局相适应的城乡学校布局体系，到2025年新增（改扩建）普通高中2所、义务教育学校10所、公办幼儿园8所，新增高中学位5400个、义务教育学位17040个、公办幼儿园学位3240个。鼓励国有企业举办普惠性幼儿园，提供更多优质普惠学位。扩大义务教育优质资源覆盖面，缩小义务教育阶段校际差距，促进义务教育高位优质均衡。完善高中选课走班制和职业生涯规划教育，支持厦门海沧实验中学争创福建省“示范性普通高中建设学校”。鼓励高中在国际化办学方面的开展积极探索。继续与重点师范高校及厦门市名校合作办学。推动海沧职专改革提升，完善校企协同育人机制，培养具备“工匠精神”和现代职业素养的技能型人才。发展残疾人教育事业，完成晨昕学校省级特殊教育标准化学校创建工作。构建终身教育体系，形成全民学习、终身学习的学习型社会。鼓励支持社会力量和民间资本进入教育事业领域，举办民办优质幼儿园、高中，丰富办学层次，满足各类社会群体的多元教育需求。完善教育人才引进和激励机制，推动教师成为先进思想文化的传播者、党执政的坚定支持者、学生健康成长的指导者。注重中小学德育队伍建设、制度建设、环境建设和阵地建设，结合耕读文化、海洋文化等我区特色，着力打造海沧德育品牌。建设智慧教育。全面打造平安校园。大力推广人工智能+教育，实现信息化应用水平和师生信息素养普遍提高。深化教育评价改革，构建政府、学校、社会等多元参与的评价体系，建立健全教育督导部门统一负责的教育评估监测机制，发挥专业机构和社会组织作用。

第四节 加快建设健康海沧

认真总结新冠疫情防控经验，推进海沧疾控体系综合改革试点工作，提升重大疫情防控和救治水平。促进医疗卫生资源空间布局优化，推动马銮湾医院与北大肿瘤医院开展合作，力促长庚医院成为清华大学医学院附属医院，探索海沧医院成为知名高校附属医院。强化特色专科建设，支持长庚医院肿瘤专科创建省级重点专科，扶持海沧医院打造市级重点专科。鼓励和引导社会资本举办上规模、高层次的综合医院和老年病、护

理、康复等有特色的专科医院。推进新一轮基层医疗卫生机构建设，建成长庚医院护理院、马銮湾医院、临港社区卫生服务中心等项目，适时启动区妇幼保健院提升改造，加快婴幼儿照护设施建设。做实家庭医生制度，建立完善以家庭医生制度为基础的分级诊疗体系。深化“医院＋社区”双向转诊和远程会诊工作，推进与国家区域中心复旦中山厦门医院等高水平医院合作，提升诊疗水平。强化建设院前急救体系。完善职业病防治体系。提升慢性病和艾滋病综合防控水平，提升妇幼健康服务、完善危重症孕产妇转诊救治网络建设。加强基层中医药服务能力，推广中医药适宜技术，100% 的社区卫生服务中心建立中医馆，100% 的社区卫生服务站（村卫生室）具备中医药服务能力。搭建互联网云平台，发展互联网＋医疗服务，实现区域内诊疗信息互联互通。

第五节　完善社会保障体系

健全覆盖全面、统筹城乡、权责清晰、保障适度、可持续的多层次社会保障体系。深入实施全民参保计划，力促中小微企业、建筑行业、个体户群体主动参与社会保障，保障零散人群社保权益。完善就业困难群体、高校毕业生就业政策体系和就业帮扶体系。加快城乡社区养老设施建设，积极落实、配套被征地人员养老保障，提高被征地人员养老待遇。结合“爱心厦门”建设，统筹各项救助资源，加大低保兜底对象和特困人员保障力度，探索保障性政策创新提升，构建更加全面、更有效的社会保障体系，让全体人民共享经济社会发展成果。以满足征迁居民、重点引进人才住房需求为出发点，加快推动安置房、安居房、地铁社区、人才房等项目建设。积极推进医疗卫生与养老服务相结合，促进医疗卫生资源进入养老机构、社区和居民家庭。推动海沧区第二社会福利中心加快建设，鼓励社会资本参与一批医养结合养老设施建设，盘活我区可用于改造成养老服务设施的闲置房产，促进我区养老服务产业供给侧结构性改革，实现“去库存”与促增长、惠民生的多赢局面。加快推进一批城市社区居家养老服务站和农村幸福院建设。积极创造条件扩大志愿者组织、红十字会、民间慈善机构等非政府组织参与医疗救助，提升社会福利、慈善、红十字等公益服务水平。

第六节　关爱妇女儿童发展

促进妇女全面发展。实施海沧区妇女发展纲要，加强对《妇女权益保障法》等法律的宣传教育，保障妇女平等获得就学、就业、婚姻、生育、财产和参与社会事务等平等机会和权利。健全地方法规政策性别平等评估机制，完善促进妇女创业就业政策，积极培养和选树各行业优秀女性，加大女干部培养选拔力度。进一步完善婚姻家庭矛盾纠纷排查化解工作机制。扩大妇女常见病检查覆盖范围，精准实施贫困妇女“四癌”救助、城乡困难妇女儿童大病救助工作。

关爱未成年人健康成长。实施海沧区儿童发展纲要，坚持儿童优先原则，强化对未成年人生存权、发展权、受保护权、参与权的依法保障和社会责任。完善未成年人监护制度，健全未成年人保护与服务体系。深入实施母婴安全行动计划，加大困境儿童关爱服务力度，加强未成年人心理健康引导。预防未成年人犯罪、未成年伤害等极端事件发生。促进基本教育公共服务均等化，确保受人口流动影响的儿童平等接受义务教育。重视家庭建设，发挥家庭家教家风在社会治理中的重要作用，凝聚合力提升家庭教育服务水平。

深化家庭建设。注重家庭、注重家教、注重家风。坚持以培育新时代家庭观为主线，大力培育和践行社会主义核心价值观，将立德树人落实到家庭教育各方面，发挥家庭家教家风在基层社会治理中的重要作用。深入实施“家家幸福安康工程”，制止餐饮浪费、崇尚勤俭节约，常态化开展最美家庭寻找，推进文明家庭、绿色家庭创建。贯彻实施《福建省家庭教育促进条例》，落实厦门市家庭教育服务水平工作意见，提升家庭教育指导服务水平。加强家庭领域理论和实践研究。

专栏八

教育项目：临港高中、鼎美高中、鳌冠学校（初中）、临港小学、庚西幼儿园、地铁社区二期配套幼儿园

卫生项目：长庚护理院、海沧医院三期、区妇幼保健院

敬老项目：海沧区第二社会福利中心、海沧区老年大学、海沧区老年活动中心、新阳西社会福利院

安置房项目：佳美安置房、东瑶安居房一期、芸尾后柯鼎美安置房、孚中央北安置房、东瑶安置房二期、马銮湾新城地铁社区二期、新阳保障性住房祥露小区

第十一章　提升社会治理水平

深入推进治理体系与治理能力现代化，激发各类市场主体活力，落实国家总体安全观，增强风险意识，以防范化解影响国家安全、社会安定、人民安宁的突出问

题为着力点，不断筑牢安全发展屏障，建设现代治理示范区。

第一节　营造共建共治共享的社会治理体系

坚持以项目为抓手、以实效为导向，充分发挥政治、法治、德治、自治、智治“五治”融合作用，完善党委领导、政府负责、民主协商、社会协同、公众参与、法治保障、科技支撑的社会治理体系。强化基层组织建设，推动基层党建与基层社会治理深度融合，提高基层党组织领导协调基层政权组织、自治组织、群团组织、经济组织和社会组织的能力；深化街道机构改革，加强城乡社区治理和服务体系建设，构建网格化管理、精细化服务、信息化支撑、开放共享的基层管理服务平台；发挥群团组织和社会组织作用，创新社会组织监管办法，不断拓展和完善群众参与基层群众自治的制度化渠道。探索开展区域社会治理集成改革，推动区域社会治理现代化。强化社区居委会“枢纽、议事、监督、服务、调解”职能，调动居民参与社会治理积极性。加强社区工作者队伍建设，完善社区工作者职业规范体系，打造一批社区治理样板。

第二节　健全信用体系

以重点人群诚信推进社会诚信，加强公务员、专业技术人员诚信教育，建立诚信档案。加强生产、流通、金融、税务、价格、工程建设、交通运输、电子商务、统计、中介服务业、会展、广告、企业诚信管理等领域的信用体系建设。全面建立事前信用承诺制度。全面建立信用分类监管制度。创新拓展信用应用，开发特色“信易+”产品，挖掘和拓展“白鹭分”应用，切实推动信用惠民、惠企。开展企业环境信用评价，信用评价结果应用于差别水价、差别电价、企业创先评优及银行征信系统等应用领域。

第三节　保障人民生命安全

落实和完善安全生产责任制，强化对重点行业领域的摸排和风险评估工作，加大安全隐患治理和“打非治违”力度，加强危险化学品、建筑施工、道路运输、消防安全、城市建设安全、房屋安全等领域专项整治，提高监管队伍专业水平和职工劳动保护能力，推动生产监督与应急管理进一步融合，巩固家安、路安、食安、业安、心安“五安”工程创建成果，坚决遏制重特大事故。开展道路安全交通亡人事故整治，持续减少每万辆机动车肇事死亡人数。推进食品药品“一品一码”追溯体系建设，深化国家食品安全城市创建工作，建设质量强区。持续提升完善台风、洪涝干旱、山林火灾、地质灾害、地震等自然灾害防御体系建设，加强应急物资保障体系建设，提高防灾、减灾、抗灾、救灾能力。

第四节　加快建设“平安海沧”

维护国家安全大局。把维护国家政治安全放在首位，立足海沧区位特点，筑牢国家安全人民防线。严密防范和坚决打击各种渗透颠覆破坏活动、暴力恐怖活动、民族分裂活动、宗教极端活动和邪教活动。依法坚决打击整治网络谣言和有害信息，净化网上政治生态。落实意识形态工作责任制，加强意识形态阵地建设和管理。加强后备力量建设，锤炼民兵应急应战能力，密切军警民协作，加强双拥工作，在维护稳定、促进发展中发挥作用。

维护社会安定稳定。落实平安建设领导责任制和目标管理制，深入开展行业和基层单位平安创建活动。完善扫黑除恶长效常治机制，完善打击犯罪新机制新手段，持续降低每万人刑事案件发生率，打造“最具安全感的城区”。深化主动创稳，健全落实社会稳定风险评估、涉稳问题预警预防等机制。坚持和完善新时代“枫桥经验”，完善“四门四访”“信访评理”等信访制度，巩固提升“警民联调”机制，加强诉源治理、诉非联动工作，构建源头防控、排查梳理、多元化解、应急处置的社会矛盾综合治理机制。持续创新完善立体化、信息化社会治安防控体系，实施“智慧政法”建设，深化“雪亮工程”和“智慧海防”工程建设，探索新型社区警务机制，持续推进综治中心规范化运行，升级改造社会治理联动信息平台，深化“一标三实”基础信息采集管理，发挥社会治理实战化平台作用。持续深入开展禁毒工作，健全社会心理服务体系和危机干预机制，完善特殊人群服务管理体系。完善公共安全重大风险研判、评估、决策、防控协同机制，定期开展综合实战演练，构筑符合海沧城区特点的应急处突体系。

第十二章　建设台胞台企登陆第一家园桥头堡

牢记海沧国家级台商投资区使命，重点做好“通”“惠”“情”三篇文章，按照“向内向下”的工作原则，始终坚持“海沧所需、台湾所长”，大力推动经贸合作、基层互动、文化交流等方面走深走实，积极探索海峡两岸融合发展新路，为服务祖国统一作出更大贡献。

第一节　推动产业深度融合

充分发挥国家级台商投资区平台作用，利用自贸试验区、福厦泉国家自主创新示范区等政策叠加优势和海峡论坛、两岸企业家峰会等平台优势，不断提升项目吸纳功能和承载能力，推动两岸资金、技术、人才等要素流动，推动经济深度融合。加强与台湾在集成电路、生物医药等产业领域的深度合作。充分发挥台商台胞服务站作用，竭力做好企业服务，对台资企业实施全面诊断和深度辅导，对符合海沧产业转型升级需求的给予资金支持，鼓励、支持台企转型升级发展。推动台资企业加大研发投入和实施智能化改造，加快从“代工生产”向“自创品牌”转变，不断提升产品竞争力。瞄准台湾集成电路等领域优秀人才，进一步探索除了台资台企落地外，台资与陆资融合、陆资与台湾人才团队融合等多种模式，鼓励两地企业在产业链、供应链、价值链方面开展紧密合作，通过产业分工，联合打造全球知名品牌，经营全球市场。支持区内企业设立各具特色的台湾人才实习实训基地，鼓励台湾青年来海沧就业创业。

第二节　打造两岸物流新通道

推动港口合作对接。加强厦台海运合作，推动开通台湾直航海沧口岸的航线。持续提升海沧港通关便利性，加强海沧港与高雄港、台中港对接合作，壮大对台客货滚装和高端航运服务业，建设两岸航运交流合作先行区。构建台厦欧物流通道。做大做强厦门中欧班列，在现有已开通与中国台湾的国际海铁联运线路基础上，进一步扩大台湾商品经国际海铁联运向中亚和欧洲市场输出。加快发展跨境电子商务，推进跨境电商产业园建设，探索“周边揽货—海沧集货—海运台湾—空运国际”的陆海空联运模式，打造两岸跨境电商货物分拨中心。

第三节　深化两岸社会融合

加强基层交流。建立两岸宗亲、村居等基层常态化交流合作机制，推动科教卫等领域的交流合作。继续深化台湾青年参与社会治理实践，办好海峡城乡发展基金会，探索按照台湾模式由台湾青年自我管理的体制，深化基金会等涉台社会组织参与乡村振兴、社区营造机制，健全台青助力西部扶贫常态化机制，持续推动海沧经验走向全国各地。依托对台科技合作与交流基地，推动两岸开展合作研发、技术转移等科技活动。加强与台湾有关机构合作，开展学前教育教师培训，推进聘请台湾教师来海沧任教指导。发挥长庚医院两岸医疗卫生纽带作用，开展好台湾医师社区坐诊、社区健康营造试点，促进两岸医疗资源共享、多元办医合作。探索台湾青年医师、幼儿园教师来海沧执业，拓宽台湾青年执业范围。

第四节　深化两岸文化交流

不断优化两岸交流的品牌活动和载体，搭建更多交流平台，让两岸同胞有更多机会在平台上交流交往、交融交心。充分发挥开台王颜思齐的两岸同根优势和闽台神医保生大帝的民间信仰优势，推动更多台湾宗亲返乡寻根谒祖。提升和加快青礁慈济宫、石室书院两个国家级“海峡两岸交流基地”以及金沙书院、开台文化公园等平台载体建设，把海沧打造成为闽南文化研习、展示、传播中心。推进青礁村芦塘片区基础设施的提升改造工作，打造具有闽台特色的乡村振兴、社区营造示范点和两岸文化交流平台。继续办好保生慈济文化节、海峡论坛、乐活节、汉字节、两岸人文学论坛等重大涉台活动以及海峡两岸散文奖、诗联大赛、少儿美术大展等群众性活动。

第五节　提供台胞台企同等待遇

落实落细各项惠及台胞措施，系统梳理现有政策，形成政策汇编，支持台资以独资或合资设立医疗、养老服务和医养结合机构，同等享受公办医疗政策。健全完善台商座谈会制度，构建涉台服务长效机制。结合深化“台商台胞服务年”活动，作为落实同等待遇的重要载体，强化相关部门的沟通协调、联动协作机制，切实推动形成并联式服务合力。支持符合条件的台企在大陆资本市场上市融资，鼓励更多台企在两岸股权交易中心“台资板”展示挂牌。持续办好“涉台法庭”和“涉台检察室”，做好涉台社区矫正工作，完善涉台法庭义工制度、涉台刑事缓刑考察员制度和台胞执行监督员制度，邀请台湾同胞担任特邀调解员、人民陪审员、涉台检察联络员等。

第十三章　强化规划实施保障

第一节　加强规划引领

依托“多规合一”平台，建立有效的规划衔接协调机制，形成以国民经济和社会发展规划为统领，以城市规划、土地利用规划、专项规划、产业规划为支撑，各类规划定位清晰、功能互补、统一衔接的规划体系。完善规划实施的评估机制和动态修正机制，定期组织部门、专家、群众等对规划执行情况进行分析评估，为调整、修订规划提供依据。健全规划中期评估制度，完善规划“编制—实施—评估—调整—实施”的滚动编制与持续完善机制。

第二节　明确责任落实

建立健全规划实施的组织体系，分解本规划确定的发展目标、主要任务，落实牵头单位及其工作责任，建立工作责任制和督办制度，形成全区各部门之间的协调合作机制，对工作进程中出现的新问题、新情况及时沟通协调，分析研究解决办法和应对措施。各部门在规划实施过程中，合理运用土地、财税、金融、环保等经济政策，增强规划的可操作性，确保规划任务的落实。

第三节　重视监督考评

加强区人大及其常委会对规划实施过程的监督检查，加强区政协对规划的指导，区政府相关部门对规划实施的评估。实施差别化的绩效评价考评体系，强化对重点领域、重点行业、重点企业和生态文明等目标任务完成情况的评价考核。纲要确定的约束性指标要分解落实到各街道和各有关部门，明确责任和进度，全力确保完成。加强规划宣传，使公众充分了解规划发展蓝图，形成全民参与、合力建设新常态，定期向社会公众发布实施情况，建立有效的社会公众监督机制。

第四节　强化项目支撑

扩大政府投资规模，完善政府投资项目管理机制。拓宽民间投资渠道，鼓励社会资本参与城市基础设施、公共服务和产业等领域的建设。加强重点项目储备，制定重点项目实施计划，强化项目管理，确保安全生产，保障工程质量，保证建设工期，形成“谋划一批、签约一批、开工一批、在建一批、投产一批”的滚动发展格局。健全项目管理机制，强化项目监管，完善后评价制度。建立重点项目一对一的跟踪制度，优先保障规划选址、土地供应和融资安排，加快项目实施落地。

厦门市海沧区人民政府关于印发《海沧区关于加快生物医药产业发展若干措施》的通知

厦海政规〔2021〕4号

（2021年6月29日）

各有关单位：

《海沧区关于加快生物医药产业发展若干措施》已经区政府研究通过，现予以印发，请遵照执行。

海沧区关于加快生物医药产业发展若干措施

为进一步优化海沧区生物医药产业发展环境，引进和集聚生物医药企业，鼓励创新，支持企业加快产业化进程，促进企业做大做强，推动生物医药产业高质量发展，根据国家、省、市有关规定，结合海沧区实际，制定本措施。

一、适用对象

本措施适用于在海沧区进行商事登记和税务登记，具有独立法人资格，并从事包括药品、医疗器械、医用卫生材料、保化品、特殊医学用途配方食品等领域的研发、生产、流通、技术服务的企业和机构，以及为产业配套的核心零部件及关键原材料研发、生产企业（以下简称“海沧企业和机构”）。

二、研发创新补助

（一）研发创新平台补助

1. 支持高水平生物医药科技创新平台建设。对新认定的重点实验室、工程研究中心、技术创新中心、产业创新中心、制造业创新中心、企业技术中心、博士后科研工作站，按照国家级、省（市）级不同等次给予最高

300 万元、100 万元奖励。单个企业按就高不重复原则享受本项奖励。

2. 支持公共技术服务平台运营，对设在海沧区内的市级以上生物医药公共技术服务平台，给予运营期间场地租金全额补助。

（二）新药研发补助

对海沧企业和机构开展新药研发按临床研发进度分阶段给予补助。

1. 对创新药（1 类化学药品、1 类生物制品、中药创新药，下同），完成临床前研究并获得临床批件或默许临床的，给予 100 万元补助；完成Ⅰ期临床试验并进入Ⅱ期临床试验的，给予 100 万元补助；完成Ⅱ期临床试验并进入Ⅲ期临床试验的，给予 200 万元补助；完成Ⅲ期临床试验并取得注册批件的，给予 400 万元补助。

2. 对改良型新药（2 类化学药品、2 类生物制品、中药改良型新药，下同），完成临床前研究并获得临床批件或默许临床的，给予 100 万元补助；完成Ⅰ期临床试验并进入Ⅱ期临床试验的，给予 100 万元补助；完成Ⅱ期临床试验并进入Ⅲ期临床试验的，给予 150 万元补助；完成Ⅲ期临床试验并取得注册批件的，给予 300 万元补助。

（三）仿制药研发补助

支持海沧企业和机构开展仿制药研发。对通过（含视同通过）质量和疗效一致性评价或临床有效性试验取得药品注册批件或药品补充申请批件的仿制药品种，每个品种给予 100 万元补助。

三、产业化奖励

（一）对取得创新药、改良型新药、仿制药（含 3 类化学药品、4 类化学药品、3 类生物制品、古代经典名方中药复方制剂、中药同名同方药）药品注册证书且该产品首次在海沧区实现产业化（取证后累计销售收入达 100 万元以上）的，按照类别每种产品分别给予 300 万元、150 万元、100 万元奖励。

（二）对第二类、第三类医疗器械取得注册证书且该产品首次在海沧区实现产业化（取证后累计销售收入达 20 万元以上）的，按照类别每种产品分别给予 20 万元、80 万元补助。单个企业每年补助金额最高不超过 500 万元。

四、新业态投资配套奖励

对生物医药合同研发机构（CRO）、合同外包机构（CMO）、合同定制研发生产机构（CDMO）等产业应用基础平台建设项目，按照获得市级相应固定资产投入补助的 50% 予以配套补助，最高不超过 200 万元。

五、租金补助

对 2021 年 1 月 1 日（含）以后入驻海沧区生物医药专业园区的企业，在符合条件的情况下，给予三到五年一定承租面积的租金补助。具体补助标准如下：

（一）实缴资本金 100 万元（含）~300 万元人民币（或等值外币）的企业，可给予入驻后前三年每年最多不超过 300 平方米的租金全额补助；实缴资本金 300 万元（含）~500 万元人民币（或等值外币）的企业，给予入驻后前三年每年最多不超过 500 平方米的租金全额补助；实缴资本金 500 万元人民币及以上（或等值外币）的企业，实缴资本金每增加 200 万元人民币（或等值外币），租金补助面积上限增加 100 平方米，按实缴资本金给予相应面积前三年租金全额补助，单个企业每年租金补助面积最高不超过 1500 平方米。

（二）对入选国家级创业人才项目、福建省“百人计划”、厦门市“双百计划”的海内外创业人才创办的企业，入驻后前五年对照上述条款按实缴资本金给予相应面积租金全额补助。

六、经营贡献奖励

（一）对首次纳入海沧区规模以上统计范围的生物医药工业企业，自纳入统计报表年度起五年内，按其每年对海沧区地方级贡献给予一定比例奖励，前两年按 100% 奖励，后三年按 50% 奖励。

（二）对首次纳入海沧区限额以上统计范围的医药商贸企业，自纳入统计报表年度起三年内，按其每年批发销售额的 1‰给予奖励，同一家企业每年享受该奖励总额不超过其当年对海沧区地方级贡献。

（三）技术服务型生物医药企业参照生物医药工业企业给予奖励。

（四）企业享受经营贡献奖励期间需符合每年纳入海沧规模 / 限额以上统计范围的条件，若在政策享受期发生不符合纳入年度规模 / 限额以上统计范围条件的情况，取消当年度经营贡献奖励。

七、其他事项

（一）本措施适用对象所述“产业配套核心零部件”指医疗器械、诊断仪器设备中的光路、液路、气路、电路等核心部件；“产业配套关键原材料”指药品、保化品、诊断试剂中的生物提取物、化学合成物、抗原、抗体、酶等关键活性成分。“为园区产业配套的核心零部件及关键原材料研发、生产企业”由海沧区工业和信息化局牵头组织认定。

（二）本措施涉及的租金补助每半年申报办理一次，其他奖励每年集中申报办理一次。

（三）本措施原则上可与市级政策叠加享受，但市级扶持政策由区级财政承担的部分，不可叠加享受；企业可按择优但不重复原则，享受由区级财政承担的各类补助和奖励资金。

（四）企业租金补助以租赁协议约定的入驻日期开始计算，满12个月方可申请。入驻后首年租金补助以企业申请时的实缴注册资本为依据计算补助面积；此后，企业调整实缴资本金的，以调整后的实缴资本金额和到位时间为依据相应调整补助面积。企业自入驻日期起，12个月内实缴资本金未达到100万元的，取消入驻首年申请租金补助资格；24个月内实缴资本金未达到100万元的，取消申请租金补助资格。

（五）对投资规模大、行业影响力强的重大生物医药项目的资金扶持，可“一事一议”，由相关部门提出意见后，报区政府研究决定。

（六）本措施发布实施时，已享受《进一步促进生物医药与健康产业发展的资金扶持办法》(厦海政〔2016〕200号）按年限兑现相关政策的，继续按原政策享受补助至期满，未享受相关扶持的可按新政策申请补助。

（七）享受本措施扶持资金的企业，采取弄虚作假等不诚信手段骗取扶持资金的，一经发现，将依法采取措施予以追究。招拍挂取得项目用地的企业，如未达到招拍挂条件的产值、税收等产出要求，则不享受本政策规定。

（八）本措施由海沧区工业和信息化局负责解释，自发布之日起施行，有效期至2025年12月31日。2021年1月1日至施行之日起期间，符合奖励或补助条件的可参照执行。

厦门市海沧区人民政府关于印发《海沧区积极应对新冠肺炎疫情影响助力企业纾困减负若干措施》的通知

厦海政规〔2021〕6号

（2021年10月7日）

各有关单位：

《海沧区积极应对新冠肺炎疫情影响助力企业纾困减负的若干措施》已经区政府常务会研究通过，现予以印发，请遵照执行。

海沧区积极应对新冠肺炎疫情影响助力企业纾困减负若干措施

为深入学习贯彻习近平总书记关于统筹疫情防控和经济社会发展的重要指示批示精神，全面落实党中央、国务院各项决策部署和省市工作要求，积极帮助企业应对疫情影响，结合市政府出台的措施，根据我区实际情况，制定以下政策措施。

一、加大金融支持力度

（一）对受疫情影响的企业（含个体工商户和小微企业主）不得盲目抽贷、压贷、断贷，对年内到期的中小微企业贷款要应延尽延。新增支小再贷款限额优先支持受疫情影响的小微企业。对受疫情影响的符合条件的小微企业，自2021年9月1日至12月31日期间新发放（含展期）的贷款，按年化利率予以1个百分点贴息，贴息期限不超过6个月，单个企业贴息不超过10万元。支持地方金融组织下调新增业务的相关费用，其中国有控股厦门海沧融资担保有限公司对受疫情影响的重点区域符合条件的市场主体降费比例不低于20%，延后付款期限不少于30天，在经营业绩考核中给予充分考虑。（责任单位：区财政局）

二、减轻企业税费负担

（二）全面落实国家关于小型微利企业、个体工商户、增值税小规模纳税人等相关税收优惠政策。企业在2021年10月纳税申报期可按规定享受前三季度研发费用加计扣除优惠。对所属期为2021年度的文化事业建设费按规定予以免征。从事生产经营的企业和个体工商户在受疫情影响的重点区域内的房产和土地，以及受疫情影响的重点行业企业持有的房产和土地，免征2021年9月至12月的房产税和城镇土地使用税；其他纳税人缴纳房产税和城镇土地使用税确有困难的，可向主管税务机关提出减免税申请；具体按厦门市税务局公告实施。（责任单位：区税务局）

（三）将2021年10月的法定纳税申报期限延长至10月31日，到期后仍无法办理纳税申报的可依法申请延期，具体按厦门市税务局公告实施。对按期缴纳税款有特殊困难的，在缴纳税款期限届满前提出书面申请，经厦门市税务局批准后可延期缴纳，延长期限不超过3个月，期间不加收滞纳金。受疫情影响到10月征期后仍无法办理纳税申报或延期申报的纳税人，可在及时向税务机关书面说明正当理由后，补办延期申报手续并同时办理纳税申报。税务机关依法对其不加收税款滞纳金、不给予行政处罚、不调整纳税信用评价、不认定为非正常户。纳税人应对其书面说明的正当理由的真实性负责。（责任单位：区税务局）

（四）2021年10月至12月期间，本市职工基本医疗保险单位缴费费率从原始费率8%下调至6%；企业失业保险缴费费率单位缴纳部分由0.5%下调至0.25%。受疫情影响无法按时办理参保登记和缴纳社会保险费的企业和个体工商户，由税务部门允许其在疫情结束后补办登记和缴纳社会保险费，延长期限最长不超过3个月，期间不加收滞纳金，视同正常缴费，不影响个人社保权益。（责任单位：区人社局、区税务局）

三、降低企业经营成本

（五）对工业和一般商业企业2021年10月和11月的用水、用气，分别给予0.8元/吨和0.2元/立方米的优惠，减收金额的50%由市财政承担。免收工业和一般商业企业2021年10月和11月的城镇污水处理费。对受疫情影响的重点区域，自9月1日起转为低风险后的次月末，实行欠费不停电和延长缴费期限等措施，免收因疫情产生的电费违约金。（责任单位：区建交局、区工信局，国网集海客服中心）

（六）对承租区属国有企业和机关事业单位权属的经营性房产以及保障房配套商业用房用于生产经营，且最终承租人为非国有企业和非机关事业单位的给予租金减免，其中：对受疫情影响的重点行业企业免收2021年9月和10月租金，其他减半收取；减免的租金在国企年度经营业绩考核中视同利润加回。鼓励中央企业、省属、集体物业、非国有企业和个人业主为租户减免或缓缴租金。（责任单位：区财政局、区建交局、区国资办、区属各国有企业）

（七）对单位产值耗电量同比下降且当季工业产值超2000万元以上的企业，2021年第二、第三季度用电奖励可以在2021年内先行拨付。（责任单位：区工信局）

四、支持企业用工

（八）对积极稳定用工的企业给予一次性稳岗补贴，补贴金额按企业2021年自主招收初次来海沧就业和本区新成长的劳动力，7月1日前已办理就业登记、缴交社保并在同一企业连续工作到12月31日的员工数和500元/人的标准计算。2021年10月至12月，企业自主招收初次来海沧就业和本区新成长的劳动力，办理就业登记并缴交社保、在同一企业连续工作2个月及以上的，按500元/人给予企业一次性招工奖励。（责任单位：区人社局）

五、促进受影响行业加快恢复

（九）对营收达到一定条件的交通运输业、住宿和餐饮业、文化体育和娱乐业、旅游业的企业，按营收1%予以奖励，每家企业累计奖励资金不超过200万元。其中：对2021年10月至12月营收合计达50万元的，可按该阶段营收先行予以奖励；对2021年10月至2022年2月营收合计达100万元的，按该阶段营收总额应兑现的奖励予以补足。（责任单位：区建交局、区工信局、区文旅局）

（十）对市重点工业企业2021年1月至9月设备购置费不低于500万元且符合技改补助政策的项目，按项目设备投入的10%给予补助，最高不超过2000万元，

补助资金的 50% 可以在 2021 年内先行拨付。（责任单位：区工信局、区财政局）

（十一）继续实施《关于印发进一步加大消费旅游扶持力度的通知》（厦府办规〔2021〕10 号），在执行期限、扶持力度等方面加大支持，进一步激发消费市场活力，推动相关行业尽快复苏。（责任单位：区工信局、区文旅局）

（十二）2021 年 11 月 1 日至 2022 年 2 月 28 日期间，向市民发放消费券，鼓励市民到我区纳统的限上商超、餐饮企业消费；2022 年 1 月 1 日—3 月 31 日期间，向在我区纳统的汽车销售企业消费、购车的市民发放购车补贴，激活零售业活力。（责任单位：区工信局）

（十三）我区新增隔离酒店确定后，按相关规定标准各项手续凭证齐全，10 天内给隔离酒店兑现一次性补贴；我区隔离酒店完成任务退出隔离酒店，按相关规定标准各项手续凭证齐全，尽快兑现隔离期间产生的房费。（责任单位：区文旅局）

（十四）对首次申报并在 2022 年一季度期间正式纳入统计的工业企业，最高给予 15 万元奖励。商贸零售企业经营规模首次达到限额以上标准实现入统的，给予一次性 10 万元奖励；新注册且实现当年月度入统的企业，按其当年入统零售额 1 亿元（不含）以下的部分给予 5‰奖励、1 亿元（含）以上的部分给予 8‰奖励，单家企业奖励上限为 100 万元。（责任单位：区工信局）

六、鼓励企业开拓市场

（十五）鼓励企业参加国内专业性、综合性的重点展会和行业推介会，开拓市场，多接订单。对 2021 年四季度期间积极参加各类展会的企业，按展位费的 75% 给予补助，单家企业单次参展补助最高 3 万元，且该季度企业补助金额不计入厦海政规〔2021〕1 号文件中单家企业单年展位费补助额度。（责任单位：区工信局）

七、加强信用和法律服务

（十六）帮助企业规避因受疫情影响出现的失信风险。会同相关行政处罚单位协助市信用办对 2021 年 9 月和 10 月受疫情影响产生的轻微企业失信行为按规定实施信用豁免。在信用中国（厦门）网站开通绿色修复通道即收即办，提供在线信用修复培训，免费提供信用报告。依托全国中小企业融资综合信用服务示范平台厦门站，加强金融机构与中小企业对接，提升疫情“信易贷”专区服务能力。对中小微企业受疫情影响经营困难产生的法律纠纷，充分利用公共法律服务驿站和法治海沧平台，帮助研判风险、提供法律意见。（责任单位：区发改局、区司法局）

本措施所称“受疫情影响的重点区域”，是指本区中高风险地区及封控管控区；“受疫情影响的重点行业企业”，是指受疫情影响较重的住宿和餐饮业、零售业、交通运输业、文化体育和娱乐业、旅游业，和以及因封控管控关闭根据政府疫情防控工作通告要求停止经营的企业（含个体工商户）。

本措施实施期间，如国家、省、市另有规定的，按照“就高不重复”原则执行。

本措施发布之日起实施，未特别注明时限的，有效期至 2022 年 6 月 30 日。

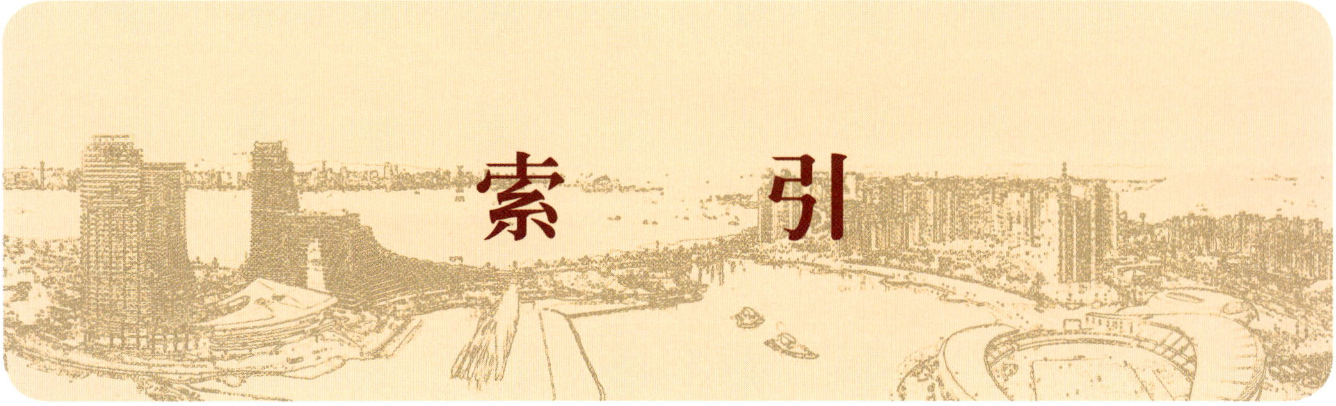

索引

说明

1.本索引采用主题分析索引法，按索引词首字汉语拼音音序排列，首字音序相同，按第二字音序排列，依此类推。

2.凡类目、分目标题和人名作索引词保留原标题并用黑体字标明。

3.索引词后面的阿拉伯数字表示内容所在页码；索引词后括注“表”字样的为表格。

4.索引词相同的后面用括号加注区分开。

5.类目、分目下的概况不做索引词。

6.专记、大事记、附录不做索引。

A

B

C

G

H

S

T

W

X